구원론 논쟁

저자 조봉상 목사

구원론 논쟁

| 추천사 |

　조직신학(Systematic Theology)은 신학체계의 면류관이다. 수많은 성서신학자들의 학문업적이 모여 구슬이 만들어진다. 이 구슬을 꿰어 목걸이를 만드는 신학이 조직신학이다. 그래서 조직신학이 대단히 중요하다.

　조직신학이 바로 세워지고 주제가 분명해질 때 비로소 신앙의 바탕과 삶을 바로 인도할 수 있다. 이 시대의 신학과 교회의 방향이 혼돈하고 무질서하며 뿌리조차 흔들리고 있는 것도 크게 보면 이 문제라고 할 수 있다. 이런 긴급한 상황 속에 청량한 하늘을 볼 수 있는 책이 출판된 것은 정말 의미 있다고 생각한다.

　금년은 종교개혁 500주년이다. 곳곳마다 축제의 흥을 돋우고 있다. 그런 것도 필요하겠지만 오히려 이 한 해가 역사적으로 정말 중요하다고 믿는다. 지나간 500년 역사와 그 이전까지 거슬러 올라가 학자들의 논쟁과 그 원인을 살펴보는 것도 의미가 있는 줄 믿는다. 여기에 성서의 원죄론까지 포함하여 한눈에 볼 수 있게 한 책이 나온 것을 대단히 감사하게 생각하며 기뻐한다. 그동안에 신학의 문제가 무엇인지 분명하게 볼 수 있고 다시 새로운 논점을 찾을 수 있게 된 것은 참 의미 있는 시도라고 할 수 있다. 이 작업을 불철주야 인고의 노력으로 해 낸 학자가 조봉상 박사이다. 신앙은 확실한 개혁 보수주의이다. 하나님의 말씀에는 한 치의 양보도 없으며 학문은 계속 발전되고 진전되어야 한다고 믿고 있는 학자이기에 든든하다.

본 책은 구원론의 역사적 논쟁을 한 눈에 보게 한 것이다. 신앙과 행함의 문제도 계속 논쟁하며 다루고 있기에 의미가 더욱 크다. 모든 논쟁을 성서로 뒷받침하고 그 해답을 찾고 부단히 노력하고 있는 것을 본다. 그래서 모두에게 바른 등대를 보고 배가 항해 하고 있다고 나는 믿기에 학자, 교수, 목사, 신학생 그리고 현지에서 하나님의 나라(The Kingdom of God)를 위해 헌신하시는 선교사님들과 독자들에게 일독을 권한다.

2017. 8. 15

미국 코헨신학대학교 연구실에서
설립총장 강신권 박사 (DR. Paul Kang, Th.D, Ph.D.)

August 15, 2017

To Whom it May Concern,

As we celebrate the 500th anniversary of the Reformed Church this year, it is with great pleasure that I learned Dr. Cho Bong Sang has written a book on The Conflicts of Salvation. Knowing Dr. Cho, his scholarship and his zeal for God, I am confident this book will have a great impact on the Christian community – particularly to those who are seeking to learn the deeper things of God. I strongly recommend this book to the Christian public.

Sincerely,

Dr. Gary Cohen, Th.D., D.D.

Emeritus President

Cohen University and Theological Seminary

머리말

　기독교 교리 가운데 가장 중요하게 다루어야 할 부분이 구원론이라는데 반대할 사람은 거의 없을 것이다. 믿음의 최종 목적지가 구원인 만큼 구원론에 대하여 아무리 강조해도 지나치지 않을 것이다. 모든 교리와 신학이론들이 구원론과 연결되지 않는다면 무슨 의미가 있겠는가? 이 책을 쓰는 근본 동기도 구원에 대한 바른 지식이 그만큼 중요하다는 것을 인식시키기 위함이다. 이미 구원론에 대한 이론들이 다양하게 세워져 있음에도 불구하고 이 책을 또 쓰게 된 것은 구원에 대한 기존의 잘못된 교리들을 비판하고 성경이 말씀하는 바른 구원관을 정립하기 위함이다.

　성경은 하나의 구원론을 말씀하고 있다. 하지만 세상에 나와 있는 구원론은 너무나 다양하다. 왜 하나의 성경에서 서로 다른 구원론이 나와야 하는가? 그것은 곧 기존의 구원론들 가운데 상당수가 잘못되었다는 증거다. 그러한 잘못된 구원론으로 구원받을 수 있는 영혼이 구원을 잃게 된다면 얼마나 안타까운 일이 되겠는가? 그러한 불상사를 막기 위해서는 성경이 구원의 기준이 되어야 한다. 성경이 말씀하는 구원론을 정립해야만 참된 구원이 이루어질 수 있다.

　분명한 사실은 성경이 하나의 구원을 말씀하고 있기 때문에 구원론을 하나로 정립하는 것이 모든 교회의 숙제가 아닐 수 없을 것이다. 서로 모순된 구원론이 양립하거나 공존하거나 병존할 수는 없다. 따라서 현재 기독교회 안에 있는 다양한 구원론을 성경적 구원론으로 통일시켜 나가야 한다. 물론 쉽지 않은 일이지만 교회가 살고 영혼을 구원하기 위해서는 반드시 실행되어져야 할 과제가 아닐 수 없다.

하나님이 원하는 구원론을 세우는 것이 중요하다. 교회의 정치제도는 다양할 수 있지만, 구원론에 관한 진리만큼은 하나의 통일된 진리만 있을 뿐이다. 이것이 오늘 교회에 요구하는 예수님의 중대한 명령임을 깨닫고 참된 구원론을 세워나가는데 모든 교회가 힘을 합해야 할 것이다. 이것을 위해서는 현재 각 교단과 교파들이 믿고 있는 구원론이 얼마나 성경에 근거하고 있는지를 재점검하는 겸허한 자세가 필요하다. 무조건 자신들이 믿는 구원론이 옳다는 생각보다 얼마나 성경에 근거하고 있는지를 객관적 시각으로 이해해야 한다.

성경을 근거로 한다고는 하지만 결국 인간의 생각과 경험, 이성과 논리, 주관적 성경 해석 등을 통해 이론화되고 체계화된 이론이기에 서로 다른 구원론이 나올 수밖에 없는 것은 당연할지 모른다. 따라서 기존의 구원론 신학체계에 대한 강도 높은 비판적 시각을 통해 보다 성경에 근거한 구원론이 나올 수 있도록 길을 열어 나가야 할 것이다. 그동안 고수해 온 신학이 최고라는 생각을 버리고 성경이 말씀하고 있는 구원론을 세우는 것이 중요하다.

이 책에서 다루고자 하는 논제들은 수천 년 동안 교회사에서 논쟁이 되어 오거나 고민해 온 문제들이라 할 수 있다. 이미 교회들이 이런 문제에 대해서 나름대로 결론을 가지고 있지만, 문제는 그 결론이 얼마나 성경적이냐 하는 것이다. 이런 논쟁을 통해서 지상의 교회들이 하나의 통일된 구원론 체계를 만들어야 했음에도 교회들은 오히려 사분오열되어 안타까운 현실이다. 종교개혁자들이 중세 가톨릭교회의 구원론에 대하여 종교개혁을 이룬 것처럼, 개혁주의 구원론에서 성경과 모순된 부분에 대하여 또 다른 종교개혁을 일으키지 않으면 안 되는 부분이 있음을 부인할 수 없다. 이 책은 바로 이러한 문제들에 대하여 명쾌한 해답을 제시하려고 하는데 목적이 있다.

이 책을 쓸 수 있도록 은혜와 영감을 주신 하나님께 감사와 영광을 돌린다. 이 책이 나오기까지 기도해 주신 원경선 목사님과 골든벨교회 성도님들께 감사를 드린다. 성경적 구원론이 재정립되어야 한다는 필요성에 동의해 주신 한국과 미국의 여러 동역자들께 감사드리며, 이 책의 출판을 위해 헌신해 주신 신종남 장로님과 권요한 장로님께 감사를 드린다. 이 책의 출판을 위해서 큰 도움을 주신 이동범 목사님께 감사를 드리며, 늘 힘과 격려를 통해 용기를 주신 강신권 총장님과 Gary Cohen 총장님, 한의택 목사님, 하륜 목사님, 이정현 목사님, 조승일 목사님께 감사를 드린다. 책의 출판을 위해 기도해주신 조용덕 목사님, 정용신 권사님, 안숙희 집사님, 박혜옥 집사님, 이영민 집사님, 신기호 전도사님, 김은숙 사모님, 이순남 집사님께도 감사드리며, 조규득, 장순조 아버님, 어머님께 감사드린다. 앞으로 한국 교회가 구원론에 대한 보다 명확한 이론과 진리를 정립하는데 이 책이 조금이나마 기여할 수 있기를 하나님께 기도한다.

2017년 7월 29일
조봉상 목사

| 목차 |

추천사 📖 7

머리말 📖 10

1장　원죄론

1. 원죄론 이해의 중요성　📖 **19**
2. 성선설인가, 성악설인가?　📖 **20**
3. 원죄론 논쟁에서 제기되는 질문들　📖 **28**
4. 원죄론에 대한 다양한 학설들　📖 **32**
5. 원죄설 반대 입장　📖 **58**
6. 원죄론의 성경적 근거와 분석　📖 **70**

2장　예정론 논쟁

1. 예정론 논쟁의 역사적 흐름　📖 **111**
2. 예정론 논쟁에서 제기되는 질문들　📖 **117**
3. 창세 전 이중예정　📖 **121**
4. 전적 타락과 부분적 타락 논쟁　📖 **152**
5. 무조건 선택과 조건적 선택 논쟁　📖 **189**
6. 제한적 구속과 보편적 구속 논쟁　📖 **214**
7. 불가항력적 은혜와 가항력적 은혜 논쟁　📖 **229**

8. 성도의 견인과 탈락 가능성 253
9. 예정론 논쟁에 관한 결론 266

3장　예정과 자유의지 논쟁

1. 예정과 자유의지 관계 271
2. 전적 타락과 자유의지의 관계 274
3. 부분적 타락과 자유의지 282
4. 자유의지와 구원의 관계 302
5. 자유의지가 구원에 미치는 영향 333
6. 천국 침노와 자유의지 342

4장　구원의 변수

1. 구원의 변수에 관한 질문들 351
2. 이중예정과 구원의 변수 351
3. 자유의지와 구원의 변수 356
4. 계명 준수와 구원의 변수 360
5. 마귀의 활동과 구원의 변수 363
6. 결론 366

5장　홍수 심판 논쟁

1. 홍수 심판 논쟁을 위한 질문 373
2. 인간 타락에 대해 한탄하시는 이유 374

3. 홍수 심판은 창세 전에 계획된 일인가? 381
4. 전적 부패 교리는 성경적인가? 386
5. 개개인의 운명은 왜 미정인가? 388
6. 하나님의 예정, 변경 가능한가? 396
7. 노아가 의를 전파한 이유 402

6장 '한 번 구원 영원한 구원'에 관한 논쟁

1. '한 번 구원은 영원한 구원' 논쟁의 의미 407
2. '한 번 구원은 영원한 구원'을 주장하는 이유 413
3. '한 번 구원 영원한 구원' 교리의 비성경적 근거 432
4. 구원에 대한 하나님 입장과 인간 입장 440
5. 완성되어야 할 구원 449
6. 중생한 자를 공격하는 마귀의 시험 462
7. '한 번 구원 영원한 구원' 교리가 구원에 미치는 영향 467

7장 중생 이후 짓는 죄에 대한 논쟁

1. 문제 제기 477
2. 중생 이후 범죄 가능성 478
3. 중생 이후 범죄가 구원에 미치는 영향 482
4. 중생 후에 죄에 대하여 취해야 할 자세 490
5. 중생 후의 범죄를 근절시켜야 하는 이유 494

8장 '오직 믿음으로'에 관한 논쟁

1. '오직 믿음으로만 구원' 왜 문제인가? 499
2. 이신칭의와 율법 준수 501
3. 한 측면만 강조한 종교개혁 구원론 507
4. 칭의를 받았기에 율법의 요구를 완성 509
5. '오직 믿음' 번역상의 문제 518
6. "오직 믿음"과 "믿음"의 차이 530
7. 루터에게 있어서 "오직 믿음"의 의미 534
8. 왜곡된 칭의론 538
9. 한국교회 위기 원인 543
10. 의인화(義認化)와 의인화(義人化) 546
11. "오직 믿음"으로만 구원이 가능한가? 550

9장 구원의 필요조건과 충분조건

1. 논쟁 발생의 원인 559
2. 구원의 필요조건 564
3. 구원의 충분조건 581
4. 충분조건은 심판 기준 607

맺는말 631

1장

원죄론

구원론 논쟁

1. 원죄론 이해의 중요성

구원론을 이해하기 위해서는 먼저 원죄론에 대한 성경적 이해가 반드시 필요하다. 그 이유는 원죄론을 어떻게 이해하느냐에 따라서 구원론의 방향이 결정되기 때문이다. 그동안 구원론들이 원죄론에 기초한 경우가 대부분이었고, 그렇게 해서 세워진 구원론은 성경 전체의 내용과 맞지 않는 부분들이 많았다. 그것은 원죄론이 성경의 진리에 충분히 근거하고 있지 않다는 하나의 증거라고 할 수 있다. 따라서 구원론을 바로 세우기 위해서는 원죄론에 대한 성경적 이해와 근거를 마련하는 것이다. 원죄론에 대한 논쟁의 여지는 아직도 남아 있다. 왜냐하면 개혁주의 교회들 안에서조차 원죄론에 대한 이해의 차이가 있기 때문이다. 그것은 그만큼 원죄론에 대한 정확한 이론 정립이 어렵다는 단적인 예라고 할 수 있다.

왜 원죄(peccatum originale)에 대한 논란의 여지가 많을 수밖에 없는가? 그것은 성경이 원죄에 대하여 직접적인 언급을 하지 않기 때문이다. 원죄의 근거가 될 만한 성경 구절이나 본문은 소수에 불과하기 때문에 그러한 성경 구절을 근거로 신학적, 철학적, 경험적, 이성적, 논리적, 추론적 방법 등으로 원죄론을 체계화하여 왔다. 문제는 학자들의 주장이 서로 다르다는 것이며, 성경이 말씀하는 내용과 원죄론이 서로 충돌하고 있다는 점이다.

따라서 원죄론 논쟁은 이미 끝난 것도 아니며, 성경적인 진리라고 생각하기엔 많은 문제를 내포하고 있는 것으로 볼 수밖에 없다. 미진한 부분에 대한 논쟁을 다시 해 나가야 하며, 성경이 원죄에 대하여 어떻게 규정하는지를 정확하게 재정립하는 일이 시급하다. 교회사에서 정설로 주장된 원죄론에 대한 내용은 물론이고, 비성경적이라고 정죄된 주장들까지 재검토 할 필요가 있다. 그래서 성경이 말씀하고 있는 원죄론은 어떤 것인지에 대한 분명한 해답을 얻어야 한다.

원죄론에 대한 성경적 근거를 바로 정립해야 하는 이유는 성경적인 구원론을 확립하기 위해서이다. 따라서 성경에 근거한 원죄론의 핵심과 본질에 대한 논쟁과 토론, 그리고 수정의 과정은 아무리 강조해도 지나치지 않을 것이다. 어거스틴[1]이나 종교개혁주의자들이 주장하고 있는 원죄론이 얼마나 성경에 근거하고 있는지를 물어보지 않을 수 없다. 펠라기우스의 주장이 왜 정죄되었는지에 대한 분명한 근거도 밝혀야 하고, 원죄의 간접 전가를 주장하는 반펠라기우스주의의 입장이 가톨릭 교회에서는 받아진 반면, 개혁교회에서는 왜 거부되었는지도 규명해야 한다. 알미니안주의나 웨슬리주의의 원죄론은 개혁주의 입장과 어떻게 다르며 그 이유는 무엇인지도 성경적으로 밝힐 필요가 있다. 기존의 원죄론이 성경의 내용과 일치한다면 다행이지만 잘못된 추론이나 해석으로 인하여 비성경적 요소가 들어있다면 마땅히 제거하고 수정해야 할 것이다.

우리가 믿는 교리나 신학이 성경에 근거한다고 하지만, 인간의 논리와 철학, 이성과 경험으로 조직되고 체계화 되어 있는 부분이 많기 때문에 얼마든지 비성경적 요소나 인본주의적 사상이 들어갈 수 있음을 인정해야 한다. 원죄론에 대한 성경적 진리를 바로 세운다면 구원론 또한 성경에 근거한 진리로 세워지게 될 것이다.

2. 성선설인가, 성악설인가?

인간은 어떤 상태에서 태어나는가? 원죄가 하나도 없는 선한 상태에서 태어나는가? 아니면 아담의 원죄가 직접 전가되어 악하게 태어나는가? 어떤 입장을 취하느냐에 따라서 인간론이 달라지고, 구원론이 달라질 수 있다. 타락 전 아담은 분명 하나님의 형상을 닮은 피조물이었고, 어떤 죄도 없는 상태였기 때문에 선한 존재였

---

[1]. 라틴어로 Sanctus Aurelius Augustinus이다. 아우구스티누스로 읽어야 하나 여기서는 편의상 영어 발음인 어거스틴(Augustin)으로 한다.

다. 그런 측면에서 최초의 인간 아담은 성선설의 입장에 서 있다고 할 수 있다.

문제는 아담이 범죄한 이후에 태어난 인간이다. 아담의 불순종과 범죄로 세상에 죄가 들어오고, 그 결과 죽음과 저주가 왔다. 에덴동산에서 쫓겨날 뿐 아니라, 사단과 원수(창 3:15)가 되는 심각한 상황으로 치닫게 된다. 이러한 아담의 범죄로 인해 세상에 들어온 죄와 저주와 죽음이 아담의 후손들에게 어떻게 영향을 미치는지에 대한 분명한 해석이 필요하다. 결과적으로 볼 때, 아담의 범죄는 어떤 식으로든 그 후손들에게 영향을 미친 것은 사실이다. 전 인류가 죄의 권세 아래 갇힌 것도 사실이고, 육체를 타고나는 모든 인간은 죽음을 맞이하는 것도 사실이다. 그렇다면 그 원인이 아담의 죄가 직접적으로 전가되기 때문인지, 아니면 간접적으로 전가되기 때문인지, 아니면 각 사람의 자범죄 때문인지에 대한 분명한 이해가 필요한 것이다.

> 이러므로 한 사람으로 말미암아 죄가 세상에 들어오고 죄로 말미암아 사망이 왔나니 이와 같이 모든 사람이 죄를 지었으므로 사망이 모든 사람에게 이르렀느니라(롬 5:12)

아담 한 사람으로 인해 죄가 전혀 없던 이 세상에서 죄가 시작되었고, 그 죄의 결과로 사망이 왔다. 또한 모든 인간은 죄를 짓게 됨으로 한 사람도 예외 없이 사망에 이를 수밖에 없는 운명이 되었다. 이러한 일들이 아담의 범죄로부터 시작된 것은 누구도 부인할 수 없다. 그렇다면 모든 인간이 죄를 지은 것이 아담의 원죄가 전가되었기 때문인가? 아니면 죄의 소욕을 가지고 있는 인간이 죄를 지었기 때문인가? 모든 사람을 죄인이라고 규정할 때, 아담의 원죄가 전가되었기 때문에 태어날 때부터 죄인으로 태어나는가, 아니면 태어날 때는 죄인이 아니지만 태어난 후에 죄를 짓기 때문에 죄인이 되는가?

　결과적으로는 죄를 지어 죄인이 되고, 그 죄로 인하여 사망하는 것이 인간이라는데 대해서는 이견이 없다. 다만, 인간은 언제부터 죄인인가 하는 것이다. 태어나기도 전에 원죄로 인하여 죄인인가, 아니면 태어난 후에 자신의 자유의지와 선택에 의해 죄를 지을 때 죄인이 되는가? 어떤 입장을 취하느냐에 따라서 구원론의 방향이 달라지고, 하나님의 주권과 인간의 의지에 대한 해석도 달라질 수 있다.

　아담의 원죄를 전가 받아 태어난다면 인간의 본성을 성악설로 해석해야 할 것이다. 자신의 의지나 선택과는 전혀 상관없이 운명적으로 악하게 태어나고, 죄인으로 태어나는 것이다. 그렇다면 이렇게 운명적으로 악하게 태어나는 인간에게 선을 요구하는 것은 무리일 것이다. 하지만 성경은 인간에게 선을 요구한다. 율법과 계명을 주면서 지킬 것을 말씀한다. 이것을 보면 아담의 원죄가 직접적으로 전가되어 전적으로 부패하였다는 주장에 문제가 있음을 알 수 있다. 왜냐하면 전적으로 부패한 인간에게 계명을 준수하며, 하나님이 원하는 선을 행할 것을 요구한다는 것은 모순이기 때문이다. 죽은 자에게 더 이상 어떤 것도 요구할 수 없듯이, 전혀 어떤 선도 행할 수 없는 원죄를 타고난 인간에게 선을 요구할 수 없는 것이다. 그런데 성경은 선을 요구하고 있다. 그렇다면 원죄가 전가되었다는 원죄설은 과연 성경에 근거한 것인가를 의심해 보지 않을 수가 없다.

　그렇다고 모든 인간이 죄인이 아니라는 것에 대해 의심하거나 인간 스스로 구원에 이를 수 있다는 자력구원설에 대하여 동의할 생각 또한 없다. 왜냐하면 성경은 이 세상의 모든 자들이 죄아래 있으며, 그 죄로 인하여 사망이 왔다고 선포하고 있기 때문이다. 그러나 그 죄가 어디서 시작되었으며, 누구로부터 시작되었는지에 대해서는 분명히 알아야 한다. 그래야 구원론을 바로 정립할 수 있기 때문이다. 인간이 죄인이 되는 것은 아담 때문인가, 아니면 각자 자신의 자범죄 때문인가? 이 문제를 심각하게 생각하지 않을 수 없는 것은 죄에 대한 책임을 아담에게 돌릴 수도 있고, 각자 자신에게 돌릴 수도 있기 때문이다. 분명한 것은 인간이 심판받는 것은 아담 때문이 아니라, 각자 행한 행위의 결과라고 성경이 말씀하고 있다는 사실이다(마 16:27).

앞에 인용된 말씀에서 "이와 같이"를 어떻게 해석하느냐가 중요하다. 아담이 범죄할 때 모든 인간이 함께 범죄하였다고 해석할 것인지, 아니면 아담이 선악과를 따먹은 것처럼 아담 이후의 모든 인간들도 아담처럼 하나님의 명령을 어기고 범죄하였기 때문에 죄인이 된 것인지를 우리는 선택하지 않으면 안 된다.

이러한 인간의 본성의 부패에 대한 문제는 일반 철학자들에게도 관심의 대상이었다. 인간의 본성은 성선설이냐, 성악설이냐에 대한 문제에 대하여 철학자들의 주장이 서로 다르다. 중국의 맹자(B.C. 372?-289?)는 인간의 본성에 대해 성선설을 주장하였다. 그 이유는 인간의 본성이 인(仁), 의(義), 예(禮), 지(智)를 가진 존재라고 보았기 때문이다. 그 반면, 중국의 순자(B.C. 298?-238?)는 인간의 본성은 악하다고 보았다. 그렇기 때문에 인간은 법(法)으로써 다스리지 않으면 안 된다고 보았다.

서양 철학자들 사이에도 또한 성선설과 성악설의 입장이 서로 대립하고 있다. 루소(Jean-Jacques Rousseau)는 성선설을 주장한 대표적인 인물이다. '민약론'(Contact Social)과 교육문제를 다룬 '에밀'(Emile)에서 인간의 성품은 선하다는 입장을 취하였다. 인간이 선하게 태어나지만 악해지는 이유는 사회가 가지고 있는 여러 가지 악에 인간이 영향을 받기 때문이라고 설명한다. 때문에 인간이 태어난 선을 유지하기 위해서는 사회로부터 벗어나 자연 상태의 생활로 돌아가야 한다고 주장한다.

그 반면, 마키아벨리(Niccolò Machiavelli)는 성악설을 주장하였다.

그 당시 이탈리아의 혼돈하고 부패한 상황을 목격하면서 그 원인을 인간의 악한 본성에서 찾았다. 영국의 정치철학자 홉스(Thomas Hobbes)나 쇼펜하우어(Arthur Schopenhauer) 같은 철학자들도 인간의 본성이 악하다고 보았다.

그렇다면 성경은 성선설과 성악설, 두 입장 가운데 어느 입장에 서 있는 것인가? 이 문제에 대하여 신학자들 사이에서 최초로 논쟁이 벌어진 것은 펠라기우스 논쟁이라고 볼 수 있을 것이다. 펠라기우스(Pelagius)는 아담의 원죄가 후손에게 전가되는 것을 부인하였다. 따라서 태어나는 인간은 아담의 원죄가 전혀 전가되지 않은 상태이기 때문에 성선설의 입장에 서 있다. 반면, 어거스틴(Augustine)은 원죄의 전가를 인정하였다. 따라서 성악설의 입장이다. 교회사에서 펠라기우스의 주장이 이단으로 정죄당하고 어거스틴의 원죄론을 정설로 받아 들였다. 그 영향으로 원죄설은 정설이 되면서, 인간에 대한 해석과 구원에 대한 이론이 원죄설에 뿌리를 두게 되었다.

> 그러면 어떠하뇨 우리는 나으뇨 결코 아니라 유대인이나 헬라인이나 다 죄아래 있다고 우리가 이미 선언하였느니라(롬 3:9)

모든 인간이 죄아래 갇혔다는 성경의 입장은 명백하다. 그런데 인간이 죄아래 갇히게 되는 원인을 지금까지 개혁교회는 아담의 원죄로 해석하였다. 인간 각자의 의지와는 상관 없이 태어날 때부터 운명적으로 죄인이 되어 태어난다고 규정한 것이다. 이렇게 됨으로 예정론이 탄생하게 되고, 인간 구원은 전적으로 하나님의 주권에만 달려 있다는 해석이 나오게 된다.

과연 아담의 죄가 직접적으로 전가되었는가? 전가되었다면 어떤 식으로 전가되었는가? 수많은 질문이 생겨날 수 있지만, 성경은 이에 대해 충분한 설명을 하고 있지 않다. 그래서 학자들은 이 부분을 설명하기 위해서 추론적인 방법이나 유추, 비유, 경험 등의 방법으로 설명하려는 시도를 해 왔다.

아담의 원죄가 모든 인류에게 직접적으로 전가되었는가? 그렇다면 그것은 성경 어디에 근거 하는가?

만약 원죄설을 맞다면 인간 구원에 대한 해석도 간단해진다. 모든 구원은 하나님이 다 해 주셔야 하며, 인간이 구원을 위해 할 수 있는 것은 아무 것도 없다. 죄에 대한 책임 또한 일차적으로는 아담에게 그 원인을 돌리게 된다. 인간은 태어날 때부터 운명적으로 죄인이며, 심판을 받을 수밖에 없는 존재이기 때문에 계명을 준수하라고 요구할 수 없으며, 선을 행하라고 할 수도 없다. 인간이 심판받게 되는 일차적 원인이 자범죄보다는 원죄에 있기 때문에 자범죄에 대해 심각하게 고민할 필요가 없어질 것이다. 원죄론으로 나가게 되면 성악설이 되고, 성악설로 나가게 되면 구원론은 성경과 전혀 맞지 않는 이상한 방향으로 나갈 수밖에 없다. 그러므로 현재 원죄론이 얼마나 맞는지에 대해서 심각하게 고민하지 않을 수 없다.

그렇다면 성경은 원죄에 대하여 무엇이라고 말씀하고 있는가? 인간이 태어나면서부터 죄인이며, 아담의 원죄가 직접적으로 전가되어 지옥 심판을 받을 수밖에 없는 운명으로 태어난다고 말하는가? 인간이 지옥 심판을 받는 책임을 누가 져야 한다고 하는가? 원죄를 전가시킨 아담에게 그 책임을 전가시킬 수 있는가? 자신의 의지로 죄를 지어서 자범죄로 인해 심판을 받는다면 하나님의 공의가 서겠지만, 아담의 원죄로 죄를 짓지도 않은 그 후손들이 억울하게 심판을 받는다면 하나님의 심판의 공의가 어떻게 세워지겠는가?

성경은 인간의 죄에 대하여 자범죄만 아니라 원죄까지 포함된다고 말씀하고 있지 않다. 설령 아담의 범죄로 인간에게 죽음이 왔다 해도 아담의 원죄 때문에 인간이 지옥의 형벌 받는다는 근거는 어디서도 발견할 수 없다. 성경이 강조하는 것은 아담의 원죄가 아니라 인간 각자의 자범죄라고 할 수 있다. 설령 그 부모가 심각한 죄인이라 하더라도 그 자녀가 회개하고 돌이키면 하나님은 그런 자들을 모두 구원시켰다. 자신의 의지와 상관없이 타인이 지은 죄를 전가시켜 죄인으로 취급하는 것을 성경은 지지하지 않는다. 성경의 죄관은 각자가 지은 죄에 대해서 각자가 책임을 지고 심판 받도록 하는 것이다.

인자가 아버지의 영광으로 그 천사들과 함께 오리니 그때에 각 사람의 행한 대로 갚으리라(마 16:27)

각자가 "행한 대로" 심판을 받게 된다는 것은 원죄가 아니라 자범죄를 말한다. 만약 원죄가 존재한다면 이미 죄인이기 때문에 자범죄를 심판하는 것은 무의미하다. 또한 아담의 원죄가 있다면 성경은 원죄를 해결할 수 있는 제사나 사죄의 방법을 제시했을 것이다. 그러나 성경 그 어디에도 원죄를 용서받게 하는 제도적 장치는 없다. 아예 원죄에 대한 문제 자체를 다루지 않는다. 그것은 무엇을 말하는가? 원죄가 없다는 증거가 아니겠는가? 성경 어디에서도 원죄를 회개하라고 하는 부분이 없기 때문에 인간이 지옥 심판을 받는 원인을 원죄로 돌려서는 안 된다. 인간의 자범죄에 그 원인을 돌려야 한다.

만약 아담의 원죄가 그 후손들에게 직접 전가되어 심판을 받게 된다면, 성경은 인간을 구원하기 위해서 원죄문제를 심각하게 다룰 뿐 아니라 원죄로부터 구원받는 방법에 대하여 깊이 다루었을 것이다. 하지만 십자가상의 강도가 용서받을 때에도 원죄 문제를 취급하지 않았다. 세례 요한이 회개를 외칠 때에도 원죄 문제를 다룬 것은 아니다. 성경 그 어디에도 원죄에 대한 규정이나 원죄로 인해 심판을 받게 되는 근거를 찾아보기 힘들다. 인간은 아담의 범죄로 인하여 성악설의 입장에 서 있기는 하지만, 그것이 원죄의 직접적 전가로 인한 것이라고 보기 어렵다. 오히려 아담의 범죄로부터 시작된 죄가 간접적으로 영향을 미쳐서 죄성을 타고난 인간이 죄를 지음으로 부패하고, 죄인이 된다는 입장이 성경 전체의 내용과 일치한다고 볼 수 있다.

물론 아담의 원죄가 직접적으로 전가되지 않았다고 해서 인간이 선하다는 입장은 아니다. 아담 후에 태어나는 인간들이 처음 아담처럼 전혀 죄의 영향을 받지 않았다거나, 죄성이 없이 태어난다고 할 수는 없다. 아담의 범죄로 인간은 죄아래 갇히게 되었기 때문이다. 그러나 이것이 아담과 함께 모든 인류가 죄를 범했다고 주장하는 것 또한 잘못된 것이다. 태어나는 인간들은 아직 죄를 짓지 않은 상태이기 때문에 죄는 없다고 보아야 정상이다. 그렇다고 죄를 안 지을 수 없는 것은 죄성을 타고난 인간이 마귀의 유혹에 의해서 죄에 빠지는 것이다. 아담이 타락한 것처럼 모든 자들이 그 전철을 되풀이하고 있는 것이다. 그렇기 때문에 죄인이 되고, 그 죄의 책임은 각자가 져야 하는 것이다. 이렇게 설명하면 모든 인간이 죄아래 있고, 죄를 범했다는 말씀도 맞는 반면, 하나님이 죄를 짓게 한 것이 아니라 공평한 기회를 주었다는 측면에서 하나님의 공의도 문제가 없어진다.

아담의 범죄 이후로 이 세상에 죄가 들어왔기 때문에 모든 인간은 죄로부터 자유로울 수가 없다. 그렇다고 하나님이 인간을 죄 지을 수밖에 없는 운명이 되게 하거나 아담의 원죄가 전가되거나 한 것이라고 볼 수 없다. 인간은 각자가 죄를 짓고, 그 죄에 대해 심판을 받는 것이다. 죄성이 있다고 해서 그것만으로 성경은 죄인으로 규정하지 않는다. 그 죄성으로 죄를 지을 때 죄가 발생하며, 죄인이 되는 것이다. 그렇기 때문에 예수 그리스도의 십자가의 공로와 사죄의 은총이 필요하지 않은 자는 아무도 없다.

심지어 성령으로 거듭난 자로 하더라도 육신을 입고 있는 동안에는 죄의 유혹과 세력의 공격을 받게 된다. 그것은 곧 죄를 짓지 않았지만 지을 수 있는 가능성 안에 놓여 있는 것이며, 죄를 짓는다면 그 책임은 다른 누구에게도 돌릴 수 없고 각자가 져야 한다는 것이다. 따라서 인간은 성악설의 입장에 놓여 있기는 하지만, 아담의 원죄가 그 직접적 원인이라고 해서는 안 된다. 오히려 아담의 죄의 간접적 영향으로 인하여 죄성을 타고난 인간들이 마귀의 유혹과 미혹에 의해 범죄하기 때문에 죄인이 되는 것이라고 이해해야 한다.

3. 원죄론 논쟁에서 제기되는 질문들

1. 아담 범죄 이후에 출생하는 인간은 그 본성이 선한가, 악한가? 인간의 본성이 아담의 원죄에 오염된 상태에서 태어나는가? 아니면 깨끗한 상태에서 태어나는가? 아니면 깨끗한 상태에서 태어나지만 바로 죄의 영향력으로 오염되기 때문에 인간의 본성이 악해지는가?

2. 아담의 후손들이 아담의 원죄를 가지고 태어난다면, 전적으로 타락된 상태인가, 부분적으로 타락한 상태인가? 부분적 타락을 하였다면 인간에게 자유의지는 가능하며, 선을 선택할 능력이 남아 있는가?

3. 아담의 원죄로 인간이 전적으로 부패하였다면, 인간에게는 선을 선택할 자유의지가 조금도 남아있지 않다는 뜻인가? 아니면 완전하지는 않지만 선을 행할 의지가 그래도 남아 있다고 보는 것이 맞는가?

4. 하나님이 각 개인의 영혼을 직접 창조한다는 영혼창조설을 믿는다면 아담 이후 태어나는 자들의 영혼도 하나님이 창조한다는 말씀이다. 그렇다면 하나님이 직접 창조하는 영혼에게 원죄가 있다고 할 수 있는가? 아담의 원죄가 직접 전가된다고 한다면, 영혼

을 창조하는 하나님의 사역과 충돌이 일어날 수밖에 없다. 그렇다면 원죄설 주장은 성경적으로 설명이 힘들어 지는데 이것을 어떻게 설명할 것인가?

5. 아담의 원죄가 조상의 생식을 통해 후손들에게 유전되거나 전가된다고 하는 근거를 성경 어디에서 찾을 수 있는가? 인간의 추론이나 논리적 사고, 경험, 이성, 철학, 신학 등에 의해서 만들어진 원죄론의 근거가 성경과 얼마나 일치하는가?

6. 인간의 영혼은 죄로 완전히 오염되지 않았지만, 이 세상에서 역사하는 마귀의 유혹과 인간이 타고난 죄성 때문에 선을 선택하는 대신 죄를 선택함으로 죄인이 된다는 주장은 성경적으로 얼마나 설득력이 있는가? 아담과 하와가 마귀의 미혹을 받아 범죄한 것처럼, 온 인류가 아담처럼 범죄의 과정을 되풀이함으로 죄인이 된다는 주장에 대해서는 어떻게 이해해야 하는가? 하나님은 범죄 하기 전 아담을 대하는 것과 범죄한 후 아담의 후손을 대하는 것에 어떤 차이가 있는가,

7. 원죄가 전가되거나 유전되기 때문에 인간이 죄인으로 태어난다면 그 죄에 대한 책임은 누구에게 물어야 하는가? 죄를 짓는 각 개인에게 있는가? 아니면 원죄를 범한 아담에게 있는가? 아니면 그 모든 것을 허용한 하나님께 있는가? 자신이 범죄하지 않았음에도 불구하고 남이 지은 죄로 죄인으로 심판을 받게 한다면 누가 의롭게 살려고 하겠는가? 그렇다면 공의로 심판하시는 하나님의 정의가 바로 설 수 있는가?

8. 노아 홍수 심판을 통해 인간의 악함을 보시고 인간을 창조한 것에 대해 한탄하신 하나님은 노아 홍수 이후에도 번성하라고 하셨다. 그것은 타락 전 아담과 인류에게 하신 말씀과 동일한 것이다. 아담의 원죄로 인하여 그 후손들이 범죄한 상태로 태어난다면 어떻게 이런 말씀을 노아 홍수 이후에도 할 수 있는가? 그것은 결국 원죄를 가진 죄인들을 더 많이 양산하라는 것이 아닌가? 원죄를

가진 자들이 많이 태어날수록 세상은 더욱 죄로 관영할 것이기 때문에 오히려 번성을 막아야 하지 않는가? 원죄를 가지고 태어난다면 결국 인간들은 또다시 하나님을 배역하여 제2의 홍수심판을 가져올 수밖에 없을 것인데 왜 홍수 심판 이후에도 타락하기 전 아담에게 하셨던 것처럼 인류가 계속 번성할 것을 말씀하신 것인가?

9. 알미니안주의나 웨슬리주의에서 인간은 원죄를 가지고 태어나지만 하나님의 선재적 은총을 통해 태어나는 순간 모든 인간들의 원죄가 사하여진다고 주장한다. 이것은 성경에 근거한 주장인가?

10. 인간이 원죄를 가지고 태어난다면 그 결과는 사망이 분명하다. 그런데 사단은 원죄로 인하여 지옥 심판을 받을 수밖에 없는 인간을 또다시 지옥 심판을 받도록 공격하고 미혹하여 타락시킨다고 할 수 있는가? 이미 원죄를 가진 인간이라면 왜 사단은 미혹하고 공격하여 죄를 짓게 만드는가?

11. 아담의 범죄로 인해 죽음이 왔고, 그 후에 태어난 모든 자들도 육체의 죽음을 맞이하게 되었다. 그 죽음의 원인이 아담의 원죄가 모든 인간들에게 직접 전가되었기 때문인가? 그렇다면 죽음을 보지 않고 천국에 올라간 에녹이나 엘리야에 대해서는 어떻게 설명할 수 있는가? 아담의 타락으로 인해 모든 사람에게 죄를 지을 수 있는 본성을 가지고 태어남으로 각자가 죄를 지어 죽음에 이른다고 보는 것이 더 합당하다고 생각하지 않는가?

12. 아담 한 사람의 범죄가 모든 자에게 전가되거나 그 죄에 참여하였다고 하는 논리는 각자 행한 대로 심판하시는 하나님의 심판 공의와 정의에 부합한다고 할 수 있는가?

13. '원죄'라는 단어는 성경에 나오지 않는다. 원죄에 대한 심판의 내용도 성경이 직접적으로 언급하지 않는다. 원죄를 사함 받아야 한다는 내용이나 원죄에 대한 속죄제사도 성경은 요구하지 않는다. 예수 그리스도의 십자가의 대속은 원죄를 위한 것이 아니라, 자범죄를 위한 것임을 성경이 말씀하고 있다. 성령세례를 통하여

죄 사함 받을 때에도 자범죄를 회개하라는 것이지 원죄를 회개하라고 한 것이 아니다. 그렇다면 현재 주장되고 있는 원죄론은 성경적으로 볼 때 합당하다고 볼 수 있는가?

14. 원죄를 가지고 태어난다면 태어날 그 당시에는 한 사람도 하나님의 자녀의 자격을 가질 수 없을 것이다. 왜냐하면 죄를 가지고 태어난 자가 하나님의 자녀가 될 수 없기 때문이다. 그럼에도 태어나기 전이나 태어날 때, 하나님의 자녀로, 사명자로, 사사로, 선지자로 태어나는 것에 대해서는 어떻게 설명할 것인가?

15. 아담의 원죄가 보통 생육법에 의해서 부모로부터 유전된다는 주장이 맞다면, 마리아의 혈과 육을 이어받고 보통 생육법으로 성육신하신 예수님에게도 원죄가 전가되지 않았다고 말할 수 있는가? 분명한 것은 예수님은 죄가 없으신(히 4:15) 분이기 때문에 부모의 보통 생육법에 의해 원죄가 유전되지 않았음이 분명하다. 그렇다면 보통 생육법에 의해 태어난 인간에게 원죄가 유전되었다는 주장은 성경적으로 얼마나 설득력이 있는가?

16. 원죄론을 인정할 경우, 유아의 상태에서 죽게 되면 구원은 어떻게 되는가? 그 유아는 죄인으로 태어나서 회개할 기회를 얻지 못했기 때문에 지옥 심판을 받게 되는가? 그래서 어린 아이가 구원받기 위해서는 유아세례를 받아야 한다는 주장은 얼마나 성경적으로 설득력이 있는가?

17. 아담의 원죄가 유전된다면 선악과를 따먹은 그 죄만 유전된다는 것인가, 아니면 선악과를 따먹은 이후에도 아담이 지은 모든 죄도 유전되는가?

18. 원죄가 유전되는 부분은 영혼에 한정되어 있는가, 육체까지 포함하는 것인가?

19. 아담이 범죄할 때, 모든 인류가 아담의 씨 안에서 함께 죄를 지었다는 주장은 성경 어디에 근거하는가?

20. 부모의 보통 생육법에 의해 자식에게 원죄가 전가된다면 인

간의 육체를 창조하시고 지으시는 하나님께서 죄가 유전되지 않도록 할 수는 없는가? 왜 아담의 죄가 그대로 유전되는 육체를 계속해서 창조하시는가?

21. 아담의 원죄가 인간의 의지와 상관없이 전달되거나 유전된다면, 예수 그리스도의 의도 본인의 의지와 상관없이 전달되거나 주입된다고 해야 형평이 맞다. 하지만 예수 그리스도의 의가 우리의 믿음에 의하지 않고 자동적으로 주입되는 것은 아니다. 믿음을 통해서만 그리스도의 의가 전가되거나 주입된다고 할 수 있다. 그렇다면 인간이 죄인 되는 것은 죄를 짓는 행위가 있어야만 죄인이 되는데, 원죄의 교리가 얼마나 설득력이 있는가?

22. 아담의 원죄가 실제로 모든 자들에게 유전되었다고 보는 것이 성경적인가, 아니면 아담의 죄로 인하여 이 세상에 죄가 들어오고, 인간 속에 죄를 지을 수 있는 죄성이 생겨나서 마귀의 유혹에 의해 죄를 짓게 됨으로 모든 사람이 죄인이 된다고 하는 것이 성경적인가?

4. 원죄론에 대한 다양한 학설들

1) 원죄론 주장자들

원죄설(Imputation Theories)의 역사는 라틴교부들까지 올라갈 수 있다. 폴리갑(Polycarpus)에게서 배웠던 이레나이우스(Irenaeus), 오리겐(Origen), 터툴리안(Tertullian), 키프리안(Cyprianus), 삼위일체론을 정립한 아타나시우스(Athanasius of Alexandria), 암부로스(Ambrose) 등 라틴교부들은 원죄설을 주장하였다. 스탠리가 정리한 원죄론에 대한 초기 역사 서술을 보면 다음과 같다.

순교자 유스티누스[2]는 유전된 죄가 우리의 곤경의 원인이라고 지적하지 않고, 귀신들에게 그 책임이 있다고 주장하였다. 이레나이우스는 아담은 하나님께서 주신 지위를 상실했고, 그 상실은 모든 인류에게 영향을 미치고 있다고 주장하였다. 그러나 이 교부는 그 어디에서도 아담의 행위와 그의 자손 사이의 연관관계를 구체적으로 설명하지는 않는다. 테르툴리아누스의 영혼전이설적 인간론은 원죄라는 고도의 개념을 발전시킬 수 있는 길을 열어 놓았다. 그렇지만 테르툴리아누스조차도 우리가 아담 안에 있었다는 그의 이해가 결국에는 도달하였을 법한 그 길을 계속해서 추구하지는 않았다.[3]

초대 교부들은 대부분 아담의 원죄가 직접 전가되었다고 보지 않았다. 터툴리안은 영혼유전을 통해 아담의 죄가 전가된다고 주장하였지만 원죄의 전가에 대해서 명확하게 밝히지 못하였다. 이렇게 원죄론에 대해 보다 명학하고 확실한 주장을 하지 않은 것은 원죄설의 중요성이 크지 않을 뿐 아니라, 성경에서 원죄에 대한 부분을 분명하게 말씀하고 있지 않기 때문이다.

원죄론을 체계화한 사람은 어거스틴이라고 할 수 있다. 밀라드(Millard J. Erickson)의 주장처럼 원죄설은 "어거스틴에게 이를 때까지는"[4] 깊이 다루어지지 않았다. 그러나 어거스틴은 원죄로 인해 인간이 전적으로 부패하게 되고, 완전 타락으로 이어지게 되었다고 주장한다. 이러한 원죄로 인해 인간의 자유의지가 전적으로 타락하였다고 주장하고, 거기에 근거하여 구원론을 펼쳐 나감으로 어거스틴주의 신학이 발전하게 된다.

---

[2] Justine Martyr, A. D. 100-165.
[3] 스탠리 그렌즈, 신옥수 역, 「조직신학」, 크리스챤 다이제스트, 303.
[4] 밀라드 J. 에릭슨, 신경수 역, 「복음주의 조직신학(하)」, 크리스챤 다이제스트, 84.

> 아담이 죄를 범하였을 때, 그는 본성상 오염되게 되었다. 이제 악을 저지르는 성향을 갖게 되었고, 그는 이러한 죄를 짓는 성향을 그의 후손들에게 유전하게 되었다. 따라서 악을 삼가고 선을 행하는 자유는 상실되게 되었다.[5]

여기서 어거스틴도 "죄를 짓는 성향"이 그 후손에게 영향을 미친 것이라고 본 것에는 동의할 수 있다. 그러나 "본성상" 오염되었다고 했을 때, 영혼창조설의 주장과 충돌하게 된다. 하나님이 각 개인의 영혼을 창조한다면 "본성상 오염"된 영혼을 창조한다는 말이 된다. 어거스틴의 주장은 여기서 좀 더 분명하게 정리될 필요가 있다. 또한 "선을 행하는 자유는 상실"하게 되었다는 주장 또한 성경과 맞지 않다. 왜냐하면 성경은 인간에게 선을 요구하고 있기 때문이다. 어거스틴이 원죄론을 주장하면서 성경과 모순되는 많은 이론을 내어놓았다. 그것으로 인해 구원론은 성경에서 많이 벗어났다고 할 수 있다.

이러한 원죄론 사상은 켄트베리의 안셀무스(Anselm of Canterbury), 루터(Martin Luther)와 칼빈(Calvin)을 비롯한 종교개혁자들에게 영향을 끼쳤다. 그리고 현재는 대부분의 개혁 교회들이 원죄론을 정설로 받아들이고 있다. 따라서 종교개혁 전통에 서 있는 대부분의 교회들은 원죄설을 정설로 받아들인다. 물론 원죄의 전가방법에 대해서는 각 교회나 교파가 받아들이는 입장에 조금씩 다른 것이 사실이다.

2) 대표설, 연대설, 계약설

원죄설 안에서도 그 주장하는 이론이나 내용이 차이가 있다. 대표설(representative headship)이나 연대설(federal theory), 계약설(covenant theory)이 대표적이라고 할 수 있다. 유전설, 참가설, 실재설과 같은 원죄설도 있다. 아담을 인류의 대표로 보고, 대표인 아담이 범죄함

---

5 Ibid.

으로 모든 인류가 범죄하였다고 주장하는 대표설은 많은 교회로부터 지지를 받아왔던 교리이다. 코케이우스(Johannes Cocceius)가 주창하고 튜레틴(Francis Turretin)에 의해 체계화 된 대표설은 연대설이나 계약설, 혹은 언약적 대리이론(theory of covenant)과도 밀접하게 연관되어 있다. 성기호 교수가 정리한 원죄설의 내용을 간략하게 살펴보면 다음과 같다.

> 하나님께서 아담과 계약을 맺으실 때 하나님의 계명을 준행하면 아담과 그 후손이 영생을 얻을 것이며, 불순종하면 죄와 사망이 주어질 것이라는 내용이었다. 그런데 아담은 전 인류의 조상으로서 또 하나님과 계약을 맺은 입장에서 하나님을 불순종하고 죄를 지었으므로 아담은 물론 그 후손된 전 인류가 연대적으로 그 책임에 동참하는 죄인이 되었다 한다. 하나님께서 아담의 불순종을 이유로 그 후손을 창조하실 때 죄인으로 창조하신다는 것은 하나님의 공의에도 배치되며 죄책과 부패성을 혼동하는 모순을 가져온다. 즉 인간이 부패한 본성과 죄의 경향성을 가지고 있기 때문에 범죄하는 것이 아니라 죄인이기에 죄를 지을 수밖에 없다고 말함으로 죄책을 죄의 원인으로 이해한다. 이 연대설은 예정론에 기초하여 죄인이기에 죄를 지을 수밖에 없다는 주장이며 프린스톤 신학교의 핫지(Charles Hodge) 교수를 중심한 개혁파 신학자들 중에 지지가 있다.[6]

이러한 주장은 성경적으로 모순되는 부분이 있다. 하나님은 아브라함을 세워 그의 순종함을 보고 그 후손에게 복을 주신다는 언약을 세웠다. 그렇지만 그 후손들 가운데 순종하는 자는 복을 받았고, 불순종하는 자들은 저주를 받았다. 대표자에게 언약을 세운다

---

[6] 성기호, 「죄의 기원」, http://blog.daum.net/jsldabsmdv/2, 2010.12.16 08:13 (2017/1/24 – 접속)

고 해서 그 대표자와 세운 언약이나 잘못된 결과를 그 후손에게 직접적으로 전가시킨다고 볼 수는 없다.

더 나아가 아담을 인류의 대표자라고 한다면, 노아는 그 다음 세대의 인류의 대표라고 할 수 있지 않은가? 왜냐하면 노아 홍수로 인하여 모든 자들이 죽었고, 남아 있는 자는 노아와 그 자녀들뿐이었기 때문이다. 하나님은 노아와 언약을 맺었고, 그 언약은 아담처럼 노아의 후손들과의 언약이라고 할 수 있다. 그렇게 노아를 인류의 또 다른 대표자로 본다면 노아가 술을 마시고 잘못한 것이나 다른 범죄 또한 그 후손에게 전가된다고 해야 하지 않는가? 그러나 노아를 인류의 대표로 인정하는 사람도 없고, 노아의 죄가 전가되었다고 주장하는 사람도 없다. 따라서 대표설이나 참가설, 연대설, 계약설 같은 주장들에 대해서도 동의하기 어렵다.

감리교에서는 원죄를 어떻게 이해하고 있는가? 감리교도 물론 원죄설과 대표설을 지지한다. 감리교 헌법인 '교리와 장정' 제2장 교리편, 제7조 '원죄' 편에서는 이렇게 말하고 있다.

> 원죄는(펠라지안들의 망령된 말같이) 아담을 따라 죄를 범하는 것이 아니요, 아담의 자손으로는 각 사람의 천연적 성품이 부패한 것을 가르침인데 대개 인류가 근본적 의에서 멀리 떠나 그 성품이 늘 죄악으로 치우치는 것이다.[7]

장로교에서도 아담의 원죄설을 그대로 받아들인다. 아담이 범죄할 때 아담 안에서 함께 범죄하였다는 입장이다. 예장 통합측 헌법 신조 6항에서는 원죄와 자범죄에 대하여 다음과 같이 말하고 있다.

> 우리의 시조가 선악 간에 택할 자유가 있었는데 시험을 받아 하나님께 범죄하였다. 아담으로부터 보통 생육법에 의

---

7 「교리와 장정」, 기독교대한감리회, 27, 28.

> 하여 출생하는 모든 사람들이 그의 안에서 <u>그의 범죄에 참
> 여</u>하여 타락하였으니 사람의 원죄와 부패한 성품 외에 범죄
> 할 가능성이 있는 자가 고의로 범죄하는 죄도 있은즉 모든
> 사람이 금세와 내세에 하나님의 공평한 진노와 형벌을 받는
> 것이 마땅하다.[8]

이러한 주장이 맞다면 하나님이 아담과 첫 언약을 맺을 때, 그 언약이 아담 뒤에 태어날 모든 사람들을 포함해서 언약을 맺었다는 것이 된다. 하지만 이러한 주장은 성경의 지지를 받지 못하고 있다. 아담이 인류의 대표이기 때문에 아담 개인의 범죄가 아직 태어나지도 않고, 범죄하지도 않은 전 인류에게 동참죄를 적용시키는 것은 성경적이라고 할 수 없다.

> 여호와 하나님이 그 사람에게 명하여 가라사대 동산 각종 나무
> 의 실과는 네가 임의로 먹되 선악을 알게 하는 나무의 실과는 먹
> 지 말라 네가 먹는 날에는 정녕 죽으리라 하시니라(창 2:16, 17)

이 구절에서 우리는 하나님이 아담과 언약을 맺을 때, 그 후손들을 다 포함하여 언약을 맺었다는 내용을 추론해 낼 수 없다. 만약 이러한 언약이 인류 전체와 맺은 언약이라면, 아담의 죄를 사하여 준 사죄의 효력 역시 전 인류에게 그대로 적용되어야 맞지 않은가? 아담이 인류의 대표이기 때문에 범죄한 것이 그 후손들에게 영향을 미쳤다면, 용서받는 사죄의 은총 또한 전 인류에게 적용되어야 마땅할 것이다. 그러나 아담의 사죄의 은총이 그 후손에게 영향을 미쳤다는 말씀은 성경에 없다. 각 개인이 죄를 짓는 것이고, 용서도 각 개인이 받는다고 성경은 말씀한다. 누가 대표로 죄를 용서받았다고 그 용서 받은 것이 다른 사람에게 영향을 미치는 것은 아

---

[8] 「헌법」, 대한예수교장로회총회(통합), 한국장로교출판사, 39.

니다. 아담이 속죄함을 받았다면 그 효력 또한 그 후손들에게 그대로 영향을 미쳐야 원죄설의 주장이 설득력을 얻게 될 것이다. 그런데 왜 선악과를 따먹은 그 부분만 대표설을 적용하고, 사죄받은 부분에 대해서는 적용하지 않는가?

칼빈의 제자요, 알미니우스의 스승인 베자(Beza)는 아담을 언약의 대표자로 보고, 아담의 범죄는 인류 전체가 아담 안에서 범죄한 것으로 해석한다. 아담과의 언약이 곧 인류 전체와 언약을 맺은 것으로 이해하고, 아담이 죄를 지음으로 인류 전체도 죄를 지은 것이 된다.

> 베자(Beza)는 특히 아담이 본성에 있어서 인류의 자연적인 머리(the natural head)일 뿐만 아니라 하나님이 인류와 맺은 언약의 대표자(federal representative)였고, 그 결과 그의 최초의 죄는 그의 모든 후손들에게 죄책으로 전이된다는 사실을 강조하였다. 모든 사람이 아담 안에서 죄책을 지기 때문에, 그들은 부패된 상태로 태어난다.[9]

베자는 아담이 인류를 대표하는 법적인 대리인이기 때문에, 아담의 범죄가 곧 인류 전체의 범죄로 보고 있다. 아담의 범죄로 인하여 그 죄책이 모든 자들에게 전이되었다는 것이다. 아담의 범죄가 곧 인류 전체의 범죄였다. 인류는 아담 안에서 모두가 범죄하였다는 주장이다.

그러나 여기서 아담이 인류의 법적 대리인이라는 성경의 근거는 어디서도 찾을 수 없다. 또한 아담이 인류의 법적 대리인이라면 아담이 죄용서 받은 것 또한 전 인류에게 영향을 미친다고 해야 정상일 것이다. 머레이는 아담의 원죄가 곧 모든 인류의 죄이며, 아담의 타락은 곧 인류 전체의 타락이라고 이해하였다.

---

9 루이스 벌코프, 박문재 역, 「기독교교리사」, 157.

> 우리는 모두 우리를 대표하는 머리로서의 아담 안에서 시험을 받았으며, 아담 안에서 실패했다. 아담과의 연대성으로 인해 아담의 범죄는 우리의 범죄였고, 아담의 타락은 우리의 타락이었다. 마찬가지로 자손들은 경고의 성취 범위 안에 있다. 죽는 자는 모두 아담 안에서 죽으며, 아담 안에서 모두가 죽었다(참고. 롬 5:12; 고전 15:22).[10]

이 설을 지지하는 학자들 가운데는 칼빈, 바빙크(Herman Bavinck), 보이스(James, P. Boice), 쉐퍼(Lewis S. Chafer) 등이 있다. 아직 태어나지도 않은 모든 인류를 아담 안에서 범죄하였다고 하면 구원론에 엄청난 영향을 미치는 것이 사실이다. 아담 안에서 인류가 죽었다면, 하나님은 죽은 인류를 생산하고 번성하게 해서 죄인들을 양산하는 일을 한다는 비난을 어떻게 면할 수 있겠는가? 그리고 태어나는 자들이 모두 죄인이기 때문에 하나님의 절대 예정과 은총 없이는 구원이 불가능하다는 이론이 성립된다.

> 사망이 사람으로 말미암았으니 죽은 자의 부활도 사람으로 말미암는도다 아담 안에서 모든 사람이 죽은 것같이 그리스도 안에서 모든 사람이 삶을 얻으리라(고전 15:21, 22)

만약 아담이 범죄함으로 모든 인류에게 죄가 자동적으로 전가되었다고 한다면, 예수 그리스도의 대속의 은총 또한 모든 자에게 조건 없이 직접적으로 전가되었다고 해야 논리적으로 모순이 없다. 그러나 성경은 그리스도의 의가 모든 자에게 직접적으로 전가되었다고 말씀하고 있지 않다. "아담 안에서 모든 사람이 죽은 것같이 그리스도 안에서 모든 사람이 삶을 얻으리라"는 말씀은 예수 그리스도를 믿는 자에 한해서 생명을 얻게 된다는 말이다. 분명히

---

10 존 머레이, 박문재 역, 「존 머레이 조직신학」, 크리스찬 다이제스트, 69

믿음이라는 조건이 전제된다. 마찬가지로 아담 안에서 모든 사람이 죽었다는 것은 아담처럼 죄를 지을 때 죽는다는 것이다. 아담의 죄가 자동적으로 전가된 것이 아니라, 모든 자들이 아담처럼 범죄하기 때문에 사망이 온 것이다.

> 기록된바 첫 사람 아담은 산 영이 되었다 함과 같이 마지막 아담은 살려 주는 영이 되었나니 그러나 먼저는 신령한 자가 아니요 육 있는 자요 그 다음에 신령한 자니라(고전 15:45, 46)

첫째 아담이 범죄함으로 그 죄가 모든 인류에게 전가되었다고 한다면, 둘째 아담으로 오신 예수 그리스도의 대속의 은총 또한 모든 인류에게 자동적으로 전가되었다고 해야 할 것이다. 그러나 예수 그리스도의 의는 회개와 믿음을 통해서만 전가될 수 있다. 그러므로 아담의 원죄가 직접적으로 전가된다는 해석은 성경 해석상 논리적 모순이 있다.

이에 대해서 웨슬리는 예수 그리스도의 의가 원죄를 사하는 부분에 있어서는 자동적으로 미친다고 주장한다. 즉, 선재적 은총을 통해 신자만 아니라 불신자들의 원죄도 예수 그리스도의 십자가의 은총으로 믿음과 상관없이 용서되었다고 주장한다. 이러한 주장은 잘못된 추론에 의해서 생긴 것이라고 할 수 있다. 누구든지 예수 그리스도의 대속의 은총을 받기 위해서는 회개하고 믿어야만 그 효력이 전가된다. 믿음의 "행위"가 반드시 수반되어야 그리스도의 의도 전가된다. 마찬가지로 인간이 죄인 되는 것도 각자가 죄를 지어야 죄인이 되는 것이다. 아담의 원죄가 전가됨으로 모든 인류가 모태에서부터 죄인된 것이 아니다. 따라서 대표설이나 참가설, 연대설, 계약설과 같은 원죄설의 주장은 성경에서 그 근거를 찾아내기 어려운 이론들이라고 할 수 있다.

모든 인간에게 죽음이 찾아오는 것을 원죄설의 하나의 증거로 보는 경향이 있다. 죽음은 죄의 결과인데, 모든 자들이 다 죽는 것은 모든 자들이 다 죄를 지었다는 증거이며, 모든 자들이 다 죄를 지었다는 것은 원죄 때문이라고 보는 것이다. 유아가 사망하는 것도 원죄 때문이라고 웨슬리는 보았다. 웨슬리는 이러한 원죄는 선재적 은총을 통해 유아가 태어날 때 원죄가 사해졌다고 본다. 어거스틴도 유아의 죽음은 원죄가 원인이라고 보고, 원죄로부터 구원받기 위해서는 반드시 유아세례를 받아야 그 유아들이 죽어도 천국에 갈 수 있다고 보았다. 과연 이러한 주장들이 얼마나 성경적이라고 할 수 있는가?

아담으로부터 전가되는 원죄 때문에 인간이 죽고, 심판받는다는 근거를 성경에서 찾아볼 수 없다. 아담의 원죄 때문이 아니라, 아담의 범죄로 인해 세상에 들어온 죄의 영향, 인간의 정욕, 사단의 시험과 공격으로 인해 인간 각자가 자범죄를 짓기 때문에 지옥에 떨어진다고 성경은 말씀하고 있다. 그렇다고 해서 펠라기우스가 주장한 것처럼 모든 인류가 타락하기 전 아담의 모습으로 태어나는 것은 아니다. 분명 아담의 죄로 인해 이 세상에 죄가 들어오고, 그 죄의 영향으로 모든 인간은 죽음에 이를 수밖에 없다. 그러나 그것이 원죄설에서 말하는 아담의 죄의 직접적인 전가 때문은 아니라는 사실이다. 만약 아담의 원죄로 모든 자들이 죽음을 맞이할 수밖에 없다면, 죽음을 보지 않고 하늘로 올라간 에녹과 엘리야에 대해서는 어떻게 설명할 것인가? 아담의 원죄로 모든 자들이 다 죽게 된다면 에녹과 엘리야도 육체의 죽음을 당했어야 하지 않는가?

대표설, 참가설, 연대설, 계약설과 같은 여러 이론으로 원죄설을 설명하려고 시도하지만, 성경적 근거가 희박하다. 그리고 논리적으로나 성경 해석의 형평성 등을 고려했을 때 그 근거를 찾아보기 힘든 상황이다.

3) 생물학적 대표 이론

생물학적 대표 이론(seminal headship)은 아담을 인류의 생물학적 대표로 보고, 아담의 허리 안에 인류 전체의 씨앗이 들어 있다고 보는 이론이다. 인류 전체는 아담과 유기적 관계를 가지고 있기 때문에 아담이 범죄할 때, 아담 안에 씨앗으로 들어있던 모든 인류도 아담과 함께 범죄하였다는 이론이다. 이 주장은 "이는 멜기세덱이 아브라함을 만날 때에 레위는 아직 자기 조상의 허리에 있었음이니라"(히 7:10)라고 하는 성경해석에 근거하여, 아담의 허리 안에 태어날 모든 자들이 들어 있었다고 보는 것이다. 이 이론을 지지하는 학자들 가운데는 스펄전(C. H. Spurgeon), 스트롱(Augustus H. Storong), 월부드(John F. Walvoord), 에릭슨(Millard J. Erickson) 등이 있다.

> 사망이 사람으로 말미암았으니 죽은 자의 부활도 사람으로 말미암는도다 아담 안에서 모든 사람이 죽은 것같이 그리스도 안에서 모든 사람이 삶을 얻으리라(고전 15:21, 22)

아담은 생물학적 대표자로서 인류 전체를 대표하기 때문에 하나님께서 그와 맺은 선악과 언약은 아담 한 사람만의 언약이 아니라 앞으로 태어날 인류 전체와 맺은 언약이 된 것이라고 본다. 따라서 아담의 결정이 곧 인류의 결정이 된다는 것이다. 아담이 범죄하지 않았다면 그 후손들도 에덴동산에서 함께 살았을 것이다. 그러나 아담이 모든 자들의 대표로 선악과를 따먹음으로 인해 전 인류가 선악과를 따먹는 죄를 범한 셈이 되어버렸다. 아담의 죄가 곧 전 인류 전체의 죄가 된 것이다. 따라서 아담의 죄는 아담 혼자만 책임질 문제가 아니라 전 인류가 책임질 문제가 되었다.

만약 그런 논리라면, 아담이 용서받을 때 인류를 대표해서 용서받았기 때문에 인류 전체가 용서받은 것으로 보아야 하지 않는가? 아담이 비록 범죄했더라도 용서함을 받았기 때문에 용서받은 상태에서 후손을 생산한다면 그 씨 속에 죄가 있다고 말할 수 없지 않은가? 원죄가 용서받은 상태에서 후손들이 태어나는데, 어떻게 원죄가 유전되거나 전가된다고 할 수 있는가? 하지만 종교개혁 이후로 개혁교회들은 원죄설을 주장하여 왔다. 프랑스 신앙고백 제10조와 11조를 보면 내용을 보면 다음과 같다.

> 제10조. 아담의 후손은 다 원죄에 묶여 있는데 이것은 유전적인 악이어서 펠라기우스파가 선언한 단순한 모방이 아님을 우리는 믿으며 그들의 과오를 미워한다. 또 우리는 죄가 어떻게 이 사람에게서 저 사람에게로 전해지는지 질문할 필요가 없다고 생각하는데 그 까닭은 하나님이 <u>아담에게 주신 것은 아담에 대한 것이 아니고 그의 모든 후손에 대한 것이기 때문이다.</u> 그리하여 아담 안에서 우리는 모든 선한 것들을 박탈당하였고 그와 함께 죄와 비참한 상태에 빠졌다.
>
> 제11조. 이 악은 참으로 죄이며 비록 <u>모태에 있는 어린아이들까지도</u> 포함하여 전체 인류를 정죄하기에 충분하며, 하나님도 그 악을 그렇게 생각하신다고 우리는 또한 믿는다. 세례를 받은 후도 죄과는 여전히 죄의 상태로 있되 하나님의 자녀들에 대해서는 죄과에 대한 정죄가 폐지되는 것은 단순히 그의 자유로운 은혜와 사랑에 기인한다. 그리고 더 나아가서, 죄과는 언제나 악의와 반역의 열매를 맺는 타성을 가지는 것이고, 가장 거룩한 사람들이 죄악에 저항할지라도 현세에서는 여전히 많은 약점과 불완전한 것을 지니게 된다.[11]

프랑스 신앙고백은 철저히 원죄설의 입장에 서 있다. 심지어 모태에 있는 어린아이들까지도 원죄에 오염되어 있다고 본다. 대한

---

11 이장식 편역, 「기독교신조사(I)」, 컨콜디아사, 209.

예수교장로회총회(합동측) 헌법 신조 6항을 보면, 원죄설에 대해 다음과 같이 정의하고 있다.

> 우리의 시조가 선악 간 택할 자유능이 있었는데 시험을 받아 하나님께 범죄한지라 아담으로부터 보통 생육법에 의하여 출생하는 모든 인종들이 그의 안에서 그의 범죄에 동참하여 타락하였으니, 사람의 원죄와 및 부패한 성품에 범죄할 능이 있는 자가 일부러 짓는 죄도 있은즉 모든 사람이 금세와 내세에 하나님의 공평한 진노와 형벌을 받는 것이 마땅하다.[12]

장로교 헌법에서도 원죄설을 주장한다. 참여설을 주장하며, 대표설을 주장한다. 또한 유전설을 주장함으로써 장로교는 철저히 원죄설을 주장하는 입장에 서 있다. 벌콥은 종교개혁자들도 아담의 대표설을 받아들인 것으로 설명하고 있다.

> 종교개혁 이후에 언약 개념은 특히 불링거(Bullinger), 폴라누스(Planus), 고마루스(Gomarus), 클로펜부르크(Clopenburg), 코케이우스(Cocceius)의 저작들 속에서 더 상세하게 발전되었다. 아담은 단순히 본성적으로 인류의 머리일 뿐만 아니라 하나님이 인류와 맺은 언약의 머리, 그의 모든 후손들의 도덕적, 법적 대표자였다는 것이 분명해졌다. 그 결과, 모든 사람이 아담 안에서 문자 그대로 및 사실적으로 범죄하였다는 사상은 모든 사람이 아담 안에서 대표의 원리에 의해서 범죄하였다는 사상으로 바뀌었다. 첫 번째 인간이 그의 모든 후손들의 법적 대표자로서 범죄하였기 때문에, 그의 죄로 인한 죄책(guilt)은 그들에게 전가되고, 따라서 그들도 부패한 채로 태어난다. 실재론은 루터파 진영에서보다 개혁파 진영에서 더 일반적으로 폐기되

---

12 「성경소요리문답」 헌법, 대한예수교장로회총회, 20.

었고, 죄의 전이(transmission)를 설명하는 데에는 실재론 대신에 언약 개념이 활용되었다.[13]

칼빈은 기독교강요에서 "원죄는 우리의 본성의 유전적 타락과 부패다. 그것은 영혼의 모든 부분에 퍼졌으며 하나님의 진노에 대하여 불쾌하게 생각하며 우리 안에 성서가 "육체의 일"(갈 5:19)이라고 부르는 일들을 일어나게 한다"[14]고 하였다. "그러므로 유아들 자신은 그들의 죄의 열매를 산출하지는 않으나 그들 속에는 죄의 종자를 가지고 있다"[15]고 주장하였다. 칼빈도 생물학적 대표이론과 유전설을 주장하고 있다.

하지만 생물학적 대표이론을 주장하기 위해서는 다음 질문에 대해서도 분명히 답을 해야 할 것이다. 만약 생물학적으로 죄가 유전된다면 선악과를 따먹은 아담의 죄만 유전되는지, 아니면 아담이 그 후에 지은 죄까지 포함해서 유전되는지에 대해 답을 해야 한다. 하와의 죄도 후손에게 전가되는 것인지? 아담과 하와가 용서받은 것도 전가되는 것인지에 대해서 분명한 답을 해야 할 것이다. 또한 죄의 종자를 가진 자체를 죄인으로 볼 것인지, 아니면 죄를 지어야만 죄인으로 볼 것인지도 명확하게 해야 할 것이다.

4) 어거스틴주의와 실재론

펠라기우스가 원죄를 부인한 것에 대해서 어거스틴은 원죄를 더욱 철저히 주장하였다. 아담이 처음에는 완전한 자유의지를 가진 존재였을 뿐만 아니라 영생하도록 지음받았다. 그러나 아담이 선악과를 따먹음으로 범죄하게 되었고, 그 죄로 인하여 저주와 죽음이 왔다. 아담의 불순종으로 세상에 죄가 들어오게 되고, 죽음이 시작되었다. 실로 아담의 원죄는 인류 전체에 엄청난 저주를 가져

---

13 루이스 벌코프, 박문재 역, 「기독교교리사」, 크리스찬 다이제스트, 159.
14 존 칼빈, 이종성 역, 「기독교강요선」, 기독교서회, 50.
15 Ibid.

오게 되었고, 특히 뱀과 여자의 후손이 원수가 되는 불행이 다가왔다. 아담은 인류의 대표이기 때문에 아담 한 사람의 범죄는 그 한 사람으로 끝난 것이 아니라 전 인류의 범죄가 되었다. 아담 안에서 모든 자들이 죄를 지었고, 그로 인해 사망이 왔다는 것이 어거스틴의 주장이다.

> 그 죄는 단지 아담 자신의 죄만은 아니었다. 우리 모두는 그와 더불어 하나이며 따라서 그의 죄에 참여하였다. 인간의 영혼은 생식의 과정을 통하여 그의 부모로부터 파생(영혼유전설)하기 때문에, 우리는 아담에게 참여하였으며, 그 안에서 그와 더불어 범죄하였다. 이것은 모든 인간들이 심각하게 오염된 상태에서 인생을 시작한다는 것을 의미한다. 어거스틴은 하나님의 형상이 완전히 파괴되었다고 주장하지는 않지만, 우리가 죄를 범하지 않을 자유, 즉 아담이 가졌던 자유를 상실하였다고 주장한다.[16]

여기서 어거스틴은 인간의 완전타락이 아닌 부분적 타락을 말한다. 하지만 아담이 원래 가졌던 선을 행할 자유는 완전히 상실되었다고 본다. 따라서 아담 이후 보통 생육법에 의해 태어나는 모든 인간은 아담의 원죄를 직접적으로 전가(轉嫁, imputation) 받아 태어나는 것이다. 그렇기 때문에 아기로 태어나면서부터 원죄를 가지며, 그 어린아이도 구원받기 위해서는 반드시 유아 세례를 받아야 한다고 주장하였다. 그러므로 이 땅에 태어나는 모든 자들은 아담의 원죄를 태어날 때부터 타고난다는 것이다.

> 아담과 그의 자손들 간의 유기적 연결 관계를 통해서 아담은 그의 타락한 본성을 거기에 붙은 죄책 및 부패와 더불어

---

16 밀라드 J. 에릭슨, 신경수 역, 「복음주의 조직신학(하)」, 크리스챤 다이제스트, 86.

서 그의 후손들에게 물려준다. 아우구스티누스는 인류가 하나가 되어 있다는 것을 단순히 연합이 아니라 <u>실재론적인 의미</u>로 이해한다. 온 인류는 첫 번째 사람인 아담 안에 배아로서 존재하였기 때문에 아담 안에서 <u>실제로 범죄</u>하였다.[17]

어거스틴은 아담이 죄를 지을 때 모든 인류가 아담과 함께 실제로 범죄한 것으로 이해하였다. 조나단 에드워즈도 실재론을 주장하였다. 그는 "우리는 마치 가지들이 하나의 나무와 연결되어 있듯이 아담과 연결되어 있고, 그 결과로 아담의 죄는 우리의 죄이기도 하기 때문에 우리에게 전가된다"[18]고 하였다. 죄를 실제로 범하였다는 측면에서는 어거스틴과 에드워즈가 일맥상통하는 측면이 있다. 다음은 어거스틴이 쓴 글, '펠라기안에 대항하여'(Against the Pelagians)라는 내용의 일부이다.

> 죄는 악한 행동들로 이루어지는 것이 아니라 아담으로부터 물려받은 악한 본성이다. 악한 행동들은 다 악한 본성으로 말미암아 생긴다. 그 누구도 예외 없이 모든 사람은 이 악한 본성을 가지고 태어난다. 그러나 그것은 우리 존재의 창조의 한 부분은 아니다. 우리는 이것을 창조 후에 받았다. 그러므로 이것은 제거될 수 있고 우리는 원래의 선한 본성을 회복할 수 있다.
>
> 이 회복은 하나님이 주시는 은혜의 산물이다. 사람들의 마음속에서 사람들이 선을 행할 수 있게 하시는 하나님의 역사가 바로 이 은혜인 것이다. 이것 없이는 결코 그리스도의 법에 복종하거나 그리스도의 복음을 믿을 수 없다…… 하나님의 은혜는 영원한 생명으로 예정된 사람들에게는 불가항력적인 것이다. 영원한 사망으로 예정된 사람들에게 하

---

17 루이스 벌코프, 박문재 역, 「기독교 교리사」, 크리스찬 다이제스트, 141.
18 Ibid., 169.

나님의 은혜는 주어지지 않는다.[19]

1530년 멜랑히톤이 작성한 루터파의 신앙고백서인 아우구스부르크 신앙고백(Augsburg Confession)에서도 어거스틴의 주장과 같이 원죄설을 기술하고 있다.

> 아담의 타락 이후로 자연적 과정을 통하여 태어나 모든 사람은 죄 가운데서 잉태되는 것을 우리들이 가르치고 있다. 즉 누구나 다 모태에 있을 때부터 악한 정욕과 범죄성향이 있어서 자연히 하나님을 참으로 두려워하거나 참된 신앙을 가질 수 없었다. 더구나 이 생득의 질환과 <u>유전적 죄는 실제로 죄가 되어서</u> 세례와 성령을 통하여 새로 나지 않는 사람은 모두 하나님의 영원한 진노를 받게 된다.
> 　이 문제와 관련하여 펠라기안들(Pelagians)과 그밖에도 원죄를 죄 아니라고 하는 사람들이 배격을 받아야 하는데 그 까닭은 그들은 자연 그대로의 인간이 자기 자신의 힘으로 의롭게 되는 것을 주장함으로써 그리스도의 고난과 공로를 훼손하기 때문이다.[20]

어거스틴이 원죄설을 주장하는 것은 그리스도의 공로가 손상되지 않도록 하기 위한 것이었다. 펠라기우스처럼 원죄설을 부인하면 예수 그리스도의 고난과 공로를 훼손하는 결과를 가져올 수밖에 없다고 생각한 것이다. 펠라기우스의 주장은 예수 그리스도의 은혜 없이도 의롭게 되며 구원에 이를 수 있다는 것이기 때문에 성경적 오류를 범한 것이 분명하다. 그렇다고 해서 영혼선재설이나 유전설에 근거해서 아담의 죄가 직접적으로 모든 자들에게 전가되

19　해리 R. 보어, 백성호 옮김, 「단편 초대교회사」, 개혁주의신행협회, 208-209.
20　이장식 편역, 「기독교신조사(I)」, 컨콜디아사, 36, 37.

었다는 주장은 하나님의 공의와 심판에 심각한 문제가 제기될 수 있다. 인간이 전적 타락이 아닌 부분적 타락을 했어도 예수 그리스도의 십자가의 대속의 은총은 절대적으로 필요하며, 부분적 타락이 예수 그리스도의 대속의 공로를 조금도 손상시킬 수 없음을 알아야 한다.

독일의 예나대학 교회사 교수인 칼 호이시는 어거스틴의 '죄와 은총론'에서 인간의 타락과 예정, 자유의지에 대해 다음과 같이 정리하고 있다.

> 아담은 하나님에 의해서 선하게 창조되었으며 그의 자유의지(liberum arbitrium) 즉 도덕적 의지의 자유가 선한 것을 향하게 되었으며 하나님은 그에게 은총을 받아들일 수 있는 기관을 주었고, 그것으로 선에 머물 수 있게 되었다. 그러나 죄를 통해서 아담은 하나님과의 사귐과 은총을 받을 수 있는 기관을 상실하고 그는 쾌락욕과 죽음의 운명에 떨어지고 선을 행하는 것은 전적으로 불가능하게 되었다(mesera necessiatas non posse non peccandi).
>
> 그러나 아담에게서 모든 그의 후손들은 죄를 지었고, 그들은 원죄를 통해서 몸과 영혼이 더러워졌으며 어린이들도 예외가 아니다. 인류 전체가 선을 행할 수 없는 부패의 덩어리다. 자유의지는 실상 존재하지만 인간의 의지는 하나님의 은총을 통해서 해방되지 않으면 선을 행할 능력을 가지지 못한다.[21]

어거스틴과 논쟁을 벌인 펠라기우스는 411년 정죄된다. 이 논쟁으로 인해서 펠라기우스는 추방되며 어거스틴의 이론이 정통 신학이 된다. 어거스틴의 은총론과 예정론, 노예의지론이 교회에 의해

---

21 칼 호이시, 손규태 옮김, 「칼 호이시의 세계교회사」, 한국신학연구소, 194, 195.

인정을 받는다. 이러한 어거스틴의 신학 전통은 중세 가톨릭에 절대적 영향을 미쳤고, 종교개혁자 루터와 칼빈에게 영향을 미친다.

분명한 사실은 아담의 범죄로 아담 이후 모든 인간에게 죽음이 왔다는 것이다. 그러므로 직접적이든 간접적이든 아담의 죄 때문에 그 후손들도 죽음의 형벌을 받게 된다. 또한 어떤 식으로든 세상에 죄가 들어왔고 그 죄의 영향을 받지 않는 자가 없게 되었다. 그러므로 아담의 죄의 영향을 전혀 받지 않는다고 하는 펠라기우스의 주장은 근거가 없게 되었다.

어거스틴의 원죄설에 의하면 인간은 죄로 인해서 전적으로 타락하여 어떤 선도 행할 수 없게 된다. 어거스틴은 인간 의지가 어느 정도 있기는 하지만, 악의 지배아래 있기 때문에 선을 행할 수 없다고 본다.[22] 어거스틴의 전통을 이어받은 칼빈은 "죄책과 타락, 이 양자는 아담의 모든 자손에게 미쳤고 부모부터 자식에게로 전해졌다"[23]고 하였다. 어거스틴은 원죄론에서 실재론의 입장을 택하였다.

5) 영혼선재설, 영혼유전설, 영혼창조설

원죄론의 문제를 풀기 위해서는 영혼이 언제 어디서부터 생겨나는지에 대한 규명이 필요하다. 영혼선재설, 영혼유전설, 영혼창조설이 있는데, 어떤 설을 취하느냐에 따라 원죄론의 입장도 달라질 수 있다. 영혼선재설은 창세 전에 이미 태어날 영혼들이 창조되었다는 주장이다. 선재설(pre-existentianism)은 성경적 근거를 찾아보기 힘들다. 영혼유전설(traducianism)은 조상으로부터 영혼이 계속해서 그 후손에게로 유전된다는 주장이다. 이들의 주장은 하나님은 아담의 영혼만 창조했고, 하와나 그 후손들의 영혼들은 생육에 의해서 유전되었다는 것이다. 또한 자손들이 조상의 허리에 씨로 있

---

22 루이스 벌코프, 박문재 역, 「기독교 교리사」, 크리스찬 다이제스트, 142.
23 스탠리 그렌즈, 신옥수 역, 「조직신학」, 크리스찬 다이제스트, 304.

다는 것을 근거로 유전설을 주장한다. 그러나 대부분의 개혁주의 신학자들은 영혼창조설(creationism)을 지지한다. 영혼창조설은 전도서 12:7, 이사야 42:5, 스가랴 12:1, 히브리서12:9, 민수기16:22 등에서 그 근거를 찾는다. 각 개인의 영혼은 하나님이 직접 창조하신다는 입장이다.

어떤 주장을 취하느냐에 따라서 원죄설에 대한 설명도 달라진다. 영혼선재설은 이미 천국에서 타락한 영혼이 인간이 태어날 때 육체와 결합하여 태어나기 때문에 악하다는 것이다. 헬라 교부들은 대부분 원죄설을 부인하였지만, 오리겐(Origen)은 견해를 달리하고 있다. 영혼선재설을 주장한 오리겐은 인간이 태어나기 전 이미 존재하던 영혼이 타락하였기 때문에 그 타락한 영혼이 육체와 결합함으로써 태어나는 인간은 원죄를 타고난다는 입장에 서 있다. 따라서 인간은 태어날 때 유전적인 부패를 가지고 나온다고 보았다.[24] 그렇다면 아담의 원죄와 상관없이 이미 창조 전에 선재해 있던 타락한 영혼이 육체와 결합하여 악한 자로 태어난다는 말이 된다.

영혼유전설은 조상으로부터 영혼이 유전되기 때문에 아담의 죄도 조상의 유전을 통해 후손으로 전가될 수 있다는 주장이다. 헬라 교부들의 신학이 영혼창조설이라면, 라틴 교부들의 신학은 영혼유전설이다. 라틴 교부들은 "영혼이 유전되면서 죄도 유전된다"(tradux animae, tradux peccati)[25]고 말한다. 터툴리안의 영혼유전설을 어거스틴이 이어받아 원죄론을 확립하게 된다.

만약 영혼이 유전된다면 그 영혼 속에 포함된 죄도 함께 유전되는가? 아담으로부터 모든 조상들이 죄에 오염되었기 때문에 그 후에 태어나는 자손들은 조상으로부터 영혼과 함께 죄도 유전된다고 보는 것이다. 유전으로 내려오는 죄이기 때문에 누구도 예외 없이 원죄를 가지고 태어날 수밖에 없다는 논리가 성립된다. 모든 죄의

---

24 루이스 벌코프, 박문재 역, 「기독교 교리사」, 크리스찬 다이제스트, 134.
25 Ibid., 135.

출발은 아담이며, 아담의 후손들은 생식을 통하여 그 후손들에게 원죄도 유전되었으며, 그로 인해 전 인류는 죄아래 갇히게 된다는 이론을 도출해 낸다. 어거스틴은 죄의 유전설을 주장하였지만 "어거스틴은 전가를 말하면서도 아담의 죄책이 인류에게 직접 전가되었다는 사실에는 도달하지 못하"[26]였다. 어거스틴 또한 죄의 전가를 말하면서도 아담의 죄가 직접 전가되었다는 것을 성경에서 찾아내지 못한 것이다. 다음은 장로교 합동측 헌법에 나와 있는 원죄에 대한 문답이다.

> 문 26. 원죄는 어떻게 우리 시조로부터 그 후손에게 전해지는가?
> 답. 원죄는 우리 시조로부터 그 후손에게 <u>자연 생육법으로 전해지므로 우리 시조에게서 그와 같이 나오는 모든 후손은 죄 중에 잉태되어 출생하게 된다</u>(시 51:5, 욥 14:4, 15:14)[27]

> 문 22. 전 인류는 그 첫 범죄에서 타락하였는가?
> 답. 인류의 대표로서의 아담과 맺은 언약은 저만 위한 것이 아니고 그 후손까지 위한 것이므로 그로부터 보통 생육법으로 출생하는 <u>인류는 모두 그의 안에서 범죄하여 그의 첫 범죄에서 그와 함께 타락하였다.</u>(행 17:26, 창 2:16, 17, 롬 5:12-20, 고전 15:21, 22)[28]

만약 원죄 유전설이 맞다면 두 가지 문제가 생긴다. 하나는 아담이 선악과를 따먹은 그 죄만 유전되는가, 아니면 아담이 타락한 이후에 지은 죄도 함께 유전되는가 하는 것이다. 또 하나는 아담 이후 태어난 조상들의 죄도 아담의 죄가 유전되는 것처럼 후

---

26 '죄', 『신학사전』, 개혁주의신행협회, 649
27 성경대요리문답, 『헌법』, 대한예수교장로회총회, 63.
28 Ibid., 61

손들에게 보태어서 유전되느냐 하는 것이다. 안셀무스(Anselm of Canterbury)는 선악과 사건은 아담 안에서 인류가 본성적으로 죄를 지은 것이기 때문에 전가되지만, 직계 조상이 지은 죄는 그 후손에게 전가되지 않는다고 보았다.

> 안셀무스는 첫 번째 조상의 죄와 마찬가지로 직계 조상들의 죄도 후손들에게 전가되는 것인가라는 질문을 제기한다. 그의 대답은 부정적이다. 직계 조상들의 죄는 아담 안에 있었던 인간 공통의 본성에 의해 저질러진 것이 아니기 때문이다. 아담의 죄는 유일무이한 것이었고, 그 이후에는 그런 성격을 지닌 죄는 없었다. 아담의 죄는 인류 전체를 자기 자신 안에 포함하고 있던 한 개인의 범죄였기 때문이다. 이것은 의심할 여지없이 안셀무스의 체계에 있어서 하나의 약점이다. 왜냐하면, 아담 이후의 모든 조상들이 범한 죄들도 비록 개별화되긴 했지만 여전히 동일한 인간 본성에 의해서 저질러 진 것이고, 안셀무스의 해법은 왜 오직 아담의 첫 번째 죄만이 그의 후손들에게 전가되고 아담이 나중에 지은 죄들은 전가되지 않는가라는 질문에 대답해 주지 못한다.[29]

안셀무스는 아담 이후에 태어난 조상들의 죄는 유전되지 않는다고 주장한다. 또한 아담의 선악과 사건의 죄는 유전되지만, 타락 후에 지은 아담의 죄가 유전되는지에 대한 대답은 분명하지가 않다. 원죄가 유전된다는 주장을 하려면 이 부분에 대한 분명한 해답이 있어야 한다. 아담의 선악과 사건에서 발생한 죄만 유전되는가? 아니면 아담이 한 평생 지은 모든 죄가 유전되는가? 아니면 아담 이후에 태어난 조상들의 죄도 그 후손들에게 모두 전달되는가? 따라서 이러한 유전설은 성경적으로 볼 때 설득력이 거의 없다고 볼

---

29 루이스 벌코프, 박문재 역, 「기독교교리사」, 152, 153.

수 있다.

죄의 유전에 대하여 성경의 입장은 어떤가? 조상의 죄는 전혀 유전되지 않는다고 본다. 에스겔서는 선을 행할 수 있는 능력을 가지고 태어나는 것으로 말씀하고 있다. 지옥의 심판을 받는 것은 원죄 때문이 아니라 자기 자신의 죄 때문이다.

> 가령 그가 아들을 낳았다 하자 그 아들이 이 모든 선은 하나도 행치 아니하고 이 악 중 하나를 범하여 강포하거나 살인하거나 산 위에서 제물을 먹거나 이웃의 아내를 더럽히거나 가난하고 궁핍한 자를 학대하거나 억탈하거나 빚진 자의 전당물을 도로 주지 아니하거나 우상에게 눈을 들거나 가증한 일을 행하거나 변을 위하여 꾸이거나 이식을 받거나 할진대 그가 살겠느냐 살지 못하리니 이 모든 가증한 일을 행하였은즉 정녕 죽을지라 자기의 피가 자기에게 돌아가리라 (겔 18:10-13)

부모가 아무리 죄를 지었더라도 그 자식이 말씀대로 깨끗하게 살면 그는 의인이라 인정받으며 구원을 받게 된다.

> 또 가령 그가 아들을 낳았다 하자 그 아들이 그 아비의 행한 모든 죄를 보고 두려워하여 그대로 행하지 아니하고 산 위에서 제물을 먹지도 아니하며 이스라엘 족속의 우상에게 눈을 들지도 아니하며 이웃의 아내를 더럽히지도 아니하며 사람을 학대하지도 아니하며 전당을 잡지도 아니하며 억탈하지도 아니하고 주린 자에게 식물을 주며 벗은 자에게 옷을 입히며 손을 금하여 가난한 자를 압제하지 아니하며 변이나 이식을 취하지 아니하여 내 규례를 지키며 내 율례를 행할진대 이 사람은 그 아비의 죄악으로 인하여 죽지 아니하고

> 정녕 살겠고 그 아비는 심히 포학하여 그 동족을 억탈하고
> 민간에 불선을 행하였으므로 그는 그 죄악으로 인하여 죽으
> 리라(겔 18:14-18)

영혼창조설은 성경적으로 가장 설득력 있는 주장이다. 태어나는 모든 자들의 영혼을 하나님이 직접 창조하신 것이다. 만약 영혼창조설을 인정한다면 원죄설은 설득력을 잃게 된다. 에스겔은 원죄설을 전혀 인정하지 않는다. 왜냐하면 하나님이 영혼을 새롭게 창조하시는데 죄에 오염된 영혼을 창조하거나, 원죄가 있는 영혼을 창조할 리가 없기 때문이다. 개혁주의 신학자들은 영혼창조설을 주장하면서 동시에 원죄설을 주장하는데 이것은 스스로 자기모순에 빠지는 일이다.

> 모든 영혼이 다 내게 속한지라 아비의 영혼이 내게 속함같
> 이 아들의 영혼도 내게 속하였나니 범죄하는 그 영혼이 죽
> 으리라(겔 18:4)

원죄설이 맞다면 모든 영혼이 하나님께 속했다고 해서도 안 되며, 범죄하는 그 영혼이 죽는다고 해서도 안 된다. 아담 이후 태어나는 모든 인간의 영혼을 하나님이 창조하신다면, 원죄를 가진 영혼을 창조했을 리가 없다. 아담의 범죄로 하나님이 창조할 영혼들이 원죄를 가진다면 하나님은 죄악된 영혼을 창조하였다는 말이 된다. 그렇다면 결국 하나님을 죄인을 창조하시는 분으로 만들고 만다. 하나님이 만드는 영혼은 원죄를 가진 영혼일 수가 없다. 하나님이 인간을 선하게 지으심에도 불구하고 죄성을 가진 인간들이 사단의 유혹과 자신의 정욕에 이끌려 죄를 짓기 때문에 범죄자가 되는 것이다.

6) 간접전가설

어거스틴의 주장이 어느 정도는 맞지만 그러나 너무 가혹하다고 생각한 사람들이 생겨났다. 그들은 또한 펠라기우스주의가 틀렸지만, 펠라기우스의 모든 주장이 틀린 것은 아니라고 생각하였다. 이들이 바로 반(半)펠라기우스주의자(Semi-Pelagianism)들이다. 이들의 주장은 아담의 죄로 인해 인류가 죄에 오염이 되긴 했지만, 아담의 죄가 직접 전가된 것은 아니라는 입장을 취하였다. 이러한 반펠라기우스주의는 알미니안주의자들에게 영향을 미쳤다. 그러다가 뉴잉글랜드를 중심으로 한 신학자들에 의해서 신학의 완충의 필요성을 느꼈다.[30] 프랑스의 플레시우스(Joshua Placeus, 1596~1655)는 아담의 죄가 그 후손들에게 직접 전가된 것이 아니라 간접적으로 전가되었다고 주장하였다. 새뮤얼 홉킨스(Samuel Hopkins), 티머시 드와이트(Timothy Dwight), 나다나엘 에멘스(Nathanael Emmons) 등 이들 신학자들은 간접전가설(The Theory of Mediate Imputation)을 선택함으로 온건한 입장에 서게 되었다.[31]

간접전가설은 하나님이 인간 각자에게 죄의 책임을 전가시킨 것은 사실이지만 아담의 죄에 대한 책임이 아니라 "오히려 하나님은 우리 안에 부패가 존재하기 때문에 우리에게 죄책을 전가"[32]하는 것이라고 주장한다.

> 범죄한 아담이 자연적인 생식의 과정을 통해 후손을 낳을 때 하나님께서는 <u>인류를 위해 깨끗한 영혼을 창조하시지만 그 영혼이 육체와 결합하는 순간에 죄성에 오염되는 것으로</u> 이해한다. 아담의 죄가 생식의 과정을 통해 간접적으로 후손에게 전가된다고 하는 것이 간접전가설이다. 핫지가 지적한 대로 아담의 후손이 생식이라는 자연적 법칙에 따라 죄

30　스탠리 그렌즈, 신옥수 역, 「조직신학」, 크리스찬 다이제스트, 306.
31　Ibid.
32　Ibid.

인이 된다고 하는 것은 한 사람 아담의 범죄로 모든 사람이 죄인이 되었다는 성경의 지적을 반대하는 잘못이다. 또한 후 아담 되신 그리스도를 통해 주시는 구속의 은혜를 설명할 때 그리스도 안에서 의인이 되는 것이 아니라 의인이 된 조상의 생식과정을 통해 의인이 출생된다고 말해야 하는 모순을 일으키게 된다.[33]

간접전가설이 직접전가설보다 좀 더 설득력이 있고, 보다 성경적이라고 할 수 있는 것은 많은 부분 성경에 근거하고 있기 때문이다. 아담에 의해 보통 생육법으로 죄가 유전된다면 예수 그리스도의 의도 예수 그리스도에 의해 보통 생육법으로 전가되어야 한다. 성경해석의 형평성이 맞지 않는다. 아담의 죄가 그 후손에게 자동으로 주입된다면 예수 그리스도의 의도 모든 자들에게 자동적으로 주입된다고 해야 마땅할 것이다. 그리스도의 의가 믿음으로 죄인에게 주입되는 것처럼, 죄도 인간이 죄를 지을 때 죄인이 된다고 해석해야 할 것이다.

알미니안주의(Arminianism) 또한 아담의 죄가 전 인류에게 영향을 미쳤지만 죄책은 직접적으로 전가되지 않는다고 본다. 알미니안주의의 이러한 죄론에서 벌콥은 다음과 같이 설명하고 있다.

아르미니우스주의자들이 취한 입장은 실질적으로 반(半)펠라기우스주의의 입장이다. 그들은 아담의 범죄가 그의 모든 후손들의 영적 상태에 악영향을 미쳤다는 것을 믿긴 하지만, 종교개혁의 교회들에 의해서 가르쳐진 대로의 원죄론을 거부한다. 그들은 아담의 죄로 인한 부패(pollution)는 대물림 되지만 그 죄책은 그의 후손들에게 전가되지 않는다고 주장한다. 그들은 이 부패를 본래적인 의미에서의 죄로 보지 않

---

33 성기호, 「죄의 기원」, http://blog.daum.net/jsldabsmdv/2, 2010.12.16 08:13 (2017/1/24 – 접속)

고 단지 질병이나 연약함으로 본다. 그 부패는 인간을 정죄의 상태아래에 놓이게 만드는 것이 아니라, 단지 인간의 본성을 약화시켜서, 하나님의 은총을 다시 회복하거나 스스로의 힘으로 구원의 길을 발견해서 영생을 얻을 수 없게 만들 뿐이다. 그들은 종종 인간 본성의 전적 부패를 믿는 듯이 말하지만 실제로는 그것을 믿지 않고, 인간은 실질적인 자유의지, 즉 영적으로 선한 일을 할 수 있는 자연적인 힘 또는 능력을 자기 속에 지니고 있어서 일정 정도 스스로 하나님에게 돌이켜서 하나님의 뜻을 행할 수 있다고 말한다.[34]

반(半)펠라기우스주의는 중도의 입장을 취한다. "모든 인간은 실제로 아담의 죄에 의해서 오염되어 있고, 따라서 악을 향한 소질을 지니고 있다"[35]는 것이다. 그렇지만 아담의 죄가 직접적으로 전가된 것은 아니라는 입장이다. 따라서 인간 스스로 선을 완전히 행할 수 있는 것도 아니지만, 그렇다고 전혀 선을 행하지 못할 상황도 아니라는 것이다.

5. 원죄설 반대 입장(Non-Imputation Theories)

1) 헬라 교부들

영지주의자들은 플라톤의 이원론 사상에 영향을 받아서 이데아의 세계에 있는 것은 선하지만, 물질계에 있는 육체는 악하다고 보았다. 따라서 육체로 태어난 인간은 물질과 결합되어 있기 때문에 악하다고 본 것이다. 따라서 인간이 육체로 태어나는 것 자체가 죄인인 것이다. 이러한 영지주의에 대하여 헬라 교부들은 다른 입장

---

34 루이스 벌코프, 박문재 역. 「기독교교리사」, 크리스챤 다이제스트, 161.
35 스탠리 그렌즈, 신옥수 역. 「조직신학」, 크리스챤 다이제스트, 304.

을 취하였다. 인간의 원죄설을 반대하였다. 아담으로부터 부패한 육신을 받은 것은 사실이지만, 그렇다고 아담의 원죄 자체가 전가된 것은 아니라는 입장이다. 왜냐하면 성경은 인간이 각자가 지은 죄에 대하여 정죄함을 받기 때문에, 아담의 죄를 모든 사람에게 적용시키는 것은 성경의 진리와 모순된다고 보는 것이다. 이러한 주장은 펠라기우스가 출현할 수 있는 길을 열어 주었다고 할 수 있다. 나아가 소시니안주의(The Socinians)에도 영향을 끼쳤다.

> 아담은 범죄할 수 있었고, 아울러 실제로 범죄하였기 때문에, 사탄과 죽음과 죄악된 타락의 세력 아래 놓이게 되었다. 이러한 육체적 타락은 인류 속에서 유전되었지만, 그 자체가 죄는 아니고, 인류가 죄책 가운데 있다는 것을 의미하지도 않았다. 엄밀한 의미에서의 원죄는 존재하지 않는다. 그들은 인류의 연대성(solidarity)을 부정하지 않고, 인류가 아담과 육신적으로 연결되어 있다는 것을 인정한다. 하지만, 이러한 연결성은 아버지로부터 아들에게로 유전되는 육신적이고 감각적인 본성에만 적용되고, 모든 경우에 있어서 하나님의 직접적인 창조물인 더 높고 이성적인 인간 본성의 측면에는 적용되지 않는다.... 따라서 유아들은 오직 육체적 타락만을 물려받은 것이기 때문에 죄책이 있다(guilty)고 할 수 없다.[36]

헬라교부들은 라틴교부들과 달리 원죄설을 인정하지 않았다. 아담의 범죄로 후손들에게 죄의 영향은 미쳤지만, 아담의 원죄가 직접적으로 전가된 것은 아니라고 보았다. 어거스틴은 유아들도 죄가 있기 때문에 세례를 받아야 한다고 주장한 반면, 헬라교부들은 유아들에게 타락의 영향은 미쳤지만 직접적인 죄가 전가된 것

---

36 루이스 벌코프, 박문재 역,「기독교교리사」, 크리스찬 다이제스트, 133, 134.

은 아니라고 보았다.

2) 펠라기우스주의(Pelagianism)

아일랜드에서 태어나 영국의 수도사가 된 펠라기우스(Pelagius)는 400년 경 로마에 갔다가 그곳에 있는 교회와 성도들의 신앙생활을 보고 크게 실망하였다. 왜냐하면 기독교 신앙이 전파된 로마가 그 어떤 곳보다도 도덕적이고 윤리적일 것이라 생각했는데, 그 반대였기 때문이다. 로마가 너무나 도덕적으로 부패하고 타락한 상황을 보면서 그 기대가 무너져 내렸던 것이다. 펠라기우스는 로마에 전파된 기독교 신앙이 왜 인간을 변화시키지 못하는가에 대해 깊이 고민하였다. 예수님이 말씀하신 산상수훈과 같은 기독교 진리가 실천되어야 하는데 그 반대의 결과가 나오게 되는 것은 교회가 잘못 가르치기 때문이라는 결론을 얻게 된다. 당시 전파된 어거스틴의 교리에 심각한 잘못이 있다고 판단한 펠라기우스는 어거스틴의 은총론과 예정론, 운명론적 구원론을 비판하였다.

펠라기우스가 어거스틴에 대하여 이렇게 비판하였다. "인간의 본성의 극단적인 부패와 그것의 필연적인 결과와 인간의 무능력에 대한 어거스틴의 강조는 바른 삶에 대한 진지한 노력을 좌절시키며 동시에 하나님을 모욕하는 것"[37]이다. 하나님의 은총은 강조하면서 인간의 책임은 소홀히 한 결과, 로마가 심각한 도덕적, 윤리적 타락의 결과를 가져왔다고 펠라기우스는 이해하였다. 따라서 산상수훈에서 주장하는 최고의 윤리와 도덕을 회복시키려면 하나님의 은총 교리보다 인간의 의지와 책임을 강조해야 할 필요성을 느낀 것이다. 펠라기우스는 성경대로 살기 위해서는 인간에게 도덕적인 책임을 부여해야 한다고 생각했다. 도덕적 책임을 부여하기 위해서는 원죄설을 부인하고 인간의 자유의지를 강조할 수밖에 없었다.

---

37 밀라드 J. 에릭슨, 신경수 역, 「복음주의 조직신학(하)」, 크리스챤 다이제스트, 84.

인간 구원이 하나님의 절대적 예정과 값없이 주는 은총에 의지하게 되면 자연히 도덕과 윤리에 대한 책임을 지려하지 않을 것이다. 그러나 최초의 아담처럼 모든 인간들이 원죄 없이 태어난다는 입장에 서면 윤리나 도덕을 강조할 수밖에 없고, 도덕적 행위를 통해 산상수훈과 같은 말씀을 실천해 나갈 수 있을 것이라고 펠라기우스는 확신하였다. 따라서 펠라기우스는 지금 태어나는 인간도 타락하기 전 아담처럼 원죄 없이 태어난다고 보았다.

> 펠라기우스는 아담의 범죄는 아담 자신에게만 상해를 줄 뿐 인류 전체에게는 무관하다는 것이다. 비록 아담이 죄를 범하였더라도 죄의 경향 혹은 도덕적 부패를 자손에게 유전하는 것이 아니며 또한 자손이 죄의 책임을 지는 것도 아니라는 것이다. 오늘날의 인류는 아담이 처음 지음을 받았을 때와 같은 상태에 있다고 하면서 다만 죄의 유혹하는 힘이 강해졌을 뿐이라고 했다.[38]

펠라기우스가 원죄설을 부인하고 아담이 창조될 때와 똑같이 인류가 창조된다고 함으로써 그는 인간에게 윤리적, 도덕적 책임을 더 강화시켜 나갔다. 산상설교를 비롯한 성경의 가르침을 삶에 실천하도록 하는데 초점을 맞추었다. 실로 어거스틴의 예정설과 은총론, 아담의 원죄설은 인간 구원이 하나님의 계획과 주권에 있고, 인간이 할 수 있는 것은 아무것도 없다고 함으로써 도덕적인 책임을 지우는데 실패하였다고 할 수 있다. 그래서 펠라기우스는 원죄설을 부인하였다.

> 그는(펠라기우스) 어거스틴과는 달리 선이나 악에 대한 도덕적 자유를 가르친다. 죄는 "자연의 것이 아니며 의지에 의한 것

---

[38] 손두환, 「기독교회사(I)」, 총신대학출판부, 212-213.

이며" 언제나 개별적 행위이다. 원죄란 존재하지 않는다. 아담의 타락은 물론 인류를 상하게 했지만 아담이 악의 예증을 주었다는 한에서만 그러하다. 펠라기우스는 일관되게 주장하기를 죄 없는 사람이 존재할 수 있다는 것이다.[39]

펠라기우스는 각자가 짓는 죄만이 죄이지 아담의 원죄가 후손에게 전가되는 일은 없다고 보았다. 인간은 아담과 같이 완전한 자유의지를 가지고 태어나며 선을 택할 수도 있고, 악을 택할 수도 있다. 인간에게 선을 행하라고 명령한 것은 그 명령을 실천할 수 있는 자유의지가 있음을 보여주는 증거이다.[40] 펠라기우스의 제자였던 케레스티우스(Celestisus)는 펠라기우스보다 아담의 원죄설을 더 강력하게 부인하였다. 그의 학설을 요약하면 다음과 같다.

a) 아담은 만일 죄를 짓지 않았더라도 죽었을 것이다.
b) 그의 죄는 자기 혼자에게만 상처를 주었다.
c) 갓난아이는 마치 타락 이전의 아담처럼 무죄하다.
d) 전 인류는 아담의 죄의 결과로 죽지도 않고 또 그리스도의 부활의 결과로 살아나지도 않는다.
e) 율법도 복음과 다름없이 하늘나라로 사람을 인도할 수 있다.
f) 그리스도 이전에 있던 사람들도 죄 없이 살 수 있었을 것이다.[41]

케레스티우스의 주장은 이미 성경에서 너무 멀리 나간 상태에 있다. 분명 아담의 죽음은 죄 때문에 왔다. 그런데도 아담은 죽을 존재로 창조되었다는 것은 비성경적이다. 또한 아담의 죄로 인류

---

39 칼 호이시, 손규태 옮김, 「칼 호이시의 세계교회사」, 한국신학연구소, 196.
40 루이스 벌코프, 박문재 역, 「기독교 교리사」, 크리스챤 다이제스트, 139.
41 J. W. C. 완드, 이장식 역, 「교회사(초대편)」, 대한기독교서회.

에게 죽음이 온 것을 부인해서도 안 된다. 율법으로는 구원을 받을 자가 이론적으로는 가능할지 모르나 실제로는 없으며, 이 세상에 죄 없는 자가 없다. 구약에는 짐승의 피, 신약에는 예수 그리스도의 피를 통하지 않고서는 그 누구도 구원에 이를 수 없다는 것은 모든 인간의 죄 아래 있다는 것이다. 다만 그러한 죄의 결과가 원죄가 아니라 자범죄에 의한 것이라는 사실이다. 이런 측면에서 케레스티우스의 주장은 성경과 맞지 않는 부분이 많다고 할 수 있다. 밀라노의 파울리누스(Paulinus)가 펠라기우스주의자 케레스티우스를 고발했던 고소장을 보면 다음과 같다.

> (1) 아담은 죽을 운명으로 지어졌으며 죄를 범하였든지 범하지 않았든지 간에 죽었을 것이다.
> (2) 아담의 죄는 그 자신에게만 해를 끼쳤지, 인류에게 해를 끼친 것은 아니다.
> (3) 새로 태어난 어린이들은 아담이 타락하기 이전의 상태와 동일하다.
> (4) 아담의 죽음과 범죄에 의하여 전 인류가 죽는 것도 아니며, 그리스도의 부활에 의하여 모든 인류가 살아나는 것도 아니다.
> (5) 복음뿐만 아니라 율법도 하늘나라로 인도한다.
> (6) 주님이 오시기 전에도 죄가 없는 인간들이 있었다.[42]

원죄설을 반대한 사람 중에는 미국에서 제2차 대각성운동을 주도하였던 찰스 피니(Charles G. Finny)가 있다. 찰스 피니는 알미니안주의자로서 인간의 자유의지를 강조하였다. 아담의 죄가 모든 사람에게 전가되는 원죄는 비성경적이라 보았다. 그는 펠라기우스나 알미니안주의의 입장에 서 있었던 부흥사였다. 원죄를 부정한 펠

---

42 아이어(Ayer), 자료집(Source Book), p.461; 위리스턴 워커, 송인설 옮김, 『기독교회사』, 크리스챤다이제스트, 239에서 재인용.

라기우스설(pelagian theory)은 소시니안파(socinians)와 유니테리안파(unitarians)에 영향을 주었다.

그러나 펠라기우스주의에서 성경적인 부분이 없는 것은 아니다. 어거스틴의 영혼유전설보다도 펠라기우스의 영혼창조설이 더 성경적이기 때문이다. 각 개인의 영혼은 하나님에 의해서 모태에서 창조되기 때문에 죄가 유전되지 않는다는 것이다. 따라서 갓 태어난 아기는 죄가 없다는 주장이다. 펠라기우스주의의 문제는 하나님의 은혜 없이, 예수 그리스도를 통하지 않고서도 인간 스스로 구원에 이를 수 있다고 주장하는 것이다. 이것은 예수 그리스도의 십자가의 은총을 무시하거나 부인하는 결과를 가져오기 때문에 이단적 요소가 될 수밖에 없다.

3) 웨슬리주의(Wesleyanism)

웨슬리파의 원죄에 대한 입장은 아담의 원죄로 인하여 모든 인간이 범죄(롬 5:12-14, 17, 18)할 뿐 아니라 그 죄가 유전된다는 유전적 양식설 입장에 서 있다. 인간이 유전을 통하여 육체가 탄생하듯이 영적인 부패성도 유전된다는 입장이다.[43] 웨슬리주의 신학자들은 원죄와 유전된 부패성을 동일한 것으로 이해한다. 죽음은 죄와 부패한 본성에 의한 결과물이라고 본다. 따라서 모든 인간은 죄 아래서 출생한다(시 51:5, 시 58:3). 웨슬리 신학자들은 원죄의 유전을 확실히 믿는다.[44]

그러나 인간이 원죄를 타고났음에도 불구하고 원죄에 대한 책임은 없다는 입장이다. 그 이유는 하나님의 선행적 은총(preventing grace)을 통해 아담의 원죄를 무효화시키기 때문이다. 따라서 인간의 원죄는 십자가의 대속 사건을 통해 사함받았기 때문에 더 이상 원죄 때문에 고민할 필요가 없게 된 것이다.

---

43 오톤 와일리, 폴 컬벗슨, 전성용 역, 「웨슬리안 조직신학」, 세복, 214.
44 Ibid., 211.

인간은 그의 타고난 부패성에 대해 책임이 없다. 고로 거기에는 어떤 죄책이나 결점이 수반되지 않는다. 인간은 그가 이 세상에 들어올 때 타고난 죄에 대해 법적인 책임(죄책)이 없다. 그는 오직 속죄의 피에 의해 마련된 구제책을 거부할 때에만 그것에 대해 책임을 지게 된다. 이런 식으로 (자신의 거부에 의해 구제책을 받아들이지 아니함으로) 그는 그것(원죄의 죄책)을 자신의 것으로 인정하게 된다.[45]

따라서 웨슬리주의나 알미니안주의는 원죄를 부인하는 입장에 서 있다고 볼 수 있다. 아기가 태어나면 아담의 죄가 유전되어 있지만, 선재적 은총을 통해 원죄가 사해지기 때문에 태어난 아이는 선하다고 보는 것이다. 물론 원죄가 없다고 해서 선한 것은 아니다. 원죄는 사해지지만 죄성은 남아 있어서 또 죄를 짓는데 그것까지 부인하는 것은 아니다. 알미니안주의는 한 사람의 범죄로 모든 사람이 심판을 받았다면, 한 분 예수 그리스도를 통해 모든 사람에게 생명과 칭의를 얻게 할 수 있기 때문에 유아들은 적어도 예수 그리스도에 의해 원죄가 사해진다는 입장에 서 있다.

한편 웨슬리는 '원죄의 교리'(The Doctrine of Original Sin)라는 제목의 설교에서 영아의 원죄에 대해서 설명하고 있다. 웨슬리에 의하면 영아들도 아담이 지은 원죄를 지니고 있다고 말한다. 왜냐하면 만일 영아들에게 원죄가 없다면 아담의 죄의 대가로 사망이 영아들에게 선고될 수 없기 때문이다. 그리하여 초자연적으로 회복된 어느 정도의 자유의지가 남아있게 된다고 본다. 그래서 이러한 영아들이 성장하면서 의인의 은혜를 받을 때 자범죄의 죄책으로부터 용서받게 된다. 그리고 완전 성화의 은혜를 받을 때 원죄의 부패성으로

---

45 Ibid., 214.

부터 씻음을 받지만 인간의 허약성이나 실수는 계속 남아 있다.[46]

와일리와 컬벗슨은 인간의 원죄 가운데 일반적인 죄는 그대로 존속하지만, 각 개인에게 미친 원죄는 완전히 소멸된다는 입장이다. 그들의 책 '웨슬리안 조직신학'에서 다음과 같이 원죄에 대해 설명한다.

> 원죄는 두 가지 측면에서 고려해야 한다. 그것은 일반적인 방법 안에서 생각되는 인류를 오염시키는 공동의 죄이다. 그리고 그것은 이 일반적인 상속이 인류를 구성하는 분리된 개인에게 주어진 몫이다. 전자의 의미, 즉 일반적인 의미에서 원죄는 만물이 회복될 때까지 폐기되지 않을 것이다. 그 때까지 형벌의 일부는 제거되지 않고 남아 있을 것이다. 그리고 마찬가지로 유예 상태에 불가결한 유혹에의 경향성 또는 죄에 대한 감수성의 일부도 남아 있을 것이다. 그러나 두 번째 의미에서 육신적인 마음 또는 영혼의 자아 속에 내주하는 죄, 즉 죄에 대하여 실제적인 친밀성을 가지는 사람 안에 있는 원리는 성결의 영의 정화에 의해 폐기되었으며, 영혼은 그 분의 내주하는 현존에 의해 정결함을 지킨다.[47]

웨슬리 신학은 인간의 전적 타락과 부패를 인정한다. 동시에 선행적 은총을 통하여 모든 사람에게 초자연적으로 원죄가 사해지고, 어느 정도의 자유의지가 회복된다는 것도 주장한다.[48] 그 원죄는 인간이 출생함과 동시에 용서를 받게 되고, 인간에게 자유의지가 주어지게 된다. 그래서 웨슬리주의에서는 "죄책은 아담의 죄로

---

46 이성주, 「웨슬리 신학」, 성지원, 191.
47 오톤 와일리, 폴 컬벗슨, 전성용 역, 「웨슬리안 조직신학」, 세복, 382.
48 이성주, 「웨슬리 신학」, 성지원, 209.

인한 죄책만 구제받고 자범죄의 죄책은 자신이 해결해야 한다"[49]고 주장한다. 이러한 웨슬리주의의 원죄에 대한 주장은 선행적 은총이라는 논리로 풀어나가기는 하지만 성경적인 설득력이 약하다고 할 수 있다.

4) 그 외 다른 주장들

19세기 북아메리카에서 신학파(New School)가 형성되었다. 이들은 원죄론에 있어서 칼빈주의가 너무 극단적으로 나갔다고 보았다. 따라서 칼빈주의의 원죄론을 수정하였다. 이들은 원죄에 있어서 간접전가설을 지지하였다.

> "신 학파"의 신학자들은 부패의 존재 자체가 하나님께서 죄책을 우리에게 전가시키는 토대가 될 수는 없다고 주장하였다. 오히려 인간 개개인이 일단 도덕적으로 의식화되거나 도덕적인 선택들을 하게 될 때, 악한 소질이 사람을 범죄로 이끈다. 그리고 하나님 앞에서 우리로 하여금 죄책을 지게 만드는 것은 바로 이러한 개인의 범죄이다 – 아담의 죄나 죄악된 소질의 존재 자체가 아니다. 따라서 이제 삼단논법은 좀 더 복잡하게 되었다: 아담은 범죄하였다; 그러므로 모두가 부패하였다; 그러므로 모두가 범죄한다; 그러므로 모두가 죄책이 있다.[50]

신 학파는 아담의 원죄에 대해 인간이 책임질 필요가 없고, 다만 인간 자신이 범죄할 때만 그 책임을 진다고 주장한다. 아담의 죄가 인류에게 전가되지 않는다는 입장이다. 이러한 신학파의 주장은 성경의 본질에 한층 더 접근한 주장이라고 볼 수 있다.

---

49 Ibid., 213.
50 스탠리 그렌즈, 신옥수 역, 「조직신학」, 크리스챤 다이제스트, 306, 307.

바르트(Karl Barth)[51]는 원죄론에 대해 아무 말도 하지 않는다.[52] 브룬너도 원죄에 대해 반대하는 입장이다. 아담의 원죄가 후손들에게 전가되는 것이 아니며, 원죄가 죄의 뿌리가 되는 것도 아님을 주장하였다.[53]

5) 새롭게 얻은 결론들

(1) 원죄설에 대한 다양한 주장들이 있지만 성경적 근거가 매우 약함을 알 수 있다. 인간의 논리적 추론에 의한 이론으로 만들어진 이론이 성경의 진리를 대체할 수는 없는 것이다. 성경은 원죄에 대해 직접 언급하고 있지 않으며, 원죄에 대해 심각하게 다루고 있지도 않다. 근거가 희박한 원죄론을 하나의 이론으로 만들려는 시도는 진리를 변질시킬 위험성이 있다.

(2) 인류의 대표인 아담이 범죄함으로 모든 인류도 함께 죄를 범하였다고 하는 아담 대표설은 성경에서 그 근거를 찾아보기가 어렵다. 동참설이나 연대설, 실재설, 유전설, 계약설 또한 근거를 찾아보기 힘들다.

(3) 인간의 영혼은 원죄 없이 창조되지만 육체와 결합할 때 오염이 된다는 반펠라기우스나 신학파의 간접전가설은 완벽하지는 않지만 어느 정도 성경에서 그 근거를 찾아볼 수 있다.

(4) 아담 한 사람의 죄가 인류 전체에 직접적으로 영향을 미쳐서 모든 자들이 아담과 같은 죄를 지었다고 하는 원죄설은 하나님의 공의와 맞지 않는 부분이 많다. 그러나 아담의 죄는 분명 인류 전체에 죽음을 가져 왔기 때문에 간접적으로 영향을 미쳤다고 볼 수 있다.

(5) 인간의 영혼을 하나님이 창조하시기 때문에 태어나는 인간 영혼에 아담의 원죄가 있다고 한다면 하나님은 죄인을 창조하는

---
51 스위스의 개혁주의 신학자, 신정통주의자.
52 벌코프, 권수경 외 옮김, 「벌코프 조직신학(상)」, 크리스찬 다이제스트, 467.
53 Ibid.

분이 된다는 결론이 나올 수 있다. 인간은 죄성과 정욕, 타락할 수 있는 약점을 가지고 태어나는 것이 사실이다. 그러나 죄성이나 혹은 약점을 가지고 태어난다고 해서 그 자체가 죄라고 보아서는 안 된다.

(6) 영혼선재설이나 유전설은 원죄설을 설명하기에 좋은 이론인 반면, 영혼창조설은 원죄설을 부인할 수밖에 없는 이론이다. 종교개혁자들은 영혼창조설을 주장하면서도 원죄설을 주장하는 모순에 빠져 있다.

(7) 원죄로 인하여 인간의 자유의지가 전적으로 부패하였다는 주장은 성경에서 그 근거를 찾기가 쉽지 않다. 선재적 은총을 통해서 원죄가 사해지고 자유의지가 회복되었다는 주장 또한 증명하기가 쉽지 않다.

(8) 원죄론을 주장하면 하나님의 절대예정론과 절대은총론으로 갈 수밖에 없다. 그렇기 때문에 구원받는데 있어서 하나님의 절대적 은총은 강조하면서도, 인간의 자유의지가 무시되고, 인간의 도덕적, 윤리적 책임이 약화될 뿐 아니라, 인간의 행위에 대하여 강조하지 않게 된다.

(9) 원죄론은 루터나 칼빈과 같은 종교개혁자들도 수용함으로써 개혁주의 구원론과 예정론, 하나님의 절대 주권 교리를 형성하는 데도 중대한 영향을 미쳤다. 그렇게 함으로써 인간의 자유의지는 완전히 죽이는 결과를 초래하였다.

(10) 원죄를 사함받기 위한 조치를 취하라는 계명이나 지시 사항을 성경에서 찾아볼 수 없다. 원죄를 씻는 제사나 예배를 성경은 요구하고 있지 않다. 십자가의 대속의 은총 또한 원죄를 사한다는 근거를 찾아볼 수 없다.

(11) 예레미야나 세례 요한 같은 경우, 이미 모태에서 하나님의 선택을 받은 다음에 태어났다. 이런 사실들은 인간이 원죄를 가지고 있다는 주장과 맞지 않다.

(12) 원죄가 아니더라도 인간은 죄성을 타고 나기 때문에 죄를 지을 수밖에 없는 가능성과 죄의 영향력아래 인간은 갇혀 있다. 그래서 각자가 죄아래 있는 것이며, 사단은 이 세상을 사망과 사단의 세력으로 가두어 버렸다. 인간의 죄를 지어 심판을 받는 것은 자기의 죄에 대한 보응이며 심판이다. 원죄 때문에 심판한다는 것은 성경 어디에서도 찾아보기 힘들다. 그렇다고 해서 의인이 있다는 말이 아니다. 의인은 한 사람도 없다. 그 이유는 원죄 때문이 아니라, 모든 인간은 아담처럼 죄를 짓기 때문이다. 모든 인간이 죄의 영향력아래 있기 때문에 사단에 의해서, 자신의 정욕에 의해서 죄를 짓고 죄의 종이 되는 것이다.

6. 원죄론의 성경적 근거와 분석

1) 아담은 인류의 대표인가?

한 사람 아담의 죄로 인해 세상에 죄가 들어왔고, 그 범죄로 인해 모든 사람이 아담처럼 범죄하여 사망에 이르게 되었다는 로마서의 주장은 원죄론의 강력한 근거가 될 수 있다. 이 구절에서 아담 한 사람 때문에 전 인류가 같이 범죄하고, 그로 인해 사망에 이르는 무서운 결과를 가져왔다고 생각할 수 있다. 아담의 범죄가 동시에 인류 전체의 죄인 것처럼 이해될 수 있는 부분이다.

> 이러므로 한 사람으로 말미암아 죄가 세상에 들어오고 죄로 말미암아 사망이 왔나니 이와 같이 모든 사람이 죄를 지었으므로 사망이 모든 사람에게 이르렀느니라(롬 5:12)

그러나 아담 한 사람의 범죄가 동시에 인류 전체의 범죄가 되었다고 한다면, 하나님은 인간에게 그 어떤 선도 요구해서는 안 될 것이다. 왜냐하면 태어날 때부터 악하게 태어난 자에게 무슨 선을 요구하시는가? 하나님께서 구원할 자들을 선택하고 예정하여 구원해 내기만 하면 되는 것이 아니겠는가? 심판도 필요 없을 것이다. 심판은 죄가 없는 상태에서 죄를 지을 때 가능한 일이다. 그런데 이미 태어나기도 전에 아담의 범죄로 그와 함께 사망 선고를 받은 자들에게 심판한다는 것이 무슨 의미가 있는가? 원죄설이 맞다면 심판받은 자들 가운데 일부를 건져내기만 하면 될 것이다. 굳이 각 사람들이 행한대로 심판할 필요가 없을 것이다. 구원시킬 자들만 하나님이 선택하여 건지고, 나머지는 그냥 버려두어도 그 자체가 이미 심판을 받은 것이나 다름이 없다. 따라서 구원론은 너무나 간단해진다. 인간의 자유의지나 노력 같은 것은 필요 없다. 원죄로 이미 다 죽었고, 선을 행할 의지도 없고, 자유도 없는 자들이기 때문에 선을 기대하거나, 계명을 준수하라고 요구할 필요도 없는 것이다.

아담의 범죄가 모든 인류가 함께 죄를 지은 것으로 해석하는 것을 과연 성경적이라 할 수 있는가? 아담의 범죄로 죄가 세상에 들어왔기에, 그 후에 태어나는 자들은 아담보다 훨씬 더 죄짓기 쉬운 환경에 들어감으로 모두가 자기 자신의 선택에 의해서 범죄하였다고 할 수 있다. 사망의 원인이 아담으로부터 시작하여 영향을 미친 것은 사실이지만, 각자가 심판을 받고 사망을 하는 것은 원죄 때문이 아니라 자범죄 때문이다.

> 또 이 선물은 범죄한 한 사람으로 말미암은 것과 같지 아니하니 심판은 한 사람을 인하여 정죄에 이르렀으나 은사는 많은 범죄를 인하여 의롭다 하심에 이름이니라 한 사람의 범죄를 인하여 사망이 그 한 사람으로 말미암아 왕노릇하였은즉 더욱 은혜와 의의 선물을 넘치게 받는 자들이 한 분 예수 그리스도로 말미암아 생명 안에서 왕노릇하리로다(롬 5:16-17)

한 사람 아담의 범죄로 사망이 왕노릇하였다는 것은 무슨 의미인가? 한 사람 아담의 범죄로 그 죄가 모든 사람에게 직접 전가되었다는 의미인가? 아니면, 아담의 죄가 간접적으로 영향을 미쳐서 사망의 세력이 들어왔고, 사단이 그 사망권세로 인류를 지배하고 죄에 빠지게 함으로 사망에 빠지게 한다는 뜻인가?

여기서 논하고자 하는 것은 아담의 범죄로 이 세상에 사망이 온 것은 분명한데, 그 원인이 아담의 죄 때문인지, 아니면 각자의 자범죄 때문인지를 정확하게 규명하는 일이다. 원죄가 직접적으로 전가되었는지, 간접적으로 전가되었는지를 알아내는 일이다.

한 사람 아담이 범죄함으로 아담 후에 태어나는 모든 자들 또한 사망의 심판 아래 있는 것이 사실이고, 이 세상에 의인은 한 사람도 없는 것 또한 사실이다. 그렇지만 그 원인을 아담의 원죄로 보면 성경이 모순에 빠진다는 것을 알 수 있다.

만약 아담의 원죄로 인해 모든 사람이 선천적으로 죄인이 된다면, 그리스도의 의로 인해 모든 사람이 자신의 의지와 상관없이 의롭게 되어져야 할 것이다. 회개와 믿음이라는 과정을 통해 의롭게 되는 것이 아니라, 예수님이 십자가 사건을 통해 그 의가 자동적으로 모든 자들에게 미침으로 의롭게 되는 일이 일어나야 원죄론도 설명이 될 수 있다. 그러나 그리스도의 십자가의 의가 자동적으로 모든 사람들에게 임하는 것이 아님을 성경이 말씀하고 있다. 그렇다면 지금까지 주장되어 온 원죄론을 재고해 보지 않을 수가 없게 된다.

사단은 사망 권세를 잡고 있다. 아담이 범죄함으로 사단은 사망의 권세를 잡게 되었고, 죄의 권세를 잡게 되었다. 원죄를 가지고 태어났다면, 인간을 다시 죄짓게 하고 하나님을 반역하도록 하기 위해서 사단이 그렇게 발악할 필요가 없을 것이다. 아담 이후에 태어나는 모든 자들을 사단이 시험하고 넘어지게 해서 멸망케 하려는 것을 보면, 원죄의 문제가 아님을 알 수 있다. 자범죄를 짓게 해서 하나님으로부터 심판을 받게 함으로 지옥에 떨어지게 하는 것이 사단의 전략이다. 모든 자들이 태어날 때 원죄를 가지고 태어난다면 가만히 두어도 지옥 심판을 받게 되어 있다. 원죄가 있다면 사단은 자범죄를 짓도록 발악할 필요가 없을 것이다. 왜냐하면 원죄만으로도 얼마든지 지옥으로 떨어지기 때문이다. 사단이 이 세상에 태어나는 영혼마다 자기의 권세로 죄아래 갇히게 하고, 사망권세로 지옥에 떨어지게 하는 것은 원죄가 아니라 자범죄이다. 성경이 분명히 밝히는 것은 모든 인간들이 하나님 앞에 심판받는 것은 원죄가 아니라 자범죄이다.

> 자녀들은 혈육에 함께 속하였으매 그도 또한 한 모양으로 혈육에 함께 속하심은 사망으로 말미암아 사망의 세력을 잡은 자 곧 마귀를 없이 하시며 (히 2:14)

만약 원죄론이 성경적이라고 한다면, 사단은 우는 사자처럼 삼킬 자를 삼킬(벧전 5:8) 필요가 없을 것이다. 원죄를 가진 자들은 가만 두어도 지옥에 떨어질 것이기 때문이다. 또한 예정론이 맞다면, 하나님이 예정하여 구원할 자들은 구원할 것이다. 그렇다면 모든 것이 하나님의 뜻에 의해 지옥 갈 자들은 지옥 갈 것이고, 구원받을 자들은 구원받을 것이다. 거기에 사단의 역할은 의미가 없어지는 것이다. 원죄론을 말하면서 사단의 역할을 빼놓는다는 것은 있을 수 없다. 사단은 범죄케 하는 자이다. 이미 원죄를 가지고 태어나는 자들에게 또 자범죄를 짓게 해서 하나님과 원수 되게 할 필요가 있는가? 원죄를 타고 났다면 이미 하나님과 원수가 되어 있는 상태가 아닌가?

사망이라는 형벌이 아담의 죄 때문인가, 자범죄 때문인가? 세상에 죄가 들어왔다는 것이 원죄를 말하는가, 아니면 아담 후손들이 모두가 죄를 지을 수밖에 없는 죄성을 타고 나며, 죄 지을 수밖에 없는 환경과 여건에 들어갔다는 것인가? 아담으로부터 그 원죄가 직접 전가되지 않았다 하더라도 이미 이 세상은 죄를 지을 수밖에 없는 환경과 마귀적인 요소들이 세상에 충만해져 버렸다. 그런 환경 속에서 하나님이 아무리 깨끗한 영혼을 창조하신다 하더라도 모든 자들이 죄악으로 빠질 수밖에 없지 않겠는가? 결과적으로 모든 인간이 죄를 짓고 죄아래 갇히게 된 것은 사실인데, 그것은 인간 각자가 범죄의 환경에서 범죄하기 때문이라는 것이 성경의 가르침이라 할 수 있다.

2) 원죄론 해석의 논리적 모순

> 그런즉 한 범죄로 많은 사람이 정죄에 이른 것 같이 의의 한 행동으로 말미암아 많은 사람이 의롭다 하심을 받아 생명에 이르렀느니라 한 사람의 순종치 아니함으로 많은 사람이 죄인 된 것 같이 한 사람의 순종하심으로 많은 사람이 의인이 되리라(롬 5:18-19)

성경 해석을 신학적 틀 안에서 해석하는 것은 매우 위험한 일이 아닐 수 없다. 자기 이론을 주장하기 위해서 아전인수격으로 몰고 가서는 안 된다. 죄를 짓지 않았음에도 아담의 범죄로 인하여 모든 자들이 범죄하였다고 한다면, 한 분 예수 그리스도의 의의 행동으로 인하여 모든 사람들이 의롭게 된다고 해야 해석의 균형을 이룰 수 있다. 왜냐하면 아담이 인류의 대표자로 죄를 지은 것이 모든 자들에게 영향을 미쳤다면, 예수 그리스도의 의 또한 인류의 대표자로서 이룬 것이기 때문에 모든 자들에게 미쳐야 하는 것은 당연하다.

그런데 지금 원죄론을 설명하기 위해서 성경을 어떻게 해석하고 있는가? 그리스도의 의는 믿음을 가진 자만이 얻는다고 한다.

믿지도 않는 사람들에게 자동적으로, 혹은 강압적으로 그리스도의 의가 전가되거나 주입되는 일은 없다. 믿을 때 그 의가 전가되는 것이고, 칭의가 이루어진다. 만약 믿지 않았는데, 자동적으로 그 의가 전가된다면 믿음을 요구할 필요가 없을 것이다. 성경이 믿음을 요구하고, 회개를 요구하는 것은 예수님의 의가 믿을 때 전가된다는 사실을 증명하고 있다. 따라서 예수 그리스도를 믿고 영접할 때 비로소 예수님의 의가 미친다고 해야 맞는 말이다. 따라서 아담이 인류의 대표로 죄를 지었기 때문에 모든 사람이 죄를 지었다고 하는 해석은 잘못된 것이다. 성경해석상 논리적 모순이다. 원죄론이 맞다면 그리스도의 의도 믿음과 상관없이 모든 자에게 전가되었다고 해야 된다.

3) 잉태할 때 원죄가 형성되는가?

원죄설에 의하면 인간이 죄악 중에 잉태된다고 주장한다. 태아가 잉태할 때, 부모로부터 전가된 죄가 태아에게 영향을 미친다고 보는 것이다. 그 근거를 다음 성경 구절에서 찾는다.

> 내가 죄악 중에 출생하였음이여 모친이 <u>죄 중에 나를 잉태하였나이다</u>(시 51:5)

죄악 중에 출생하였다고 하는 것은 모든 사람들이 모태에서 잉태할 때 부모의 죄가 유전된다는 말인가? 아니면 인간이 그만큼 죄지을 요소를 많이 타고난다는 말인가? 부모의 죄가 유전되었기에 죄 중에 잉태한 것인가? 아니면 모태에서부터 죄성을 가지고 태어난다는 것인가? 분명한 것은 죄가 성립되려면 자신의 의지로 죄를 선택하여 행동으로 옮겨야 한다. 자유의지가 없다면 죄가 성립될 수 없고, 그 죄로 인해 심판할 수도 없다. 모태에서 잉태하는 가운데 어떻게 죄를 지을 수 있는가? 그렇다고 그 어머니로의 죄나 아담의 원죄가 태아 속에 들어가 죄인으로 만든다는 것인가? 그렇다면 그 죄는 다윗의 의지와 상관없이 지어진 유전적인 죄나 외부적인 죄가 될 수밖에 없다. 그러나 다윗은 태어날 때부터 하나님이 간섭하셨고, 하나님의 백성으로 태어났음을 시편 22편에서 고백한다.

> 오직 주께서 나를 모태에서 나오게 하시고 내 모친의 젖을 먹을 때에 의지하게 하셨나이다 내가 날 때부터 주께 맡긴 바 되었고 모태에서 나올 때부터 주는 내 하나님이 되셨사오니 나를 멀리하지 마옵소서 환난이 가깝고 도울 자 없나이다(시 22:9-11)

한나의 기도를 들으시고 사무엘을 허락하실 때에도 사무엘을 죄악 중에 잉태하였는가? 하나님의 응답으로 사무엘을 잉태하였기 때문에 원죄를 가진 사무엘이 잉태되었다고 보기 어렵다. 원죄를 가진 아기를 잉태하였는데, 어떻게 한나가 잉태의 기쁨을 그렇게 노래할 수 있겠는가? 이삭을 잉태할 때 아브라함과 사라에게 약속의 씨를 주신 것이다. 하나님이 주신 약속의 씨가 원죄로 부패하고 타락한 인간이란 말인가? 하나님의 역사와 섭리로 이삭이 잉태하였는데, 하나님은 원죄 가운데 그들로 하여금 원죄를 가진 이삭을 출생하게 하였는가?

만약 태아가 원죄로 인해 죄악 중에 잉태되어 탄생한다면, 결국 태어난 인간은 원죄를 가진 죄인이다. 원죄를 가지고 태어난 인간이라면 죄를 많이 짓든지 적게 짓든지 죄인으로 낙인찍히는 것은 마찬가지일 것이다. 시편 51편에서 하나님은 다윗의 원죄를 책망하시는가, 자범죄를 책망하시는가? 당연히 자범죄를 책망하신다. 사람들이 지옥에 떨어지는 것이 원죄 때문이 아니라 자범죄 때문이다. 무엇보다도 육체와 영혼을 지으시는 하나님께서 자기 형상을 닮은 인간을 원죄 가운데 죄인으로 태어나게 하시는 것이 과연 성경 전체의 맥락과 일치하는지 생각해 보아야 한다.

예수 그리스도께서 죽은 자들 가운데 살아나심으로 부활의 첫 열매가 되었다. 이것은 예수 그리스도가 부활하심으로 모든 자들이 자동적으로 부활한다는 것이 아니라, 믿고 회개하고 어떤 행위를 취할 때 부활한다는 것이다. 따라서 아담의 죄 또한 자동적으로 모든 자들에게 미친 것이 아니라, 아담처럼 모든 자들이 불순종하고 죄를 짓기 때문에 사망이 임한 것이라고 보아야 해석 원리상 형평을 이룬다.

> 그러면 어떠하뇨 우리는 나으뇨 결코 아니라 유대인이나 헬라인이나 다 죄아래 있다고 우리가 이미 선언하였느니라 기록한바 의인은 없나니 하나도 없으며 깨닫는 자도 없고 하나님을 찾는 자도 없고 다 치우쳐 한가지로 무익하게 되고 선을 행하는 자는 없나니 하나도 없도다(롬 3:9-12)

여기서 바울은 모든 자들이 다 죄아래 있음을 선언한다. 그러므로 이 세상에 의인은 하나도 없고, 모든 자들이 주님 앞에 죄를 지은 죄인들이다. 그런데 모든 자들이 죄아래 있다는 것은 아담의 원죄가 전가되었기 때문이 아니라, 인간 본성이 죄를 짓고 사단에게 종노릇한다는 의미로 해석해야 한다.

아담의 두 아들에게 아담의 죄가 유전, 혹은 전가되었다고 할 수 있는가? 아니면 아담 안에서 함께 그들도 죄를 지었다는 성경적 증거를 찾아볼 수 있는가? 전혀 없다. 만약 죄가 그대로 전가되었다면 두 아들의 선에 대한 자유의지는 전적 타락으로 인해 죽어 있었을 것이다. 그러나 가인과 아벨을 보면, 그들의 의지는 비록 완전하지는 않지만 선을 행할 의지가 있음을 알 수 있다. 그래서 아벨은 믿음으로 하나님이 열납하시는 제사를 드렸다. 아벨에게 선을 행할 자유의지가 있다는 것은 원죄로 인하여 자유의지가 죽지 않았다는 증거다. 그러한 자유의지는 가인에게도 있었다. 가인은 선을 행할 의지가 있음에도 불구하고 행하지 않은 것은 전적 타락이 원인이 아니라, 자신의 선택이었다. 선을 행할 의지를 하나님으로부터 새롭게 받은 것이 아니라 태어날 때부터 가지고 태어났다고 볼 수 있다.

> 여호와께서 가인에게 이르시되 네가 분하여 함은 어찜이며 안색이 변함은 어찜이뇨 네가 선을 행하면 어찌 낯을 들지 못하겠느냐 선을 행치 아니하면 죄가 문에 엎드리느니라 죄의 소원은 네게 있으나 너는 죄를 다스릴지니라(창 4:6, 7)

하나님이 가인에게 왜 선을 행치 않았느냐고 책망하시는 것은 가인에게 선을 행할 자유의지가 있다는 증거다. 선에 대한 선택은 전적으로 가인 자신에게 달려있었다. 원죄 때문에 선을 행할 자유의지가 완전히 죽었다는 것은 말이 되지 않는다.

원래 가인이 원죄를 타고 났는데, 그 원죄가 사함 받았기 때문에 선을 행할 자유의지가 생긴 것인가, 아니면 처음 태어날 때부터 선을 행할 자유의지를 가지고 있었는가? 하나님께서 가인에게 선행을 요구하시는 것은 가인에게 죄를 선택할 자유의지도, 선을 선택할 자유의지도 다 가지고 있었음을 증거한다. 따라서 원죄로 인한 전적타락은 성경과 맞지 않다는 결론이 나온다.

만약 전적으로 타락하였다면, 하나님이 이중예정을 통해 선택하고, 그 영혼의 의지와 상관없이 구원시키면 될 것이다. 가인에게 선을 행하라고 할 필요도 없이 하나님이 선을 행할 수 있도록 의지를 넣어주면 된다. 만약 하나님이 선을 행할 자유의지를 넣어주고서, 가인에게 선을 행하라고 한다면 그것은 모순된 일이다. 하나님이 선을 행할 의지를 넣어주고 선을 행하라고 한다면, 처음부터 선을 행하도록 만드는 쪽이 더 나을 것이다. 그렇다면 가인에게는 선을 행할 의지가 남아 있는 것이며, 그렇다면 원죄가 전가되지 않았거나 간접적으로 영향을 미쳤다고 볼 수 있다.

가인이 아벨을 죽인 것은 원죄 전가 때문이 아니다. 원죄 전가 때문이라면 하나님이 선을 선택할 것을 말씀해 줄 필요가 없었을 것이다. 어디까지나 가인 자신의 의지의 결단과 선택 때문이었다. 선을 행할 수 있는데도 불구하고 스스로 악을 택하였다. 원죄로 인하여 악을 선택할 수밖에 없었기에 악을 선택한 것이 아니라, 선을 행할 수 있음에도 악을 선택했던 것이다. 이것은 곧 아담에게 선악과를 금지했음에도 범죄한 것과 다를 바가 없는 것이다. 하나님은 아담에게도 선악과를 따먹지 말라 하셨고, 가인에게도 죄를 다스리라고 하셨다. 그렇다면 아담의 범죄가 그 자녀에게 어떤 영향을 미쳤다고 할 수 있는가? 하나님은 아담이나 가인을 동일하게 찾아가서 범죄하기 전에 범죄에 대한 경고를 하신다. 이것은 곧 아담의 원죄가 그 자녀들과 결부되었다고 볼 수 없는 것이다.

> 여호와께서 하늘에서 감찰하사 모든 인생을 보심이여 곧 그 거하신 곳에서 세상의 모든 거민을 하감하시도다 저는 <u>일반의 마음을 지으시며</u> 저희 모든 행사를 감찰하시는 자로다
> (시 33:13-15)

하나님은 일반의 마음을 지으시는 분이다. 그 마음을 지으시는 하나님이 원죄를 가진 영혼을 창조하지 않는다. 죄 없는 순수한 영혼을 지으신다. 만약 원죄를 가지고 태어난다면 이 세상의 인생이 선을 행하는지 아니하는지 하감할 필요가 없을 것이다. 모두가 죄 아래서 태어나는 인생인데 무슨 기대를 걸 수 있겠는가? 인간은 단지 보통 생육법으로만 태어나는가? 아니다. 하나님이 인간의 탄생 과정에 개입하고 계신다. 하나님께서 모든 자들의 영혼을 지으시는 일을 지금도 하신다. 그렇다면 원죄설이 맞는지 한 번 더 숙고

해 보아야 할 필요가 있다.

> 나의 깨달은 것이 이것이라 곧 하나님이 사람을 정직하게
> 지으셨으나 사람은 많은 꾀를 낸 것이니라(전 7:29)

하나님이 아무리 정직하게 사람을 짓는다 하더라도 인간은 꾀를 내어 죄를 짓는 길을 선택한다. 그러므로 원죄에 의해서 죄를 짓는 것이 아니라 인간이 자기 의지로 죄를 짓는 것임을 알 수 있다.

다음은 장로교 헌법에 원죄에 대한 문답 내용이다. 장로교 헌법에서는 원죄설을 주장하고 있으며, 유전설 혹은 참여설, 대표설의 입장에 서 있다.

> 문 16. 모든 인종은 아담의 첫 범죄 중에 타락하였는가?
> 답. 아담으로 더불어 언약을 세운 것은 저만 위하여 하신 것이 아니요, 그 후 자손까지 위하여 하신 것이므로 그로부터 보통 생육법으로 출생하는 인종은 모두 그의 안에 있어서 그의 첫 범죄에 참여하여 그와 함께 타락하였다 (행 17:26, 창 1:18, 2:17. 고전 15:21-22).
>
> 문 18. 사람이 타락한 지위에서 죄 되는 것이 무엇인가?
> 답. 사람이 타락한 지위에서 죄 되는 것은 아담의 첫 범죄에 유죄한 것과 근본 의가 없는 것과 온 성품이 부패한 것인데 이것은 보통으로 원죄라 하는 것이요, 아울러 원죄로 말미암아 나오는 모든 죄다 (롬 5:12, 18-19. 고전 15:22, 롬 5:6, 엡 2:1-3, 롬 8:7-8, 창 6:5, 약 1:14-15, 마 15:19).[54]

이렇게 아담 이후의 사람들이 아담 안에서 함께 범죄함으로 인

---

54 「헌법」, 대한예수교장로회총회, 30, 31.

해서 태어날 때부터 죄를 가지고 태어난다는 원죄설은 곧 잉태할 때 원죄가 형성되는 것임을 주장하는 것이다. 이것은 성경의 확실한 근거를 가지고 있다고 할 수 없다. 하나님은 아담만 창조하셨을 뿐 아니라, 아담 이후의 모든 사람들도 지으신다고 성경은 말씀하고 있다. 물론 부모로부터 보통 생육법으로 태어나지만, 그 모든 과정 속에 하나님이 개입하시며, 특히 영혼은 하나님만이 창조할 수 있는 것이므로 각 개개인의 창조도 하나님이 하신다는 것을 성경이 밝히고 있다.

> 주께서 내 장부를 지으시며 나의 모태에서 나를 조직하셨나이다 내가 주께 감사하오음은 나를 지으심이 신묘막측하심이라 주의 행사가 기이함을 내 영혼이 잘 아나이다 내가 은밀한 데서 지음을 받고 땅의 깊은 곳에서 기이하게 지음을 받은 때에 나의 형체가 주의 앞에 숨기우지 못하였나이다 내 형질이 이루기 전에 주의 눈이 보셨으며 나를 위하여 정한 날이 하나도 되기 전에 주의 책에 다 기록이 되었나이다
> (시 139:13-16)

이렇게 하나님이 장부를 지으시고 모태에서 조직하시는데 하나님께서 아담의 원죄를 물려받도록 영혼을 창조하신다고 할 수 있는가? 그렇다면 결국 하나님이 창조하는 인간은 아담의 원죄에 오염된 인간, 자유의지도 없고, 하나님의 형상도 다 파괴된 인간을 창조하신다는 결론이 나올 것이다. 그런데도 과연 이러한 주장은 성경과 얼마나 일치를 이루고 있는가?

> 너를 지으며 너를 모태에서 조성하고 너를 도와줄 여호와가 말하노라 나의 종 야곱, 나의 택한 여수룬아 두려워 말라 (사 44:2)

야곱아 이스라엘아 이를 기억하라 너는 내 종이니라 내가 너를 지었으니 너는 내 종이니라 이스라엘아 너는 나의 잊음이 되지 아니하리라(사 44:21)

네 구속자요 모태에서 너를 조성한 나 여호와가 말하노라 나는 만물을 지은 여호와라(사 44:24)

이런 말씀들은 분명 하나님이 인간이 이 세상에 태어날 때부터 하나님이 관여하고 계심을 증거한다. 하나님이 모태에서부터 우리를 조성하신다면 결코 원죄를 가진 죄인들을 탄생시킬 수가 없다. 그렇게 되면 하나님이 죄인을 조성하는 결과를 가져올 수 있기 때문이다.

주의 손으로 나를 만드사 백체를 이루셨거늘 이제 나를 멸하시나이다 기억하옵소서 주께서 내 몸 지으시기를 흙을 뭉치듯 하셨거늘 다시 나를 티끌로 돌려보내려 하시나이까 주께서 나를 젖과 같이 쏟으셨으며 엉긴 것처럼 엉기게 하지 아니 하셨나이까 가죽과 살로 내게 입히시며 뼈와 힘줄로 나를 뭉치시고 생명과 은혜를 내게 주시고 권고하심으로 내 영을 지키셨나이다(욥 10:8-12)

우매무지한 백성아, 여호와께 이같이 보답하느냐 그는 너를 얻으신 너의 아버지가 아니시냐 너를 지으시고 세우셨도다(신 32:6)

야곱아 너를 창조하신 여호와께서 이제 말씀하시느니라 이스라엘아 너를 조성하신 자가 이제 말씀하시느니라 너는 두려워 말라 내가 너를 구속하였고 내가 너를 지명하여 불렀

나니 너는 내 것이라(사 43:1)

하나님이 하나님의 것으로 지으셨는데 그 지으신 백성들이 원죄를 가진 죄인들이란 말인가?

주께서 내 장부를 지으시며 나의 모태에서 나를 조직하셨나이다 내가 주께 감사하오음은 나를 지으심이 신묘막측하심이라 주의 행사가 기이함을 내 영혼이 잘 아나이다 내가 은밀한 데서 지음을 받고 땅의 깊은 곳에서 기이하게 지음을 받은 때에 나의 형체가 주의 앞에 숨기우지 못하였나이다 내 형질이 이루기 전에 주의 눈이 보셨으며 나를 위하여 정한 날이 하나도 되기 전에 주의 책에 다 기록이 되었나이다 (시 139:13-16)

어리석은 자들아 밖을 만드신 이가 속도 만들지 아니하셨느냐 오직 그 안에 있는 것으로 구제하라 그리하면 모든 것이 너희에게 깨끗하리라(눅 11:40, 41).

하나님은 전능하신 분이시다. 창세기 1장에서만 인간을 창조하신 것이 아니고, 비록 보통 생육법에 의해 태어난다고 하더라도 생육하고 번성하는 모든 과정에 하나님이 개입하고 계심을 알 수 있다. 하나님은 인간의 장부를 지으시며 모태에서 사람을 조직한다. 영혼까지도 창조하신다.

주의 영을 보내어 저희를 창조하사 지면을 새롭게 하시나이다(시 104:30)

분명 하나님은 정한 마음을 창조하시는 분이시고, 정직한 영을 창조하시는 분이시다. 그 하나님이 아담만 아니라 그 후에 태어나는 인간도 창조하셨다면 원죄설과는 충돌을 일으킨다. 성경이 스스로의 모순에 빠진다.

> 무릇 내 이름으로 일컫는 자 곧 내가 내 영광을 위하여 창조한 자를 오게 하라 그들을 내가 지었고 만들었느니라(사 43:7)

하나님께서 특별히 영광을 받으시기 위해 창조한 자들이 있다. 이들도 하나님께서 모태에서 조성하실 때에 죄에 오염되게 창조하셨을 리가 없다.

> 삼손이 진정을 토하여 그에게 이르되 내 머리에는 삭도를 대지 아니하였나니 이는 내가 모태에서 하나님의 나실인이 되었음이라 만일 내 머리가 밀리우면 내 힘이 내게서 떠나고 나는 약하여져서 다른 사람과 같으리라(삿 16:17)

모태에서 하나님의 나실인이 된 삼손은 아담의 원죄로 오염된 상태라고 보기 힘들다. 하나님께서 모태에서부터 삼손을 구별하여 선택하셨다. 따라서 아담의 원죄를 타고 태어났다는 주장은 맞지 않다. 하나님께서 모태에서 인간을 창조하실 때 원죄가 들어갈 수 없도록 막으실 능력이 없다고 할 수 없다.

> 오직 주께서 나를 모태에서 나오게 하시고 내 모친의 젖을 먹을 때에 의지하게 하셨나이다 내가 날 때부터 주께 맡긴 바 되었고 모태에서 나올 때부터 주는 내 하나님이 되셨사오니 나를 멀리하지 마옵소서 환난이 가깝고 도울 자 없나이다(시 22:9-11)

여기서 다윗은 "모태에서 나올 때부터 주는 내 하나님"이라고 고백한다. 하나님의 자녀가 되려면 죄가 없어야 한다. 그렇다면 모태에서부터 하나님은 다윗의 하나님이 되셨는데, 어떻게 다윗에게 원죄를 가지고 태어났다고 할 수 있는가? 시편 51편에서 죄 중에 잉태되었다고 고백하는 반면, 시편 22편에서는 모태에서 나올 때부터 하나님이 되셨다고 고백한다. 그렇다면 시편 51편에서 "죄 중에서"라고 하는 것은 그의 모친의 죄를 말하는가, 아니면 다윗 자신의 죄를 말하는가?

> 내가 모태에서부터 주의 붙드신 바 되었으며 내 어미 배에서 주의 취하여 내신 바 되었사오니 나는 항상 주를 찬송하리이다(시 71:6)

과연 이러한 말씀을 보면, 원죄를 가지고 태어났다고 할 수 있겠는가? 인간은 자유의지가 전적으로 타락하고, 선을 조금도 행할 수 없는 무능력자로, 전적 부패한 자로, 지옥에 떨어질 자로 태어났다고 하는 원죄설이 성경적이라고 할 수 있는가?

4) 영혼창조설과 원죄

영혼선재설이나 영혼유전설은 원죄설의 근거가 될 수 있는 반면, 영혼창조설은 원죄설을 인정할 수 없는 논리적 구조를 가지고 있다. 왜냐하면 아담을 창조하셨던 것처럼 그 후에 태어나는 인간들의 영혼들도 하나님이 창조하신다면 당연히 원죄가 없는 인간을 창조하실 것이기 때문이다. 따라서 영혼창조설을 믿는 교회는 원죄설을 받아들이기 곤란해 진다. 그렇다고 해서 펠라기우스의 주장처럼 타락 이전의 아담과 같은 모습으로 창조한다는 주장은 무리가 따른다. 왜냐하면 아담의 범죄로 인하여 에덴동산에서 쫓겨났을 뿐만 아니라 사단의 권세와 죄의 권세로 가득 차 있는 세상에 태어나기 때문이다. 그래서 인간은 어려서부터 생각하는 것이 악하다고 하나님께서 말씀하셨다.

> 여호와께서 그 향기를 흠향하시고 그 중심에 이르시되 내가 다시는 사람으로 인하여 땅을 저주하지 아니하리니 이는 사람의 마음의 계획하는 바가 어려서부터 악함이라 내가 전에 행한 것 같이 모든 생물을 멸하지 아니하리니(창 8:21)

그러므로 하나님은 인간을 선하게 창조하시지만(물론 죄를 지을 가능성이 있는 상태) 인간 스스로가 죄악의 길을 선택하기 때문에 죄아래 갇히게 된다는 사실을 알 수 있다. 어거스틴이 주장하는 것처럼 원죄로 인해 태어날 때부터 완전히 타락한 상태가 아니라는 사실이다. 만약 죄에 오염되거나 원죄를 가진 영혼을 창조하신다면 거룩하시고 죄가 없으신 하나님이 죄의 조성자가 될 수도 있다.

> 이것은 역사상 고대의 동방 교회의 견해이었고, 서방 교회도 제롬과 힐래리 이후 거의 보편적으로 이 견해를 수납하였다. 중세 교회는 일반적으로 이 견해를 취하였다. 피터 롬바드는 말하기를, "교회는 영혼들이 몸에 들어올 때 창조된다고 가르친다"고 했고, 토마스 아퀴나스는, "지성적 영혼이 출생 방식으로 전달된다고 말하는 것은 이단적이다"고 말했다. 종교 개혁 이후, 칼빈, 베자, 투레틴, 핫지, 박형룡 등 개혁 교회의 신학자들 대다수는 이 견해를 채택하였다.[55]

원죄설을 좀 더 명확하게 이해하기 위해서는 영혼이 어떻게 창조되며 하나님은 이 영혼에 어떻게 관여하는지에 대해 분명한 이해가 있어야 한다. 영혼선재설과 영혼유전설보다 영혼창조설이 더

---

55 '창조설' – 개인 영혼의 기원. 국제개혁신학목회연구원. http://irt.kr/C/02.htm, (2017/ 1/25 오전 1:36 접속)

설득력이 있고 성경적이라고 할 수 있다. 왜냐하면 하나님이 영혼을 창조하시는 것도 성경에 근거를 두고 있고, 영혼을 창조하신다면 분명 원죄가 없는 영혼을 창조하실 것이 분명하다.

인간의 영혼은 언제 창조되는가? 이 세상을 창조하기 전에 이미 영혼들이 창조되었는가? 아니면 조상의 허리에 있다가 생육하고 번성하면서 유전되어 나왔는가? 아니면 인간이 모태에서 잉태될 때 하나님의 창조에 의해 육체와 결합하는가? 개혁주의에서는 영혼창조설을 선택하였는데, 성경적 근거는 무엇인가?

여호와 곧 하늘을 펴시며 땅의 터를 세우시며 사람 안에 심령을 지으신 자(슥 12:1)

사람 안에 심령을 지었다는 것은 잉태될 때 하나님께서 그 영혼을 창조하셨다는 근거가 된다. 이것은 영혼선재설이나 유전설이나 선재설과 달리 영혼이 모태에서 잉태될 때 창조된다는 말이다. 그렇다면 아담 이후에도 사람 속에 심령 짓는 일을 계속해 오셨다는 말씀이다. 따라서 하나님이 창조하는 영혼은 죄로 오염되고 부패한 영혼이라고 보기 힘들다. 왜냐하면 하나님은 거룩하신 분이시기 때문에 죄에 오염된 영혼을 창조하실 수 없기 때문이다.

기록하였으되 내가 거룩하니 너희도 거룩할지어다 하셨느니라(벧전 1:16)

시드기야왕이 비밀히 예레미야에게 맹세하여 가로되 우리에게 이 영혼을 지으신 여호와께서 사시거니와 내가 너를 죽이지도 아니하겠고 네 생명을 찾는 그 사람들의 손에 붙이지도 아니하리라(렘 39:16)

성경은 영혼 창조뿐만 아니라 우리의 육체도 하나님이 지으신 것을 말씀하고 있다. 하나님은 부모의 육체를 통하여 인간을 지으신다는 것이 성경의 명확한 근거이다.

나를 태속에 만드신 자가 그도 만들지 아니하셨느냐 우리를 뱃속에 지으신 자가 하나가 아니시냐(욥 31:15)

우매무지한 백성아, 여호와께 이같이 보답하느냐? 그는 너를 얻으신 너의 아버지가 아니시냐? 너를 지으시고 세우셨도다(신 32:6)

여호와가 우리 하나님이신 줄 너희는 알지어다 그는 우리를 지으신 자시요 우리는 그의 것이니 그의 백성이요 그의 기르시는 양이로다(시 100:3)

가난한 사람을 학대하는 자는 그를 지으신 이를 멸시하는 자요(잠 14:31)

빈부가 섞여 살거니와 무릇 그들을 지으신 이는 여호와시니라(잠 22:2)

위의 말씀들을 통해서 내릴 수 있는 분명한 결론은 아담 이후로 모든 사람의 영혼뿐만 아니라 육체를 창조하는 일에 하나님께서 관여하고 계시다는 사실이다. 그렇다면 하나님이 창조하시는 영혼은 원죄를 가졌거나, 혹은 원죄에 오염된 상태라고 하기 어렵다는 것이다. 거룩한 하나님이 어떻게 원죄를 가진 영혼을 창조할 수 있겠는가? 원죄론을 주장하는 자들은 이에 대한 분명한 답변을 내어 놓아야 할 것이다.

> 하나님이여 내 속에 정한 마음을 창조하시고 내 안에 정직한 영을 새롭게 하소서(시 51:10)

다윗은 범죄한 후에 하나님께 정한 마음을 창조해 달라는 것과 정직한 영을 새롭게 해 달라는 기도를 하였다. 그것은 곧 범죄한 영혼이라도 하나님께 기도하면 정직한 영, 원죄 없는 영혼으로 새롭게 하실 수 있다는 말씀이다. 우리 각자의 죄로부터도 정직한 영을 새롭게 창조하실 수 있는 분이 아담의 원죄로부터 정직한 영을 창조하실 수 없겠는가?

하나님은 말라기서를 통해서 이스라엘 백성들의 우상숭배에 대해 책망하고 계신다. 인간이 죄로 오염된 상태에서 죄를 짓지 않을 수 없다고 한다면 이스라엘 백성들이 죄를 짓는다고 한탄하실 필요가 있는가? 어차피 인간은 죄를 짓지 않을 수 없는 상태에서 태어나는데 자기 백성들이 우상숭배에 빠지는 것을 보고 멸망시키겠다고 하시는가?

> 우리는 한 아버지를 가지지 아니하였느냐 한 하나님의 지으신 바가 아니냐 어찌하여 우리 각 사람이 자기 형제에게 궤사를 행하여 우리 열조의 언약을 욕되게 하느냐 유다는 궤사를 행하였고 이스라엘과 예루살렘 중에서는 가증한 일을 행하였으며 유다는 여호와의 사랑하시는 그 성결을 욕되게 하여 이방신의 딸과 결혼하였으니 이 일을 행하는 사람에게 속하는 자는 깨는 자나 응답하는 자는 물론이요 만군의 여호와께 제사를 드리는 자도 여호와께서 야곱의 장막 가운데서 끊어 버리시리라(말 2:10-12)

아담의 원죄가 직접적으로 전가되지 않았다고 해서 인간은 자신의 의로 살아가거나 구원받을 수 있는 존재라는 말이 아니다. 인간은 절대로 자신의 의로 의롭다 함을 얻거나 구원받을 수 있는 존재가 아니다. 인간은 연약한 것 또한 죄는 아니지만 죄로 갈 수밖에 없는 성품이나 성질을 가지고 있다. 성경은 인간 존재를 "연약"이라는 말로 묘사하고 있다. 연약은 곧 조그마한 죄의 유혹이나 시험에도 넘어짐을 의미할 수 있다. 그러나 연약이 곧 죄는 아니다.

> 이는 선지자 이사야로 하신 말씀에 우리 연약한 것을 친히 담당하시고 병을 짊어지셨도다 함을 이루려 하심이더라 (마 8:17)

> 우리가 아직 연약할 때에 기약대로 그리스도께서 경건치 않은 자를 위하여 죽으셨도다(롬 5:6)

인간의 죄뿐만 아니라 인간의 "연약함"을 위해서도 주님이 죽어주실 수밖에 없으신 것은 인간 스스로 구원 얻을 수 없기 때문이다. 아담의 원죄가 아니라 자신의 연약함으로 인해 죄에 노출되고, 사단의 유혹에 넘어져 범죄할 수밖에 없는 존재이기 때문에 인간은 예수님의 십자가의 은혜가 절대적이다.

> 너희 육신이 연약하므로 내가 사람의 예대로 말하노니 전에 너희가 너희 지체를 부정과 불법에 드려 불법에 이른 것같이 이제는 너희 지체를 의에게 종으로 드려 거룩함에 이르라(롬 6:19)

바울은 원죄 때문에 죄인 되는 것이 아니라, 우리의 육신이 "연약"하기 때문에 부정과 불법, 죄를 지을 수밖에 없었다고 한다. 그러므로 예수 그리스도의 은혜를 입고 이제는 의를 선택하고 거룩함에 이를 것을 말씀한다. 이것은 곧 부모로부터 태어나는 인간 존재는 하나님의 도움 없이는 죄로 빠질 수밖에 없는 연약한 존재라는 것이다. 그러므로 인간이 죄에서 벗어나고 죄를 이기기 위해서는 하나님의 은혜가 절대적으로 필요한 것이다.

아담 역시 금지된 선악과를 따먹음으로 하나님의 법을 어긴 것처럼, 아담 후에 태어나는 인간 역시 율법을 지킬 수 있는 가능성은 있으나 연약함으로 인해 율법을 완전히 지킬 수 없게 되었다. 율법을 완전히 지키지 못하는 것은 아담의 원죄 때문이 아니라 인간의 연약함 때문이며, 죄를 이길 수 있는 능력이 약하기 때문이다.

> 율법이 육신으로 말미암아 연약하여 할 수 없는 그것을 하나님은 하시나니 곧 죄를 인하여 자기 아들을 죄 있는 육신의 모양으로 보내어 육신에 죄를 정하사(롬 8:3)

아담의 원죄가 전가되지 않았더라도 인간은 죄의 영향아래서 육신이 연약하여 하나님의 법을 지킬 수 없는 상태로 나아간다. 그래서 독생자 예수 그리스도를 대신 보내 죄에서 구원해 주신 것이다. 원죄 때문이 아니라 육신이 연약함으로 죄의 종이 되어 살아가는 우리를 건져주시기 위함이다. 예수님이 인간의 범죄를 대신하여 십자가에 달리신 것은 과거의 죄는 용서하시되, 미래는 죄를 짓지 말고 하나님의 뜻대로 살게 하기 위한 것이다. 예수님이 이 땅에 오셔서 시험과 환난과 고초를 겪으신 것은 우리의 연약함을 체휼하기 위함이다. 죄를 지을 수밖에 없는 죄성으로 끌려가는 연약한 존재이기에 예수님이 이 연약한 부분을 체휼하신 것이다.

> 우리에게 있는 대제사장은 우리 연약함을 체휼하지 아니하는 자가 아니요 모든 일에 우리와 한결같이 시험을 받은 자로되 죄는 없으시니라(히 4:15)

심지어 제사장들도 연약함에 싸여 있기 때문에 죄로부터 자유로울 수가 없다. 그래서 제사장들 역시 자기를 위하여 속죄하는 제사를 드려야 한다. 연약함이 곧 죄라고 해도 과언이 아닐 것이다.

> 저가 무식하고 미혹한 자를 능히 용납할 수 있는 것은 자기도 연약에 싸여 있음이니라(히 5:2)

> 남편 된 자들아 이와 같이 지식을 따라 너희 아내와 동거하고 저는 더 연약한 그릇이요 또 생명의 은혜를 유업으로 함께 받을 자로 알아 귀히 여기라 이는 너희 기도가 막히지 아니하게 하려 함이라(벧전 3:7)

아내가 더 연약하다는 것은 무엇인가? 죄를 지을 가능성이 더 높다는 것이다. 원죄가 문제 되는 것이 아니라, 죄를 지을 가능성에 노출되어 있는 연약함이 문제이다. 마귀는 인간의 이러한 연약함을 알고 공격하여 수많은 영혼을 죄에 빠뜨리고 있다. 마귀는 원죄를 문제 삼는 것이 아니라 자범죄를 짓게 해서 하나님과 원수되게 한다.

하나님이 영혼을 깨끗하게 창조하신다 하더라도 죄의 유혹과 사단의 미혹에 의해 연약한 영혼이 죄를 짓게 되고, 사단의 시험에 넘어져 결국 죄의 종이 되며, 사망의 선고를 받지 않을 수 없게 된다. 그 누구도 예외 없이 이런 죄를 짓기 때문에 성경은 모든 인간이 죄아래 갇혀 있고 구원받을 자가 한 사람도 없다는 것이다.

> 그러면 어떠하뇨 우리는 나으뇨 결코 아니라 유대인이나 헬라인이나 다 죄아래 있다고 우리가 이미 선언하였느니라 (롬 3:9)

> 우리가 율법은 신령한 줄 알거니와 나는 육신에 속하여 죄
> 아래 팔렸도다(롬 7:14)

> 그러나 성경이 모든 것을 죄아래 가두었으니 이는 예수 그
> 리스도를 믿음으로 말미암은 약속을 믿는 자들에게 주려 함
> 이니라(갈 3:22)

예레미야의 출생을 보자! 그가 태어나기 전에 하나님은 예레미야를 알고 구별하여 열방의 선지자로 세울 계획이었다. 그렇다면 예레미야가 아담의 원죄를 가진 자로 지음 받고 세상에 태어났는가? 원죄의 부정함을 그대로 가진 자가 어떻게 열방의 선지자로 세움 받을 수 있는가? 예레미야의 원죄는 언제 사함을 받은 것인가?

> 여호와의 말씀이 내게 임하니라 이르시되 내가 너를 복중에
> 짓기 전에 너를 알았고 네가 태에서 나오기 전에 너를 구별
> 하였고 너를 열방의 선지자로 세웠노라(렘 1:4, 5)

아담의 죄로 인해 이 세상에 죄가 들어온 것은 사실이다. 그 죄의 영향력이 사단을 통해 전 인류에게 왕노릇 하게 되었다. 아담의 죄가 결국 인류를 죄아래 가둔 것이다. 그래서 한 사람도 예외 없이 아담이 불순종으로 범죄하였던 것처럼 죄를 지음으로 인류는 죄아래 갇히고 말았다. 의인은 없나니 한 사람도 없게 되었다.

> 만물보다 거짓되고 심히 부패한 것은 마음이라 누가 능히
> 이를 알리요마는 나 여호와는 심장을 살피며 폐부를 시험하
> 고 각각 그 행위와 그 행실대로 보응하나(렘 17:9, 10)

만물보다 거짓되고 심히 부패하게 된 원인이 어디 있는가? 아담

의 원죄 때문인가, 아니면 인간 각자의 죄성과 욕심 때문인가? 당연히 인간 각자의 죄성 때문이다. 만약 부패의 원인이 아담의 원죄 때문이라면 인간의 부패에 대해 하나님이 이렇게 통탄해 하실 필요가 없을 것이다. 이미 태어날 때부터 원죄로 부패한 인간이라면 심히 부패한 인간에 대해서 한탄하시거나 안타까워하실 이유가 없을 것이다.

원죄 또한 유전되거나 전가되거나 혹은 아담 안에서 죄를 지었기 때문에 인간에게 전가된다고 보기 어렵다. 아담으로 인해 생겨난 저주와 죽음, 죄의 권세가 인간에게 전달됨으로 죽음이 왔다. 문제는 아담 이후 그 누구도 아담으로 인해 생겨난 죄의 권세에서 벗어난 자가 없다는 사실이다. 예레미야에게서 원죄의 흔적을 찾아보기 어렵다. 인간의 저주와 죽음은 인간 각자의 자범죄로 인하여 생겨난 것이다.

세례 요한의 잉태는 천사가 알려 주었다. 복중에 있을 때 마리아가 방문하자 성령이 충만하여 기쁨으로 뛰놀았다. 세례 요한은 분명 하나님의 응답으로 태어났다. 그런데 아담의 원죄가 세례 요한에게 그대로 전가되었다고 할 수 있는가? 아담의 원죄가 어린아이들에게도 그대로 적용되어 죄인으로 태어난다면 예수님이 어린아이들의 원죄를 지적하고 회개할 수 있도록 길을 마련하셨는가? 어린아이들이 대해 예수님은 어떤 행동을 취하셨는가?

> 예수께 말하되 저희의 하는 말을 듣느뇨 예수께서 가라사대 그렇다 어린 아기와 젖먹이들의 입에서 나오는 찬미를 온전케 하셨나이다 함을 너희가 읽어 본 일이 없느냐(마 21:16)

"어린 아기와 젖먹이들"은 회개한 적도 없고, 회개할 줄도 모른다. 그런데 하나님은 그런 젖먹이들의 찬미를 온전히 받으신다고 하신다. 어린 아기와 젖먹이들에게 원죄가 있다면 그 원죄부터 해결해야 할 것인데, 왜 예수님은 그 원죄 해결하는 방법을 말씀해 주시지 않았을까?

> 너도 기뻐하고 즐거워할 것이요 많은 사람도 그의 남을 기뻐하리니 이는 저가 주 앞에 큰 자가 되며 포도주나 소주를 마시지 아니하며 모태로부터 성령의 충만함을 입어 이스라엘 자손을 주 곧 저희 하나님께로 많이 돌아오게 하겠음이니라 저가 또 엘리야의 심령과 능력으로 주 앞에 앞서 가서 아비의 마음을 자식에게, 거스리는 자를 의인의 슬기에 돌아오게 하고 주를 위하여 세운 백성을 예비하리라(눅 1:14-17)

> 여호와께서 그 향기를 흠향하시고 그 중심에 이르시되 내가 다시는 사람으로 인하여 땅을 저주하지 아니하리니 이는 사람의 마음의 계획하는 바가 어려서부터 악함이라(창 8:21)

원죄설을 주장하는 근거로 많이 사용되는 말씀이다. "어려서부터 악함"이라는 것은 아담의 죄를 전가받았기 때문인가, 아니면 인간 개인이 선보다 악을 더 좋아하고 선택하기 때문에 그렇다는 것인가? 만약 인간이 모태에서부터 생각하는 것이 다 악하다고 한다면, 왜 하나님은 이 땅에서 생육하고 번성하라고 하시는가?

하나님은 아담이 범죄하기 이 전에 "생육하고 번성하여 땅에 충만하라, 땅을 정복하라, 바다의 고기와 공중의 새와 땅에 움직이는 모든 생물을 다스리라"(창 1:28) 하셨다. 그런데 아담이 타락한 이후 노아 홍수 심판을 끝낸 뒤에 다시 노아와 그 아들들에게 "생육하고 번성하여 땅에 충만하라"(창 9:1)고 하신다. 아담이 타락하기 전에는 땅에 번성하라고 하시는 말씀은 이해가 가지만, 아담 타락으로 원죄가 전가되는 상황에서, 생득적으로 죄가 유전되거나 전가되는 상황에서 번성하고 충만하라고 하는 것은 이해하기가 힘들다. 그들은 원죄로 말미암아 제2의 홍수 심판을 받아야 할지도 모르는데 왜 그들에게 번성하고 충만하라고 하셨을까? 원죄가 유전되거나 태어나는 자들이 생득적으로 죄인으로 태어난다면 이런 축복은 하지 않았을 것이다.

결과적으로 보면, 노아 이후에 태어난 자들도 거의 대부분 하나님을 거역하고 바벨탑을 쌓았다. 이러한 부패와 타락, 죄가 아담의 원죄가 아니라 인간 각자가 자유의지의 선택에 의한 죄의 결과라는 사실에 주목할 필요가 있는 것이다. 원죄가 있다면 번성하라고 하시지 않았을 뿐만 아니라, 십계명을 비롯한 율법과 계명을 주시지 않았을 것이다.

> 손을 금하여 가난한 자를 압제하지 아니하며 변이나 이식을 취하지 아니하여 내 규례를 지키며 내 율례를 행할진대 이 사람은 그 아비의 죄악으로 인하여 죽지 아니하고 정녕 살겠고 그 아비는 심히 포학하여 그 동족을 억탈하고 민간에 불선을 행하였으므로 그는 그 죄악으로 인하여 죽으리라 그런데 너희는 이르기를 아들이 어찌 아비의 죄를 담당치 않겠느뇨 하는도다 아들이 법과 의를 행하며 내 모든 율례를 지켜 행하였으면 그는 정녕 살려니와 범죄하는 그 영혼은 죽을지라 <u>아들은 아비의 죄악을 담당치 아니할 것이요 아비는 아들의 죄악을 담당치 아니하리니 의인의 의도 자기에게로 돌아가고 악인의 악도 자기에게로 돌아가리라</u> 그러나 악인이 만일 그 행한 모든 죄에서 돌이켜 떠나 내 모든 율례를 지키고 법과 의를 행하면 정녕 살고 죽지 아니할 것이라 그 범죄한 것이 하나도 기억함이 되지 아니하리니 그 행한 의로 인하여 살리라(겔 18:17-22)

하나님께서 죄를 정하실 때, 어떤 원리를 사용하시는가? 아비의 죄 때문에 아들이 죽는 법은 없다는 것이다. 각자 죄는 자기가 지은 것에 대해서 자기가 받는 것이 하나님의 법칙이다. 십계명에 아비의 죄를 자녀 삼사 대까지 내려가게 한다는 말씀으로 죄가 유전되는 것이 아니냐고 할지 모르지만, 그것은 그 자녀들이 회개치 않을 경우이고, 그 자녀들이 의롭게 산다면 자녀들에게 그 법은 적용되지 않는다.

> 왕을 죽인 자의 자녀들은 죽이지 아니하였으니 이는 모세의 율법책에 기록된 대로 함이라 곧 여호와께서 명하여 이르시기를 자녀로 인하여 아비를 죽이지 말 것이요 아비로 인하여 자녀를 죽이지 말 것이라 오직 사람마다 자기의 죄로 인하여 죽을 것이니라 하셨더라(왕하 14:6)

그러나 아비나 조상의 죄가 후손에게 영향을 미친다는 말씀도 있다. 그것은 조상의 죄가 직접적으로 전가되는 것이 아니라, 조상의 죄가 자손에게 영향력을 행사하여 자손들이 죄를 지을 때 그 죄값을 갚으시겠다는 것이다.

> 주는 은혜를 천만인에게 베푸시며 아비의 죄악을 그 후 자손의 품에 갚으시오니 크고 능하신 하나님이시요 이름은 만군의 여호와시니이다(렘 32:18)

> 너를 위하여 새긴 우상을 만들지 말고 또 위로 하늘에 있는 것이나 아래로 땅에 있는 것이나 땅아래 물속에 있는 것의 아무 형상이든지 만들지 말며 그것들에게 절하지 말며 그것들을 섬기지 말라 나 여호와 너의 하나님은 질투하는 하나님인즉 나를 미워하는 자의 죄를 갚되 아비로부터 아들에게로 삼사 대까지 이르게 하거니와 나를 사랑하고 내 계명을

지키는 자에게는 천대까지 은혜를 베푸느니라(출 20:4-6)

부모가 하나님을 아무리 잘 섬겼더라도 그 후손에게 그 복이 직접적으로 내려가지 않는다. 부모에게 자녀를 축복하는 것은 전제조건이 있다. 부모처럼 하나님을 잘 섬길 때 그렇게 복이 내려간다는 것이다. 자녀가 우상을 선택하면 바로 그 다음 대에라도 하나님의 징계와 진노로 인하여 멸망한다는 것이 성경의 교훈이다. 다윗이 하나님을 잘 섬김으로 솔로몬에게 복을 약속하셨다. 솔로몬이 다윗 때문에 복을 받은 부분도 있지만, 우상을 섬길 때 하나님은 그에게서 열 지파를 빼앗았다. 엄청난 전쟁, 환란, 배반, 어려움 등이 닥쳐왔고, 그 아들 르호보암 때에 남북으로 나라가 분열되었다. 또한 아무리 부모가 죄를 지었더라도 히스기야나 요시아처럼 자신이 회개하고 바로 믿으면 하나님은 그들에게 복을 주시고 은혜를 베풀었다.

우리에게 원죄와 자범죄가 따로 존재한다면, 성경은 우리에게 분명히 원죄와 자범죄를 각각 따로 회개하라고 하셨을 것이다. 왜냐하면 두 가지 죄 중에 어느 하나라도 회개치 않으면 안 되기 때문이다. 그런데 원죄를 회개하라는 말씀은 어디에서 찾을 수 없다. 자범죄에 대해서만 회개할 것을 말씀하신다.

니느웨성의 심판과 구원의 과정을 보면, 그들은 이방인들이고, 특히 이스라엘 민족과 적대적 관계에 있는 자들이다. 하나님은 니느웨성의 죄악으로 인해 심판을 선포하신다.

> 너는 일어나 저 큰 성읍 니느웨로 가서 그것을 쳐서 외치라 그 악독이 내 앞에 상달하였음이니라 하시니라(욘 1:2)

하나님은 니느웨성 사람들의 원죄를 지적하는 것이 아니라 자범죄를 지적하고 있다. 원죄를 회개하라고 하는 것이 아니라 자범죄를 회개하라는 것이다. 니느웨성 사람들이 회개해야 할 것은 그들의 "악독"이었다. 놀랍게도 그들이 그 악독을 회개했을 때, 하나님은 니느웨성 사람들을 구원해 주셨다.

　가나안 족속들도 하나님의 진노를 받아 멸망하게 된 원인은 그들의 원죄 때문이 아니라 자범죄 때문이다. 노아 홍수 때에도 원죄 때문이 아니라 그들의 자범죄 때문이다.

> 네 자손은 사대 만에 이 땅으로 돌아오리니 이는 아모리 족속의 죄악이 아직 관영치 아니함이니라(창 15:16)

> 여호와께서 사람의 죄악이 세상에 관영함과 그 마음의 생각의 모든 계획이 항상 악할 뿐임을 보시고 땅위에 사람 지으셨음을 한탄하사 마음에 근심하시고 가라사대 나의 창조한 사람을 내가 지면에서 쓸어버리되 사람으로부터 육축과 기는 것과 공중의 새까지 그리하리니 이는 내가 그것을 지었음을 한탄함이니라 하시니라(창 6:5-7)

　하나님은 여기서 "땅위에 사람 지으셨음을 한탄하사 마음에 근심"하셨다고 한다. 만약 원죄가 그대로 인류에게 전가되어 죄가 관영해졌다면 그것을 놓고 왜 하나님은 한탄하시는가? 원죄를 타고 계속 태어날 인류의 역사를 종식시키면 될 것이 아니겠는가? 또 원죄를 타고난 인간이 죄를 짓는 것은 당연한 일 아니겠는가? 후회하거나 한탄하셨다는 것은 인간이 죄를 짓지 않을 가능성이 있었음에도 죄를 지었기 때문이다. 인간이 전적으로 죄에 오염되거나 타락하였다면 이런 기대 자체를 하시지 않았을 것이다. 100% 죄에 오염된 인간이라면 한탄하거나 후회하실 것이 아니라 하나님의 뜻대로 구원을 하시든지, 아니면 심판을 하시면 된다. 왜 노아시대 사람들에게 회개하기를 기대하셨는가? 물심판 후에는 더 이상 죄인들이 번성하지 못하도록 막지 않으셨는가?

5) 사망의 원인: 원죄인가 자범죄인가?

감리교 헌법인 '교리와 장정' 제2장 교리편에서 예수 그리스도의 십자가는 원죄와 자범죄 모두를 포함하는 것이라고 말한다.

> 성자는 곧 참되시고 영원하신 하나님 아버지의 말씀이요, 성부와 동일하신 본질인데 복 받은 동정녀의 태중에서 사람의 성품을 가지셨으므로 순전한 두 성품, 곧 하나님의 성품과 사람의 성품이 나뉘지 못하게 일위 안에 합하였다. 그러므로 그는 참으로 하나님이시요, 참으로 사람이신 한 분 그리스도이신데 참으로 고난을 당하시고 십자가에 못 박혀 죽으시고 매장되시어 우리로 하여금 하나님 아버지와 화목하게 하시고 또한 제물이 되시었다. 이는 사람의 <u>원죄만 위할 뿐 아니라 범죄한 것까지</u> 위함이시다.[56]

지금까지 우리는 원죄와 자범죄를 항상 연관지어 사용해 왔다. 자범죄는 원죄 때문에 나오는 것으로 이해하여 왔다. 그러나 성경은 원죄와 자범죄를 연결하고 있지 않다. 심판과 멸망의 원인은 원죄 때문이 아니라 자범죄 때문이다. 구원 역시 자범죄로부터 구원이지 원죄로부터 구원이 아니다.

> 그가 우리를 흑암의 권세에서 건져내사 그의 사랑의 아들의 나라로 옮기셨으니 그 아들 안에서 우리가 구속 곧 죄 사함을 얻었도다(골 1:13, 14)

죽음의 원인은 어디에 있는가? "흑암의 권세" 때문이다. 위의

---
[56] 「교리와 장정」(2012년), 기독교대한감리회, 26.

말씀에 나오는 이 "흑암의 권세"는 누가 잡고 있는가? 사단이 잡고 있다. 그런데 왜 인간은 이런 사단의 흑암과 사망의 권세에 잡혀 있는가? 그것은 죄 때문이다. 그 죄는 원죄를 말하는가, 자범죄를 말하는가? 당연히 자범죄를 말한다.

> 전에 악한 행실로 멀리 떠나 마음으로 원수가 되었던 너희를 이제는 그의 육체의 죽음으로 말미암아 화목케 하사 너희를 거룩하고 흠 없고 책망할 것이 없는 자로 그 앞에 세우고자 하셨으니(골 1:21, 22)

여기에서 분명히 하나님과 원수가 된 것은 "악한 행실" 때문이다. 이 악한 행실은 원죄가 아니라 자범죄에 속한다. 인간이 직접 죄를 지은 것 때문에 하나님과 원수가 된 것이다. 예수 그리스도가 십자가에 죽으신 것은 바로 이 자범죄 때문임을 분명히 말씀하고 있다. 속히 자범죄에서 벗어나 "거룩하고 흠 없고 책망할 것이 없는 자"로 세우기 위해서 십자가에 못 박힌 것임을 말씀하고 있다.

> 또 너희의 범죄와 육체의 무할례로 죽었던 너희를 하나님이 그와 함께 살리시고 우리에게 모든 죄를 사하시고 우리를 거스리고 우리를 대적하는 의문에 쓴 증서를 도말하시고 제하여 버리사 십자가에 못 박으시고 정사와 권세를 벗어버려 밝히 드러내시고 십자가로 승리하셨느니라(골 2:13-15)

여기서도 "너희의 범죄"는 인간 각자가 지은 자범죄를 말하는 것이다. 우리가 죽게 된 원인은 각자의 범죄와 육체의 무할례 때문이다. 원죄 때문이 아니다. 하나님은 사람을 정직하게 지었지만 죄성을 가진 사람이 많은 꾀를 냄으로 타락에서 벗어나지 못하고, 죄 아래 갇힌 것이다. 그래서 바울은 우리 속에서 죄를 짓게 하는 그 죄성을 죽이라고 한다. 그것은 곧 우리 속에 원죄가 들어있는 것이 아니라 죄를 짓게 하는 죄성과 죄의 효력이 들어있다는 것이다. 그렇기 때문에 할례를 받지 않으면 안 된다. 할례는 죄성을 베어 버리는 것이다.

> 그러므로 땅에 있는 지체를 죽이라 곧 음란과 부정과 사욕과 악한 정욕과 탐심이니 탐심은 우상숭배니라 이것들을 인하여 하나님의 진노가 임하느니라(골 3:5, 6)

하나님의 진노의 원인이 어디 있는가? 원죄 때문이 아니라 지체로부터 나오는 죄성이며, 그 죄성을 통해 범죄하기 때문이다. 그로 인해 인간의 죄아래 갇히게 되고, 마귀에게 종이 된다. 마귀가 활발하게 움직이는 것은 자범죄를 짓게 해서 구원받지 못하게 하기 위함이다.

> 너희는 너희 아비 마귀에게서 났으니 너희 아비의 욕심을 너희도 행하고자 하느니라 저는 처음부터 살인한 자요 진리가 그 속에 없으므로 진리에 서지 못하고 거짓을 말할 때마다 제 것으로 말하나니 이는 저가 거짓말장이요 거짓의 아비가 되었음이니라(요 8:44)

인간이 원죄를 가지고 타락한 채로 태어난다면 이미 태어날 때 지옥의 심판을 받지 않으면 안 되는 상태로 태어난다. 그런 인간을 왜 마귀는 공격하여 죄짓게 하고 타락을 부추기는가? 어차피 그냥 두어도 지옥으로 떨어질 것이 아니겠는가? 마귀가 죄를 짓도록 하는 것은 인간의 원죄가 없다는 증거는 아니겠는가? 자범죄를 지어야만 지옥에 떨어지기 때문에 자범죄를 짓도록 하는 것이다. 이미 원죄로 전적 타락을 했다면 마귀가 와서 죄를 짓게 해서 지옥으로 떨어지게 할 필요가 없다.

　인간이 죄아래 갇히게 하는 주범은 자신의 자범죄요, 그 자범죄를 짓도록 하는 자가 사단임을 성경이 말씀하고 있다. 만약 인간이 원죄로 인해 죄인이 되어 있다면 사단은 믿지 않는 자들에게까지 그들을 미혹하고 우상숭배하게 할 필요가 없었을 것이다.

> 나 곧 나는 나를 위하여 네 허물을 도말하는 자니 네 죄를 기억지 아니하리라 너는 나로 기억이 나게 하고 서로 변론하자 너는 네 일을 말하여 의를 나타내라 <u>네 시조가 범죄하였고 너의 교사들이 나를 배역하였나니</u> 그러므로 내가 성소의 어른들로 욕을 보게 하며 야곱으로 저주를 입게 하며 이스라엘로 비방거리가 되게 하리라(사 43:25-28)

　하나님은 아담의 범죄와 이스라엘 지도자들의 범죄를 동일선상에 놓고 있다. 만약 아담의 범죄가 원죄이고, 그 원죄가 이스라엘 지도자들에게 전가되어 그들 역시 범죄한 아담처럼 죄인이라면 어떻게 그들에게 "배역"하였다고 책망할 수 있겠는가? 이미 그들은 원죄로 인해 죄인인데 그 원죄에 배역의 죄를 더한다고 해서 그것이 무슨 의미가 있겠는가? 이스라엘이 이렇게 하나님을 배역하므로 책망과 징계와 심판을 받게 되는 것은 원죄 때문이 아니라 사단이 이스라엘을 범죄케 했기 때문이라고 볼 수 있다. 하와를 범죄케 한 자가 바로 사단이다. 마찬가지로 사단은 아담 이후에 태어나는 인간들을 끊임없이 미혹하고 유혹하여 범하도록 하는 것이다.

> 뱀이 그 간계로 이와를 미혹케 한 것 같이 너희 마음이 그리스도를 향하는 <u>진실함과 깨끗함에서 떠나 부패할까 두려워하노라</u> 만일 누가 가서 우리의 전파하지 아니한 다른 예수를 전파하거나 혹 너희의 받지 아니한 다른 영을 받게 하거

> 나 혹 너희의 받지 아니한 다른 복음을 받게 할 때에는 너희
> 가 잘 용납하는구나(고후 11:3, 4)

여기서 바울은 아담과 하와가 뱀(사단)에 의해 미혹되어 범죄였음을 강조한다. 고린도교회 성도들도 범죄하고 부패하게 되는 원인이 하와를 미혹했던 그 뱀이라는 사실에 초점을 맞추고 있다. 만약 아담으로 인해 원죄가 고린도교회 성도들에게 그대로 내려왔다면 바울은 "부패할까 두려워하노라"라는 표현을 써서는 안 된다. 이미 부패해 있는 자들에게 또 부패할까 두려워 한다는 말을 쓸 필요가 없다.

> 큰 용이 내어 쫓기니 옛 뱀 곧 마귀라고도 하고 사단이라고
> 도 하는 온 천하를 꾀는 자라 땅으로 내어 쫓기니 그의 사자
> 들도 저와 함께 내어 쫓기니라(계 12:9)

마귀가 하는 일은 온 천하를 꾀는 일이다. 영혼들이 복음을 듣고 구원받는 것을 방해하고 미혹하기 위해서 그의 사자들과 함께 일을 하고 있다. 우는 사자처럼 삼킬 자를 삼키기 위해서 혈안이 되어 있다. 만약 원죄로 인해 인간들이 전적으로 부패되어 있고, 자유의지를 완전히 상실했다면 왜 천하를 꾀고 있는가? 어차피 그들은 하나님이 선택해서 불러 주지 않으면 스스로 구원받을 수 없는 자들이고, 선을 선택할 수 없는데 왜 마귀가 그의 사자들과 함께 이렇게 활발하게 움직이는가? 또한 하나님이 한 번 선택하여 구원하는 자들은 사단이 손을 댈 수가 없고, 손을 댄다고 해도 하나님의 계획대로 다 구원이 된다면 사단이 이렇게 공격할 필요가 있겠는가?

이것은 원죄로 인해 인간의 자유의지가 완전히 죽고, 전적 부패로 인하여 인간 스스로는 구원을 위한 그 어떤 선택도 할 수 없다

고 하는 주장이 맞지 않음을 알 수 있다. 마귀가 활동하는 것은 인간에게 자유의지가 있고, 그 자유의지로 하나님을 선택할 가능성을 막기 위해서이다.

결과론적으로 보면, 모든 인간은 죄아래 있다. 그런데 그 원인이 아담이 범죄한 원죄가 전가되거나 유전되거나 혹은 동참죄로 인한 것이라기보다는 사단의 유혹과 미혹, 시험 때문이라는 사실이다. 원죄를 인정하게 되면 마귀와 그의 사자들의 활동은 무의미하거나 사라져야 할 요소가 된다. 마귀가 활동하는 것은 하와를 미혹시켜 죄에 빠뜨린 것처럼 모든 사람들을 미혹시켜 죄에 빠뜨리는 것이다. 따라서 사망의 원인은 원죄가 아니라 자범죄임을 성경이 증거한다.

6) 결론

여기서 우리가 다루고자 하는 핵심은 죄의 책임을 누구에게 지우느냐 하는 것이다. 원죄론으로 가면 죄의 책임이 일차적으로 아담에게 돌아가며, 나아가서는 조상이나 하나님에게 돌아갈 수 있다. 죄의 책임은 각자가 져야 하며 남에게 돌릴 수 없다는 것이 성경의 가르침이라면 그 어떤 경우에도 남에게 죄의 원인을 돌려서는 안 된다. 원죄설은 죄의 원인을 시조 아담에게 돌리는 결과를 가져오게 되고, 인간은 태어나면서 죄인으로 태어난다는 결론에 도달하기 때문에 성경 전체와 일치하지 않는 부분이 많다. 그렇기 때문에 기존의 원죄설을 따르게 되면 성경적인 구원론을 세우기 힘들다.

성경적 구원론은 각자가 지은 죄로부터의 구원이기 때문에 아담으로부터 내려오는 원죄에 대해서는 심각한 고민을 하지 않을 수 없다. 성경은 원죄에 대한 회개나 죄 사함이 없기 때문이다. 물론 아담의 범죄가 인류에 영향을 미치지 않았다는 것이 아니다. 아담의 범죄로 사망권세가 임하였고, 인간이 죄의 권세아래 놓은 것은 부인할 수 없다. 또한 에덴동산과 같은 좋은 환경을 제공받지 못하는 것만 보아도 아담의 죄의 영향을 받고 있는 것이다. 뿐만 아니라, 공중권세를 잡고 있는 사단의 권세아래 들어와 있다는 점에서도 아담의 범죄 영향을 받고 있는 것이다. 하지만 아담의 죄가 직접적으로 전가되었다고 하는 주장은 성경에서 그 근거를 찾아보기 어렵다.

남 유다가 멸망하게 된 결정적인 원인은 므낫세의 죄 때문이었다. 므낫세가 죄를 지음으로 그 피해는 백성들이 고스란히 받게 되었다. 비록 백성들 가운데는 죄짓지 않은 자도 있지만 므낫세가 죄를 지음으로 예루살렘 멸망의 비극을 모든 백성들이 받지 않으면 안 되게 되어 있었다.

> 그러나 여호와께서 유다를 향하여 진노하신 그 크게 타오르는 진노를 돌이키지 아니하셨으니 이는 므낫세가 여호와를 격노케 한 그 모든 격노를 인함이라 여호와께서 가라사대 내가 이스라엘을 물리친 것같이 유다도 내 앞에서 물리치며 내가 뺀 이 성 예루살렘과 내 이름을 거기 두리라 한 이 전을 버리리라 하셨더라(왕하 23:26, 27)

므낫세의 범죄로 유다 백성들도 그 죄에 대한 징벌을 다 받은 것처럼 아담의 범죄 때문에 인류는 에덴동산에서 살 수 있는 권한도 빼앗기고, 죽음이라는 저주아래 들어가게 되고, 죄의 권세아래 지배를 당한 것도 사실이다. 하지만 므낫세가 범죄할 때 백성들이 함께 범죄한 것이 아닌 것처럼, 아담이 범죄할 때 인류도 함께 범죄한 것이라는 사실을 성경 어디에서도 찾을 수 없다. 그럼에도 불구하고 아담의 범죄로 인하여 인류는 아담이 받아야 할 벌을 같이 받게 된 셈이 되었다. 이것은 아담이 범죄할 때 인류가 함께 범죄했다는 것이 아니라, 아담 때문에 그 죄의 영향이 인류 전체에 미쳤다는 것이다.

　한 단체의 대표가 범죄했을 경우, 그 대표만 범죄한 것이지 그 단체 사람들 모두가 범죄한 것은 아니다. 하지만 그 대표의 범죄로 인해서 그 단체 회원들은 그 죄의 영향을 간접적으로 받지 않을 수 없다. 교단을 대표하는 총회장이 우상 숭배하였다고 해서 그 교단 모든 교회가 범죄한 것은 아니다. 그러나 교단 교회들은 그 총회장이 지은 죄의 영향을 간접적으로 받는다.

　결론적으로, 아담의 원죄가 인류에게 전가되어서 모든 인류가 태어나면서 죄인으로 태어난다는 주장은 성경에서 그 근거를 찾기가 어렵다. 그럼에도 모든 사람이 죄인이 되는 것은 아담의 범죄의 영향을 받아 죄성을 가진 인간 각자가 자범죄를 짓기 때문이다. 원죄가 없다 하더라도 자범죄를 짓지 않을 자가 없는 것은 아담 이후에 태어나는 인간은 아담의 죄성이 그 속에 있기 때문이다. 하나님이 선하게 인간을 창조하시지만 사단과 죄악이 인간을 타락시키고 부패시킨다. 누구도 자기 의로 천국 들어갈 자가 없는 것은 아담으로 인해 죄가 세상에 들어왔고, 그 죄의 영향력으로 인간들은 죄를 짓기 때문이다. 사단의 권세와 사망의 권세아래 놓여 있기 때문에 인간은 태어나자마자 죄의 영향을 받게 되어 하나님보다는 마귀를 따라가는 존재가 된다. 인간이 죄인이 되는 것은 원죄 때문이 아니라 자범죄 때문임을 분명히 이해할 필요가 있다.

구원론 논쟁

2장

예정론 논쟁

구원론 논쟁

1. 예정론 논쟁의 역사적 흐름

구원론에서 예정론은 상당히 중요한 부분을 차지한다. 기독교 회사에서 예정론을 둘러 싼 치열한 논쟁이 계속되어 왔고, 지금도 그 논쟁은 계속되고 있다고 해도 과언이 아닐 것이다. 예정론을 어떻게 이해하고 받아들이느냐에 따라서 성경 해석과 구원론의 방향이 달라질 수 있다. 교회 안에 깊이 뿌리 내리고 있는 예정론은 이제 수정이 불가피할 정도로 많은 교회의 지지를 받고 있다. 예정론자들은 자신들의 신학에서 조금도 양보하지 않으려 하고, 그 이론에서 벗어나는 것에 대해서는 이단으로 정죄하는 경향이 있다. 이에 맞서 예지예정론자들은 절대예정론을 논박하고 참된 구원론을 세워 나가려고 한다. 칼빈주의와 알미니안주의의 논쟁은 지금도 그 접점을 찾지 못하고 있으며, 앞으로도 계속될 것이 분명하다. 하나님의 절대 예정인가? 인간의 자유의지의 선택의 문제인가? 성경은 양쪽 모두 말씀하기 때문에 그 해결책을 찾기란 결코 쉬운 일이 아닐 것이다.

예정론 논쟁은 어거스틴 시대까지 거슬러 올라간다. 어거스틴의 원죄론의 구조는 하나님의 절대 예정으로 갈 수밖에 없도록 되어 있다. 원죄론의 입장에서 볼 때, 인간의 구원은 당연히 하나님의 절대 주권에 의존할 수밖에 없다. 전적으로 타락한 인간에게는 하나님의 절대 은혜와 예정, 선택이 요구될 수밖에 없기 때문이다. 선을 선택할 능력을 완전히 상실한 인간에게 자유의지에 의한 구원 선택은 기대할 수 없기 때문에 자연히 인간의 자유의지는 무시될 수밖에 없다. 밀라드는 어거스틴에 대해서 다음과 같이 서술하고 있다.

> 이런 논법의 흐름이 어거스틴을 예정론으로 나아가게 한다. 왜냐하면 만약 하나님께서 우리의 의지와 관련하여 그렇게

역사하시기를 선택하실 때에만 우리가 선을 행한다면, 그리고 만약 하나님께서 그렇게 의도하실 때 우리가 무오하게 선을 행할 것이라면, 우리가 선을 선택하거나 행하는 것은 전적으로 하나님께서 이미 행하시기를 의도하셨던 것의 결과로서 보이기 때문이다. 그렇다면 그것은 하나님께서 어떤 이들에게는 은혜를 주시고, 다른 이들에게는 은혜를 주시지 않을 것을 선택하심에 관한 문제이다. <u>하나님은 영원 전에 이 선택을 행하셨으며, 타락한 천사들을 대체하기 위하여 필요한 숫자를 선택하셨다.</u>[57]

원죄설을 주장한 어거스틴은 인간 구원을 예정론의 입장에서 이해하였다. 무능력한 인간이 스스로 구원받을 가능성은 전혀 없기 때문에 하나님의 선택과 예정에 의해서 구원이 이루어진다는 것이다. 그럼 어떤 자를 예정하는가? 어거스틴에 의하면 타락한 천사들의 수만큼 인간을 선택해서 보충하기 위해 인간을 선택한다는 것이다. 따라서 누구를 선택하느냐는 하나님께 달렸으며, 인간의 의지나 행위는 그 선택에 전혀 개입 될 수 없다. 유기할 자를 따로 예정한다는 이중예정의 입장은 아니지만, 선택만큼은 하나님의 절대적 주권에 달려 있음을 어거스틴은 강조했다. 이러한 어거스틴의 예정론은 칼빈에게 절대적으로 영향을 미쳤다. 웨슬리안주의 신학자 와일리와 컬벗슨은 칼빈주의에 대해 이렇게 정리하고 있다.

> 일반적으로 칼빈의 은총에 대한 개념은 성 어거스틴으로부터 유래하였다. 후자는 원죄를 그의 신학 체계 전체의 기초로 삼았다. 타락이 인류로부터 모든 선을 위한 능력을 박탈함으로써, 구원은 인간의 협동 없이 오직 은총에만 의존하는 것이 되어야 한다. 어거스틴은 의지의 자유를 주장했으

---

57 밀라드 J. 에릭슨, 신경수 역, 「복음주의 조직신학(하)」, 크리스챤 다이제스트, 87.

나, 오직 악을 위한 자유라는 의미에서였다. 그러므로 은총은 의지에 직접 작용한다. 이것은 구원받아야 할 사람의 정확한 숫자를 결정한 하나님의 명령에 대한 믿음을 필요로 하였다. 선택된 자들에게는 유효한 은총이 적용되었다. 이것은 그리스도인의 삶의 시작을 위한 항거할 수 없는 은총과 끝을 위한 견인하는 은총을 포함하였다. 하나님의 은총의 필요성에 대한 이러한 견해로부터 예정론이 점진적으로 발전하였다. 어거스틴과 더불어 하나님의 명령의 체계는 결국 숙명론의 형태로 되었다. 어거스틴의 교리를 체계화하여 치밀하게 조립된 논리적 체계로 만드는 일은 근엄한 성격과 특출한 능력을 가진 존 칼빈에게 남겨졌다.[58]

칼빈주의 예정론은 어거스틴의 영향을 크게 받아 체계화 된 이론이라 할 수 있다. 어거스틴보다 더 강화된 예정론이며, 하나님의 절대주권을 강조하고 이중예정을 주장한다. 구원을 위해서 인간이 할 수 있는 것은 아무것도 없다. 구원 계획도 하나님이 하시고, 구원 실행도 하나님이 하신다. 어거스틴주의와 칼빈주의는 예정론에 있어서 그 맥을 같이 하고 있다.

이러한 칼빈주의의 구원론에 대하여 알미니안주의는 반대하였다. 알미니안주의는 하나님의 절대적 주권을 인정하면서도, 인간의 자유의지의 선택과 그에 따른 개인의 책임이 구원의 결정적 요소라고 믿었다. 알미니우스가 칼빈주의에 대해 반기를 들기 전에, 쿠른헤르트가 이 문제를 제기하였다. 당시 주장되던 '타락 전 선택설'(supralapsarianism)에 대하여 반대하였던 것이다. 타락 전 선택설이 맞다면 하나님은 죄의 창시자가 된다는 주장을 한 것이다.

테오도르 쿠른헤르트(Theodore Koornhert)라는 이름의 교양 있

---

58 오톤 와일리, 폴 컬벗슨, 전성용 역, 「웨슬리안 조직신학」, 세복, 314, 315.

는 평신도는 베자의 타락 전 선택설을 반대하면서, 만약 하나님께서 사람들로 하여금 죄를 유발시킨다면, 그는 실제로 죄의 창시자라고 주장하였다. 쿠른헤르트는 성경은 그러한 괴상한 것을 가르치지 않는다고 주장하였다. 아무도 쿠른헤르트의 가르침들을 반박하기 위하여 앞으로 나아오지 않았기 때문에, 암스테르담의 인기있는 목사이자 탁월한 주석 설교가인 제임스 알미니우스(James Arminius)가 그렇게 하기로 위임을 받았다.[59]

베자(Theodore Beza)의 제자였던 알미니우스는 라이덴 대학의 교수로서 칼빈주의를 강의하였다. 당시 타락 전 선택설을 반대하던 쿠른헤르트에 대항하는 일을 하도록 선임이 되었다. 칼빈주의를 변호하려던 알미니우스는 타락 전 선택(supralapsarianism)이냐, 타락 후 선택(infralapsarianism)이냐를 연구하는 가운데, 타락 전 선택설이 틀렸고, 타락 후 선택설을 주장하던 쿠른헤르트의 이론이 더 성경적이라는 결론을 내렸다. 알미니우스는 이를 계기로 칼빈주의에서 돌아서게 되고, 칼빈주의 교리가 잘못되었음을 가르치기 시작하였다. 칼빈주의의 무조건적 선택과 이중예정에 대해 의심하게 되었고, 구원을 위해서 하나님은 단독으로 일하지 않고 인간의 협력을 통해 구원을 이루어간다고 주장하게 되었다(신인협동설).

그러나 알미니우스는 칼빈주의를 공공연하게 비판한 쿠른헤르트와는 달리 전면에 나서지 않고 글을 통해 반대 입장을 펼쳐 나갔다. 1604년 「예정론」에 관한 논문을 발표하면서 알미니우스는 고마루스(Francis Gomarus)와 심각한 논쟁이 일어났고, 그 논쟁은 화란 기독교회 전체로 퍼져나갔다.

라이덴에 도착한 지 1년도 안되어 아르미니우스는 신학 동

---

[59] 밀라드 J. 에릭슨, 신경수 역, 『복음주의 조직신학(하)』, 크리스챤 다이제스트, 91.

료 호마루스의 공격을 받아 신랄한 논쟁에 휘말렸다. 호마루스는 "타락 후"(sublapsarian or infralapsarian) 예정론과 대조를 이루는, "타락 전"(supralapsarian) 예정론의 극단적 대표자였다. 이 문제는 하나님의 예정의 "작정 순서"에 관한 것이다. 하나님은 영원 전부터 개개인의 선택과 유기를 미리 결정하시고 다음에 절대적 뜻을 실현할 수 있는 수단으로 타락을 허용하셨는가(supra lapsum)? 아니면 하나님은 타락이 일어나는 것을 허용하고 다음에 오직 개개인의 선택과 비선택을 작정하셨는가(sub or infra lapsum)?[60]

알미니안주의자들은 당시 고백으로 사용하던 「벨직 신앙 고백(Belgic Confession)」의 수정을 요구하였다. 이러한 시도는 칼빈주의에 서 있던 기득권층의 입장에서 볼 때, 화란의 국가 전복으로 이어질지도 모른다는 우려를 낳았다. 그래서 이들을 '항론파'(Remonstrants) 라고 불렀다. 칼빈주의측에서는 즉시 반항명서(Counter-Remonstrants)를 발표하면서 논쟁은 더욱 격렬하게 되었다.

알미니우스 사후 도르트 회의(The Synod of Dort)가 1618년부터 11월 13일부터 1619년 5월 9일까지 6개월간에 걸쳐 열렸다. 이 회의에서는 칼빈주의에 반대하던 알미니안주의자들의 항변서에 대한 재판이 그 목적이었다. 논쟁의 핵심은 알미니우스주의자들이 타락 전 예정이 잘못되었다는 것이며, 인간은 얼마든지 자신의 자유의지로 하나님의 은혜를 거부할 수 있다는 주장에 대해 논의였다. 하나님은 특별한 자들만 선택한 것이 아니라 모든 자에게 구원의 길을 열어 놓았으며, 구원의 최종 결정은 인간이 하는 것이라고 알미니우스주의자들이 주장하였다. 구원을 받고 받지 못하는 것은 인간이 결정하는 것이며, 그에 대한 책임 또한 인간이 져야 한다는 내용이었다. 이 회의에서 결국 칼빈주의가 승리를 거두면서 칼빈

---

60 윌리엄 워크, 송인설 역, 「기독교회사」, 크리스찬 다이제스트, 601.

주의 5대 교리가 정립된다.

하지만 칼빈주의와 알미니안주의의 논쟁은 도르트 회의에서 종결된 것이 아니고 그 후로도 계속되어 지금까지 이어지고 있다. 알미니안주의 입장에 서 있던 웨슬리(John Wesley)는 알미니안주의를 더욱 독창적으로 발전시켜 웨슬리적 알미니안주의를 세웠다. "웨슬리는 선행(先行, prevenient) 은총 혹은 보편 은총의 관념을 강조함으로써 알미니우스를 능가하였다."[61] 그리하여 지금은 칼빈주의 예정론과 웨슬리주의의 예지예정론이 서로 대립하고 있으며, 한국에서는 칼빈주의를 따르는 장로교와 웨슬리주의를 따르는 감리교 및 성결교가 큰 축을 이루고 있다. 와일리와 컬벗슨은 알미니안주의에 대해 다음과 같이 설명한다.

> 어거스틴과 칼빈에 의해서 주장된 것과 같은 은총의 개념에 대해 반대하여 알미니안은 강력하게 항의하였다. 알미니안과 칼빈주의자는 인간 본성의 부패성을 인정하며, 그리고 인간은 자신을 구원할 능력도 없고 불가능하다고 주장한다. 그러므로 양자는 구원에 있어서 하나님의 은총을 강화한다. 그러나 알미니안은 인간의 자연적 상태는 어떤 의미에서 은총의 상태라고 주장한다. 이것에 관해서 존 웨슬리는 이렇게 선언하였다: "모든 사람의 영혼이 나면서부터 죄 가운데 죽어 있다는 것을 인정할지라도, 단지 자연 상태에 있는 사람은 아무도 없다. 그가 성령을 소멸하지 않았다면 하나님의 은총을 전적으로 결여하고 있는 사람은 아무도 없다. 살아 있는 사람은 아무도 속칭 자연적 양심이 없는 자가 없다. 그것을 선행 은총이라고 개념화하는 것이 더욱 적합하다."(Wesley, Sermon: Working Out Our Salvation).[62]

---

61 밀라드 J. 에릭슨, 신경수 역, 「복음주의 조직신학(하)」, 크리스챤 다이제스트, 91.
62 오톤 와일리, 폴 컬벗슨, 전성용 역, 「웨슬리안 조직신학」, 세복, 315.

이 시점에서 과연 성경은 인간의 구원에 대해서 무엇이라고 하는지를 면밀히 검토할 필요가 있다. 예정론이 맞는지, 예지예정론이 맞는지, 아니면 둘 다 틀리는지, 아니면 어느 부분은 맞지만 어느 부분은 틀리는지 성경을 기준으로 재검토하는 일은 이 시대에 교회에 주어진 사명일 것이다.

우리는 먼저 예정론에 관한 논쟁의 내용과 문제점, 그리고 그 해결책을 찾아보려고 한다. 이중예정의 관점에서 구원을 이해하려고 할 때, 성경 안에서 서로 모순되고 충돌되는 부분들이 무엇인지도 살펴보아야 할 것이다. 이런 문제들의 원인이 무엇인지 분석하고 성경이 말씀하는 진리를 바로 해석해야 한다. 예지예정론자들이 예정론자들을 공격하는 문제가 무엇인지를 알아야 하고, 그 논쟁에서 성경적인 해답이 무엇인지를 찾아내는 일이 중요하다.

이러한 논쟁에 대한 해답을 찾는 것이 어려운 이유 가운데 하나는 예정론 또한 성경에 철저히 기초하고 있기 때문이다. 따라서 성경해석을 놓고 논쟁하게 되는데, 이 논쟁 또한 쉽게 해결될 사안이 아니다. 때문에 예정론이나 예지예정론의 고정관념에서 벗어나 성경적 관점에서 구원을 다시 이해하는 시도가 필요하다.

2. 예정론 논쟁에서 제기되는 질문들

1) 이중예정 교리의 근거는 무엇인가?
2) 타락 전 예정과 타락 후 예정은 어떻게 다르며, 왜 타락 후 예정을 주장하는 자들은 타락 전 예정 주장자들을 비판하는가?
3) 태어나지도 않은 영혼들을 미리 택하거나 버리기로 작정하는 것은 하나님의 공의에 합당한가?
4) 인간 구원은 전적으로 하나님의 선택에만 달려 있는가, 인간의 선택 여부에 달려 있는가?

5) 인간의 자유의지는 아담의 범죄로 인해 전적으로 타락하여 그 어떤 선이나 구원도 선택할 수 없게 되었는가, 아니면 부분적으로 타락하여 본인 스스로 구원은 이루지 못하지만 하나님이 주시는 구원을 선택할 수 있는가?
6) 하나님의 예정과 선택은 무조건적인가, 조건적인가?
7) 그리스도의 십자가 대속의 은총은 선택된 자들만을 위한 제한적 속죄인가, 모든 자들을 위한 무제한적 속죄인가?
8) 성령의 은혜는 불가항력적 은혜인가, 가항력적 은혜인가?
9) 선택된 자들은 궁극적으로 구원을 받게 되는가, 중도에 탈락할 수도 있는가?
10) 예정론이 맞다면 예정된 자들 중에 예정론을 믿지 않거나 반대하는 자들이라 하더라도 구원을 받게 될 것이다. 그러므로 예정론자들은 예정론을 반대하는 자들을 이단으로 정죄할 필요가 없을 것이다. 그렇지만 교회사에서 보여준 예정론자들의 행위는 심각하였다. 예정론을 믿는다면 구원이 하나님의 손에 의해 결정되는 것인데 우리 인간의 행위나 선택에 있는 것처럼 민감하게 반응하는가?
11) 예정론 교리가 인간이 구원받는데 도움이 되는 교리인가, 방해가 되는 교리인가? 구원을 위해 열심을 내도록 하는 교리인가, 열심을 빼앗는 교리인가?
12) 예정론자들은 예정론이 숙명론이나 운명론과 다르다고 한다. 그러나 예정론은 인간이 태어나기도 전에 구원이 결정되어 있고 그것을 인간의 힘이나 선택으로 바꿀 수 없다는 점에서 운명론이나 숙명론, 혹은 결정론과 다르다고 할 수 있는가?
13) 예정론을 믿게 되면 윤리나 도덕면에서 부정적인 결과를 가져올 가능성이 높다. 성경은 성도들에게 최고의 윤리적, 도덕적 책임을 다할 것을 요구하는데 예정론을 믿게 되면 어떻게 되는가?

14) 이중예정론은 행한 대로 갚아주고 심판한다는 성경의 심판 원리와 상충한다고 볼 수 있다. 어떻게 설명할 수 있는가?
15) 예정론과 예지예정론의 근본적 차이는 무엇인가?
16) 창세 전에 선택과 유기가 이루어졌다면 모든 인간의 운명은 이미 태어나기도 전에 결정되어져 있다는 말이다. 그렇다면 이미 하나님에 의해서 결정되어진 운명을 인간이 바꿀 수 있는 가능성은 전혀 없는가?
17) 창세 전에 이중예정으로 모든 것이 결정되어져 있다면 구원을 위해서 인간이 할 수 있는 일도 없다는 결론을 맺게 된다. 성경에서는 구원의 조건들을 많이 제시하고 있고, 그것을 위해 성도가 해야 할 일들을 많이 언급하고 있다. 그런데 예정론자들은 왜 이러한 문제에 심각하게 고민하고 있지 않은가?
18) 성경은 인간의 최종 심판 기준을 행위로 하고 있는데, 이것은 과연 이중예정론과 부합되는 것인가?
19) 이중예정론에서 한 번 선택되거나 유기된 것은 하나님조차 변경할 수 없는 것으로 이해한다. 그렇다면 하나님 자신이 만든 이중예정론에 하나님께서 스스로 제한을 받으시는가? 그 마음의 원하는 대로 역사하시는 하나님께서 하나님의 예정에 스스로 갇히는 것인가? 이에 대해 성경의 역사는 무엇을 말해주는가?
20) 구원이 하나님의 예정에 의해서 독단적으로 이루어진다면 왜 성경은 구원을 위해 인간에게 선택을 요구하고, 주어진 의무를 감당하라고 하는가?
21) 타락 후 예정론을 주장하는 자들도 있는데, 타락 후 예정론 또한 인간의 의지와 상관없이 하나님이 구원을 결정하는 것이다. 타락 후 예정은 성경적이라고 할 수 있는가?
22) 참 감람나무 가지를 꺾고 돌 감람나무 가지를 접붙임으로 이방인들이 구원받는 사실에 대해 설명하고 있다. 만약 이중

예정이 맞다면 참 감람나무 가지가 꺾이는 일이 일어나서는 안 되며, 이방인들이 구원받는 일도 있어서는 안 된다. 이중예정론은 이것을 설명할 수 있는가?

23) 극상품 포도를 원하였지만 들포도를 맺음으로 하나님의 구원계획이 변경되었는데, 이러한 구원계획의 변경 또한 만세 전에 하나님의 예정의 의한 것인가, 아니면 하나님 계획이 없는 인간의 범죄라는 변수 때문인가?

24) 하나님으로부터 선택되었기 때문에 믿는 것인가, 믿기 때문에 선택되는 것인가?

25) 하나님이 세운 예정을 이루기 위해서, 인간의 자유의지를 하나님이 마음대로 움직일 수 있는가?

27) "창세 전에 그리스도 안에서 우리를 택하사"라는 말씀에서 창세전 이중예정의 근거를 찾아낼 수 있는가?

28) 칼빈이나 루터와 같은 종교개혁자들은 타락 전 예정을, 워필드 같은 신학자들은 타락 후 예정을 주장하고 있는데, 그 차이는 무엇인가?

29) 로마서 9장에 나오는 야곱과 에서, 바로 왕, 토기장이 비유 등에서 예정론의 근거를 찾고 있는데, 과연 그런 예들이 예정론의 성경적 근거가 될 수 있는가?

30) 하나님의 예정은 절대적 예정인가, 상대적 예정인가? 언약이나 계명에 순종과 불순종 여부에 따라서 얼마든지 변경 가능한 예정인가, 아니면 전혀 변경 불가능한 예정인가?

3. 창세 전 이중예정

1) 창세 전 이중예정설의 근거

　장로교회를 비롯한 칼빈주의 전통에 서 있는 교회들은 창세 전 예정(전택설)을 믿는다. 하나님이 이 세상을 창조하기 이전에 벌써 구원받을 자들과 구원받지 못할 자들을 선택하시고 예정하셨다는 것이다. 대한예수교장로회(합동측) 성경대요리문답에서도 전택설과 이중예정설을 적극 지지한다. 하나님이 천사와 사람을 창조하기 전에 미리 일어날 일들을 정하시고 누구도 변할 수 없도록 작정해 놓았다는 것이다.

　　문 12. 하나님의 작정이란 무엇인가?
　　답. 하나님의 작정은 하나님의 뜻의 도모로 말미암은 지혜롭고 자유하며 거룩한 행위인데 이로 말미암아 자기 영광을 위하여 특히 천사와 사람에 대하여 무엇이든지 일어날 일을 변할 수 없게 영원부터 선정하신 것이다(엡 1:4, 11, 롬 11:33, 롬 9:14, 15, 18, 22-23, 시 33:11).

　　문 13. 천사와 사람에 대하여 하나님은 무엇을 특별히 작정하셨는가?
　　답. 하나님께서는 오로지 그의 사랑으로 인하여 영원불변한 작정으로 말미암아 때가 차면 나타날 그의 영광스러운 은혜를 찬송케 하시려고 어떤 천사들을 영광을 위하여 택하시고 그리스도 안에서 어떤 사람들을 택하셔서 영생과 그것을 얻는 방편을 주셨으며, 또한 그의 주권과 그 자신의 의지의 신비한 도모(그것에 의하여 하나님께서 그 기쁘신 대로 은총을 주시기도 하시고 거두시기도 하시는)에 따라서 자기의 공의의 영광을 찬송케 하시려고 남은 사람들을 버려두시고 치욕과 진노를 위하여 선정하셨다(딤전 5:21, 엡 1:4-6, 살후 2:13, 14, 롬 9:17, 18, 21, 22, 마 11:25, 26, 딤후 2:20, 유 4, 벧전 2:8)

문 14. 하나님은 어떻게 자기 작정을 이루시는가?
답. 하나님은 자기의 절대적으로 확실한 예지와 그의 뜻의 자유롭고 변할 수 없는 도모에 따라서 창조와 섭리의 일로 작정을 이루신다(엡 1:11)[63]

칼빈주의는 창세 전에 이미 택자와 불택자를 섭리 가운데 하나님이 정하셨을 뿐 아니라, 한 번 정해 놓은 것에 대해서는 하나님도 바꿀 수 없다고 주장한다. 칼빈과 같은 신학자들마저도 이중예정론의 입장을 철저히 고수한다. 다음은 칼빈의 주장이다.

> 아직 존재하지도 않고 따라서 사형에 처할 아무런 이유도 없는 사람을 왜 하나님께서 처음부터 죽음에 이르도록 예정하셨느냐고 묻는다면 우리는 오히려 반문할 것이다. 하나님이 자기 자신의 본성에 따라 사람을 판단하신다고 해서 하나님이 사람에게 무슨 빚을 진다고 그들은 생각하는가? 만약 주님이 죽음으로 예정하신 모든 사람들이 그들의 본질적 상태가 마땅히 죽음의 언도를 받아야 한다면 그들이 그것을 받는 데 대하여 하나님께 불의한 일이 있다고 불평하겠는가?[64]

이러한 칼빈의 주장은 성경의 진리를 왜곡시키기에 충분하다. 하나님을 폭군이나 독재자로 오해할 수 있는 여지를 주고 있다. 이중예정론의 관점에서 성경을 보면, 하나님은 인간을 인격적으로 대하지 않을 뿐 아니라, 매우 잔인한 하나님으로 볼 수 있는 요소

---

63 '성경대요리문답', 「헌법」, 대한예수교장로회총회, 58.
64 존 칼빈, 이종성 역, 「기독교강요선」, 대한기독교서회, 169, 170.

들을 제공한다. 십자가에서 자기 백성들을 위해 피 흘려 죽으시는 그리스도의 사랑을 통해 하나님의 사랑이 이 세상에 증거되어야 함에도, 아무런 악한 행위를 하기도 전에 어떤 이유도 없이 지옥에 떨어지도록 결정하는 냉혹한 하나님, 불공평한 하나님이라는 인상을 갖게 한다. 실제로 이중예정론을 고수했던 칼빈은 교리에 반대하는 자들을 처형함으로써 십자가의 사랑과 구원의 진리를 제대로 전달하지 못하고 오히려 잘못된 구원론을 탄생시키는 오류를 범하였다고 할 수 있다.

> 예정론은 루터와 멜랑히톤이 처음에 주장했지만 점차 후퇴하다가 마지막에 가서 멜랑히톤은 거기에 반대했다. 이와는 달리 칼빈은 철저하게 예정론을 추구했고 이중예정론과 Supralapsarismus를 주장하는데 주저하지 않았다. 즉 그는 하나님의 은총의 선택의 경륜은 영원부터 어떤 인간들은 구원으로 다른 인간들은 저주로 규정했다고 가르쳤으며 그는 또한 아담의 타락을 하나님이 원하신 것이라고 생각했다. 이러한 엄격한 예정론은 신개념에 의해서 규정되었다. 이런 모든 존재의 궁극적 목적을 칼빈은 하나님의 무제약적 영광에서 보았었다. 그러나 저주받은 자들의 지옥의 고통과 같이 신자들의 영복이 거기에 기여한다. 하나님은 자신의 영광을 드러내기 위해서 선과 악을 창조했다.[65]

창세 전 예정이 정설이라고 한다면 심각한 문제들이 많이 발생할 수 있다. 구원이 인간의 선택이 아닌 하나님의 선택에 의해서 결정되어 있다면, 구원을 위해서 인간이 할 수 있는 것은 무엇인가? 모든 것이 하나님의 계획과 예정에 의해서 결정되어 있다면 인간의 자유의지는 무의미해 질 수밖에 없다. 나아가 성경에서 요구

---

65 칼 호이시, 손규태 역, 「칼 호이시의 세계교회사」, 한국신학연구소, 471.

하는 수많은 의무와 계명에 대한 책임도 없을 것이며, 순종과 불순종 여부가 심판에 어떤 영향도 미치지 못할 것이다.

2) 에베소서의 "창세 전 이중예정" 문제

이중예정론이 성경에 근거한 것인지 아닌지를 규명하는 일은 성경적 구원론을 정립하는데 관건이 될 수 있다. 이중예정론을 주장할 경우에 인간은 자신의 구원을 위해서 어떤 선택권도 없기 때문에 행위 또한 의미가 없어진다. 구원을 위해서 하나님이 모든 것을 다 계획하시고 행하시기 때문에 인간에게는 그 어떤 "행위"도 요구되지 않는다. 이러한 주장은 성경과 모순을 일으킨다.

> 인자가 아버지의 영광으로 그 천사들과 함께 오리니 그때에 각 사람의 행한 대로 갚으리라"(마 16:27).

성경은 마지막 심판이 인간 행위의 결과에 근거한다고 말씀하고 있다. 만약 자유의지와 선택의 결과에 의해서 심판을 받는다면 하나님의 예정이나 선택은 어떤 의미를 가지게 되는가? 성경은 구원을 위해서 인간 각자가 가지고 있는 의지의 결단을 촉구한다. 그런데 이중예정론은 인간의 자유의지를 약화시키거나 무력화 또는 노예화시킴으로 구원의 장애물이 되고 있다. 모든 구원은 하나님의 선택과 예정에 달려 있고, 인간은 자기의 구원을 위해서 그 어떤 선택을 하더라도 구원에 영향을 미칠 수 없다는 이중예정은 성경이 말씀하고 있는 구원과 상당한 거리가 있음을 알아야 한다.

> 찬송하리로다 하나님 곧 우리 주 예수 그리스도의 아버지께서 그리스도 안에서 하늘에 속한 모든 신령한 복으로 우리에게 복 주시되 곧 <u>창세 전에 그리스도 안에서 우리를 택하사</u> 우리로 사랑 안에서 그 앞에 거룩하고 흠이 없게 하시려

<u>고 그 기쁘신 뜻대로 우리를 예정하사</u> 예수 그리스도로 말미암아 자기의 아들들이 되게 하셨으니 이는 그의 사랑하시는 자 안에서 우리에게 거저 주시는 바 그의 은혜의 영광을 찬미하게 하려는 것이라(엡 1:3-6)

여기서 문제가 되고 있는 것은 "창세 전에 그리스도 안에서 우리를 택하사"라는 부분이다. 이것을 문자적으로 이해할 경우, 창세 전 예정설의 근거가 될 수 있다고 볼 수 있다. 만약 창세 전 예정설이 맞다면 어떤 문제가 발생하는가? 인간의 그 어떤 행위의 결과도 발생하기 전에 하나님의 일방적인 선택과 예정에 의해서 구원이 결정되기 때문에 하나님의 공의가 바로 설 수 없다는 것이다. 행위의 결과를 통해 심판이 이루어져야 하는데 하나님의 예정이 심판의 근거가 된다면 이것은 일반상식에도 맞지 않을 뿐 아니라 성경의 진리에도 위배되는 것이다. 하나님은 모든 자들이 회개하고 돌아오기를 원하시는데, 그런 하나님이 어떻게 인간으로 하여금 죄를 지을 수밖에 없도록 작정해 놓으시고 죄를 짓는다고 심판하실 수 있는가? 지옥으로 떨어질 수밖에 없도록 결정해 놓고 다시 지옥 심판을 한다면 이것은 성경을 모순으로 끌고 가는 일이 아닐 수 없다. 죄를 짓지 말라고 하시며 선지자와 사도들을 보낸 하나님께서 하나님의 손에 의해 영혼들을 유기시킨다는 것은 도저히 납득할 수 없는 부분이다. 하나님은 죄인들을 속죄하고 구원하는 분이심에도 불구하고, 죄의 조성자로 만들 수 있는 가능성이 있다.

그런데 바울은 왜 "창세 전"이라는 말과 "그리스도 안에서"라는 표현을 동시에 쓰는 것인가? 아직 세상이 창조되기 전이다. 인간이 태어나서 죄를 짓기도 전인데, 왜 그리스도 안에서 우리를 택하였다고 하는 것인가? 이것을 이해하기 위해서는 먼저 그리스도가 하는 역할이 무엇인가를 생각해야 한다. 인간이 죄를 지음으로 죄에서 구원하고 대속하기 위해서 대속자가 필요한데, 바로 그 대속자가 그리스도이다. 그렇다면 만물이 창조되기도 전, 인간이 죄를 짓기도 전에 벌써 하나님은 인간이 죄 지을 것을 아시고, 그것을 대비하여 그리스도를 준비하셨다는 말이 된다. 그 그리스도 안에서 일부의 구원받을 자들을 하나님이 선택했다는 말인데, 과연 이것이 논리적으로 납득이 갈 수 있는 말인가?

창조 전에 어떤 사람은 구원하고, 어떤 사람은 지옥에 가도록 유기하였다면, 하나님이 창조할 인간이 범죄할 수밖에 없는 존재로 창조하였다는 결론에 이를 수 있다. 창조되기도 전에, 죄가 발생하기도 전에 인간이 범죄할 것을 알았다면 어떻게 해야 정상인가? 인간 창조 계획을 멈추든지, 아니면 범죄하지 않는 존재로 창조했어야 할 것이다. 그렇다면 인간을 창조한 것에 대해서 하나님께서 슬퍼하거나 한탄할 필요가 없었을 것이다. 인간들로 하여금 범죄하도록 해 놓고, 예수 그리스도 안에서 얼마를 선택하여 자기 백성 삼으시고, 나머지는 버리기로 작정했다면 그런 하나님을 어떻게 공의롭다고 할 수 있겠는가? 인간의 교리와 신학이 하나님을 모순에 빠지게 하고 있다.

창세기 1장에서 하나님은 자기의 형상대로 인간을 창조하셨다. 그렇다면 하나님이 창조하는 인간이 범죄할 존재임을 아시고서도 "자기 형상"대로 창조하셨다는 말인가? 무엇보다 그런 인간 창조를 보기에 좋았다고 하시고, 복을 주시고 번성할 것을 말씀하셨다. 그렇다면 과연 창세 전 예정과 유기가 이루어졌다고 하는 주장이 얼마나 설득력이 있겠는가?

> 하나님이 자기 형상 곧 하나님의 형상대로 사람을 창조하시되 남자와 여자를 창조하시고 하나님이 그들에게 복을 주시며 그들에게 이르시되 생육하고 번성하여 땅에 충만하라, 땅을 정복하라, 바다의 고기와 공중의 새와 땅에 움직이는 모든 생물을 다스리라 하시니라(창 1:27, 28)

창세 전 예정(전택설)의 논리로 접근한다면, 구원받은 일부의 사람들은 선택을 입어 다행인 반면, 유기된 자들은 영원히 불타는 지옥의 형벌을 받도록 운명지워졌기 때문에 얼마나 억울하겠는가? 하나님 자신의 형상대로 창조된 인간 가운데 일부만 구원하고 일부는 지옥에 던져 넣는 결정함으로써 심판은 이미 창세 전에 다 끝난 것이 되었다고 할 수 있다. 과연 성경이 구원을 이런 식으로 말씀하고 있는가? 전혀 그렇지 않다. 하나님은 한 영혼이라도 멸망받는 것을 원치 않으시며, 잃어버린 한 마리의 양을 찾으시는 분이다.

모든 자들에게 구원의 기회를 공평하게 주고, 그 선택은 인간 각자가 하도록 하는 것이 하나님의 뜻이며 공의이다. 지옥 떨어지는 원인이 자신의 죄와 불순종에 있지 않고 하나님의 유기에 있다면, 구원받지 못하는 원인과 책임은 하나님께로 돌아갈 수밖에 없지 않겠는가?

에베소서 1장에서 창세 전 예정 교리와 이중예정교리를 추론하는 것은 성경 전체의 주장과 비교해 볼 때 잘못된 것임이 분명하다. 범죄한 인간을 그리스도 안에서 구원하시겠다는 하나님의 일반적 구원 계획으로 이해하는 것이 보다 성경적이라고 할 수 있다.

3) 이중예정론의 성경적 모순

어거스틴도 처음에는 알미니안주의나 웨슬리주의처럼 예지예정론의 입장이었다. 인간의 선택이 구원을 결정하는 것으로 이해하였다. 그러다가 점차 생각이 바뀌어서 이중예정론으로 흘러갔음을 벌콥이 주장한다. 하나님이 예정하였기 때문에 믿을 수도 있고, 불순종할 수도 있다는 것이다.

> 처음에 아우구스티누스는 예정(predestination)을 하나님의 예지(미리 아심)에 의해서 일어나는 것이라고 생각해서, 하나님은 어떤 사람들이 믿게 될 지를 아시기 때문에 바로 그런 사

람들을 택정하시는 것이라고 설명하는 경향을 보여주었다. 그렇게 해서, 예정은 실제로 예지된 인간의 자유의지에 종속되어 버렸다. 하지만 그는 곧 성경의 관련 구절들을 일관되고 공정하게 해석하려면 인간이 선을 선택하고 그리스도를 믿는 것 자체가 하나님의 은혜의 효과로 보아야 한다는 것을 깨닫게 되어서, 그것에 맞춰서 그의 예정론을 수정하였다.[66]

인간을 창조하기도 전에 미리 타락할 것을 예지하고 그 타락할 인간들 가운데 누구누구를 구원하기로 예정했다고 한다면 이것은 하나님을 스스로 모순되게 만드는 것이 분명하다. 창세기 1장과 2장에서 하나님이 인간을 창조하실 때, 창조된 인간들이 분명히 하나님의 뜻대로 해 줄 것을 기대했음이 분명하다. 하나님의 형상대로 지음 받은 인간이 하나님의 명령대로 순종해서 땅을 정복하며 나갈 것이라는 기대감이 있었기에 인간과 언약을 맺은 것이 아니겠는가?

> 하나님이 가라사대 내가 온 지면의 씨 맺는 모든 채소와 씨 가진 열매 맺는 모든 나무를 너희에게 주노니 너희 식물이 되리라 또 땅의 모든 짐승과 공중의 모든 새와 생명이 있어 땅에 기는 모든 것에게는 내가 모든 푸른 풀을 식물로 주노라 하시니 그대로 되니라 <u>하나님이 그 지으신 모든 것을 보시니 보시기에 심히 좋았더라</u> 저녁이 되며 아침이 되니 이는 여섯째 날이니라(창 1:29-31)

인간이 타락할 것을 알고서도 인간을 창조하신 다음에 그 인간을 향해 보시기에 좋았다고 한다면 참으로 모순된 하나님이라 하지

---

66 루이스 벌코프, 박문재 역, 「기독교 교리사」, 크리스챤 다이제스트, 144.

않을 수 없을 것이다. 범죄할 수밖에 없는 인간으로 창조하시고 그것을 보기에 좋았다고 한다면 하나님의 윤리성을 의심하지 않을 수가 없을 것이다. 타락할 가능성을 가진 존재로 창조한 것과 타락하도록 창조한 것은 전혀 다른 문제이다. 타락하도록 창조하셨다면 하나님은 분명 죄의 조성자요 창시자가 되는 것이다. 실패하도록 인간을 창조하고서 인간에게 실패했다고 죄를 덮어 씌어 지옥 보낸다면 어느 누가 하나님을 공의로운 분이라고 할 수 없을 것이다.

그러나 인간에게 자유의지를 주어서 순종과 불순종을 인간이 선택할 수 있게 한 다음, 인간의 자유의지에 의해서 죄를 지었다면 그것은 인간의 책임이 분명하다. 하나님은 인간의 죄에 대한 책임이 전혀 없다. 이것은 곧 하나님이 타락할 수밖에 없는 인간을 창조한 것이 아니라, 타락할 수도 타락하지 않을 수도 있는 가능성을 가진 인간을 창조하였다는 증거이다. 죄의 책임은 인간에게 있다. 죄의 책임이 인간에게 있기 위해서는 이중예정설을 말해서는 안 된다. 창세 전 이중예정론은 하나님을 죄의 조성자로 만드는 결과를 가져온다.

하나님은 인간들이 말씀에 순종하고 선을 행할 것을 기대하셨다. 어디에서 그것을 찾아볼 수 있는가? 노아 홍수에서 찾아볼 수 있다. 노아 홍수 심판 때에 하나님이 세상에 사람을 창조한 것에 대해 한탄하셨다. 하나님이 한탄하셨다는 것은 인간에게 선을 기대하셨다는 뜻이다. 인간에게 선을 기대하셨다는 것은 이중예정에 의해 인간의 운명이 결정되어 있지 않다는 증거다. 이중예정을 해 놓았다면, 하나님의 예정대로 되는 것이기 때문에 인간에게 선행을 기대할 필요가 없다. 선이든 악이든 하나님이 선택하고 예정한 대로 움직일 것이기 때문에 하나님이 기대할 것은 아무것도 없다.

만약 창세 전 이중예정설이 맞다면 하나님은 인간의 범죄에 대해서 전혀 한탄하실 필요가 없을 것이다. 한탄은 기대한 것이 실패로 돌아갔을 때 일어난다. 이중예정을 통해 죄를 짓도록 작정이 되었다면 하나님은 인간의 범죄에 대해서 슬퍼하거나 후회해서는 안 된다. 만약 후회하지 않으려고 한다면 죄를 짓지 않도록 예정하면 될 것이다. 하나님이 모든 것을 계획해 놓고, 심지어 불순종할 자들까지 정해 놓고, 인간들로 하여금 불순종한다고 한탄하며 그 책임을 인간에게 묻는다면 상식적으로 납득할 수 없는 일이다. 우리는 모순된 하나님을 믿는 것이 아니라 가장 공의로운 하나님을 믿고 있다. 하나님이 노아 가족 외에는 구원받지 못하도록 작정하였기 때문에 노아 가족만 구원을 받았는가? 아무도 그렇게 생각하지 않는다. 그 당시 모든 자들이 구원받기를 원하셨다. 당시 죄가 관영한 것이 하나님의 예정 때문인가? 인간의 불순종 때문인가? 노아의 심판이 창세 전에 하나님의 예정에 의해 결정된 것인가? 아니면 인간의 죄의 결과로 생겨난 것인가?

> 여호와께서 사람의 죄악이 세상에 관영함과 그 마음의 생각의 모든 계획이 항상 악할 뿐임을 보시고 땅위에 사람 지으셨음을 한탄하사 마음에 근심하시고 가라사대 나의 창조한 사람을 내가 지면에서 쓸어버리되 사람으로부터 육축과 기는 것과 공중의 새까지 그리하리니 <u>이는 내가 그것을 지었음을 한탄함이니라</u> 하시니라(창 6:5-7)

하나님이 인간 창조를 한탄하시거나 후회하셨다는 것은 인간을 타락할 수밖에 없는 존재로 운명지어 놓거나 만들지 않았다는 증거다. 하나님은 자기 형상대로 지음받은 인간이 타락하지 않기를 기대했다. 그래서 인간으로 하여금 죄를 짓지 않도록 계명을 주셨다. 계명을 주신 것은 죄를 짓지 않을 수 있는 가능성이 있기 때문이다. 계명을 듣고 지키면 살고, 지키지 않으면 죽게 된다. 인간이 죽고 사는 문제는 계명을 지키느냐 지키지 않느냐에 달려 있다. 그것은 곧 구원의 결정을 인간이 선택할 수 있다는 말이다. 노아 시대에도 하나님이 무엇을 기대하였는가? 인간들이 구원을 선택하기를 원하셨다. 그 구원은 하나님이 대신 선택해 줄 수 없는 것이다. 인간이 구원을 선택할 때, 하나님은 그런 자들을 구원으로 이끌어 주실 수가 있는 것이다.

만약 하나님이 이중예정을 하신다면 왜 자신의 형상대로 창조된 인간이 타락하지 않도록 예정하지 않았는가? 오히려 이중예정을 주장한다면 인간은 한 영혼도 타락하지 않고 구원받아 천국에 들어갈 수 있을 것이다. 왜냐하면 구원의 결정이 인간의 선택이 아니라 하나님의 선택에 의해서 이루어지기 때문이다. 현재 구원이 제대로 이루어지지 않는 것은 하나님이 그렇게 예정했기 때문이 아니라 인간이 구원을 선택하지 않기 때문이다. 이중예정이 맞다면 노아 홍수 당시 하나님은 절대로 노아 가족만을 선택하지 않았을 것이다. 당시 홍수 심판을 받아 멸망할 자들 가운데 다수를 선택하여 구원하도록 하나님은 계획하셨을 것이다. 그렇게 120년간 회개의 기회와 방주 만들 기회를 주셨던 것은 한 영혼이라도 더 구원 받도록 하기 위함이었다. 구원의 선택은 하나님이 아닌 인간이 한다는 확실한 증거가 아닐 수 없다. 이중예정론으로는 노아 홍수의 심판을 설명할 길이 없다.

홍수 심판을 받은 자들은 하나님이 유기했기 때문에 범죄하였고, 그 결과로 심판 받을 수밖에 없는 운명을 타고 났다고 할 수 있는가? 그들이 심판받은 것은 하나님의 결정이 아닌 그들 자신의 결정이었다. 하나님의 이중예정에 의해 노아 가족만 구원받고 나머지는 멸망하기로 작정했다면 멸망당한 그 영혼들에게도 상을 주어야 하지 않는가? 그들 역시 하나님의 계획대로 순종하였기 때문이다. 이러한 논리는 상식적으로도 이해할 수 없고, 성경의 진리에서도 완전히 벗어난 것이다. 이중예정으로는 노아 홍수와 하나님의 한탄을 도저히 설명할 수가 없다. 그런데 칼빈은 이중예정을 주장한다.

주님은 실제적 소명을 통해서 자기의 영원하신 계획 안에서 예정하신 자들의 구원을 완성하신다. 이와 같이 버림을 받은 자들에게는 그들에게 합당한 계획을 실시하신다. 그러므로 하나님이 부끄러움에 찬 생과 파멸의 운명을 띤 죽음에 이르도록 창조하신 자들에게는 가령 그들이 하나님의 진노의 도구가 되고 그의 무서움에 한 예가 된다 할지라도 그들의 정하신 목적이 달성하도록 역사하시며, 때로는 말씀을 들을 기회를 박탈하시고 때로는 설교로써 그들의 어두움과 어리석은 생각을 더 강하게 하신다.[67]

칼빈은 하나님을 모순에 빠뜨리고 있는 것이 분명하다. "하나님은 모든 사람이 구원을 받으며 진리를 아는데 이르기를 원하시느니라"(딤전2:4). 하나님은 한 영혼도 멸망받는 것을 기뻐하지 않는다. 에스겔서에도 하나님은 비록 악인이라도 회개하고 돌아오기를 원하신다. 한 영혼도 멸망으로 가는 것을 하나님이 기뻐하지 않는다고 하였다.

> 나 주 여호와가 말하노라 내가 어찌 악인의 죽는 것을 조금인들 기뻐하랴 그가 돌이켜 그 길에서 떠나서 사는 것을 어찌 기뻐하지 아니하겠느냐?(겔 18:23)

이러한 성경적 증거들을 보면 창세 전에 구원받을 자와 멸망받을 자를 선택하고 예정하였다는 이중예정론은 전혀 성경적인 근거가 없는 이론임이 분명하다. 이중예정은 인간을 운명론으로 몰고 갈 뿐 아니라, 자유의지가 전혀 없는 기계론적 인간론에 빠지게 한다. 이중예정론은 성경이 말씀하는 구원과 전혀 맞지 않는 이론임이 분명하다.

---

67 존 칼빈, 이종성 역, 「기독교강요선」, 대한기독교서회, 176.

4) 인간 타락을 원치 않는 하나님

이중예정이 성경적이라면 버림받도록 유기된 자들은 죄를 짓고 지옥에 떨어져야 하나님의 계획대로 되는 것이기 때문에 오히려 그렇게 되는 것이 하나님의 뜻을 이루는 것이 된다. 유기하도록 작정된 자가 구원받게 되면 그것은 하나님의 예정과 계획을 위반하는 것이기 때문에 오히려 잘못된 일이다. 그러므로 하나님에 의해서 유기된 자는 어떤 경우를 막론하고 구원을 받으면 안 된다. 오히려 유기된 자들이 구원받을 것을 염려해야 할 것이다.

하지만 성경은 이러한 주장에 전혀 동의하지 않는다. 유기된 자들이 악을 행하고 죄를 짓는 것을 보고 하나님이 기뻐하시는가? 절대 그렇지 않다. 선택받지 못한 이방인들의 죄악에 대해서도 하나님은 안타까워 하시고 한탄하신다. 그런데도 이중예정론에서는 인간의 범죄 또한 하나님의 계획과 예정 안에 포함되어 있다고 믿는다. 존 머레이는 아담이 죄를 짓고 타락하는 것이 하나님에 의해 예정되었기 때문이라고 주장한다. 그렇게 말하면서도 정작 인간이 죄를 짓고 타락하는 것은 하나님의 책임이 아니라 아담 자신의 책임이라고 함으로써 스스로 모순에 빠지고 있다.

> 죄와 관련된 하나님의 예정(predetermination / foreordination)이 존재한다. 타락은 하나님에 의해 예정되었으며, 따라서 타락의 확실성은 보증되었다. 하나님의 예정이 발생의 확실성을 보증한 것과 마찬가지로, <u>타락은 모든 것을 주관하시는 하나님의 섭리의 영역 안에서 이루어졌다.</u> 다른 모든 죄들과 같이 최초의 죄도, 하나님이 모든 것을 보전하시고 인도하시고 통치하시는 능력의 영역 안에서 행해졌다. 하나님의 예정과 섭리의 영역 바깥에서 타락은 발생할 수 없었다.... 죄(sin)로서 그리고 범죄(guilty)로서의 행위에 대한 책임은 아담에게 있었다. 그 행위를 예정한 분은 하나님이셨다. 그것

이 이루어진 것은 하나님의 섭리 안에서였다.[68]

존 머레이의 이런 예정론적 관점은 실로 위험한 일이 아닐 수 없다. 타락이 하나님의 예정이라면 하나님을 범죄의 창시자요 조성자로 만드는 것이 아닌가? 그러면서도 하나님은 책임이 없고, 그 책임은 아담과 그 후손에게 있다고 한다면 성경 전체의 공의와 심판은 무너지고 말 것이다. 악을 조성하신 하나님이 어떻게 인간이 악을 범하였다고 심판하며, 죄를 미워하라고 하실 수 있는가? 아담으로 하여금 죄를 짓게 하신 분이 하나님이시라면, 죄를 지은 아담을 오히려 하나님의 뜻대로 하였기 때문에 칭찬을 받아야 하지 않는가? 가룟 유다가 예수님을 팔도록 예정되었다면 가룟 유다가 예수님을 배반하고 판 것은 하나님의 뜻대로 행한 것이기 때문에 오히려 면류관 받을 일이 아닌가? 이러한 이중예정론적 접근은 하나님을 모순에 빠지게 할 뿐 아니라, 성경의 진리를 왜곡시키는 무서운 범죄가 아닐 수 없을 것이다.

> 악인의 악을 끊고 의인을 세우소서 의로우신 하나님이 사람의 심장을 감찰하시나이다 나의 방패는 마음이 정직한 자를 구원하시는 하나님께 있도다 하나님은 의로우신 재판장이심이여 매일 분노하시는 하나님이시로다 사람이 회개치 아니하면 저가 그 칼을 갈으심이여 그 활을 이미 당기어 예비하셨도다(시 7:9-12)

하나님은 죄를 미워하는 의로우신 재판장이다. 그러므로 하나님에게는 죄가 조금도 없을 뿐 아니라, 악인이 회개하고 돌이키는 것을 기뻐하신다. 범죄한 니느웨성 사람들은 죄을 짓고 버림받도록 예정된 자들인가? 아니면 구원받도록 예정된 자들인가? 하나님

---

68 존 머레이, 박문재 역, 「존 머레이 조직신학」, 크리스찬 다이제스트, 84.

은 니느웨성 사람들을 미워하였는가? 심판하도록 그들을 만세 전에 예정하셨는가? 아니면 회개하면 구원할 대상이었는가?

> 여호와께서 가라사대 네가 수고도 아니하였고 배양도 아니하였고 하룻밤에 났다가 하룻밤에 망한 이 박 넝쿨을 네가 아꼈거든 하물며 이 큰 성읍 니느웨에는 좌우를 분변치 못하는 자가 십이만 여명이요 육축도 많이 있나니 내가 아끼는 것이 어찌 합당치 아니하냐(욘 4:10, 11)

이중예정론의 관점에서 니느웨 심판과 구원을 이해하기 어려울 것이다. 왜냐하면 니느웨성 사람들은 구원받도록 선택된 선민들이 아니다. 하나님이 그들을 선택하지 않았다. 그들은 이방인들이다. 그들을 구원하기로 창세 전에 작정하였다는 사실을 그 어디에서도 찾아볼 수 없다. 그렇다고 해서 그들은 버림받도록 유기된 백성들도 아니다. 비록 그들이 이방인이지만 하나님의 말씀을 듣고 회개하고 돌이키면 구원받을 수 있는 가능성이 있는 백성이었다.

분명한 사실은 니느웨 사람들은 하나님 앞에 범죄하였고, 그 범죄로 인하여 멸망 받을 수밖에 없는 상황까지 왔다는 것이다. 이 상황은 하나님의 예정이나 작정에 의해 만들어진 것이 아니라, 니느웨 사람들이 죄를 범한 결과로 생겨난 것이다. 이미 심판이 결정된 상태임에도 불구하고 하나님은 요나 선지자를 보내서 구원하기를 원하셨다. 하나님은 이방인들인 니느웨 사람들을 아꼈고, 멸망 대신 구원받기를 원하셨다. 그들이 요나의 전도를 듣고 회개하였을 때, 하나님은 심판을 취소하였다. 이것을 어떻게 이중예정론으로 해석할 수 있는가? 심판과 멸망은 범죄의 결과이지 하나님이 미리 정해 놓은 것이 아니었다. 하나님이 정한 것이 있다면, 요나 선지자를 보낼 필요가 없었고, 니느웨 사람들이 회개해서도 안 되는 일이었다. 하나님은 이스라엘 백성이라도 범죄하면 멸망시키고,

니느웨 백성이라도 회개하면 구원시키는 공의의 하나님이시다. 그러므로 이중예정론은 성경에 전혀 적용되지 않는 이론임을 알아야 한다.

> 내가 나의 사랑하는 자를 위하여 노래하되 나의 사랑하는 자의 포도원을 노래하리라 나의 사랑하는 자에게 포도원이 있음이여 심히 기름진 산에로다 땅을 파서 돌을 제하고 극상품 포도나무를 심었었도다 그중에 망대를 세웠고 그 안에 술틀을 팠었도다 <u>좋은 포도 맺기를 바랐더니 들포도를 맺혔도다</u> 예루살렘 거민과 유다 사람들아 구하노니 이제 나와 내 포도원 사이에 판단하라 내가 내 포도원을 위하여 행한 것 외에 무엇을 더할 것이 있었으랴 내가 좋은 포도 맺기를 기다렸거늘 들포도를 맺힘은 어찜인고(사 5:1-4)

여기서도 보면, 하나님의 계획과 예정이 나온다. 포도밭을 만들고 극상품 포도나무를 심어 좋은 포도를 따는 것이 하나님의 예정이며 계획이다. 그렇지만 결과는 들포도였다. 하나님의 원래 계획과 기대가 무너지고 말았다. 이중예정론에 의하면 하나님의 계획과 예정은 반드시 그대로 되어야 한다. 그런데 여기서는 하나님의 계획이 무산되는 결과를 가져오고 말았다. 이것은 하나님이 계획하고 예정한다고 해서 반드시 그렇게 되는 것이 아니라는 것을 알 수 있다. 이중예정의 논리가 적용되지 않음을 알 수 있다. 왜 이런 일이 일어나는가? 하나님의 능력이 부족해서인가? 결코 아니다. 그것은 바로 인간의 불순종 때문에 일어나는 변수이다. 하나님은 인간에게 자유의지를 주시고, 그 선택에 따라서 하나님도 계획을 변경할 수 있다는 사실이다.

> 내가 언제든지 어느 민족이나 국가를 뽑거나 파하거나 멸하

리라 한다고 하자 만일 나의 말한 그 민족이 그 악에서 돌이키면 내가 그에게 내리기로 생각하였던 재앙에 대하여 뜻을 돌이키겠고 내가 언제든지 어느 민족이나 국가를 건설하거나 심으리라 한다고 하자 만일 그들이 나 보기에 악한 것을 행하여 내 목소리를 청종치 아니하면 내가 그에게 유익케 하리라 한 선에 대하여 뜻을 돌이키리라(렘 18:7-10)

하나님은 인간을 구원하기 위해서 예정하거나 좋은 계획을 세우시는 분이 분명하다. 그러나 인간이 죄를 짓지도 않은 상태에서 미리 멸망을 계획하시는 분은 아니다. 인간이 심판을 받는 것은 하나님의 유기 때문이 아니라 불순종과 죄 때문이다. 하나님은 인간을 위해 아무리 좋은 계획을 세우지만, 인간이 불순종할 때 그 계획을 취소시키거나 변경시킬 수밖에 없는 것이다. 심판을 죄의 결과로 생겨나는 것이다. 결코 죄를 짓기도 전에 미리 심판을 예정해 놓는 것은 성경적이라고 할 수 없다.

극상품 포도나무를 심고 좋은 포도 맺도록 하는 계획은 하나님의 예정에 속하는 것이고, 그 열매를 맺고 못 맺는 것은 인간의 자유의지와 순종의 결과로 나타난다. 극상품 포도밭을 만드는 것은 하나님의 몫이지만, 그 열매를 맺고 못 맺는 것은 인간의 몫이다. 그러므로 하나님이 예정한다고 반드시 좋은 결과가 보장되지 않는 것은 인간에게 일정 부분 위탁한 것이 있기 때문이다. 이것을 볼 때, 하나님의 예정은 절대적 예정이라고 볼 수 없고, 상대적 예정이라고 해야 정확하다. 왜냐하면 인간에게 자유의지와 선택권이 주어져 있기 때문에 인간의 순종 여부에 따라 하나님의 계획도 얼마든지 변경될 수 있기 때문이다.

하나님의 놀라운 예정과 계획에 비해 이스라엘이 맺은 결과는 들포도였다. 하나님의 계획은 인간의 범죄로 인하여 실패로 끝나게 된다. 그 이유는 이스라엘 백성들이 하나님을 거역하고 우상숭배로 돌아서섰기 때문이다. 이로 말미암아 하나님은 이스라엘 백성을 심판하고, 모든 계획을 폐기하거나 수정한다. 이것은 무엇을 말하는가? 하나님이 예정한다고 그대로 다 되는 것이 아니라는 사실이다. 인간의 순종 여부에 따라 하나님의 예정도 달라질 수 있는 것이다. 이중예정은 전혀 성경과 맞지 않음을 알 수 있다.

인간 창조로부터 4천여 년이 지난 바울 시대에 와서 창세 전 예정을 언급하는 것은 구원론에 혼란을 주는 일이 아닐 수 없다. 구원받을 자와 받지 못할 자를 창세 전에 하나님이 미리 다 정해 놓았다고 한다면 인간들은 모두 하나님이 정해 놓은 운명 안에 놓일 수밖에 없다.

에베소서에 와서 창세 전에 인간이 미리 타락할 것을 아시고 창세 전 예정을 했다는 주장은 논리적으로 이해하기 힘든 부분이다. 이것은 하나님 스스로가 모순된 것처럼 보일 수가 있기 때문이다. 인간을 창조하기도 전에 인간이 타락할 것을 알고 그것으로 인해 멸망으로 가게 되는 것을 아셨다면 인간 창조를 중단했어야 하지 않는가 하는 의문이 생긴다. 타락으로 인해 모두가 멸망으로 떨어질 운명에 처했을 때, 일부를 구원하기로 선택하시고 일부를 멸망시키기로 유기하셨다면 하나님은 얼마나 모순된 분이 되겠는가?

적어도 창세 전이 아니라 타락 후 예정이라고 해야 그래도 설득력을 얻을 수 있을 것이다. 그래서 어거스틴이나 휫필드, 알미니안 계통의 학자들의 경우, 타락 후 선택설(infralapsarianism)을 주장한다. 하나님의 선택은 인간이 타락한 후에 이루어진 것이라고 보는 것이다. 타락 전 선택설을 주장하는 학자들은 토기장이의 비유를 그 근거로 삼고 있다. 그러나 토기장이의 비유는 오히려 타락 후 선택설에 더 가깝다고 해야 할 것이다.

> 나 여호와가 이르노라 이스라엘 족속아 이 토기장이의 하는 것같이 내가 능히 너희에게 행하지 못하겠느냐 이스라엘 족

속아 진흙이 토기장이의 손에 있음같이 너희가 내 손에 있느니라(렘 18:6).

예레미야의 토기장이 사건은 우리가 알고 있는 것과는 정반대의 경우를 말한다. 토기장이신 하나님이 이스라엘과 같은 좋은 그릇으로 만들었더라도 범죄할 경우에는 부수어 버릴 수 있다는 것이다. 질그릇 같은 이방인이라도 하나님 앞에 선을 택하고 계명을 지키면 하나님의 백성으로 선택할 수 있는 능력이 하나님께 있음을 알려주는 말이다.

이 죄악이 너희로 마치 무너지게 된 높은 담이 불쑥 나와 경각간에 홀연히 무너짐 같게 하리라 하셨은즉 그가 이 나라를 훼파하시되 토기장이가 그릇을 훼파함 같이 아낌이 없이 파쇄하시리니 그 조각 중에서, 아궁이에서 불을 취하거나 물웅덩이에서 물을 뜰 것도 얻지 못하리라(사 30:13,14)

창조 전 이중예정을 한 후에 인간 창조를 진행하셨다면 어떻게 그런 하나님을 자비롭고 사랑이 많으신 하나님이라고 믿고 따를 수 있겠는가? 인간을 창조하기도 전에 미리 모든 인간이 타락할 것을 예지하고 그 타락한 인간들 가운데 일부는 구원하고 일부는 유기함으로써 하나님의 구원역사가 진행되었다고 한다면 그것이 과연 하나님의 공의와 자비의 성품에 부합되는 일이라고 할 수 없다. 그래서 타락 후 예정설을 주장한다. 하지만 이 주장 역시 성경적 근거가 희박할 뿐 아니라 다른 성경의 진리와 맞지 않는 부분들이 많이 있다. 하나님은 예정을 한 것은 분명하지만, 각 개인의 구원과 예정은 회개하고 예수를 믿을 때 하나님의 자녀로 확정된다고 보는 것이 가장 확실하다. 따라서 하나님의 예정은 상대적 예정이라고 볼 수 있다. 이것은 한 영혼도 구원에서 탈락하기를 원치 않으신다는 하나님의 마음이며, 누구든지 회개하고 예수 그리스도를 구주로 영접하는 자는 모두 구원으로 예정하여 천국에 들어갈 수 있도록 하시겠다는 하나님의 마음이다. 하나님은 한 영혼도 타락하기를 원치 않으시며, 구원에 이르기를 원하신다.

5) 에베소 교회는 창세 전에 예정된 교회인가?

이중예정의 근거들을 사복음서에서 찾기 힘들기 때문에 바울 서신에서 찾으려는 노력들을 해 왔다. 그러나 바울 서신에서 바울이 언급하는 내용들은 이중예정의 근거가 될 수 없다. 바울은 예정론자가 아니며, 운명론자도 아니다. 바울의 진정한 의도를 안다면 이중예정의 모순에서 벗어날 것이다. 바울은 예정이라는 말을 사용하면서도, 오히려 이중예정을 타파하려고 했고 선민사상을 배격하려고 하였다.

에베소 교회는 창세 전에 선택된 교회라고 할 수 있는가? 만약 이중예정론이 맞다면 에베소 교회는 창세 전에 하나님의 의해서 예정되고 계획된 교회임이 틀림없을 것이다. 그 교회 성도들의 이름까지 이미 다 아신 바 되었을 것이며, 생명책에 이름들이 이미 다 기록되어 있었을 것이다. 그들은 창세 전에 예정되었기 때문에 이방인이라 불리면 안 되고, 태어나기 전부터 택함받은 백성이었어야 한다. 그렇기 때문에 에베소 교회는 끝까지 하나님의 보호하심을 받아야 하며, 그 교회가 온전히 천국에 들어갈 수 있어야 한다. 그러나 바울은 에베소 교회가 핍박과 공격을 받을 뿐 아니라, 구원받기 힘든 많은 요소들이 닥쳐올 것이라고 말한다.

너희는 자기를 위하여 또는 온 양떼를 위하여 삼가라 성령이 저들 가운데 너희로 감독자를 삼고 하나님이 자기 피로 사신 교회를 치게 하셨느니라 내가 떠난 후에 흉악한 이리가 너희에게 들어와서 그 양떼를 아끼지 아니하며 또한 너

> 희 중에서도 제자들을 끌어 자기를 좇게 하려고 어그러진 말을 하는 사람들이 일어날 줄을 내가 아노니 그러므로 너희가 일깨어 내가 삼 년이나 밤낮 쉬지 않고 눈물로 각 사람을 훈계하던 것을 기억하라 (행 20:28-31)

하나님이 창세 전에 에베소 교회를 선택하고, 천국 들어가도록 예정하였다면 "흉악한 이리"가 공격해서는 안 되며, 공격한다 하더라도 구원받는데 문제없을 것이다. 거짓 교사들이 와서 교회를 훼파하려고 하더라도 택정받은 자들은 구원에 들어갈 것이다. 사도 바울이 삼 년이나 밤낮 쉬지 않고 기도할 필요까지 없었을 것이다. 하지만 에베소 교회는 첫 사랑을 잃어버림으로써 구원받지 못할 위기에 봉착하였다.

> 그러나 너를 책망할 것이 있나니 너의 처음 사랑을 버렸느니라 그러므로 어디서 떨어진 것을 생각하고 회개하여 처음 행위를 가지라 만일 그리하지 아니하고 회개치 아니하면 내가 네게 임하여 네 촛대를 그 자리에서 옮기리라 오직 네게 이것이 있으니 네가 니골라당의 행위를 미워하는도다 나도 이것을 미워하노라 (계 2:4-6)

하나님이 창세 전에 예정한 에베소 교회라면 처음 사랑을 버린다고 해서 구원받지 못하는 일이 있어서는 안 된다. 한 번 택정함을 받은 자는 반드시 구원을 받아야 하기 때문에 에베소 교회는 버림을 받는 일이 있어서는 안 된다. 그러나 에베소 교회가 첫 사랑을 버림으로 촛대를 옮기겠다고 경고하신다. 그것은 곧 구원을 철회시킨다는 말씀으로 해석할 수 있다. 이것은 곧 에베소 교회가 창세 전에 예정된 교회가 아니라 그들이 믿었기 때문에 하나님이 교회로 인정해 준 것이며, 그들이 믿음을 버릴 때 교회가 되지 않음을 말씀해 주는 증거다. 따라서 에베소 교회는 창세 전에 예정된 교회라고 보기 힘들다. 라오디게아 역시 창세 전에 택함을 받은 교회라면 미지근한 신앙 때문에 입에서 토해 내친다고 할 수 없을 것이다. 그것은 곧 라오디게아 교회 역시 창세 전에 택함을 받은 교회가 아님을 증거한다.

> 내가 네 행위를 아노니 네가 차지도 아니하고 더웁지도 아니 하도다 네가 차든지 더웁든지 하기를 원하노라 네가 이같이 미지근하여 더웁지도 아니하고 차지도 아니하니 내 입에서 너를 토하여 내치리라(계 3:15, 16)

만세 전에 그리스도 안에서 라오디게아 교인들이 구원받기로 예정되었다면, 비록 그들의 믿음이 미지근하다 하더라도 예수님은 그들을 입에서 토해 내쳐서는 안 될 것이다. 그렇지만 주님은 미지근한 믿음을 회개하지 않을 때 토해 내 칠 것이라고 말씀한다. 이것은 곧 우리의 믿음과 행위 여부에 따라서 하나님의 구원으로 예정할 수도 있고, 심판으로 작정할 수도 있음을 알 수 있다.

왜 바울은 이방인으로 살다가 복음을 믿어 하나님의 자녀가 된 에베소 교인들에게 만세 전에 그리스도 안에서 예정되었다고 말했던 것일까? 당시 유대인들의 생각은 아브라함의 혈통적 후손들만 하나님께 선택되었고 에베소 사람들과 같은 자들은 이방인들로 취급하던 시대가 아닌가? 바울 역시 그런 생각을 가졌던 자이다. 그들을 향해 바울이 창세 전 예정에 대해서 언급한 것은 실제로 창세 전에 예정을 했다는 것이 아니라 벌써 오래 전에 예수 그리스도를 통해 이방인들까지도 구원하신다는 하나님의 일반적인 구원 섭리를 말한 것으로 이해해야 할 것이다. 그 증거로써 에베소서 2장을 보면, 에베소 교인들이 바울의 복음을 듣기 전에는 전혀 하나님의 자녀가 아니었던 것이다.

> 그러므로 생각하라 너희는 그때에 육체로 이방인이요 손으로 육체에 행한 할례당이라 칭하는 자들에게 무할례당이라 칭함을 받는 자들이라 그때에 너희는 그리스도 밖에 있었고 이스라엘 나라 밖의 사람이라 약속의 언약들에 대하여 외인이요 세상에서 소망이 없고 하나님도 없는 자이더니 이제는 전에 멀리 있던 너희가 그리스도 예수 안에서 그리스도의 피로 가까워졌느니라(엡 2:11-13)

만약 에베소 교인들이 창세 전에 하나님의 자녀로 선택되고 인정되었다면 비록 그들이 예수를 믿기 전이라도 이방인이라고 해서는 안 될 것이다. 차라리 아버지를 잠시 떠났다 언젠가는 돌아올 탕자라고 해야 더 정확할 것이다. 분명한 것은 에베소 성도들은 구원의 약속이 없었던 자들이며, 원래 하나님의 구원 예정에 포함되어 있지 않았던 자들이다. 그들은 이방인이요, 무할례당이며, 그리스도 밖에 있던 자들이었다. 약속의 언약이 전혀 없었던 자들이었으며, 하나님도 없고, 소망도 없는 불행한 처지에 있던 자들이었다. 만약 이들이 창세 전에 구원받기로 예정된 자들이라면 바울이 이런 표현을 사용해서는 안 될 것이다.

그렇다고 이들이 하나님의 구원의 대상이 아니었는가? 그들 역시 구원의 대상이 분명하였다. 에베소 지역 사람들만 아니라, 세계 모든 이방인들이 구원의 잠재적 대상이었다. 애굽이나 바벨론 역시 구원의 대상이었다. 이방인들은 구원의 직접적 대상은 아니었지만 '잠재적 대상'임을 니느웨성 구원을 통해 알 수 있다. 이것은 하나님이 예정하였기 때문에 그들이 믿고 하나님의 백성이 되는 것이 아니라, 그들이 복음을 듣고 믿기 때문에 하나님의 백성이 되고, 구원 받도록 예정된 자들이 되는 것이다.

사도 바울이 강조하고자 하는 것은 만세 전에 에베소 교인들을 택하였기 때문에 에베소 교인들이 구원받는 것이 아니라는 사실이다. 그들이 복음을 믿고 하나님의 백성이 되고 보니, 만세 전에 하나님의 구원 예정 속에 들어가게 되었다는 것이다. 에베소 지역 성도들은 하나님이 직접 예정하거나 선택하지는 않았지만, 복음이 전파되었을 때 믿음으로 받아 들여서 하나님의 백성이 되는 '잠재적 대상'이었던 것이다. 그들의 신분 변화는 복음을 받아들일 때 가능했다. 그들이 순종하고 자원하여 하나님께 나감으로 하나님의 백성이 된 것이고, 하나님은 이들을 구원으로 예정하신 것이다.

> 이르시되 어떤 사람이 큰 잔치를 배설하고 많은 사람을 청하였더니 잔치할 시간에 그 청하였던 자들에게 종을 보내어 가로되 오소서 모든 것이 준비되었나이다 하매 다 일치하게 사양하여 하나는 가로되 나는 밭을 샀으매 불가불 나가 보아야 하겠으니 청컨대 나를 용서하도록 하라 하고 또 하나는 가로되 나는 소 다섯 겨리를 샀으매 시험하러 가니 청컨대 나를 용서하도록 하라 하고 또 하나는 가로되 나는 장가 들었으니 그러므로 가지 못하겠노라 하는지라 종이 돌아와 주인에게 그대로 고하니 이에 집주인이 노하여 그 종에게 이르되 빨리 시내의 거리와 골목으로 나가서 가난한 자들과 병신들과 소경들과 저는 자들을 데려오라 하니라 종이 가로되 주인이여 명하신대로 하였으되 오히려 자리가 있나이다 주인이 종에게 이르되 길과 산울 가로 나가서 사람을 강권하여 데려다가 내 집을 채우라 내가 너희에게 말하노니 전에 청하였던 그 사람은 하나도 내 잔치를 맛보지 못하리라 하였다 하시니라(눅 14:16-24)

앞에 먼저 초청받은 자들은 이스라엘이라고 할 수 있고, 뒤에 강권함을 입고 초청에 응한 자들은 이방인으로 볼 수 있다. 이스라엘 백성들은 하나님이 그들을 선택하여 부르심으로 특별한 예정을 입는 자들이다. 뒤에 부름 받은 자들은 처음 초청에 제외된 이방인들이었다. 하지만 이스라엘이 초청에 거부하자 이방인들에게 그 기회가 넘어갔다. 이방인들은 초청에 응하였기 때문에 예정되지 못할 상황에서 예정이 되었다. 그러므로 하나님의 예정은 두 가지로 볼 수 있다. 하나는 하나님이 먼저 예정하는 경우이고, 또 하나는 인간이 자원하여 하나님께 나아갈 때 하나님이 오히려 그들을 선택하는 경우이다. 성경은 이 두 가지 경우를 모두 말씀하고 있다.

문제는 하나님이 먼저 예정을 입었더라도 초청을 거부할 때이다. 그럴 때 하나님은 그 예정과 구원 계획을 변경하거나 취소한다는 사실이다. 그리고 선택받지 못한 이방인이라 하더라도 하나님을 믿고 선택할 때 하나님은 그들을 외면하지 않고 백성으로 예정한다는 사실이다. 그러므로 먼저 부름을 받든지, 나중에 자원하든지 간에 최종적으로 하나님의 부름에 응한 자들만이 예정되어 구원으로 들어간다고 말할 수 있다. 중요한 것은 마지막까지 구원으로 예정된 자만이 구원을 받는다는 것이다.

따라서 에베소 교회 성도들은 만세 전에 택함을 입었기 때문에 성도가 된 것이 아니라, 오히려 약속 밖에 있었던 그들이 이스라엘이 배반함으로 복음을 듣고 하나님께 나아옴으로 택함받았음을 알 수 있다. 물론 그러한 예정과 선택이 이루어졌다 하더라도 그들이 불순종하거나 믿음이 떨어지면 사도행전이나 계시록에서처럼 구원은 취소될 수 있다. 그러므로 만세 전에 하나님이 예정하거나 선택하였다는 것은 만세 전에 예정되었다는 의미로 해석해서는 안 된다. 중요한 것은 예정을 입었던 입지 않았든 최종적으로 믿음에 서 있지 않으면 예정도 큰 의미가 없다는 사실이다.

바울이 에베소서 1장에서 "창세 전에 그리스도 안에서" 에베소 사람들을 택하였다고 하는 말과 2장에서 "이방인"이요, "약속에서 벗어난 자들"이라고 하는 것은 서로 모순된다. 그들은 돌 감람나무에 불과한 자들이었고, 구원의 약속이 없는 자들이다. 하지만 참 감람나무인 이스라엘이 하나님을 배반함으로 그 구원이 돌 감람나무인 이방인에게 바뀐 것이다. 하나님의 구원 계획에 일대 전환이 일어난 것이다. 중요한 것은 하나님의 예정은 절대적이 아니라 상황에 따라 상대적으로 바뀔 수 있다는 것이다. 또한 이방인이라도 예수를 영접하면 하나님은 그때 믿는 자를 하나님의 자녀로 예정하고 인정한다는 사실이다.

6) 선택되었기에 믿는가, 믿기 때문에 선택되는가?

그렇다면 창세 전에 그리스도 안에서 에베소 교인들을 택하였다는 말은 어떻게 이해해야 하는가? 그것은 하나님의 일반적은 구원 계획과 원리를 말한 것으로 이해해야 한다. 즉, 이방인이라 하더라도 믿기만 하면 그리스도 안에서 구원받고 하나님의 자녀로 선택될 수 있는 길이 열렸음을 의미이다. 그렇다면 선택되었기 때문에 믿는다는 말보다 믿기 때문에 선택된다고 해야 더 맞는 말이 될 것이다.

에베소 교인들은 원래 구원의 약속에서 제외된 자들이다. 이스라엘 집의 잃어버린 양들(마 10:6, 15, 24)이 아니다. 그들은 바울의 복음을 듣고 나중에 하나님의 자녀가 된 자들이다. 하나님의 예정 안에 없던 그들이 예수 그리스도를 믿음으로 하나님의 자녀가 되는 특권을 받은 것이다. 따라서 그들은 믿고 난 후에 그리스도 안에서 하나님의 구원받을 자녀로 예정이 된 것이다.

에베소서 2장에서 언급한 것처럼 에베소 성도들은 도무지 구원받을 수 있는 조건이 아니었지만, 그리스도를 구주로 믿음으로 하나님의 자녀로 예정을 입을 수 있었던 것이다. 예수 그리스도가 없었다면 그들은 하나님의 자녀로 예정을 입을 길이 없는 자들이었다. 하나님이 창세 전에 에베소 사람들 가운데 일부를 미리 예정했기 때문에 구원을 받은 것이 아니라, 바울이 전하는 복음을 믿었기 때문에 "그리스도 안에서 예정"을 입은 것이다. 이것은 기존의 예정론과 입장이 전혀 다르다. 인간이 하나님을 선택함으로 하나님은 인간을 구원받을 천국 백성으로 예정하신다는 말이다.

영혼을 구원한다는 구원의 일반 원칙을 창세 전에 가지고 계신 것이 분명하지만, 인간 개개인의 선택과 유기는 그들이 믿고 돌아올 때 최종 선택되는 것이다. 창세 전에 개개인을 구체적으로 선택하고 유기하는 이중예정을 계획하고 창조사역을 하였다면 그 창조사역은 큰 의미가 없을 것이다. 왜냐하면 하나님이 계획한대로 구원받을 자도, 멸망받을 자도 선택에 의해 운명적으로 결정되어 있기 때문이다. 그렇게 인간에게 아무런 선택이나 결정이 주어지지 않은 상태에서 믿음이란 무슨 의미가 있으며, 계명과 율법의 준수는 무슨 의미가 있겠는가? 이중예정 이론으로는 계명과 율법을 설명할 길이 없을 것이다.

> 또한 가지 얼마가 꺾여졌는데 돌 감람나무인 네가 그들 중에 접붙임이 되어 참 감람나무 뿌리의 진액을 함께 받는 자 되었은즉 그 가지들을 향하여 자긍하지 말라 자긍할지라도 네가 뿌리를 보전하는 것이 아니요 뿌리가 너를 보전하는 것이니라 그러면 네 말이 가지들이 꺾이운 것은 나로 접붙임을 받게 하려 함이라 하리니 옳도다 저희는 믿지 아니하므로 꺾이우고 너는 믿으므로 섰느니라 높은 마음을 품지 말고 도리어 두려워하라 하나님이 원 가지들도 아끼지 아니하셨은즉 너도 아끼지 아니하시리라 (롬 11:17-21)

여기서 중요한 사실은 하나님의 예정이 아니다. 왜냐하면 예정된 자들이 반역함으로 하나님으로부터 버림을 당하기 때문이다. 여기서 중요한 것은 끝까지 순종하고, 믿음을 지켜 나가는 것이다. 예정을 했더라도 불순종하면 꺾여지는데 그러한 예정과 선택이 구원을 보장해 줄 수 있는가? "저희는 믿지 아니하므로 꺾이우고, 너는 믿음으로 섰느니라." 구원의 최종적 결정은 하나님이 하시지만, 그러나 인간의 선택에 의해서 하나님의 최종적 선택이 결정됨을 알 수 있다. 그러므로 인간의 자유의지의 선택이 곧 예정을 결정한다고 할 수 있다. 이것은 기존의 예정론과 전혀 다른 접근이다. 하나님의 이중예정에 의해서 인간 구원이 무조건 결정되는 것이 아니라, 인간이 복음을 선택하느냐 거부하느냐에 따라서 구원이 결정된다는 것을 성경이 증거하고 있다.

하나님은 원래 참 감람나무인 이스라엘 백성들을 구원시킬 자로 예정하셨고, 그들이 끝까지 순종하였다면 구원이 완성되었을 것이다. 그러나 끝내 불순종함으로 버림을 당하고 말았다. 구원 계획이 없었던 이방인들에게 복음을 순종함으로 하나님의 자녀가 되었다. 따라서 에베소 교회가 "그리스도 안에서 너희를 예정"하였다고 하는 것은 그들이 예수 그리스도를 믿었기 때문에 영원하신 하나님의 구원 예정에 들어올 수 있게 된 것이다.

> 명절 끝날 곧 큰날에 예수께서 서서 외쳐 가라사대 누구든지 목마르거든 내게로 와서 마시라 나를 믿는 자는 성경에 이름과 같이 그 배에서 생수의 강이 흘러나리라 (요 37:37, 38)

지금은 "누구든지" 주의 이름을 부를 수 있는 시대요, 누구든지 선택받고 구원받을 수 있는 시대임을 성경이 증거하고 있다. 창세 전 예정에 의해서 구원이 좌우된다고 할 시대가 아니다. 예정되었기 때문에 믿기도 하지만, 믿기 때문에 예정도 된다는 것을 성경이 말씀하고 있다. 그러므로 선택된 이스라엘 백성들도 믿어야 하나님의 백성으로 예정되고, 선택받지 못한 이방인들도 믿으면 하나님의 백성으로 선택된다. 예정되었기 때문에 믿는 자도 있고, 믿기 때문에 예정되는 자도 있음을 성경은 모두 언급하고 있다. 구약은 주로 예정되었기 때문에 믿는 시대라고 한다면, 신약은 천하 열방이 믿으면 예정되는 시대라고 할 수 있다.

7) 전택설과 후택설

예정론에서 하나님의 선택 시기를 놓고 논쟁을 벌이고 있다. 인간 타락 전에 선택하였다고 하는 타락 전 선택설(supralapsarianism)과 아담 타락 후에 선택하였다는 타락 후 선택설(infralapsarianism)이 있다. 타락 전 선택설은 인간이 타락하기 전에 구원받을 자와 구원받지 못할 자를 결정하신 것이고, 타락 후 선택설은 아담의 범죄 후에 타락한 인간들 가운데 일부를 구원하고 나머지는 유기하였다는 설이다.

타락 전 선택설을 주장하게 되면, 결국 하나님께서 인간의 타락을 알았거나 허락하였다는 점에서 문제가 될 수 있다. 이 문제를 해결하기 위해서 온건한 칼빈주의자들은 타락 후 선택설을 주장하기도 한다. 이러한 변화는 이중예정에 대한 심각한 문제를 피할 수 있는 약간의 길을 연 셈이다.

> 타락 전 선택설에서 타락 후 선택설로의 변화는 신학적 의의가 없지 않다. 하나님의 작정의 순서에서 선택의 작정을 첫 번째 위치(타락 이전)에서 세 번째 위치(타락 이후)로 옮김으로써, 타락 후 선택설은 타락 전 선택설에서 명시적으로 가르쳤던 "이중 예정론"의 가혹성을 완화시키고 있다. 하나님께서 택함받은 자들을 구원으로, 잃어버린 자들을 형벌로 예정하였다고 보는 타락 전 선택설과는 반대로, 타락 후 선택설은 예정이 오직 한 방향으로 움직인다고 본다. 즉, 타락 후 선택설은 하나님은 몇몇 사람들을 은혜로 구원하시기로 선택하셨다고 말한다. 그리고 타락 후 선택설을 주장하는 칼빈주의자들은 잃어버린 자들에 대한 정죄의 원인을 하나님의 명시적인 결정이 아니라 인

간의 죄에 기인하는 것으로 본다.[69]

하지만 타락 후 선택설을 주장한다고 해서 문제가 없는 것인가? 타락한 자들 가운데 일부는 선택하고 일부는 유기함으로 하나님에 의해서 이중예정이 이루어졌다고 한다면 그 역시 인간의 자유의지는 개입될 여지가 없게 된다. 하나님이 선택하는 누구든지 구원받을 수 있다면 왜 하나님은 모든 자들을 선택하지 않는 것인가? 이것은 모든 자들이 구원받기를 원하는 하나님의 구원원리와 모순된다고 할 수 있다. 후택설 역시 전택설과 함께 성경적 구원론의 관점에서 볼 때 충분한 해결책이라고 보기 어렵다.

8) 새롭게 얻은 결론들

(1) 이중예정설은 성경에서 말하는 구원의 원리와 부합되지 않는 점이 많다. 하나님이 먼저 선택함으로써 구원을 이루어 가는 부분도 있지만, 인간이 하나님을 선택함으로 하나님의 구원 예정 속에 들어가는 경우도 있다. 성경은 양자 모두의 가능성을 설명하고 있다.

(2) 하나님은 인간을 창조하실 때 인간이 하나님의 명령을 성실하게 수행해 줄 것이라는 기대를 하셨다. 인간이 처음부터 타락할 것이라고 전제한 것이 아니라, 하나님의 말씀에 순종함으로 하나님의 뜻을 이 땅 위에 잘 실현해 갈 것이라는 기대가 있었다. 그런 측면에서 타락 후 예정이 어느 정도 설득력을 가질 수 있다. 그러나 타락 후 예정설도 성경의 기준에서 볼 때 정확하지 않은 측면도 있다.

(3) 창세 전에 하나님이 인간 타락을 인간을 창조하셨다고 한다면 죄를 지을 수밖에 없는 인간을 창조한 하나님께 타락의 책임이 돌아갈 수 있다. 아담의 범죄는 인간에게 주어진 자

---

69 스탠리 그렌즈, 신옥수 역, 「조직신학」, 크리스챤 다이제스트, 651.

유의지로 아담 스스로 결정한 것이기에 죄의 책임을 하나님께 돌려서는 안 된다. 그런 측면에서 하나님은 아담을 죄 지을 수밖에 없는 존재로 창조한 것이 아니다. 죄를 지을 수도 있고 짓지 않을 수도 있는 가능성의 존재로 창조하였다.

(4) 하나님은 인간의 운명을 창세 전 예정으로 정해 놓지 않았다. 정해 놓았다 하더라도 그것은 절대적 예정이 아니라 언제든지 바뀔 수 있는 상대적 예정이다. 인간에게 선택할 수 있는 자유의지를 주셨기 때문에 인간의 선택 여부에 따라서 결정된다고 할 수 있다.

(5) 하나님은 스스로 내린 결정이라도 얼마든지 취소하거나 변경할 수 있다. 참 감람나무 가지를 찍을 수도 있고, 돌 감람나무 가지를 참 감람나무에 접붙일 권한도 있다. 이스라엘을 구원하려 했지만 거부할 때, 그 구원을 이방인에게 돌렸다. 이방인들을 하나님의 백성으로 삼기도 하셨다. 하나님은 스스로 이중예정이라는 틀에 매이지 않는다. 의인이 죄를 범하면 멸망시킬 수도 있고, 악인이 회개하면 용서해서 구원시켜 줄 수도 있는 하나님이시다.

(6) 구원은 하나님의 계획이 있다 하더라도 인간의 순종이 반드시 따라야 한다. 인간의 자발적인 순종 없이는 구원이 이루어 질 수 없다. 극상품 포도를 원하였지만 들포도를 맺음으로 하나님의 구원계획이 변경된 것은 하나님의 예정만으로 되는 것이 아니라, 인간의 순종과 책임 여부에 따라 계획이 변경될 수 있음을 말해 준다.

(7) 이중예정과 같은 운명론적, 결정론적 구원론은 성경의 근거가 희박하다. 만약 이중예정이 맞다면 한 번 선택받은 이스라엘 백성은 결코 버림받아서는 안 된다. 하지만 이스라엘 백성들 가운데 소수만 구원받은 것은 하나님의 계획이 있더라도 인간의 불순종으로 인해 구원 계획에 엄청난 차질이 생

긴다는 것을 알 수 있다.
(8) 아담 타락 이후에도 인간의 자유의지는 살아있음을 성경이 증거해 준다. 인간의 자유의지가 있기 때문에 하나님은 인간에게 순종과 도덕과 윤리와 사명을 요구하며, 계명 준수를 요구하고 있다.
(9) "창세 전에 그리스도 안에서 우리를 택하사"라는 정확한 뜻은 누구든지 예수 그리스도를 믿는 자는 하나님의 자녀로 선택하여 주신다는 하나님의 구원에 관한 일반적 원리로 해석하는 것이 정확하다. 이것을 이중예정론의 근거로 삼아서는 안 된다.

4. 전적 타락과 부분적 타락 논쟁

1) 논쟁에서 생길 수 있는 질문들
(1) 전적 타락을 주장하는 근거는 무엇인가?
(2) 부분적 타락을 주장하는 근거는 무엇인가?
(3) 전적 타락을 주장할 때 오는 유익과 손해는 무엇인가?
(4) 부분적 타락을 주장할 때 오는 유익과 손해는 무엇인가?
(5) 전적 타락은 자유의지를 어느 정도 인정하는가?
(6) 부분적 타락은 자유의지를 어느 정도 인정하는가?
(7) 칼빈주의의 전적 타락과 알미니안주의의 부분적 타락은 어떻게 다른가?
(8) 부분 타락을 주장하는 반펠라기우스와 웨슬리 알미니안주의의 차이는 무엇인가?
(9) 전적 타락을 주장할 때 구원론에 어떤 영향을 미치는가?
(10) 부분적 타락을 주장할 때 구원론에 어떤 영향을 미치는가?

2) 전적 타락설의 근거

(1) 원죄설과 전적 부패

> 이러므로 한 사람으로 말미암아 죄가 세상에 들어오고 죄로 말미암아 사망이 왔나니 이와 같이 모든 사람이 죄를 지었으므로 '사망이 모든 사람에게' 이르렀느니라(롬 5:12)

아담의 범죄로 이 세상에 죄가 들어오게 되었고 사망도 임하게 되었다. 아담의 원죄로 모든 사람들에게 사망이 오게 된 것은 아담의 죄가 모든 사람들에게 예외 없이 전가되었기 때문이다. 이로 말미암아 인간은 자신의 의사와 상관없이 태어나면서 전적으로 부패하게 되었다. 따라서 인간은 자신의 의로운 행위나 선행을 통해서 구원받을 수 있는 가능성이 전혀 없다. 전적으로 타락하고 부패한 인간은 자신의 자유의지로 그 어떤 선한 행위를 한다 해도 구원에 이르지 못하는 것이다. 이것이 전적부패 교리이다.

> 내가 죄악 중에 출생하였음이여 모친이 죄 중에 나를 잉태하였나이다(시 51:5)

> 만물보다 거짓되고 심히 부패한 것은 마음이라 누가 능히 이를 알리요(렘 17:9)

> 사람의 마음의 계획하는 바가 어려서부터 악함이라(창 8:21)

> 사람의 마음에서 나오는 것은 악한 생각 곧 음란과 도적질과 살인과 간음과 탐욕과 속임과 음탕과 흘기는 눈과 훼방과 교만과 우매니 이 모든 악한 것이 다 속에서 나와서 사람을 더럽게 하느니라(막 7:21-23)

> 또한 저희가 마음에 하나님 두기를 싫어하매 하나님께서 저희를 그 상실한 마음대로 내어 버려 두사 합당치 못한 일을 하게 하셨으니 (롬 1:28)

> 의인은 없나니 하나도 없으며 (롬 3:10)

이런 성경 구절들을 통해서 인간이 전적으로 부패하였다는 것을 추론해 내려고 한다. 이렇게 부패한 인간이기 때문에 하나님의 절대적 은혜 없이는 구원 받을 길이 없는 것이다. 이렇게 부패한 상태에서 구원을 위하여 노력하거나 선행을 한다는 것은 전혀 의미가 없는 일이라고 단정한다. 구원은 오직 하나님의 은혜로만 가능하며, 구원의 선택과 결정 또한 전적으로 하나님에게 달려 있다. 인간은 구원을 위해서 그 어떤 선택도 할 수 없고, 그 구원에 개입될 수 없는 존재이다. 이것이 전적 부패교리의 핵심이라고 할 수 있다.

> 일하는 자에게는 그 삯을 은혜로 여기지 아니하고 빚으로 여기거니와 일을 아니할지라도 경건치 아니한 자를 의롭다 하시는 이를 믿는 자에게는 그의 믿음을 의로 여기시나니 일한 것이 없이 하나님께 의로 여기심을 받는 사람의 행복에 대하여 다윗의 말한바 그 불법을 사하심을 받고 그 죄를 가리우심을 받는 자는 복이 있고 주께서 그 죄를 인정치 아니하실 사람은 복이 있도다 함과 같으니라 (롬 4:4-8)

전적으로 부패한 인간들 가운데 하나님은 일부의 사람들을 구원하기로 작정하셨으며, 나머지는 유기하기로 하신 것이다. 택한 자들은 부르시고 의롭다 하시고 하나님 자녀의 신분을 주신다. 이렇게 하나님의 자녀가 되는 것은 전적으로 하나님의 은혜이며, 무조건적이다. 인간의 노력이나 선행은 이 과정에서 조금도 들어갈 수 없고 들어갈 필요도 없다. 전적으로 부패한 인간은 하나님이 주시는 구원을 값없이 받기만 하면 된다. 따라서 인간 구원은 100% 하나님의 은혜이며, 하나님의 주권이다. 구원을 받는데 인간의 공로나 선행은 전혀 들어갈 수 없다.

> 너희가 그 은혜를 인하여 믿음으로 말미암아 구원을 얻었나니 이것이 너희에게서 난 것이 아니요 하나님의 선물이라 행위에서 난 것이 아니니 이는 누구든지 자랑치 못하게 함이니라(엡 2:8, 9)

(2) 전적 타락의 근거들

전적 타락(total depravity)이란 아담이 범죄함으로 인하여 그 죄가 모든 인간에게 영향을 미쳐서 선을 행할 수 있는 자유의지가 완전히 파괴되어 버린 것을 말한다. 이렇게 파괴된 인간은 전적으로 부패하여 구원을 위해서 아무것도 할 수 없는 절망적 상태에 이르게 된 것이다. 자신의 힘으로 구원받을 수 있는 가능성이 전혀 없는 상태이기 때문에 하나님의 절대적인 은혜가 필요하다. 전적 부패에 대하여 하문호 목사는 다음과 같이 서술한다.

> 죄악은 사람의 심령을 부분적으로만 부패시킨 것이 아니라 심령 전체를 부패시켰다. "여호와께서 사람의 죄악이 세상에 관영함과 그 마음의 생각의 모든 계획이 항상 악할 뿐임을 보시고…"(창 6:5) 한탄하셨다. 또 예레미야 선지자는 "만물보다 거짓되고 심히 부패한 것은 마음이라"(렘 17:9)고 하였다. 죄악은 사람에 따라 들어가지 않는 것이 아니다. 죄는 모든 사람에게 들어갔다. 그러므로 성경은 선언한다. "의인은 없나니 하나도 없으며"(롬 3:10). "선을 행하고 죄를 범치

아니하는 의인은 세상에 아주 없느니라"(전 7:20).

　이상의 설명에서 우리는 무엇을 알 수 있는가? 이 땅 위에 오는 모든 인생들은 하나도 빠짐없이 정죄아래 놓여 있으며 또한 죄악으로 완전 부패한 심령을 가지고 있다는 사실이다. 그러므로 구원은 누구에게나 필요한 것이면서도 자기 힘으로 구원을 이룰 수는 없다.[70]

이렇게 절망적인 상태에 처한 인간이 구원을 받기 위해서는 누군가 외부에서 구원시켜 주지 않으면 안 된다. 마치 무너진 갱도에 갇힌 광부들이 구출받기 위해서는 누군가 외부에서 도와주지 않으면 안 되는 것처럼, 전적으로 타락한 인간 역시 구원을 받기 위해서는 외부의 도움 없이는 불가능하다. 그 도움은 바로 예수 그리스도를 통해 주어지는 구원의 은총이다.

　또 너희의 범죄와 육체의 무할례로 '죽었던' 너희를 하나님이 그와 함께 살리시고 우리에게 모든 죄를 사하시고(골 2:13)

　너희의 허물과 죄로 '죽었던' 너희를 살리셨도다 그때에 너희가 그 가운데서 행하여 이 세상 풍속을 좇고 공중의 권세 잡은 자를 따랐으니 곧 지금 불순종의 아들들 가운데서 역사하는 영이라 전에는 우리도 다 그 가운데서 우리 육체의 욕심을 따라 지내며 육체와 마음의 원하는 것을 하여 다른 이들과 같이 본질상 진노의 자녀이었더니 긍휼에 풍성하신 하나님이 우리를 사랑하신 그 큰 사랑을 인하여 허물로 '죽은' 우리를 그리스도와 함께 살리셨고 (너희가 은혜로 구원을 얻은 것이라)(엡 2:1-5)

70　하문호, 「교의신학(5), 구원론」, 도서출판 그리심, 46, 47.

여기에 "죽었던"이라는 말은 과거형이다. 인간은 완전 부패하였고, 완전히 타락하여 죽은 상태에 있다. "본질상 진노의 자녀"이기 때문에 근본적으로 인간은 저주받은 상태에 놓여 있다. 그렇기 때문에 자신의 힘과 능력으로 구원받을 가능성은 조금도 없다. 타락한 인간은 완전히 죽은 상태이기 때문에 인간은 구원을 위해서 그 어떤 선택도 할 수 없는 무능력한 처지에 놓여 있다. 아담의 원죄로 인해 모든 인간의 자유의지가 처절하게 부패하고 타락하여 구원받을 수 없는 절망적 상태가 되어 버렸다.

어거스틴도 인간의 전적 부패와 타락을 주장하였다. 그러한 영향을 루터와 칼빈과 같은 종교개혁자들이 받았다. 칼빈은 인간이 전적으로 타락하였기 때문에 구원은 하나님의 절대 주권에 달려 있으며, 무조건적으로 선택받고, 불가항력적으로 은혜를 받을 뿐 아니라, 견인의 은총을 받아 구원에 이를 수밖에 없다고 하였다. 전 인류가 죄 가운데 상실하였으며, 그 어떤 인간도 하나님의 은총에 응답할 수 없을 정도로 도덕적으로 타락하였고, 원죄 가운데 있다고 주장한다.[71] 존 머레이는 성경이 도덕적인 의무사항을 요구하면서도 전적으로 타락하였기 때문에 그 의무사항을 수행할 능력이 없다고 주장한다.

> 물론 성경은 우리에게 우리가 그것을 수행할 도덕적 능력을 가지고 있지 않은 것을 하도록 요구한다. 하나님의 명령은 결코 우리의 죄 된 무력의 수준으로 낮춰질 수 없다. 왜냐하면 그 계명은 하나님의 거룩하심과 우리에 대한 그 거룩하심의 요구를 반영하여야 하기 때문이다. 마음을 다하고 목숨을 다하고 뜻을 다하고 힘을 다하여 주 우리 하나님을 사랑하고 자기 몸과 같이 이웃을 사랑하여야 한다는 것이 최소한이자 최대한이다. 그럼에도 불구하고 성경은 그러한 요

---

71 밀라드 J. 에릭슨, 신경수 역, 『복음주의 조직신학(하)』 크리스챤 다이제스트, 92.

구를 성취할 능력이 사람에게 있다고 생각하지 않는다. 성경은 자신의 성품을 변화시키는 능력 또는 달리 행할 수 있는 능력이 사람에게 있다고 보지 않는다. 반대로 성경은 성품을 변화시키는 데 있어서 사람은 전적으로 무능력하다는 것을 분명하게 단언한다.[72]

여기에 상당한 모순이 발생한다. 전적으로 타락한 인간이라면 도덕적 의무사항을 왜 인간에게 요구하고 있는가? 지키지도 못할 말씀과 계명들을 계속 주면서 지킬 것을 말씀하는가? 인간 행위가 구원에 전혀 반영이 되지 않는다면 그러한 행위를 통해 심판한다고 말씀할 필요가 있겠는가? 예정론자들은 율법을 주신 이유는 인간이 율법을 지킬 수 없는 존재임을 깨닫도록 하기 위해서라고 한다. 어불성설이다. 성경의 진리와 맞지 않는다. 이러한 문제들을 풀지 않으면 성경적 구원론을 바로 정립할 수가 없다. 왜냐하면 전적 부패교리와 인간 행위 심판은 서로 모순되기 때문이다.

> 구스인이 그 피부를, 표범이 그 반점을 변할 수 있느뇨 할 수 있을진대 악에 익숙한 너희도 선을 행할 수 있으리라
> (렘 13:23)

> 선을 행하고 죄를 범치 아니하는 의인은 세상에 아주 없느니라(전 7:20)

성경은 분명히 인간의 부패와 타락에 대해서 말씀하고 있다. 인간 스스로 구원받을 수 없다는 사실도 언급하고 있다. 문제는 인간이 전적으로 부패하였는가, 아니면 부분적으로 부패하였는가를 가려내는 것이다. 이 문제를 해결하려면 아담의 원죄가 그 후손에게

---

72 존 머레이, 박문재 역, 「존 머레이 조직신학」 크리스챤 다이제스트, 96.

어떤 방법으로 영향을 미치는가를 이해하는 것이 중요하다.

인간은 태어날 때부터 아담의 원죄로 인해 전적으로 부패한 상태에서 태어나는가, 아니면 자신의 자범죄에 의해서 부패하게 되는가? 아담의 원죄가 전가되었다면 전적 부패한 상태로 전가되는가, 아니면 부분적으로 부패한 상태에서 전가되는가? 아니면 하나님의 선재적 은총에 의해서 원죄가 사해지고, 부패한 상태에서 어느 정도 회복이 되어 있는가? 이러한 질문에 대한 해답의 방향에 따라서 전적부패 교리가 달라질 수 있고, 구원론에 적용되는 부분도 달라질 수 있다.

전적 타락을 받아들일 수 없는 것은 성경이 인간에게 윤리적, 도덕적 규범을 제시하고 그것을 지켜 행할 것을 말씀하고 있기 때문이다. 율법과 계명을 인간에게 수여한다는 것은 인간의 전적 타락을 인정하지 않는다는 증거이다. 전적으로 타락한 자들에게 율법과 계명을 지키라고 하는 것은 말이 되지 않는다. 인간이 죄성을 가지고 태어나며, 아담의 원죄의 영향을 간접적으로 받아서 죄를 짓기는 하지만, 그렇다고 전적으로 부패하여 그 어떤 선도 행할 수 없는 상태에 있다고 하는 것은 성경의 주장과 모순된다. 율법과 계명을 지키라고 하는 것은 전적 타락이 아님을 증거해 준다.

> 나 주 여호와가 말하노라 이스라엘 족속아 내가 너희 각 사람의 행한대로 국문할지라 너희는 돌이켜 회개하고 모든 죄에서 떠날지어다 그리한즉 죄악이 너희를 패망케 아니하리라 너희는 범한 모든 죄악을 버리고 마음과 영을 새롭게 할지어다 이스라엘 족속아 너희가 어찌하여 죽고자 하느냐 나 주 여호와가 말하노라 죽는 자의 죽는 것은 내가 기뻐하지 아니하노니 너희는 스스로 돌이키고 살지니라(겔 18:30-32)

(3) 전적 타락을 주장하는 자들

전적 타락에 대한 논쟁은 펠라기우스와 어거스틴의 논쟁에서 출발된다고 할 수 있다. 펠라기우스는 전적 타락을 부인할 뿐 아니라 부분적 타락도 인정하지 않았다. 왜냐하면 인간은 아담의 원죄의 영향을 받지 않았다고 생각했기 때문이다. 인간은 아담과 같이 원죄 없는 상태에서 태어난다고 주장하였다. 따라서 선을 행할 수 있는 자유의지가 인간에게 있으며, 아담과 동일한 상태에 있기 때문에 인간 스스로 의를 행하여 구원에 이를 수 있다고 보았다.

그 반면, 어거스틴은 아담의 원죄의 영향을 받았다고 주장한다. 그 원죄로 인하여 인간의 자유의지는 전적으로 부패하였고, 자유의지는 노예의지가 되었다고 주장한다. 부패한 인간은 스스로 구원에 이를 수 없기 때문에 하나님의 절대적 은총을 입어야만 가능하다.

종교개혁을 일으킨 루터나 칼빈도 인간의 전적 부패를 철저히 인정한다. 이들은 어거스틴의 전적 부패설을 그대로 받아들여서 종교개혁의 기초를 삼는다. 특히 칼빈은 인간의 전적 부패에 근거하여 신학을 세웠으며, 그것은 후에 칼빈주의 5대 교리의 기초가 된다.

> 종교개혁자들 사이에서 일반적으로 통용되던 견해는 타락의 결과로 인간은 전적으로 타락하여 그 어떤 영적인 선을 행할 수 없고, 따라서 자신의 회복을 향하여 조금도 앞으로 나아갈 수 없다는 것이었다. 루터(Luther)와 칼빈(Calvin)은 이 점을 직접 강력하게 표현하고 있고, 츠빙글리(Zwingli)는 겉보기에는 원죄를 본래적인 의미에서의 죄라기보다는 질병이나 상태로 보는 것 같지만 이 점에 있어서 전체적으로 그들의 견해에 동의한다. 멜란히톤조차도 처음에는 이 견해에

동의하였다가, 나중에 가서야 자신의 견해를 수정하였다.[73]

전적 타락교리에 대해서 종교개혁자들 사이에도 약간의 의견 충돌이 있었지만, 근본적으로는 전적 타락설을 지지하고 있다. 벌콥은 전적 부패를 주장하면서, "생득적인 부패가 인간의 성품의 모든 부분 곧 영혼과 육체의 모든 기능과 능력에까지 확대"되었으며, "죄인 안에는, 하나님과의 관계에서 볼 때, 영적으로 선한 것이 아무것도 없고, 다만 부패만이 있을 뿐"[74]이라고 한다. 그러나 전적 부패에 있어서 벌콥은 소극적인 의미로서 부패에 대하여 다음과 같이 주장한다.

> 소극적인 의미에서, 이것은 ① 모든 인간이 그 가능성에 있어서 철저하게 타락했다는 의미가 아니며, ② 죄인에게 하나님의 뜻에 관한 내적인 지식, 또는 선과 악을 분별하는 양심이 없다는 의미는 아니며, ③ 죄인이 종종 다른 사람 안에 나타난 덕스러운 행위나 성격을 칭송하지 않는다거나 이웃과의 관계에 있어서 사심 없는 애정과 의지를 표현할 수 없음을 의미하는 것도 아니며, ④ 모든 거듭나지 않은 인간이 생득적인 죄악성 때문에 온갖 유형의 죄에 빠진다는 말은 아니다.[75]

벌콥은 인간이 전적으로 부패하고 자유의지가 무능력해졌다고 해서 자연적인 선이나 시민법적인 선, 혹은 종교적 선까지 상실된 것이 아님을 분명히 하였다. 다만, 영적인 측면에서 인간이 하나님 앞에 인정받을 수 있는 선이나 율법적 요구를 이룰 수 없다는 측면

---

73 루이스 벌코프, 박문재 옮김, 「기독교교리사」, 크리스챤 다이제스트, 158.
74 벌코프, 권수경 외 역, 「벌코프 조직신학(상)」, 크리스챤 다이제스트, 465.
75 Ibid.

을 강조한다.[76] 이러한 벌콥의 주장은 전적 타락이 아님을 증거한다. 조금이라도 선을 행할 수 있다면 전적 타락이라고 해서는 안 된다. 인간에게 선한 양심이 있고, 율법을 어느 정도 행할 수 있는 의지와 능력이 있다면 전적 타락이라고 말해서는 안 될 것이다. 존 머레이는 인간의 전적 타락의 증거로 자연인들은 하나님의 영적인 문제에 도달할 수 있는 능력이나 기능 자체가 없다고 보았다.

> 이 모든 것들은 사실상 자연 상태에 있는 사람이, 그로 하여금 하나님의 법에 복종케 하고, 하나님의 은총의 복음에 응답하게 하고, 하나님의 성령의 일을 분변케 하고, 하나님을 기쁘시게 하는 것들을 하게하는 이해력과 성정과 의지를 가지는 것이 심리학적으로, 도덕적으로, 영적으로 불가능하다는 것을 보여 주고 있다. 어떠한 이해력도 성정도 의지도 율법과 복음에 나타난 하나님의 뜻에 적절한 반응을 할 수 없다.[77]

인간이 자기 스스로의 힘으로 자력구원을 이루는 것은 물론 불가능하다. 전적타락을 했든, 부분적 타락을 했든, 심지어 타락하지 않았다 하더라도 자력구원은 불가능하다. 인간이 인간 스스로를 구원할 수 있는 것은 어떤 경우를 막론하고 불가능하다. 그렇다고 전적 타락을 주장하면서 자유의지를 완전히 말살시키는 것은 잘못된 것이다. 적어도 하나님이 제시하는 구원에 대한 선택의 자유는 남아있다고 해야 성경적 근거를 얻을 수 있다.

비록 완전하지는 않지만 인간에게 자유의지가 있음을 인정해야 하는 이유가 무엇인가? 성경은 인간의 자유의지의 선택과 결단을 요구할 뿐 아니라, 구원을 위해서 인간이 해야 할 측면들을 수없이 강조하고 있기 때문이다. 인간이 스스로 의롭게 되거나 구원을 얻

---

76 Ibid., 465, 466.
77 존 머레이, 박문재 역, 존 머레이 조직신학, 크리스챤 다이제스트, 98.

을 수 없지만, 하나님의 은혜로 구원 얻기 위해서 인간이 선택하고 실행해야 할 부분들이 있기 때문에 인간의 자유의지를 말살시켜서는 안 된다. 전적 타락 이론으로 인간은 그 어떤 선도 실행할 수 없다고 한다면 구원을 받는데 심각한 문제가 생긴다. 따라서 전적 타락은 성경과 맞지 않는다. 타락 된 가운데서도 하나님이 우리에게 요구하는 부분을 열어 놓아야 한다. 따라서 부분적 타락이 보다 성경적이며, 성경의 근거도 제시할 수 있다.

(4) 전적 타락설이 구원론에 미치는 영향

전적 타락설을 주장할 경우, 인간 구원에 어떤 영향을 미치는가? 하나님의 절대주권을 강조하는 반면, 구원을 위해서 인간이 해야 할 어떤 행위도 부정하게 된다. 인간의 선행도 구원에 영향을 미칠 수 없지만, 구원받은 이후에 짓는 죄도 구원을 상실하도록 영향을 미칠 수 없다는 결론이 나온다. 이미 원죄로 인하여 전적으로 타락한 인간에게 도덕적 계명 준수의 여부가 구원을 판가름하는데 아무런 영향을 미칠 수 없는 것이다. 인간의 선행은 상급에는 영향을 미치지만 구원에는 전혀 영향을 미칠 수 없는 것이다. 하나님의 예정과 선택이 구원을 결정하기 때문에 인간의 행위는 구원과 상관이 없다. 따라서 전적 타락설을 주장하면, 소위 '신단독설'(monergism) 입장에 서게 된다. 신단독설은 인간 구원은 오직 하나님 혼자 한다는 입장이다.

전적 부패 교리는 구원을 받는데 있어서 인간에게 그 어떤 선택권도 주어질 수 없다. 선을 행할 수 있는 자유의지가 완전히 죽은 상태이기 때문에 하나님의 예정에 절대 의존할 수밖에 없기 때문에 전적 부패 교리는 절대예정론으로 갈 수밖에 없다. 인간의 의지로 그 어떤 선도 행할 수 없기 때문에 하나님이 구원을 계획하시고 택정함을 받은 자들에게 믿음을 넣어서 믿게 해 주어야만 구원에 이를 수 있는 것이다.

구원을 위해서 인간이 할 수 있는 것은 아무것도 없다고 묶어버림으로써 운명론적이고 결정론적인 구원론으로 나아갈 수밖에 없다. 이러한 이중예정론은 하나님의 절대주권을 강조하는 반면, 인간의 자유의지는 노예의지로 만들어 버린다. 그렇게 함으로써 구원은 하나님이 하실 일일 뿐, 인간이 할 일은 없다고 보는 것이다.

창세 전에 구원받을 자를 선택하시는 일부터 시작하여, 예정된 자들을 부르시고, 칭의하시고, 중생시키시고, 믿게 하시고, 성령을 주시고, 성화와 영화의 단계까지 가도록 하는 모든 일을 하나님이 다 한다고 이해한다. 반면, 인간에게는 그 어떤 행위도 구원에 영향을 미치지 않는다고 보기 때문에 구원을 위해서 인간이 해야 할 의무와 책임은 없어진다.

전적 부패와 전적 무능력 교리는 인간의 자유의지를 무력화시키고 노예화함으로써 잘못된 구원론으로 나갈 수 있다. 전적 부패 교리는 교회의 도덕적 타락을 가져올 수 있다. 하나님이 우리에게 주신 순종과 선에 대한 실천 가능성에 대해 회의를 가지게 할 수 있고, 하나님의 계명과 도덕적 요구에 대해 태만하게 만들 수 있다. 나아가 회개의 적극적 수단을 통해 우리 각자의 구원을 이루어 나가야 하는 것을 막으며, 선교와 전도에도 방해물이 될 수 있다는 점에서 심각한 문제를 가지고 있다.[78]

이러한 전적 타락설을 반펠라기우스주의, 알미니우스주의나 웨슬리안주의가 반대하였다. 이들은 어거스틴이나 칼빈이 주장하는 전적 타락을 반대하고 부분적 타락을 주장한다. 웨슬리는 인간의 전적 부패 상태를 믿지만, 하나님의 선재적 은총을 통해 그 부패가 어느 정도 회복되었다고 본다. 그로 인해 인간의 자유의지도 어느 정도 회복됨으로 인간이 스스로 구원을 받을 수는 없지만, 구원을 선택할 수 있는 능력은 있다고 보았다.

---

[78] 벌코프, 권수경 외 옮김, 「벌코프 조직신학(상)」, 크리스챤 다이제스트, 468, 469.

3) 반펠라기우스주의의 부분적 타락 이론

반펠라기우스주의는 양극단으로 치우치고 있는 어거스틴주의와 펠라기우스주의의 중도적 입장을 취한다. 인간은 아담의 원죄로 타락하였고, 자유의지도 상실하였지만 그렇다고 완전히 상실한 것은 아니다. 인간의 타락은 전적인 것이 아니라 부분적이며, 따라서 자유의지가 남아 있다고 본다. 그래서 완전한 선은 아니지만 부분적으로 선을 행할 수 있고, 하나님이 이루어 주신 구원의 선택 능력은 인간에게 있다는 것이다. 따라서 하나님의 은혜가 절대적이지만 인간의 자유의지로 하나님의 구원 사역에 협력을 해야만 온전한 구원이 이루어질 수 있다고 이해한다. 이와 같은 반펠라기우스주의에 대해 벌콥은 다음과 같이 평가하였다.

> 반펠라기우스주의는 하나님의 은혜와 인간의 의지 양쪽이 모두 인간을 새롭게 함에 있어서 대등한 요인들이라는 것을 인정하고, 예지(豫智)된 믿음과 순종에서 예정론의 토대를 찾음으로써 모든 난점을 비켜나가고자 하는 헛된 시도를 하였다. 이 입장은 인간의 부패를 부정하지 않았고, 인간의 본성이 타락에 의해서 <u>치명적인 상처를 입은 것이라기보다는 약화되거나 병들었다</u>고 보았다. 타락한 인간 본성은 자유의 요소를 여전히 지니고 있고, 바로 이것 덕분에 하나님의 은혜와 협력할 수 있다. 중생은 이 두 요인의 협력의 산물이지만, 중생의 역사를 개시시키는 것은 하나님이 아니라 인간이다.[79]

반펠라기우스주의는 어거스틴주의에 의해 단죄를 받았지만 시간이 흐를수록 동방교회에서는 반펠라기우스주의의 입장을 취하였다. 서방 가톨릭교회도 점차 반펠라기우스주의 입장을 취하게

---
79 루이스 벌코프, 박문재 역, 「기독교교리사」, 크리스챤 다이제스트, 146.

된다.

> 점차 로마 가톨릭 교회가 전반적으로 사양길에 접어들자 반펠라기우스주의로 표류하는 경향이 짙어졌고, 동방 교회에서는 반펠라기우스주의가 오래 전부터 어느 정도 확고한 발판을 확보한 상태였다. 세월이 흐르면서, 라틴 교회는 헬라 교회의 인간론을 채택하였고, 그 이후로 계속해서 그 인간론을 지지하였다.[80]

반펠라기우스주의는 펠라기우스주의와 어거스틴주의의 중도 노선을 취하였다는 점에 있어서 주목할 필요가 있다. 왜냐하면 성경은 하나님의 절대 주권과 인간의 자유의지를 동시에 구원의 요소로서 언급되고 있기 때문이다. 구원을 위해서 하나님의 주권 부분과 인간의 의지 부분을 어떻게 이해하고 조화시켜 나가야 할 것인지가 오늘 교회에 주어진 큰 숙제가 아닐 수 없을 것이다. 성경적 구원론을 세우기 위해서는 하나님의 절대적 주권을 인정하는 동시에, 인간의 자유의지와 책임에 대한 성경적 요구를 잘 적용해야 한다는 것이다.

그렇다고 해서 반펠라기우스주의가 성경적으로 모두 맞다고 보기는 어렵다. 다만 반펠라기우스주의가 양극단주의를 극복하려고 시도했다는 점에서 의의를 찾는 것이다. 그러나 반펠라기우스주의의 한계는 하나님의 은혜 50%와 인간의 자유의지 50%가 합하여 신인협력으로 구원을 이룬다는 점에서 문제가 있다고 할 수 있다. 이러한 구원론은 로마 가톨릭의 구원관에 영향을 미치게 되었고, 믿음과 더불어 행위구원론으로 나아갈 수 있는 여지를 주었다.

이렇게 될 경우 어떤 문제가 생기는가? 예수 그리스도의 십자가의 대속의 은혜가 인간에게 50%의 효력만 미치고, 나머지 50%는

---

80 Ibid., 147.

인간의 선행과 행위를 통해 구원을 이루어 나가야 한다는 문제가 생긴다. 이러한 주장에 대해 종교개혁자들은 예수 그리스도의 십자가의 대속의 은총만으로 구원을 받으며, 그 외에 인간의 어떤 행위도 필요하지 않다고 주장하였다.

하나님의 구원은 십자가의 은총을 통해 얻도록 그 길을 열어 놓았다. 우리가 칭의를 얻기 위해서는 예수 그리스도의 십자가의 은혜로 충분하다. 거기에 인간의 그 어떤 행위도 요구되지 않는다. 구원의 필요조건으로서 십자가는 모든 인간을 구원하기에 충분하다.

그러나 예수 그리스도를 통하여 칭의를 받기만 하면 구원이 완성되는가? 물론 구원의 필요조건으로서 예수 그리스도의 십자가의 은총 없이는 구원 자체가 불가능하다. 그러나 십자가의 은총을 받은 자가 어떤 삶을 사느냐는 또 하나의 구원의 조건이 되고 있다. 그 삶의 결과에 따라서 하나님의 심판이 이루어지고 있음을 성경이 증거하고 있다. 즉, 십자가를 믿는 믿음 또한 구원의 조건인 동시에, 믿음으로 중생한 자가 어떤 삶을 살았느냐는 행위 또한 믿음의 결과인 동시에 구원의 또 다른 조건이 되고 있다는 것이다. 바로 이 부분이 종교개혁자들이 놓친 부분이라고 할 수 있을 것이다.

어거스틴주의는 구원의 필요조건에 있어서 하나님의 절대 은총을 강조하면서 인간의 행위는 구원의 조건에 포함시키지 않은 반면, 반펠라기우스주의는 이러한 어거스틴주의의 한계를 넘어서 인간의 행위 또한 구원의 조건에 포함시키려 했던 것이다. 이러한 반펠라기우스의 약점을 보완하여 더욱 완전한 교리로 강화시키려고 했던 학자가 바로 웨슬리이다. 웨슬리는 하나님의 절대 은총(100%)과 인간의 순종적 삶(100%)이 합력하여 온전한 구원을 이룬다고 주장한다. 웨슬리의 이러한 이론도 반펠라기우스주의의 영향을 받은 것이기 때문에 보다 성경적 구원론을 정립하는데 반펠라기우스주의자들이 큰 기여를 한 것이 사실이다.

4) 알미니안주의의 부분적 타락 이론

(1) 알미니안주의의 중심교리

네덜란드 레이던(Leyden) 대학의 교수요, 베자(Beza)의 제자요, 칼빈주의자였던 알미니우스(Arminius, 1560-1609)가 자신이 가르치던 칼빈주의 예정론이 비성경적임을 깨닫고 반론을 제기하기 시작하였다. 1609년 알미니우스가 갑자기 사망한 이후에 그를 지지하던 46명의 목사들이 모여서 신앙 5개조(Five Article of Faith)를 작성한다. 그리고는 네덜란드 정부에 5개조를 제출하면서 당시 국가에서 공식적으로 사용하던 벨직 신앙고백과 하이델베르그 요리문답을 고치라고 하는 항의를 하였다. 그들이 두 신앙고백서에 나와 있는 내용을 거부하면서 제출한 5개조의 내용을 보면 다음과 같다.

> (1) 하나님은 개인의 신앙과 불신앙의 예지에 기초하여 선택하시고 또는 유기하신다.
> (2) 그리스도는 비록 믿는 자들만이 구원받는다 하더라도 모든 사람을 위하여 죽으셨다.
> (3) 인간은 너무나 부패했기 때문에 하나님의 은혜는 믿음과 선행에 있어서 반드시 필요하다.
> (4) 이 은혜는 거절될 수 있다.
> (5) 참으로 중생한 모든 사람이 확실히 믿음 가운데서 인내하느냐의 문제는 더 연구할 여지가 많다.[81]

알미니안주의의 중심교리는 아담의 원죄는 인정하면서도 전적 타락이 아닌 부분적 타락을 주장한다. 알미니안주의는 반펠라기우스주의의 영향을 받았다고 볼 수 있다. 아담 이후 인간은 비록 타락하였지만 인간에게 선을 선택할 자유의지가 남아 있는 것으로 보았다. 아담의 원죄로 인하여 인간이 부패하기는 했지만, 하나님

---

81 '알미니안주의', 신학사전, 개혁주의신행협회, 438.

의 선재적 은총을 통해 부패한 자유의지가 어느 정도 회복되었다고 이해한다. 따라서 인간의 자유의지가 전적으로 타락하였다고 하는 어거스틴주의나 칼빈주의를 배격하고, 부분적 타락을 주장하는 반펠라기우스주의 노선을 택한 것이다. 어거스틴주의나 칼빈주의가 하나님의 절대적 은총과 주권을 강조하는 반면, 알미니우스주의는 하나님의 주권과 동시에 인간의 자유의지의 중요성을 강조한다. 이러한 논쟁은 지금까지 계속 진행 중에 있다.

알미니안주의는 칼빈주의 이중예정설에 반대하여 예지예정론을 주장한다. 이중예정설은 구원의 주체가 오직 하나님인 반면, 예지예정론은 인간의 선택과 행위가 하나님으로 하여금 선택하는데 영향을 미친다고 보는 것이다. 즉, 인간이 선과 악, 어떤 선택을 할 것인지를 하나님이 미리 알고, 그 예지에 의해서 구원받을 자들을 예정하시기 때문에 인간이 구원의 주체가 된다고 볼 수 있다. 알미니안주의는 인간구원이 하나님과 인간이 협력하여 이루어진다고 믿기 때문에 신인협력설로 나아가게 된다. 성령은 인간의 동의를 통해서 사역한다. 하지만 하나님의 은총은 인간의 노력이나 순종보다 더 높은 위치에 있다.[82] 알미니안주의의 중심 교리 내용은 다음과 같다.

(1) 자유대리인인 인간의 미래 행동에 대한 하나님의 지식은 간접적이다.
(2) 하나님의 예정은 예지에 근거한다. 즉 예지한 믿음에 의하여 선택하시고 은혜 항거의 예지에 의하여 유기하신다.
(3) 인간 안에 있는 하나님의 형상은 피조물에 대한 인간의 지배권으로 이루어진다.
(4) 인간은 참으로 거룩한 상태로 창조되었다.
(5) 행위언약은 타락 후 폐기되었다.

82 오톤 와일리, 폴 컬벗슨, 전성용 역, 「웨슬리안 조직신학」, 세복, 315.

(6) 죄는 의지의 행동에 기인한다.
(7) 부패는 아담으로부터 유산되었다. 그러나 아담의 죄책은 그 어떤 후손에게도 전가되지 않는다.
(8) 타락의 결과로 인한 인간의 부패는 전체적이라고 보기는 곤란하다.
(9) 인간은 자기 결정의 능력을 상실하지 않았으며 선행을 할 수 있는 그의 의지의 능력도 상실하지 않았다.
(10) 속죄는 절대적으로 필수적인 것이 아니고 다만 하나님이 그의 의에 손상 없이 그의 사랑을 나타내기 위하여 택하신 하나의 방책일 뿐이다.
(11) 속죄는 모든 사람에게 똑같이 균등하게 나타나서 구원을 가능하게 만들 뿐이다. 따라서 구원은 회개하는 신자에 의하여 받아들여질 때에 비로소 효과 있게 된다.
(12) 특별 은총으로부터 구별될 수 있는 일반 은총이란 없다.
(13) 복음의 외적 소명은 거절할 수 있는 보편적 은혜에 의해 수행된다.
(14) 회개와 믿음은 중생에 선행한다.
(15) 인간 의지는 중생의 원인 중의 하나로 간주될 수 있다.
(16) 믿음은 인간의 한 선행인 동시에 하나님과의 수납의 근거이기도 하다.
(17) 신자에 대한 그리스도의 의의 전가는 있을 수 없다.
(18) 신자는 이 세상에서 신적 의지에 일치할 수 있는 상태에 도달할 수 있다.
(19) 인간은 살아 있는 동안 은혜의 상태로부터 떨어질 수 있으며 따라서 그의 구원을 잃어버릴 수도 있다.
(20) 사랑은 하나님의 최고 속성이며 그의 존재의 참 본질이다.
(21) 창조의 목적은 피조물의 행복이다.
(22) 인간은 자연적으로 죽을 존재로 창조되었다.

(23) 속죄는 엄격히 말해서 대속적이 아니고 복음적 순종에
근거하여 구원의 가능성을 열어 놓은 것에 불과하다.[83]

알미니안주의에서 주목할 수 있는 것은 인간의 타락이 전적 타락이 아닌 부분적 타락이라는 사실이다. 아담의 원죄는 인정하되, 아담의 죄책은 그 후손들에게 직접적으로 전가된 것이 아니라고 본다. 인간이 타락을 하였지만 선을 선택할 자유의지를 완전히 상실한 것은 아니라는 점에서 칼빈주의와 대립한다.

알미니안주의가 인간의 부분적 타락을 주장함으로써 인간의 자유의지가 구원에 어느 정도 개입될 수 있는 여지를 열었다는 측면에서 칼빈주의와 대조를 이룬다. 부분적 타락을 인정함으로써 인간에게 요구되는 수많은 계명들을 준수해야 한다는 점에서 성경의 진리와 부합하는 측면이 크다. 인간의 의지와 행위가 구원에 영향을 미칠 수 있다면, 칼빈주의의 절대 예정론은 상당히 위협을 받게 된다. 인간 구원이 하나님의 결정에 의한 것이 아니라, 인간의 선택과 행위의 결과가 되기 때문이다. 성경에서 제시하는 인간 심판의 기준은 각 개인의 행위의 결과이다. 칼빈주의는 이러한 주장에 반대하여 하나님의 예정과 선택이 심판의 기준이 됨을 강조하여 왔다. 그런 측면에서 알미니안주의의 부분적 타락설은 성경적으로 상당히 설득력이 있다고 볼 수 있다.

(2) 예지예정론과 자유의지

알미니안주의자들도 예정론자들과 마찬가지로 하나님의 예정과 선택을 인정한다. 하지만 그 예정의 근거나 원인에 있어서는 칼빈주의와 정반대 입장이다. 칼빈주의는 인간의 어떤 행위에 근거하지 않고 전적으로 하나님의 기쁘신 뜻에 의해 선택되거나, 아니면 유기됨으로 구원이 결정된다. 따라서 칼빈주의는 예정론, 혹은

---

83 '알미니안주의', 신학사전, 개혁주의신행협회, 439.

이중예정론이 된다. 그러나 알미니안주의는 하나님의 선택 기준이 인간의 행위와 선택에 근거한다. 인간이 어떤 선택을 하며, 어떻게 살아갈 것인지를 예지하여 그것을 근거로 구원을 예정한다. 이것이 예지예정론이다. 인간의 자유의지와 선택에 따라 하나님의 구원이 결정되는 것이다.

알미니안주의자였던 웨슬리는 "칼빈의 절대 예정론을 반대하고 조건적 예정론을 강조"[84]한다. 웨슬리의 예지예정론은 믿을 사람이 누구인지 미리 알고 그 예지를 기초로 예정하였다[85]는 것이다. 벌콥은 "알미니우스주의적 유형의 교회들에서 절대 예정론은 조건예정론으로 대체되었다."[86]고 한다. 인간에게 복음이 제시되었을 때, 누가 믿고 안 믿을 것을 미리 아신 하나님께서 믿을 자를 예정하시고 택하신다는 주장이다.

이렇게 될 경우, 스탠리는 "예정이 하나님의 예지(미리 아심)에 근거한 것이라면, 구원하시고자 하는 하나님의 결정은 하나님의 아무 공로 없이 거저 주시는 은혜에만 의거하는 것이 아니라 인간의 행위에 의존하는 것이 되고 만다"[87]고 비평한다. 즉, 인간의 행위가 구원에 조금이라도 개입되면 하나님의 공로가 훼손된다고 보는 것이다.

알미니안주의는 선재적 은총을 통하여 그리스도의 보혈로 모든 자들의 원죄가 사해지고, 자유의지가 어느 정도 회복되었기 때문에 인간이 하나님의 구원을 얼마든지 택할 수 있다는 것이다. 그렇기 때문에 구원의 은총을 인간이 선택할 수도 거부할 수도 있다. 구원은 하나님이 독단적으로 이끌어 가시는 것이 아니라 성령과 협력하여 이루어간다고 믿는다. 따라서 예지예정을 믿는 알미니안주의는 인간에 의해서 구원이 결정되기 때문에 또한 인간의 범죄

---

84 이성주, 웨슬리 신학, 성지원, 175.
85 Ibid., 175.
86 루이스 뻘콥, 권수경, 이상원 역, 「조직신학(상)」, 크리스챤 다이제스트, 312.
87 스탠리 그렌즈, 신옥수 역, 「조직신학」, 크리스챤 다이제스트, 652.

로 구원을 상실할 수 있다고 주장한다. 밀라드는 예지의 역할에 대한 알미니안주의자들에 대해 다음과 같이 쓰고 있다.

> 대부분, 알미니우스주의자들은 선택(election)이라는 용어와 개인들이 구원으로 미리 정하여졌다는 관념을 유지하기를 원한다. 이것은 하나님께서 어떤 사람들을 다른 사람들보다 더 좋아하셔서 한다는 것을 의미한다. 알미니우스주의 견해에서, 그는 구원을 받아들이는 어떤 사람들을 선택하는 반면에, 다른 사람들을 단순히 간과하신다. 하나님이 예정하신 사람들은 그가 예지할 수 있는 무한한 지식 속에서 예수 그리스도 안에서 이루어진 구원의 제안을 받아들일 사람들이다. 이 견해는 예지와 작정 혹은 예정 사이에서 성경 안에서 밀접한 관련에 기초해 있다.[88]

그러나 예지예정 또한 구원론에 있어서 큰 의미가 없다고 할 수 있다. 그 이유가 무엇인가? 예지로 예정된 자들 가운데도 구원에서 탈락하는 경우가 있기 때문이다. 아무리 예지에 기초하여 예정을 받았더라도 구원의 과정에서 타락하여 최종적으로 구원을 받지 못한다면 예지예정이 무슨 의미가 있겠는가? 밀라드의 말을 계속 들어 보자.

> 하나님의 작정이 그의 예지에 근거하고 있다는 주장도 역시 설득력이 없다. 왜냐하면 바울이 ppογινωσκω(프로기노스코)를 사용하고 있는 배경에 있는 것으로 보이는 yT(야다)라는 단어는 예지나 예견 이상의 뜻을 의미하기 때문이다. 이것은 매우 분명하고 친밀한 관계에 관한 함의를 지니고 있다. 이것은 누군가를 호의를 가지고 바라보거나 사랑하는 것을 암

---

[88] 밀라드 J. 에릭슨, 신경수 역, 「복음주의 조직신학(하)」, 크리스챤 다이제스트, 99.

시하며, 심지어는 성적인 관계에 대해서 사용된다. 그렇다면, 고려 중인 것은 누가 무엇을 할 것인지에 관한 중립적인 사전 지식이 아니라, 그 사람에 대한 긍정적인 선택이다. 이러한 히브리적인 배경에 반하여 로마서 8:29과 베드로전서 1:1-2에 나오는 예지에 대한 언급들은 아마도 예지를 예정을 위한 근거로서가 아니라 예정의 확증으로서 제기하고 있는 것으로 보인다.[89]

인간의 자유의지를 인정하느냐 하지 않느냐에 따라서 구원론의 입장이 달라진다. 인간의 자유의지를 전혀 인정하지 않는 예정론과 인간의 자유의지를 어느 정도 인정하는 예지예정론을 놓고 볼 때, 성경은 인간의 자유의지를 어느 정도 인정하는 예지예정론의 입장에 더 가깝다고 할 수 있을 것이다. 물론 예지예정론도 하나님의 구원 예정을 충분히 설명하지는 못하고 있다.

(3) 구원의 탈락 가능성

칼빈주의 예정론은 인간의 행위에 근거하지 않고 하나님의 예정과 선택에 의해서 구원이 진행되기 때문에, 한 번 택함 받은 자는 구원에서 탈락할 가능성이 전혀 없다. 그러나 알미니안주의는 인간의 선택에 의해 하나님이 예정하기 때문에 설령 구원이 예정된 자라 하더라도 그 행위의 여부에 따라서 상실할 가능성이 있다. 칼빈주의에서는 구원을 하나님이 붙잡고 있지만, 알미니안주의에서는 인간이 구원의 줄을 잡고 있다. 하나님이 주신 구원이라 하더라도 인간이 그것을 놓쳐버리면 탈락하게 된다는 것이다. 하나님이 인간의 구원을 위해서 해 주실 수 있는 것은 구원의 줄을 내려 주시는 것이며, 인간이 해야 할 일은 그 줄을 잡고 끝까지 인내하는 것이다. 논쟁의 요지는 한 번 구원을 받은 자를 하나님이 끝까

---

89 Ibid., 106.

지 붙잡고 있느냐 하는 것이다. 아니면 인간이 하나님을 끝까지 붙잡을 때 하나님도 붙잡아 주시는가? 하나님이 붙잡고 계시다면 탈락 가능성이 전혀 없다. 그러나 인간이 붙잡고 있다면 탈락 가능성이 있다. 성경은 탈락 가능성에 대해서 무엇이라고 말하는가? 이에 대한 논의와 해답이 오늘 교회에 심각하게 요구되고 있는 것은 어떤 교회는 탈락가능성이 없다고 보는가 하면, 어떤 교회는 탈락가능성이 있다고 보기 때문이다.

구원의 줄을 하나님이 전적으로 붙잡아 주시는 것이라면 한 번 구원받은 자는 탈락에 대해서 걱정할 필요가 없을 것이다. 그러나 하나님이 내려주신 구원의 줄을 인간이 잡고 끝까지 인내해야 한다면, 구원의 탈락가능성은 있다. 따라서 두렵고 떨림으로 구원을 이루어 나가라는 성경의 가르침이 적용된다.

> 그러나 합의하시면 이제 그들의 죄를 사하시옵소서 그렇지 않사오면 원컨대 주의 기록하신 책에서 내 이름을 지워 버려주옵소서 여호와께서 모세에게 이르시되 누구든지 내게 범죄하면 그는 내가 내 책에서 지워버리리라(출 32:32, 33)

한 번 구원받은 자는 구원의 탈락가능성이 전혀 없다고 주장하는 개혁주의 구원론은 성경적인가? 성경은 구원의 탈락 가능성에 대하여 수없이 경고하고 있다. 그렇다면 개혁주의 구원론과 성경의 구원론은 서로 모순이 되고 있다. 칼빈주의는 인간이 구원에서 떨어지는 것은 처음부터 구원을 받지 못했거나, 외적 부르심만 받고 내적 부르심을 받지 못했기 때문이라고 변명한다. 그러나 성경은 분명히 진정 거듭난 자라 하더라도 구원에서 떨어질 수 있기 때문에 조심할 것을 경고하고 있다. 무엇보다 구원받은 자를 다시 떨어뜨리기 위해서 사단과 귀신들이 어떻게 공격해 오는 것에 대해 말씀하고 있으며, 이를 위해 하나님의 전신갑주(엡 6:11, 13)로 무장할 것을 요구하고 있다.

5) 자유의지의 부분적 회복을 주장하는 웨슬리주의

(1) 웨슬리적 알미니안주의

알미니안주의를 크게 세 가지로 분류하면 자유의주의적 알미니안주의와 청교도적 알미니안주의, 그리고 웨슬리적 알미니안주의(Wesleyan Arminianism)로 나눌 수 있다. 자유주의적 알미니안주의는 소시니안주의로 흐른 반면, 청교도적 알미니안주의는 영국 교회에 영향을 주었다. 웨슬리적 알미니안주의는 감리교의 기초교리가 되었다. 웨슬리는 칼빈주의 예정론을 운명론으로 이해하고 반대하였다. 인간의 의지와 도덕을 무력하게 만드는 교리이기 때문에 성경과 맞지 않다고 본 것이다.

웨슬리는 반펠라기우스나 알미니안주의의 영향을 받으면서도 어떤 부분에서는 새로운 이론을 주장하였다. 웨슬리는 인간이 부분적인 타락을 한 것이 아니라 개혁주의자들처럼 전적으로 타락하였다고 인정하였다. 하지만 십자가의 대속의 은총, 하나님의 선재적 은총을 통해 그 효력이 모든 사람에게 미침으로 원죄가 사해지고, 따라서 전적으로 부패하였던 자유의지가 일정 부분 회복되었다고 보았다.

이러한 웨슬리적 알미니안주의는 성경에서 언급되는 인간의 자유의지 부분을 설명하는 데 큰 도움을 주고 있다. 하지만 선재적 은총을 통해 전적으로 부패하였던 자유의지가 어느 정도 회복되었다고 하는 주장은 성경에서 그 근거를 찾아보기 어렵다.

(2) 복음적 신인협동설

알미니안주의를 계승한 웨슬리적 알미니안주의는 전적으로 부패한 인간이 선재적 은총을 통하여 다시 부분적으로 회복하였다는 주장을 내어놓음으로 자유의지의 가능성에 대해 길을 열어 놓았다. 자유의지가 인정되면 구원에 있어서 인간의 행위가 개입될 수 있음을 말하는 것이기 때문에 구원론에 있어서 상당히 중요한 의미가 있다고 볼 수 있다. 웨슬리주의의 인간 타락 입장에 대한 벌콥의 정리는 다음과 같다.

> 그들은 원죄는 단지 엄밀한 의미에서의 죄라고 할 수 없는 본성의 질병이나 부패가 아니라 실제로 그리고 진정으로 죄이고, 인간을 하나님이 보시기에 죄책이 있게 만든다는 것을 강조한다. 아담의 죄로 인한 죄책은 실제로 그의 후손들이게 전가된다. 그러나 그들은 아울러 이 원래의 죄책이 그리스도 안에서 모든 사람이 의롭다 하심을 입음으로써 무효화되었다고 주장한다.[90]

인간에게 부분적 타락으로 자유의지가 회복되었기 때문에, 인간은 하나님과 합력하여 구원을 이룰 수 있다는 복음적 신인협동설(evangelical synergism)을 주장한다. 웨슬리안주의는 100% 하나님의 은혜로 구원받는다고 주장한다. 그런데 웨슬리주의에서 주목할 사실은 인간의 순종과 자유의지를 통한 행위 또한 100% 있어야 구원에 이를 수 있다고 주장한다. 인간의 순종은 하나님의 선재적 은총을 통해 회복된 자유의지로 가능하다는 것이다. 웨슬리안주의가 칼빈주의와 다른 점은 칼빈주의는 하나님의 은총 100%로만 구원이 가능하고, 인간의 자유의지를 통한 선택이나 행위는 0%라고 주장하는 반면, 웨슬리주의는 100% 하나님의 은혜를 주장하면서 동시에 자유의지를 통한 순종과 행위가 100% 따라 와야 한다는 것이다. 이것은 성경이 요구하는 구원의 조건에 보다 더 확실하게 부합한다고 할 수 있다. 왜냐하면 성경은 하나님의 예정과 주권을 말하는 동시에, 인간의 자유의지와 선택, 책임에 관해서 요구하고 있기

---

90 루이스 벌코프, 박문재 역, 「기독교교리사」, 크리스찬 다이제스트, 167.

때문이다. 웨슬리주의의 복음적 신인협동설이 반펠라기우스주의의 신인협동설보다 더 설득력이 있는 이유는 하나님의 절대적 주권을 인정하면서도 인간의 책임을 확실하게 설명할 수 있기 때문이다.

6) 부분적 타락의 성경적 증거

알미니안주의자들과 칼빈주의자들이 분리하게 된 이유 가운데 하나는 중생이 먼저냐, 회심이 먼저냐 하는 것이다. 알미니안주의자들은 회심이 먼저이고, 그 다음에 중생이 일어난다고 보았다. 왜냐하면 인간은 부분적으로 타락해서 어느 정도 구원을 선택할 수 있는 능력이 인간에게 있기 때문에 인간이 구원을 먼저 선택해야 하는 것이다. 인간이 복음을 듣고 회개하고 믿게 되면 그 결과로 중생이 온다고 믿는다.

그러나 칼빈주의는 회심보다 중생이 먼저라고 주장한다. 그 이유는 인간에게는 회심할 능력조차 없기 때문에 먼저 하나님이 중생을 시켜주어야 회심할 수 있기 때문이다. "만약 모든 사람들이 진정으로 죄인들이어서, 전적으로 타락하였고 하나님의 은혜에 응답할 수 없다면, 아무도 첫 번째로 중생이 없으며 회심할 수 없다"[91]는 생각이 예정론의 입장이다. 인간이 전적으로 타락하였기 때문에 구원을 제시한다고 해도 그것을 선택할 능력 자체가 인간 속에 없기 때문에, 중생으로부터 믿음을 넣어주는 일까지 전적으로 하나님의 손에 달렸다고 믿는 것이다.

전적으로 인간이 타락하였다면 당연히 선과 악, 복과 화를 선택할 선택권이 인간에게 주어지지 않을 것이다. 죽어 관속에 있는 시체가 그 어떤 것도 선택할 수 없는 것처럼 전적으로 부패한 인간에게는 선택권이 주어지지 않는다. 칼빈주의는 전적 부패를 믿기 때문에 구원을 위한 그 어떤 선택권도 인간에게 주어져 있지 않다고

---

91 밀라드 J. 에릭슨, 신경수 역, 「복음주의 조직신학(하)」, 크리스챤 다이제스트, 112.

말한다.

그렇다면 인간에게 선택권이 전혀 없는가? 하나님께서는 인간에게 선택할 수 있는 선택권을 주신다. 그것은 곧 인간이 전적으로 타락하지 않았다는 증거가 될 것이다. 전적 타락 교리는 성경의 내용과 일치하지 않는 부분이 많다. 아담으로 인해 죽음이 오고, 저주가 온 것은 사실이지만 그렇다고 해서 인간이 전적으로 부패하고, 원죄에 의해서 자유의지가 완전히 죽었다는 것은 성경적이라고 볼 수 없다. 선을 선택할 능력이 전혀 없다면 성경은 선을 선택하라고 하지 않을 것이다.

성경이 인간의 자유의지를 부정하는가? 만약 인간에게 자유의지가 없다면 도덕적 책임을 지워서는 안 된다. 도덕적 책임을 지울 수 없다면 율법과 계명 준수를 요구해서도 안 된다. 그런데 성경은 인간에게 도덕적 책임을 요구하고 있다. 선과 악에 대한 선택을 요구하고, 선택에 대한 책임도 인간 각자에게 지우고 있다. 그것은 곧 인간에게 자유의지가 있고 선택 능력이 살아 있다는 것을 증거하는 것이다. 동시에 책임이 주어지고, 책임이 주어지기 때문에 인간 행위와 선택에 대한 심판도 가능해 진다.

보라 내가 오늘날 <u>생명과 복과 사망과 화를 네 앞에 두었나니</u> 곧 내가 오늘날 너를 명하여 네 하나님 여호와를 사랑하고 그 모든 길로 행하며 그 명령과 규례와 법도를 지키라 하는 것이라 그리하면 네가 생존하며 번성할 것이요 또 네 하나님 여호와께서 네가 가서 얻을 땅에서 네게 복을 주실 것임이니라 그러나 <u>네가 만일 마음을 돌이켜 듣지 아니하고 유혹을 받아서 다른 신들에게 절하고 그를 섬기면</u> 내가 오늘날 너희에게 선언하노니 너희가 반드시 망할 것이라 너희가 요단을 건너가서 얻을 땅에서 너희의 날이 장구치 못할 것이니라 내가 오늘날 천지를 불러서 너희에게 증

> 거를 삼노라 내가 생명과 사망과 복과 저주를 네 앞에 두었은즉 너와 네 자손이 살기 위하여 생명을 택하고 네 하나님 여호와를 사랑하고 그 말씀을 순종하며 또 그에게 복종하라 그는 네 생명이시요 네 장수시니 여호와께서 네 열조 아브라함과 이삭과 야곱에게 주리라고 맹세하신 땅에 네가 거하리라 (신 30:15-20)

살고 죽는 것이 누구의 선택에 있음을 알 수 있는가? 예정론자들은 하나님의 선택에 있다고 하지만, 여기서는 분명 인간에게 그 선택권이 주어져 있음을 알 수 있다. 하나님은 이스라엘 백성들 앞에 생명과 사망을 놓아두고 선택은 이스라엘 백성들 각자에게 맡겨 두었다. 따라서 생명과 사망의 선택은 인간의 몫이며, 그 운명도 인간이 스스로 결정한다. 다만 하나님은 인간의 결정에 따라서 생명으로 인도하기도 하고, 멸망으로 심판하기도 하신다. 이것은 곧 인간에게 자유의지가 있다는 증거이며, 자유의지가 있다는 것은 인간이 전적으로 타락하지 않았다는 증거가 된다.

> 명절 끝날 곧 큰 날에 예수께서 서서 외쳐 가라사대 누구든지 목마르거든 내게로 와서 마시라 나를 믿는 자는 성경에 이름과 같이 그 배에서 생수의 강이 흘러나리라 하시니 이는 그를 믿는 자의 받을 성령을 가리켜 말씀하신 것이라 (요 7:37-39)

여기서도 생수를 선택할 선택권은 인간에게 있다. 생수를 주는 분은 하나님이지만, 그 하나님으로 하여금 생수를 주도록 하는 것은 인간의 선택에 달려 있는 것이다. 만약 하나님이 생수를 주는 주체라면 누구든지 와서 마시라고 할 필요가 없다. 하나님이 선택하여 일방적으로 주면 될 일이다. 그러나 하나님은 누구든지 목마른 자는 생수를 선택할 것을 권면한다. 생수를 선택할 수 있는 자유의지가 인간에게 주어져 있음을 알 수 있다. 생수를 만드는 분은 하나님이시다. 그러나 그 생수를 선택하는 것은 인간의 몫이다. 칼빈주의는 그 생수를 선택할 능력조차도 인간에게 없기 때문에 하나님이 그것까지 선택해 주신다고 한다.

오늘 구원을 오해하고 있는 부분도 바로 이것이다. 인간 스스로 구원을 얻을 수 없다. 반드시 하나님의 능력으로만 가능하다. 그러나 하나님이 열어 놓은 구원의 길만큼은 인간이 선택해야 한다. 구원의 선택은 인간에게 주어진 몫이며 고유 권한이다. 하나님이 구원의 선택까지 해 주시지 않는다. 만약 하나님이 구원의 선택까지 다 하신다면 믿으라고 요구할 필요도 없고, 심판할 필요도 없을 것이다.

성령을 받는 것도 그렇다. 하나님이 선택한 후에 성령을 주시는 것이 아니라 성령을 받고자 사모하고 회개할 때 성령을 받을 수 있는 것이다. 하나님의 선택과 결정에 따라 성령을 주신다면 인간은 인격적 존재가 될 수 없다. 선택할 능력이 없다면 더 이상 인격체라고 할 수 없다. 인간은 인격체이고 그런 인격체인 인간과 하나님은 대화하기를 원하신다. 아무런 판단 능력이나 선택 능력이 없는 그런 인간과 하나님이 대화하기를 원하시겠는가?

> 빌립이 나다나엘을 찾아 이르되 모세가 율법에 기록하였고 여러 선지자가 기록한 그이를 우리가 만났으니 요셉의 아들 나사렛 예수니라 나다나엘이 가로되 나사렛에서 무슨 선한 것이 날 수 있느냐 빌립이 가로되 와 보라 하니라 예수께서 나다나엘이 자기에게 오는 것을 보시고 그를 가리켜 가라사대 보라 이는 참 이스라엘 사람이라 그 속에 간사한 것이 없도다 나다나엘이 가로되 어떻게 나를 아시나이까 예수께서 대답하여 가라사대 빌립이 너를 부르기 전에 네가 무화과나

> 무아래 있을 때에 보았노라 나다나엘이 대답하되 랍비여 당신은 하나님의 아들이시요 당신은 이스라엘의 임금이로소이다(요 1:45-49)

빌립이 전도한 나다나엘은 한 번도 예수님을 만난 적이 없고, 예수님을 통해 사죄의 은총을 받은 적도 없다. 그런 나다나엘이 예수님을 처음 만났을 때, 예수님은 그가 "참 이스라엘 사람"이며, "간사"한 것이 없다고 하셨다. 아담의 원죄로 전적 타락을 하였고, 전적 부패를 하였다면 어떻게 예수님이 아직 믿음도 없는 나다나엘에게 그런 말씀을 하셨겠는가? 예정론의 주장처럼 나다나엘의 의지와 상관없이 하나님이 먼저 나다나엘에게 중생의 은총을 주셨기 때문인가? 하나님이 중생의 은총을 주시고, 그 속에 간사함을 없앤 후에 참 이스라엘 사람이라고 한 것인가? 나다나엘이 하나님처럼 완전하게 깨끗하지 않지만 그렇다고 아담의 원죄로 완전 부패한 것도 아니기 때문에 그런 말씀을 하실 수 있는 것이다.

물론 부분적 타락이라고 해서 인간 스스로 구원 얻을 가능성이 있다는 것은 아니다. 예수 그리스도의 십자가의 대속의 은혜 없이는 구원받을 길이 없다. 바울이 믿음을 강조하고 행위를 부인한 것은 인간이 전적으로 부패하여 인간의 자유의지가 없기 때문에 그렇게 한 것이 아니라, 율법의 행위로 구원받으려고 하는 시도를 경계하기 위해서였다.

만약 인간이 전적으로 부패하여 아무 선도 택할 수 없었다면, 기생 라합이 믿음으로 하나님을 선택할 수 없었을 것이다. 나아만 역시 이방인으로서 하나님을 선택할 수 있었던 것은 인간이 부분적으로 타락하여, 하나님을 선택할 여지가 남아 있었기 때문이다. 만약 니느웨 사람들이 전적으로 부패하여 선을 선택할 어떤 능력도 없었다면 어떻게 요나의 전도를 듣고 회개할 수 있었을 것인가? 그들 속에는 복음을 듣고 선택할 능력이 있었다.

성경은 인간의 전적타락설을 지지하지 않는다. 부분적 타락설이 오히려 더 설득력이 있다. 부분적 타락은 인간 스스로 구원을 얻을 수는 없지만, 그렇다고 선을 선택하고, 믿음을 선택할 모든 기능이 다 죽은 것이 아님을 말해 주는 것이다.

7) 예정론자들의 큰 실수

예정론에 큰 도전장을 내민 자들이 바로 신(新)학파이다. 신학파의 주장은 인간이 타락했음에도 불구하고 선을 행할 능력을 여전히 가지고 있다고 보는 것이다. 이것은 기존의 예정론에 대한 엄청난 도전이 아닐 수 없다.

> 신(新)학파 계열의 신학자들은 에드워즈의 역작 '의지론'(On the Will)에 근거하여 자연적인 능력과 도덕적인 능력을 구분한다. 그들의 가르침이 의미하는 바는, 인간은 타락한 상태에서도 영적인 선을 행하는데 필요한 모든 자연적인 능력을 소유하고 있으나(예컨대 지성, 의지 따위), 도덕적 능력, 곧 자연적인 기능들에 적절한 방향을 제시하는 능력, 곧 하나님을 기쁘게 하는 방향으로 향하는 능력은 결여되어 있다는 것이다..... 신학파 신학자들은, 인간이란 자신이 원하기만 하면 영적인 선을 행할 수 있는 존재라고 단언한다.[92]

이러한 신학파의 주장은 전적 부패를 외쳐왔던 교리에 상당한 충격을 주는 일이 아닐 수 없다. 그러나 이러한 신학파의 주장은 성경에 상당히 근접하고 있음을 알 수 있다. 예정론자들의 잘못된 이해를 수정하는데 도전을 주는 이론이 아닐 수 없다. 예정론자들이 인간 타락을 이해하는 과정에 범한 큰 실수가 무엇인가? 그것은 인간 스스로 구원을 얻을 수 없다는 것과 하나님이 제시하는 구원

---
92 벌코프, 권수경 외 옮김, 「벌코프 조직신학(상)」, 크리스챤 다이제스트, 466.

을 인간이 선택할 능력 자체가 없다는 것을 혼동한 것이다. 아담의 범죄로 인간은 스스로 구원 얻을 수 있는 가능성이 전혀 없어졌다. 펠라기우스주의를 제외한 어거스틴주의, 반펠라기우스주의, 칼빈주의, 알미니안주의, 웨슬리안주의 등 어떤 주장도 인간 스스로 구원받을 수 있다고 주장하지 않는다.

그런데 여기서 깊이 생각해야 할 것은 하나님이 값없이 주시는 구원을 선택하는 기능마저 상실되었는가 하는 것이다. 만약 그 구원을 선택할 기능마저 상실되었다면 선지자나 사도를 보내서 죄인들을 깨우칠 필요가 없었을 것이다. 만약 인간에게 하나님이 주시는 구원을 선택할 능력마저 상실했다고 한다면 더 이상 인격을 갖춘 인간이라고 할 수 없을 것이다. 인간이 스스로 구원 얻을 능력이 없다 해서, 하나님이 이루어 주신 구원을 선택하는 능력마저 상실된 것은 아님을 성경이 증거해 주고 있다. 성경에서 우리에게 선택과 결단과 믿음을 촉구하는 것은 결국 우리 인간에게 자유의지가 부분적으로 남아 있다는 증거가 아니고 무엇인가? 예정론자들은 생명과 복을 하나님이 만들 뿐 아니라, 그것을 누구에게 주는 것까지도 하나님이 결정한다고 한다. 이러한 주장은 성경의 진리와도 어긋날 뿐 아니라, 우리의 상식과도 어긋나는 주장이다. 성경에서 제시되는 수많은 율법과 계명이 우리에게 선을 요구하며, 구원으로 나올 것을 요구하고 있다. 우리의 자유의지를 통해 생명의 길을 선택할 것을 요구한다. 만약 하나님이 그 선택마저도 대신 해준다면, 율법과 계명을 지키라고 할 필요가 전혀 없다.

십계명은 인간에게 지키라고 주셨는가, 아니면 인간이 율법을 지킬 수 없다는 것을 깨닫도록 하기 위해서 주셨는가? 개혁주의 신학자들은 인간이 율법을 지킬 수 없다는 것을 깨닫도록 하기 위해서 율법이 주어졌다고 한다. 그러나 계명을 주신 목적은 지키라고 주신 것이며, 지킬 수 있기 때문에 주신 것이다. 따라서 십계명에 순종하느냐 하지 않느냐의 선택은 인간의 몫이다. 우리 속에 자유의지가 있기 때문에 죄를 택하지 말고 진리와 선을 택하라고 요구한다. 만약 우리에게 자유의지나 선을 분별할 능력이 없다면 십계명을 줄 이유가 없을 것이다.

계명을 지킬 때 복을 주시고, 계명을 어길 때 화를 주시는 주체는 하나님이시다. 복과 저주를 예정해 놓으시고 인간으로 하여금 그것을 선택하도록 기회를 주시는 분도 하나님이시다. 인간이 해야 할 일은 하나님이 정해 놓으신 그 길을 가는 것이고, 그 선택은 인간 각자에게 주어진 권리이다. 인간이 해야 할 선택까지 하나님께서 대신 하셨다는 예정론은 반드시 수정되어야 할 것이다.

8) 타락과 부패의 정도

아담의 범죄로 인간은 그 어떤 선도 행할 수 없는 존재가 되었다는 주장은 과연 성경적인가? 완전히 타락하여 인간의 자유의지가 완전히 부패했다면 인간에게 율법을 줄 필요가 없을 것이다. 선을 분별할 수도 없고, 생명을 선택할 수도 없는 인간에게 왜 율법을 주시는가? 지키지도 못할 율법을 주실 리가 없다. 단지 죄가 죄인 것을 드러내기 위해 율법을 주시는가? 지킬 능력도 없는 인간에게 율법을 주시고, 그것을 지키지 못했다고 해서 징벌하고 심판한다는 것인가? 그래서 하나님의 은혜가 필요하고, 믿음으로 구원받는다고 말하는 것은 정당한가? 인간의 전적 타락 교리는 성경적이라고 할 수 있는가?

> 네가 네 하나님 여호와의 말씀을 순종하여 이 율법책에 기록된 그 명령과 규례를 지키고 네 마음을 다하며 성품을 다하여 여호와 네 하나님께 돌아오면 네 하나님 여호와께서 네 손으로 하는 모든 일과 네 몸의 소생과 네 육축의 새끼와 네 토지 소산을 많게 하시고 네게 복을 주시되 곧 여호와께서 네 열조를 기뻐하신 것과 같이 너를 다시 기뻐하사 네게

복을 주시리라 <u>내가 오늘날 네게 명한 이 명령은 네게 어려운 것도 아니요 먼 것도 아니라</u> 하늘에 있는 것이 아니니 네가 이르기를 누가 우리를 위하여 하늘에 올라가서 그 명령을 우리에게로 가지고 와서 우리에게 들려 행하게 할꼬 할 것이 아니요 이것이 바다 밖에 있는 것이 아니니 네가 이르기를 누가 우리를 위하여 바다를 건너가서 그 명령을 우리에게로 가지고 와서 우리에게 들려 행하게 할꼬 할 것도 아니라 <u>오직 그 말씀이 네게 심히 가까와서 네 입에 있으며 네 마음에 있은즉 네가 이를 행할 수 있느니라</u>(신 30:9-14)

하나님이 주신 율법, 계명, 명령은 지키기에 어려운 것이 아니라고 한다. 예정론자들은 인간이 전적으로 타락하였기 때문에 율법을 지킬 수 없다고 하는 반면, 성경은 율법 준수가 어려운 것이 아니라고 말씀한다. 누구의 말이 맞는가? 명령을 지킬 때 복을 줄 것이지만, 불순종할 때는 저주를 내리시겠다고 말씀한다. 그러므로 율법을 지켜 복 받는 삶을 살 것을 성경이 우리에게 요구하고 있다.

이것은 무엇을 의미하는가? 인간이 전적으로 타락하지 않았다는 것을 의미한다. 전적으로 타락하고 부패한 인간이라면 하나님의 말씀을 지킬 수 없을 것이다. 예정론자들이 주장하는 것처럼 인간이 완전 타락하였다면 하나님의 계명을 조금도 지킬 수 없을 것이다. 그러나 성경은 분명 지킬 수 있다고 말씀하고 있다.

이렇게 본다면 예정론에서 인간의 전적 부패에 대해 다시 생각해 보지 않을 수 없다. 생명과 사망을 앞에 놓아두고, 그 선택은 이스라엘 백성들에게 주셨다. 그것은 곧 생명을 선택할 능력이 이스라엘 백성들에게 있다는 말씀이다. 인간이 전적으로 부패하여 하나님이 백성들을 대신하여 선택해 주지 않으면 안 되는 상황이 아니다. 인간이 전적으로 부패하였다면 하나님은 이런 요구를 인간에게 하지 않을 것이다. 인간의 전적 부패 교리는 더 이상 성경적이라고 할 수 없다.

9) 전적 타락 교리가 구원을 방해하는 이유

유태화 교수는 예정교리의 유익을 세 가지로 요약한다. "첫째, 구원에 있어서 인간의 공로 사상을 철저히 배제하며, 둘째, 구원의 확실성을 확고히 하며, 셋째, 하나님의 자유로운 주권을 강조할 수 있다"[93]는 것이다. 하지만 이러한 예정교리는 하나님의 주권을 강조하는 반면, 인간은 아무것도 할 수 없다고 함으로 인간이 감당해야 할 책임을 지지 않게 하며, 심각한 도덕적 위기를 초래하도록 만든다. 인간이 감당해야 할 부분을 소홀하게 함으로써 오히려 성경의 윤리에서 벗어나게 한다. 그로 인해 온전한 구원을 이루지 못하여 구원을 상실하게 될 수도 있다.

전적 타락 교리는 구원을 위해서 인간이 할 수 있는 일은 아무것도 없다고 가르친다. 하나님의 구원 역사에 인간의 행위는 조금도 개입되면 안 된다는 것이다. 그렇게 함으로써 구원을 위해 인간이 감당해야 할 책임과 행위, 사명 등을 소홀하게 되거나 도외시하게 만든다면 무서운 죄가 아닐 수 없을 것이다. 성경은 하나님의 은혜로 구원을 받지만, 구원받은 사람은 더욱 더 큰 책임과 사명을 가지고 구원을 이루어가기 위해 힘쓰고 애써야 할 부분을 강조하고 있지 않은가?(빌 2:12) 이런 부분을 상급이나 성화의 과정으로만 이해하게 함으로써 성도들로 하여금 구원을 위해서 해야 할 부분을 감당하지 못하게 한다면 심각한 문제가 아닐 수 없을 것이다.

마귀를 대적하며 구원을 지켜 나가기 위해서는 하나님의 전신갑주를 입으라(엡 6:11, 13)고 성경이 말씀하고 있음에도 무장해제 하도록 함으로써 마귀에게 구원을 빼앗긴다면 얼마나 심각한 문제가 되겠는가? 인간에게 요구되는 책임과 윤리, 사명, 달란트가 있는데

---

93 유태화, 「개혁주의 구원론」, 크리스찬출판사, 372.

전적 타락교리는 이런 것들을 소홀히 하거나 수행하지 않아도 구원을 받는데 아무런 문제가 없는 것으로 이해할 수 있게 한다. 성경은 우리에게 자유의지가 있음을 전제하고 수많은 명령과 계명과 율법을 주고 있다. 따라서 인간의 자유의지는 전적으로 타락한 것이 아니라는 사실을 밝혀야 한다.

10) 새로운 결론들

(1) 성경은 인간의 전적 타락이 아닌 부분적 타락을 말하고 있다. 인간의 자유의지는 타락 전 아담과 같지는 않지만, 그렇다고 완전히 부패하고 타락하여 어떤 선도 행할 수 없고, 어떤 선택의 자유도 없는 것이 아니다.

(2) 전적 타락설은 인간의 자유의지로 감당해야 할 윤리와 도덕, 인간이 해야 할 순종을 포기하거나 약화시킬 수 있다. 아담의 죄의 영향을 전혀 받지 않는다는 펠라기우스주의는 하나님의 은혜와 십자가의 대속의 은총을 무시하는 것이다. 그러므로 인간의 구원을 위해서는 하나님의 절대적 은총이 필요함과 동시에 인간의 자유의지를 통한 절대적 순종이 요구된다.

(3) 웨슬리안주의에서 주장하는 선재적 은총을 통한 원죄의 사함과, 자유의지의 회복이라는 주장은 성경적 근거가 약하다. 예수 그리스도의 구속의 은총으로 인간의 죄가 사해지고 전적으로 부패하였던 자유의지가 회복되었다면, 구약의 성도들도 그 은총을 입었다고 할 수 있는가? 가인에게 선을 요구하신 것은 가인에게 선을 선택할 능력이 있음을 전제한다. 그렇다면 그것도 예수 그리스도의 선재적 은총에 의해 전적 타락에서 회복된 것이라고 할 수 있는가?

(4) 계명을 주신 것은 인간에게 선을 선택할 자유의지가 있음을 의미한다. 그 계명을 능히 지킬 수 있다고 한 것은 인간이 전적으로 부패하지 않았음을 증거하는 것이다.

(5) 인간의 전적 부패 교리는 부분적 부패교리로 전환되어야 할 필요성이 있다. 전적 부패교리는 이중예정론으로 나가게 되며, 이중예정론은 결정론적 운명론에 빠지게 하여, 하나님의 은혜는 강조하지만 인간의 책임은 소홀히 할 수밖에 없게 되기 때문이다. 이것은 곧 윤리와 도덕의 타락을 가져올 수 있고, 구원을 위해서 인간이 감당해야 할 요소를 놓침으로 구원을 잃어버릴 위험이 있다.

5. 무조건적 선택과 조건적 선택 논쟁

1) 무조건적 선택

전적으로 타락한 인간들은 한 사람도 예외 없이 멸망할 수밖에 없는 운명에 처하게 되었다. 인간에게는 구원을 위해서 선택할 그 어떤 권한도 주어져 있지 않다. 구원을 위해서 선행을 할 처지도 아니다. 그냥 그대로 두면 멸망이며, 지옥으로 떨어질 수밖에 없다. 그러므로 누군가 구원받을 수 있도록 선택해 주지 않으면 안 된다. 이런 절망적인 인간들을 불쌍히 여긴 하나님께서는 인간들 가운데 일부를 구원하기 위해서 무조건적으로 선택하셨다. 벌콥은 "하나님이 그의 주권적인 선하신 기뻐하심 속에서, 또한 인간들 속에 아무런 예견된 공로가 없으므로 일정수의 인간들을 영원한 구원과 특별 은혜의 수령자들이 되도록 선택하시는 하나님의 영원하신 행동"[94]이라고 정의한다. 이것이 무조건적 선택의 핵심 내용이다. 따라서 무조건적 선택은 선택받지 못한 나머지 사람들의 유기를 의미한다. 무조건적 선택은 이중예정이라는 무서운 신학적 이론을 탄생시키고 말았다. 웨스트민스터 신앙 고백 안에 진술되어진 내용을 보면 다음과 같다.

---

94 벌코프, 권수경 외 옮김, 「벌코프 조직신학(상)」, 크리스챤 다이제스트, 316.

> 하나님은 하나님 자신의 찾아낼 수 없는 뜻의 계획을 따라서, 그것에 의하여 그가 기뻐하는 대로 자비를 연장하기도 하고 철회하기도 하는데, 피조물들에 대한 그의 주권적인 힘의 영광을 위해서 그들의 죄 때문에 그들에게 불명예와 진노를 정하기도 하고, 그것을 지나쳐서 그의 영광스러운 공의를 찬양하기도 함으로써 나머지 인류를 기뻐하였다.[95]

구원받을 대상에게 구원을 선택할 수 있는 단 한 번의 기회도 주지 않고 하나님이 그 기쁘신 뜻에 의해 선택과 유기가 무조건적으로 정해졌다면 심각한 문제가 아닐 수 없다. 하나님은 독재자나 공평하지 못한 분이 아님에도 그런 분으로 오해될 수 있다. 인간의 어떤 선행이나 행위와 상관없이 구원받을 자들과 유기될 자들을 하나님이 독단적으로 결정하였다는 주장은 성경의 사실과 맞지 않음에도 왜 이런 주장이 나오게 되었는가? 그것은 인간을 전적으로 타락한 존재로 보기 때문이다. 인류가 아담의 원죄로 인하여 멸망할 수밖에 없는 상황이라는 전제하에서 그 가운데 일부를 구원하는 것이 하나님의 은혜로 이해한 것이다. 그 선택은 무조건적이며, 인간의 결정이나 의도와는 전혀 상관없는 것이 하나님의 독단적인 결정에 의한 것이다. 선택받은 자들에게는 엄청난 은혜이지만, 유기된 자들에게는 실로 비참하고 억울한 일이 아닐 수 없을 것이다.

> 우리가 아직 연약할 때에 기약대로 그리스도께서 경건치 않은 자를 위하여 죽으셨도다 의인을 위하여 죽는 자가 쉽지 않고 선인을 위하여 용감히 죽는 자가 혹 있거니와 우리가 아직 죄인 되었을 때에 그리스도께서 우리를 위하여 죽으심으로 하나님께서 우리에게 대한 자기의 사랑을 확증하셨느니라(롬 5:6-8)

---

[95] 오톤 와일리, 폴 컬벗슨, 전성용 역, 『웨슬리안 조직신학』, 세복, 309.

우리가 아직 죄인 되었을 때에 하나님은 우리의 동의와 상관없이 예수 그리스도를 보내 주셨고, 십자가에 죽게 하심으로 구원의 길을 열어 놓으셨다. 이 죽음은 모든 자를 위한 죽음이며, 죄인들이 구원 얻을 수 있는 복된 길을 마련하신 것이다. 그렇다고 해서 하나님이 구원받을 자를 무조건적으로 예정하신 것은 아니다.

> 이방인들이 듣고 기뻐하여 하나님의 말씀을 찬송하며 영생을 주시기로 작정된 자는 다 믿더라(행 13:48)

예정론에서는 이 구절을 근거로 하나님이 구원할 자들을 무조건 선택하였다고 믿는다. 예정된 자들은 어떤 경로를 통해서든 마침내 믿게 되고 구원에 이른다고 말한다. 이방인들 가운데서도 복음을 듣고 믿는 것은 그들 자신의 믿음의 결단 때문이 아니라, 하나님이 먼저 "영생을 주기로 작정"했기 때문이라는 것이다. 그렇다면 이런 질문을 할 수 있다. 하나님이 구원할 자들을 무조건 선택한다면 왜 모든 자들을 선택하지 않았는가? 믿기 때문에 영생을 주시는 것인가, 영생을 주시기로 작정했기 때문에 믿는 것인가?

> 하나님이 미리 아신 자들로 또한 그 아들의 형상을 본받게 하기 위하여 미리 정하셨으니 이는 그로 많은 형제 중에서 맏아들이 되게 하려 하심이니라(롬 8:29)

"미리 아신 자들"이라는 것은 그들이 태어나기도 전에, 혹은 그들이 예수 그리스도를 믿기 전에 이미 믿을 것이라고 예지한 것을 말한다. 그렇기 때문에 그런 자들을 예수 그리스도의 형상을 본받도록 하기 위해 미리 "예정"하였다는 것이다. 이것은 오히려 웨슬리의 예지예정에 더 가깝다고 할 수 있는 말씀이다. 중요한 것은 하나님이 예정하는데 있어서 조건이 있느냐 없느냐의 문제이다.

예정론에서는 무조건적인 반면, 예지예정론에서는 조건적이다. 칼빈은 예정과 예지를 동일시하고 있다. 유태화 교수의 말이다.

> 칼빈에게서 예정과 예지는 동일하다. <u>예지를 예정의 선조건화하지 않는다.</u> 흔히 예지를 인간의 공로와 연결지어, 각 사람들에게 나타날 공로를 미리 예견하시고, 그것에 따라 인간의 운명을 결정하신다는 생각을 형성한다. 즉, 은혜에 대하여 올바르게 행동할 사람은 예정으로, 악한 의도와 불경한 일에 빠질 성향을 가진 자는 유기로 선택하신다는 것이다. 요컨대, 예지와 예정을 분리시킬 경우, 선택과 유기의 원인을 인간의 덕행과 악행에서 찾게 된다.[96]

칼빈은 인간의 선택이나 믿음이 구원을 받는데 하나님의 공로를 훼손시킬 수 있음을 우려하였다. 그래서 인간의 선택이나 자유의지를 철저히 배제시켰다. 구원은 오직 하나님의 은혜로만 가능함을 주장하였다. 그것이 너무 지나친 나머지 타락 전 선택설과 이중예정으로 나아갔다. 인간의 그 어떤 행위나 결정이나 믿음의 결과와 상관없이 하나님의 선택이 곧 구원을 결정하는 유일한 원인으로 이해하였다. 믿을 것이기 때문에 택하는 것이 아니라, 무조건적으로 선택받았기 때문에 믿는 것이다.

> 너희가 나를 택한 것이 아니요 내가 너희를 택하여 세웠나니 이는 너희로 가서 과실을 맺게 하고 또 너희 과실이 항상 있게 하여 내 이름으로 아버지께 무엇을 구하든지 다 받게 하려 함이니라(요 15:16)

> 성령으로 아니하고는 누구든지 예수를 주시라 할 수 없느

---

[96] 유태화, 「개혁신학의 구원론」 크리스챤출판사, 364.

니라(고전 12:3)

칼빈주의의 무조건적 선택은 결국 우리의 신앙도 성령을 통해서 하나님이 선물로 주셔야만 하는 것이다. 먼저 하나님께 선택받지 않으면 인간은 구원을 위해서 그 어떤 것도 할 수 없는 무능력한 존재로 이해하였다.

두아디라성의 자주 장사로서 하나님을 공경하는 루디아라 하는 한 여자가 들었는데 주께서 그 마음을 열어 바울의 말을 청종하게 하신지라(행 16:14)

여기서 "주께서 그 마음을 열어" 루디아의 마음을 움직였다는 말은 하나님이 루디아의 의지와 전혀 상관없이 하나님이 그 마음의 문을 열었기 때문에 열린 것인가, 아니면 루디아의 의지가 있기 때문에 그 의지를 사용한 것인가? 루디아가 바울의 설교를 듣는 중에 감동이 오고, 그 감동을 보고 하나님이 루디아의 마음을 열었다고 보아야 정확하다. 하나님이 루디아의 의지나 감정과 상관없이 행한 것이 아니라 루디아의 의지와 결정을 하나님이 사용하신 것이다.

복음에 대해 인간이 마음을 열 때도 마찬가지이다. 하나님이 일방적으로 인간의 마음을 열지 않는다. 하나님이 인간의 마음을 마음대로 움직인다면 이스라엘 백성들이 하나님을 배반하지 않았을 것이며, 광야에서 죽지도 않았을 것이다. 하나님이 원하였지만 백성들이 원치 않을 때 하나님도 어떻게 할 수 없었던 것이다. 왜 하나님이 신실한 일군들을 찾으시는가? 마음을 움직일 수 있다면 원하는 자의 마음을 열어 순종케 하면 되지 않겠는가? 하나님은 인간의 인격을 사용하여 일하시기 때문에 인간이 먼저 감동하고 하나님을 향해 마음이 열릴 때 하나님도 그런 자를 들어 사용하는 것이다. 하나님이 인간의 마음을 원하는 대로 열 수 있다면 예수님이 고향에서 복음을 전파하려고 할 때도 고향 사람들의 마음을 열 수 있었을 것이다. 그렇지만 예수님은 고향 사람들의 마음을 열 수 있었는가? 그렇게도 고향 사람들을 전도하고 싶어서 복음을 전파하였는데, 결국 고향 사람들에 의해 쫓겨나고 말았다. 하나님이 그들의 마음의 문을 여실 수 있다면 그들에게 쫓겨나지 않았을 것이다.

> 그가 세상에 계셨으며 세상은 그로 말미암아 지은 바 되었으되 세상이 그를 알지 못하였고 자기 땅에 오매 자기 백성이 영접지 아니하였으나 영접하는 자 곧 그 이름을 믿는 자들에게는 하나님의 자녀가 되는 권세를 주셨으니 이는 혈통으로나 육정으로나 사람의 뜻으로 나지 아니하고 오직 하나님께로서 난 자들이니라 (요 1:10-13)

자기 땅에 오셨지만 자기 백성이 영접하지 않았다. 영접하도록 문을 열 수 있었다면 하나님은 자기 백성들의 마음의 문을 다 열었을 것이다. 그렇게 했다면 문제는 간단히 해결되었을 것이다. 하나님이 인간의 마음을 원하는 대로 움직일 수 있다면 이 땅에서 하나님이 원하는 자들은 모두 예수 믿게 하는데 문제가 없었을 것이다.

여러 사람이 복음을 들었지만 마음에 감동이 없는 사람들은 하나님이 열고 싶어도 열 수가 없었다. 라오디게아 교회 성도들에게 문을 열고 예수를 영접하라고 예수님이 문을 두드리는 것은 무엇을 의미하는가? 문을 여는 결정은 인간이 한다는 것을 말한다. 하나님이 여신다면 문을 두드릴 필요가 없고, 직접 열어서 깨닫게 하시면 된다.

사마리아 우물가에서 사마리아 사람들이 예수님을 믿은 것은 예수님이 그들의 마음을 열었기 때문인가? 그들 스스로가 말씀을 듣고 마음의 문을 연 것인가? 그들을 선택했기 때문에 마음의 문을 연 것인가? 마음의 문을 열고 믿었기 때문에 선택된 것인가? 선택이 조건적인가, 무조건적인가?

하나님이 루디아를 만세 전에 무조건적으로 선택했기 때문에 마음의 문을 연 것인가? 아니면 루디아가 마음의 문을 열었기 때문에 하나님도 루디아를 감동시키고, 그를 선택한 것인가?

> 야곱아 너를 창조하신 여호와께서 이제 말씀하시느니라 이스라엘아 너를 조성하신 자가 이제 말씀하시느니라 너는 두려워 말라 내가 너를 구속하였고 내가 너를 지명하여 불렀나니 너는 내 것이라(사 43:1)

하나님은 이스라엘을 지명하여 불렀다. 이것은 분명 하나님이 먼저 이스라엘을 선택할 마음을 먹은 것이다. 이스라엘을 지명한 근거는 조건적인가, 무조건적인가? 아무리 하나님이 지명하여 불렀더라도 그들이 불순종할 때는 버림을 당한 것이 이스라엘의 역사였다. 그러므로 인간의 순종이 조건이 된다.

> 너는 여호와 네 하나님의 성민이라 네 하나님 여호와께서 지상 만민 중에서 너를 자기 기업의 백성으로 택하셨나니 여호와께서 너희를 기뻐하시고 너희를 택하심은 너희가 다른 민족보다 수효가 많은 연고가 아니라 너희는 모든 민족 중에 가장 적으니라(신 7:6, 7)

이스라엘을 선택하신 이유는 모든 민족 가운데 가장 적기 때문이라고 말씀한다. 그러나 이렇게 부름을 받았다 해서 모든 이스라엘 백성들이 구원을 받았다는 뜻은 아니다. 구원의 조건은 순종이다. 부름 자체가 구원이 아니라 부름받은 자가 순종할 때 들어가는 것이다. 역사적으로 볼 때, 부름받은 자들 가운데 순종하지 않음으로 다수가 구원받지 못한 것은 불순종 때문이었다.

하나님이 구원을 위해서 특별히 선택한 자들이 있었다. 그들 역시 순종할 때 그 부르심이 효력을 발생하였다. 그러나 불순종할 때는 구원에 들어가지 못하였다. 하나님은 모세의 의지와 상관없이 그를 사명자로 불렀다. 그러나 불순종함으로 가나안에 들어가는 복은 얻지 못하였다. 아론이 대제사장으로 선택받은 것도 자신의 의지와 상관이 없었다. 하나님은 사명을 맡기시기 위해서 특별한 사람을 선택하시고 예정하신다. 하지만 아론이 금송아지를 만들었을 때 하나님은 아론을 죽이시려 했다. 하나님의 선택을 무조건적이라고 할 수 없음을 알 수 있다.

이렇게 무조건적으로 선택받았다고 해서 무조건적으로 구원을 받는 것은 아니다. 하나님의 뜻을 거역하고 제 길로 갈 때는 버림받는다. 나답과 아비후는 하나님의 제사장으로 선택되었지만 다른 불로 제사(레 10:1-6) 드리다가 죽임을 당하였다. 하나님의 무조건적 선택을 받았지만 불순종할 때 죽임을 당하였고, 제사장 직임도 빼앗겼다. 이것은 곧 조건적 선택을 의미한다. 결국 하나님의 예정과 선택도 인간의 순종 여부에 의해서 결정됨을 알 수 있다.

> 형제들아 너희를 부르심을 보라 육체를 따라 지혜 있는 자가 많지 아니하며 능한 자가 많지 아니하며 문벌 좋은 자가 많지 아니하도다 그러나 하나님께서 세상의 미련한 것들을 택하사 지혜 있는 자들을 부끄럽게 하려 하시고 세상의 약한 것들을 택하사 강한 것들을 부끄럽게 하려 하시며 하나님께서 세상의 천한 것들과 멸시 받는 것들과 없는 것들을 택하사 있는 것들을 폐하려 하시나니 이는 아무 육체라도 하나님 앞에서 자랑하지 못하게 하려 하심이라(고전 1:26-29)

고린도교회 성도들이 선택받을 수 있었던 조건은 세상에서 천한 자들이었고 멸시받는 자들이었기 때문이다. 그들은 세상에서 가진 것이 없었기 때문에 자랑할 것이 없었고, 오직 하나님만 자랑할 것이기 때문에 그들은 하나님의 택하신바 되었다. 이들의 선택이 조건적인가, 무조건적인가?

하지만 고린도 교회가 네 파로 나뉘어졌다. 엄청난 죄악이 고린도교회 안에 들어왔다. 하나님의 성전인 몸을 음란에 내어주는 사건들도 있었다. 그럴 경우 하나님은 다 멸할 수밖에 없다고 경고한다. 비록 하나님의 자녀로 선택받았더라도 다시 멸망할 수 있다는 것이다. 그러므로 무조건적 선택이 아니라 조건적 선택이다.

2) 조건적 선택

예정과 선택에 있어서 칼빈주의와 알미니안주의가 서로 대립하는 이유는 전자는 무조건적 선택인 반면, 후자는 조건적 선택을 주장하기 때문이다. 성경에는 하나님이 인간을 먼저 선택한 부분도 있고, 인간이 하나님을 선택한 부분도 있다. 그래서 이 논쟁은 해결점을 찾지 못하고 계속해서 공방을 벌이고 있다. 중요한 것은 하나님이 무조건적으로 선택하였든, 아니면 인간이 하나님을 찾음으로 조건적으로 선택되었든 그것이 큰 문제는 아니라는 것이다. 조건적이든 무조건적이든 상관없이 자신의 행위 결과에 따라 구원받기도 하고 멸망으로 가기도 한다.

아무리 하나님의 선택을 받은 이스라엘 백성들도 불순종하였을 때 버림받았다. 니느웨 사람들과 같이 선택받지 못한 이방인들이라도 순종할 때 구원을 받았다. 중요한 것은 선민 이스라엘 백성들도 순종이라는 조건하에서 구원을 받고, 이방인들인 니느웨 사람들도 순종이라는 조건하에서 구원을 받는다. 최종적으로 선택받는 것은 '조건적'이다.

여호와께서 다만 너희를 사랑하심을 인하여 또는 너희 열조

> 에게 하신 맹세를 지키려 하심을 인하여 자기의 권능의 손으로 너희를 인도하여 내시되 너희를 그 종 되었던 집에서 애굽 왕 바로의 손에서 속량하셨나니 그런즉 너는 알라 오직 네 하나님 여호와는 하나님이시요 신실하신 하나님이시라 그를 사랑하고 그 계명을 지키는 자에게는 천대까지 그 언약을 이행하시며 인애를 베푸시되 그를 미워하는 자에게는 당장에 보응하여 멸하시나니 여호와는 자기를 미워하는 자에게 지체하지 아니하시고 당장에 그에게 보응하시느니라 그런즉 너는 오늘날 내가 네게 명하는 명령과 규례와 법도를 지켜 행할지니라(신 7:8-11)

여기서 하나님은 이미 선택받은 이스라엘 백성들에게 또다시 조건을 제시한다. 하나님을 사랑하고 계명을 지키는 조건하에서만 하나님의 백성이 되고, 그렇지 않으면 보응과 멸명을 받게 된다는 것이다. 이미 선택을 받았으면 하나님의 백성이 된 것이 아닌가? 그러나 하나님은 그렇게 부름받은 것만으로 하나님의 백성이 될 수 없고, 순종할 때 하나님의 백성이 되고 불순종할 때는 멸망받는다고 경고한다. 그러므로 무조건적 선택이 무조건 구원으로 연결되지 않는다. 이스라엘은 선택된 백성이었지만, 순종 여부에 따라 구원을 받기도 하고 멸망을 받기도 하였다. 어디까지나 하나님이 주신 명령과 계명을 지킬 경우에 한해서만 하나님의 백성이 될 수 있는 것이다. 그러므로 하나님의 백성이 되는 조건은 무조건적인가? 부름받았다 하더라도 끝까지 명령을 지키고, 하나님을 사랑할 때만 가능하다. 역사적으로 이스라엘 백성들이 하나님께 순종할 때는 하나님의 백성이었지만, 우상숭배 하였을 때는 하나님의 심판을 받고 구원에 이르지 못하였다. 아브라함을 통해 영원히 하나님의 백성으로 선택받았던 이스라엘이지만 지금도 하나님의 선민으로 생각하는 자는 많지 않다. 이성주 교수는 예지를 기초로 인간이 예정되기 때문에 하나님의 선택은 조건적이라고 말한다.

> 예지를 기초로 하여 예정을 해설하는 것은 구원의 문제를 무조건으로 예정하는 것이 아니라 반드시 조건적임을 강조한다. 구원이 조건적이라는 것은 성경이 증명하고 있다. "만일 그들이 나 보기에 악한 것을 행하여 내 목소리를 청종치 아니하면 내가 그에게 <u>유익케 하리라 한 선에 대하여 뜻을 돌이키리라</u>"(렘 18:10). 이것은 하나님이 유익한 선, 즉 축복을 주시기로 미리 정했지만 악을 행했을 때에 그 뜻을 징계로 바꾸시겠다는 뜻이다. 바로 이것이 예지를 기초로 해서 예정의 결과가 나타나는 것을 성경이 입증하고 있다.[97]

기생 라합은 하나님의 부르심을 받지 않았지만 자진하여 하나님을 믿음으로 하나님의 백성으로 선택받았다. 기생 라합이 하나님의 백성이 된 것은 무조건적인가, 조건적인가? 하나님을 믿었고, 정탐군들을 숨긴 행위는 마땅히 조건적이다. 그의 믿음의 행위가 없었다면 절대 구원 받을 수 없다. 하나님이 기생 라합을 먼저 무조건적으로 선택한 것이 아니라, 기생 라합이 먼저 하나님을 선택했기 때문이다. 하나님은 복음을 듣고 순종하여 나오는 자들을 결코 막지 않는다. 이방인의 신분이지만 믿는 자들은 누구든지 하나님의 신분으로 변화시켜 주신다. 조건적 선택이다.

> 우리 조상 아브라함이 그 아들 이삭을 제단에 드릴 때에 행함으로 의롭다 하심을 받은 것이 아니냐 네가 보거니와 믿음이 그의 행함과 함께 일하고 행함으로 믿음이 온전케 되었느니라 이에 경에 이른바 아브라함이 하나님을 믿으니 이것을 의로 여기셨다는 말씀이 응하였고 그는 하나님의 벗이

---

97 이성주, 「웨슬리 신학」, 성지원, 175, 176.

> 라 칭함을 받았나니 이로 보건대 사람이 행함으로 의롭다 하심을 받고 믿음으로만 아니니라 또 이와 같이 기생 라합이 사자를 접대하여 다른 길로 나가게 할 때에 행함으로 의롭다 하심을 받은 것이 아니냐 영혼 없는 몸이 죽은 것같이 행함이 없는 믿음은 죽은 것이니라(약 2:21-26)

여기서 우리가 발견할 수 있는 것은 택정함을 입은 아브라함과 택정함을 입지 못한 기생 라합을 성경은 동일 선상에 올려놓고 있다는 것이다. 하나님의 특별한 부름을 받은 아브라함도 독자 이삭을 바치는 행위를 통하여 의롭다 함을 받았다. 멸망 받아야 할 가나안 족속인 기생 라합도 그의 의로운 행위를 통해 의롭다 함을 받았다. 한 사람은 하나님이 먼저 선택한 사람이고, 한 사람은 선택받지 못한 사람이다. 선택을 받았든 못 받았든 하나님의 최종적 선택은 언제 이루어지는가? 믿음으로 행할 그때 최종적으로 선택됨을 알 수 있다. 하나님의 선택은 예정된 자든 예정되지 않는 자든, 믿음과 순종을 보고 난 후에 최종적으로 결정한다. 따라서 무조건적 선택이 아니라 조건적 선택이라고 해야 성경적이다.

3) 로마서 9장

로마서 9장은 야곱과 에서에 대한 선택이 나온다. 이들의 선택이 조건적이냐, 무조건적이냐를 놓고 해석이 분분하다. 지금까지 야곱과 에서의 운명은 하나님의 무조건적 선택에 의해 결정되었다고 생각해 온 것이 사실이다. 아직 태어나지도 않은 상태에서, 선이나 악을 행하기 전에 하나님의 선택에 의해서 야곱과 에서의 구원과 운명은 결정되었다고 보는 것이다. 인간의 운명은 하나님의 선택에 전적으로 달려 있는 것처럼 이해될 수 있다.

그러나 바울이 로마서를 쓴 이유를 보면 전혀 그렇지 않다. 바울은 유대 선민사상을 지지하거나, 예정론을 주창하지 않는다. 오히려 그런 것들을 타파하고 예수 그리스도 안에서 누구든지 구원을 받을 수 있는 길이 열려 있음을 알리기 위해서 로마서를 쓰고 있다. 선민사상이나 운명적 예정론이 오히려 예수 그리스도의 복음을 가로막는 요인이기 때문에 그런 것들을 타파해야 한다는 입장이다. 유대인이든 이방인이든 누구든지 믿기만 하면 하나님 백성이 될 수 있는 길이 열려 있음을 알리기 위해서 로마서를 썼다. 구원은 이제 선택받은 이스라엘 민족의 전유물이 아니다. 이방인들에게도 복음의 능력은 동일하게 적용된다. 누구든지 믿는 자는 칭의를 얻는다는 것이 로마서의 핵심이다. 이런 것을 전제로 가인과 아벨의 문제를 다룬다면 명확하게 그 해답이 나올 것이다.

로마서는 예정론이나 선민사상을 반대하는 책이다. 믿음으로 구원받고 하나님의 백성이 된다는 것을 알리는 책이다. 따라서 야곱과 에서의 구원 역시 운명론적으로 선택에 의해 결정되었다고 해서는 안 된다. 그들의 구원은 그들 스스로의 선택의 결과에 의한 것이다. 그래야 로마서 전체의 맥락과 일치할 수 있다. 로마서의 핵심은 유대인이나 헬라인이나 차별이 없으며, 누구든지 예수 그리스도를 믿으면 영적 이스라엘 백성이 될 수 있다고 강조하는데 있기 때문에 야곱과 에서 또한 믿음의 선택의 문제로 이해해야 한다.

그런데 로마서 9장에서 야곱과 에서에 대한 설명을 보면, 결정론적 구원론을 지지하는 것처럼 보일 수 있다. 과연 야곱과 에서의 이야기는 예정론이나 선민사상을 지지하기 위함인가, 아니면 그 반대인가? 예지예정론자들은 이 부분에 대해 하나님이 야곱과 에서의 행위를 미리 예지하시고 그 예지를 바탕으로 에서는 버리고 야곱은 선택하였다고 설명할 것이다. 그에 반해, 이중예정론자들은 하나님이 야곱은 무조건 사랑하고 에서는 무조건 미워하였기 때문에 그들의 운명이 결정되었다고 말한다. 아직 태어나기도 전에 큰자가 어린 자를 섬길 것을 하나님께서 말씀하신 것은 하나님이 그들의 운명을 그렇게 결정했다고 생각하기에 충분하다.

태어나기도 전에 큰자가 어린 자를 섬길 것을 말씀하신 것에 대해서 어떻게 이해할 것인가? 하나님이 그렇게 정하였기에 그런 말씀을 하시는 것인가, 그들의 미래의 인생이 그렇게 될 것을 미리 아셨기에 그 사실을 알려준 것에 불과한 것인가? 에서의 의지와 상관없이 하나님의 주권과 계획에 의해서 선택하고 결정되었다면, 에서의 잘못에 대해 비난하거나 책임을 물을 수 없을 것이다. 에서의 의도가 아닌 하나님의 의도에서 그렇게 하였기 때문이다.

하나님은 인간에게 자유의지를 주었으며, 그 자유의지를 간섭하지 않는다. 인간의 자유의지는 인간 스스로 결정하도록 한다. 물론 인간이 하나님을 선택할 수 있도록 성령의 도우심이 있지만 인간의 운명과 결정을 하나님이 대신 하거나 주도적으로 하지 않는다는 사실이다. 인간의 운명은 인간 자신이 결정하는 것이지, 하나님이 미리 운명적으로 결정을 지워놓지는 않았다는 것이 성경의 진리이다.

로마서 전체 흐름은 하나님의 예정이나 선택, 혈통이나 선민 등의 요인에 의해서 구원이 결정되는 것이 아니라, 각자의 믿음에 의해서 의롭게 된다. 그렇다면 바울은 야곱과 에서의 이야기를 통해서 무엇을 설명하고자 하는가? 야곱은 비록 차자로 태어났다 하더라도 믿음을 통해서 얼마든지 자신의 운명을 바꿀 수 있으며, 영적 장자가 될 수 있음을 가르쳐 주기 위해서이다. 비록 에서는 육적으로는 장자였지만, 팥죽 한 그릇에서 장자권을 팔고 믿음을 버림으로 장자권을 빼앗길 수 있다는 경고를 로마서가 하려는 것이다. 에서가 버림받은 것은 하나님의 유기 때문이 아니라 에서 자신의 불순종과 장자권에 대한 무시의 결과라는 것이다. 장자권을 팥죽 한 그릇에 판 에서의 행위에 대해 히브리서는 어떻게 평가하는가?

모든 사람으로 더불어 화평함과 거룩함을 좇으라 이것이 없이는 아무도 주를 보지 못하리라 너희는 돌아보아 하나님

> 은혜에 이르지 못하는 자가 있는가 두려워하고 또 쓴 뿌리가 나서 괴롭게 하고 많은 사람이 이로 말미암아 더러움을 입을까 두려워하고 음행하는 자와 혹 한 그릇 식물을 위하여 장자의 명분을 판 에서와 같이 망령된 자가 있을까 두려워하라 너희의 아는 바와 같이 저가 그 후에 축복을 기업으로 받으려고 눈물을 흘리며 구하되 버린 바가 되어 회개할 기회를 얻지 못하였느니라(히 12:14-17)

에서가 하나님으로부터 미움을 당하고 버림을 당한 것은 그가 망령된 행위 때문임을 분명히 밝히고 있다. 영적인 구원보다 육적인 물질에 더 치중해 있었기에 장자권을 판 것이다. 만약 하나님이 에서를 유기했기 때문에 그런 운명이 되었다면, 히브리서에서 이렇게 평가하지 않았을 것이다. 로마서에서 에서의 이야기를 다루는 것은 하나님으로부터 받은 성도의 직분, 영적 장자권을 에서처럼 팔아버려서는 안 된다는 것을 교훈하기 위함이다. 만약 하나님의 예정에 의해서 에서가 운명적으로 버림을 받게 되었다면 신약 성도들에게 에서의 사건을 예로 들 필요가 없을 것이다. 에서를 예로 든 것은 신약의 성도들이 에서처럼 구원을 등한히 여기지 않도록 하기 위함이다. 에서가 팥죽 한 그릇에 장자의 명분을 판 것은 하나님의 예정에 의한 것이 아니라 자신의 잘못된 판단에 의한 것이다. 그렇기 때문에 성경은 "망령된 자"라고 부르며, 에서와 같이 되지 말라고 성도들에게 경고하고 있는 것이다.

또 여기서 생각해야 할 중요한 사실은 야곱처럼 차자로 태어났어도 얼마든지 영적 장자권을 가질 수 있다는 것이다. 운명적으로는 차자로 태어났지만 믿음으로 얼마든지 영적 장자가 될 수 있다는 것이다. 천국은 침노하는 자의 것인 것처럼 아무리 이방인으로 태어났더라도 예수 그리스도 안에서는 유대인처럼 이방인들도 하나님의 선민이 될 수 있다는 것이다. 차자로 태어났다고 영원히 차자로 운명 지워진 것이 아니다. 장자로 태어났다고 영원히 그 장자권이 유지되는 것도 아니다. 믿음에 따라 장자의 명분을 빼앗길 수도 있고, 얻을 수도 있다. 하나님의 선택에 의해서 운명이 결정되는 것이 아니라, 우리의 믿음에 의해서 운명을 얼마든지 바꿀 수 있다는 것을 로마서 9장이 강조하고 있는 것이다. 이스라엘이 선민이지만 믿음을 버릴 때 에서처럼 버림을 받고 영적 장자권을 빼앗겼다. 이방인이라 하더라도 제대로 믿었을 때 하나님의 선민이 되고 영적 장자권을 얻었다. 이것이 바로 에서와 야곱에 관한 기사의 핵심이다.

로마서 9장에서 바울이 강조하려고 하는 것이 무엇인가? 하나님에 의해서 인생의 운명이 결정된다는 것을 강조하려고 하는 것이 아니라 선민사상이나 예정론, 결정론을 오히려 무너뜨리기 위한 것이다. 믿음 안에서는 인간의 그 어떤 운명도 바꿀 수 있는 가능성이 있는 것이다. 로마서 9장은 오히려 예정론이 맞지 않다는 것을 강조하기 위해서 썼다. 야곱과 같이 비록 차자로 태어나도 장자권을 얻기 위해 힘쓰고 애쓰면 믿음으로 그 장자권을 가질 수 있다.

그래서 율법적으로 힘쓴다고 되는 것도 아니고, 자기 의지나 선행으로 달음질한다고 되는 것도 아니고, 믿음을 통해 하나님께 인정을 받아야 되는 것이다. 법적으로는 에서의 장자권이 차자인 야곱에게 갈 수 없다. 그러나 야곱이 그렇게 믿음으로 장자권을 가지려고 애쓰고, 에서는 장자권을 무시하고 팔아버리는 것을 보시고, 하나님은 에서의 장자권을 빼앗아 야곱에게 주신 것이다. 이 권한과 결정권은 하나님에게 있는 것이다. 그래서 하나님 보시기에 야곱은 사랑받을 일을 한 것이고, 에서는 미움 받을 짓을 한 것이기에 그들의 운명이 그렇게 결정된 것이다.

아직 태어나기도 전에 야곱은 무조건 사랑하고 에서는 무조건 미워하였다면 그것이야말로 하나님의 공의를 훼손시키는 것이다. 하나님은 불의한 분이 아니라 공의로운 분이다. 선을 행하는데 미워하거나 악을 행하는데 사랑하거나 하실 분이 아니다. 그들의 행위에 따라 사랑하시기도 하시고 미워하시기도 하시는 것이다. 하나님은 공의로운 분이기 때문에 우리가 애쓰고 힘쓸 때 복을 주시고, 하나님을 배반할 때 저주하시는 것이 당연하다. 인생의 운명도 하나님의 손에 미리 결정되어진 것이 아니고, 우리의 믿음과 노력에 따라 얼마든지 바꾸어 나갈 수 있다는 가능성을 로마서 9장이 말씀해 주고 있음을 알아야 한다.

이것은 곧 유대인과 이방인의 관계를 설명하는데도 적용된다. 유대인들은 운명적으로 하나님의 선민으로 태어났다. 마치 에서가 장자로 태어난 것처럼 유대인들은 마치 특권을 가진 것처럼 생각한다. 반면, 이방인들은 하나님의 구원 계획에서 제외되어 있는 자들이다. 설령 그렇다 하더라도 이방인들이 믿음으로 하나님을 선택하고, 야곱처럼 영적 장자권을 받으려고 애쓴다면 하나님의 선민이 될 수 있다. 바울이 강조하고자 하는 부분이 바로 이것이다. 이방인들도 얼마든지 믿음으로 하나님의 선민이 될 수 있다는 것을 강조하는 것이다.

사도 바울의 말을 예정론자들은 잘못 해석하고 있다. 하나님이 긍휼히 여기면 그 사람은 긍휼함을 받는 것이고, 하나님이 강퍅케 하면 강퍅해진다고 생각하였다. 그래서 하나님은 인간을 무조건적으로 선택하며, 선택받은 자는 무조건 구원을 받고, 선택받지 못한 자는 구원을 받지 못하는 것으로 해석하였다. 인간에게 자신의 미래나 운명을 위해 선택할 어떤 권한도 없다고 생각한다.

바울의 주장은 그것이 아니다. 아무리 유대인으로 태어났어도 그것이 구원을 보장하는 것이 아니다. 아무리 이방인으로 태어났더라도 그것으로 구원에서 제외되는 것이 아니다. 누구든지 하나님 앞에 합당히 행하고, 하나님 마음을 기쁘게 해 드리는 자는 하나님의 긍휼을 받고 구원에 이를 수 있다. 반대로 하나님의 백성으로 선택되었다 하더라도 나답과 아비후처럼 불순종할 때는 죽임을 당한다.

여리고성을 공격할 때 기생 라합은 저주받은 백성 가운데 한 사람이었다. 그렇지만 그가 하나님을 믿고 하나님께로 돌이켰을 때, 하나님은 그와 그 가족을 구원하셨다. 반면, 선민이었던 아간은 하나님의 것을 도적질함으로 죽임을 당했다. 즉, 유대인이라 해서 무조건 구원이고, 이방인이라 해서 무조건 구원에서 제외되는 것이 아니라는 것이다. 이방인이든 유대인이든 하나님의 긍휼함을 입는 자는 구원을 받는 것이고, 불쌍히 여김받게 되면 저주받은 가나안인들 가운데도 구원을 받는다는 뜻이다.

> 누구든지 예수를 하나님의 아들이라 시인하면 하나님이 저 안에 거하시고 저도 하나님 안에 거하느니라(요일 4:15)

따라서 하나님의 선택은 분명 조건적임을 알 수 있다. 순종 여부에 따라 선택하시기도 하시고 유기하시기도 하신다. 하나님이 먼저 선택하였기 때문에 구원을 받게 되어 있는 것이 아니라, 하나님이 제시한 구원을 인간이 선택할 때, 하나님도 그 사람을 하나님의 백성으로 인치는 것이다. 하나님의 선택은 조건적이다.

4) 부르심에 응할 때 선택함

예정론에서는 하나님이 무조건적 선택을 한 것에 대해서는 한 치의 오차도 없이 그대로 진행된다고 믿는다. 전능하신 하나님이 하시는 일에 잘못은 있을 수 없고, 그 결정에 대해 변경도 있을 수 없다고 생각한다. 하나님이 선택하는 자는 누구든지 하나님의 뜻에 순응하게 되어 있으며, 하나님이 선택하지 않은 자는 어떤 경우를 막론하고 하나님께로 올 수 없다고 생각한다. 그러나 성경은 그런 주장을 지지하지 않는다. 인간은 얼마든지 하나님의 부르심에 불응할 수 있다. 오히려 하나님은 말씀에 순종하고 초청에 응하는 자들 선택한다.

> 이르시되 어떤 사람이 큰 잔치를 배설하고 많은 사람을 청하였더니 잔치할 시간에 그 청하였던 자들에게 종을 보내어 가로되 오소서 모든 것이 준비되었나이다 하매 다 일치하게 사양하여 하나는 가로되 나는 밭을 샀으매 불가불 나가 보아야 하겠으니 청컨대 나를 용서하도록 하라 하고 또 하나는 가로되 나는 소 다섯 겨리를 샀으매 시험하러 가니 청컨대 나를 용서하도록 하라 하고 또 하나는 가로되 나는 장가들었으니 그러므로 가지 못하겠노라 하는지라 종이 돌아와 주인에게 그대로 고하니 이에 집주인이 노하여 그 종에게 이르되 빨리 시내의 거리와 골목으로 나가서 가난한 자들과 병신들과 소경들과 저는 자들을 데려오라 하니라 종이 가로되 주인이여 명하신대로 하였으되 오히려 자리가 있나이다 주인이 종에게 이르되 길과 산울가로 나가서 사람을 강권하여 데려다가 내 집을 채우라 내가 너희에게 말하노니 전에 청하였던 그 사람은 하나도 내 잔치를 맛보지 못하리라 하였다 하시니라(눅 14:16-24)

이 비유에서 우리는 무조건적 선택이 아니라 부르심에 응하는 자만이 선택함을 받는다는 것을 알 수 있다. 물론 처음에 초청한 자들도 조건적이다. 재물을 가진 자, 사회적으로 월등한 자들을 주로 초청하였다. 그러나 그들이 그 초청에 응하지 않자 그 대상을 바꾸어 누구든지 초청하였다. 그래서 누구든지 초청에 응한 자들은 모두 선택함을 받았다. 구원이 유대인에게서 이방인에게로 확대되어 나감을 알 수 있다.

처음에 초청받은 자들은 이스라엘을 상징한다고 볼 수 있다. 이스라엘을 구원하기 위하여 초청하였다. 하지만 그들은 하나님의 초청을 거부하였다. 이스라엘의 반역과 불순종으로 하나님으로부터 버림을 받았다. 아무리 하나님이 선택을 하고 불렀지만 끝까지 거부할 때 버림을 받는 것이다. 대신 이방인들을 초청하였는데 그들 가운데 많은 자들이 응하였다. 그들은 계획된 바가 없었지만 초청에 응하였기 때문에 하나님의 자녀가 된다. 그렇다면 하나님의 선택이 무조건적이라고 할 수 있는가? 조건적임을 알 수 있다.

창세 전에 미리 택정하였기 때문에 하나님 앞에 나아오는 것이 아니라, 하나님 앞에 나아오기 때문에 선택한다는 말이 더 정확하다. 설령 창세 전에 선택을 받았다 하더라도 그 초청을 거부하면 버림을 받을 수밖에 없다. 그러므로 창세 전 예정이니, 타락 후 예정이니 하는 이론들은 우리가 구원받는데 큰 의미가 없다고 보아야 한다. 결국 최종 선택을 받는 것이 중요한데, 최종 선택은 하나님의 초청에 응할 때 가능하다. 예정이 되었던 안 되었든 상관이 없다. 큰형은 아버지의 말에 순종하겠다고 하고선 가지 않았고, 작은아들은 가지 않겠다고 하다가 나중에 회개하고 갔다. 결국 하나님이 보는 것은 최종 결과이다. 최종적으로 부르심에 응하면 하나님께 선택을 받게 된다.

청함을 받은 자는 많되 택함을 입은 자는 적으니라(마 22:14)

그러나 너희 생각에는 어떠하뇨 한 사람이 두 아들이 있는데 맏아들에게 가서 이르되 얘 오늘 포도원에 가서 일하라 하니 대답하여 가로되 아버지여 가겠소이다 하더니 가지 아니하고 둘째 아들에게 가서 또 이같이 말하니 대답하여 가로되 싫소이다 하더니 그 후에 뉘우치고 갔으니 그 둘 중에 누가 아비의 뜻대로 하였느뇨 가로되 둘째 아들이니이다 예수께서 저희에게 이르시되 내가 진실로 너희에게 이르노니 세리들과 창기들이 너희보다 먼저 하나님의 나라에 들어가

리라(마 21:28-31)

칼빈은 이 말씀에 대해 일반적 소명과 특별한 소명으로 나누어 설명함으로써 더욱 심각한 모순에 빠진다.

> 일반적 소명이 있다. 이것은 하나님이 말씀을 외적으로 설교함으로써 모든 사람을 초청하시며 차별이 없이 때로는 그들에게 죽음의 구주고 되거나 더 무서운 저주의 기회가 될지라도 그들을 부르신다. 그와 동시에 특별한 소명이 있다. 이 경우에 하나님은 대체로 신자들에게만 관심을 가지신다. 이때는 성령의 내적 비침으로써 설교를 통해서 말씀이 신자들의 마음속에 침투하도록 하신다. 또한 하나님은 말씀을 잠시 동안 마음 문을 열게 하신 사람들에게 허락하신다.[98]

하나님 앞에 청함을 받고 나오는 자도 있고, 청함을 받지 않았지만 자원해서 나오는 자도 있다. 부자 청년의 경우 재산을 팔아 가난한 자들에게 주고 따르라는 초청을 받았지만 거부하였다. 예수님은 그 부자 청년을 사랑하셨고, 구원받기를 원하셨다. 하지만 그 청년은 돈을 버리지 못해 주님을 떠났다(마 19:16-23). 하나님이 부자 청년을 창세 전에 유기했기 때문에 그가 예수님을 버린 것인가? 이웃보다 재물을 더 사랑하고 욕심이 가득하여 순종하지 않았기 때문에 구원에 이르지 못한 것인가? 당연히 후자다. 예수님은 이 청년을 사랑하지 않은 것이 아니다. 예수님이 이 청년을 버린 것이 아니라, 이 청년이 예수님을 버린 것이다.

가룟 유다는 사도로 부름을 받았다. 주님은 사도의 직분을 잘 감당해 주기를 바랐지만 가룟 유다는 돈을 사랑하였다. 이런 가룟 유다 속에 사단이 들어가 예수를 팔게 하였다. 청함을 받았지만 스

---

[98] 존 칼빈, 이종성 역, 「기독교강요선」, 대한기독교서회, 175.

스로 하나님을 버렸기 때문에 택함을 입지 못한 것이다(마 26:14-16). 가롯 유다가 버림받은 것에 대해서 예정론자들은 하나님께 택함을 받지 못했기 때문이라고 한다. 그러나 예수님은 가롯 유다도 사랑하였다. 가롯 유다가 구원에 이르지 못한 책임은 하나님께 있는 것이 아니라 유다 자신에게 있는 것이다.

그 반면, 수로보니게 여인(막 7:26)이나 소경 바디매오(막 10:46) 같은 자들을 보면 어떤가? 열두 해 혈루증으로 고통하던 여인(눅 8:43)이나, 간질하는 아이를 예수님께 데리고 온 아버지(마 17:15)의 경우를 보자! 그들은 하나님으로부터 초청받은 것이 아니라, 스스로 예수님을 찾아 나온 경우이다. 그들은 예수님을 찾아 나옴으로 다 구원을 받았다. 초청을 받았어도 거부하면 버림받지만, 초청받지 않았어도 주님의 은혜를 입고자 자원해서 나오면 모두 구원을 받았다. 최종적으로 누가 천국 백성이 되는가? 택함을 받은 자인가? 주님의 말씀에 기꺼이 순종하는 자인가?

웨슬리는 "무조건적 선택이란 있을 수 없다. 왜냐하면 무조건적 선택은 성경에서 그 근거를 찾을 수 없기 때문"[99]이라고 하였다. 웨슬리의 말처럼 무조건적 선택 교리는 성경에서 그 근거를 찾아보기 힘들다. 로마서 9장을 예로 들지만 그것은 바울의 의도를 잘못 이해한 것이다. 물론 하나님이 먼저 선택하는 경우도 있지만 선택하였다고 반드시 구원받는 것은 아니다. 선택받지 않은 자들 가운데서도 얼마든지 자원함으로 구원 받기 때문에 무조건적 선택교리는 성경적으로 맞다고 보기 힘들다. 무조건적 선택이 아니라 조건적 선택이 성경적이다.

5) 무조건적 선택 교리가 구원론에 미치는 영향

칼 바르트는 전통적인 예정론을 비판하고 거기에 수정을 가하였다. 기독론적인 토대 위에서 신학을 세웠으며, 숙명론적 예정론

---

[99] 이성주, 「웨슬리 신학」, 성지원, 180.

자리에 예수 그리스도를 대치하였다. 선택론에 대한 바르트의 입장을 밀라드는 다음과 같이 서술한다.

> 바르트의 선택론은 하나님께서 영원 전에 구원받을 자와 버림받을 자를 최종적이고 절대적인 방식으로 결정하셨다는 <u>전통적인 칼빈주의의 입장에 대한 비판과 더불어 시작된다</u>.... 칼빈의 사상 속에서 발견된 정적이고 고정적이며, 절대적인 섭리의 자리에, 바르트는 그리스도의 인격을 대치해 놓았다. 이것이 바로 그가 전통적인 예정관 속에 가하고 있는 본질적인 변경이다..... 바르트가 본 대로, 전통적인 견해는 하나님의 의지를 영원 전에 이루어진 불변적인 작정으로 간주하였다. 그는 이 의지를 시간 속에서 행하도록 되어 있었다. 바르트는 좀 더 역동적인 견해를 제안한다. 하나님은 왕과 같이 자유롭게 그의 작정을 정정하시거나, 정지시키며, 혹은 대치하신다. 바르트는 하나님의 "거룩한 변덕"에 대하여 말한다.[100]

바르트는 전통적인 칼빈주의 예정론에서 역동적인 견해를 제시한다. 전통적인 칼빈주의 예정론은 결정론적이고 운명론적이지만, 칼 바르트는 얼마든지 하나님의 예정은 바뀔 수 있다는 입장을 취하였다. 칼빈주의 예정론은 한 번 정해진 예정은 영원불변한 것으로 규정해 버림으로 하나님 자신도 그 예정의 틀 안에 갇혀 버릴 수 있다. 이런 것을 간파한 바르트는 하나님은 자신이 정한 예정이나 선택, 작정이라도 얼마든지 변경시키거나 취소하거나 대치할 수 있다고 보았다.

하나님은 이스라엘을 선택하셨지만 그것은 어디까지나 '유보된 선택', '상대적 선택', '변경 가능한 선택'이었음을 성경이 증거해 주

---

100 밀라드 J. 에릭슨, 신경수 역, 「복음주의 조직신학(하)」 크리스챤 다이제스트, 101, 102.

고 있다. 하나님의 선택은 절대적 선택이 아니었다. 만약 그 선택이 절대적이고 영원불변한 것이었다면, 이스라엘 백성들은 절대 망해서는 안 된다. 원 감람나무를 찍어 버리는 일이 있어서는 안 되며, 40일 후에 니느웨성을 멸망시키겠다는 하나님의 계획이 반드시 실행되어야 했었다. 그러나 변수가 작용할 때, 복이 저주가 되고, 저주가 복이 되는 일이 일어났다.

> 만일 의인이 그 의를 떠나 죄악을 행하고 인하여 죽으면 그 행한 죄악으로 인하여 죽는 것이요 만일 악인이 그 행한 악을 떠나 법과 의를 행하면 그 영혼을 보전하리라 그가 스스로 헤아리고 그 행한 모든 죄악에서 돌이켜 떠났으니 정녕 살고 죽지 아니하리라 (겔 18:26-28)

웨슬리는 무조건적 선택 교리를 강하게 반대하면서, 그 근거를 다음과 같이 제시한다.

① 무조건 선택은 유기를 의미하며, 이러한 교리는 성경에서 그 근거를 찾을 수 없다.
② 나는 성경이 하나님으로부터 왔다는 사실을 믿는 한, 유기의 교리에 절대로 동의할 수 없다. 왜냐하면 유기의 원리는 신구약 성경 전체의 내용이나 흐름에 완전히 역행하기 때문이다.
③ 유기의 교리에 반대되는 성경절은 (마 22:9, 막 16:15, 눅 19:41, 요 5:34, 14:14, 행 16:31, 롬 5;18, 10:13, 딤전 2:3-4, 4:10, 약 1:5, 벧후 3:9) 등이다.
④ 유기의 교리는 하나님의 공의에 역행되며, 이 교리는 에스겔 18장 31, 32절에 역행되기 때문에 하나님의 말씀과 조화시킬 수 없다.

⑤ 유기의 교리를 주장하는 사람들은 로마서 9장 21절을 인용하여 주장한다. 이 토기장이의 비유는 하나님이 이스라엘 백성에게 주지 않는 자비를 이방인에게 주시었다. 그래서 이러한 유대인들의 불평에 대한 사도 바울의 답변이다.[101]

무조건적 선택 교리는 택자와 불택자를 운명적으로 나누어 버림으로 불택자로 하여금 자포자기하게 만들 수 있는 위험한 교리라고 볼 수 있다. 또한 택자로 하여금 구원을 잃어버릴 수 있는 위험요소를 보지 못하게 함으로 마귀에게 끌려가거나 죄악에 방종할 수 있는 교리가 아닐 수 없다. 이 교리는 인간의 그 어떤 선행이나 행실로도 구원을 받을 수 없고, 오직 하나님의 선택과 예정만이 구원의 근거가 된다고 가르침으로 기독교인들을 더 이기적이고 선을 행하는데 소극적인 자로 만드는 경향이 있다. 선을 행함으로 구원받는 것은 아니지만 구원받은 자가 선을 행함으로 구원을 이루어 나가야 함에도 무조건적 선택은 그런 부분에 대해 소홀하기 때문에 심각한 문제를 내포하고 있는 교리임에 틀림이 없다.

무조건적 선택 교리는 선택을 받았다고 하는 자도 구원에 이르지 못하게 하고, 선택을 받지 못했다고 생각하는 자도 구원에 이르지 못하게 할 수 있다. 이 교리는 무엇보다 하나님을 공의롭지 못한 분으로 만들고 있다. 행위의 결과에 따라 심판하시는 하나님이신데 인간의 행위는 구원과 상관없이 하나님의 선택에 따라 운명이 결정된다고 함으로써 이 교리를 믿는 자들은 운명론에 빠질 위험이 크다고 할 수 있다.

---

101 이성주, 「웨슬리 신학」, 성지원, 181.

6. 제한적 구속과 보편적 구속 논쟁

1) 제한적 구속 교리의 근거

예수 그리스도의 십자가의 대속은 선택받은 자들만을 위한 것인가, 모든 자들을 위한 것인가? 제한적 구속을 주장하는 자들은 십자가의 은총이 모든 사람들을 위한 것이 아니고 하나님에 의해 선택된 자들만을 위한 것이라고 한다. 벌콥은 그리스도께서 실제로 그리고 확실히 선택받은 사람들만을 구원하기 위하여 죽으셨다는 것이 개혁파의 주장이라고 한다. 십자가의 대속의 은총은 인류의 죄를 다 속하고도 남음이 있지만 선택받은 자들만을 위한 은총이다. 따라서 예수 그리스도의 십자가의 죽으심은 인류 전체를 위함이 아니라 선택된 자들만을 위한 것이라는 것이 제한적 구속을 주장하는 자들의 가르침이라고 한다. 예수님이 이 땅에 죄인들을 구하기 위하여 오심도 선택된 자기 백성들만을 위한 것이지 인류 전체를 위한 것이 아니라는 것이다. "모든 면에서 오직 제한된 수효만이 구원받는다는 것이 인정된다. 따라서 그들이 하나님께서 구원하기로 결정하신 유일한 자들이라는 결론이 도출된다."[102]

> 아버지께서 내게 주시는 자는 다 내게로 올 것이요 내게 오는 자는 내가 결코 내어 쫓지 아니하리라(요 6:37)

제한적 구속 교리를 주장하는 자들은 여기서 "아버지께서 내게 주시는 자"를 선택된 자로 본다. 하나님은 모든 자를 구원하려는 것이 아니라, 그 기쁘신 뜻대로 예정된 자들만 구원하기를 기뻐하신다. 그래서 이 세상에는 택자와 불택자가 있다. 하나님의 관심은 오직 택자들에게만 있으며, 그들의 구원을 위해서 독생자도 아끼지 않았다고 본다. 하나님은 이 세상 모든 영혼을 사랑하시는 것이

---

102 루이스 벌코프, 권수경, 이상원 옮김, 『조직신학(하)』, 크리스찬 다이제스트, 637.

아니라, 오직 택함 받은 자기 백성들만을 사랑하신다. 하나님께서 구별해 놓은 자가 있다. 바알에게 무릎 꿇지 않은 칠천이 있다(왕상 19:18). 하나님이 남겨놓은 자들이 있다. 하나님은 오직 그들만을 구속하여 구원시키는 일을 하신다. 예수 그리스도의 대속은 만민을 위한 것이 아니라 선택한 자기 백성만을 위한 것이라고 주장한다.

> 인자의 온 것은 잃어버린 자를 찾아 구원하려 함이니라 (눅 19:10)

> 아들을 낳으리니 이름을 예수라 하라 이는 그가 자기 백성을 저희 죄에서 구원할 자이심이라 하니라(마 1:21)

> 저에게 하신 대답이 무엇이뇨 내가 나를 위하여 바알에게 무릎을 꿇지 아니한 사람 칠천을 남겨 두었다 하셨으니 그런즉 이와 같이 이제도 은혜로 택하심을 따라 남은 자가 있느니라(롬 11:4, 5)

> 자기 아들을 아끼지 아니하시고 우리 모든 사람을 위하여 내어주신 이가 어찌 그 아들과 함께 모든 것을 우리에게 은사로 주지 아니하시겠느뇨 누가 능히 하나님의 택하신 자들을 송사하리요 의롭다 하신 이는 하나님이시니 누가 정죄하리요 죽으실 뿐 아니라 다시 살아나신 이는 그리스도 예수시니 그는 하나님 우편에 계신 자요 우리를 위하여 간구하시는 자시니라(롬 8:32-35)

> 남편들아 아내 사랑하기를 그리스도께서 교회를 사랑하시고 위하여 자신을 주심같이 하라 이는 곧 물로 씻어 말씀으로 깨끗하게 하사 거룩하게 하시고 자기 앞에 영광스러운

교회로 세우사 티나 주름잡힌 것이나 이런 것들이 없이 거룩하고 흠이 없게 하려 하심이니라(엡 5:25-27)

나는 선한 목자라 선한 목자는 양들을 위하여 목숨을 버리거니와 삯군은 목자도 아니요 양도 제 양이 아니라 이리가 오는 것을 보면 양을 버리고 달아나나니 이리가 양을 늑탈하고 또 헤치느니라 달아나는 것은 저가 삯군인 까닭에 양을 돌아보지 아니함이나 나는 선한 목자라 <u>내가 내 양을 알고 양도 나를 아는 것</u>이 아버지께서 나를 아시고 내가 아버지를 아는 것 같으니 나는 양을 위하여 목숨을 버리노라 (요 10:11-15)

내가 저희를 위하여 비옵나니 내가 비옵는 것은 세상을 위함이 아니요 내게 주신 자들을 위함이니이다 저희는 아버지의 것이로소이다(요 17:9)

이러한 구절들이 제한속죄 교리의 근거가 되고 있다. 여기서 생각해 보아야 할 것은 하나님이 미리 예정하시고 선택한 자들만을 위해 예수 그리스도를 십자가에 죽게 하셨는가? 아니면 모든 자들을 위해 죽었기 때문에 누구든지 하나님께로 나아오는 자는 다 선택하여 하나님의 백성을 삼는 것인가? 당연히 후자가 맞는 말이다.

바알에게 무릎 꿇지 않은 칠천은 하나님이 선택했기 때문에 우상숭배 하지 않았는가? 우상숭배 하지 않았기 때문에 남겨 두었는가? 이러한 문제를 해결하기 위해서는 성경 전체에서 말씀하고 있는 구원의 원리를 찾아내서 적용하고 해석해야 할 것이다.

성경에서 제한적 구속 교리의 근거로 보이는 구절들을 볼 수 있다. 하지만 성경은 전체를 놓고 구절을 해석해야 정확한 의미가 나온다. 어떤 상황이나 조건에 따라 성경해석이 달라지기 때문에 성경 전체에서 구절들의 해석을 파악해 나가야 한다. 제한적 구속교리를 외치는 것은 이스라엘 백성들이 자기들만 구원이 있다고 하는 것과 크게 다를 바가 없을 것이다.

2) 보편적 구속 교리의 성경적 근거

보편적 구속 교리는 제한적 구속 교리와 달리 예수 그리스도의 십자가의 은혜가 모든 자들을 위한 것임을 주장한다. 구속의 범위와 대상은 전 인류이며 모든 자들이 예수 그리스도를 통하여 구원받을 수 있다. 이 세상 그 누구도 예수 그리스도의 구속의 은총에서 제외된 사람은 없다. 이것이 보편적 구속 교리의 핵심이다.

보편구원론 안에서도 다양한 이론들이 있다. 그리스도가 모든 자들을 위해 죽으셨다는 보편속죄론(universal atonement)이 있는데, 알미니안주의나 웨슬리안주의가 이 입장을 취한다. 모든 자들에게 구원의 기회를 준다고 하는 보편기회론(universal opportunity)이 있다. 복음을 접하지 않은 자들에게까지 구원의 기회가 주어진다는 입장이다. 보편화해론(universal reconciliation)은 그리스도가 죽음으로 하나님과 인간의 화해가 이루어졌다고 믿는 것이다. 보편사면론(universal pardon)이 있는데, 이 교리는 모든 사람이 저주받고 심판의 위협아래 있지만 하나님은 결국 모든 자를 용서할 것이라는 주장이다. 모든 사람들이 회개하고 믿어 구원받을 것이라는 보편회심론(universal conversion)이 있다. 인류의 미래를 긍정적으로 이해하고 모든 인류가 예수 그리스도를 믿는 날이 올 것이라고 내다보는 것이다. 오리겐이 제안한 보편회복론(universal restoration)은 미래의 어떤 시점에서 모든 자들을 위한 완전한 구원이 이루어질 것이라고 믿는 것이다.[103] 위에 언급된 여러 설들을 무제한적 보편주의(Unrestricted Universalism)와 선택적 보편주의(Qualifled Universalism)로 나눌 수 있다. 전자는 자유주의자들의 입장으로 모든 자들이 다 구원받는다는 것이고, 후자

---

[103] 밀라드 J. 에릭슨, 신경수 역, 『복음주의 조직신학(하)』, 크리스챤 다이제스트, 206.

는 모든 자들을 위해 구원이 열렸지만 믿는 자들만 구원을 받는다는 입장이다. 선택적 보편주의가 성경적이며 무제한적 보편주의는 자유주의 신학으로 성경적이라고 보기 힘들다.

여기서 주의해야 할 것은 예수 그리스도가 모든 자들을 위해 보편적 속죄를 하였다고 해서 모든 자들이 구원받는 것은 아니라는 사실이다. 예수 그리스도의 의가 모든 자들에게 믿음과 상관없이 전가되어 구원에 이를 것이라는 자유주의적 낙관론은 잘못된 것이다. 모든 자에게 기회가 주어진다고 해도 믿어야만 구원이 이루어진다. 따라서 보편속죄론이라고 해도 모두가 구원받는 것은 아님을 알아야 한다. '선택적 보편주의'가 보다 성경적일 수 있다. 제한적 속죄론도 무제한적 보편구원론도 성경적인 진리가 아니다. 하나님께서 모든 자들을 위해 구원의 기회를 주신 것이며 그 사실을 받아들이는 자들만 구원받는다는 것이 성경의 진리이다.

예수님이 이 땅에 오신 것은 "자기 백성들"만 구원하기 위함이라고 성경이 밝히고 있다. 그럼 여기서 "자기 백성"은 누구를 말하는 것인가? 무조건적 선택에 의해 예정된 자들인가, 아니면 믿고 순종함으로 하나님의 백성된 자들인가? 창세 전에 예정된 자들을 말하는가, 믿고 순종하고 끝까지 따라옴으로 구원받는 자들을 말하는가? "자기 백성"은 일차적으로 혈통적 유대인들이다. 예수님의 초기 사역은 유대인들에 국한되었고, 잃어버린 이스라엘 백성들을 전도하는데 주력한 것이 사실이다.

> 예수께서 이 열 둘을 내어 보내시며 명하여 가라사대 이방인의 길로도 가지 말고 사마리아인의 고을에도 들어가지 말고 차라리 이스라엘 집의 잃어버린 양에게로 가라(마 10:5, 6)

예수님은 "이스라엘 집의 잃어버린 양"들을 찾는 일이 급선무였다. 그들은 "나라의 본 자손들"(마 8:12)이었다. 마태복음도 선택받은 유대인들의 관점에서 쓰여졌기 때문에 이스라엘 사람들에게 초점이 맞추어져 있는 것이 사실이다.

> 예수께서 대답하여 가라사대 나는 이스라엘 집의 잃어버린 양 외에는 다른 데로 보내심을 받지 아니하였노라(마 15:24)

초기 예수님의 사역은 이방인들에게 관심이 없고, 이스라엘 백성들만 구원하기 위해서 온 것처럼 보인다. 적어도 문자적으로 이해한다면 그렇다. 성경에 나오는 사마리아, 에베소, 고린도, 로마 같은 이방인들이 있는 곳은 초기 예수님의 사역에서 완전히 배제되어 있었다고 할 수 있다. 정말 예수님이 "자기 백성"(이스라엘)들만 위해서 십자가를 지셨고, "잃어버린 양들"만을 위해서 오셨다고 한다면 예수님의 구원은 이스라엘 민족에 국한될 수밖에 없었을 것이다. 예정론자들의 주장대로라면, 혈통적 유대인이 아닌 자들은 하나님의 백성이 아니기 때문에 하나님의 구원계획에서 제외되어야 한다. 그러나 성경은 예수님의 십자가의 대속이 유대인들에게만 국한되는 것이 아니라 이방인을 포함한 모든 사람을 위한 것임을 증거한다.

> 또 너희에게 이르노니 동서로부터 많은 사람이 이르러 아브라함과 이삭과 야곱과 함께 천국에 앉으려니와 나라의 본 자손들은 바깥 어두운 데 쫓겨나 거기서 울며 이를 갈이 있으리라(마 8:11, 12)

"동서로부터 많은 사람"들은 이스라엘 백성들이 아닌 이방인들을 가리킨다. 그 반면, "나라의 본자손들"은 혈통적 이스라엘 사람들이다. 예수님이 "자기 백성"인 혈통적 이스라엘 사람들을 구원하기 위해서 오셨지만 그들을 온전히 구원하지 못하였다. 대신 "자기 백성" 아닌 "이방인들"을 구원하였다. 그 이방인들이 결국 하나님의 백성이 되었다. 그렇다면 성경이 말씀하는 "자기 백성"은 최종적으로 구원받는 사람들을 말한다. 결국 예수님의 십자가의 대속의 은총은 선민 이스라엘 백성들만을 위한 것이 아니라, 이방인들까지 포함한다는 뜻이다. 예정론자들은 그리스도의 속죄 범위가 혈통적 유대인들만 아니라 이방인들까지 포함한다는 데는 동의한다. 하지만 모든 이방인들을 말하는 것이 아니라 만세 전에 선택받은 자들만을 위한 구속이라고 한다.

이에 대해 알미니안주의는 대속 범위가 모든 사람을 포함하는 것이라고 주장한다. 밀라드는 "알미니우스의 견해에 관한 진술들은 매우 다양하지만, 논리적인 출발점으로서 하나님께서는 모든 사람들이 구원받기를 원하신다는 개념이 존재한다"[104]고 주장한다.

> 주 여호와의 말씀에 나의 삶을 두고 맹세하노니 나는 악인의 죽는 것을 기뻐하지 아니하고 악인이 그 길에서 돌이켜 떠나서 사는 것을 기뻐하노라. 이스라엘 족속아 돌이키고 돌이키라. 너희 악한 길에서 떠나라. 어찌 죽고자 하느냐 하셨다 하라(겔 33:11)

> 오직 너희를 대하여 오래 참으사 아무도 멸망치 않고 다 회개하기에 이르기를 원하시느니라(벧후 3:9)

하나님은 그 어떤 영혼도 멸망하는 것을 원치 않으신다는 것을 알 수 있다. 그렇기 때문에 모든 자들이 구원받을 수 있는 길을 열어 놓았다. 십자가의 속죄 범위는 모든 자들이다. 제한적 구속 교리는 성경의 진리에 어긋나 있다.

---

104 밀라드 J. 에릭슨, 신경수 역, 「복음주의 조직신학(하)」, 크리스챤 다이제스트, 97.

3) 대속 범위의 점진적 확장

선택된 자들만을 위한 대속이라는 주장에 대해 스코틀랜드의 매로우파(Marrow)[105]는 십자가의 대속의 범위와 의미에 대하여 확장을 시도하였다. 그들은 "모든 죄인들은 은혜 언약의 본질상이 아닌 집행상 그리스도의 유언에 따른 유산 수령인(legatee)들이지만, 유언은 오직 선택받은 자들의 경우에만 효력을 발휘한다"[106]고 주장한다. 칼빈주의 예정론에서는 벗어나지 못했지만 구속의 범위에 대한 확장을 시도했다는 점에 있어서 의의가 있다고 할 수 있다.

예수님은 초기 사역에서 아브라함의 후손들인 혈통적 이스라엘 백성들을 구원하려고 하였지만 심각한 문제에 부딪쳤다. 심지어 나라의 본자손들을 구원하려다가 죽을 위기(눅 4:29)도 맞이하였다. 초기에는 이방인들은 거의 배제된 상황이고 유대인들이 집중 대상이었다. 하지만 나라의 본 자손들이 예수님이 제시하는 구원을 받아들이지 않기 때문에 그 구원이 사마리아로 확장된다(요 4장). 구원의 계획이 점점 이방인들로 변경, 확장되어 나간 것이다. 예수님의 십자가의 은총은 처음에는 "자기 백성을 저희 죄에서 구원"(마 1:21)하기 위한 것이었지만, 점차 그 범위가 온 족속들을 포함하는 구속으로 확대된다(행 1:8).

> 그리스도의 사랑이 우리를 강권하시는도다 우리가 생각건대 한 사람이 모든 사람을 대신하여 죽었은즉 모든 사람이 죽은 것이라"(고후 5:14)

예수 그리스도의 죽으심은 분명 "모든 사람"을 위한 것이라고 성경이 밝히고 있다. 하지만 벌콥은 '모든'은 단순히 그리스도 안에 있는 모든 사람들이라고 해석하는 오류를 범한다. 인류 전체를 위

---

105 18세기 스코틀랜드에서 일어난 칼빈주의 한 분파로서 그리스도의 대속 범위를 확장시킴.
106 벌콥, 권수경 외 역, 벌콥 조직신학(하), 크리스챤 다이제스트, 641.

한 것이 아니라 택함을 받은 모든 자라는 것을 성경 어디에서도 찾아볼 수 없다. 예정론자들의 편견인 동시에 교리의 합리화를 위하여 성경을 억지로 해석하는 잘못까지 범하는 결과를 가져왔다.

> 오직 성령이 너희에게 임하시면 너희가 권능을 받고 예루살렘과 온 유대와 사마리아와 땅 끝까지 이르러 내 증인이 되리라 하시니라(행 1:8)

분명한 것은 예수님의 초기 사역에서는 나라의 본 자손들에게 국한되었지만, 부활 승천하실 때에는 전 세계 모든 족속이 구원의 대상임을 분명히 하였다. 예정론자들의 제한속죄 교리는 성경과 일치하지 않는다.

> 속죄는 보편적이다. 이것은 모든 인류가 무조건적으로 구원받을 것이라는 뜻이 아니다. 그리스도의 희생 제물이 하나님의 율법의 요구를 너무나 만족시켰기에 모든 사람의 구원이 가능하게 되었다는 뜻이다..... 알미니안주의는 도덕적 자유와 선행 은총에 대한 강조와 더불어 언제나 속죄의 보편성을 주장해왔다. 그것은 모든 사람들의 구원을 위한 조항으로 믿음을 조건으로 한다. 그에 반해서 칼빈주의는 예정론과 무조건적 선택의 교리 및 형벌만족설에 따라서 언제나 제한된 속죄의 개념을 필요적으로 수용할 수밖에 없었다.[107]

제한적 구속 교리는 하나님의 은총이 선택된 자들에게만 주어진다는 측면에서 성경 전체의 내용과 균형을 이루지 못한다. 하나님은 모든 자들이 구원받기를 원하신다. 모든 인간이 구원을 받지

---

107 오톤 와일리, 폴 컬벗슨, 전성용 역, 「웨슬리안 조직신학」, 세복, 281, 282.

못하는 것은 제한적 구속 때문이 아니라, 구원의 기회를 인간이 거부하기 때문이다. 하나님은 모든 자들에게 구원의 기회를 제공해 왔고 지금도 제공하고 있다.

> 하나님은 모든 사람이 구원을 받으며 진리를 아는데 이르기를 원하시느니라 하나님은 한 분이시요 또 하나님과 사람 사이에 중보도 한 분이시니 곧 사람이신 그리스도 예수라 그가 '모든 사람'을 위하여 자기를 속전으로 주셨으니 기약이 이르면 증거할 것이라(딤전 2:4-6)

하나님은 모든 사람이 구원받기를 원하신다. 그래서 모든 사람을 위하여 자기를 속전으로 주셨다. 십자가에서 모든 사람의 죄를 위해 대속물이 되신 것이다. 이보다 더 정확한 성경의 증거가 또 어디 있겠는가?

만약 예정론자들의 주장대로 십자가의 대속은 예정된 자들에게 제한되어 있다고 가정해 보자. 그렇다면 예정된 자들은 구원받을 것이고, 예정되지 않은 자들은 아무리 노력하고 사모하여도 구속의 은총을 받을 수가 없게 될 것이다. 이런 것이 기독교의 진리라고 한다면 누가 그런 진리를 받아들이려고 하겠는가? 공평성을 잃어버린 진리, 공의가 없는 구원을 믿으려고 할 자는 아마도 없을 것이다.

반대로 예수 그리스도의 십자가가 모든 자들을 위한 것이며, 모든 자들에게 기회가 주어져 있다고 한다면 믿지 않는 사람들도 있겠지만 믿으려고 하는 자들도 많아질 것이다. 전도와 선교에 있어서도 보편속죄론은 훨씬 더 긍정적 측면으로 작용한다. 사도바울처럼 한 영혼이라도 더 얻기 위해서 불철주야 달려갈 것이다. "나의 달려갈 길과 주 예수께 받은 사명 곧 하나님의 은혜의 복음 증거하는 일을 마치려 함에는 나의 생명을 조금도 귀한 것으로 여기지 아니하노라"(행 20:24). 왜 이렇게 바울이 복음 증거를 위해 생명을 바치는가? 제한 속죄로 인하여 예정되고 선택된 자만 구원받는다면 이렇게 노력할 필요가 있겠는가? 과연 제한적 구속 교리가 성경적 근거를 가지고 있는지 살펴보아야 한다.

> 그러나 나는 사람에게서 증거를 취하지 아니하노라 다만 <u>이 말을 하는 것은 너희로 구원을 얻게 하려 함이니라</u> 요한은 켜서 비취는 등불이라 너희가 일시 그 빛에 즐거이 있기를 원하였거니와 내게는 요한의 증거보다 더 큰 증거가 있으니 아버지께서 내게 주사 이루게 하시는 역사 곧 나의 하는 그 역사가 아버지께서 나를 보내신 것을 나를 위하여 증거하는 것이요 또한 나를 보내신 아버지께서 친히 나를 위하여 증거하셨느니라 너희는 아무 때에도 그 음성을 듣지 못하였고 그 형용을 보지 못하였으며 그 말씀이 너희 속에 거하지 아니하니 이는 그의 보내신 자를 믿지 아니함이니라 너희가 성경에서 영생을 얻는 줄 생각하고 성경을 상고하거니와 이 성경이 곧 내게 대하여 증거하는 것이로다 <u>그러나 너희가 영생을 얻기 위하여 내게 오기를 원하지 아니하는도다</u> 나는 사람에게 영광을 취하지 아니하노라 다만 하나님을 사랑하는 것이 너희 속에 없음을 알았노라 <u>나는 내 아버지의 이름으로 왔으매 너희가 영접지 아니하나</u> 만일 다른 사람이 자기 이름으로 오면 영접하리라 너희가 서로 영광을 취하고 유일하신 하나님께로부터 오는 영광은 구하지 아니하니 어찌 나를 믿을 수 있느냐 내가 너희를 아버지께 고소할까 생각지 말라 너희를 고소하는 이가 있으니 곧 너희의 바라는 자 모세니라 모세를 믿었더면 또 나를 믿었으리니 이는 그가 내게 대하여 기록하였음이라 그러나 그의 글도 믿지 아니하거든 어찌 내 말을 믿겠느냐 하시니라(요 5:34-47)

여기서 예수님은 모든 자들에게 영생의 기회를 제시한다. 하지만 사람들은 예수님의 구원을 거부한다. 제한적 구속 때문이 아니라 무제한적 구속이지만, 인간이 거부하기 때문에 구원이 이루어지지 않는 것이다. 제한 속죄 교리는 구원받지 못하는 원인을 하나님께 돌린다. 그러나 성경은 한 영혼이라도 더 구원받기를 원하는 하나님의 마음을 증거하고 있기 때문에 제한적 구속교리는 성경의 사실과 다르다. 제한적 구속이야말로 더 많은 영혼을 구원하려는 예수님의 사역을 제한시키고 있다. 예수님은 원하는데 사람들이 거부한 것이다. 구원받지 못하는 원인이 예수님께 있는 것이 아니라 거부한 사람에게 있다. 아무리 하나님이 구원을 주시고자 해도 본인들이 싫어서 받지 않기 때문에 구원이 이루어지지 않는 것이다.

모든 사람에게 구원을 주시는 하나님의 은혜가 나타나 (딛 2:11)

주의 약속은 어떤 이의 더디다고 생각하는 것같이 더딘 것이 아니라 오직 너희를 대하여 오래 참으사 아무도 멸망치 않고 다 회개하기에 이르기를 원하시느니라(벧후 3:9)

하나님이 세상을 이처럼 사랑하사 독생자를 주셨으니 이는 저를 믿는 자마다 멸망치 않고 영생을 얻게 하려 하심이니라(요 3:16)

하나님은 모든 사람들이 다 구원받기를 원하고 계시다는 것이 성경에 분명히 기록되어 있다. 아합과 같이 악한 자라도 회개하고 돌이킬 때 기뻐하신 하나님이다. 누구든지 회개하기만 하면 죄를 용서해 주시는 것은 그만큼 한 사람이라도 회개하고 돌아오기를 원하는 것이다. 회개하고 돌아올 때 하나님의 자녀가 되는 것이다.

> 아합이 이 모든 말씀을 들을 때에 그 옷을 찢고 굵은 베로 몸을 동이고 금식하고 굵은 베에 누우며 행보도 천천히 한지라 여호와의 말씀이 디셉 사람 엘리야에게 임하여 가라사대 아합이 내 앞에서 겸비함을 네가 보느냐 저가 내 앞에서 겸비함을 인하여 내가 재앙을 저의 시대에 내리지 아니하고 그 아들의 시대에야 그 집에 재앙을 내리리라 하셨더라 (왕상 21:27-29)

사람들이 구원받지 못하는 원인을 어디에 두는가? 하나님의 예정과 선택, 제한적 속죄에 둘 것인가? 아니면 인간의 불순종과 불신앙에 둘 것인가? 하나님은 분명히 모든 사람들에게 구원의 기회를 주신다. 그것은 곧 대속의 은총이 모든 사람에게 주어지고 있다는 증거이다. 다만 그 은총을 받아들이는 자가 많지 않기 때문에 구원 얻는 자들도 많지 않은 것이다. 예정이 구원 여부를 결정한다면, 왜 예수님은 죄에 대하여 그렇게 강력한 회개를 외치시겠는가?

> 만일 네 발이 너를 범죄케 하거든 찍어 버리라 절뚝발이로 영생에 들어가는 것이 두 발을 가지고 지옥에 던지우는 것보다 나으니라 (막 9:45)

또한 제한 속죄 교리가 맞다면 하나님의 심판은 무의미한 것이 될 것이다. 이미 하나님이 제한된 자들만 구원시키려고 작정하셨고 그들을 위하여 대속하셨기 때문에 그들은 분명히 구원을 받을 것이다. 또한 선택되지 못한 자들은 구속의 은총에서 제외되었기 때문에 심판할 필요가 없을 것이다. 이미 선택되지 못한 그 자체가 심판이기 때문에 다시 심판할 필요가 없는 것이다. 그런데 왜 하나님은 심판을 주재하시는가?

> 인자가 아버지의 영광으로 그 천사들과 함께 오리니 그때에 <u>각 사람의 행한 대로</u> 갚으리라(마 16:27)

> 불의를 하는 자는 그대로 불의를 하고 더러운 자는 그대로 더럽고 의로운 자는 그대로 의를 행하고 거룩한 자는 그대로 거룩되게 하라 보라 내가 속히 오리니 내가 줄 상이 내게 있어 각 사람에게 <u>그의 일한 대로</u> 갚아 주리라(계 22:11, 12)

> 하나님께서 각 사람에게 <u>그 행한 대로 보응하시되</u> 참고 선을 행하여 영광과 존귀와 썩지 아니함을 구하는 자에게는 영생으로 하시고 오직 당을 지어 진리를 좇지 아니하고 불의를 좇는 자에게는 노와 분으로 하시리라 악을 행하는 각 사람의 영에게 환난과 곤고가 있으리니 첫째는 유대인에게요 또한 헬라인에게며 선을 행하는 각 사람에게는 영광과 존귀와 평강이 있으리니 첫째는 유대인에게요 또한 헬라인에게라(롬 2:6-10)

하나님이 모든 자들에게 심판을 주재하는 것은 보편적 구속의 증거이다. 제한적 구속이라면 이미 제한적 구속 자체가 심판의 의미를 지니기 때문에 그 행위대로 갚는다는 것은 무의미한 일이 될 것이다.

4) 제한속죄 교리가 구원에 미치는 영향

제한속죄 교리는 만민에게 복음을 전파하라는 예수님의 전도명령에 장애가 될 수 있다. 인종과 국경, 문화를 초월하여 모든 자에게 구원의 문은 열려 있다. 그런데 제한속죄 교리를 적용할 경우에 선교를 통해 더 많은 영혼을 구원할 수 있는 나라나 지역임에도 핍박이나 여러 환경적 요인이 닥쳐올 때 포기할 가능성이 많이 있다. 제한속죄 교리는 일사각오의 정신으로 순교자의 길을 가도록 하는데 많은 제약이 있다.

사도 바울은 결코 제한속죄 교리를 믿지 않았다. 이방인들을 향해 복음을 선포하였고, 인종과 문화와 종교의 벽을 넘어 가능한 한 모든 자들에게 복음을 전파하였다. 로마서를 통해 유대인이나 헬라인이나 야만인이나 그 어떤 자라도 구원의 대상임을 강조한다. 보편속죄 교리를 주장하면 선교와 전도, 복음 전파를 더 확장시켜 나갈 수 있다.

> 내가 모든 사람에게 자유하였으나 스스로 모든 사람에게 종이 된 것은 더 많은 사람을 얻고자 함이라 유대인들에게는 내가 유대인과 같이 된 것은 유대인들을 얻고자 함이요 율법 아래 있는 자들에게는 내가 율법 아래 있지 아니하나 율법 아래 있는 자 같이 된 것은 율법 아래 있는 자들을 얻고자 함이요 율법 없는 자에게는 내가 하나님께는 율법 없는 자가 아니요 도리어 그리스도의 율법 아래 있는 자나 율법 없는 자와 같이 된 것은 율법 없는 자들을 얻고자 함이라 약한 자들에게는 내가 약한 자와 같이 된 것은 약한 자들을 얻고자 함이요 여러 사람에게 내가 여러 모양이 된 것은 아무쪼록 몇몇 사람들을 구원코자 함이니(고전 9:19-22)

그러나 제한속죄 교리를 따라가게 될 경우에는 조금만 복음에 대해 부정적 입장을 가져도 그런 자는 선택받지 못한 것으로 간주하고 선교나 전도를 포기할 수 있다. 이슬람이나 불교국가에 사는 모든 자들을 위해서도 예수님이 십자가에서 피를 흘려주셨다고 확신한다면 얼마나 선교가 힘있게 전개할 수 있겠는가? 그러므로 제한속죄 교리는 복음 전파를 제한시킬 수 있는 위험 요소를 가지고 있다. 제한속죄 교리는 보편속죄 교리로 전환시켜야 보다 성경적인 구원론을 확립할 수 있다.

7. 불가항력적 은혜와 가항력적 은혜 논쟁

1) 불가항력적 은혜

하나님이 은혜를 거부할 수 있는가 없는가? 성령의 역사를 거부할 수 없다고 주장하는 쪽과 거부할 수 있다는 쪽이 서로 대립하고 있다. 이것 또한 구원론 논쟁의 중요한 주제 가운데 하나다. 하나님이 은혜 주시고자 하는 자는 인간이 저항한다 해도 받을 수밖에 없다는 것이 불가항력적 은혜(irresistible grace; effectual calling) 이론이다. 앤서니 후크마는 "하나님의 은혜는 실제로 거스를 수 있지만, 하나님이 창세 전에 그리스도 안에서 구원에 이르도록 선택하신 이들은 그 은혜에 성공적으로 저항할 수 없을 것이다"[108]라고 하였다. 선택을 받은 자들은 하나님의 은혜가 올 때, 저항할 수 없다는 것이다. 불가항력적 은혜 교리는 하나님의 구원이 창세 전에 미리 선택된 자들을 위한 것에 초점이 맞추어져 있다. 따라서 십자가의 대속의 은혜도 제한적 속죄일 수밖에 없고, 선택을 받은 자들에게 그 은혜를 부어 주실 때 거부할 수 없다고 주장한다. 인간이 전적으로 부패한 상황에서 하나님이 부어 주시는 은혜를 받지 않으면 구원받을 수 없다는 논리이다. 그러므로 하나님의 은혜가 부어질 때 인간은 피동적일 수밖에 없다. 하나님이 일단 선택하여 은혜를 부어 주는 경우, 인간은 저항하거나 거부할 능력이나 권한이 없다.

예정론자들은 불가항력적이라 해서 일방적인 것이 아니라 인격적 관계로 은혜가 주어진다고 해석을 한다. 하나님이 구원하기로

---

[108] 앤서니 후크마, 이용중 역, 『개혁주의 구원론』, 부흥과 개혁사, 152.

작정한 자는 한 명도 빠짐없이 다 구원해야 하기 때문에 선택을 받은 자는 이유여하를 막론하고 하나님이 주어 주시는 은혜를 받도록 되어 있다.

불가항력적 은혜의 출발은 인간의 전적 타락에서부터이다. 죄로 죽어서 그 어떤 것도 할 수 없는 인간이기에, 하나님의 은혜가 주입되어야 한다. 그 하나님의 은혜가 주입되거나 전가되는데 인간이 거부하면 하나님의 구원 계획에 문제가 생길 수 있다. 그러므로 인간은 그 은혜를 거부할 수 없도록 되어 있다. 아기가 자기 의지로 태어나는 것이 아닌 것처럼, 죽은 자가 중생하고, 거듭난 인생이 되는 데도 하나님의 강력한 은혜가 반드시 필요하며, 하나님이 주시고자 하는 자는 거부할 수 없다.

> 중생은 전적으로 하나님의 단독 사역이며 인간은 중생하기 전에는 전적 부패와 무능 상태에 있으므로 중생하기까지는 전혀 피동적일 수밖에 없기 때문이다. 찰스 핫지는 이 사실을 가리켜 "중생은 하나님의 행동이다..... 중생시키는 분은 하나님이시다..... 영혼은 중생에서 피동적이며 우리가 행하는 변화가 아니다."[109]

예정론에서는 구원을 위해서 인간이 할 수 있는 것은 아무것도 없다. 그 어떤 행위도 구원에 개입될 수 없다. 그러므로 구원의 은혜 또한 하나님이 강제적으로 주입시켜 주셔야 하고, 택함받은 자들은 저항 없이 그 은혜를 받을 수밖에 없다는 것이다. 만약 거부하게 되면 하나님의 계획이 어긋나기 때문에 예정론에서는 그런 일이 있을 수 없다는 것이다. 루디아가 바울의 일행을 영접할 수 있도록 마음을 연 것(눅 16:13, 14)도 불가항력적 은혜의 한 예로 이해한다. 여러 사람이 복음을 들었는데, 하나님께서 루디아 마음을 열

---

109 하문호, 「교의신학(5) 구원론」, 그리심, 94.

어서 복음을 받아들이게 했다는 것이다. 다른 사람들은 불가항력적 은혜를 주지 않았기 때문에 복음이 들리지 않은 것이다. 이렇게 은혜를 주고받는 것도 모두 하나님의 주권적 행위로 이해한다.

> 또 이르시되 그러므로 전에 너희에게 말하기를 내 아버지께서 오게 하여 주지 아니하시면 누구든지 내게 올 수 없다 하였노라 하시니라…… 아버지께서 내게 주시는 자는 다 내게로 올 것이요 내게 오는 자는 내가 내어 쫓지 아니하리라 (요 6:35, 37)

여기서도 하나님께서 주시는 자는 창세 전에 택함받은 자로 이해하고, 택함받은 자는 불가항력적 은혜를 통해 예수께로 가게 되어 있다는 것이다(엡 1:4; 요 15:16). 죄로 말미암아 전적으로 타락하고 부패한 인간은 자력으로 구원에 이를 수 없다. 그러므로 하나님의 절대적 은혜가 필요하다. 그런데 하나님은 모든 자를 구원하지 않으시고, 제한적으로 선택하여 구원하는 계획을 하셨다. 이때 성령께서 구원으로 인도하시는데 하나님이 구원하시고자 하는 자는 인간이 저항하거나 반항할 수 없는 것이다.

> 또 성령으로 아니하고는 누구든지 예수를 주시라 할 수 없느니라(고전 12:3)

예정론의 전제는 인간의 전적 타락과 무능력(inability)에 있다. 구원을 위해서 아무것도 할 수 없는 인간이 하나님의 은혜로 구원받는 것은 절대적이다. 하나님의 은혜를 부어주지 않으면 구원받을 길이 전혀 없는 것이다. 또한 전적으로 타락한 인간은 하나님이 은혜를 부어 주실 때, 거부할 능력도 없다. 하나님이 구원시키고자 하는 자는 구원시키는 것이고, 유기시키고자 하는 자는 버려질 것이다. 인간이 죽고 사는 것, 천국과 지옥이 갈리는 것은 전적으로 하나님의 선택에 달려 있는 것이다. 도르트 신조에서 불가항력적 은혜에 대해 다음과 같이 말한다.

> 하나님께서 택자들 안에서 자기의 기쁘신 뜻을 성취하실 때, 또는 그들 안에서 자기의 기쁘신 뜻을 성취하실 때, 또는 그들 안에서 참 회심으로 역사하실 때에는, 외적으로 그들에게 복음을 전하실 뿐만 아니라 성령으로 그들의 마음을 강력하게 조명하셔서 하나님의 신령한 것들을 올바로 이해하고 분별하게 하신다. 또한 거듭나게 하시는 동일한 성령의 능력으로 사람의 가장 깊은 곳까지 어루만지사 닫힌 것을 여시고 굳은 마음을 부드럽게 하시며 할례받지 못한 것을 할례받게 하시고, 지금까지 죽어 있던 의지를 살려서 새로운 활력을 갖게 하여 악함과 불순종과 완고함으로부터 돌아서서 선하고 순종하고 온순하고 활기차고 강하게 하여, 마치 좋은 나무처럼 선한 행실의 열매를 맺게 하신다.[110]

도르트 회의의 결과에서 얻은 불가항력적 은혜는 실로 인간의 자유의지나 선택은 없고, 모든 것이 하나님의 주도하에서 이루어짐을 강조한다. 과연 이러한 은혜가 가능하였다면, 하나님은 원하는 자들을 모두 구원시켰을 것이며, 나아가 모든 자들을 구원시켰을 것이다. 모든 자들을 구원시킬 수 있음에도 구원시키지 않았다면 구원받지 못하는 책임은 하나님께로 돌아갈 것이 아닌가? 웨스트민스트 신앙고백서에서는 불가항력적 은혜에 대해 다음과 같이 서술한다.

> 하나님께서는 생명에 이르도록 예정하신 모든 사람들, 단지

---

[110] [크리스찬 Q&A], 불가항력적인 은혜란? 조엘비키, 2016/12/23 10:40, http://christianqna.com/m/bbs/board.php?bo_table=z7_58&wr_id=495 (2016/12/20 접속)

> 그들만을 자신이 정하시고 적당하다고 생각하시는 때에 효
> 과적으로 부르시되 말씀과 성령으로 하시며, 그들이 태어
> 나면서부터 처해 있는 죄와 사망의 상태에서 불러내어 예수
> 그리스도로 말미암은 은혜와 구원으로 인도하신다. 또한 그
> 들의 마음을 영적으로 구원에 관하여 깨우쳐서 하나님의 일
> 들을 이해하게 하시며, 그들의 돌같이 굳은 마음을 제하시
> 고 살같이 부드러운 마음을 주시며, 그들의 의지들을 새롭
> 게 하시고, 그의 전능하신 능력으로 그들이 선한 것을 결심
> 하게 하시며, 효과적으로 그들을 예수 그리스도에게로 이끄
> 신다. 그렇지만 그 은혜로 말미암아 기꺼이 나아오게 되어
> 있으므로 그들을 가장 자유롭게 나아오게 된다.[111]

불가항력적 은혜의 교리는 구원을 하나님이 주도적으로 이루어 가심을 강조하는 교리이다. 인간의 결단이나 심령까지도 하나님이 주도적으로 바꾸어 나가는 것으로 해석한다. 여기서 우리가 고민해야 할 문제는 하나님이 분명 죄인들을 위해서 주도적 역할을 하시는 것은 사실이지만, 그렇다고 인간의 의지를 무시하거나 강압적으로 역사하지는 않는다는 사실이다. 하나님은 인격적인 분이시기 때문에 인간의 동의 없이는 우리 속에 그 어떤 역사도 강제로 하지 않는다. 만약 하나님이 불가항력적으로 은혜를 부어주신다면 발람에게 불가항력적인 은혜를 부어서 타락하지 않게 할 수 있었을 것이다. 가룟 유다도 배반하기 전에 불가항력적으로 죄를 짓지 못하도록 할 수 있었을 것이다. 하나님이 원하는 자에게 불가항력적 은혜를 부어서 순종하게 할 수 있다면 성경에서 "순종"을 요구할 필요가 없지 않겠는가? 순종을 요구하기보다는 불가항력적 은혜로 순종할 마음을 넣어주면 모든 것이 해결될 것이 아니겠는가?

더 나아가 전도의 무용론이 나올 수 있다. 성령께서 하고자 하시

---

111 Ibid.

는 자에게 성령을 부어 주면 될 것이다. 인간의 피나는 전도를 통하여 복음을 전파할 필요가 있는지에 대해 회의를 가질 수가 있다.

> 내 말과 내 전도함이 지혜의 권하는 말로 하지 아니하고 다만 성령의 나타남과 능력으로 하여 너희 믿음이 사람의 지혜에 있지 아니하고 다만 하나님의 능력에 있게 하려 하였노라(고전 2:4, 5)

> 그런즉 원하는 자로 말미암음도 아니요 달음박질하는 자로 말미암음도 아니요 오직 긍휼히 여기시는 하나님으로 말미암음이니라(롬 9:16)

> 또 아는 것은 하나님의 아들이 이르러 우리에게 지각을 주사 우리로 참된 자를 알게 하신 것과 또한 우리가 참된 자 곧 그의 아들 예수 그리스도 안에 있는 것이니 그는 참 하나님이시요 영생이시라(요일 5:20)

지금까지 살펴본 불가항력적 은혜 교리는 인간에게 구원을 주시고자 하는 하나님의 열심으로 이해할 수 있다. 하나님은 인간에게 구원을 주시고자 독생자 예수 그리스도를 보낼 정도로 큰일을 하시는 것이 사실이다. 하지만 인격적인 하나님께서 인간으로 하여금 은혜를 선택하도록 하시지 강제로 주입하지는 않는다. 인간의 동의 없이는 하나님이 강압적으로 행하지 않는다.

> 내가 네 행위를 아노니 네가 차지도 아니하고 더웁지도 아니 하도다 네가 차든지 더웁든지 하기를 원하노라 네가 이같이 미지근하여 더웁지도 아니하고 차지도 아니하니 내 입에서 너를 토하여 내치리라 네가 말하기를 나는 부자라 부

> 요하여 부족한 것이 없다 하나 네 곤고한 것과 가련한 것과 가난한 것과 눈먼 것과 벌거벗은 것을 알지 못하도다 내가 너를 권하노니 내게서 불로 연단한 금을 사서 부요하게 하고 흰 옷을 사서 입어 벌거벗은 수치를 보이지 않게 하고 안약을 사서 눈에 발라 보게 하라 무릇 내가 사랑하는 자를 책망하여 징계하노니 그러므로 네가 열심을 내라 회개하라 볼지어다 내가 문 밖에 서서 두드리노니 누구든지 내 음성을 듣고 문을 열면 내가 그에게로 들어가 그로 더불어 먹고 그는 나로 더불어 먹으리라(계 3:15-20)

만약 하나님이 불가항력 은혜로 역사하신다면 라오디게아교회 성도들에게 불가항력적 은혜를 부어주면 문제는 간단히 해결된다. 그러나 예수님은 불가항력적 은혜가 아니라 성도들의 인격에 호소하며, 그들 스스로가 돌이킬 수 있도록 하고 있다. 예수님이 각 개인의 인격 속에 들어가는 것도 문을 두드릴 뿐이다. 각 개인이 열어 주어야만 하나님도 그때 비로소 들어갈 수 있다. 이스라엘 백성들에게 선지자를 그렇게 보내었지만 그들은 하나님을 거부하였다. 결국 바벨론에 의해 망하면서도 이스라엘은 돌이키지 않았다. 불가항력적인 은혜로 역사할 수 있었다면 그들을 다 돌이킬 수 있었을 것이다. 예수님이 고향 사람들 전도할 때 불가항력적 은혜로 역사했다면 동네 사람들이 모두 믿었을 것이다. 그러나 예수님은 고향 사람들에게 배척을 당하였다. 그것은 하나님이 불가항력적 방법으로 은혜 주시는 것이 아니라는 사실이다.

> 예수께서 이 모든 비유를 마치신 후에 거기를 떠나서 고향으로 돌아가사 저희 회당에서 가르치시니 저희가 놀라 가로되 이 사람의 이 지혜와 이런 능력이 어디서 났느뇨 이는 그 목수의 아들이 아니냐 그 모친은 마리아, 그 형제들은 야고

> 보, 요셉, 시몬, 유다라 하지 않느냐 그 누이들은 다 우리와 함께 있지 아니하냐 그런즉 이 사람의 이 모든 것이 어디서 났느뇨 하고 예수를 배척한지라 예수께서 저희에게 말씀하시되 선지자가 자기 고향과 자기 집 외에서는 존경을 받지 않음이 없느니라 하시고 저희의 믿지 않음을 인하여 거기서 많은 능력을 행치 아니하시니라 (마 13:53-58)

물론 인간이 하나님의 은혜를 받아들일 때, 성령께서 우리 속에 역사하신다. 그러나 그것도 어디까지나 우리의 동의가 있을 때 가능한 것이지 동의가 없다면 불가능하다. 예수님은 인간의 동의 없이 불가항력적 은혜를 부어주지 않는다. 믿음으로 순종하고 나올 때 은혜를 부어주신다. 고향 사람들이 배척할 때, 예수님도 어떻게 할 수 없었다. 불가항력적 은혜 교리가 맞다면 왜 예수님은 거기에 불가항력적 은혜를 사용하지 않았는가? 그들이 선택받지 못한 자이기 때문에 그런가? 그렇다면 처음부터 고향으로 가지 말았어야 하지 않는가? 불가항력적 은혜 교리가 잘못되었다는 것이 여기서 나타난다. 어거스틴은 불가항력적 은혜에 대해 보다 분명한 설명을 하였다.

> 그것은 하나님의 은혜가 자유로운 행위자로서의 인간의 본성에 어긋나게 인간의 의지를 강제한다는 것이 아니라 하나님의 은혜가 인간의 의지를 변화시켜서 인간이 자발적으로 선한 것을 선택한다는 것을 의미한다. 이렇게 해서 인간의 의지는 새롭게 되고 그 참된 자유로 회복된다.[112]

이러한 어거스틴의 주장 또한 설득력이 없다. 만약 하나님이 인간의 의지를 변화시켜서 믿게 한다면, 노아시대 홍수심판에서 노

---

112 루이스 벌코프, 박문재 역, 「기독교 교리사」, 크리스챤 다이제스트, 142.

아 가족 외에도 많은 사람들이 구원받을 수 있게 했을 것이다. 하나님은 원했지만 인간은 거부하였다. 당시 은혜를 입은 자는 노아밖에 없었다. 그러므로 하나님은 불가항력적 은혜로 인간에게 역사하지 않는다는 사실이다.

> 가라사대 나의 창조한 사람을 내가 지면에서 쓸어버리되 사람으로부터 육축과 기는 것과 공중의 새까지 그리하리니 이는 내가 그것을 지었음을 한탄함이니라 하시니라 그러나 노아는 여호와께 은혜를 입었더라(창 6:7, 8)

노아는 하나님의 은혜를 입은 것이 분명하다. 하나님께서 불가항력적 은혜로 역사하실 수 있었다면, 노아만 아니라 더 많은 사람들에게 이 은혜를 부어 주실 수 있었을 것이다. 그러나 노아만 이 은혜를 받은 것은 노아가 인격적으로 하나님의 은혜를 받아들였기 때문이다. 다른 사람들은 하나님이 은혜를 주시고자 하였어도 그들이 거부하였기 때문에 줄 수 없었던 것이다.

> 노아의 때에 된 것과 같이 인자의 때에도 그러하리라 노아가 방주에 들어가던 날까지 사람들이 먹고 마시고 장가들고 시집가더니 홍수가 나서 저희를 다 멸하였으며 또 롯의 때와 같으리니 사람들이 먹고 마시고 사고팔고 심고 집을 짓더니 롯이 소돔에서 나가던 날에 하늘로서 불과 유황이 비오듯 하여 저희를 멸하였느니라 인자의 나타나는 날에도 이러하리라(눅 17:26-30)

예수님은 분명 은혜를 주고 싶어하고, 구원을 시키기 원하지만 인간들은 그 은혜를 거부하고 세상에서 살아가기 바쁘다. 불가항력적 은혜 교리가 맞다면 이 세상은 하나님에 의해서 더 많은 자들이 은혜받고 구원받아 좋아질 것이다. 교회들도 세상의 빛이 되고, 성도들도 그리스도의 거룩한 형상을 입고 천국의 열매들이 더 많이 맺어지지 않겠는가? 그러나 현실은 그렇지 않다. 하나님의 불가항력적 은혜가 부어진다면 오늘날 교회와 성도들이 이렇게 타락하지 않았을 것이지만, 세상은 점점 더 타락해져 가고 있고, 구원받을 자들은 너무나 적어지고 있다.

> 내가 너희에게 이르노니 속히 그 원한을 풀어 주시리라 그러나 인자가 올 때에 세상에서 믿음을 보겠느냐 하시니라
> (눅 18:8)

> 또 의인이 겨우 구원을 얻으면 경건치 아니한 자와 죄인이 어디 서리요(벧전 4:18)

불가항력적 은혜 교리가 맞다면 인자가 올 때 믿음을 보겠느냐는 예수님의 한탄스러운 걱정이 필요 없었을 것이다. 불가항력적 은혜 교리가 맞다면 의인이 겨우 구원을 얻는다고 사도 베드로가 말할 필요가 없었을 것이다. 불가항력적 교리는 성경의 구원 원리와 배치된다.

2) 가항력적 은혜 교리가 더 성경적인 이유

아무리 하나님께서 은혜를 부어 주시려고 해도 인간이 거부하면 하나님도 더 이상 일을 진행할 수 없다. 만약 인간이 거부하는데도 하나님이 은혜를 부을 수 있다면 구원받지 못할 자는 아무도 없을 것이다. 하나님이 복음을 전파하기 위해서 일군을 세울 필요도 없을 것이며, 선지자를 보낼 필요도 없을 것이다. 하나님의 성령의 능력으로 직접 사람 속에 역사하면 될 것이기 때문이다. 그러나 현실은 어떤가? 은혜를 사모하는 자가 은혜를 받는다. 간절히

찾는 자가 하나님을 만날 수 있다(잠 8:17). 은혜를 원치도 않는데 은혜 부어주는 일은 없다. 은혜를 부어준다 하더라도 본인이 원치 않으면 그 은혜가 은혜 될 수 없다. 인간은 하나님이 주시는 은혜를 받을 수도 거부할 수도 있는 선택권이 주어져 있다. 이것은 하나님께서 인간에게 자유의지로 주신 것이다. 하나님은 자유의지를 통해 일하신다. 인간은 하나님의 형상을 닮은 인격체이고, 자유의지가 주어져 있는 존재이다.

와일리는 "인간에게 제공된 하나님의 은혜를 수용하느냐 거부하느냐를 궁극적으로 결정하는 것은 인간의 뜻이다."[113]라고 하면서 가항력적 은혜 교리의 정당성을 주장하였다. 만약 불가항력적 은혜 교리가 맞다면 아브라함의 혈통을 이어받은 이스라엘 백성들의 우상숭배와 불순종에 대해 하나님께서 크게 염려할 필요가 없었을 것이다. 왜냐하면 그렇게 불순종하는 백성들을 불가항력적 은혜로 그들을 변화시키고 순종할 수 있도록 할 수 있었을 것이기 때문이다. 또한 예루살렘 성을 파괴하고 이스라엘 백성들을 바벨론으로 끌려가게 하지 않을 수도 있었다. 그렇게 되기 전에 회개시키면 되었을 것이 아닌가? 그러나 결과는 어떤가? 예레미야 선지자를 보내서 그렇게 회개를 외치고 돌아서도록 기회를 주었지만 이스라엘 백성들은 끝내 불순종하였다. 이것은 결국 불가항력적 은혜가 통하지 않았다는 말이 아닌가? 불가항력적 은혜의 교리가 맞다면 이러한 상황에서 하나님은 얼마든지 이스라엘 백성들을 돌이킬 수 있었을 것이다.

> 또한 가지 얼마가 꺾여졌는데 돌 감람나무인 네가 그들 중에 접붙임이 되어 참 감람나무 뿌리의 진액을 함께 받는 자 되었은즉 그 가지들을 향하여 자긍하지 말라 자긍할지라도 네가 뿌리를 보전하는 것이 아니요 뿌리가 너를 보전하

---

[113] 오톤 와일리, 폴 컬벗스, 전성용 역, 「웨슬리안 조직신학」, 세복, 316.

> 는 것이니라 그러면 네 말이 가지들이 꺾이운 것은 나로 접붙임을 받게 하려 함이라 하리니 옳도다 <u>저희는 믿지 아니하므로 꺾이우고 너는 믿으므로 섰느니라</u> 높은 마음을 품지 말고 도리어 두려워하라 하나님이 원 가지들도 아끼지 아니하셨은즉 너도 아끼지 아니하시리라(롬 11:17-21)

불가항력적 은혜 교리가 맞지 않다는 것을 증명해 주는 말씀이다. 하나님은 불가항력적으로 은혜를 주시는 분이 아니다. 우리에게 주어진 자유의지를 통해 인간 스스로 결단하고 선택하기를 원하시는 것이다. "저희는 믿지 아니하므로 꺾이우고 너는 믿으므로 섰느니라"라는 말씀은 결국 은혜를 받고 받지 못하는 것은 인간의 선택에 있지 하나님께 달려 있지 않다는 말씀이다. 심지어 구원의 은혜가 가항력적이냐, 불가항력적이냐는 루터파와 칼빈파 사이에도 차이가 있었다.

> 구원은혜는 인간에게 상대적으로만 필요한가, 절대적으로 필요한가? 이 은혜는 인간이 저항할 수 있는 은혜인가, 그 반대인가? 이런 문제는 펠라기우스(Pelagius)와 어거스틴(Agustine)의 논쟁에서 주요한 관심거리였고, 그 후에 요한 칼빈이 어거스틴의 주장을 따라 구원은혜는 인간에게 절대적으로 필요하며 불가항력적 은혜임을 강조하였다. 그런데 루터파는 구원은혜가 가항력적이라고 말함으로써 구원은 인간의 행위와 태도 여하에 좌우되는 것이 되었다.[114]

칼빈은 어거스틴의 주장을 이어받아 하나님의 구원은혜는 불가항력적이라고 주장한 반면, 루터파는 가항력적임을 주장하였다.

불가항력적 은혜 교리는 성경의 지지를 받지 못한다. 오히려 가

---

114 하문호, 「교의신학(5)-구원론」, 도서출판 그리심, 93.

항력적 은혜 교리가 성경의 지지를 받는다. 이스라엘이 버림을 받고 이방인들이 선택을 받은 것만 보더라도 불가항력적 교리가 얼마나 잘못되었는지를 알 수 있다.

3) 이스라엘 구원 계획 무산된 이유

이스라엘의 구원을 위한 하나님의 시도와 계획은 놀라운 것이었고, 이를 이루기 위해서 하나님은 선지자와 종들을 세우고 많은 노력을 기울였다. 그러나 하나님의 이런 노력과 시도에도 불구하고 이스라엘은 어떠했는가? 더욱 강퍅하여 우상을 선택하고 하나님을 버렸다. 그로 인해 하나님도 이스라엘을 버렸다. 왜 이런 일이 일어났는가? 하나님이 아무리 은혜를 부어 주시려고 기회를 주었지만 인간이 거부하였기 때문에 더 이상 어떤 일도 할 수 없었던 것이다.

> 예루살렘아 예루살렘아 선지자들을 죽이고 네게 파송된 자들을 돌로 치는 자여 암탉이 그 새끼를 날개아래 모음같이 내가 네 자녀를 모으려 한 일이 몇 번이냐 그러나 너희가 원치 아니하였도다(마 23:37)

하나님이 원하여도 이스라엘 백성들이 거부하였기 때문에 하나님의 계획은 성사되지 못한 것이다. 그런데도 불가항력적 은혜의 교리가 맞다고 할 수는 없을 것이다. 불가항력적 은혜의 교리가 맞다면 하나님이 원하는 대로 다 하실 수가 있기 때문에 후회하거나 진노하실 필요가 없다. 하나님이 원하면 누구나 은혜를 줄 수 있고, 불순종하지 못하도록 하면 되는 것이다. 하나님이 실망하거나 후회하거나 진노한다는 것은 불가항력적으로 은혜를 줄 수 없다는 것이다.

> 내가 나의 사랑하는 자를 위하여 노래하되 나의 사랑하는 자의 포도원을 노래하리라 나의 사랑하는 자에게 포도원이 있음이여 심히 기름진 산에로다 땅을 파서 돌을 제하고 극상품 포도나무를 심었었도다 그중에 망대를 세웠고 그 안에 술틀을 팠았도다 <u>좋은 포도 맺기를 바랐더니 들포도를 맺혔도다</u> 예루살렘 거민과 유다 사람들아 구하노니 이제 나와 내 포도원 사이에 판단하라 내가 내 포도원을 위하여 행한 것 외에 무엇을 더할 것이 있었으랴 <u>내가 좋은 포도 맺기를 기다렸거늘 들포도를 맺힘은 어찜인고</u> 이제 내가 내 포도원에 어떻게 행할 것을 너희에게 이르리라 내가 그 울타리를 걷어 먹힘을 당케 하며 그 담을 헐어 짓밟히게 할 것이요 내가 그것으로 황무케 하리니 다시는 가지를 자름이나 북을 돋우지 못하여 질려와 형극이 날 것이며 내가 또 구름을 명하여 그 위에 비를 내리지 말라 하리라 하셨으니 대저 만군의 여호와의 포도원은 이스라엘 족속이요 그의 기뻐하시는 나무는 유다 사람이라 그들에게 공평을 바라셨더니 도리어 포학이요 그들에게 의로움을 바라셨더니 도리어 부르짖음 이었도다(이사야 5:1-7)

하나님이 아무리 구원을 계획하고, 은혜 줄 것을 예정하였지만 인간이 불순종하고 거부할 때는 하나님의 계획도 무산되거나 변경될 수밖에 없음을 알 수 있다. 만약 불가항력적 은혜 교리가 맞다면 반드시 극상품 포도를 맺었어야 했다. 왜냐하면 하나님이 불가항력적 은혜로 이스라엘 사람들을 변화시키면 당연히 극상품 포도가 나와야 하기 때문이다. 불가항력적 은혜 교리가 맞다면 하나님은 절대 후회하거나 한탄해서는 안 된다.

은혜를 부어서 자기 백성들로 하여금 믿게 하고, 순종하게 해서 하나님의 뜻을 이루게 하면 아무 문제가 없을 것이다. 불가항력적 은혜를 주시는 분이라면 아담이 선악과를 따먹지 못하게 은혜를 부어 주셨을 것이 아닌가? 인간에게 자유의지를 주신 것은 인간 스스로 하나님의 계명을 지키고, 하나님 앞에 나오기를 원하시기 때문이다. 왜 하나님이 진노하시고 분개하시고 후회하시는 일을 백성들이 하는데도 그들을 막지 않으시는가? 순종하도록 은혜를 부어주면 될 것인데 왜 그렇게 하지 않으시는가? 왜 선지자를 보내서 죄를 회개하도록 촉구하시는가? 하나님이 불가항력적 은혜를 부어주어서 그들로 하여금 심령을 변화시키면 되는데 왜 선지자를 보내야만 하는가? 불가항력적 은혜로 역사하신다면 하나님께서 인간 의지에 호소하거나 믿음의 결단을 요구할 필요가 없을 것이다. 하나님이 은혜를 부어 주면 모든 것이 다 해결되기 때문이다. 그런데도 이 교리를 성경적이라고 할 수 있는가?

> 여호와의 말씀에 너희는 이제라도 금식하며 울며 애통하고 마음을 다하여 내게로 돌아오라 하셨나니 너희는 옷을 찢지 말고 마음을 찢고 너희 하나님 여호와께로 돌아올지어다 그는 은혜로우시며 자비로우시며 노하기를 더디하시며 인애가 크시사 뜻을 돌이켜 재앙을 내리지 아니하시나니 주께서 혹시 마음과 뜻을 돌이키시고 그 뒤에 복을 끼치사 너희 하나님 여호와께 소제와 전제를 드리게 하지 아니하실는지 누가 알겠느냐(욜 2:12-14)

이 말씀을 보면 분명 하나님이 범죄한 이스라엘 백성들에게 은혜를 부어 주시려는 계획이 있다. 그러나 불가항력적인 은혜는 아니다. 그들이 마음을 찢고 하나님께로 돌이킬 때 하나님도 은혜를 부어 주시겠다는 것이다. 그러므로 선택은 이스라엘 백성들이 해야 한다. 하나님께서 그 선택권을 이스라엘 백성들에게 넘겨 준 것이다. 백성들이 주님께로 돌아올 때, 하나님의 은혜와 긍휼이 허락

된다. 하나님이 은혜를 불가항력적으로 부어 주시는 것이 아니라, 인간이 자발적으로 회개하고 돌이킬 때 은혜를 부어 주시는 것이다. 그러므로 가항력적 은혜 교리가 성경적이다.

> 네가 네 하나님 여호와의 말씀을 삼가 듣고 내가 오늘날 네게 명하는 그 모든 명령을 지켜 행하면 네 하나님 여호와께서 너를 세계 모든 민족 위에 뛰어나게 하실 것이라 네가 네 하나님 여호와의 말씀을 순종하면 이 모든 복이 네게 임하며 네게 미치리니 성읍에서도 복을 받고 들에서도 복을 받을 것이며 네 몸의 소생과 네 토지의 소산과 네 짐승의 새끼와 우양의 새끼가 복을 받을 것이며 네 광주리와 떡반죽 그릇이 복을 받을 것이며 네가 들어와도 복을 받고 나가도 복을 받을 것이니라 네가 만일 네 하나님 여호와의 말씀을 순종하지 아니하여 내가 오늘날 네게 명하는 그 모든 명령과 규례를 지켜 행하지 아니하면 이 모든 저주가 네게 임하고 네게 미칠 것이니 네가 성읍에서도 저주를 받으며 들에서도 저주를 받을 것이요 또 네 광주리와 떡반죽 그릇이 저주를 받을 것이요 네 몸의 소생과 네 토지의 소산과 네 우양의 새끼가 저주를 받을 것이며 네가 들어와도 저주를 받고 나가도 저주를 받으리라 (신 28:1-19)

복을 받는 것도 저주를 받는 것도 인간이 선택할 문제이지 하나님이 강압적으로 부어주시는 것이 아니다. 하나님의 은혜는 가항력적이다. 불가항력적이라고 한다면 인간은 더 이상 인격적인 존재가 아니다. 하나님은 비인격인 존재를 자녀로 삼으실 리가 없다. 가항력적 은혜가 되어야만 그 백성도 인격적인 존재가 될 수 있다.

4) 불가항력적 은혜 교리가 비성경적인 근거

　불가항력적 은혜 교리는 성경에서 그 근거를 찾아볼 수 없다. 그것은 하나님의 백성들이 범죄하는 것을 하나님이 막지 않으신다는 것에서 찾아볼 수 있다. 출애굽한 이스라엘 60만 병사들이 가나안 땅에 들어가지 못하고 광야에서 쓰러져 죽었다. 가나안 땅에 들어갈 약속을 받았지만 불순종으로 인해 광야에서 죽을 수밖에 없었다. 하나님이 죄인 된 인간들에게 언제든지 사랑과 은혜를 베풀어 주시고자 하는 것은 의심의 여지가 없다. 그러나 불가항력적으로 인간의 자유의지나 인격과 상관없이 은혜를 강압적으로 부어 주는 것은 성경 어디에서도 찾아보기 힘들다.

　사단은 인간의 동의 없이 외부에서 강압적으로 들어와 악한 생각을 넣어 주고 죄를 짓게 한다. 하지만 하나님은 인격적이시기 때문에 반드시 인간의 순종과 동의와 자원함이 있을 때 하나님이 은혜를 부어 주신다. 만약 인간에게 물어보지도 않고 강압적으로 밀고 나가신다면 하나님도 인격적이지 않고, 인간도 인격체로 대우받지 못한다는 증거가 될 것이다. 인간이 스스로 회개하고 돌이켜 하나님 앞에 올 때, 하나님이 은혜를 부어 주시며, 그렇게 할 때 진정한 은혜가 되고, 진정한 인격체라고 할 수 있다.

　하나님의 형상대로 창조함을 받은 인간이 아무것도 분간하지 못하는 어린아이로 취급을 받는다면 실로 부끄러운 일이 아니겠는가? 하지만 예정론에서 '불가항력적 은혜' 교리를 주장한다. 그것은 바로 인간을 완전히 무능력한 존재로 보기 때문이다. 인간의 전적 타락을 전제로 하기 때문에 불가항력적 은혜 교리가 나오는데, 그렇다면 니느웨성 사람들이 회개한 것도 하나님이 불가항력적인 은혜를 부어 주었기 때문에 가능했던 일인가? 인간은 하나님의 은혜를 얼마든지 거부할 수도 있고 받아들일 수도 있는 선택의 자유가 있다. 이것이 없다면 인간은 더 이상 인격적인 인간이라고 할 수 없을 것이다.

> 너희가 성경에서 영생을 얻는 줄 생각하고 성경을 상고하거니와 이 성경이 곧 내게 대하여 증거하는 것이로다 그러나 너희가 영생을 얻기 위하여 내게 오기를 원하지 아니 하는도다 나는 사람에게 영광을 취하지 아니하노라 다만 하나님을 사랑하는 것이 너희 속에 없음을 알았노라 나는 내 아버지의 이름으로 왔으매 너희가 영접지 아니하나 만일 다른 사람이 자기 이름으로 오면 영접하리라 (요 5:39-43)

불가항력적 은혜 교리가 맞다면 "내게 오기를 원하지 아니 하는도다"라는 말씀을 예수님이 하실 필요가 없을 것이다. 불가항력적으로 은혜를 부어서 돌아오게 하면 되는 것이다. 주님은 돌아오지 않는 자들에 대해서 왜 이렇게 안타깝게 말씀 하셔야만 하는가? 그것은 은혜받기를 거부하는 자들에 대해서 하나님도 어떻게 할 수 없다는 것이다.

> 하늘이여 들으라 땅이여 귀를 기울이라 여호와께서 말씀하시기를 내가 자식을 양육하였거늘 그들이 나를 거역하였도다 소는 그 임자를 알고 나귀는 주인의 구유를 알건 마는 이스라엘은 알지 못하고 나의 백성은 깨닫지 못하는도다 하셨도다 슬프다 범죄한 나라요 허물진 백성이요 행악의 종자요 행위가 부패한 자식이로다 그들이 여호와를 버리며 이스라엘의 거룩한 자를 만홀히 여겨 멀리하고 물러갔도다 (사 1:2-4)

왜 하나님이 슬퍼해야 하는가? 전능하신 하나님이 피조된 인간으로 인하여 슬퍼하신다는 이유가 무엇인가? 불가항력적 은혜로 하나님이 원하시는 자에게 은혜를 부어서 순종하도록 하면 무엇이 문제가 되겠는가? 왜 이스라엘은 하나님을 멀리하고 떠나가 버렸는가? 왜 하나님을 버렸는가? 불가항력적 은혜로 막을 수는 없었을까? 이렇게 하나님이 한탄하시는 것은 결국 불가항력적 은혜로 역사하지 않는다는 뜻이다. 하나님은 인격적이시기 때문에 선지자를 보내서 깨닫게 하고 그들 스스로 돌이키고 하나님께로 돌아올 때 은혜를 주시는 것이다.

> 세상에서 말하기를 가령 사람이 그 아내를 버리므로 그가 떠나 타인의 아내가 된다 하자 본부가 그를 다시 받겠느냐 그리하면 그 땅이 크게 더러워지지 않겠느냐 하느니라 나 여호와가 말하노라 네가 많은 무리와 행음하고도 내게로 돌아오려느냐 네 눈을 들어 자산을 보라 너의 행음치 아니한 곳이 어디 있느냐 네가 길가에 앉아 사람을 기다린 것이 광야에 있는 아라바 사람 같아서 음란과 행악으로 이 땅을 더럽혔도다(렘 3:1, 2)

불가항력적 은혜 교리가 사실이라면 하나님은 범죄하지 못하도록 미리 은혜를 넣어 주면 되지 않겠는가? 하지만 하나님은 자기 백성들이 범죄하는 것을 막지 않았다. 백성들은 행음하며 우상숭배하며 하나님을 배반하였다. 그렇게 하는 동안 하나님은 가만히 계셨다. 이것은 무엇을 말하는가? 하나님께서 불가항력적으로 은혜 주지 않는다는 말이다. 불가항력적 은혜를 부어줌으로 백성들이 돌이킬 수 있다면 노아시대 사람들을 더 많이 돌이켰을 것이다. 하나님은 많은 자들이 회개하고 구원받기를 원했지만 8명의 노아 가족만이 구원을 받은 것은 불가항력적으로 은혜를 부어 주지 않기 때문이다.

사도 바울이 다메섹 도상에서 예수님 만난 것을 불가항력적 은혜로 이해하는 경우가 있다. 그때도 바울에게 선택할 기회를 준 것이지 바울의 의지나 동의 없이 예수님이 강압적으로 바울에게 은혜를 주입한 것은 아니다. 예수님을 만난 후에 순종의 여부는 오직 바울 자신이 결정해야 할 문제이다.

> 그러나 나의 나 된 것은 하나님의 은혜로 된 것이니 내게 주신 그의 은혜가 헛되지 아니하여 내가 모든 사도보다 더 많이 수고하였으나 내가 아니요 오직 나와 함께하신 하나님의 은혜로라(고전 15:10)

하지만 여기서 조심해서 보아야 할 것은 그렇게 은혜를 주신다 해도 받아들이는 것은 본인의 자유의지가 결정할 문제이다. 바울은 은혜를 헛되이 받지 않기 위해서 어떻게 하였는가? 모든 사도보다 더 많이 수고하였다. 푯대를 향해 달려갔다.

> 우리가 하나님과 함께 일하는 자로서 너희를 권하노니 하나님의 은혜를 헛되이 받지 말라(고후 6:1)

하나님이 은혜를 주시더라도 거부하거나 잘못 사용할 수 있기 때문에 경고하는 말씀이다. 은혜를 주시면 무조건 구원을 받는 것이 아니라 은혜를 받고서도 얼마든지 죄를 짓고, 배반하고, 멸망 길로 갈 수 있다.

> 그리스도의 은혜로 너희를 부르신 이를 이같이 속히 떠나 다른 복음 좇는 것을 내가 이상히 여기노라(갈 1:6)

분명 갈라디아 교회는 하나님의 은혜를 받았고 부르심을 받은 자들이다. 그런데 받은 은혜를 버리고 다시 다른 복음을 가고 있다. 하나님은 불가항력적 은혜로 이것을 막지 못하고 있다. 그렇다면 과연 불가항력적 은혜 교리가 설득력이 있는가? 칭의를 받은 성도라 하더라도 얼마든지 은혜를 배반할 수 있다. 인간에게 자유의지가 있고, 그 의지로 하나님의 은혜를 받을 수도 거부할 수도 있다.

> 모든 사람에게 구원을 주시는 하나님의 은혜가 나타나 우리를 양육하시되 경건치 않은 것과 이 세상 정욕을 다 버리고 근신함과 의로움과 경건함으로 이 세상에 살고 복스러운 소망과 우리의 크신 하나님 구주 예수 그리스도의 영광이 나타나심을 기다리게 하셨으니 그가 우리를 대신하여 자신을 주심은 모든 불법에서 우리를 구속하시고 우리를 깨끗하게 하사 선한 일에 열심하는 친 백성이 되게 하려 하심이니라
> (딛 2:11-14)

하나님은 모든 사람들에게 구원 주시기를 원하신다. 선인과 악인에게 동일하게 햇빛을 주고 비를 부어주시며, 모든 사람에게 은혜를 주신다. 그들 가운데 하나님이 주시는 은혜를 받아들여서 구원의 길로 가는 사람들이 있는가 하면, 하나님의 은혜를 거부하여 사망의 길로 가는 사람들도 있다. 하나님이 어떤 자들에게는 불가항력적으로 은혜를 부어 주고, 어떤 자들에게는 부어주지 않아서 그런가? 전혀 그렇지 않다. 은혜를 받고 받지 않고는 사람들이 결정할 문제다. 은혜를 주시는 분은 하나님이시지만 그것을 받고 받지 않는 결정권은 인간에게 내어 주신 것이다. 하나님이 모든 것을 다 할 수 있다고 해서 절대 불가항력적으로 은혜를 주입하는 것이 아니다. 불가항력적 은혜 교리는 하나님을 비인격적으로 만들 수 있는 비성경적 이론이다.

5) 불가항력적 교리가 구원론에 미치는 영향

불가항력적 은혜 교리는 하나님이 역사하는 방법을 제대로 이해하지 못하였기 때문에 생겨난 이론이며, 인간에게 자유의지가 있음을 무시하는 교리이다. 불가항력적 은혜 교리를 주장하게 된

다면 구원론에 심각한 문제를 일으킬 수 있다. 아무리 은혜를 사모한다 하더라도 하나님이 주지 않으면 받을 수 없고, 아무리 받기 싫더라도 하나님이 주시면 받아야 한다면 어느 누가 은혜 받기 위해서 힘쓰고 기도하겠는가? 인간의 의지와 열심, 사모함을 통해 은혜 받으려는 의지가 약화될 수 있다. 불가항력적 은혜 교리는 성도를 아무것도 할 수 없는 어린아이처럼 전적 무능력한 존재로 전락시켜 인간이 할 수 있는 부분까지도 하지 못하게 막는 역할을 할 수 있다. 인간을 어떤 것도 선택할 능력이 없는 허수아비와 같은 존재로 전락시킬 수 있다. 때문에 불가항력적 은혜 교리를 신봉하게 되면 능동적인 신앙생활이 수동적인 신앙생활로 전락할 수 있으며, 운명론적 신앙으로 바뀔 수 있다.

가항력적 은혜 교리를 가르친다면 인간의 불순종이 얼마나 무서운 결과를 초래하는지 알게 되고, 하나님의 은혜를 받기 위해서 더욱 노력할 것이다. 그러나 불가항력적 은혜 교리를 추종하게 되면 은혜받기 위해서 노력하기보다는 하나님이 은혜 주실 때를 기다리기만 하는 나태한 신앙생활이 될 것이다. 천국은 침노하는 자의 것이라고 했고, 찾고 두드릴 때 열린다고 하였다. 찾고 찾으면 나를 만나리라 하였기 때문에 성경은 은혜받기 위해서 우리의 의지를 사용할 것을 말씀하고 있다. 우리의 의지로 강하게 기도할 때 은혜를 받을 수 있고, 우리의 의지가 약화될 때 은혜 받지 못할 수가 있다.

> 너희가 전심으로 나를 찾고 찾으면 나를 만나리라(렘 29:13)

> 세례요한의 때부터 지금까지 천국은 침노를 당하나니 침노하는 자는 빼앗느니라(마 11:12)

> 구하라 그러면 너희에게 주실 것이요 찾으라 그러면 찾을

것이요 문을 두드리라 그러면 너희에게 열릴 것이니 구하는 이마다 얻을 것이요 찾는 이가 찾을 것이요 두드리는 이에게 열릴 것이니라 너희 중에 누가 아들이 떡을 달라 하면 돌을 주며 생선을 달라 하면 뱀을 줄 사람이 있겠느냐 너희가 악한 자라도 좋은 것으로 자식에게 줄줄 알거든 하물며 하늘에 계신 너희 아버지께서 구하는 자에게 좋은 것으로 주시지 않겠느냐(마 7:7-11)

이 구절들은 하나님이 불가항력적으로 은혜를 부어 주신다는 교리가 비성경적임을 증거하는 말씀들이다. 우리가 찾고 찾을 때 하나님도 은혜를 주실 것이라고 말씀하신다. 가만히 있는 자에게 은혜를 주실 수가 없다. 에디오피아 간다게의 내시가 하나님의 은혜를 사모하여 예루살렘에 제사를 드리고 갈 때 빌립을 통해서 은혜를 주셨다(행 8:21). 남방 여왕이 솔로몬을 통해 하나님의 은혜를 받으려고 먼 길을 달려왔을 때 하나님께서 은혜를 주셨다(마 12:42). 나아만이 은혜를 사모하여 수천 리 길을 달려왔을 때 은혜를 주셨다(왕하 5:1-17). 수로보니게 여인이 예수님을 찾아 나와 간청했을 때 은혜를 받았다(마 7:26). 우리가 은혜 받으려고 힘쓰고 애쓸 때, 하나님을 찾고 찾을 때 하나님은 은혜 주신다. 이것이 성경이 우리에게 말하고 있는 은혜관이다.

또 이르시되 너희 중에 누가 벗이 있는데 밤중에 그에게 가서 말하기를 벗이여 떡 세 덩이를 내게 빌리라 내 벗이 여행 중에 내게 왔으나 내가 먹일 것이 없노라 하면 저가 안에서 대답하여 이르되 나를 괴롭게 하지 말라 문이 이미 닫혔고 아이들이 나와 함께 침소에 누웠으니 일어나 네게 줄 수가 없노라 하겠느냐 내가 너희에게 말하노니 비록 벗됨을 인하여서는 일어나 주지 아니할지라도 그 강청함을 인하여 일어

나 그 소용대로 주리라(눅 11:5-8)

불가항력적 은혜 교리가 성경적이라면 예수님의 이런 말씀들은 다 삭제되어야 할 것이다. 예수님은 불가항력적 은혜를 말씀한 적이 없다. 하나님의 은혜는 무한하고 풍성하지만 인간에 의해서 얼마든지 거부될 수 있음을 말씀한다. 은혜 받기 위해서 인간이 해야 할 부분에 대해서 힘쓰고 애쓸 것을 강력하게 말씀하신다. "강청함을 인하여" 하나님의 은혜가 주어짐을 말씀하고 있다. 그런데 우리가 그 어떤 노력도 하지 않고 가만히 있는데 하나님이 저항할 수 없도록 은혜를 부어 주셔야만 된다고 하는 주장은 성경의 지지를 얻지 못한다.

> 항상 기도하고 낙망치 말아야 될 것을 저희에게 비유로 하여 가라사대 어떤 도시에 하나님을 두려워 아니하고 사람을 무시하는 한 재판관이 있는데 그 도시에 한 과부가 있어 자주 그에게 가서 내 원수에 대한 나의 원한을 풀어 주소서 하되 그가 얼마 동안 듣지 아니하다가 후에 속으로 생각하되 내가 하나님을 두려워 아니하고 사람을 무시하나 이 과부가 나를 번거롭게 하니 내가 그 원한을 풀어 주리라 그렇지 않으면 늘 와서 나를 괴롭게 하리라 하였느니라 주께서 또 가라사대 불의한 재판관의 말한 것을 들으라 하물며 하나님께서 그 밤낮 부르짖는 택하신 자들의 원한을 풀어 주지 아니하시겠느냐 저희에게 오래 참으시겠느냐 내가 너희에게 이르노니 속히 그 원한을 풀어 주시리라 그러나 인자가 올 때에 세상에서 믿음을 보겠느냐 하시니라(눅 18:1-8)

가만히 있는데 은혜를 주시는 것이 아니다. 밤낮 부르짖을 때 응답해 주신다. 하나님은 기도하고 간구할 때 주시지, 원하지도 않는데 주시는 분이 아니다. 인간은 인격을 가지고 있고, 자유의지를 가지고 있기 때문에 하나님이 우리의 인격을 무시하거나 함부로 다루지 않는다. 불가항력적 은혜 교리는 성경적이지도 않으며, 우리가 구원받는데 오히려 방해가 되는 요소들을 가지고 있다.

8. 성도의 견인과 탈락 가능성

1) 성도의 견인 교리

한 번 구원받은 자는 결코 취소되는 일이 없으며, 반드시 구원을 얻게 된다는 것이 성도의 견인(Perseverance of the Saints) 교리이다. "한 번 구원은 영원한 구원"이 되는 것이다. 성령이 인간의 의지를 통해 믿음을 끝까지 지키도록 해 주기 때문에 어떤 경우에도 구원에서 떨어지는 일은 없다고 믿는 것이다. 회개를 통해 죄 사함을 받을 때, 과거, 현재의 죄만 아니라 앞으로 지을 미래의 죄도 사함을 받았다고 믿는다. 그래서 한 번 칭의를 받고 양자가 되면 결단코 구원에서 떨어지는 일은 없다는 이론이다.

> 이와 같이 너희도 너희 자신을 죄에 대하여는 죽은 자요 그리스도 예수 안에서 하나님을 대하여는 산 자로 여길지어다 그러므로 너희는 죄로 너희 죽을 몸에 왕노릇 하지 못하게 하여 몸의 사욕을 순종치 말고 또한 너희 지체를 불의의 병기로 죄에게 드리지 말고 오직 너희 자신을 죽은 자 가운데서 다시 산 자같이 하나님께 드리며 너희 지체를 의의 병기로 하나님께 드리라 죄가 너희를 주관치 못하리니 이는 너희가 법아래 있지 아니하고 은혜아래 있음이니라(롬 6:11-14)

예정론자들은 이런 구절을 통해 죄의 몸이 죽었고 하나님의 은혜로 구원에서 떨어지지 않는 몸이 되었다고 생각한다. 은혜아래 있기 때문에 더 이상 죄가 주장하지 못하고 구원에 이르는데 문제가 없다고 생각한다. 인간의 힘으로는 의롭게 살 수 없을 뿐 아니라, 말씀대로 살 수도 없기 때문에 하나님의 절대적 은혜가 필요하며, 그 하나님의 은혜와 보증은 구원에 이르는데 아무런 문제가 없다는 것이다. 마이클 호톤은 다음과 같이 주장한다.

> 모든 그리스도인이 중생을 믿지만, 칼빈주의자는 중생이 우리의 믿음에서 말미암는 것이 아니라 우리로 하여금 믿게 하기 위해 하나님이 주신 선물이라고 믿는다. 칼빈주의자는 온 교회와 함께 우리가 하나님의 은혜로 구원받고 보전된다고 고백할 뿐 아니라, 또한 구속받고 중생한 모든 사람이 끝까지 인내할 것을 오직 하나님의 은혜만이 보증한다고 고백한다.[115]

아담의 죄로 인해 절망적 상태에 처해진 인간을 하나님이 선별하여 예정하였고, 구원을 선물로 주셨기 때문에 이 모든 것을 예정하고 실행하신 하나님께서 한 번 선택된 사람을 구원에서 떨어지게 하는 일은 없다는 것이 성도의 견인 교리이다. 구원에서 떨어지지 않도록 하나님이 은혜로 보증하며, 그 어떤 일이 있더라도 성령을 통해 마침내 구원에 이르게 된다고 믿는다. 그러므로 한 번 하나님의 자녀가 되면 어떤 경우를 막론하고 구원에서 탈락하는 일은 없으며 구원에 이르게 된다.

2) 성도의 견인 교리가 비성경적인 이유

성도의 견인 교리가 진리이고 사실이라면 성경이 말씀하고 있는 구원보다 훨씬 더 확실하고 쉽다. 예수를 믿고 거듭난 자들이

---
115 마이클 호튼, 윤석인 옮김, 「칼빈주의 찬성」, 부흥과 개혁사, 37.

어떤 시험이나 환난에도 불구하고 중간에 탈락할 위험에도 불구하고 한 사람도 탈락하지 않는다면 이보다 더 좋은 일은 없을 것이다. 설령 구원받은 자가 교회를 떠나거나, 심각한 범죄를 하거나, 이단으로 가거나, 혹은 비성경적인 가르침을 전파한다 해도 한 번 구원 받은 자는 다시 구원에서 떨어지는 일이 없을 것이다. 한 번 얻은 구원이 100% 보장되어 마침내 구원에 이르게 된다면 교회 안에 있는 성도들에 대해서는 구원을 염려할 필요가 없을 것이다. 그러나 이 세상에 사는 동안에는 그 누구도 구원이 보장되어 있지 않다는 것이 성경의 진리이다. 누구나가 탈락할 수 있는 가능성에 놓여 있으며, 마귀는 믿음으로 거듭난 자라 하더라도 구원에서 떨어뜨리기 위해서 혈안이 되어 있다.

성도의 견인교리는 성경이 말씀하는 구원 진리와 맞지 않다. 물론 하나님이 구원받은 성도들을 지키며 끝까지 천국으로 인도하시는 것은 사실이다. 그러나 기억해야 할 사실은 우리의 믿음이 확실히 전제되었을 때를 말한다. 죄를 짓고 악을 행하는데도 구원이 보장된다는 것은 아니다. 견인교리를 믿고 구원받을 줄 알았다가 실제로 구원받지 못하는 일이 일어난다면 그 책임은 누가 질 것인가? 지옥에 떨어진 후에야 견인교리의 모순을 안다면 실로 비극적인 일이 아닐 수 없을 것이다. 성경은 성도의 견인교리를 지지하지 않는다. 로마서 8장의 말씀은 견인교리의 근거가 아니다.

> 누가 능히 하나님의 택하신 자들을 송사하리요 의롭다 하신 이는 하나님이시니 누가 정죄하리요 죽으실 뿐 아니라 다시 살아나신 이는 그리스도 예수시니 그는 하나님 우편에 계신 자요 우리를 위하여 간구하시는 자시니라 누가 우리를 그리스도의 사랑에서 끊으리요 환난이나 곤고나 핍박이나 기근이나 적신이나 위험이나 칼이랴(롬 8:33-35)

견인교리의 핵심은 하나님은 사랑이시기 때문에 하나님이 한 번 택한 자는 결코 버리는 일이 없다는 것이다. 부모가 자식을 버리지 않듯이 하나님이 자녀가 된 성도들을 버리지 않는다는 논리이다. 잘못하거나 죄를 짓게 되는 경우, 징계는 할 수 있어도 영원히 버리지는 않는다는 것이다. 우리를 위해 대신 죽으시면서 구원하셨는데, 그 귀한 구원을 죄를 짓거나 불순종한다 해서 버리는 일은 결코 없다는 것이다. 물론 우리의 믿음을 버리지 않는다면 하나님은 끝까지 우리를 지키시고 구원으로 인도하실 것이다. 그러나 믿음을 버리고 배역함에도 하나님이 구원을 보증한 곳은 성경 어디에도 없다.

> 내가 확신하노니 사망이나 생명이나 천사들이나 권세자들이나 현재 일이나 장래 일이나 능력이나 높음이나 깊음이나 다른 아무 피조물이라도 우리를 우리 주 그리스도 예수 안에 있는 하나님의 사랑에서 끊을 수 없으리라(롬 8:38, 39)

무엇보다도 하나님의 사랑에서 끊을 것은 이 세상에 아무것도 없다는 말씀에서 견인교리는 더욱 확고한 성경적 지지를 얻는 것처럼 보인다. 하나님의 사랑이 자기 백성, 자기 자녀들을 버리지 못한다는 것이다. 이 교리가 맞다면 더 이상 우리는 견인교리 때문에 논쟁할 필요가 없을 것이다. 한 번 구원받은 성도는 어떤 일이 있어도 구원받을 것이기 때문에 구원에 대해 심각하게 논쟁할 필요가 없다. 성도의 견인교리를 믿는다면 누가 이 교리에 반대한다 해도 심각하게 생각하거나 논쟁할 이유가 없다. 한 번 중생한 사람은 어떤 경우에도 천국에 들어가도록 성령이 인도해 줄 것이기 때문이다.

물론 우리가 믿음을 지키고 순종할 때 하나님은 우리를 붙잡아 주시고 끝까지 천국으로 인도해 주신다. 죄를 짓지 않거나 지어도 회개하고, 말씀에 순종하여 끝까지 구원을 이루어 나갈 때 하나님은 우리를 구원에 이르게 하실 것이다.

문제는 죄를 짓고 타락할 경우이다. 예수 믿고 난 이후에 죄를 짓거나 타락하면 어떻게 되는가? 당장 버리거나 생명책에서 이름을 지워버리지는 않겠지만, 징계가 따라오고 회개를 촉구할 것이다. 그래도 끝까지 회개치 않거나, 이단으로 넘어가거나, 우상숭배에서 벗어나지 못하거나, 사단에게 종노릇한다면 마침내 하나님으로부터 버림받는다는 사실을 성경이 증거하고 있다.

> 한 번 비췸을 얻고 하늘의 은사를 맛보고 성령에 참예한바 되고 하나님의 선한 말씀과 내세의 능력을 맛보고 타락한 자들은 다시 새롭게 하여 회개케 할 수 없나니 이는 자기가 하나님의 아들을 다시 십자가에 못 박아 현저히 욕을 보임이라 땅이 그 위에 자주 내리는 비를 흡수하여 밭가는 자들의 쓰기에 합당한 채소를 내면 하나님께 복을 받고 만일 가시와 엉겅퀴를 내면 버림을 당하고 저주함에 가까와 그 마지막은 불사름이 되리라(히 6:4-8)

성령의 은사와 능력, 하나님의 말씀을 통해 믿음을 가졌던 자들이 타락하여 돌이키지 않으면 그 마지막이 "불사름"이라고 경고하고 있다. 즉 지옥불에 들어간다는 것이다. 성도의 견인교리가 맞다면 한 번 성령의 참예한 사람들은 지옥에 들어가서는 안 된다. 그러나 성경은 구원에서 떨어진다고 말씀한다. 이것을 예정론자들은 외적 소명은 받았으나 내적 소명은 받지 못했기 때문이라고 설명하지만, 그것은 하나님의 말씀을 변개시키는 일이 아닐 수 없다. 히브리서 6장이 외적 부름을 받은 자들이 지옥 떨어지는 것을 경고하기 위해서 쓰여진 책이 아니다. 하늘의 은사를 맛보고, 진정 거듭난 자가 다시 타락할 때 용서가 없다는 것을 설명하기 위해 쓰여진 책이다. 외적 부르심과 내적 부르심을 구별하여 한 번 구원은 영원한 구원이라는 교리를 합리화시키려는 것은 성경의 진리를 심각하게 훼손하는 일이 아닐 수 없을 것이다.

> 그러나 네게 책망할 일이 있노라 자칭 선지자라 하는 여자 이세벨을 네가 용납함이니 그가 내 종들을 가르쳐 꾀어 행음하게 하고 우상의 제물을 먹게 하는도다 또 내가 그에게 회개할 기회를 주었으되 자기의 음행을 회개하고자 하지 아니하는도다 볼지어다 내가 그를 침상에 던질 터이요 또 그와 더불어 간음하는 자들도 만일 그의 행위를 회개하지 아니하면 큰 환난 가운데에 던지고 또 내가 사망으로 그의 자녀를 죽이리니 모든 교회가 나는 사람의 뜻과 마음을 살피는 자인 줄 알지라 내가 너희 각 사람의 행위대로 갚아 주리라(계 2:20-23)

물론 성도가 타락하고 죄를 지을 경우, 하나님은 그 영혼을 건지기 위해서 환경을 치고, 건강을 치고, 가족을 치는 경우가 있다. 그렇게 해서라도 돌아오게 만든다. 그러나 돌아오지 않을 경우, 버림을 당한다.

> 이미 도끼가 나무뿌리에 놓였으니 좋은 열매 맺지 아니하는 나무마다 찍어 불에 던지우리라(마 3:10)

> 아름다운 열매를 맺지 아니하는 나무마다 찍혀 불에 던지우니라 이러므로 그의 열매로 그들을 알리라 나더러 주여 주여 하는 자마다 천국에 다 들어갈 것이 아니요 다만 하늘에 계신 내 아버지의 뜻대로 행하는 자라야 들어가리라 그날에 많은 사람이 나더러 이르되 주여 주여 우리가 주의 이름

으로 선지자 노릇하며 주의 이름으로 귀신을 쫓아내며 주의 이름으로 많은 권능을 행치 아니하였나이까 하리니 그때에 내가 저희에게 밝히 말하되 내가 너희를 도무지 알지 못하니 불법을 행하는 자들아 내게서 떠나가라 하리라(마 7:19-23)

예수님은 성도의 견인 교리를 전면 부인하신다. 단지 거듭나거나 믿기만 한다고 천국에 들어가는 것이 아님을 말씀하고 있다. 입술로 주님을 부르고, 귀신을 쫓아내긴 하였지만 이들은 구원을 받지 못하였다. 이들은 분명 거듭난 자이고, 내적 소명도 받은 자이다. 이들은 하나님 원하는 삶을 살지 않고, 불법을 행하였기 때문에 천국에 들어가지 못하였다.

물론 하나님의 은혜가 아니면 구원에 이를 수 없다. 그러나 그 하나님의 은혜가 예정론자들의 주장처럼 우리의 행위에 상관없이 이루어지는가를 질문해 보아야 한다. 하나님의 은혜는 우리의 행위나 순종, 회개에 상응해서 주어진다. 인간이 스스로 구원을 얻을 수 없다고 해서 하나님이 모든 것을 다 하시는 것이 아님을 성경이 말씀하고 있다.

과거의 죄에 대해서는 믿음과 회개를 통해 무조건적으로 다 용서해 주신다. 하지만 현재와 미래에 대해서는 조건적이다. 무조건 은혜를 베풀어 주시고, 우리의 행위와 상관없이 끝까지 하나님이 견인해 주시는 것이 아니다. 중생한 이후에는 우리의 자유의지로 어떤 선택을 하느냐에 따라서 하나님의 인도함을 받기도 하고 버림을 받기도 한다는 것을 잊어서는 안 된다.

하나님의 은혜아래 있기 위해서는 우리에게 요구되는 조건을 충족시켜야 한다. 하나님으로부터 용서받았다면 이제는 용서하며 살아야 한다. 하나님으로부터 용서받은 자가 다른 사람을 용서해 주지 않는다면 심각한 문제가 발생한다. 그것은 곧 받았던 구원이 취소되는 것이다.

> 우리가 우리에게 죄 지은 자를 사하여 준 것같이 우리 죄를 사하여 주옵시고(마 6:12)

> 너희가 사람의 과실을 용서하면 너희 천부께서도 너희 과실을 용서하시려니와 너희가 사람의 과실을 용서하지 아니하면 너희 아버지께서도 너희 과실을 용서하지 아니하시리라 (마 6:14, 15)

우리가 죄인 되었을 때 지었던 죄는 믿음으로 속죄함 받지만 속죄 받은 이후에 짓는 죄에 대해서는 어디까지나 조건적임을 알 수 있다. 이제는 자신에게 죄 지은 자를 먼저 용서해 주어야 하나님도 용서해 주시겠다는 것이다. 무조건적인 용서가 아니라 조건적인 용서를 해 주시겠다는 것이다. 이것은 성도의 견인교리와 상반되는 내용이다. 인간의 행위가 선행되어야 하나님도 역사하시겠다는 말씀이다. 만약 남을 용서해 주지 않는다면, 비록 그가 사죄의 은총을 받은 자라 하더라도 그 다음에 짓는 죄에 대해 용서받지 못할 것이라는 사실이다.

성도의 견인 교리는 무조건적이 아니라 조건적임을 알아야 한다. 우리가 먼저 남의 죄를 용서해 주고, 먼저 긍휼을 베풀어 줄 때 하나님도 용서와 긍휼을 베풀어 주신다. 하나님의 은혜가 선행하는 것이 아니라, 인간의 회개와 순종이 선행해야 하나님의 은혜가 임함을 알 수 있다.

> 긍휼을 행하지 아니하는 자에게는 긍휼 없는 심판이 있으리라 긍휼은 심판을 이기고 자랑하느니라(약 2:13)

하나님의 긍휼은 무조건적이 아니며, 불가항력적인 것도 아니다. 긍휼을 인간이 먼저 베풀 때, 하나님도 긍휼을 베풀어 주신다.

만약 긍휼을 행치 않는다면 긍휼 없는 심판(약 2:13)을 받기 때문에 구원에 이를 수 없을 것이다. 예정론자들은 인간이 긍휼을 받고서도 행치 않는 것은 하나님께 선택받지 못했기 때문이며, 긍휼을 행할 수 있는 자는 선택받았기 때문이라고 생각한다. 이것은 잘못된 논리이며 모순된 적용이다. 하나님은 우리에게 자유의지의 선택을 통해 천국문에 이르기를 원하고 계신다. 하나님이 이끌어 주시는 부분도 있지만, 하나님이 주신 은혜와 사랑과 믿음을 통해 우리 자신의 의지의 결단으로 천국문에 도달하기를 원하신다. 하나님은 그런 자를 구원으로 인도하며 도우신다.

하나님은 분명 인간을 구원해 줄 능력을 다 가지고 계신다. 그러나 그 능력을 다 사용하지 않으신다. 예정론자들은 인간이 무능력하기 때문에 하나님이 절대적으로 구원시켜주지 않으면 안 된다고 하지만, 성경은 십자가를 통해 우리의 죄 문제를 해결해 주신 다음, 다시는 죄를 짓지 말라고 요구한다. 즉 인간은 자기 스스로 죄 문제를 해결할 수 없다. 그래서 그 문제를 하나님이 십자가를 통해 해결해 주셨다. 그 다음에 죄를 짓고 안 짓는 것은 우리의 책임이다. 전에 지은 죄는 십자가의 은혜를 통해 용서받고, 앞으로 살아갈 동안에는 더 이상 죄를 짓지 않는 것은 우리 각자가 힘쓰고 애써야 할 부분이다.

구원 받은 이후에 죄 문제는 우리 손에 달려 있다. 물론 죄를 지었을 경우에는 회개하여 용서를 받는 길은 열어 주셨다. 그렇다고 그것만 믿고 죄를 지어서는 안 된다. 철저히 죄를 끊고 구원을 이루어 나가야 하는 과제가 우리 각자에게 주어지는 것이다. 하나님이 이루어 주신 구원 안에서 인간이 감당해야 할 부분에 대해서는 각자가 더욱 노력해서 구원의 길에 도달할 수 있기를 원하시는 것이다. 우리 힘으로 부족한 부분이 있기 때문에 기도할 수 있는 은혜를 주신 것이다. 하나님은 그 기도를 듣고 보혜사 성령을 보내어 구원에 이르도록 하신다. 궁극적으로 구원에 이르는 최종 판단과 결정의 주체는 각자 자신이다. 자신의 판단과 선택에 의해서 구원에 이르러야 한다.

> 다만 너희에게 있는 것을 내가 올 때까지 굳게 잡으라 이기는 자와 끝까지 내 일을 지키는 그에게 만국을 다스리는 권세를 주리니 그가 철장을 가지고 저희를 다스려 질그릇 깨뜨리는 것과 같이 하리라 나도 내 아버지께 받은 것이 그러하니라(계 2:25-27)

> 또 내게 말씀하시되 이루었도다 나는 알파와 오메가요 처음과 나중이라 내가 생명수 샘물로 목마른 자에게 값없이 주리니 이기는 자는 이것들을 유업으로 얻으리라 나는 저의 하나님이 되고 그는 내 아들이 되리라 그러나 두려워하는 자들과 믿지 아니하는 자들과 흉악한 자들과 살인자들과 행음자들과 술객들과 우상 숭배자들과 모든 거짓말 하는 자들은 불과 유황으로 타는 못에 참예 하리니 이것이 둘째 사망이라(계 21:6-8)

만약 성도의 견인 교리가 맞다면 선택받은 자는 누구든지 천국을 상속받게 될 것이다. 그러나 예수님이 제시하는 조건은 "이기는 자"만이 천국을 상속받을 수 있다. 이긴다는 것은 자신의 의지와 인내와 노력으로 이기는 것을 말한다. 하나님께서 모든 것을 보장한다면 인간이 그렇게 노력할 필요까지는 없을 것이다. 성도의 견인 교리는 성경적이라고 하기에 많은 문제를 내포하고 있다. 성경은 구원의 탈락 가능성을 말씀하면서 항상 깨어 구원을 준비하도록 권고하고 있다.

3) 성도의 견인 교리가 구원론에 미치는 영향

성도의 견인 교리를 믿게 되면 하나님이 구원을 위해 모든 것을 다 해 주신다는 착각에 빠질 수 있다. 아무리 죄를 지어도 하나님이 버리지 않는다는 생각 때문에 죄에서 벗어나지 못할 수가 있다. 잘못을 하고 불순종을 해도 하나님이 버리지 않는다는 생각 때문에 두렵고 떨림으로 구원을(빌 2:12) 이루어가기 힘들어진다. 한 번 구원은 영원한 구원이라는 생각 때문에 죄를 지을 때마다 회개하고 자신을 쳐 복종시켜 나가야 하는데 그런 부분들을 무시될 수 있다.

사도 바울은 성도의 견인 교리에 대해 부정적이다. 우리가 하나님이 원하는 조건을 다 만족시킬 때 하나님도 우리의 구원을 보장하시지 그렇지 않는다면 버림을 당한다고 바울은 확신한다. 구원받은 자라도 중도에 파선하거나 사단에게 넘어갈 수 있다.

믿음과 착한 양심을 가지라 어떤 이들이 이 양심을 버렸고 그 믿음에 관하여는 파선하였느니라(딤전 1:19)

내가 내 몸을 쳐 복종하게 함은 내가 남에게 전파한 후에 자기가 도리어 버림이 될까 두려워함이로라(고전 9:27)

하나님 앞에 생명 바쳐 충성하는 사도 바울도 자신의 구원에 대해 걱정하고 있음을 알 수 있다. 남에게 복음을 전파하여 구원시킨 후에 도리어 자신은 지옥에 떨어질까 두려워 한 것이다(고전 9:27). 견인교리가 맞다면 바울은 자신이 버림이 될까 두려워하지 않았을 것이다.

예수님은 눈이 범죄하면 눈을 빼버리고 손이 범죄하면 손을 찍어 버리라(막 9:43)고 하셨다. 이것은 중생 이후에 짓는 죄도 지옥에 떨어지게 한다는 것을 알 수 있다. 중생을 했으면 더더욱 죄를 짓지 않아야 하는데 견인교리 때문에 죄를 지어도 구원받는데 문제

없다고 생각하면 어떻게 죄를 끊을 수 있겠는가?

> 모든 영혼이 다 내게 속한지라 아비의 영혼이 내게 속함 같이 아들의 영혼도 내게 속하였나니 범죄하는 그 영혼이 죽으리라 (겔 18:4)

한 번 거듭나서 중생한 사람, 하나님의 자녀가 된 사람은 죄를 지어도 천국 들어가는데 문제가 없다고 가르치면 누가 지옥의 문제를 심각하게 생각하겠는가? 누가 사단의 시험과 공격을 심각하게 고민하겠는가? 그러나 성경은 구원에서 떨어질 것에 대해 심각하게 경고하고 있다.

> 형제들아 너희가 삼가 혹 너희 중에 누가 믿지 아니하는 악심을 품고 살아 계신 하나님에게서 떨어질까 염려할 것이요 (히 3:12)

> 그러므로 사랑하는 자들아 너희가 이것을 미리 알았은즉 무법한 자들의 미혹에 이끌려 너희 굳센 데서 떨어질까 삼가라 (벧후 3:17)

> 불의한 자가 하나님의 나라를 유업으로 받지 못할 줄을 알지 못하느냐 미혹을 받지 말라 음란하는 자나 우상 숭배하는 자나 간음 하는 자나 탐색하는 자나 남색하는 자나 도적이나 탐람하는 자나 술 취하는 자나 후욕하는 자나 토색하는 자들은 하나님의 나라를 유업으로 받지 못하리라 (고전 5:9, 10)

> 육체의 일은 현저하니 곧 음행과 더러운 것과 호색과 우상 숭배와 술수와 원수를 맺는 것과 분쟁과 시기와 분냄과 당

짓는 것과 분리함과 이단과 투기와 술 취함과 방탕함과 또 그와 같은 것들이라 전에 너희에게 경계한 것같이 경계하노니 이런 일을 하는 자들은 하나님의 나라를 유업으로 받지 못할 것이요(갈 5: 19-21)

성경은 성도의 견인 교리를 지지하지 않는다. 천국 들어가는 그 날까지 누구도 구원에 대해서 장담할 수 없다. 끝까지 믿음을 지키고 정절을 지킬 때 들어갈 수 있는 곳이 천국이다. 중도에 타락하거나 타종교로 돌이킬 때는 구원에서 떨어진다. 끝까지 인내하는 자만이 구원을 받고, 나머지는 구원에서 떨어진다.

또 내가 보니 보라 어린양이 시온산에 섰고 그와 함께 십사만 사천이 섰는데 그 이마에 어린양의 이름과 그 아버지의 이름을 쓴 것이 있도다 내가 하늘에서 나는 소리를 들으니 많은 물소리도 같고 큰 뇌성도 같은데 내게 들리는 소리는 거문고 타는 자들의 그 거문고 타는 것 같더라 저희가 보좌와 네 생물과 장로들 앞에서 새 노래를 부르니 땅에서 구속함을 얻은 십사만 사천인 밖에는 능히 이 노래를 배울 자가 없더라 이 사람들은 여자로 더불어 더럽히지 아니하고 정절이 있는 자라 어린양이 어디로 인도하든지 따라가는 자며 사람 가운데서 구속을 받아 처음 익은 열매로 하나님과 어린양에게 속한 자들이니 그 입에 거짓말이 없고 흠이 없는 자들이더라(계 14:1-5)

천국에 들어간 자들은 자기를 더럽히지 않고 끝까지 믿음을 지킨 자들이며 어린양이 어디로 인도하든지 따라간 자들이다. 여기서 탈락하면 구원도 상실한다. 그러므로 성도의 견인 교리는 얼마나 비성경적이며, 성도의 구원을 가로막고 방해하는 교리인지 모른다. 견인 교리에 속아서 오늘도 많은 성도들이 죄를 먹고 마시며 지옥의 길로 달려가면서도 천국 들어가는 줄로 착각하고 있는 경우가 많다. 견인교리가 비성경적임을 알고 구원을 끝까지 이루어 나가도록 교회가 다시 가르치지 않으면 안 될 것이다.

9. 예정론 논쟁에 관한 결론

하나님의 예정 자체는 성경에 기록되어 있기 때문에 인정해야 한다. 천지창조와 더불어 인간을 창조한 것 자체가 예정이며, 이스라엘의 구원을 계획한 것도, 메시야를 보내시는 계획도, 교회를 세우는 것도 하나님의 예정에 속하는 것이다. 이 예정은 인간이 간섭할 수 없는 하나님의 독자적 영역이며, 그러한 하나님의 계획을 막거나 방해할 자는 아무도 없다.

그러나 하나님의 절대주권만 강조하면서 인간의 구원이 전적으로 하나님의 예정에 의한 것이라고 하는 이중예정론적 구원관은 맞지 않다. 왜냐하면 인간에게 자유의지를 주셨고 그 자유의지를 통해 인간이 해야 할 부분이 있기 때문이다. 성경은 하나님의 주권과 더불어 인간의 자유의지와 선택에 대해 분명히 말씀하고 있다. 따라서 구원은 하나님이 하실 부분과 인간의 순종해야 할 부분이 있음을 확실히 알아야 한다.

인간 스스로 구원을 성취하는 것은 당연히 불가능하다. 하나님이 이루어 놓으신 구원 가운데 인간이 이루어 나가야 할 부분을 고민하자는 것이다. 인간이 하나님과 대등한 관계에서 구원을 이루어 나간다는 뜻이 아니라, 모든 구원은 하나님 영역 안에 있지만 하나님이 인간에게 요구하는 그 부분이 무엇인가를 알고 하나님의 요구를 만족시켜 드려야 한다는 것이다. 인간이 선택하고 실천해야 할 부분까지 하나님의 절대예정 속에 포함시키는 것은 비성경적이며, 하나님의 의도가 아님을 알아야 한다. 인간 구원을 위해서 하나님이 하실 부분이 있고, 인간이 해야 할 일이 있음을 알고, 하나님의 은혜 안에서 철저히 순종하여 우리의 구원을 이루어 나갈 때 완전한 구원이 이루어진다는 것을 성경이 말씀하고 있다.

그렇다고 해서 하나님의 구원이 부족하기 때문에 인간이 보충해야 한다는 식의 신인협동설을 말하는 것은 아니다. 하나님이 이루신 구원은 그 자체로서 완전하다. 다만 구원받은 인간이 하나님의 구원 안에서 당연히 맺어야 할 열매가 무엇이며, 따라와야 할 행위가 어떤 것임을 성경이 말씀하고 있기 때문에 그 요구가 만족되어야 한다는 것이다. 구원의 시작은 회개와 믿음을 통해 그리스도 십자가의 은혜로 죄 사함을 받지만, 죄 사함 받은 이후에는 성도로서의 자격을 갖추어야 한다. 성도다운 인격이 되어야 하고, 하나님이 원하시고 기뻐하시는 삶이 열매로 나타나야 한다. 그래야 구원이 완성이 되는 것임을 성경은 말씀하고 있다. 하나님이 처음부터 끝까지 인간 구원을 위해서 모든 것을 다 하신다고 생각하는 것은 큰 잘못이다. 하나님이 이루어 놓으신 그 구원 안에서 인간이 해야 할 부분을 해야 구원이 완성된다.

하나님이 창세 전, 혹은 타락 이후에 구원받을 인간을 예정했기 때문에 구원을 받는다는 주장은 받아들이기 어렵다. 우리가 하나님의 계명을 사랑하고, 하나님 자녀다운 삶을 살아갈 때 하나님의 자녀로 인침을 받는다는 것을 알아야 한다. 하나님은 인간의 선택을 존중한다. 그래서 인간이 하나님을 선택하면 비록 그가 죄인이며 이방인이라 하더라도 하나님의 자녀로 선택하고, 구원으로 예정하신다. 비록 아브라함의 자손이라 하더라도 하나님을 버리고 우상숭배로 나아갈 때는 그런 자를 유기시키신다.

우리는 당연히 하나님의 절대주권을 믿는다. 그러나 그 절대주권이 결정론적 구원론은 아님을 알아야 한다. 절대적 주권이란 인간의 자유의지나 선택을 배제한 것이 아니라 오히려 존중한다는 것을 알아야 한다. 비록 멸망시키려고 했던 영혼이라도 하나님께 회개하고 돌이킬 때, 하나님은 그런 자를 천국의 백성으로 인정해 주는 권한이 있는 것이 절대주권이다. 하나님이 내린 결정에 대해서 그 누구도 반대할 수 없다. 그런 측면에서 하나님은 절대 주권자라고 할 수 있다. 또한 아무리 구원시키려고 하던 자라도 끝까지 회개하지 않을 때, 유기시키고자 하나님이 결정하면 그 누구도 그 결정을 변개시키거나 막을 수 없다. 그런 측면에서 하나님은 절대 주권자이다.

하나님의 예정은 절대적이 아니라 '상대적'이다. 즉, 인간의 선택에 따라서 하나님의 예정은 얼마든지 변경될 수 있는 것이다. 인류의 역사는 하나님이 정해놓은 예정에 따라 움직여 나가는 것이 아니라, 인간의 자유의지의 결정에 의해 움직여 나가며, 그 인간의 결정에 의해 하나님은 인간을 선택하기도 하시고 유기하기도 하신다는 사실이다. 물론 구원의 주권과 예정은 하나님의 손 안에 있다.

하나님의 예정에 대한 패러다임의 변화가 절실히 요구된다. 성경을 바로 이해하고, 올바른 성경적 구원론을 정립하기 위해서는 예정론에 대한 새로운 시각과 이해가 필요하다. 예정론을 부정하는 것이 아니라, 성경이 말씀하고 있는 예정론을 이해해야 한다는 것이다. 올바른 예정론 이해는 인간 구원에 큰 도움을 줄 것이다.

3장

예정과 자유의지 논쟁

구원론 논쟁

1. 예정과 자유의지 관계

구원론에서 예정과 자유의지의 관계를 규명하는 일은 매우 중요하다. 하나님의 절대 예정을 강조할 것인가, 인간의 자유의지를 강조할 것인가? 예정과 자유의지는 서로 상반되는 것인가, 상호협력적인 것인가? 하나님의 예정과 인간의 자유의지는 서로 양립할 수 없는 것처럼 보일 수 있다. 절대 예정을 강조하게 되면, 인간의 자유의지는 약화될 수밖에 없다. 그러나 상대 예정을 주장하게 되면 인간의 자유의지는 강화된다. 우리는 절대 예정을 선택할 것인지, 상대 예정을 택할 것인지를 결정해야 한다. 타락하기 전에 가졌던 아담의 자유의지가 타락 후에도 모든 인간에게 지속이 되는지, 완전히 부패하였는지, 아니면 부분적으로 부패하였는지도 결정해야 한다. 제3장에서는 인간의 자유의지가 구원과 어떤 관계에 있으며, 어떤 영향을 미치는지에 대하여 깊이 다룰 것이다.

어거스틴으로부터 시작하여 종교개혁 이후로 인간의 자유의지에 대한 잘못된 이해로 구원론에 심각한 문제가 생긴 것을 부인할 수 없다. 종교개혁 500주년을 맞이하면서, 자유의지에 대하여 재고할 수 있다는 것은 실로 다행한 일이 아닐 수 없을 것이다. 자유의지에 대한 논의는 초대 교회시대부터 있어 왔다. 알렉산드리아 교부들은 인간의 자유의지를 강조하였다.

> 알렉산드리아 교부들은 인간의 자유의지를 인정한다. 인간은 이 자유의지 때문에 선을 지향하고 예수 그리스도 안에서 제시되는 구원을 받아들일 수 있다. 하나님은 구원을 제시하고, 인간에게는 그 구원을 받아들일 힘이 있다. 그러나 오리게네스는 믿음을 인간의 행위라고 설명하면서도 믿음이 하나님의 은혜의 결과라고도 말한다.[116]

---

116 루이스 벌코프, 박문재 역, 「기독교교리사」, 크리스챤 다이제스트, 77.

이러한 알렉산드리아 교부들의 자유의지론은 상당 부분 성경에 근거하고 있음을 알 수 있다. 동방교회 헬라교부들 역시 인간의 자유의지를 강조한 것은 다행한 일이 아닐 수 없다.

> 동방교회는 숙명이나 운명 같은 이교적 사상에 반대하여 인간 본성에 있어서의 자유의 요소를 강조하기를 좋아하였다. 그들은 인간의 의지가 부패하여, 사탄과 감각과 관련된 시험이나 유혹들, 죽음에 종속되게 되었고, 세례를 통해서 새로운 삶이 전해진다는 것을 인정하였다. 전체적으로, 헬라 교부들은 하나님의 은혜와 자유의지를 나란히 열거하는 것으로 만족하였다.[117]

헬라 교부들이 자유의지를 강조하였지만, 그 자유의지도 하나님의 은혜 없이는 완전한 구원으로 나아갈 수 없다고 이해하였다.

> 헬라 교부들의 가르침 속에서 통용되었던 은혜론은 당연히 그들의 죄 개념에 의해서 지대한 영향을 받았고 결정되었다. 전체적으로 주된 강조점은 하나님의 은혜의 역사가 아니라 인간의 자유의지에 두어졌다. 중생(regeneration)에서 주도권을 쥐고 있는 것은 하나님의 은혜가 아니라 인간의 자유의지이다. 그러나 인간의 자유의지는 중생 과정을 개선시키기는 하지만, 하나님의 도움 없이는 그 과정을 완성할 수 없다. 하나님의 능력은 인간의 의지와 협력하여, 인간의 의지가 악에서 떠나고 하나님을 기쁘게 해드리는 것을 행할 수 있게 해준다.[118]

---

117 Ibid., 144, 145.
118 Ibid., 134.

헬라 교부들은 자유의지를 강조하면서도, 그 자유의지 또한 하나님의 도움 안에서만 가능하다는 측면에서 성경적 토대를 세웠다고 할 수 있다. 이러한 헬라 교부들의 자유의지와 하나님의 주권에 대한 이해는 구원론을 세우는데 있어서 매우 중요한 기초가 아닐 수 없다.

이러한 자유의지에 대한 논쟁은 5세기경 펠라기우스와 어거스틴 사이에서 심각한 논쟁으로 발전하였다. 6세기로 흘러오면서는 어거스틴주의와 반(半)펠라기우스 사이에서 자유의지에 대한 논쟁이 있었고, 종교개혁시대 이후에는 칼빈주의자들과 알미니안주의자들 사이에 논쟁이 있었다.

펠라기우스처럼 아담의 죄와 타락이 실제적으로 인간에게 전혀 영향을 미치지 않았다고 이해할 경우, 자유의지는 온전히 남아 있다는 결론이 나오며, 인간의 자력 구원이 가능해 진다는 결론이 나올 수 있다. 원죄를 부인하고 모든 인간은 범죄하기 전 아담처럼 태어난다고 한 펠라기우스는 "인간의 의지는 절대적으로 자유하다"[119]고 하였다. 어거스틴처럼 아담의 원죄가 실제로 유전되고 그 후손에게 영향을 미친다고 한다면, 인간의 자유의지는 부분적이거나 전적으로 상실되기 때문에 하나님의 절대적 은총에 의해서만 구원이 가능하다는 결론을 얻게 될 것이다.

그런가 하면 인간의 자유의지는 전적으로 부패하였지만 예수 그리스도의 십자가 은총인 선재적 은총을 통해 인간의 자유의지가 부분적으로 회복되었다는 부분적 타락설을 주장할 경우, 구원은 신인 합력에 의해 이루어진다고 믿게 될 것이다. 아담의 타락이 전적 타락이 아닌 부분적 타락이라고 한다면 반펠라기우스의 주장처럼 하나님의 은총 50%와 인간의 선택과 노력 50%가 합해서 구원을 이룬다는 결론이 나올 수 있다. 그런가 하면 웨슬리적 알미니안주의처럼 하나님의 은총 100%와 인간의 순종 100%에 의해서 구원

---

119 Ibid., 16.

이 완성된다는 주장도 나올 수도 있다.

2. 전적 타락과 자유의지의 관계

인간의 자유의지는 아담 타락 이후 어떻게 되었는가? 아담의 원죄에 의해 어떤 영향을 받았는가? 부분적으로 부패하였는가? 아니면 전적으로 부패하였는가? 이에 대한 어거스틴의 입장은 아담의 원죄의 전가로 인하여 인간의 자유의지가 전적으로 부패하였다는 것이다. 아담의 원죄로 인해 부패한 인간은 어떤 선도 선택할 수 없는 상태가 되었고, 인간의 자유의지는 완전히 부패하였다는 것이다. 그래서 유아가 태어날 경우, 그 유아도 죄인으로 태어나기 때문에 반드시 유아세례를 받아야 한다는 주장을 하였다.

> 아우구스티누스는 하나님의 은혜의 역사를 몇 단계로 구분해서, 선행적 은혜(prevenient grace), 작용적 은혜(operative grace), 협력적 은혜(co-operative grace)라 부른다. 첫 번째 단계에서 성령은 율법을 활용해서 죄의식과 죄책감을 낳고, 두 번째 단계에서는 복음을 사용하여 칭의 및 하나님과의 화목을 가져다주는 그리스도와 그의 속죄 사역에 대한 믿음을 낳으며, 세 번째 단계에서는 인간의 새로워진 의지가 하나님과 협력하여 일생에 걸친 성화 사역에 참여한다.[120]

어거스틴은 완전히 부패한 인간의 의지가 선행적 은혜에 의해서 새로워질 수 있고, 그 새로워진 의지로 하나님과 협력하여 성화시켜 나갈 수 있다고 이해하였다. 이러한 어거스틴의 주장은 알미니안주의나 웨슬리주의의 주장과 일맥상통하는 부분이 있다. 반면

---
120 루이스 벌코프, 박문재 역, 「기독교 교리사」, 크리스찬 다이제스트, 143.

에, 펠라기우스나 켈레스티우스는 아담의 죄는 그 자신의 죄일 뿐 다른 사람에게 전가되지 않고, 유전되지도 않았다고 주장한다. 따라서 인간의 자유의지는 전혀 타락하지 않았고 아담처럼 완전하다고 본다.

반펠라기우스주의나 반어거스틴주의자들은 인간의 의지가 부분적으로 타락하였다고 본다. 따라서 인간의 자유의지는 원죄로 인해 부패하였지만 그렇다고 선을 전혀 선택할 수 없는 상태는 아니라고 이해한다.

인간의 전적 타락을 주장한 어거스틴의 주장은 루터나 칼빈과 같은 종교개혁자들에게 영향을 미쳤고, 칼빈의 경우 예정설을 더욱 강화시켰다. 그로 인해 인간의 자유의지는 전적 부패교리로 발전하게 되었다. 종교개혁자들은 어거스틴의 은총론을 이어받아 오직 은혜로만 구원이 가능하며, 노예의지론을 그대로 수용해서 인간의 자유의지는 구원에 있어서 어떤 역할도 할 수 없다는 주장을 하게 된다. 칼빈 이후, 칼빈주의자들에 의해 이중예정론이 더욱 발전하였고, 그로 인해 하나님의 절대 은총론이 발전하면서 인간의 자유의지는 완전히 죽게 되는 결과를 가져오게 되었다.

어거스틴주의에 따르면 인간의 자유의지는 전적으로 부패하여 죄만 선택할 수 있는 자유만 있을 뿐, 선을 선택할 자유는 없다고 한다. 선을 선택할 자유가 없는 자유의지는 노예의지이며, 구원을 얻는데 어떤 도움도 주지 못하는 의지이다. 따라서 이런 인간이 구원을 얻기 위해서는 하나님의 절대적 은총이 필요하다. 이러한 전적타락설은 원죄설에 근거한다고 할 수 있다. 원죄설을 믿게 되면 인간이 타고날 때부터 원죄를 타고 나기 때문에 인간의 자유의지도 전적으로 타락했다고 주장하게 된다.

벌콥은 원죄와 인간의 자유의지에 대해 두 가지 입장을 취한다. 인간이 도덕을 행하거나, 이성이나 양심에 있어서는 선택의 자유가 있음을 인정한다. 인간은 천부적으로 자유를 선택할 수 있는 능력을 타고났다고 본다. 그러나 원초적이고 도덕적인 최고선을 추구하는 측면에서는 자유의지를 상실했다는 것이다. 구원을 위하여 하나님의 일을 추구하는 측면에서는 자유의지가 결여되어 있다는 것이다.[121] 이러한 벌콥의 주장은 반펠라기우스주의나 웨슬리안주의의 부분적 타락과 약간의 연관성이 있다고도 볼 수 있다.

모든 인간은 타락하기 전 아담처럼 온전한 자유의지를 가지고 태어난다고 주장하는 펠라기우스의 자유의지론은 성경적으로 맞지 않기 때문에 수용하기가 곤란하다. 그렇다고 전적으로 타락하여 자유의지가 완전히 상실됨으로 인간은 그 어떤 선도 행할 수 없다는 주장 또한 성경의 입장과 맞지 않는다. 그것은 성경이 우리에게 요구하는 도덕과 율법과 계명의 수준이 자유의지의 완전 부패가 아니라 부분 부패나 혹은 부패하지 않은 상태를 전제로 하기 때문이다.

만약 자유의지가 완전히 부패한 상태여서 구원을 위하여 그 어떤 선이나 행위, 선택도 할 수 없다면, 구원을 위해서 하나님은 인간에게 그 어떤 것도 요구할 수 없다. 의식을 완전히 상실하거나 죽은 자에게 어떠한 것도 요구할 수 없는 것처럼, 자유의지가 완전히 부패하였다면 어떤 율법적, 도덕적 계명도 요구해서는 안 되기 때문이다. 그러나 성경은 성도들에게 계명 준수를 요구하고 있다. 이것은 자유의지가 살아있음을 말하는 것이다.

자유의지가 완전히 부패하여 인간이 그 어떤 선도 선택할 수 없다면 문제해결은 간단하다. 인간을 무시하고 하나님 단독으로 모든 구원을 이루어 나가면 된다. 인간과 어떤 언약이나 계약도 맺을 필요가 없으며, 율법도 수여할 필요가 없을 것이다. 어차피 지키지도 못할 율법을 준다는 것은 의미가 없는 일이다. 하나님이 주권적으로 예정하고 구원시킬 자들만 선택하여 구원시키면 간단하게 해결 될 문제이다.

---

121 벌코프, 권수경 외 옮김, 「벌코프 조직신학(상)」, 크리스찬 다이제스트, 466, 467.

그러나 성경은 그 길로 가지 않는다. 하나님은 타락한 이후의 사람들도 여전히 아담처럼 인격적으로 대우하시며, 자유의지를 가진 존재로 인정하고 대화하시고 언약을 맺으신다. 그것은 인간의 자유의지가 완전하지는 않지만 하나님과 얼마든지 계약을 맺을 수 있는 단계에 있는 것을 증거한다.

> 내가 오늘날 네게 명한 이 명령은 네게 어려운 것도 아니요 먼 것도 아니라 하늘에 있는 것이 아니니 네가 이르기를 누가 우리를 위하여 하늘에 올라가서 그 명령을 우리에게로 가지고 와서 우리에게 들려 행하게 할꼬 할 것이 아니요 이것이 바다 밖에 있는 것이 아니니 네가 이르기를 누가 우리를 위하여 바다를 건너가서 그 명령을 우리에게로 가지고 와서 우리에게 들려 행하게 할꼬 할 것도 아니라 오직 <u>그 말씀이 네게 심히 가까와서 네 입에 있으며 네 마음에 있은즉 네가 이를 행할 수 있느니라</u> 보라 내가 오늘날 생명과 복과 사망과 화를 네 앞에 두었나니 곧 내가 오늘날 너를 명하여 네 하나님 여호와를 사랑하고 <u>그 모든 길로 행하며 그 명령과 규례와 법도를 지키라</u> 하는 것이라 그리하면 네가 생존하며 번성할 것이요 또 네 하나님 여호와께서 네가 가서 얻을 땅에서 네게 복을 주실 것임이니라(신 30:11-16)

하나님께서 이스라엘과 언약을 세우는 과정에서 이스라엘 백성들의 부패 정도나 자유의지를 어느 정도 평가하고 있는가? "네가 이를 행할 수 있느니라"고 하는 것을 보면, 인간의 자유의지는 하나님의 법도를 충분히 행할 수 있는 수준에 있음을 알 수 있다. 어거스틴이나 칼빈이 말하는 것처럼 전적부패라고 한다면 하나님이 이렇게 요구하지 않을 것이 분명하다. 전적으로 부패하여 선을 전혀 행할 수 없는 자들에게 이런 요구를 하지는 않을 것이다. 이것은 곧 인간의 자유의지가 전적으로 부패한 것이 아님을 증명하는 것이 아니고 무엇인가? 그렇다면 인간의 자유의지는 부분적으로 타락하였거나 혹은 타락하지 않은 경우를 생각해 볼 수 있다.

> 내가 오늘날 천지를 불러서 너희에게 증거를 삼노라 내가 생명과 사망과 복과 저주를 네 앞에 두었은즉 너와 네 자손이 살기 위하여 생명을 택하고 네 하나님 여호와를 사랑하고 그 말씀을 순종하며 또 그에게 복종하라 그는 네 생명이시요 네 장수시니 여호와께서 네 열조 아브라함과 이삭과 야곱에게 주리라고 맹세하신 땅에 네가 거하리라(신 30:19, 20)

하나님이 이스라엘 백성들을 선택한 것은 분명하다. 그러나 그 선택이 생명과 구원을 완전히 보장하는가? 하나님은 분명히 이스라엘 백성들에게 조건을 제시하시며, 그들 스스로 선택할 것을 말씀하신다. 조건을 제시한다는 것은 자유의지의 선택 가능성이 있음을 인정하는 것이다. 하나님이 이중예정을 통해 일방적으로 선택과 유기를 결정하지 않았다는 것이며, 인간의 자유의지의 선택을 통해 하나님께로 올 수 있기를 바란다는 증거이다.

하나님이 하시는 것은 생명과 사망, 복과 저주를 인간 앞에 놓아 둘 뿐이다. 선택은 인간 각자가 해야 할 몫이다. 타락 전 아담에게 선악과를 금하면서 선택의 자유의지를 준 것처럼, 타락 이후에도 모든 인간에게 계명을 주시고 자유의지를 주셔서 인간으로 하여금 선이나 악을 선택하도록 하셨다는 것이 성경의 진리이다.

> 여호와 하나님이 그 사람을 이끌어 에덴동산에 두사 그것을 다스리며 지키게 하시고 여호와 하나님이 그 사람에게 명하여 가라사대 동산 각종 나무의 실과는 네가 임의로 먹되 선악을 알게 하는 나무의 실과는 먹지 말라 네가 먹는 날에는

정녕 죽으리라 하시니라(창 2:15-17)

하나님은 아담에게 자유의지를 주시고, 그 자유의지로 따먹을 수도, 따먹지 않을 수도 있는 선택의 자유를 아담에게 온전히 넘겨 주셨다. 하나님이 강제로 따먹게 하거나 따먹지 못하게 하거나 하지 않으신다. 온전히 아담 자신의 자유의지의 선택에 맡기신 것이다. 그것은 아담을 인격체로 대우한다는 뜻이며, 아담이 자원하여 하나님의 말씀대로 사는 것을 기대하셨기 때문이다.

그런데 이렇게 아담에게 한 것처럼 이스라엘 백성들에게도 요구하시고, 신약의 성도들에게도 요구하고 계시다는 측면에서 인간의 자유의지가 완전히 부패하였다는 것은 납득하기 힘든 주장이 아닐 수 없다. 예수님이 사마리아 야곱의 우물가에서 만난 여인과의 대화(요 4장)를 보면, 그 사마리아 여인의 자유의지를 어떻게 취급하시는가? 완전 부패한 것으로 취급하시는가, 죄로 인해 무지하지만 그래도 선한 의지가 남아 있는 것으로 취급하시는가? 그 여인이 어떻게 예수님이 메시야인 것을 깨닫는가? 대화를 통해서 깨닫는다. 그 마을 사람들도 예수님께 나와서 말씀을 듣는 가운데 믿게 된다.

> 여자의 말이 그가 나의 행한 모든 것을 내게 말하였다 증거하므로 그 동리 중에 많은 사마리아인이 예수를 믿는지라 사마리아인들이 예수께 와서 자기들과 함께 유하기를 청하니 거기서 이틀을 유하시매 예수의 말씀을 인하여 믿는 자가 더욱 많아 그 여자에게 말하되 이제 우리가 믿는 것은 네 말을 인함이 아니니 이는 우리가 친히 듣고 그가 참으로 세상의 구주신 줄 앎이니라 하였더라(요 4:39-42)

아담의 첫 번째 아들인 가인의 자유의지는 어떠하였는가? 하나님은 가인을 어느 정도의 수준에 놓고 대화하시는가? 아담의 원죄로 인해 가인의 자유의지가 완전히 부패하였다고 취급하지 않는다. 오히려 인격적으로 대하시며, 자유의지가 살아있는 것으로 인정한다.

> 가인과 그 제물은 열납하지 아니하신지라 가인이 심히 분하여 안색이 변하니 여호와께서 가인에게 이르시되 네가 분하여 함은 어찜이며 안색이 변함은 어찜이뇨 네가 선을 행하면 어찌 낯을 들지 못하겠느냐 선을 행치 아니하면 죄가 문에 엎드리느니라 <u>죄의 소원은 네게 있으나 너는 죄를 다스릴지니라</u>(창 4:5-7)

자유의지가 있기 때문에 "죄의 소원은 있으나 죄를 다스리라"고 하시는 것이다. 죄의 소원이 들어왔다는 것은 아담의 원죄의 영향을 간접적으로 받았다는 증거이며, 가인 스스로 죄성이 생겨나 있다는 증거다. 그러므로 가인의 자유의지를 완전하다 할 수 없을 것이다. 그렇다고 죄를 다스릴 능력이 전혀 없는 것이 아니기 때문에 자유의지가 전적으로 부패하였다고 할 수 없다. 가인은 죄성을 가진 존재이지만, 스스로 죄를 다스리고 선택할 자유의지의 능력이 있었던 것이다.

> 만일 여호와를 섬기는 것이 너희에게 좋지 않게 보이거든 너희 열조가 강 저편에서 섬기던 신이든지 혹 너희의 거하는 땅 아모리 사람의 신이든지 <u>너희 섬길 자를 오늘날 택하라</u> 오직 나와 내 집은 여호와를 섬기겠노라(수 24:15)

여호수아는 이스라엘 백성들에게 어떤 신을 섬길 것인지를 택하라고 촉구한다. 이것 또한 자유의지를 통해 하나님을 선택할 자유의지가 남아 있음을 증거한다고 할 수 있다.

　모세는 바로의 공주의 아들로 살 수도 있고, 그리스도 때문에 능욕을 택할 수도 있었다. 결국 애굽을 버리고 하나님을 선택하였는데, 그것은 곧 모세 자신의 자유의지의 선택이었다. "믿음으로" 그런 선택을 하였다는 것은 믿음 안에 자유의지가 있다는 것을 증거해 준다.

> 믿음으로 모세는 장성하여 바로의 공주의 아들이라 칭함을 거절하고 도리어 하나님의 백성과 함께 고난 받기를 잠시 죄악의 낙을 누리는 것보다 더 좋아하고 그리스도를 위하여 받는 능욕을 애굽의 모든 보화보다 더 큰 재물로 여겼으니 이는 상 주심을 바라봄이라(히 11:24-26)

　갈멜산에 모인 이스라엘 백성들에게 엘리야는 결단을 촉구하였다. 결단을 촉구할 수 있다는 것은 듣는 자들이 자유의지를 가지고 있기 때문이다.

> 엘리야가 모든 백성에게 가까이 나아가 이르되 너희가 어느 때까지 두 사이에서 머뭇머뭇 하려느냐 여호와가 만일 하나님이면 그를 좇고 바알이 만일 하나님이면 그를 좇을지니라 하니 백성이 한 말도 대답지 아니하는지라(왕상 18:21)

　전적부패는 자유의지의 전적 타락으로 갈 수밖에 없다. 그러나 성경에서 인간의 전적 타락을 찾아보기 힘들다. 오히려 하나님은 인간의 자유의지를 통한 선의 선택을 촉구한다. 전적으로 부패하여 인간의 자유의지가 선을 선택할 수 없다면 그런 요구를 하실 필요가 없다. 그런데도 전적 부패를 주장하는 자들은 "선을 행하고 죄를 범치 아니하는 의인은 세상에 아주 없느니라"(전 7:20)는 말씀을 가지고 자유의지의 전적 부패를 주장한다. 선을 행할 수 있다고 해서 악이 없는 것이 아니다. 악이 있다고 해서 선이 없는 것도 아니다. 선이 조금 있다고 해서 그것으로 구원을 받을 수 있는 것은 아니지만, 선을 선택할 능력조차도 없다고 하는 것은 성경의 진리와 어긋난다. 그것마저 없다고 한다면 성경의 구원은 절대적 결정론으로 갈 수밖에 없다. 인간은 선도 행할 수 있고, 악도 행할 수 있는 자유의지가 있기 때문에 완전하지 않다. 인간이 전적으로 부패하였다면 하나님과 커뮤니케이션 자체도 불가능하다. 인간이 부분적으로 부패하였거나, 죄로 인해 타락하였다 하더라도 하나님의 전적인 은혜로만 구원이 가능하다. 인간이 전적으로 타락하였든지 부분적으로 타락하였든지 하나님의 전적인 은혜 없이는 구원받을 수 없는 상태에 놓여 있다.

인간은 전적으로 부패하지 않았기 때문에 자유의지도 전적으로 타락하거나 부패하였다고 할 수 없다. 하나님이 주시는 구원을 선택할 의지가 인간에게 남아 있기 때문에 하나님은 그 의지를 사용하시는 것이다. 그래서 복음이 전해질 때, 부패한 인간 안에 남아 있는 자유의지를 통해 복음을 수용할 수도 있고 거부할 수도 있다. 믿는 자는 구원으로, 믿지 않는 자는 심판할 수가 있는 것은 이러한 자유의지로 선택할 기회를 주셨기 때문에 가능한 것이다.

3. 부분적 타락과 자유의지

1) 부분적 타락에 대한 주장들

터툴리안은 자유의지를 완전히 부정하지 않았다. 그는 중생함에 있어서 인간이 하나님과 협력하여 함께 일한다는 입장을 취하였다.[122] 키르피아누스, 암브로시우스, 힐라리우스는 인간이 아담 안

---

122 루이스 벌코프, 박문재 역, 「기독교 교리사」, 크리스찬 다이제스트, 136

에서 비록 타락하고 범죄하였지만, 인간의 자유의지가 전적으로 타락한 것에 대해서는 부인한다. 인간은 부분적으로 타락하였다고 주장하며, 그렇기 때문에 구원에 있어서는 신인협력설을 지지한다.[123]

펠라기우스가 인간의 자유의지는 전혀 타락되지 않았다고 주장한데 반해, 어거스틴은 인간의 자유의지는 전적으로 타락한 것으로 보았다. 반펠라기우스주의나 반어거스틴주의에서는 인간의 자유의지는 부분적으로 타락했음을 주장한다. 그 대표적 인물로는 빈센트(Vincent, 434년)와 파우스투스(Faustus, 475)[124]이다. 파우스투스는 "은혜는 약화되었으나 여전히 자유로운 의지로 하여금 옳은 것을 택할 마음을 갖게 하는 하나님의 약속이자 경고"[125]라고 하였다. 반펠라기우스주의의 주장은 대략 다음과 같다.

① 그들은 아우구스티누스의 예정론을 거부하였다.
② 그들은 자유의지론을 주장하였는데, 곧 구원에 있어서 <u>인간 자유의지의 역할을 인정하고 있다. 인간의 의지는 아직 그에게 남아 있는 자유의지를 힘입어서 구원에의 시발이 된다.</u> 모든 사람은 자기의 의지에 따라 초대에 순종하거나 거부하며, 하나님은 모든 사람이 구원받기를 동등하게 원하시며 또한 동등하게 도우신다. 기꺼이 믿는 나는 나의 것이요, 도우시는 것은 하나님의 은총 편이다. 은총은 곧 인간의 의지를 계발시키는 것이며, 약속과 경고를 주는 복음의 선포이며, 인간의 생활을 인도하시는 하나님의 손길이라고 주장하였다.
③ 그들은 인간의 〈원죄〉를 인정하였다. 인간의 죽음은 타락의 결과로 초래되었으며, <u>인간의 자유의지는 소멸되지

---

123 Ibid.
124 김은섭, 「예정론과 자유의지론의 조화」, 겨자씨, 20.
125 윌리암 워크, 송인설 역, 「기독교회사」, 크리스찬 다이제스트, 243.

는 않았지만 약화되었다고 주장하였다.[126]

알미니안주의의 자유의지론은 "비록 인간의 본성이 타락의 영향을 심각하게 받았다 하더라도 인간의 자유의지는 성령과 협동하여 중생하든가, 아니면 은혜를 거부하여 멸망하든가 하는 능력을 가지고 있다"[127]는 반펠라기우스주의와 맥을 같이 한다. "모든 죄인은 각각 자유의지를 가지고 있는데 그의 영원한 운명은 그가 어떻게 자유의지를 사용하느냐에 달렸다."[128]라고 한다.

알미니안주의 전통을 계승하고 있는 웨슬리는 부분적 타락을 주장한다. 그는 아담의 원죄로 인간이 전적으로 부패하였지만, 선재적 은총을 통해 자유의지가 부분적으로 회복되었다 그래서 '웨슬리-알미니안주의'(Wesleyan Arminianism)를 창설하게 된다. 웨슬리의 입장을 보면, 원죄가 유전된다는 교리와 전적타락 교리를 수용하기는 하지만, 예수 그리스도의 십자가의 은총, 즉 선재적인 은총을 통하여 모든 자들에게 믿음의 유무와 상관없이 은총이 임했다고 주장한다. 한 사람 아담으로 인하여 모든 사람에게 죄가 전가되는 것처럼, 한 사람 그리스도를 통하여 모든 사람들에게 은총이 전가됨으로 부패한 인간의 자유의지는 부분적으로 회복되었다는 것이다.

> 웨슬리는 인간의 '전적인 타락'(total depravity)을 믿었다. 그래서 인간의 자력 구원의 가능성을 부인하며 하나님의 부르심에 응답할 수 있는 어떠한 가능성도 부인하였다. 다시 말하면 인간의 타락은 전체적이며 완전한 타락으로서 인간에게는 어떠한 선한 것도 남아 있지 않으며 선한 쪽으로 향할 수 있는 희미한 가능성조차도 없다고 하였다…… 그러나 선행

---

[126] 김은섭, 예정론과 자유의지론의 조화, 겨자씨, 21.
[127] Ibid., 26.
[128] Ibid., 29.

적 은총을 통해서 모든 사람에게 초자연적으로 회복된 어느 정도의 자유의지가 소생했다고 주장한다. 그러므로 원죄의 죄책은 인간이 출생되는 순간에 용서를 받았다고 믿는다.[129]

웨슬리는 선재적 은총을 통하여 전적으로 타락한 인간의 자유의지가 완전하지는 않지만 어느 정도 회복되었다고 본다. 루터는 노예의지(servum arbitrium)를 주장하는데 반해, 웨슬리는 부분적으로 자유의지가 회복되었다고 주장한다. 이러한 은총은 모든 사람들에게 주어진 것이며, 초자연적으로 회복된 자유의지(supernaturally restored free will)[130]라고 이해한다. 완전히 타락한 본성에 하나님께서 다시 선한 본성을 어느 정도 회복시켜 주셨다는 것이다. 그래서 회복되어진 그 자유의지는 완전하지는 않지만 하나님이 제시하는 구원을 선택할 수 있는 능력이 있다는 것이다. 그러한 자유의지를 가지고 하나님의 구원에 협조할 수 있기 때문에 "신인협동설"(synergism)을 주장한다. 따라서 인간 각자의 구원을 자신이 선택할 수 있는 길이 열려 있다고 결론 짓는다.

2) 선재적 은총을 통한 자유의지의 회복

선재적 은총 교리는 인류를 대표하는 한 사람 아담이 범죄함으로 모든 인류도 아담과 함께 범죄한 것처럼, 의의 한 사람 예수 그리스도가 십자가에 죽으심으로 그 의가 모든 사람들에게 전가되었다고 보는 것이다. 이러한 선재적 은총교리는 얼마나 설득력이 있으며, 성경적 근거를 제시할 수 있는가?

그런즉 한 범죄로 많은 사람이 정죄에 이른 것같이 의의 한 행동으로 말미암아 많은 사람이 의롭다 하심을 받아 생명에

---

129 이성주, 「웨슬리 신학」, 문서선교 성지원, 209.
130 Ibid., 228

> 이르렀느니라 한 사람의 순종치 아니함으로 많은 사람이 죄
> 인 된 것같이 한 사람의 순종하심으로 많은 사람이 의인이
> 되리라(롬 5:18, 19)

웨슬리의 선재적 은총은 원죄설 가운데 대표설에 근거한다고 볼 수 있다. 아담이 인류의 대표로서 범죄함으로 모든 사람이 아담 안에서 범죄함으로 죄인이 된 것처럼, 예수님이 인류의 대표로서 십자가에서 의를 이루었기 때문에 모든 사람에게 의가 미쳤다고 보는 것이다. 그로 인해 인간 속에 있던 원죄가 사라지고, 전적 부패와 타락으로 무너진 자유의지가 어느 정도 회복되었다. 이러한 선재적 은총 교리가 얼마나 성경에 근거하고 있는가를 질문하지 않을 수가 없다. 왜냐하면 성경에서 그 근거를 찾기가 힘들기 때문이다. 다음은 선재적 은총교리의 비성경적 요인에 대한 설명이다.

첫째, 성경은 선재적 은총교리를 직접 언급하고 있지 않다. 예수 십자가의 사건으로 하나님이 원죄를 사하여 주며, 전적으로 타락한 인간의 자유의지를 어느 정도 회복시켜 준다는 직접적인 언급이 없다. 또한 간접적으로 유추할 만한 성경의 근거도 찾아보기 힘들다. 선재적 은총 교리는 아담을 인류의 대표로 보고 그 원죄가 전가된 것처럼, 예수 그리스도의 의도 자동적으로 모든 인간들에게 전가된 것이라고 믿는다. 예수 그리스도의 의가 믿음을 통하지 않고 모든 인간에게 직접 전가됨으로 원죄가 사해진다는 추론은 성경해석의 원리상 맞지 않다.

둘째, 아담의 원죄를 대표설로 이해하고 적용하는 것은 성경적이지 않으며, 성경에서 그 근거를 찾아보기 힘들다. 왜냐하면 "한 사람의 순종치 아니함으로 많은 사람이 죄인 된 것같이"라는 표현에서 아담이 대표로 범죄했기 때문에 모든 인류가 그 안에서 함께 죄를 지었다고 하게 되면 성경의 다른 부분과 형평이 맞지 않다. 각자의 죄는 각자가 지게 된다는 것이 성경의 원리이다. 아버지의

죄를 아들이 담당하지 않는다고 에스겔서에 언급되고 있는 만큼 각자의 죄는 각자의 죄로 이해해야 한다.

아담이 범죄함으로 인해 에덴동산에 맺었던 하나님의 언약이 깨어지고, 사망 권세와 죄의 권세, 흑암의 권세를 잡은 사단이 인간세계에 본격적으로 개입할 수 있는 길을 열어 놓았다고 보는 것이 성경적일 것이다. 왜냐하면 성경은 결국 사단 때문에 인간이 죄에 빠지고, 그 사단이 천하를 미혹하는 대적이기 때문이다. 아담의 원죄를 물려받지 않아도 인간은 이미 사망의 권세와 죄의 권세를 가지고 이 세상에서 역사하는 사단의 세력 안에 이미 들어갔다.

또한 아담의 원죄가 아니라 죄성을 물려받았다고 보아야 할 것이다. 그래서 이 세상에 태어난 인간은 본성적으로는 죄성을 타고 났고, 영적으로는 사단이 죄를 짓도록 미혹하고 공격하는 환경 속에 들어간 것이다. 그로 인해 죄를 짓고 멸망으로 갈 수밖에 없는 처지에 놓이게 되는 첫 발을 아담이 내디딘 것이다. 그래서 그 아담의 전철을 모든 사람들이 따라가기 때문에 아담이 죄인이 된 것처럼 모든 사람도 죄인이 되는 것이라고 이해하는 것이 더 성경적일 것이다.

> 범죄하는 그 영혼은 죽을지라 아들은 아비의 죄악을 담당치 아니할 것이요 아비는 아들의 죄악을 담당치 아니하리니 의인의 의도 자기에게로 돌아가고 악인의 악도 자기에게로 돌아가리라(겔 18:20).

그리스도의 의는 자동적으로 전가되는 것이 아니라 믿을 때 전가되는 것이다. 그리스도의 의가 원죄에 대해서는 자동적으로 전가되고, 자범죄에 대해서는 믿음을 통해 전가된다고 한다면 성경 해석상 모순에 빠지게 된다.

셋째, 예수 그리스도를 인류의 대표로 보고 예수님이 대신 의를 얻었기 때문에 모든 인류의 죄가 인간의 의지와 상관없이 사해진 다는 부분도 성경적으로 납득하기 어려운 부분이다. "한 사람의 순종하심으로 많은 사람이 의인이 되리라"(롬 5:19)는 것을 예수님의 십자가 사건으로 믿든 안 믿든 모든 자들에게 그리스도의 의가 전가됨으로 원죄를 사하고, 태어나는 순간 원죄가 사라진다는 주장은 성경 그 어디에서도 찾아볼 수 없다. 성경은 분명히 믿음으로 의롭게 됨을 말씀하고 있는데, 선재적 은총으로 믿지도 않는 자에게 원죄를 사해 주는 은총을 베푼다는 것은 예수 믿어야 죄 사함 받는다는 말씀과 형평이 맞지 않다.

이러한 선재적 은총교리는 더 나아가 아이로 태어나서 죽는 경우에는 모두가 천국에 들어간다는 비성경적 교리를 만들어 내기까지 하였다. 그렇다면 이슬람을 믿는 자들의 자녀들 중에도 영아로 죽는 경우 그들 역시 천국에 간다고 할 수 있는가? 나아가 예수를 전파하지 않은 곳에서도 불신자들이 구원받았을 가능성까지 주장할 수 있다. 예수 그리스도 외에는 구원받을 길이 없는데, 이런 주장은 다원주의의 길을 열어 줄 위험성을 내포하고 있다고 할 수 있다. 웨슬리는 선재적 은총교리로 타락한 인간의 자유의지가 회복되었다고 설명하는 것은 성경적 근거를 얻기가 힘들다고 볼 수 있다.

> 할례자도 믿음으로 말미암아 또는 무할례자도 믿음으로 말미암아 의롭다 하실 하나님은 한 분이시니라(롬 3:30)

십자가 사건은 이제 예수 그리스도를 믿음으로 의롭게 될 가능성과 길을 열어 놓은 것이다. 십자가 사건이 곧 모든 자들의 구원을 자동적으로 이루는 효력을 말하는 것은 아니다.

> 사망이 사람으로 말미암았으니 죽은 자의 부활도 사람으로 말미암는도다 아담 안에서 모든 사람이 죽은 것같이 그리스

도 안에서 모든 사람이 삶을 얻으리라(고전 15:21, 22)

　이 부분도 문자적으로만 보면 마치 "아담 안에서" 모든 사람이 범죄한 것처럼 보인다. 따라서 "그리스도 안에서" 모든 사람이 의롭게 된 것처럼 이해할 수 있다. 그러나 여기에는 분명히 인간의 행동이 들어가는 것을 조건으로 한다. 죄도 각자가 죄를 지어야 죄가 되는 것이며, 의롭게 되는 것도 각자가 예수 그리스도의 의를 믿어야 의롭게 되는 것이다. 그렇지 않다면 성경의 내용들이 서로 모순에 빠지게 된다.
　넷째, 선재적 은총교리에서 원죄를 사하였다고 한다면, 왜 원죄만 사하고 자범죄는 사하지 않았는가 하는 질문을 할 수 있다. 십자가의 대속 사건으로 그 의가 원죄를 자동적으로 모든 자들에게 사하도록 했다면, 자범죄까지 사해 버렸다면 모든 자들이 구원을 받을 수 있지 않았겠는가?
　다섯째, 선재적 은총으로 부패한 인간의 자유의지를 부분적으로 회복시켰다고 주장한다. 자유의지를 회복시켜 주셨다면, 왜 부분적으로 회복시켜 주셨는가? 완전하게 회복시켜 주셨더라면 더 좋았을 일이 아닌가? 하나님께서 인간의 자유의지를 부분적으로만 회복시키고 완전하게 회복시켜 주실 능력이 없어서인가?
　여섯째, 예수 그리스도의 십자가 사건이 선재적 은총의 시발점이라면, 십자가 사건 이전의 구약의 성도들에게는 어떻게 선재적 은총을 적용할 수 있는가? 구약의 성도들의 원죄 문제는 어떻게 해결할 것인가?
　일곱째, 신구약에서 원죄 문제를 다루는 곳을 찾아보기 힘들다. "아담 안에서 모든 사람이 죽은 것같이"(고전 15:22)라는 말씀은 원죄설이나 아담대표설로 해석하기엔 곤란한 점이 있다. 이것은 아담이 범죄함으로 그 형벌로 죽음이 왔는데, 그 죽음의 형벌이 모든 자들에게도 주어진다는 말씀이다. 그 이유가 무엇인가? 아담이 흙에서 온 것처럼 아담의 후손들도 다 흙에서 왔기 때문이라는 것이다. 즉, 아담이 타락함으로 신령한 자가 아니라 육체가 되어버림으로 구원의 가능성이 없어진 것이다. 따라서 아담의 후손들도 구원의 가능성이 없는 흙에서 태어난 자들이다. 그런 측면에서 아담 안에서 죽은 것이라고 할 수 있다. 그래서 산 영이신 예수 그리스도가 오심으로 누구든지 그를 믿는 자는 구원을 받게 되는 것이다.

> 기록된바 첫 사람 아담은 산 영이 되었다 함과 같이 마지막 아담은 살려 주는 영이 되었나니 그러나 먼저는 신령한 자가 아니요 육 있는 자요 그 다음에 신령한 자니라 첫 사람은 땅에서 났으니 흙에 속한 자이거니와 둘째 사람은 하늘에서 나셨느니라(고전 13:45-47)

선재적 은총에서 원죄를 사해줌으로써 타락된 자유의지가 어느 정도 회복되었다는 주장은 성경적 근거가 희박하다. 웨슬리안주의가 부분적 타락을 한 것에는 동의하지만 그 과정이 선재적 은총에 의한 회복이라는 주장은 납득하기 어려운 부분이 많이 있다.

3) 자유의지의 부분적 타락 근거들

앞에서도 살펴본 것처럼 아담의 원죄가 그 후손들에게 그대로 전가됨으로 죄인이 되고, 전적 부패로 인하여 자유의지를 상실됨으로 인간이 감당해야 할 부분이 전혀 없다면 구원을 위해서 고민할 필요가 전혀 없을 것이다. 하나님의 절대적 은총과 예정에 의해서 구원해 주지 않으면 불가능하기 때문에 인간이 고민할 필요가 없다. 하나님이 다 해 주셔야만 되는 상황이기 때문에 구원은 하나님의 영역에 속한 문제가 되고 말 것이다. 노력한다고 상황이 바뀔 것도 아니라면 하나님의 예정과 운명에 맡길 뿐이다. 하나님 혼자서 모든 구원을 이루어 가시기 때문에 신단동설(monergism)로 나아가게 된다. 하지만 성경은 신단동설을 지지하지 않는다. 구원을 위해서 인간이 감당해야 할 부분들이 많으며, 성경은 인간의 선택과 의지와 결단과 행위를 통해 구원에 이를 수 있는 길을 제시하고 있기 때문이다.

그래서 아담의 원죄가 모든 사람에게 전가됨으로 전적 타락이 왔다는 주장과 아담의 원죄가 전가되지 않았다고 하는 주장에 대해 절충하려는 시도가 있었다. 반펠라기우스주의자들이 바로 그런 시도를 하였다. 이들은 전적 타락을 부인하고 부분적 타락을 주장한다. 아담의 원죄로 인간이 상당히 부패하였지만 전적 부패는 아니라는 것이다. 이러한 반펠라기우스의 부분적 타락설은 얼마나 성경에 근거하고 있는가? 이제 우리의 과제는 부분적 타락설이 성경에 얼마나 근거하느냐를 밝히는 것이다.

> 어리석은 자는 그 마음에 이르기를 하나님이 없다 하도다 저희는 부패하며 가증한 악을 행함이여 선을 행하는 자가 없도다 하나님이 하늘에서 인생을 굽어 살피사 지각이 있는 자와 하나님을 찾는 자가 있는가 보려 하신즉 각기 물러가 함께 더러운 자가 되고 선을 행하는 자 없으니 하나도 없도다(시 53:1-3)

하나님이 하늘에서 선을 행하는 자가 있는가 찾아보실 때 한 사람도 없다는 것을 근거로 원죄론의 근거로 삼는다. 이런 구절이 전적 타락설의 근거가 될 수 있는가? 하나님을 찾는 인생이 있는가 하나님께서 찾는다는 것은 곧 '가능성'이 있음을 전제하는 것이다. 그 어떤 인간도 하나님을 찾을 가능성이 없다면 하나님도 이런 기대를 걸지 않을 것이다. 한 사람도 하나님을 찾지 않는 것과 찾을 수 있음에도 찾지 않는 것은 차이가 있다. 인류의 역사는 하나님을 찾을 수 있음에도 불구하고 찾지 않는데 있다. 원천적으로 하나님을 찾는 기능이 상실되어버렸다면 기대 자체도 할 필요가 없는 것이다. 전적 타락이라면 인간 속에 가능성이 전혀 없음으로 하나님은 인간에게 그 어떤 기대도 걸지 않을 것이다. 하나님이 그래도 인간들 가운데 지각이 있어 하나님을 찾은 자가 있는가를 살피신다는 것은 바로 인간이 전적 타락이 아닌 부분적 타락임을 증거해 주는 것이 된다.

전적으로 타락한 자가 타락의 길로 가는 것과 선을 행할 수 있는 자가 타락의 길로 가는 것은 다른 문제이다. 원래부터 선을 행할 수 없도록 태어난 자라면 잘못에 대한 책임을 지울 수 없다. 그러나 선을 행할 수 있음에도 자기 의지로 선을 선택하지 않았다면 그 책임을 지울 수 있다. 하나님은 인간에게 언제나 선을 행할 수 있는 가능성을 염두에 두고 있다. 그것은 곧 인간이 전적으로 타락하지 않았다는 증거라고 할 수 있다. 하나님이 범죄하는 인생을 보고 분노하는 이유는 무엇인가? 선을 행할 가능성이 있음에도 범죄하기 때문이다. 죄를 짓지 않을 수 없는 절망적 상태에 있는 인간들이 죄를 짓는다면 하나님이 분노하실 필요가 없을 것이다.

아담의 두 아들, 가인과 아벨을 살펴보자! 그들은 아담이 직접 낳은 아들들이다. 아담의 원죄가 그들에게 유전되거나 전가되어서 선을 행할 의지가 완전히 상실되었는가? 그들에게서 자유의지가 완전히 부패하였고, 자유의지를 전혀 찾아볼 수 없는가? 두 사람 모두가 전적 타락으로 인하여 선을 행할 자유의지가 없다면 두 사람을 비교하는 것은 무의미한 것이다. 두 사람을 비교한다는 것은 자유의지가 있음을 증거해 주는 것이다.

> 믿음으로 아벨은 가인보다 더 나은 제사를 하나님께 드림으로 의로운 자라 하시는 증거를 얻었으니 하나님이 그 예물에 대하여 증거하심이라 저가 죽었으나 그 믿음으로써 오히려 말하느니라(히 11:4)

믿음은 자유의지와 연관되어 있다. 아벨에게도 자유의지가 있고, 가인에게도 자유의지가 있다. 그 자유의지를 어떻게 사용하느냐는 각자에 결단에 달린 것이다. 아벨은 그 자유의지를 믿음으로 사용하여 하나님께 칭찬을 받고 구원을 받았다. 그러나 가인은 자신의 자유의지를 악한데 사용하였다. 그로 인해 구원을 받지 못하였다. 아벨과 가인의 구원은 그들 각자의 선택에 기인하고 있음을 알 수 있다. 만약 하나님의 선택에 의해 그들의 구원이 결정되었다면 히브리서 11장에서 아벨을 거론할 필요가 없을 것이다. 그러나 아벨의 믿음을 거론하는 것은 아벨에게 자유의지가 있었고, 적어도 그가 하나님이 제시하는 구원의 길을 선택했음을 말해 주는 것이다.

> 여호와께서 가인에게 이르시되 네가 분하여 함은 어찜이며 안색이 변함은 어찜이뇨 네가 선을 행하면 어찌 낯을 들지 못하겠느냐 선을 행치 아니하면 죄가 문에 엎드리느니라 죄의 소원은 네게 있으나 너는 죄를 다스릴지니라 가인이 그 아우 아벨에게 고하니라 그 후 그들이 들에 있을 때에 가인이 그 아우 아벨을 쳐 죽이니라(창 4:6-8)

죄를 다스리고 선을 행하라는 것은 가인에게 자유의지가 있어서 죄도 선택할 수 있고, 선도 선택할 수 있다는 증거다. 이 자유의지는 각 개인에게 주어진 고유한 권한이기 때문에 하나님도 강제로 간섭하지 않는다. 가인은 그 자유의지로 무엇을 선택하였는가? 악을 선택하였다. 악을 선택할 수밖에 없었기에 악을 선택하였는가? 아니다. 선을 선택할 수 있음에도 불구하고 악을 선택하였다. 가인이 살인한 것은 하나님의 예정이나 계획, 혹은 유기 때문이 아니라 가인 자신이 선택한 길이다. 그러하기 때문에 그 죄에 대한 책임 또한 가인 자신이 져야 한다.

인간은 물론 하나님처럼 완전한 선을 행할 능력을 가지고 있다고 볼 수 없다. 그러나 부분적으로는 얼마든지 선을 행할 수 있다고 볼 수 있다. 하나님이 인정해 주시는 선을 말한다. 여리고 성의 기생 라합도 가나안 족속이었지만, 하나님을 선택한 것을 보면 어떤 추론이 가능한가? 선을 선택할 의지가 그 속에 남아 있음을 알 수 있다. 라합은 이스라엘 민족도 아니고, 선택받은 족속도 아니다. 하나님의 이름을 불러본 적도 없고 예배나 제사를 드려본 적도 없다. 하지만 하나님을 믿고 하나님을 선택하였다. 이것을 볼 때, 인간에게 선을 택하거나 행할 수 있는 자유의지나 능력이 전혀 없다고 하는 것은 성경과 모순된다. 하나님이 먼저 불러 주셔야만 구원이 가능하다는 것도 맞지만, 인간이 하나님을 선택하는 측면도 있음을 성경이 말씀해 주고 있다. 하나님이 먼저 불러 주시는 경우도 있고, 인간이 스스로 하나님을 찾아가는 경우도 있기 때문에 구원을 제대로 이해하기 위해서는 두 경우의 가능성 모두 열어 놓아야 한다.

어거스틴은 인간의 자유의지가 완전히 타락하였다고 보았고, 루터는 인간의 자유의지가 노예의지가 되었다고 보았다. 웨슬리는 예수님의 십자가의 은총으로 자유의지가 일부분 회복되었다고 보았다. 그러나 성경은 아담이 죄를 지었던 것처럼 모든 인간들이 죄를 짓는 영향아래 놓여 있다고 말씀하고 있다. 죄의 영향아래 놓여 있기 때문에 선을 행할 수도 있고, 악을 행할 수도 있는 선택권이 인간 자신에게 남아 있다고 볼 수 있다.

> 내가 오늘날 네게 명한 이 명령은 네게 어려운 것도 아니요 먼 것도 아니라 하늘에 있는 것이 아니니 네가 이르기를 누가 우리를 위하여 하늘에 올라가서 그 명령을 우리에게로 가지고 와서 우리에게 들려 행하게 할꼬 할 것이 아니요 이 것이 바다 밖에 있는 것이 아니니 네가 이르기를 누가 우리

를 위하여 바다를 건너가서 그 명령을 우리에게로 가지고 와서 우리에게 들려 행하게 할꼬 할 것도 아니라 오직 그 말씀이 네게 심히 가까와서 네 입에 있으며 네 마음에 있은즉 <u>네가 이를 행할 수 있느니라</u> 보라 내가 오늘날 <u>생명과 복과 사망과 화를 네 앞에 두었나니</u> 곧 내가 오늘날 너를 명하여 네 하나님 여호와를 사랑하고 그 모든 길로 행하며 그 명령과 규례와 법도를 지키라 하는 것이라 그리하면 네가 생존하며 번성할 것이요 또 네 하나님 여호와께서 네가 가서 얻을 땅에서 네게 복을 주실 것임이니라 그러나 네가 만일 마음을 돌이켜 듣지 아니하고 유혹을 받아서 다른 신들에게 절하고 그를 섬기면 내가 오늘날 너희에게 선언하노니 너희가 반드시 망할 것이라 너희가 요단을 건너가서 얻을 땅에서 너희의 날이 장구치 못할 것이니라 내가 오늘날 천지를 불러서 너희에게 증거를 삼노라 내가 생명과 사망과 복과 저주를 네 앞에 두었은즉 <u>너와 네 자손이 살기 위하여 생명을 택하고</u> 네 하나님 여호와를 사랑하고 그 말씀을 순종하며 또 그에게 복종하라(신 30:11-20)

하나님께서 이 말씀을 이스라엘에게 주신 것을 보면, 이스라엘 백성들 속에 선을 선택할 자유의지와 악을 선택할 자유의지가 동시에 남아 있음을 알 수 있다. 선을 선택할 자유의지가 없다면 이런 말씀을 주실 이유가 없다. 행하지도 못할 율법을 인간에게 주실 리가 있겠는가? 마치 갓 태어난 아기에게 규칙적인 생활수칙을 주는 것과 무엇이 다르겠는가? 완전 타락과 자유의지의 전적 부패는 성경의 흐름과 맞지 않음을 성경이 분명히 증거하고 있다.

무리가 모였을 때에 예수께서 말씀하시되 이 세대는 악한 세대라 표적을 구하되 요나의 표적 밖에는 보일 표적이 없

> 나니 요나가 니느웨 사람들에게 표적이 됨과 같이 인자도 이 세대에 그러하리라 심판 때에 남방 여왕이 일어나 이 세대 사람을 정죄하리니 이는 그가 <u>솔로몬의 지혜로운 말을 들으려고 땅 끝에서 왔음</u>이어니와 솔로몬보다 더 큰이가 여기 있으며 심판 때에 니느웨 사람들이 일어나 이 세대 사람을 정죄하리니 이는 그들이 <u>요나의 전도를 듣고 회개하였음</u>이어니와 요나보다 더 큰이가 여기 있느니라(누가복음 11:29-32)

남방 여왕이나 니느웨 사람들이 진리를 찾아 하나님 앞으로 나온 것을 보면 그들에게 선을 선택할 자유의지가 있음을 알 수 있다. 선민 이스라엘 백성들은 하나님의 특별한 은총을 입었으면서도 자유의지로 거부한 반면에, 이방인들 가운데는 하나님의 말씀을 듣고 선을 선택한 경우가 많다. 이것은 하나님의 예정이나 선택에 의해 구원이 결정되는 것이 아니라, 인간 속에 남아 있는 자유의지를 가지고 하나님의 은혜와 구원을 선택할 수 있다는 사실이다.

> 열두 해를 혈루증으로 앓는 여자가 예수의 뒤로 와서 그 겉옷 가를 만지니 이는 <u>제 마음에 그 겉옷만 만져도 구원을 받겠다 함이라</u> 예수께서 돌이켜 그를 보시며 가라사대 딸아 안심하라 네 믿음이 너를 구원하였다 하시니 여자가 그 시로 구원을 받으니라(마 9:20-22)

혈루증을 앓던 여인이 예수님을 믿는 믿음이 생겼다. 어디서 생겼는가? 이 여인이 전적으로 타락한 상태에서 어떤 선도 택할 수 없는 상태라면 예수님께로 나올 수 없었을 것이다. 예수님을 찾을 수 있는 믿음을 하나님이 넣어 주신 것이 아니다. 여인 스스로 그 마음에서 믿음이 생겨난 것이다. 그 여인의 마음속에서 우러나온 믿음이지 외부에 의해서 주입된 믿음이나 결단이 아니다. 그렇다면 이 여인에게는 불완전하지만 자유의지가 남아 있는 것이 분명하다.

> 예수께서 거기서 떠나가실 새 두 소경이 따라 오며 소리 질러 가로되 다윗의 자손이여 우리를 불쌍히 여기소서 하더니 예수께서 집에 들어가시매 소경들이 나아오거늘 예수께서 이르시되 <u>내가 능히 이 일 할 줄을 믿느냐</u> 대답하되 주여 그러하오이다 하니 이에 예수께서 저희 눈을 만지시며 가라사대 <u>너희 믿음대로 되라</u> 하신대 그 눈들이 밝아 진지라 예수께서 엄히 경계하시되 삼가 아무에게도 알게 하지 말라 하셨으나 저희가 나가서 예수의 소문을 그 온 땅에 전파하니라 (마 9:27-31)

두 소경의 믿음은 어디서 생겼는가? 주님이 주신 믿음인가, 아니면 그들 자신의 믿음인가? 주님께서 "내가 능히 이 일 할 줄을 믿느냐?" 물으신 것은 주님께서 그들에게 믿음을 넣어 주지 않았다는 증거이다. 그리고 "너희 믿음대로 되라" 하신 것을 보면, 순전히 두 소경이 가지고 있던 그 믿음을 말한다. 외부에서 넣어준 믿음이 아니라 그들이 가지고 있던 그 믿음 때문에 고침을 받았다. 이것은 곧 전적부패 교리가 맞지 않음을 증거해 주는 것이다.

믿음을 선물로 준 다음에 믿음대로 되라고 하는 것은 말이 되지 않는다. 자유의지에서 나온 믿음이기에 참 믿음이고, 주님은 그런 믿음을 기쁘게 받으신다. 자유의지가 없다면 믿음도 없는 것이다. 그런데 어거스틴의 신학 전통은 인간의 전적 타락을 주장하면서 자유의지를 노예의지로 만들어 버렸다. 그렇게 함으로써 성경을 잘못 해석하고, 잘못된 교리를 만들어 내게 하였다. 이런 것으로 성경적 구원론을 바로 세우지 못하고 심각한 모순에 부딪히게 되었다.

너희가 그 은혜를 인하여 믿음으로 말미암아 구원을 얻었나니 이것이 너희에게서 난 것이 아니요 <u>하나님의 선물</u>이라 행위에서 난 것이 아니니 이는 누구든지 자랑치 못하게 함이니라 우리는 그의 만드신 바라 그리스도 예수 안에서 선한 일을 위하여 지으심을 받은 자니 이 일은 하나님이 전에 예비하사 우리로 그 가운데서 행하게 하려 하심이니라(엡 2:8-10)

여기서 바울이 "하나님의 선물"이라는 것은 믿음으로 말미암아 의롭게 될 수 있는 전 과정을 말한다. 구원은 하나님이 인간에게 값없이 주시는 선물임이 틀림없다. 인간이 어떻게 자기의 구원을 이룰 수 있겠는가? 절대 인간 스스로 구원에 이를 수 없다. 구원은 오직 하나님만이 인간에게 주실 수 있는 선물이다. 문제는 값없이 주는 선물이라고 하기 때문에 인간이 해야 할 일은 아무 것도 없다고 생각하는데 있다. 정말 구원을 위해서 인간이 해야 할 일은 전혀 없는가? 구원을 위해서 그 어떤 것도 성경이 요구하고 있지 않은가?

우리가 분명히 알아야 할 사실은 하나님이 구원을 다 이루어가시지만 그렇다고 해서 인간의 자유의지가 전혀 개입되지 않는다는 말이 아니다. 믿음은 우리 각자가 가지고 있는 자유의지에서 나와야 하는 것이다. 물론 우리가 믿으려고 할 때 믿음을 주시는 부분도 있고 성령의 인도하심도 반드시 필요하다. 성령이 믿음을 은사(고전 12:9)로 주시기 때문에 우리는 하나님의 은혜를 입어야 한다. 그러나 우리 각자의 의지의 결단에서 나오는 믿음이 있어야 하나님도 역사하신다는 사실을 놓쳐서는 안 된다.

믿음이 전적으로 하나님의 선물이고, 인간은 수동적으로 그 믿음을 수여받는 것이라면 하나님이 일방적으로 믿음을 넣어 주시면 될 것이다. 믿으라고 할 필요가 없다. 믿음을 선물로 주고 믿게 하면 된다. 그것으로 모든 것이 끝난다. 전도자가 애써 전도할 필요도 없을 것이다. 하나님이 믿음을 선물로 넣어주면 모든 구원은 이루어지기 때문이다. 그렇지만 성경은 무엇이라 하는가? 인간 의지의 결단을 촉구하면서 회개하고 믿으라고 한다. 믿음은 순전히 인간에게서 나올 때 참 믿음이다. 하나님이 주셔서 받는 것이라면 믿음이라고 할 수 없다. 우리의 의지의 결단과 판단에서 나와야 참 믿음이다. 그 믿음이 나오기 위해서는 자유의지가 전적으로 부패해서는 안 된다. 적어도 인간의 자유의지가 살아있어야 가능한 일이다.

> 또 무리에게 이르시되 너희가 구름이 서에서 일어남을 보면 곧 말하기를 소나기가 오리라 하나니 과연 그러하고 남풍이 붊을 보면 말하기를 심히 더우리라 하나니 과연 그러하니라 외식하는 자여 너희가 천지의 기상은 분변할 줄을 알면서 어찌 이 시대는 분변치 못하느냐 또 어찌하여 옳은 것을 스스로 판단치 아니하느냐(눅 12:54-57)

옳은 것을 스스로 판단하라고 하시는 것은 곧 선을 선택할 자유의지가 우리 속에 있음을 전제하는 것이다. 옳은 것을 하나님이 판단해서 우리에게 넣어 주시는 것이 아니다. 우리 스스로가 판단할 수 있는 양심과 이성과 믿음과 지식이 있는 것이다. 그것을 사용하여 하나님의 선하고 옳은 길을 우리 스스로가 선택해야 한다.

예수님은 사람을 어떻게 대하는가? 원죄를 전제로 대하는가? 자유의지가 완전히 부패하여 그 어떤 선도 행할 수 없는 존재로 이해하는가? 전혀 그렇지 않다. 예수님은 인간을 대할 때, 건전한 의지로 얼마든지 선을 선택할 수 있는 가능성을 가진 존재로 대한다. 그렇기 때문에 현장에서 간음하다 붙잡힌 여인에게 다시는 죄를 범치 말라고 하신 것이다(요8:4-11).

저희가 이 말을 듣고 마음에 찔려 베드로와 다른 사도들에게 물어 가로되 형제들아 우리가 어찌할꼬 하거늘 베드로가 가로되 <u>너희가 회개하여 각각 예수 그리스도의 이름으로 세례를 받고 죄 사함을 얻으라</u> 그리하면 성령을 선물로 받으리니 이 약속은 너희와 너희 자녀와 모든 먼데 사람 곧 주 우리 하나님이 얼마든지 부르시는 자들에게 하신 것이라 (행 2:37-39)

베드로의 설교를 듣고 청중들은 어떻게 해야 하느냐는 질문을 한다. 베드로는 "회개"하고 "죄 사함을 얻으라"고 한다. 여기에 원죄는 언급되지 않고 있다. 여기에 자유의지가 완전히 죽어 있음을 말하지 않는다.

<u>세례요한이 이르러 광야에서 죄 사함을 받게 하는 회개의 세례를</u> 전파하니 온 유대 지방과 예루살렘 사람이 다 나아가 자기 죄를 자복하고 요단강에서 그에게 세례를 받더라 (막 1:4, 5)

세례 요한이 외친 회개에도 원죄를 찾아볼 수 없다. 그때 사람들은 "자기 죄"를 회개하고 세례를 받았다. 자신의 의지로 회개하였고, 그 회개를 통해 죄 사함을 받았다.

또 주의 종으로 <u>고범죄를 짓지 말게 하사</u> 그 죄가 나를 주장치 못하게 하소서 그리하시면 내가 정직하여 큰 죄과에서 벗어나겠나이다(시 19:13)

여호와여 내 <u>소시의 죄와 허물을</u> 기억지 마시고 주의 인자하심을 따라 나를 기억하시되 주의 선하심을 인하여 하

옵소서(시 25:7)

회개할 때 아담의 원죄를 회개한 것이 아니다. 자신의 자범죄를 회개하고 있다. 이것은 인간이 원죄로 인해 전적으로 타락한 것이 아님을 증거한다. 물론 모든 인간은 하나님 앞에 의롭지 못하다. 모두가 타락했다. 그러나 그 타락의 원인이 아담의 원죄가 아닌 자신의 자범죄라는 사실이다. 그렇기 때문에 인간의 자유의지는 완전히 죽었다고 할 수 없다. 만약 인간에게 자유의지가 없다면 자범죄는 성립되지 않는다. 일반 사회법에서도 자유의지가 전혀 없는 자에게는 죄가 성립될 수 없다. 인간에게 죄가 성립된다는 것은 자유의지가 있기 때문이다. 어거스틴처럼 죄를 지을 자유만이 있다고 한 것은 모순이다. 선과 악을 선택할 의지가 동시에 있어야만 자범죄가 성립된다.

또 가라사대 너희는 온 천하에 다니며 만민에게 복음을 전파하라. 믿고 세례를 받는 사람은 구원을 얻을 것이요 믿지 않는 사람은 정죄를 받으리라(막 16:15, 16)

복음을 전파할 때, 믿는 자가 있고 믿지 않는 자가 있을 것이다. 믿고 세례를 받는 자들은 하나님의 선택에 근거하지 않고 자기의 의지의 결단에 따라 믿는 것이다. 믿지 않는 것 역시 하나님에 의해 유기되었기 때문이 아니라 자신의 마음이 강퍅하기 때문에 복음을 거부하는 것이다. 이것은 곧 인간의 자유의지가 전적으로 타락한 것이 아니며, 부분적이나마 남아 있다는 증거한다.

4. 자유의지와 구원의 관계

1) 중생 이후의 자유의지

중생하기 전의 자유의지가 얼마나 부패하였는가를 논하는 것도 중요하지만, 중생 이후에 자유의지가 어떤 상황인지를 규명하는 일은 더 중요하다. 이것은 성화를 이루어 나가며, 구원을 완성시켜 나가는데 매우 중요한 방향을 제시할 수 있기 때문이다. 예수 그리스도를 믿음으로 그리스도의 의가 전가되고, 성령을 통하여 우리의 영혼이 죄로부터 벗어나게 된다. 그로 인하여 전적이든 일부분이든 자유의지가 회복되는 것은 분명하다. 혹은 인간이 부분적 타락의 상황에서 예수를 믿음으로 더욱 완전한 자유의지를 회복하였다고도 할 수 있다. 중요한 것은 물과 성령을 통하여 거듭남을 체험하고 중생을 하였다면, 자유의지도 그만큼 더 완전해졌다는 증거가 될 것이다. 중생을 한 이후에도 우리의 자유의지가 힘을 발휘하지 못하고, 죄아래 갇혀 있다고 한다면 심각한 일이 아닐 수 없다. 다음은 영국 성공회 신조에 나타난 자유의지에 관한 내용이다.

> 제10조 자유의지에 관하여
> 아담의 타락 이후, 인간은 자기 자신의 자연적 힘과 선한 행위로써는 자기 자신을 돌이키거나 준비하여 신앙을 갖거나 하나님의 부름에 응할 수 없는 상태에 있다. 그러므로 그리스도를 통한 하나님의 은혜로 우리의 본성을 제어하여 선한 의지를 품게 하거나 또 우리가 그 선한 의지를 가질 때라도 그가 우리와 같이 하시지 않으면 우리는 하나님이 기뻐하시고 용납하실 만한 선한 일을 할 만한 힘을 갖지 못한다.[131]

영국 성공회 신조에서는 아담의 타락으로 인간의 자유의지는

---

131 이장식 편역, 「기독교신조사(I)」, 컨콜디아사, 274.

전적으로 타락했다는 입장이다. 인간은 전적으로 무능력하여 자기 스스로 하나님을 찾거나 부름에 응할 수 없는 상태라고 규정한다. 비록 중생 이후에라도 인간 스스로는 선을 행할 능력을 갖추고 있지 못하다고 말한다. 예수 그리스도의 은총이 부어진 이후에도 하나님의 도움 없이는 인간 스스로 그 어떤 선도 선택할 수 없는 무능력한 인간으로 남아 있다는 입장이다. 물론 인간은 끊임없이 하나님의 도움을 받아야만 믿음을 지켜 나갈 수 있는 것은 사실이지만, 그렇다고 인간의 의지를 노예의지나 어린 아기 상태에 머물러 있는 것으로 이해하는 것을 성경과 맞지 않다. 다음은 장로교 헌법에 나와 있는 신도게요의 내용이다.

제9장 자유의지에 관하여

1. 하나님은 사람의 의지에 자유를 부여하셔서 그것이 선이나 악에 강제되지도 않으며, 또 자연의 절대적 필연성에 의해서 결정되지도 않게 하셨다(신 30:19, 요 7:17, 계 22:17, 약 1:14, 요 5:40).
2. 사람이 그의 무죄 상태에서는 하나님에게 선하고 기쁘시게 하는 것을 의지(ëòòὰ)하고 행할 자유와 능력을 가졌다. 그러나 그는 오히려 가변적이어서 그것으로부터 타락할 수도 있었다.
3. <u>사람이 죄의 상태에 타락함으로 구원을 가져올 만한 아무런 영적 선에 행해서도 의지의 재능을 전부 다 잃어버렸다.</u> 그러므로 자연인은 선을 전적으로 싫어하게 되고, 죄에서 죽어 있어, 자기 자신의 힘으로 자신을 회심시키거나, 자신을 회심시키도록 준비할 수도 없다(롬 5:6, 8:7, 요 15:5; 롬 3:10, 12, 8:7; 엡 2:1, 5, 골 2:3; 요 6:44, 65, 고전 2:14, 롬 8:8, 엡 2:2-5, 딛 3:3-5).
4. 하나님께서 죄인을 회심시키셔서 은혜의 상태에로 옮겨

놓으실 때에 그는 그를 나면서부터의 죄의 속박에서 해방시키시고 또 그의 은혜에 의해서만 영적으로 선한 것을 자유롭게 원하고 행위 할 수 있게 하신다. 그렇다고 하더라도 그의 남아 있는 부패 때문에 선한 것을 온전히 행하지 못할 뿐 아니라 악한 것을 하려고 하기도 한다(골 1:13, 요 8:34, 36, 빌 2:13, 롬 6:18, 22; 갈 5:17, 롬 7:15).
5. 사람의 의지는 영화의 상태에서만, 완전히 또 불변적으로 선에 향해서만, 자유하게 된다.(요일 3:2, 계 22:3, 4; 대하 6:36, 요일 1:8-10, 2:6, 시 17:15)[132]

    장로교의 입장은 타락으로 인하여 자유를 다 잃어버렸지만, 하나님의 은혜로 자유의지가 어느 정도 회복된다는 입장이다. 물론 그 회복된 자유의지는 완전하지 못하며, 따라서 죽을 때까지 죄에서 벗어나지 못할 뿐 아니라 완전함에 이를 수 없다는 입장이다. 죽음 이후 영화의 상태에서만 완전해 질 수 있다고 함으로써 중생을 통하여 회복된 자유의지 또한 죄로부터 완전히 벗어나지 못하는 의지로 이해한다.

    웨슬리안주의의 입장은 태어나면서부터 자유의지가 부분적으로 회복된다고 하는 반면, 장로교에서는 믿음을 통하여 자유의지가 부분적으로 회복된다고 한다. 중요한 것은 어떤 식으로든 자유의지가 회복된 만큼 그 의지의 결단을 통하여 구원을 이루어 나가야 할 부분들이 있기 때문에 이 부분을 강조해야 한다는 사실이다.

    장로교에서 자유의지가 하나님의 은혜로 회복되지만 그것 또한 하나님의 은혜 안에서만 자유의지이기 때문에 진정한 인간의 자유의지라고 보기 힘들다. 하나님의 은혜를 입었기 때문에 회복된 자유의지를 가지고 죄를 벗어나는 결단을 할 수 있어야 진정한 자유의지의 회복이라 할 수 있을 것이다. 중생 이후 성화를 이루어가는

---

132 신도게요, 「헌법」, 대한예수교장로회총회, 284, 285.

과정에서도 인간의 자유의지는 하나님의 은혜 없이는 그 어떤 역할도 할 수 없다고 보는 입장에서, 하나님의 은혜를 입었기 때문에 그 회복된 자유의지로 죄를 끊을 수 있음을 확신하는 자세가 필요하다.

> 루터는 성화의 은총을 말하기는 하였지만 의인화의 은총을 중심으로 하였고, 칼빈은 그리스도의 십자가 사건이 주는 의인화와 성화의 두 차원적 은총을 말하였다. 웨슬리는 칼빈이 이해한 성화의 교리를 더욱 발전시킨다. 칼빈은 성화도 그리스도의 십자가가 주는 은혜라고 해석했지만 웨슬리는 의인화는 그리스도의 은혜요, 성화는 성령의 은혜라고 해석하였다. 칼빈의 성화론은 성령의 역사로서의 선행, 곧 하나님 100%, 인간 0%를 강조함으로 인간의지의 노예신세를 주장하나, 웨슬리의 성화론은 하나님 100%, 인간 100%의 복음적 신인협조설을 주장한다.[133]

인간의 자유의지가 구원에 개입될 수 있느냐 없느냐, 된다면 얼마나 개입되며 어떻게 개입되느냐 하는 문제가 구원론에 있어서 매우 중요한 이슈가 아닐 수 없다. 이 문제에 대해서 반펠라기우스주의자들은 하나님의 은총 50%와 인간의 자유의지 50%가 협력하여 완전한 구원을 이룬다고 주장한다. 그 반면 웨슬리안주의는 하나님의 절대주권을 100% 인정하면서, 동시에 인간의 자유의지의 선택과 순종도 100% 필요함을 강조함으로써 "복음적 신인협조설"(evangelical synergism)을 주장하고 있다.

> 따라서 먼저 성령의 은총의 주도권과 인간의 자유의지적 응답과 참여에 의해 구원이 완성된다. 이 순서가 바뀌면 안 된

---

133 김홍기, 「감리교회사」, 도서출판 kmc, 345.

다고 웨슬리는 그의 설교 "우리 자신의 구원을 이룸에 관하여"에서 힘주어 강조한다. 그러므로 이것은 인신협조설(human-Divine cooperation)이 아니라 신인협조설(Divine-human cooperation)이라고도 한다. 펠라기우스나 반펠라기우스주의는 그냥 신인협조설(synergism)이라고도 한다.[134]

그렇다면 중생한 후의 인간의 자유의지는 어느 정도의 수준에 있는 것인가? 아담의 타락과 원죄의 영향을 받아서 전적 타락 그 상태를 유지하고 있는가? 아니면 선재적 은총으로 어느 정도 회복되고 있는가? 아니면 성령의 은혜로 아담 이전처럼 완전히 회복되었는가? 인간의 의지와 선택을 하나님께서 어디까지 허용해 놓았는지를 알게 되면 그만큼 인간이 책임져야 할 범위가 확정될 수 있다. 하나님의 주권과 예정은 어디까지이며, 인간의 순종과 책임은 어디까지인지 분명히 규정해야 구원을 위해서 인간이 져야 할 책임을 바로 질 수 있을 것이다.

이런 문제는 그 동안 신학적으로 수없이 논쟁이 되어 왔다. 이제는 신학적 논쟁이 아닌 성경의 실제적 사건들을 분석하고 종합하여 하나의 결론을 내는 방향으로 나아가는 것이 중요하다. 연역적 방법이 아닌 귀납적 방법을 통하여 인간의 자유의지의 정도를 규명하는 시도가 이 시점에서 절실하다.

2) 하나님의 작정과 자유의지

하나님의 작정과 인간의 자유의지는 서로 어떤 관계로 형성되어 있는지를 아는 것은 쉬운 일이 아니다. 특히 영원 전부터 하나님의 모든 계획이 작정되어 있다면, 그 안에서 인간의 자유의지는 어떤 역할을 할 수 있는가?

---

[134] Ibid.

문 12. 하나님의 작정이란 무엇인가?

답.   하나님의 작정은 하나님의 뜻의 도모로 말미암은 지혜롭고 자유하며 거룩한 행위인데 이로 말미암아 자기 영광을 위하여 특히 천사와 사람에 대하여 무엇이든지 일어날 일을 변할 수 없게 영원부터 선정하신 것이다(엡 1:11, 롬 11:33, 롬 9:14, 15, 18, 엡 1:4, 11, 롬 9:22, 23, 시 33:11).[135]

하나님의 작정은 미래의 일어날 일들에 대해서 "변할 수 없게 영원부터 선정"하신 것이라고 규정하고 있다. 이러한 요리문답을 통해 진리를 배우게 될 경우 어떤 문제가 생기겠는가? 이 세상에 일어나는 모든 일들을 결정론적으로 보게 된다. 모든 것은 하나님의 결정에 달려 있고 인간은 그 어떤 선택도 할 수 없는 운명론적 구원관에 빠지게 될 것이다. 그렇다면 요리문답에서 근거로 사용하는 성경 구절들이 바로 해석되었는지를 살펴 볼 필요가 있다. 먼저 에베소서 1장 11절을 보자!

> 모든 일을 그 마음의 원대로 역사하시는 자의 뜻을 따라 우리가 예정을 입어 그 안에서 기업이 되었으니(엡 1:11)

"모든 일을 그 마음의 원대로 역사하시는 자"라는 말씀을 보면, 하나님이 그 마음대로 모든 일을 진행시켜 나가기 때문에 인간의 자유의지는 개입될 여지가 없는 것처럼 보인다. 인간의 자유의지는 하나님의 거대한 계획 속에 종속될 수밖에 없다고 생각할 수 있다.

하나님은 전능하시기 때문에 그 마음의 원대로 역사하실 수 있는 것은 당연하다. 그러나 하나님이 모든 일을 그 마음의 원대로 역사하신다고 해서 인간의 자유의지까지 무시하고 마음대로 한다는 뜻은 아니다. 오히려 하나님이 그 마음의 원대로 역사하시기 때

---

135   성경대요리문답, 「헌법」, 대한예수교장로회총회, 57, 58.

문에 인간이 어떤 반응을 보이느냐에 따라서 하나님도 마음대로 인간의 운명을 결정할 수 있는 것이다. 하나님이 그 기쁘신 뜻대로 예정했다 하더라도 그가 불순종할 때는 구원계획을 변경시켜 멸망에 떨어지게 할 수 있다. 또 멸망으로 떨어뜨릴 심판 계획을 세웠더라도 그들이 회개하고 하나님을 사랑하면 얼마든지 그 마음의 원대로 그들을 구원할 수 있는 권한을 사용할 수 있는 것이다.

> 예루살렘아 예루살렘아 선지자들을 죽이고 네게 파송된 자들을 돌로 치는 자여 암탉이 제 새끼를 날개아래 모음같이 내가 너희의 자녀를 모으려 한 일이 몇 번이냐 그러나 너희가 원치 아니하였도다(눅 13:34)

하나님은 이스라엘 백성들을 구원으로 인도하려 했지만, 백성들이 원치 않음으로 인해서 이스라엘 구원 계획이 무산된 것이다. 인간의 자유의지는 하나님의 예정을 변경시키거나 성취하지 못하게 한다는 사실이다. 비록 하나님이 그 마음의 원대로 작정하시지만, 그 작정이 성사되기 위해서는 인간의 순종이 반드시 따라야 한다는 것을 증거한다. 이렇게 되었을 경우, 하나님은 그 구원 계획을 얼마든지 그 마음의 원대로 변경시킬 수 있다는 것이다. 원치 않는 자들은 버리시고, 원하는 자들을 새롭게 자기 백성 삼는 일을 하나님은 얼마든지 하실 수 있는 것이다. 그런 의미에서 에베소 교회 교인들도 뒤늦게 예정을 입은 것이라고 할 수 있다.

> 너희가 전에 하나님께 순종치 아니하더니 이스라엘의 순종치 아니함으로 이제 긍휼을 입었는지라 이와 같이 이 사람들이 순종치 아니하니 이는 너희에게 베푸시는 긍휼로 이제 저희도 긍휼을 얻게 하려 하심이니라 하나님이 모든 사람을 순종치 아니하는 가운데 가두어 두심은 모든 사람에게 긍휼

을 베풀려 하심이로다 깊도다 하나님의 지혜와 지식의 부요함이여 그의 판단은 측량치 못할 것이며 그의 길은 찾지 못할 것이로다(롬 11:30-33)

여기서 분명한 것은 로마에 사는 이방인들이 은혜와 긍휼을 입은 것은 이스라엘이 순종치 않은 결과이다. 만약 이스라엘이 잘 순종했더라면 구원이 이방인에게로 흘러가지 않을 수도 있었을 것이다. 이스라엘이 불순종함으로 구원이 이방인에게로 흘러갔다.

만약 하나님이 한 번 작정한 것을 하나님 스스로도 바꿀 수 없다면 이런 일은 일어날 수가 없을 것이다. 그러나 하나님은 작정하였더라도 얼마든지 자신의 계획을 바꾸어 나가신다. 성경의 역사가 그것을 증거한다. 이스라엘이 순종치 않은 것은 그들의 자유의지의 결과이고, 이방인들이 복음을 믿어 하나님의 자녀가 된 것 또한 자유의지의 결과이다. 하나님은 인간의 자유의지를 존중하며, 그들이 결정한 것을 받아 주신다. 그런데 대요리문답에서는 하나님의 영원한 작정은 절대 변경되지 않는 것으로 몰아간다. 이것은 성경과 맞지 않는 잘못된 주장이다.

이스라엘이 불순종하고 하나님을 대적하는 일이 하나님의 영원한 작정으로부터 나온 것인가? 이방인을 구원하려고 하는 것이 영원 전부터 결정된 것인가? 이스라엘이 불순종하기 때문에 이방인에게 구원이 넘어갔다고 성경이 설명하고 있다. 이방인들이 하나님께로 돌아와 믿는 일 또한 영원 전부터 하나님이 결정했다고 보는 것도 잘못이다. 하나님은 그때그때 사람들의 믿음과 회개, 범죄와 불순종에 따라 얼마든지 선택할 수도 있고, 버릴 수도 있다. 계획을 세울 수도 있고, 바꿀 수도 있는 능력과 권세를 하나님이 가지고 계신다. 인간의 반응에 따라 하나님의 결정도 달라질 수 있음을 성경이 증거하고 있다.

하나님은 이스라엘이 배반하도록 작정하지 않았다. 이스라엘의 배반은 전적으로 그들 자신의 선택이다. 하나님은 이스라엘이 순종하는 한 끝까지 구원하고 그들을 멸망시키지 않을 것이라고 약속하고 있다. 이스라엘이 배반하기 때문에 하나님은 이방인을 자기 백성으로 선택하실 수밖에 없었던 것이다.

3) 로마서 9장과 자유의지

무엇보다 예정론자들이 예정론의 근거로 삼는 성경 본문이 바로 로마서 9장이다. 로마서 9장은 매우 난해한 부분이기 때문에 바울의 의도를 제대로 분석하지 않으면 잘못된 성경 해석으로 갈 수 있음을 알아야 한다. 지금까지 예정론자들은 로마서 9장을 반대로 이해해 왔다고 할 수 있다. 로마서 9장에서 바울이 전하고자 하는 메시지의 핵심은 무엇인가?

> 이뿐 아니라 또한 리브가가 우리 조상 이삭 한 사람으로 말미암아 잉태하였는데 그 자식들이 아직 나지도 아니하고 무슨 선이나 악을 행하지 아니한 때에 택하심을 따라 되는 하나님의 뜻이 행위로 말미암지 않고 오직 부르시는 이에게로 말미암아 서게 하려 하사 리브가에게 이르시되 큰자가 어린 자를 섬기리라 하셨나니 기록된바 내가 야곱은 사랑하고 에서는 미워하였다 하심과 같으니라 그런즉 우리가 무슨 말 하리요 하나님께 불의가 있느뇨 그럴 수 없느니라(롬 9:10-13)

우선 보면 야곱과 에서의 운명이 태어나기도 전에 하나님의 선택에 의해서 결정이 나 있는 것처럼 이해될 수 있다. 만약 이것이 사실이라면 더 이상 성경을 쓸 필요도 없고, 구원을 논할 필요도 없다. 하나님의 선택에 의해서 모든 것이 이미 결정이 나 있는데, 인간이 구원을 위해서 노력할 이유가 있겠는가?

지금 바울이 로마서를 쓰면서 구약에 나오는 야곱과 에서를 예로 든 이유와 그 의도를 파악하는 것이 중요하다. 로마서는 유대주의자들이 선민사상에 빠져서 자기들은 구원을 받도록 되어 있다고 믿는 것에 대해 경고하는 성경이다. 또한 율법주의자들이 율법 준수를 통해 의롭게 되어 구원에 이르려고 하는 것이 얼마나 잘못되었는지를 변증하는 변증서라고 할 수 있다. 따라서 구원은 율법적 행위로도 안 되고, 아브라함의 혈통으로도 안 된다는 것이 바울의 입장이다. 의롭게 되는 것과 구원받는 것은 믿음으로만 가능하며, 그 믿음은 인종과 종족과 선민을 뛰어넘어 누구든지 가능하다는 것을 설명하는 책이다. 이런 것을 설명하면서 왜 에서와 야곱의 이야기를 하는 것인가? 결국 여기서 말하고자 하는 핵심은 하나님의 주권이다. 하나님이 모든 것을 다 결정하기 때문에 인간은 아무 것도 아니라는 것이다. 인간이 아무리 율법적으로 구원을 얻으려 한다 해도 그 행위로 안 된다는 것이다. 믿음과 긍휼을 통해 하나님의 은혜와 선택을 입어야 구원이 가능하다는 말씀이다.

  그런데 이것을 잘못 이해하면, 하나님의 이중예정설로 나아갈 수 있다. 하나님이 그 마음의 작정대로 다 하신다면, 하나님 마음에 드는 자는 선택하고, 하나님 마음에 들지 않는 자는 버릴 것이 아니겠는가? 지금까지 많은 사람들이 그렇게 설명해 왔다. 야곱은 하나님이 사랑해서 선택하고, 에서는 마음에 들지 않아서 유기시켰기 때문에 버림을 받았다고 생각해 왔다. 그렇다면 에서가 구원받지 못하는 것은 에서의 책임이 아니라 하나님에게 그 책임이 돌아간다. 그렇다면 하나님의 공의에 심각한 문제가 생길 수 있다.

  바울의 의도는 무엇인가? 오히려 정반대이다. 하나님의 절대주권에 의해서 인간이 구원을 받기 때문에 하나님이 얼마든지 우리를 구원시킬 수도 있고, 버릴 수도 있다는 것을 설명하기 위해서이다. 멸망시키기로 작정했더라도 믿고 회개하고 돌이키면 그 작정을 취소하고 구원으로 예정할 수도 있고, 구원으로 예정했지만 끝내 우상숭배와 죄악으로 나아갈 때, 그 예정을 취소할 수 있는 권한이 하나님 손에 있음을 강조하기 위해서 로마서 9장을 기록한 것이다.

에서와 야곱을 보자! 에서는 장자이고, 야곱은 차자이다. 따라서 운명론적으로 야곱은 장자가 될 수 없고, 에서는 가만히 있어도 장자권을 가지게 된다. 그런데 야곱이 장자권을 얻기 위해서 얼마나 노력하였는가? 에서는 자신의 장자권을 우습게 여기고 팥죽 한 그릇에 팔아 버렸다. 이렇게 했을 때, 하나님은 어떻게 하셨는가? 에서의 장자권을 빼앗아 야곱에게 주었다. 하나님이 태어나기도 전에 이렇게 결정한 것이 아니라, 그들 스스로의 의지의 결단이 그 결과를 가져온 것이다. 하나님은 다만 그렇게 될 것을 미리 예지하셨을 뿐이고, 그 사실을 리브가에게 미리 말해 준 것뿐이다. 인간의 의지와 결단에 따라 하나님도 그들의 운명을 뒤바꿀 수 있다는 것이다. 중요한 것은 인간에게 주어진 자유의지로 하나님을 선택하면 구원을 받고, 하나님을 거부하면 구원받을 수 없다는 것이 핵심이다. 절대 이중예정론으로 해석해서는 안 된다.

> 대저 표면적 유대인이 유대인이 아니요 표면적 육신의 할례가 할례가 아니라 오직 이면적 유대인이 유대인이며 할례는 마음에 할지니 신령에 있고 의문에 있지 아니한 것이라 그 칭찬이 사람에게서가 아니요 다만 하나님에게서니라(롬 2:28, 29)

> 거기는 헬라인과 유대인이나 할례당과 무할례당이나 야인이나 스구디아인이나 종이나 자유인이 분별이 있을 수 없나니 오직 그리스도는 만유시요 만유 안에 계시니라(골 3:11)

> 그런즉 자랑할 데가 어디뇨 있을 수가 없느니라 무슨 법으로냐 행위로냐 아니라 오직 믿음의 법으로니라 그러므로 사람이 의롭다 하심을 얻는 것은 율법의 행위에 있지 않고 믿

음으로 되는 줄 우리가 인정하노라 하나님은 홀로 유대인의 하나님뿐이시뇨 또 이방인의 하나님은 아니시뇨 진실로 이방인의 하나님도 되시느니라(롬 3:27-29)

바울은 선민사상에 더 이상 빠져서는 안 된다는 것을 강조한다. 운명론적 예정론에 빠져서 하나님이 선택했기 때문에 구원받고, 선택받지 못했기 때문에 구원받지 못하는 생각을 버리도록 하기 위해서 로마서를 썼다. 오히려 하나님은 비록 예정되지 않은 자라도 하나님께 나오기만 하면 구원시켜 주신다. 비록 차자라도 장자가 되려고 할 때, 하나님은 그 믿음을 보시고 장자로 만들어 주시는 권한이 있다는 것을 바울이 강조하는 것이다. 유대인의 하나님인 동시에 이방인의 하나님이시기 때문에 예수 안에서는 구원을 받는데 그 누구도 하나님은 차별하지 않으신다. 이것은 하나님의 선택과 유기의 문제가 아니라, 인간의 믿음과 의지의 문제이다. 그러므로 우리에게 주어진 자유의지를 가지고 예수 그리스도를 믿겠다고 결단하면 누구든지 하나님의 예정 안으로 들어갈 수 있으며 운명도 바꿀 수 있는 것이다.

계속해서 로마서 9장을 보면, 마치 하나님의 의도나 계획에 따라서 구원받을 자와 받지 못할 자들을 하나님이 결정하는 것처럼 보인다. 그러나 전혀 그런 뜻이 아니다. 출애굽기에서 "나는 은혜 줄 자에게 은혜를 주고 긍휼히 여길 자에게 긍휼을 베푸느니라"(출 33:19)고 하신 뜻이 무엇인지 먼저 규명해 볼 필요가 있다.

모세에게 이르시되 내가 긍휼히 여길 자를 긍휼히 여기고 불쌍히 여길 자를 불쌍히 여기리라 하셨으니 그런즉 원하는 자로 말미암음도 아니요 달음박질하는 자로 말미암음도 아니요 오직 긍휼히 여기시는 하나님으로 말미암음이니라 (롬 9:15, 16)

모세에게 이 말씀을 하실 때의 상황은 아론이 금송아지를 만들어 우상숭배 함으로 하나님이 진노하셨고, 그로 인해 우상숭배자들을 치려고 한 직후의 일이다. 이 일로 모세는 중보기도를 하였고, 하나님은 이스라엘을 진멸할 계획을 취소하신 상황이다. 하나님의 긍휼이 없었다면 제사장으로 임명받은 아론도 죽고 백성도 죽었을 것이다. 이 상황에서 긍휼을 베풀 수 있는 분은 오직 하나님뿐이다. 지옥의 형벌을 받아야 할 상황에서 긍휼을 베풀어 구원해 주실 분은 오직 하나님뿐인 것이다. 그럼 누구에게 긍휼을 베풀고 불쌍히 여기신다는 것인가? 하나님이 미리 예정한 자들에게 긍휼을 베풀고, 유기한 자들에게 긍휼을 베풀지 않는다는 말씀인가? 아니다. 누구든지 하나님께 돌이키고 예수 그리스도를 믿는 자에게 긍휼을 베푸신다는 것이다. 자유의지의 결단을 가지고 하나님께 나아오는 자는 하나님의 긍휼을 받아 구원을 얻게 된다.

광야에서 하나님을 원망하다가 불뱀에 물리는 사건이 있었다. 하나님은 원망하는 자들을 죽이기 위해서 불뱀을 보냈다. 하지만 모세의 중보기도와 백성들의 회개로 인하여 긍휼을 베풀기로 마음을 바꾸었다. 불뱀에 물린 자들이 죽어갈 때, 하나님의 긍휼로 살아날 기회를 얻었다. 누구에게 긍휼을 베풀었는가? 하나님이 만세 전에 선택한 자들에게 베풀었는가? 아니면 하나님 말씀에 순종하여 장대 위에 달린 놋뱀을 본 자들에게 긍휼을 베풀었는가? 당연히 후자이다. 믿음과 순종으로 나아올 때 긍휼을 받는 것이지, 만세 전에 미리 정해 놓은 자들에게 긍휼을 베푸는 것이 아니다.

모세가 놋뱀을 만들어 장대 위에 다니 뱀에게 물린 자마다 놋뱀을 쳐다본즉 살더라(민 21:9)

이것이 하나님께서 긍휼을 베푸시는 방법이다. 하나님은 모든 자에게 긍휼을 베풀기를 원하신다. 하지만 하나님의 약속을 믿지 않는 자는 긍휼을 받을 수 없다. 장대 위에 달린 놋뱀을 쳐다볼 때 긍휼을 받는 것이다. 이것이 바로 믿음이며, 자유의지이다. 구원은 하나님이 예비하시지만, 그 구원을 붙잡는 것은 인간의 자유의지에 달려 있음을 말해 주는 것이다. 하나님이 이루어 놓으신 그 구원을 인간의 자유의지로 붙잡는 것이 구원임을 알아야 한다.

하나님은 가나안 땅을 주셨다. 그래서 열두 명의 정탐군들이 가나안 땅을 탐지하였다. 그들이 믿음만 있었더라면 각자가 넓은 땅을 하나님으로부터 기업으로 받았을 것이다. 그러나 보고하는 과정에서 열 명은 부정적인 입장을 취하면서 애굽으로 돌아가야 한다는 주장을 한다. 그러나 여호수아와 갈렙은 여호와를 의지하고 치러 올라가자고 한다. 누가 하나님의 긍휼을 입었는가? 여호수아와 갈렙만이 하나님의 긍휼함을 입고 나머지는 죽임을 당했다. 하나님은 모든 자에게 생명과 구원을 주시기 원하신다. 그러나 믿음이 없는 자, 잘못된 선택과 판단을 하는 자는 하나님의 긍휼에서 제외된다. 이것은 미리 정해진 것이 아니다. 현재 각자가 어떤 결정을 하느냐에 따라 결정이 되는 것이다.

하나님은 믿음이 있고 순종하는 자에게는 긍휼을 베풀고, 불순종하는 자에게는 진노를 베푸신다. 따라서 은혜 베풀 자에게 은혜 베푼다는 것은 믿음과 순종을 전제하는 것이다. 긍휼을 베풀었기 때문에 순종하는 것이 아니라, 순종하기 때문에 긍휼함을 입는 것이다. 하나님의 예정보다 인간의 자유의지가 앞설 때도 있는 것이다. 또한 긍휼을 베풀어 주시기에 순종하여 그 긍휼을 입게 된다.

> 성경이 바로에게 이르시되 내가 이 일을 위하여 너를 세웠으니 곧 너로 말미암아 내 능력을 보이고 내 이름이 온 땅에 전파되게 하려 함이로라 하셨으니 그런즉 하나님께서 하고자 하시는 자를 긍휼히 여기시고 하고자 하시는 자를 강퍅케 하시느니라(롬 9:17, 18)

바울은 로마서를 쓰면서 왜 바로에게 일어난 사건을 예로 드는 것일까? 무엇을 설명하기 위함일까? 하나님은 바로를 세워서 하나님을 믿게 하고 하나님의 나라를 세우려고 하셨던 것을 알 수 있다. 바로를 하나님이 세우셨다는 것은 놀라운 사실이다. 그럼 왜 애굽의 왕을 하나님이 세우신 것일까? 바로를 통해서 "하나님의 능력을 보이고 하나님의 이름이 온 땅에 전파"되도록 하기 위함이다. 따라서 바로가 하나님의 말씀을 듣고 순종했더라면 애굽 역시 하나님의 나라가 되고, 애굽 백성들 또한 하나님의 백성들이 되었을 것이다. 열 가지 재앙을 통해 살아계신 하나님을 바로가 애굽과 전 세계에 전해 주기를 하나님이 계획하셨던 것을 알 수 있다. 애굽 백성들을 하나님의 백성으로 세우기를 원하셨던 것이다. 그렇게 했다면 하나님의 나라가 보다 크게 확장되어 나갔을 것이다. 하나님은 출애굽을 통해서 이스라엘 백성들만 빼내는 것이 아니라, 바로와 애굽 사람들까지 하나님을 믿게 하려는 계획이 있었음을 알 수 있다. 그러므로 하나님은 모든 자들에게 구원의 기회를 주고 계신다.

이러한 하나님의 시도는 다른 왕들에게도 있었다. 니느웨 왕은 하나님의 경고를 듣고 모든 백성과 함께 회개함으로 그 성이 구원을 받은 것이다. 이중예정론에서는 구약의 하나님이 이스라엘에 국한된 하나님으로 이해하지만, 실제로는 열방의 하나님이시고 이방인들의 하나님도 되심을 알아야 한다.

바벨론의 느부갓네살은 왕위에서 쫓겨나 7년 동안 이슬을 먹고 짐승처럼 살다가 다시 그 위를 회복하게 되었다. 이렇게 한 것은 느부갓네살로 하여금 하나님을 알게 해서, 그로 하여금 바벨론 전역에 조서를 내려 하나님을 알리도록 하기 위함이다. 느부갓네살은 하나님을 깨닫고 왕의 직위를 이용하여 바벨론 전역에 하나님을 알리는데 앞장섰다.

> 느부갓네살 왕은 천하에 거하는 백성들과 나라들과 각 방언하는 자에게 조서하노라 원하노니 너희에게 많은 평강이 있을지어다 지극히 높으신 하나님이 내게 행하신 이적과 기사를 내가 알게 하기를 즐겨하노라 크도다 그 이적이여, 능하도다 그 기사여, 그 나라는 영원한 나라요 그 권병은 대대에 이르리로다(단 4:1-3)

뿐만 아니라, 사드락, 메삭, 아벳느고의 사건을 통해서도 느부갓네살 왕은 조서를 내려 하나님의 이름을 전파한다. 이방 왕을 통해서 하나님의 이름이 온 천하에 전파되었다는 것은 놀라운 일이 아닐 수 없다. 이것은 곧 이방인들에게 하나님을 알고 믿고 선택할 수 있는 자유의지가 있음을 의미한다.

> 느부갓네살이 말하여 가로되 사드락과 메삭과 아벳느고의 하나님을 찬송할지로다 그가 그 사자를 보내사 자기를 의뢰하고 그 몸을 버려서 왕의 명을 거역하고 그 하나님 밖에는 다른 신을 섬기지 아니하며 그에게 절하지 아니한 종들을 구원하셨도다 그러므로 내가 이제 조서를 내리노니 각 백성과 각 나라와 각 방언하는 자가 무릇 사드락과 메삭과 아벳느고의 하나님께 설만히 말하거든 그 몸을 쪼개고 그 집으로 거름터를 삼을지니 이는 이같이 사람을 구원할 다른 신이 없음이니라 하고 왕이 드디어 사드락과 메삭과 아벳느고를 바벨론 도에서 더욱 높이니라(단 3:28-30)

페르시아 고레스 왕을 통해서도 페르시야 전역에 하나님의 이름이 전파되게 하셨다.

> 바사 왕 고레스 원년에 여호와께서 예레미야의 입으로 하

> 신 말씀을 응하게 하시려고 바사 왕 고레스의 마음을 감동
> 시키시매 저가 온 나라에 공포도 하고 조서도 내려 가로되
> (대하 36:22)

이들은 비록 이방 왕이지만 하나님의 종이 되었고, 그들의 왕위를 이용하여 하나님의 이름을 이방 나라 전역에 퍼져나가게 하였다. 이것이 구약시대 하나님의 놀라운 전도 방법이었고, 이러한 왕들을 통해 하나님의 이름이 해 뜨는 데서부터 해 지는 곳까지 퍼져나갔다. 다리오 왕, 아닥사스다 왕, 아하수에로 왕, 남방 여왕, 아람의 군대장관 나아만 같은 자들을 이용하여 하나님의 이름이 널리 퍼져 나가게 하신 것이다. 바로 왕도 이런 측면에서 하나님을 위한 종으로 세움을 받았다. 만약 그때 하나님께 순종하고 애굽 전역에 하나님만 참 신이시고, 나머지 신들을 거짓임을 선포했다면 그도 하나님 안에서 구원을 얻었을 것이다. 그러나 그는 하나님의 제안을 거부함으로 긍휼함을 얻지 못하는 자가 되고 말았다. 바울은 이런 차원에서 바로를 언급한 것이라고 할 수 있다. 바로가 강퍅해 진 것은 하나님이 강퍅하게 하신 것이 아니라, 자기의 욕심 때문에 사단에게 잡혀서 강퍅케 된 것이며, 하나님은 사단이 바로를 강퍅케 하는 것을 허락하였기 때문에 더욱 강퍅해 진 것이라 볼 수 있다.

만약 이중예정론의 구조 속에서 바로는 어차피 악역을 해야 할 자이고 버림받기로 작정된 자라는 관점에서 본다면 어떻게 되는가? 하나님은 바로를 믿게 할 수도 있었는데 믿지 않게 하였다는 오해를 받을 수 있다. 하나님은 일방적으로 바로와 애굽 사람들을 미워하였다는 오해도 받을 수 있다. 그래서 초대교회 마르시온(Marcion)[136] 이단이 생겨났다. 구약의 하나님도 사랑의 하나님이시

---

[136] 윌리암 워커, 송인설 역, 「기독교회사」, 크리스찬 다이제스트, 82, 83; 마르키온(Marcion)은 영지주의 이단으로 구약의 하나님과 신약의 하나님을 분리한다. 모세 언약의 하나님과 예수와 바울의 하나님은 전혀 다른 존재라고 믿는다. 구약의 하나님은 혹독한 정의의 하나님으로 자의적이고 일관성이 없고 심지어 독재적인 반면, 신약의 하나님은 사랑과 자비의 하나님이다.

며, 이방인들의 하나님도 되신다. 하나님은 애굽 사람들을 미워하지 않았다. 오히려 사랑하였고 구원받기를 원하셨다.

> 그날에 <u>애굽 땅 중앙에는 여호와를 위하여 제단이 있겠고</u> 그 변경에는 여호와를 위하여 기둥이 있을 것이요 이것이 애굽 땅에서 만군의 여호와를 위하여 표적과 증거가 되리니 이는 그들이 그 압박하는 자의 연고로 여호와께 부르짖겠고 여호와께서는 한 구원자, 보호자를 보내사 그들을 건지실 것임이라 여호와께서 자기를 애굽에 알게 하시리니 <u>그날에 애굽인이 여호와를 알고 제물과 예물을 그에게 드리고 경배할 것이요</u> 여호와께 서원하고 그대로 행하리라 여호와께서 애굽을 치실 것이라도 치시고는 고치실 것인 고로 그들이 여호와께로 돌아올 것이라 여호와께서 그 간구함을 들으시고 그를 고쳐주시리라 그날에 애굽에서 앗수르로 통하는 대로가 있어 앗수르 사람은 애굽으로 가겠고 애굽 사람은 앗수르로 갈 것이며 <u>애굽 사람이 앗수르 사람과 함께 경배하리라</u> 그날에 이스라엘이 애굽과 앗수르로 더불어 셋이 세계 중에 복이 되리니 이는 만군의 여호와께서 복을 주어 가라사대 <u>나의 백성 애굽이여, 나의 손으로 지은 앗수르여, 나의 산업 이스라엘이여,</u> 복이 있을지어다 하실 것임이니라
> (사 19:19-25)

애굽은 약속에서 제외된 나라이며 그 백성들은 구원을 받지 못하는 것으로 이해하기 쉽다. 그러나 땅 중앙에 여호와를 위한 제단이 세워지고, 애굽 사람들과 앗수르 사람들이 하나님을 경배하는 놀라운 일이 일어날 것을 예언하고 있다. 하나님은 이스라엘만 아니라 애굽과 앗수르 사람들도 하나님의 백성임을 선포하고 있다. 그러므로 바로 왕 역시 하나님 앞에 쓰임받기 위해 세움을 받았다

고 할 수 있다. 그러나 열 가지 재앙을 받으면서도 끝내 하나님을 거부함으로 긍휼함을 얻지 못하였다. 그러므로 구약에서도 인간의 자유의지를 무시하고 하나님 마음대로 역사하신 것이 아니라, 인간의 자유의지에 따라서 하나님이 역사하신 것을 알 수 있다.

토기장이의 비유도 하나님의 절대주권을 강조한다. 그런데 그 절대주권은 독재자적인 주권이 아니라, 긍휼과 자비를 베푸시는 주권이다. 공의롭고 공정한 주권이다. 왜냐하면, 악한 자라도 악에서 돌이키면 얼마든지 용서해 주시기 때문이고, 아무리 의인으로 살다가도 악으로 달려갈 때는 공의대로 하시는 주권이기 때문이다.

> 이 사람아 네가 뉘기에 감히 하나님을 힐문하느뇨 지음을 받은 물건이 지은 자에게 어찌 나를 이같이 만들었느냐 말하겠느뇨 토기장이가 진흙 한 덩이로 하나는 귀히 쓸 그릇을 하나는 천히 쓸 그릇을 만드는 권이 없느냐 만일 하나님이 그 진노를 보이시고 그 능력을 알게 하고자 하사 <u>멸하기로 준비된 진노의 그릇을 오래 참으심으로 관용하시고</u> 또한 영광 받기로 예비하신바 긍휼의 그릇에 대하여 그 영광의 부요함을 알게 하고자 하셨을지라도 무슨 말 하리요 이 그릇은 우리니 곧 유대인 중에서 뿐 아니라 이방인 중에서도 부르신 자니라(롬 9:20-24)

토기장이 비유의 핵심은 하나님의 주권을 강조하는 것이다. 즉, 멸하기로 작정한 그릇이라도 회개하고 돌이키면 용서해 주신다. 이것은 하나님이 절대적 주권을 가지고 있기에 가능한 것이다. 니느웨 성 사람들은 멸망받기로 심판이 선포되었지만 회개함으로 용서받았다. 하나님이 절대적 주권을 가지고 그 마음의 원대로 역사하기 때문에 가능해진 일이다.

토기장이 비유가 이중예정을 설명하기 위해서 하고 있다고 생각하는 것은 큰 잘못이다. 바울은 이중예정론자가 아니기 때문이다. 토기장이 비유는 유대인이든 이방인이든 상관없이 하나님께 순종하는 자는 모두 하나님의 백성으로 선택하신다는 것을 설명하기 위해서 하는 것이다.

하나님이 이방인을 구원한다고 주장하는 복음전도자들은 유대인들이 힐난하였다. 왜 선민 이스라엘만 구원해야 하는데 이방인들까지 구원하느냐고 불평하였다. 그러나 토기장이이신 하나님이 유대인만 아니라 이방인들도 구원하겠다고 작정하는 것을 누가 막을 것이며, 누가 잘못되었다고 할 것인가? 하나님은 인생을 창조하시는 분이시기에 그 선한 결정에 대해 누구도 힐난할 수 없다. 이것이 토기장이 비유의 핵심이다.

> 호세아 글에도 이르기를 내가 내 백성 아닌 자를 내 백성이라 사랑치 아니한 자를 사랑한 자라 부르리라 너희는 내 백성이 아니라 한 그곳에서 저희가 살아 계신 하나님의 아들이라 부름을 얻으리라 함과 같으니라(롬 9:25, 26)

이방인이라도 하나님의 이름을 부를 때, 하나님의 백성으로 만들어 주시겠다는 것이다. 이것은 창세 전에 그렇게 결정되었기 때문에 그렇게 되는 것이 아니라, 이방인들이 자기의 자유의지로 돌이킬 때, 하나님은 그들의 결정을 받아들이겠다는 것이다. 하나님은 이방인들도 얼마든지 하나님 자녀로 만들 수 있는 자격과 권한이 있는 분임을 바울이 증거하는 것이다.

> 또 이사야가 이스라엘에 관하여 외치되 이스라엘 뭇자손의 수가 비록 바다의 모래 같을지라도 남은 자만 구원을 얻으리니 주께서 땅 위에서 그 말씀을 이루사 필하시고 끝내 시리라 하셨느니라 또한 이사야가 미리 말한바 만일 만군

의 주께서 우리에게 씨를 남겨 두시지 아니 하셨더면 우리가 소돔과 같이 되고 고모라와 같았으리로다 함과 같으니라 (롬 9:27-29)

이스라엘은 선택된 민족이다. 그러므로 그들은 모두 구원을 받아야 마땅하다. 이스라엘 백성들도 혈통적으로 아브라함의 후손으로 타고는 그 자체로도 구원을 받는다고 생각하였다. 그런데 왜 이스라엘은 모든 자가 구원받지 못하고 남은 자만 구원을 얻는가? 이중예정 때문인가? 선민으로 예정되는 것은 무엇이며, 남은 자가 되는 것은 무엇인가? 이것은 이스라엘 민족으로 태어난다고만 되는 것이 아니라, 믿고 회개하고 순종하는 자만이 구원을 받는다는 것이다. 엘리야 때 이세벨이 바알과 아세라를 섬기라고 했을 때, 바알에게 무릎 꿇지 않은 칠천 명을 하나님이 남겨 주셨다고 하였다. 이들은 남은 자들이었다. 왜 하나님이 이들을 남겨 두었는가? 바알에게 무릎을 꿇지 않았기 때문이다. 이것은 하나님이 그렇게 계획했기 때문이 아니라 우상숭배하지 않은 칠천 명이 각자 자기 믿음의 결단의 결과였다. 하나님이 남겨 두셨기 때문에 칠천이 된 것이 아니라, 무릎을 꿇지 않은 자를 세어보니 칠천이 된 것으로 해석해야 성경 전체의 맥락과 통한다. 하나님은 그런 자를 특별히 보호하며 멸망으로부터 구원하여 남겨 두신 것이다. 자유의지의 결단으로 말씀을 지킬 때 하나님은 그들의 믿음의 결과에 따라 지키시고 보호하신다. 따라서 로마서 9장은 하나님의 이중예정에 의해 구원이 결정되는 것을 설명하는 것이 아니라, 인간이 자신의 자유의지와 결단으로 믿음과 생명의 길을 선택할 때, 모든 것의 주권자 되시는 하나님이 그들의 믿음에 근거하여 구원을 예정하고 결정한다는 것을 설명하고 있다.

4) 에베소서 1장과 자유의지

에베소서 1장은 하나님의 절대예정, 이중예정, 창세 전 예정(전택설)의 근거로 사용되고 있다. 에베소서 1장을 잘 이해하기 위해서는 바울이 에베소서를 쓴 동기가 무엇이며, 대상이 누구이며, 무슨 목적으로 쓴 것인지를 살펴볼 필요가 있다. 에베소서 전체의 내용을 비교하여 1장에서 말하고자 하는 바울의 뜻을 분명히 밝혀내야만 진정한 의미를 알 수 있다. 먼저 에베소서를 수신하는 대상은 에베소에 사는 이방인들로서 기독교로 개종한 자들이다.

> 찬송하리로다 하나님 곧 우리 주 예수 그리스도의 아버지께서 그리스도 안에서 하늘에 속한 모든 신령한 복으로 우리에게 복 주시되 곧 창세 전에 그리스도 안에서 우리를 택하사 우리로 사랑 안에서 그 앞에 거룩하고 흠이 없게 하시려고 그 기쁘신 뜻대로 우리를 예정하사 예수 그리스도로 말미암아 자기의 아들들이 되게 하셨으니 이는 그의 사랑하시는 자 안에서 우리에게 거저 주시는 바 그의 은혜의 영광을 찬미하게 하려는 것이라(엡 1:3-6)

바울은 이방인으로 있다가 개종한 에베소 그리스도인들에게 "창세 전에 그리스도 안에서" 택함받았다고 한다. 이것을 문자적으로 해석하면 시간적으로 창세 전에 에베소 교인들의 구원이 결정된 것으로 해석된다. 그렇다면 창조가 시작되기도 전에 에베소 지역에 사는 이방인들 가운데 믿고 개종할 자들을 하나님이 일일이 선택하였다는 말인가? 그래서 하나님이 창세 전에 택한 자들은 한 사람도 예외 없이 믿고 구원을 받도록 예정하였다는 말인가? 그렇다면 구원론은 결정론과 운명론 혹은 숙명론이 될 수밖에 없다. 기독교의 구원론은 결정론이나 운명론이 아니라, 하나님이 예비한 구원을 인간이 믿음으로 받아들일 때 이루어지는 상대적 예정론으로 보아야 정확하다.

　에베소서 1장의 핵심은 이방인들까지 구원해 주신 하나님을 찬양하는 것이다. 그 놀라운 하나님의 구원계획과 예정 안에 에베소교회 성도들도 들어갔다는 것이다. 도무지 하나님의 자녀가 될 수 없는 상황에 놓여 있는 에베소 사람들이 복음전파자들이 제시한 예수 그리스도를 믿음으로 값없이 구원을 받았으니 어떻게 하나님을 찬양하지 않을 수 있겠는가? 하나님은 인간이 타락하지 않기를 원하였고, 타락하였을 경우 그리스도를 통하여 구원할 계획을 영원 전부터 가지고 계셨음을 바울이 기록한 것이다. 영원 전부터 세워졌던 구원 계획과 예정 안에 에베소 성도들이 믿음을 통해 들어간 것이며, 그로 인해 에베소 성도들은 하나님의 백성으로 예정이 된 것이다.

　만약 이것을 창세 전 이중예정으로 해석할 경우, 성경은 심각한 모순에 빠지게 될 것이다. 창세 전에 이중예정에 의해 에베소 성도들이 택정함을 받았기 때문에 그들이 예수 그리스도를 믿게 되었다면 그 믿음은 하나님에게서 온 것이며, 또 믿지 않고 유기된 자들 또한 믿지 않는 원인이 하나님에게 있게 될 것이다. 인간의 자유의지는 전혀 없고, 오직 하나님의 예정과 계획에 의해서만 모든 구원이 이루어져 나간다는 결론에 도달하게 된다. 그렇다면 구원을 위해서 인간이 결단하거나 노력해야 하는 부분은 필요가 없으며, 큰 의미도 없다. 모든 것이 하나님의 작정과 예정과 설계에 따라 움직이는 것이기 때문에 인간의 선택이나 행위에 따라 나타나는 결과는 심판에 아무런 영향을 미칠 수가 없게 될 것이다. 모든 것은 하나님의 계획대로 되며, 인간은 하나님의 계획에 의해 움직이는 피동적인 존재이며 비인격적이고 자발성이 결여된 존재에 불과할 것이다.

　앞에서도 밝혔지만 에베소서 1장은 창세 전 이중예정의 논리가 아니라 하나님의 일반적인 구원계획에 관한 것으로 이해해야 한다. 창세 전에 설령 어떤 자를 구원하기로 예정했다 하더라도, 그가 불순종하여 믿지 않음으로 인해 멸망으로 떨어진다면 하나님의 예정이 어긋나게 된다. 그렇다면 창세 전 예정이 사실이라 하더라도 무슨 의미가 있는가? 이스라엘 백성들을 구원하기로 예정하였지만 선지자들의 말도 듣지 않고 불순종과 우상숭배로 나아갔다. 그 결과 그들은 하나님에 의해 멸망당하였다. 하나님이 그 구원계획을 이방인에게로 돌린 것이다. 그렇다면 창세 전 예정이 사실이라 하더라도 실제로 구원받는 데는 큰 의미가 없다고 할 수 있다. 창세 전 예정을 주장할 경우, 인간의 자유의지는 전혀 없다는 전제가 되기 때문에 성경적이라고 할 수 없다.

창세 전 예정이 정설이라면 예수님의 비유와도 일치해야 한다. 그러나 예수님의 설교나 비유와 전혀 맞지 않는다. 이것은 창세 전 예정 교리가 얼마나 잘못되었는지를 말해 주는 것이다. 창세 전 예정 교리는 인간의 인격을 무시하는 교리이며, 하나님의 구원계획을 전혀 이해하지 못하는 잘못된 교리임이 분명하다.

> 다시 한 비유를 들으라 한 집 주인이 포도원을 만들고 산울로 두르고 거기 즙 짜는 구유를 파고 망대를 짓고 농부들에게 세로 주고 타국에 갔더니 실과 때가 가까우매 그 실과를 받으려고 자기 종들을 농부들에게 보내니 농부들이 종들을 잡아 하나는 심히 때리고 하나는 죽이고 하나는 돌로 쳤거늘 다시 다른 종들을 처음보다 많이 보내니 저희에게도 그렇게 하였는지라 후에 자기 아들을 보내며 가로되 저희가 내 아들은 공경하리라 하였더니 농부들이 그 아들을 보고 서로 말하되 이는 상속자니 자 죽이고 그의 유업을 차지하자 하고 이에 잡아 포도원 밖에 내어 쫓아 죽였느니라 그러면 포도원 주인이 올 때에 이 농부들을 어떻게 하겠느뇨 저희가 말하되 이 악한 자들을 진멸하고 포도원은 제때에 실

과를 바칠만한 다른 농부들에게 세로 줄지니이다 예수께서
가라사대 너희가 성경에 건축자들의 버린 돌이 모퉁이의 머
릿돌이 되었나니 이것은 주로 말미암아 된 것이요 우리 눈
에 기이하도다 함을 읽어 본 일이 없느냐 그러므로 내가 너
희에게 이르노니 하나님의 나라를 너희는 빼앗기고 그 나라
의 열매 맺는 백성이 받으리라(마 21:33-43)

　예수님의 비유에서는 창세 전 이중예정 교리의 내용을 전혀 발견할 수 없다. 전택설이 맞다면 예수님이 이런 비유를 들어서는 안 된다. 그런데 왜 예수님은 이런 비유를 드는 것인가? 그것은 곧 구원을 이루어 가는데 인간 자신의 결정과 행위가 구원에 절대적으로 영향을 미친다는 것을 말씀하기 위함이다.
　위의 비유는 이스라엘을 구원하고자 하는 하나님의 열심에 반하여 이스라엘은 반역의 역사를 살았던 것이다. 포도원 주인이 "포도원"을 만든 것은 분명 열매를 얻고자 계획하는 하나님의 예정이 분명하다. 하나님은 구원을 위해 계획하시고 예정하시는 분이다. 농부들에게 세를 주는 것까지 포도원 주인이 할 일이다. 그렇다고 주인이 농부들의 의지나 생각까지 움직일 수는 없다. 주인의 뜻대로 할 것인지 말 것인지는 농부들 자신이 결정해야 할 문제다. 타국으로 가버린 상황에서는 더 이상 포도원 주인이 농부들의 결정에 개입할 수 없다. 다만 농부들이 많은 열매를 돌려주기를 기대할 뿐이다. 일의 성사 여부는 이제 농부들의 손에 달려 있다. 하지만 농부들은 주인의 뜻을 거역하고 자기들이 원하는 길로 감으로 멸망당하게 된다.
　구원 계획은 하나님의 소관이다. 많은 자들이 믿고 하나님의 백성이 되어 천국 들어올 것을 기대하신다. 그래서 예수 그리스도를 통하여 구속의 길도 열어 놓았다. 누구든지 믿으면 하나님 자녀 될 수 있는 길도 열어 놓았다. 여기까지 하나님이 하실 영역이다. 그

다음부터는 인간의 자유의지의 영역이다. 하나님의 구원 예정을 믿고 받아들일 것인지 거부할 것인지는 인간 자신이 결정해야 할 몫이다. 그 결정을 하나님이 대신하거나 미리 예정하였기 때문에 믿는 일은 없다.

　실과 때가 되어서 실과를 받으려고 종들을 보내었을 때, 어떤 일이 일어났는가? 농부들이 그 종들을 때리고 죽였다. 예상치 못한 일이 발생한 것이다. 이것은 인간의 자유의지로 주님의 구원계획을 거부한 것이다. 하나님의 원래 계획과 작정, 예정에 심각한 문제가 발생하였다. 예상치 못한 불순종으로 인하여 하나님의 구원계획은 빗나가 버렸다. 이것은 하나님이 아무리 구원을 예정한다 하더라도 인간의 자유의지로 불순종 한다면 하나님의 계획이 무산된다는 것을 말해 준다. 따라서 대요리문답에서 영원 전에 예정한 그 계획이 영원불변하다고 하는 주장은 잘못된 것이다. 그것은 예수님의 말씀을 부정하는 결과이며 성경에서 벗어나는 심각한 오류를 가져오게 된다. 인간의 자유의지로 하나님의 예정과 작정을 온전히 이룰 수도 있고, 완전히 무너뜨릴 수도 있다. 하나님이 불완전한 것이 아니라, 인간이 불완전하기 때문에 하나님의 완전한 계획을 무산시키는 것이다.

　주인은 처음에 선택한 농부들을 진멸한다. 그리고는 실과를 바칠 만한 다른 농부들을 선택한다. 주인의 처음 계획과 예정이 변경된 것이다. 하나님의 예정과 계획은 인간의 순종 여부와 자유의지에 따라서 얼마든지 변할 수 있다. 하나님의 구원 계획은 처음에 이스라엘이었다. 그러나 그들이 선지자를 죽이고, 예수님까지 죽임으로 그 대상을 이방인으로 바꾸었다. 하나님의 구원 예정은 분명히 있지만, 인간이 순종하고 열매 맺을 때만 보장되는 것이다. 따라서 하나님의 예정은 절대적 예정이 아니라 상대적 예정이며, 유보적 예정이라 할 수 있다.

　하나님의 예정도 중요하지만 더 중요한 것은 결과와 열매다. 예정은 결과와 열매를 위한 것이다. 결과에 따라 예정은 변경되거나 취소될 수 있다. "하나님 나라를 너희는 빼앗기고 그 나라의 열매 맺는 백성이 받으리라"(마 21:43)는 말씀은 인간의 노력 결과에 따라 구원이 변경될 수 있다는 말이다. "빼앗긴다"는 것은 주기로 약속이 되었거나 가지고 있었음을 말한다. 이스라엘 백성들은 하나님 나라를 약속받은 자들이다. 그러나 그들이 열매를 맺지 못함으로 빼앗겼다. 하나님의 예정에 큰 차질이 생긴 것이다. 대신에 열매 맺는 이방인들이 하나님 나라를 상속받게 되었다.

5) 자유의지는 구원의 결정적 요소

이중예정론에서는 원죄설을 근거로 인간의 전적 타락과 하나님의 절대적 주권을 강조함으로써 인간의 자유의지는 완전히 부패하였고 그 기능이 상실된 것으로 이해한다. 그러나 성경은 인간의 자유의지를 전제로 수많은 요구사항들을 말씀하고 있다. 인간이 만든 교리와 성경이 서로 모순이 되고 충돌이 난다면 그 교리는 심각한 문제를 안고 있음이 분명하다. 성경은 인간 구원을 위해서 하나님의 예정과 주권만을 강조하는 것이 아니라, 인간의 자유의지와 순종, 선택도 중요하게 다루고 있다. 인간의 자유의지를 통한 결단 없이는 아무리 하나님이 구원을 준비해 놓았더라도 구원의 완성으로 나아갈 수가 없음을 성경이 말씀하고 있다. 예정론에 의해서 버려진 그 자유의지가 구원에 결정적 영향을 미치고 있음을 성경을 통해 증명하고 있음에도 불구하고, 지금도 자유의지가 구원에 어떤 영향을 미치는지 제대로 규명되지 않는 부분이 있다.

대요리문답을 구원론의 기준으로 삼고 있는 교단이 있다. 대요리문답에서는 인간의 자유의지가 구원에 전혀 개입되지 못하고, 오직 하나님의 부르심만이 유효하다는 것을 강조한다. 이러한 가르침은 성경의 진리와 심각한 충돌을 일으키고 있다.

문 68. 선택함을 입은 자만이 유효하게 부르심을 받는가?

답. 모든 선택함을 입은 자들 곧 그들만이 유효하게 부르심을 받나니 다른 사람들은 비록 말씀의 사역에 의해 외적으로 부르심을 받고 성령의 어떤 보통 공작을 가질 수 있을지라도 그들에게 제공된 은혜를 고의로 등한시하고 경멸하므로, 그들은 공의롭게 불신앙에 버려둠을 당하여 결코 예수 그리스도께로 참으로 나아오지 못하게 되는 것이다(행 13:28, 마 22:14, 7:22, 13:20, 21, 히 6:4-6, 요 12:38-40, 행 28:25-27, 요 6:64, 65, 시 81:11, 12)[137]

여기에서 구원의 근거는 하나님의 유효한 부르심에 있다고 규정하고 있다. 복음 전파를 통해 외적 부르심을 받는 자들도 있지만 이들은 마침내 구원에 이르지 못한다. 왜냐하면 내적 부르심을 받지 못했기 때문에 믿다가 중도에 낙오된다는 것이다. 오직 내적 부르심까지 받은 자들만이 선택함을 입고 마침내 구원받게 된다는 이론을 강조한다. 이러한 주장들은 성경의 구원론과 맞지 않는다.

물론 구원을 위해서 하나님은 인간을 부르신다. 중요한 것은 부르심에 대한 인간의 반응이다. 누구든지 그 부르심에 반응하는 자는 구원을 받을 수 있다. 인간의 자유의지가 하나님의 예정이나 부르심을 그대로 이룰 수도 있지만, 이루지 못하게 할 수도 있다. 자유의지는 구원의 결정적인 요소로 작용한다. 따라서 구원에 있어서 하나님의 주권만 아니라 인간의 자유의지도 동시에 강조해야 한다.

하지만 예정론에서는 하나님의 주권을 강조한 반면, 인간의 자유의지는 무시되었다. 인간의 자유의지를 통해서 나오는 순종, 책임, 의무, 열매와 같은 것은 구원과 상관없고 상급과 상관있는 것으로 보았다. 예정론자들은 신단독설, 혹은 단동설을 받아들이기

---
137 Ibid., 75.

때문에 인간의 자유의지는 그들에게 있어서 무의미한 것이다.

반면, 알미니안주의나 웨슬리안주의자들은 구원을 받는데 인간의 자유의지가 매우 중요하다는 것을 강조하였다. 하나님의 예정보다 인간의 선택이 구원의 결정적 요소가 된다고 이해한다. 인간의 자유의지가 선재적 은총에 의해서 부분적으로나마 회복되었기 때문에 구원에 있어서 자유의지의 선택은 인간이 해야 한다는 것이다.

성경은 우리의 의지를 통해서 구원을 이루어가야 할 것에 대해서 말씀하고 있다. 우리의 의지와 선택에 따라서 구원 여부가 결정된다는 것을 말씀하고 있다. 그러므로 구원을 위해서 하나님의 주권적 측면과 인간의 자유의지적 측면을 균형있게 고려하지 않으면 안 된다. 하나님의 주권과 인간의 자유의지는 상호 모순의 문제가 아니라 상호 협력의 문제이다.

> 내 형제들아 너희가 여러 가지 시험을 만나거든 온전히 기쁘게 여기라 이는 너희 믿음의 시련이 인내를 만들어 내는 줄 너희가 앎이라 인내를 온전히 이루라 이는 너희로 온전하고 구비하여 조금도 부족함이 없게 하려 함이라(약 1:2-4)

여기서 강조하는 것은 인간의 자유의지이다. 이미 하나님의 은혜로 구원 받은 자들은 완전한 구원에 이르기까지 닥쳐오는 환란과 시험들을 이겨내야 한다. 그것은 자기 스스로 이겨내야 할 부분이다. 그러나 나머지는 또한 자신의 의지로 이겨내야 할 부분이 있다. 어느 정도 믿음이 자랐을 때 시련이 찾아오는데, 이러한 것은 하나님이 대신 물리쳐 주시지 않는다. 다만 기도하여 하나님으로부터 힘을 공급받아 이겨나가야 한다. 구원을 위해서 십자가의 은총은 주시지만, 믿음 후에 오는 환난은 십자가의 은총을 의지하여 우리 각자가 이겨내야 할 몫이다. 그래서 각 개인의 자유의지의 결단과 실천이 중요하다.

> 자녀이면 또한 후사 곧 하나님의 후사요 그리스도와 함께한 후사니 우리가 그와 함께 영광을 받기 위하여 고난도 함께 받아야 될 것이니라(롬 8:17)

여기서 자녀가 되게 하고 후사가 되게 하는 것은 하나님의 영역이지만, 영광을 받기 위해 고난을 받아야 하는 것은 인간의 영역이다. 고난을 선택하느냐 마느냐는 우리의 자유의지에 달려 있다. 그런데 그 자유의지의 선택이 바로 구원과 연결되어 있다는 사실이다.

우리의 자유의지와 상관없이 하나님의 예정과 주권에 의해서 구원이 이루어진다면 얼마나 좋겠는가? 구원에서 탈락할 위험성이 완전히 제거되기 때문이다. 그러나 우리에게 주어진 구원의 약속을 왜 마귀는 빼앗아 가려고 혈안이 되어 있는가? 마귀가 성도들을 공격해 오는 이유는 구원에서 떨어지게 하기 위함이다. 마귀는 인간이 가지고 있는 자유의지로 하여금 범죄하도록 한다. 그렇게 함으로써 믿음으로 얻은 구원을 빼앗아 갈 수 있기 때문이다.

> 시험을 참는 자는 복이 있도다 이것에 옳다 인정하심을 받은 후에 주께서 자기를 사랑하는 자들에게 약속하신 생명의 면류관을 얻을 것임이니라(약 1:12)

하나님은 구원을 위해서 모든 것을 다 이루어 놓으셨다. 이제 남은 것은 자유의지의 선택이다. 하나님이 다 이루어 놓은 구원을 인간이 붙잡아야 구원에 이를 수 있는 것이다. 예정론에서처럼 하나님이 붙잡아 주시는 것이 아니다. 하나님으로부터 진정한 구원을 받았으면 더욱 힘써 거룩하며 영적인 사람이 되기를 힘써야 하는 것은 우리의 몫이다.

> 망령되고 허탄한 신화를 버리고 오직 경건에 이르기를 연습하라 육체의 연습은 약간의 유익이 있으나 경건은 범사에 유익하니 금생과 내생에 약속이 있느니라(딤전 4:7, 8)

아무리 하나님께서 완전한 구원의 길을 마련해 놓았더라도 인간들이 그것을 거부하면 구원에 이를 수 없다. 그래서 인간에게 주어진 자유의지가 중요하다는 것이다. 하나님이 열어 놓은 구원의 길을 인간들이 절대 순종하고 이루어 나가야 참된 구원으로 나아갈 수 있다. 하늘 아버지의 온전하심 같이 우리 성도들도 온전해야 하며, 죄를 속해 주셨으니 더욱 죄를 끊어 나가야 하는 의지적 결단이 구원받을 자들에게 요구된다. 자유의지는 구원에 결정적 요인임을 성경이 증거하고 있다.

> 좁은 문으로 들어가라! 멸망으로 인도하는 문은 크고 그 길이 넓어 그리로 들어가는 자가 많고, 생명으로 인도하는 문은 좁고 길이 협착하여 찾는 이가 적음이니라(마 7:13)

하나님의 은혜로 구원이 다 이루어진다면 좁은 문이든 넓은 문이든 상관이 없지 않는가? 넓은 문은 멸망으로 가고, 좁은 문은 생명으로 들어가기 때문에 인간은 자유의지로 하나를 선택해야 한다. 예정에 의해서 구원이 이루어진다면 굳이 좁은 문으로 들어갈 필요가 없을 것이다. 좁은 문으로 들어가라고 하는 것은 그래야만 구원을 받기 때문이다. 좁은 문을 선택하는 것도, 넓은 문을 선택하는 것도 인간의 몫이다. 그러므로 인간의 자유의지의 결단이 구원을 결정짓는 중요한 요인임을 성경이 증거하고 있다.

5. 자유의지가 구원에 미치는 영향

성경은 구원에 대해서 두 가지 측면을 말씀하고 있다. 하나는 하나님이 구원을 위해 먼저 인간을 찾아오시는 것이고, 다른 하나는 인간이 스스로의 의지로 하나님을 찾아가는 것이다. 성경에서 말씀하고 있는 구원은 하나님 측면과 인간 측면이 동시에 기록되어 있다. 먼저 하나님이 선택하신 부분도 있고, 인간이 찾아감으로 하나님의 자녀가 되는 부분도 있다. 하나님은 이 두 가지 방법을 다 허용하신다. 하나님이 먼저 인간을 찾아주시는 것을 하나님의 작정이나 예정이라고 할 수 있다. 반면, 인간이 하나님을 찾는 것은 자유의지의 결단이라고 할 수 있다. 구원은 하나님이 먼저 불러주시는 소명을 통해서 하나님 앞에 나오기도 하지만, 인간이 처한 절박한 상황 속에서 인간이 먼저 하나님을 찾아 갈 때, 만나주시고 구원해 주시는 부분도 있다. 따라서 어느 한 측면만 강조하는 것은 잘못된 것이다.

물론 인간이 절박하여 찾아 나오는 것도 넓은 의미에서 하나님의 부르심으로 볼 수 있지만, 좀 더 깊이 세분하면 분명히 하나님이 먼저 부르시는 것이 있고, 인간이 찾아감으로 하나님이 받아 주시는 것도 있다. 먼저 하나님이 인간을 찾아오신 측면을 보자! 인간의 의지와 상관없이 하나님이 먼저 인간을 구원하기 위해 오셨다. 혹은 선지자를 보내셨다.

> 너희가 나를 택한 것이 아니요 내가 너희를 택하여 세웠나니 이는 너희로 가서 과실을 맺게 하고 또 너희 과실이 항상 있게 하여 내 이름으로 아버지께 무엇을 구하든지 다 받게 하려 함이니라(요 15:16)

> 예수께서 대답하여 가라사대 나는 이스라엘 집의 잃어버린

양 외에는 다른 데로 보내심을 받지 아니하였노라(마 15:24)

우리가 아직 죄인 되었을 때에 그리스도께서 우리를 위하여 죽으심으로 하나님께서 우리에게 대한 자기의 사랑을 확증하셨느니라(롬 5:8)

야곱아 너를 창조하신 여호와께서 이제 말씀하시느니라 이스라엘아 너를 조성하신 자가 이제 말씀하시느니라 너는 두려워 말라 내가 너를 구속하였고 내가 너를 지명하여 불렀나니 너는 내 것이라(사43:1)

예수님이 성육신하여 이 땅에 오신 것은 하나님께서 우리에게 먼저 찾아온 측면이다. 인간의 의견을 전혀 고려하지 않고 하나님이 독단적으로 결정하여 행하신 부분이다. 여러 마을을 다니시며 전도하시고, 병자를 고치신 것은 고통에 빠져 있는 인간을 구원하기 위한 하나님의 적극적인 계획이고 예정에 속하는 부분이다.

예수께서 모든 성과 촌에 두루 다니사 저희 회당에서 가르치시며 천국복음을 전파하시며 모든 병과 모든 약한 것을 고치시니라 무리를 보시고 민망히 여기시니 이는 저희가 목자 없는 양과 같이 고생하며 유리함이라 이에 제자들에게 이르시되 추수할 것은 많되 일군은 적으니 그러므로 추수하는 주인에게 청하여 추수할 일군들을 보내어 주소서 하라 하시니라(마 9:35-38)

그런가 하면, 인간이 하나님을 먼저 찾아감으로 구원을 얻은 측면도 있다. 12년을 혈루증으로 앓던 여인이 예수님이 부르지 않았음에도 스스로 찾아나옴으로 구원을 받았다. 인간의 자유의지가 완전히 부패하여 그 어떤 선을 행할 수도 없고, 하나님의 구원을 자기 스스로 선택할 수 없다는 주장과 성경의 사실은 서로 충돌을 일으킨다.

> 열두 해를 혈루증으로 앓는 여자가 예수의 뒤로 와서 그 겉옷 가를 만지니 이는 제 마음에 그 겉옷만 만져도 구원을 받겠다 함이라 예수께서 돌이켜 그를 보시며 가라사대 딸아 안심하라 네 믿음이 너를 구원하였다 하시니 여자가 그 시로 구원을 받으니라(마 9:20-22)

　예정론적 관점에서 본다면 이 여인도 예수님을 찾아 나오도록 창세 전에 선택되고 예정되었다고 할 것이다. 그러나 누구도 창세 전에 예수님이 선택하였기 때문에 찾아나왔다고 생각하는 사람들은 없다. 어디까지나 이 여인이 자원함으로 찾아나간 것으로 이해한다. 만약 이 여인이 자신의 의지로 예수님께 찾아나오지 않았다면 영원히 구원의 기회를 놓쳤을지도 모른다. 여기서 중요한 것은 우리의 자유의지의 결단을 통해 하나님께 나아가면 그것을 통해 구원이 이루어진다는 사실이다.
　밤에 예수님을 찾아간 니고데모는 예수님이 먼저 부르신 것이 아니라, 자발적인 결단을 통해 찾아갔다.

> 바리새인 중에 니고데모라 하는 사람이 있으니 유대인의 관원이라 그가 밤에 예수께 와서 가로되 랍비여 우리가 당신은 하나님께로서 오신 선생인줄 아나이다 하나님이 함께 하시지 아니하시면 당신의 행하시는 이 표적을 아무라도 할 수 없음이니이다 예수께서 대답하여 가라사대 진실로 진실로 네게 이르노니 사람이 거듭나지 아니하면 하나님 나라를 볼 수 없느니라(요 3:1-3)

니고데모는 예수님을 찾아 나감으로 중생의 진리를 깨달았고, 메시야이신 예수님을 만나게 되었다. 하나님은 우리에게 자유의지를 주셨고, 그것이 아담의 원죄로 전적 부패된 상황이 아님을 알 수 있다. 그러나 대요리문답 25번, 사람의 타락 상태에 대하여 다음과 같이 규정하고 있다.

> 문 25 사람의 타락한 상태의 죄성은 어떻게 구성됩니까?
> 답. 사람의 타락한 상태의 죄성은 아담의 첫 범죄와, 창조 시에 받은 의의 상실과, 그의 부패로 모든 영적 선을 전적으로 싫어하며, 행할 수도 없고, 거역하게 되고, 모든 악으로 완전히 기울어지며, 습성화되어버린 것으로 구성됩니다. 이것은 보통 원죄라 하고 거기에서 모든 실제적 범죄가 나오게 됩니다.[138]

대요리문답에 의하면, 인간의 타락 상태는 심각하여 어떤 영적인 선도 싫어하고, 악으로 완전히 기울어져 있다. 따라서 인간의 자유의지도 완전히 죽어 있는 상태이다. 이런 상태에서 인간이 하나님을 찾는다는 것은 불가능하다는 것이다.

윌리암슨은 타락 이후의 자유의지에 대해서 다음과 같이 쓰고 있다.

> 인간의 "자유의지"와는 어떤 관련이 있는가? 인간의 결정조차도 −선악간에− 하나님으로 말미암아 이미 결정되었다고 믿어야 되는가? 그렇다. 이것이 성경의 교훈이다. 성경은 신 불신자를 막론하고 인간이 행하는 모든 결단은 영원부터 하나님에 의해서 이미 계획되어졌음을 말한다. 주님을 죽였던 자들의 행악에 대해서 성경이 무엇이라 말하는

---

138 G. L. 윌리암슨, 최덕성 역, 「소요리문답강해」, 한국개혁주의신행협회, 341.

가? 예를 들어 보자. "그가 하나님의 정하신 뜻과 미리 아신 대로 내어 준 바 되었거늘 너희가 법 없는 자들의 손을 빌어 못 박아 죽였도다"(행 2:23). 그러므로 악인들이 하나님을 거스려 행하나 그들은 여전히 하나님이 계획하신 바를 행하고 있는 것이다. 그들은 하나님의 계획을 망가뜨린다고 생각할지 모르나 그들은 하나님의 계획대로 이루어져가고 있을 뿐이다.[139]

윌리암슨의 설명대로 선악 간에 모든 것이 하나님 안에서 결정이 되어 있다면 결국 하나님을 악의 조성자로 만드는 격이 되고 말 것이다. 그리고 자유의지가 완전히 상실된 인간은 하나님의 계획 안에 움직이는 기계나 물체와 같은 존재에 불과하게 된다. 이미 결정된 대로 가기 때문에 인간의 자유의지는 조금도 개입될 수 없다. 시계톱니바퀴가 물려서 돌아가듯, 모든 것은 하나님의 계획 안에서만 돌아간다. 그렇다면 악을 행하는 자들에게 죄의 책임을 물을 수 없을 것이다. 하나님이 계획한 악을 행하였는데 어떻게 그들을 심판할 수 있겠는가? 이런 주장에 대하여 윌리암슨은 하나님은 결코 죄의 조성자가 아니라고 반박한다.

> 하나님이 죄의 조성자(author)라는 추론은 잘못이다. 이것을 이해하기는 쉽지는 않다. 일단 하나님이 모든 것을 계획하셨다고 말한다면, 우리는 죄를 언급 안 할 수 없다. 하나님이 죄 또한 계획하셨으며 또 만약 하나님이 죄를 계획하셨다면 하나님이 죄의 조성자임에 틀림없는 것처럼 보일 것이다.... 아무튼 죄는 이 피조물들에게서 발생했다. 그리고 우리는 그것이 어떻게 있게 되었는지 알지 못한다. 사람이 죄의 실제적 조성자이다. 물론 하나님의 계획은 이것을 포

---
[139] Ibid., 35.

함한다. 그러나 하나님이 죄의 조성자가 되는 그런 방법이 아니다.[140]

인간에게 자유의지가 없다면 범죄자로 규정할 수 없다. 인간에게 죄를 짓도록 한 자가 죄의 조성자이다. 그렇다면 하나님이 죄의 조성자란 말인가? 결코 그럴 수 없다. 그럼 인간이 죄의 조성자라는 결론이 나온다. 인간이 죄의 조성자가 되려면 인간의 의지로 죄를 지어야 한다. 하나님의 계획에 의해서가 아니라 인간 스스로 죄를 선택함으로 죄의 조성자가 되는 것이다. 그러므로 인간에게는 자유의지가 있다. 윌리암슨은 인간에게 자유의지가 없음에도 인간이 죄의 조성자라고 하는데, 그것은 논리적으로 모순이다. 머레이는 인간의 모든 행위는 자유의지에서 나온다고 주장한다. 그러므로 그 자유의지를 통해 행한 결과에 대해서는 행동한 본인이 책임져야 한다.

> 사람은 행위를 원하거나 선택한다. 만약 그가 행위를 하려 하지 않거나 또는 그 행위가 그의 의지에 반하는 것이라면, 그가 도구가 되어 일으켜진 결과는 사실상 그의 행위가 아니다. 그는 그가 어찌할 수 없는 어떤 다른 힘 또는 행위 주체의 희생물이며, 그렇기 때문에 그는 그 결과에 책임이 없다. 우리는 종종 "나는 그것을 나의 의지에 반해서 행했다"는 표현을 쓴다. 이것은 옳지 않다. 우리는 마지못해 어떤 것을 하거나 몹시 싫어하는 것을 행할 수도 있다. 그러나 우리가 그것을 행한다면, 그것은 우리가 그것을 행하고자 하기 때문이다. 우리는 그것을 행하려고 하지 않은 것이 아니라 싫은 일을 행하려 한 것이다.[141]

140　G. L. 윌리암슨, 최덕성 역, 「소요리문답강해」, 한국개혁주의신행협회, 36.
141　존 머레이, 박문재 역, 「존 머레이 조직신학」, 크리스챤 다이제스트, 72.

성경의 사례들을 보면, 인간에게 자유의지가 분명히 있다. 이방인들 가운데도 하나님을 찾아 나온 경우가 많다. 그들은 자신의 자유의지로 찾아나온 자들이다. 만약 대요리문답에서처럼 인간이 완전히 타락하여 그 어떤 영적 선도 행할 수 없다면 다음과 같이 하나님은 말씀하실 수가 없을 것이다.

> 나를 사랑하는 자들이 나의 사랑을 입으며 나를 간절히 찾는 자가 나를 만날 것이니라(잠 8:17)

> 너희가 전심으로 나를 찾고 찾으면 나를 만나리라(렘 29:13)

> 명절 끝날 곧 큰날에 예수께서 서서 외쳐 가라사대 <u>누구든지 목마르거든 내게로 와서 마시라</u>(요 7:37)

> 성령과 신부가 말씀하시기를 오라 하시는도다 듣는 자도 오라 할 것이요 목마른 자도 올 것이요 또 <u>원하는 자는 값없이 생명수를 받으라</u> 하시더라(계 22:17)

이러한 성경 구절들은 인간이 자발적으로 하나님을 찾아 나온 경우이기 때문에 자유의지가 있음을 증거한다. 구원은 하나님이 인간을 찾아오신 측면만 있는 것이 아니고, 인간이 하나님을 찾아가는 측면도 있다. 인간이 하나님을 찾아갈 때 하나님이 만나 주시고, 구원해 주신다는 것을 성경이 증거하고 있다. 하나님이 구원시켜 주실 때까지 기다리는 것은 어리석은 것이다. 이미 하나님은 구원의 길을 열어 놓으셨기 때문에 우리가 그 길을 가면 되는 것이다. 우리의 의지의 노력과 선택이 구원의 길을 열 수 있다면, 얼마나 더 많은 사람들이 구원을 위해서 하나님을 찾아 나서겠는가?

예수께서 거기서 떠나가실 새 두 소경이 따라 오며 소리 질러 가로되 다윗의 자손이여 우리를 불쌍히 여기소서 하더니 예수께서 집에 들어가시매 소경들이 나아오거늘 예수께서 이르시되 내가 능히 이 일 할 줄을 믿느냐 대답하되 주여 그러하오이다 하니 이에 예수께서 저희 눈을 만지시며 가라사대 너희 믿음대로 되라 하신대 그 눈들이 밝아진지라 예수께서 엄히 경계하시되 삼가 아무에게도 알게 하지 말라 하셨으나 저희가 나가서 예수의 소문을 그 온 땅에 전파하니라 (마 9:27-31)

수로보니게 여인은 가나안 이방 여인이었지만 예수님을 찾아 나옴으로 그 딸이 구원을 받았다. 예정론에 빠져서 구원과 은총에서 운명적으로 제외되었다고 생각하였다면 이 여인은 은혜를 받을 수 없었을 것이다. 언젠가 하나님이 구원해 줄 것이라고 생각하며 불러 줄 때까지 기다리는 것은 어리석은 일이다. 복음을 듣고 믿음으로 선택하고 나아갈 때 하나님은 그런 자들을 모두 구원해 주신다. 인간의 자유의지가 전적으로 부패하였다면 이런 일은 일어날 수가 없는 것이다.

아람의 군대장관 나아만은 이방인이며, 하나님을 모르는 자이다. 그런 자가 한 소녀의 말을 듣고 어떻게 하나님을 찾아 나올 수 있었겠는가? 기생 라합이 하나님에 대한 소문만 듣고 어떻게 그가 하나님 편에 설 수 있었겠는가? 문둥병을 고침받은 사마리아인이 예수님께 사례하러 나옴으로 그가 구원을 받았다. 전적 타락의 상태에서 주님을 찾아나올 수 있겠는가? 이들은 자신의 자유의지를 통해 주님께 나옴으로 구원을 받은 것이다. 따라서 인간의 자유의지는 구원을 얻는데 매우 중요하다. 믿음은 바로 자유의지의 결단이라고 할 수 있다. 믿음이 있으면 의지의 결단이 이루어진다. 의지의 결단을 이룰 때 믿음이 있는 것이다.

> 그러나 네게 책망할 일이 있노라 자칭 선지자라 하는 여자 이세벨을 네가 용납함이니 그가 내 종들을 가르쳐 꾀어 행음하게하고 우상의 제물을 먹게 하는도다 또 내가 그에게 회개할 기회를 주었으되 그 음행을 회개하고자 아니하는도다 볼지어다 내가 그를 침상에 던질 터이요 또 그로 더불어 간음하는 자들도 만일 그의 행위를 회개치 아니하면 큰 환난 가운데 던지고 내가 사망으로 그의 자녀를 죽이리니 모든 교회가 나는 사람의 뜻과 마음을 살피는 자인 줄 알지라 내가 너희 각 사람의 행위대로 갚아주리라(계 2:20-23)

두아디라 교회에 주시는 주님의 메시지이다. 이들에게 자유의지가 없어서 그 어떤 것도 할 수 없다면 왜 행음과 우상제물의 죄를 회개하라고 하는가? 회개도 하나님이 시켜주어야만 한다면 주님이 시켜주면 될 것이다. 그러나 주님은 불가항력적으로 역사하는 것이 아니라, 두아디라 교회 성도들의 자유의지에 호소한다. 회개는 그들 스스로가 깨닫고 돌이켜야만 진정한 회개가 될 수 있기 때문이다. 회개할 수 있는 충분한 자유의지와 선을 선택할 수 있는 능력이 있기 때문에 말씀하시는 것이다. 주님이 강압적으로 성도들에게 은혜를 주어서 변화시킬 수 있다면 이렇게까지 할 필요가 없는 것이다.

이중예정론자들은 설령 인간의 자유의지가 어느 정도 회복된다 하더라도 그것이 구원에 어떤 영향도 미칠 수 없다고 한다. 그러나 예수님은 인간의 자유의지가 구원과 직결됨을 말씀하고 있다. 회개하는 것은 인간의 자유의지의 결단이다. 만약 회개치 아니하면 자녀들도 죽고, 회개치 않는 그 영혼도 지옥에 떨어질 수밖에 없는 것이다. "각 사람의 행한 대로 갚아주리라"는 말씀은 인간에게 자유의지가 있음을 전제하는 것이다. 자유의지가 없는 인격체에게 심판을 가하는 것은 공의롭지 못한 것이다. 선을 선택할 능력이 없는 자에게 선을 선택하지 않았다고 심판해서는 안 된다. 따라서 인간의 자유의지는 구원과 직결됨을 알아야 한다.

6. 천국 침노와 자유의지

구원은 하나님의 주권에 속하는 문제이고, 하나님께서 판단하시는 일이기 때문에 인간 편에서는 구원을 위해서 어떤 일도 할 수 없고, 설령 어떤 행위를 한다고 하더라도 상급에 관한 것이라고 생각할 수 있다. 그러나 성경은 그렇게 말씀하고 있지 않다. 구원은 하나님의 일인 동시에 인간의 일이며, 하나님이 일하셔야 하는 동시에, 인간도 함께 일해야 하는 것이다. 하나님 없이 인간이 홀로 구원을 위해 일하는 것은 의미가 없다. 하나님이 인간 구원을 위해서 일하시는데 인간이 아무 것도 하지 않는다면 그것 또한 구원을 이룰 수 없다. 하나님이 구원을 완성시켜 놓고 인간에게 길을 열어주신 만큼, 인간도 그 길을 열심히 가야 한다. 왜냐하면 천국은 인간의 자유의지로 결단하고, 노력하고, 침노해야만 들어가는 곳이기 때문이다.

> 세례요한의 때부터 지금까지 천국은 침노를 당하나니 침노하는 자는 빼앗느니라(마 11:12)

그러므로 하나님이 이루어 놓으신 구원의 길을 인간 각자가 힘쓰고 애쓰며 나아가야 한다. 인간이 해야 할 일을 하지 않은 채 하나님이 이루어주시는 구원만 의지하는 것은 어리석은 일이며 참된 구원을 이룰 수 없다.

> 그러므로 우리가 저 안식에 들어가기를 힘쓸지니 이는 누

구든지 저 순종치 아니하는 본에 빠지지 않게 하려 함이라
(히 4:11)

힘쓴다는 것은 인간 의지의 결단과 분발을 의미한다. 하나님이 모든 구원을 이루시고 인도해 주신다면, 구원을 위해서 인간이 힘쓸 필요가 있겠는가? 그러나 예수님은 구하고 찾고 두드려서라도 천국에 들어오기를 원하신다. 하지만 예정론에서는 인간의 자유의지를 인정하지 않기 때문에 구원도 멸망도 운명에 맡겨야 한다는 주장을 한다. 더 이상 모순된 구원론을 주장해서는 안 된다.

> 사실 하나님은 이미 모든 인간의 운명을 결정하였다. 하나님이 지명하신 대로 어떤 이는 구원을 받을 것이며, 어떤 이는 하나님이 정하신 대로 버려질 것이다. 유다서의 말씀대로 어떤 자들은 "이 판결을 받도록 미리 기록되어진 자들"이다(유 4). 그러나 바울이 말한 대로 "하나님은 우리를 노하심에 이르게 하심이 아니고 오직 구원에 이르게 하셨다"(살전 5:9). 성경은 결국 버려진 자들이 구원받기를 원치 않음을 밝히 가르친다. 그들은 그들 자신의 선택으로 인해 스스로 버려진 자들이다. 하나님의 작정은 어떠한 방법으로도 인간의 책임을 약화시키거나 말살해 버리지 않기 때문이다.[142]

이렇게 모순된 이론을 제시하기 때문에 이중예정론이 성경적 구원론이라고 할 수 없다. 성경은 모순된 논리를 말하지 않는다. 명확한 논리로 진리를 설명한다. 인간에게 자유의지가 있는 만큼 하나님의 예정의 범위는 한계적이고 좁아진다. 하나님은 인간에게 자유의지를 많이 주시고, 그에 대한 책임을 물으시며, 종국에 가서는 심판하시는 것이다.

---

142 G. L. 윌리암슨, 최덕성 역, 『소요리문답강해』, 한국개혁주의신행협회, 37.

> 그때에 천국은 마치 등을 들고 신랑을 맞으러 나간 열 처녀
> 와 같다 하리니 그중에 다섯은 미련하고 다섯은 슬기 있는
> 지라 미련한 자들은 등을 가지되 기름을 가지지 아니하고
> 슬기 있는 자들은 그릇에 기름을 담아 등과 함께 가져갔더
> 니 신랑이 더디 오므로 다 졸며 잘 새 밤중에 소리가 나되
> 보라 신랑이로다 맞으러 나오라 하매 이에 그 처녀들이 다
> 일어나 등을 준비할 새 미련한 자들이 슬기 있는 자들에게
> 이르되 우리 등불이 꺼져가니 너희 기름을 좀 나눠 달라 하
> 거늘 슬기 있는 자들이 대답하여 가로되 우리와 너희의 쓰
> 기에 다 부족할까 하노니 차라리 파는 자들에게 가서 너희
> 쓸 것을 사라 하니 저희가 사러 간 동안에 신랑이 오므로 예
> 비하였던 자들은 함께 혼인 잔치에 들어가고 문은 닫힌지라
> (마 25:1-10)

열 처녀 비유에서 왜 다섯은 혼인잔치에 들어가고, 다섯은 들어가지 못하였는가? 예정론자들은 이중예정 때문이라고 할 것이다. 들어가지 못한 자들은 이중예정에서 유기되었기 때문이고, 들어간 자들은 선택받은 자들이기 때문이라고 할 것이다. 이 처녀들은 창세 전 선택과 유기에 의해서 그들의 운명이 미리 결정된 상태에 있었는가? 원죄가 전가되어 자유의지의 완전 부패로 그 어떤 노력이나 선택과 상관없이 그들의 운명이 결정되어 있었다고 할 것인가? 그렇다고 한다면 슬기롭다고 하거나 미련하다고 하는 표현을 할 필요가 없다. 그들의 운명은 이미 태어나기도 전에 결정되어 있었기에 자기들의 의지나 노력과는 하등 상관없이 운명이 결정되어 있었기 때문이다.

열 처녀에 대한 예수님의 선택 기준은 무엇인가? "슬기"와 "미련"이었다. 인간 행위와 열매와 결과가 예수님의 선택 기준이었다. 이것은 곧 인간 자신의 자유의지와 능력의 문제였다. 인간 각자에

게 주어진 능력에 의해서 구원으로 들어갈 수도 있고, 멸망으로 갈 수도 있다는 것이다.

> 오직 너 하나님의 사람아 이것들을 피하고 의와 경건과 믿음과 사랑과 인내와 온유를 좇으며 믿음의 선한 싸움을 싸우라 영생을 취하라 이를 위하여 네가 부르심을 입었고 많은 증인 앞에서 선한 증거를 증거하였도다(딤전 6:11, 12)

여기서 성경이 우리에게 요구하는 것은 무엇인가? 선한 싸움을 싸우고 영생을 취해야 하는 이유가 무엇인가? 최종적으로 영생 주시는 것은 하나님이시지만 그렇게 하나님이 하시기까지 인간은 영생을 취하기 위해서 선한 싸움을 싸워야 한다는 것이다. 하나님이 우리를 불러 주신 목적은 우리로 하여금 자유의지로 하나님을 더욱 찾고, 영생을 위하여 달려갈 길 달려가도록 하기 위함이다. 우리의 죄를 위해 십자가 대속의 은혜는 하나님이 주시지만, 그 은혜를 힘입어 구원의 길로 가는 것은 우리 각자에게 맡겨 주셨다는 사실이다.

> 구하라 그러면 너희에게 주실 것이요 찾으라 그러면 찾을 것이요 문을 두드리라 그러면 너희에게 열릴 것이니 구하는 이마다 얻을 것이요 찾는 이가 찾을 것이요 두드리는 이에게 열릴 것이니라 너희 중에 누가 아들이 떡을 달라 하면 돌을 주며 생선을 달라 하면 뱀을 줄 사람이 있겠느냐 너희가 악한 자라도 좋은 것으로 자식에게 줄줄 알거든 하물며 하늘에 계신 너희 아버지께서 구하는 자에게 좋은 것으로 주시지 않겠느냐(마 7:7-11)

구원을 주시는 것은 하나님이시다. 그러나 하나님으로 하여금 주실 수 있도록 움직이는 것은 인간이다. 구하고 찾고 두드릴 때, 하나님이 열어 주시고, 구원을 주시겠다는 약속의 말씀이다. 가만히 있는데도 하나님이 모든 것을 다 주신다고 생각하는 것은 착각이다. 찾고 두드릴 때 주신다. 구원도 우리가 구하고 노력하고 힘쓰고 애쓸 때 하나님이 주신다. 창세 전에 결정되었기 때문에 구원이 되는 것이 아니라 각 개인이 세상에서 구원을 위해 애쓰고 노력할 때 하나님이 주시는 것이다. 그러므로 우리의 자유의지는 구원에 결정적으로 영향을 미친다.

천국으로 가는 길은 하나님이 만들어 놓았다. 그러나 하나님께서 우리를 강제로 이끌고 가지는 않는다. 그 길은 우리 각자가 선택해서 스스로 가기를 원하신다. 천국은 침노하는 자, 빼앗는 자가 들어가는 곳이다. 이것은 곧 성경이 이중예정을 철저히 거부하는 것이다.

> 여자들은 자기의 죽은 자를 부활로 받기도 하며 또 어떤 이들은 더 좋은 부활을 얻고자 하여 악형을 받되 구차히 면하지 아니하였으며 또 어떤 이들은 희롱과 채찍질뿐 아니라 결박과 옥에 갇히는 시험도 받았으며 돌로 치는 것과 톱으로 켜는 것과 시험과 칼에 죽는 것을 당하고 양과 염소의 가죽을 입고 유리하여 궁핍과 환난과 학대를 받았으니 (이런 사람은 세상이 감당치 못하도다) 저희가 광야와 산중과 암혈과 토굴에 유리하였느니라(히 11:35-38)

구원의 여정 속에 왜 이런 환난과 핍박이 닥쳐오는가? 이런 어려움이 닥쳐올 때 피하거나 굴복할 수도 있다. 구원이 만세 전에 이중예정에 의해서 결정이 되어져 있다면, 환난을 이겨내거나 지는 것하고 구원과 아무런 관계가 없게 될 것이다. 이미 택함을 받아 구원을 약속받았는데 우상숭배를 한다고 구원이 취소되겠는가?

구원의 기준은 오직 택함을 받았느냐 받지 못했느냐에 달려 있다. 전적 부패로 인간의 자유의지가 파괴되었기 때문에 하나님의 선택만이 유일한 구원의 근거가 된다. 만약 인간이 그 어떤 선도 선택할 수 없는 상태라면 왜 순교를 요구하는가? 왜 고난의 길, 십자가의 좁은 길을 선택하라고 하는가? 그렇게 하지 않아도 구원이 이루어진다고 예정론자들은 생각할 것이다. 그러나 성경은 고난을 통과하고, 순교를 당하며, 피흘리기까지 진리를 사수할 때 구원에 이를 수 있다고 말씀한다.

> 이에 예수께서 제자들에게 이르시되 아무든지 나를 따라 오려거든 자기를 부인하고 자기 십자가를 지고 나를 좇을 것이니라 누구든지 제 목숨을 구원코자 하면 잃을 것이요 누구든지 나를 위하여 제 목숨을 잃으면 찾으리라 사람이 만일 온 천하를 얻고도 제 목숨을 잃으면 무엇이 유익하리요 사람이 무엇을 주고 제 목숨을 바꾸겠느냐 인자가 아버지의 영광으로 그 천사들과 함께 오리니 그때에 각 사람의 행한 대로 갚으리라(눅 16:24-27)

예수님의 이 말씀은 인간의 자유의지를 무시하고 한 말씀인가, 자유의지를 전제로 하고 한 말씀인가? 구원이 인간의 결단에 달려 있는가, 하나님의 결단에만 달려 있는가? 자기를 위해 살고자 한다면 구원을 받지 못하고, 주님을 위해 죽고자 한다면 구원을 받을 것이라는 이 말씀은 곧 우리 각자의 자유의지와 믿음의 결단에 의해서 구원이 결정된다는 것이다. 만약 창세 전 이중예정이나 타락 후 이중예정이 맞고, 인간에게 아무런 자유의지가 없고, 인간 행위가 구원에 그 어떤 영향을 미치지 못한다고 주장한다면, 예수님의 말씀은 틀린 말씀이 되고 말 것이다. 이중예정교리는 예수님의 말씀을 전면적으로 부정하는 결과를 가져오는 것이다. 예수님은 인간의 자유의지를 충분히 인정한다. 인간의 선택이 구원을 결정한다고 말씀하신다.

4장

구원의 변수

구원론 논쟁

1. 구원의 변수에 관한 질문들

1) 하나님의 절대주권을 강조하는 예정론에서는 하나님이 미리 예정하신 구원에 어떤 변수가 작용하는 것을 절대 인정하지 않는다. 하나님의 예정은 영원하며 완전하기 때문에 그대로 진행되도록 되어 있다고 주장한다. 그러나 성경에는 수많은 구원의 변수가 등장하고 작용한다. 이런 구원의 변수를 어떻게 설명할 것인가?
2) 구원의 변수에 의해서 구원받도록 확정된 자가 범죄함으로 그 구원이 취소될 수 있는가 없는가?
3) 이중예정론은 구원의 변수를 인정하지 않는다. 그러나 성경은 구원의 변수를 말하고 있다. 구원의 변수를 이중예정론은 어떻게 설명할 것인가?
4) 마귀는 구원을 빼앗아 갈 수 있는 영적 존재라고 할 수 있다. 그렇다면 마귀는 구원의 변수로 작용할 수 있는가?
5) 구원의 변수를 인정하지 않을 경우 구원론에 어떤 문제가 발생하는가?

2. 이중예정과 구원의 변수

예정론은 하나님의 절대 주권에 근거하여 한 번 예정된 것은 결코 바뀌거나 취소되지 않는다고 본다. 선택과 유기, 이중예정 등 한 번 결정된 것은 영원히 변경될 수 없다는 입장이다. 하지만 성경은 구원의 변수를 통해 하나님이 계획을 얼마든지 취소하거나 변경시킨다는 것을 증거하고 있다. 그렇다면 구원의 변수를 인정하지 않는 이중예정론은 참된 구원론으로 볼 수 있는가?

주 여호와께서 내게 보이신 것이 이러하니라 왕이 풀을 벤 후 풀이 다시 움돋기 시작할 때에 주께서 황충을 지으시매 황충이 땅의 풀을 다 먹은지라 내가 가로되 주 여호와여 청컨대 사하소서 야곱이 미약하오니 어떻게 서리이까 하매 <u>여호와께서 이에 대하여 뜻을 돌이켜</u> 가라사대 이것이 이루지 아니하리라 하시니라 주 여호와께서 또 내게 보이신 것이 이러하니라 주 여호와께서 명하여 불로 징벌하게 하시니 불이 큰 바다를 삼키고 육지까지 먹으려 하는지라 이에 내가 가로되 주 여호와여 청컨대 그치소서 야곱이 미약하오니 어떻게 서리이까 하매 <u>주 여호와께서 이에 대하여 뜻을 돌이켜</u> 가라사대 이것도 이루지 아니하리라 하시니라(암 7:4-6)

하나님께서 이스라엘에 재앙을 내리시려고 계획하였다. 하지만 아모스의 중보기도로 하나님은 뜻을 돌이키시고 그 계획을 취소하였다. 하나님이 계획하거나 예정한다고 해서 모든 것이 실행하는 것이 아니다. 그 이유는 인간의 행위가 구원의 "변수"로 작용하기 때문이다. 이 변수는 중보기도나 회개를 통해서 이루어진다. 또한 범죄가 가중됨으로 인해 복을 주시겠다는 하나님의 계획이 취소되거나 심지어 재앙이 더해지기도 한다. 예루살렘은 하나님의 성전이 있는 곳이며, 하나님의 이름을 둔 곳이다. 예루살렘은 하나님이 택한 도성이다. 그러므로 백성들이 다른 곳은 몰라도 예루살렘만큼은 빼앗기지 않을 것이라고 생각하였다.

내가 내 백성을 애굽 땅에서 인도하여 낸 날부터 내 이름을 둘만한 집을 건축하기 위하여 이스라엘 모든 지파 가운데서 아무 성읍도 택하지 아니하였으며 내 백성 이스라엘의 주권자를 삼기 위하여 아무 사람도 택하지 아니하였더니 예루살렘을 택하여 내 이름을 거기 두고 또 다윗을 택하여 내 백성

이스라엘을 다스리게 하였노라 하신지라(대하 6:5, 6)

그러나 이스라엘 백성들이 우상숭배하며, 하나님을 배역하였다. 죄에 죄를 더하며, 하나님을 거역하고 악한 길로 갈 때 하나님이 선택한 예루살렘을 하나님이 버리신다.

나 여호와가 말하노라 내가 나의 얼굴을 이 성으로 향함은 복을 위함이 아니요 화를 위함이라 이 성이 바벨론 왕의 손에 붙임이 될 것이요 그는 그것을 불로 사르리라(렘 21:10)

당시 이스라엘 사람들로서는 이해할 수 없는 일이었을 것이다. 하나님이 선택했기 때문에 버리지 않을 줄 알았지만, 예레미야를 통해 바벨론에 의해 예루살렘을 불로 사를 것이라고 하셨기 때문이다. 예레미야가 예루살렘의 멸망을 그렇게 외쳤지만 선민사상에 빠진 자들은 예레미야의 말을 믿지 않았다. 하나님과 구원에 대해서 오해한 것이다. 오늘날 예정론자들처럼 하나님이 한 번 예정한 것은 결코 바뀌지 않는다고 믿었던 것이다. 그러나 구원은 언제나 변수가 존재한다. 인간의 행위와 결정이 구원의 변수로 작용한다.

또 하나님의 전의 대소 기명들과 여호와의 전의 보물과 왕과 방백들의 보물을 다 바벨론으로 가져가고 또 하나님의 전을 불사르며 예루살렘 성을 헐며 그 모든 궁실을 불사르며 그 모든 귀한 기명을 훼파하고 무릇 칼에서 벗어난 자를 저가 바벨론으로 사로잡아 가매 무리가 거기서 갈대아 왕과 그 자손의 노예가 되어 바사국이 주재할 때까지 이르니라 (대하 36:18-20)

성경은 하나님의 계획과 예정이 절대적이지 않고 여러 가지 변수에 의해서 변경되거나 취소되는 경우를 말씀하고 있다. 사울을 왕으로 세워 이스라엘을 영원히 통치하게 하려 했지만, 그 계획 역시 성취되지 못하였다. 왜 이런 변수가 일어난 것인가? 인간의 불순종 때문이다. 그런데도 한 번 하나님이 예정한 것은 불변한다고 말할 수 있는가? 성경은 분명히 사울이 먼저 하나님을 버렸기 때문에 하나님도 사울을 버린다고 하신다.

> 사무엘이 사울에게 이르되 나는 왕과 함께 돌아가지 아니하리니 이는 왕이 여호와의 말씀을 버렸으므로 여호와께서 왕을 버려 이스라엘 왕이 되지 못하게 하셨음이니이다 (삼상 15:26)

어떤 변수가 일어난 것인가? "불순종"이라는 변수가 작용한 것이다. 아무리 하나님으로부터 약속을 받고, 선택과 예정을 받았다 하더라도 하나님과의 언약을 어기면 하나님도 모든 계획을 백지화하는 것이다.

> 사무엘이 그에게 이르되 여호와께서 오늘 이스라엘 나라를 왕에게서 떼어서 왕보다 나은 왕의 이웃에게 주셨나이다 이스라엘의 지존자는 거짓이나 변개함이 없으시니 그는 사람이 아니시므로 결코 변개치 않으심이니이다 (삼상 15:28, 29)

하나님은 사울의 왕위를 다윗에게 주려고 계획한다. 물론 사울을 왕으로 세우거나 폐하거나 하는 결정은 하나님이 하신다. 다윗을 새로운 왕으로 세우는 것도 하나님의 결정이다. 하나님의 계획은 변개함이 없다. 그러나 변수가 작용하면 그 계획은 바뀐다.

나답과 아비후는 하나님으로부터 택함받은 대제사장이다. 그러나 그들이 하나님이 명하지 않은 다른 불로 제사 드리다가 그 자리에서 즉사하였다. 하나님은 그들을 영원히 하나님의 제사장으로 세우려 했지만, 불순종과 죄로 인해 그 예정은 끝까지 성취되지 못하였다.

> 이에 더러운 귀신 들린 어린 딸을 둔 한 여자가 예수의 소문을 듣고 곧 와서 그 발아래 엎드리니 그 여자는 헬라인이요 수로보니게 족속이라 자기 딸에게서 귀신 쫓아 주시기를 간구하거늘 예수께서 이르시되 자녀로 먼저 배불리 먹게 할지니 자녀의 떡을 취하여 개들에게 던짐이 마땅치 아니하니라 여자가 대답하여 가로되 주여 옳소이다마는 상아래 개들도 아이들의 먹던 부스러기를 먹나이다 예수께서 가라사대 이 말을 하였으니 돌아가라 귀신이 네 딸에게서 나갔느니라 하시매 여자가 집에 돌아가 본즉 아이가 침상에 누웠고 귀신이 나갔더라(막 7:25-30)

처음에는 거절하였지만 간청함으로 인해 그 여인의 소원을 들어 주셨다. 처음 계획을 바꾼 것이다. 그런데 예정론은 이런 자유의지를 통해 생겨나는 여러 가지 '변수'에 대해 인정하지 않고 있다. 이런 변수마저 하나님의 예정과 섭리 속에 포함된 것이라고 생각하기 때문이다. 인간의 자유의지를 인정하지 않기 때문에 변수 또한 인정할 수 없는 것이다. 변수를 인정하지 않으면 성경의 수많은 사건들을 해석할 수 없다. 성경의 모든 사건들이나 내용들을 이중예정의 틀 안에서 해석하려는 것은 무모한 도전이다. 구원에는 수많은 변수가 작용한다. 따라서 구원의 변수를 인정하지 않는 이중예정론은 성경적 구원론으로 보기 어렵다.

3. 자유의지와 구원의 변수

인간에게 자유의지가 주어져 있다면 그것을 통해 하나님이 원래 기대했던 것과는 전혀 다른 결과가 나올 수 있다. 하나님은 인간에게 자유의지를 통해 결정할 수 있는 권한을 주시고 그 결과를 지켜보시는 분이다. 물론 좋은 결과를 기대하시지만, 결과를 바꿀 수 있는 것은 인간이다. 예정론에서는 아담의 타락 이후 인간은 자유의지가 완전 부패하였다는 주장을 한다. 만약 인간의 자유의지가 완전히 부패하였다면 하나님께서 인간에게 선택을 요구해서는 안 된다. 완전부패한 자는 그 어떤 선도 선택할 수 없기 때문에 선을 요구해서는 안 된다. 하지만 성경은 자유의지를 통한 선택과 결단을 요구하고 있다. 따라서 자유의지를 통해 엄청난 변수가 일어나며, 구원이 결정된다는 것을 성경이 말씀해 주고 있다.

> 보라 내가 오늘날 생명과 복과 사망과 화를 네 앞에 두었나니 곧 내가 오늘날 너를 명하여 네 하나님 여호와를 사랑하고 그 모든 길로 행하며 그 명령과 규례와 법도를 지키라 하는 것이라 그리하면 네가 생존하며 번성할 것이요 또 네 하나님 여호와께서 네가 가서 얻을 땅에서 네게 복을 주실 것임이니라 그러나 네가 만일 마음을 돌이켜 듣지 아니하고 유혹을 받아서 다른 신들에게 절하고 그를 섬기면 내가 오늘날 너희에게 선언하노니 너희가 반드시 망할 것이라 너희가 요단을 건너가서 얻을 땅에서 너희의 날이 장구치 못할 것이니라 내가 오늘날 천지를 불러서 너희에게 증거를 삼노라 <u>내가 생명과 사망과 복과 저주를 네 앞에 두었은즉</u> 너와 네 자손이 살기 위하여 <u>생명을 택하고</u> 네 하나님 여호와를 사랑하고 그 말씀을 순종하며 또 그에게 복종하라 그는 네 생명이시요 네 장수시니 여호와께서 네 열조

아브라함과 이삭과 야곱에게 주리라고 맹세하신 땅에 네가 거하리라 (신 30:15-20)

"생명과 사망과 복과 저주"를 이스라엘 백성 앞에 둔다는 것은 또 다른 선악과로 이해할 수 있다. 하나님이 생명이나 화를 선택하도록 예정하신 것이 아니라, 이스라엘 백성들에게 그 선택권을 주셨다. 바로 자유의지를 통한 선택이다. 이스라엘 백성들이 생명을 택할지 사망을 택할지, 그 결과에 대해서는 아무도 모른다. 하나님이 하시는 예정과 계획은 생명을 택하면 살고, 사망을 택하면 죽도록 해 놓은 것이다. 이제 살고 죽는 것은 백성들 각자의 손에 달려 있다. 하나님이 인간에게 자유의지를 주셨고, 그 자유의지가 아담 타락 이후에도 작용한다는 것을 얼마나 명확히 설명해 주고 있는가?

하나님은 복의 일반원리만 예정해 놓았고, 각자가 복을 받고 안 받고는 구체적으로 예정된 것이 아니다. 어떤 것을 선택하느냐에 따라서 하나님이 복을 주시기도 하시고, 화를 내리기도 하시는 것이다. 이것은 이중예정론 교리로는 설명할 수가 없는 것이다. 하나님이 생명과 사망을 준비해 놓고 선택은 인간에게 하라는 것이다. 그러므로 하나님의 예정과 계획 속에 자유의지의 변수가 작용함을 알 수 있다. 인간의 운명은 하나님이 최종 결정하시지만, 인간이 어느 길을 선택하느냐에 따라서 그 운명도 결정된다는 것을 성경이 말씀해 준다.

구원도 마찬가지이다. 하나님은 천국과 지옥을 준비해 놓고 인간에게 선택권을 주셨다. 물론 하나님은 모든 자들이 천국을 택하기를 바라지만, 지옥을 택한다 하더라도 하나님은 인간의 선택을 강제로 막을 수는 없다. 하나님이 정해 놓은 법에 따라 천국의 길을 선택한 자에게는 영생을 주고, 지옥의 길을 선택한 자에게는 영벌을 주신다. 하나님의 최종 심판은 인간이 어떤 길을 선택했느냐에 근거한다.

하나님은 이중예정으로 인간의 운명을 결정하지 않으셨다. 자유의지가 없는 인간은 더 이상 인격을 갖춘 인간이라고 할 수 없다. 자유의지가 있을 때 인격이 인정되고, 진정한 인간이라 할 수 있다. 이중예정은 노예의지를 만들어 인간을 기계나 아무런 선택 능력이 없는 인간으로 만들어 버렸다. 그것은 자유의지의 선택으로 구원을 선택할 수 있다는 성경의 구원원리에 반하는 주장이다. 하나님은 인간을 구원하기 위해서 인간의 인격과 자유의지에 호소한다. 결코 인격과 자유의지를 무시하고 하나님이 일방적으로 계획한 것에 따라 진행해 나가는 그런 구원을 하지 않는다.

> 주 여호와 이스라엘의 거룩하신 자가 말씀하시되 너희가 돌이켜 안연히 처하여야 구원을 얻을 것이요 잠잠하고 신뢰하여야 힘을 얻을 것이어늘 너희가 원치 아니하고 이르기를 아니라 우리가 말 타고 도망하리라 한 고로 너희가 도망할 것이요 또 이르기를 우리가 빠른 짐승을 타리라 한 고로 너희를 쫓는 자가 빠르리니 한 사람이 꾸짖은즉 천 사람이 도망하겠고 다섯이 꾸짖은즉 너희가 다 도망하고 너희 남은 자는 겨우 산꼭대기의 깃대 같겠고 영위의 기호 같으리라 하셨느니라(사 30:15-17)

하나님은 이스라엘이 구원 받기를 원하지만 이스라엘 백성들이 원치 아니하고 딴 길로 갈 때 어떻게 할 수 없었다. 그 결과가 무엇인가? 이스라엘은 구원을 얻지 못하고 순종한 자들 몇 명만이 구원을 얻게 된다. 하나님이 원한다고 모두 구원 받는 것이 아니다. 인간의 자유의지에 의해서 하나님의 구원계획은 무산되거나 축소될 수 있음을 말씀해 준다.

예루살렘아 예루살렘아 선지자들을 죽이고 네게 파송된 자

> 들을 돌로 치는 자여 암탉이 그 새끼를 날개아래 모음같이 내가 네 자녀를 모으려 한 일이 몇 번이냐 그러나 너희가 원치 아니하였도다(마 23:37)

인간의 자유의지는 하나님의 구원을 방해하는 요소임을 말씀해 주고 있다. 하나님은 모든 자들을 다 구원하고 싶지만, 인간이 원치 아니하면 그 구원은 성사될 수 없는 것이다. 만약 인간의 자유의지로 하나님을 저항할 수 없다면 예수님의 구원계획은 순조롭게 진행되었을 것이고, 주님이 원하는 영혼들은 다 구원을 받았을 것이다.

만약 인간의 자유의지가 구원의 변수가 되지 않는다면 마귀 또한 인가의 자유의지를 이용하려 하지 않을 것이다. 마귀는 인간의 자유의지를 통해 하나님을 배반하거나 하나님의 초청을 거부할 수 있도록 할 수 있다.

> 유월절 전에 예수께서 자기가 세상을 떠나 아버지께로 돌아가실 때가 이른 줄 아시고 세상에 있는 자기 사람들을 사랑하시되 끝까지 사랑하시니라 마귀가 벌써 시몬의 아들 가룟 유다의 마음에 예수를 팔려는 생각을 넣었더니(요 13:1, 2)

예수님은 제자들을 끝까지 사랑했지만 마귀가 가룟 유다의 마음을 공격하였다. 아담과 하와가 마귀에게 속아 선악과를 따먹었듯이 가룟 유다 역시 마귀에 의해서 예수님을 팔 생각을 가지게 되었다. 가룟 유다가 예수님을 팔도록 운명 지워진 것이 아니라, 마귀가 그 일을 하도록 가룟 유다의 자유의지를 붙잡은 것이다.

4. 계명 준수와 구원의 변수

인간이 전적으로 타락하여 어떤 선도 택할 수 없는 상태라면 하나님이 율법과 계명을 주실 이유가 없다. 율법을 준다 하더라도 어차피 지킬 수가 없는 자들이라면 왜 율법을 주시겠는가? 율법을 주신 것은 율법을 지킬 수 있기 때문에 주신 것이다. 인간이 율법을 지킬 수 없다는 것을 깨닫게 하기 위해서 율법을 주셨다는 주장은 성경의 진리와 맞지 않는다. 단지 죄만 들어내기 위해서 율법을 주신 것인가? 아니다. "율법이 가입한 것은 범죄를 더하게 하려 함이라 그러나 죄가 더 한 곳에 은혜가 더욱 넘쳤나니"(롬 5:20). 예정론자들은 단지 죄가 죄인 것을 드러내고, 은혜를 더하기 위해서 주신 것이라고 말한다. 그러나 하나님은 능히 계명을 지킬 수 있다고 하셨고, 그 계명을 잘 지킬 때 하나님의 소유가 될 것이라고 말씀하신다.

> 너희가 너희 하나님 나 여호와의 말을 청종하고 나의 보기에 의를 행하며 내 계명에 귀를 기울이며 내 모든 규례를 지키면 내가 애굽 사람에게 내린 모든 질병의 하나도 너희에게 내리지 아니하리니 나는 너희를 치료하는 여호와임이니라(출 15:26)

하나님의 계명을 지킬 때 복만 받는 것이 아니라 하나님의 소유가 될 수 있다. 이것은 곧 하나님이 선택하고 예정한다고 하나님의 소유가 되는 것이 아니고, 소유된 백성들은 말씀과 언약을 지킬 때 그 소유가 확증되는 것이다.

> 세계가 다 내게 속하였나니 너희가 내 말을 잘 듣고 내 언약을 지키면 너희는 열국 중에서 내 소유가 되겠고(출 19:5)

> 우리가 그 명하신 대로 이 모든 명령을 우리 하나님 여호와 앞에서 삼가 지키면 그것이 곧 우리의 의로움이니라 할지니라(신 6:25)

칭의 또한 여호와 앞에서 명령을 삼가 지킬 때 그것이 의로움이 된다고 한다. 만약 하나님의 백성으로 선택된 자들이 값없이 구원을 받고서도 하나님이 주신 명령을 지키지 않는다면 어떻게 되는가? 그들이 과연 하나님으로부터 얻은 의로움을 유지할 수 있는가?

> 네가 만일 네 아비 다윗의 행함같이 내 길로 행하며 내 법도와 명령을 지키면 내가 또 네 날을 길게 하리라(왕상 3:14)

> 네가 만일 내가 명한 모든 일에 순종하고 내 길로 행하며 내 눈에 합당한 일을 하며 내 종 다윗의 행함같이 내 율례와 명령을 지키면 내가 너와 함께 있어 내가 다윗을 위하여 세운 것같이 너를 위하여 견고한 집을 세우고 이스라엘을 네게 주리라(왕상獵:38)

이렇게 율법을 주신 것은 단지 죄를 드러내기 위해서만 아니라, 율법과 계명 준수의 여부가 구원과 칭의와 관계 되어 있기 때문이다. 전혀 지킬 수 없는 율법을 하나님이 주신 것이 아니다. 율법 준수는 구원과 저주의 조건으로 작용한다. 율법과 계명에 순종하면 복이요, 불순종하면 저주다. 따라서 인간의 운명은 하나님이 주신 언약과 계명과 율법에 순종하는 여부에 따라 결정될 수 있다. 그런 측면에서 인간에게는 율법을 지킬 수 있는 자유의지가 있다. 그 자유의지는 구원의 변수로 작용한다.

독자 이삭을 바치라는 하나님의 명령은 아브라함의 순종 여부를 보기 위한 하나님의 시험이다. 아브라함은 이미 하나님으로부터 믿음으로 의롭다 함을 받은 상태이다. 그렇지만 그 믿음의 의는 하나님의 명령을 얼마나 순종하여 통과하는 과정을 거치지는 않았다. 아브라함은 하나님의 명령에 철저히 순종함으로써 하나님이 주신 의를 확증받을 필요가 있었던 것이다. 만약 아브라함이 불순종한다면 아브라함을 통해 이루고자 하는 하나님의 계획들이 무산될 수도 있다.

> 여호와의 사자가 하늘에서부터 그를 불러 가라사대 아브라함아 아브라함아 하시는지라 아브라함이 가로되 내가 여기 있나이다하매 사자가 가라사대 그 아이에게 네 손을 대지 말라 아무 일도 그에게 하지 말라 네가 네 아들 네 독자라도 내게 아끼지 아니하였으니 <u>내가 이제야 네가 하나님을 경외하는 줄을 아노라</u>(창 22:11, 12)

아브라함의 순종 여부를 하나님은 시험을 통해 알아보기를 원하셨다. 이것은 아브라함의 미래를 하나님이 복 주시기 원하지만, 그 복이 실현 되고 안 되는 것은 아브라함의 순종 여부에 달린 것이다. "이제야 네가 하나님을 경외하는 줄을 아노라" 하는 말씀을 보면 순종이 하나님의 계획과 구원을 이루어 나가는 중요한 변수임을 확인할 수 있다.

구원은 운명적인 하나님의 선택의 결과가 아니라 하나님의 말씀에 얼마나 순종하느냐의 결과임을 성경이 증거하고 있다. 우리의 행위가 결국 우리의 구원을 결정짓는다는 것을 성경이 증거하고 있으며, 예수님도 인간의 구원은 인간 자신의 순종과 행위의 결과임을 분명히 말씀하고 있다. 따라서 인간의 순종과 행위는 구원의 변수가 된다는 것을 성경이 증거하고 있다.

> 이를 기이히 여기지 말라 무덤 속에 있는 자가 다 그의 음성

을 들을 때가 오나니 선한 일을 행한 자는 생명의 부활로 악한 일을 행한 자는 심판의 부활로 나오리라(요 5:28, 29)

계명은 구원의 중요한 변수가 된다. 율법을 지켜서가 아니라 믿음으로 값없이 의롭다 함을 받는다. 하지만 값없이 의롭다 함을 받은 이후에는 더욱 하나님의 계명을 준수하여야 한다. 계명을 지킴으로 의롭다 할 육체는 아무도 없지만, 값없이 의롭다 함을 받은 자는 반드시 계명 준수를 통해 그 의를 유지해 나가야 한다.

행위가 아닌 은혜로 값없이 칭의를 얻고 구원을 받았다고 해서 계명을 지키지 않아도 된다는 말씀은 성경 그 어디에도 없다. 구원을 받았기 때문에 계명을 지키는 것이 의미가 있는 것이다. 구원을 받은 자는 더욱더 계명을 준수해서 받은 칭의를 잃어버리지 않도록 해야 한다.

5. 마귀의 활동과 구원의 변수

예정론에서 마귀의 활동을 어떻게 다루는가? 구원은 하나님의 예정과 유기에 의해 결정되기 때문에 마귀의 활동이나 시험이 구원에 어떤 영향도 미칠 수 없다는 결론을 내리고 있다. 마귀 또한 하나님의 부리는 종으로서 하나님의 계획을 이루는데 도움을 주며, 하나님의 허락이 있어야만 활동하기 때문에 인간 구원의 변수로 작용할 수 없다고 생각한다. 그래서 예정론자들은 하나님의 주권을 강조하는 반면, 마귀의 활동으로 인해 구원에서 탈락할 수도 있는 위험성에 대해서는 경고하지 않는다. 마귀가 아무리 활동한다 해도 하나님의 예정을 바꿀 수 없기 때문에 마귀의 시험과 공격을 심각하게 다룰 이유가 없다고 생각한다.

그러나 성경은 어떻게 말씀하고 있는가? 하나님이 이룬 구원을 마귀가 얼마든지 빼앗아 갈 수 있음을 경고한다. 그것은 하나님이 능력이 없어서 마귀에게 영혼을 빼앗기는 것이 아니라, 인간이 미련하고 어리석어서 마귀에게 당하기 때문이다. 인간이 마귀에게 당하는 것을 하나님이 100% 막아줄 수 없다. 만약 하나님이 택한 자들을 구원하고, 그 구원을 100% 보증한다면 얼마나 다행한 일이겠는가? 그러나 성경이 성도들에게 요구하는 것을 보면 한 번 받은 구원이나 칭의나 양자됨이나 구원의 약속이 사단의 공격으로부터 안전하게 보호해 주는 것이 되지 못한다는 것을 알 수 있다.

> 내가 속히 임하리니 네가 가진 것을 굳게 잡아 아무나 네 면류관을 빼앗지 못하게 하라(계 3:11)

> 근신하라 깨어라 너희 대적 마귀가 우는 사자같이 두루 다니며 삼킬 자를 찾나니 너희는 믿음을 굳게 하여 저를 대적하라(벧전 5:8, 9)

> 거짓 선지자가 많이 일어나 많은 사람을 미혹하게 하겠으며 불법이 성하므로 많은 사람의 사랑이 식어지리라 그러나 끝까지 견디는 자는 구원을 얻으리라(마 24:11-13)

사단은 구원받은 자들의 구원을 얼마든지 취소시키거나 빼앗아 갈 수 있다고 성경은 말씀한다. 사단이 천하를 미혹하는 이유는 성도의 구원을 빼앗아 갈 수 있기 때문이다. 하나님의 구원 계획을 파괴하고 무효화시킴으로 더 많은 영혼을 지옥으로 끌고 갈 수 있기 때문에 최후의 발악을 하는 것이다.

> 네가 어디 사는 것을 내가 아노니 거기는 사단의 위가 있는 데라 네가 내 이름을 굳게 잡아서 내 충성된 증인 안디바가

> 너희 가운데 곧 사단의 거하는 곳에서 죽임을 당할 때에도 나를 믿는 믿음을 저버리지 아니하였도다 그러나 네게 두어 가지 책망할 것이 있나니 거기 네게 발람의 교훈을 지키는 자들이 있도다 발람이 발락을 가르쳐 이스라엘 앞에 올무를 놓아 우상의 제물을 먹게 하였고 또 행음하게 하였느니라
> (계 2:13, 14)

마귀는 하나님의 백성을 범죄하도록 유도해서 하나님의 저주와 심판을 받도록 한다. 그렇게 되면 구원이 취소되고, 심판으로 나갈 수 있기 때문이다. 그러므로 이중예정론자들이 마귀의 존재와 그 궤계에 대해서 심각하게 고려하지 않는 것은 상당히 위험한 일이 아닐 수 없다. 하나님의 예정과 계획을 인간의 자유의지를 이용하여 불순종하게 만들 수 있는 방법을 마귀가 가지고 있다. 그래서 성경은 마귀를 대적할 것을 말씀하며, 순교를 당하더라도 마귀에게 굴복해서는 안 될 것을 말씀한다.

> 그러나 이 모든 일에 우리를 사랑하시는 이로 말미암아 우리가 넉넉히 이기느니라 내가 확신하노니 사망이나 생명이나 천사들이나 권세자들이나 현재 일이나 장래 일이나 능력이나 높음이나 깊음이나 다른 아무 피조물이라도 우리를 우리 주 그리스도 예수 안에 있는 하나님의 사랑에서 끊을 수 없으리라 (롬 8:37-39)

예정론에서는 이 구절을 한 번 하나님의 자녀가 된 자들에 대해서 하나님이 절대로 포기하지 않고 천국까지 지켜주시는 것으로 해석한다. 물론 우리가 하나님만 바라보고 순종할 때, 이 약속은 지켜진다. 우리가 믿음을 지키는 이상, 제아무리 마귀가 공격을 한다고 해도 하나님의 사랑에서 끊을 수 없다. 그 어떤 핍박이 닥쳐와도 믿

음을 버리지 않는 이상 하나님의 사랑에서 끊어지지 않는다.

그러나 핍박과 죽음의 공포 앞에서 하나님을 배반할 때는 하나님의 사랑에서 끊어지고 마귀에게 구원을 빼앗긴다는 사실 또한 강조하지 않으면 안 된다. 믿음을 버린다면 아무리 구원을 약속받은 자라도 하나님이 더 이상 지켜 줄 수가 없다. 죄를 짓고, 우상숭배하면서 마귀를 따라간다면 하나님으로부터 버림받을 수밖에 없다는 것을 마귀는 잘 안다. 불순종과 범죄는 하나님의 사랑에서 끊어지게 할 수 있으며, 사단은 그것을 목적으로 성도들을 미혹하고 시험한다.

만약 한 번 받은 성도의 구원을 사단이 빼앗아 가지 못한다면 사단은 우는 사자처럼 공격하지 않을 것이다. 이중예정에서는 한 번 구원은 영원한 구원으로 이해하기 때문에 이러한 사단의 변수를 인정하지 않는 것이 문제이며, 잘못된 구원론을 가르치기 때문이다. 그것은 성경을 잘못 이해한 처사임에 틀림이 없다. 하나님의 절대예정, 이중예정은 사단의 변수를 생각하지 못하게 함으로써 성도들이 구원받는데 심각한 잘못을 주는 교리가 아닐 수 없다. 성도가 죽는 그 순간까지 마귀는 시험해 오며, 타락을 종용하여 범죄하도록 다가온다는 것을 잊어서는 안 된다. 사단은 구원의 중요한 변수로 작용한다.

6. 결론

절대예정론에서는 구원의 변수가 개입될 수 없다. 창세 전 이중예정론에서는 하나님에 의해서 이미 모든 것이 예정되고 계획되기 때문에 심지어 마귀의 활동까지, 인간의 범죄까지 예지될 뿐 아니라 예정되기 때문에 구원의 변수는 상상조차 할 수 없는 것이다. 운명론적이고 숙명론적인 구원론에서는 그 어떤 것도 변수로 작용할 수 없다. 그러므로 한 번 구원은 영원한 구원이라고 믿고 구원을 잃어버릴 수 있는 염려로부터 자유하려고 한다.

그러나 성경이 우리에게 가르쳐 주는 것은 칭의를 얻은 자라도 구원을 잃어버릴 수 있는 엄청난 변수가 있다는 것이다. 하나님은 인간의 결단이나 믿음, 회개, 열매, 결과에 의해서 그 계획을 변경한다. 따라서 구원에는 엄청난 변수가 작용하고 있음을 알 수 있다. 그 변수에 따라 하나님의 계획이나 예정이 수정하거나 취소하는 경우가 수없이 등장하고 있다.

하나님의 예정과 계획은 거대한 틀 안에서 원리적인 면을 강조하는 반면에, 인간 개개인에 대한 구원과 섭리는 인간 자유의지의 변수에 의해서 하나님이 최종 결정을 내리는 경우가 많다. 물론 특수한 사명을 위해서 복중에 있을 때 부르는 경우도 있고, 하나님께서 일방적으로 예정하고 부르는 경우도 있지만 그 경우에도 사명자들의 자유의지가 엄청난 변수로 작용할 수 있다는 것이다. 예를 들면, 여로보암의 죄를 지적했던 하나님의 사람이 벧엘의 늙은 선지자에게 속아서 사자에 찢겨 죽는 일이 발생하였다(왕상 13장). 하나님이 선택한 종이었고, 하나님의 말씀대로 어떤 사람의 집에도 들어가지 않았다면 생명을 건졌을 것이다. 하지만 하나님의 말씀에 불순종함으로 어떤 결과가 왔는가? 하나님의 말씀대로 사자에게 찢겨 죽는 일이 일어났다. 엄청난 변수가 생겼다. 이것을 예정론으로 어떻게 설명할 것인가? 하나님이 이 선지자를 사자에 찢겨 죽도록 예정했기 때문에 찢겨 죽었는가? 아니면, 하나님이 주신 계명을 거짓 선지자에게 속아서 어겼기 때문에 그런 불상사를 만났는가? 당연히 하나님의 계명을 어겼기 때문이다. 이 선지자는 죽을 수도 있었고 죽지 않을 수도 있었다. 그 선지자가 죽고 사는 것이 큰 틀에서는 하나님 손에 달려 있지만, 결국 이 선지자가 잘못된 선택을 하였기 때문이다.

구원의 변수는 왜 생기는가? 하나님께서는 구원의 원리를 정해 놓으신 다음, 그 원리를 인간에게 제시하고 인간으로 하여금 선택하도록 하기 때문이다. 만약 하나님이 모든 것을 선택하도록 인간의 의지를 조종한다면 구원을 잃어버릴 변수가 생기지 않을 것이다. 그러나 인간의 자유의지의 선택에 맡겨줄 경우엔 생각지도 못할 변수들이 생길 수밖에 없다. 왜냐하면 인간의 자유의지는 언제 어떻게 될지 누구도 예상할 수 없기 때문이다. 거기에다 인간 속에 있는 욕심, 죄성이 있기 때문에 변수로 작용할 뿐 아니라, 마귀의 공격과 유혹 또한 변수로 작용하기 때문이다.

성경은 이러한 구원의 변수들로 엮어진 책이라 해도 과언이 아니다. 나오미의 두 며느리는 똑같이 모압 여인이며, 그들의 남편이 죽자 시어머니를 따라 이스라엘로 돌아오려 하였다. 나오미의 강력한 만류로 인해서 큰며느리 오르바는 모압으로 돌아갔지만, 룻은 돌아가지 않고 끝까지 시어머니를 따라 이스라엘 백성이 되었다.

> 룻이 가로되 나로 어머니를 떠나며 어머니를 따르지 말고 돌아가라 강권하지 마옵소서 어머니께서 가시는 곳에 나도 가고 어머니께서 유숙하시는 곳에서 나도 유숙하겠나이다 어머니의 백성이 나의 백성이 되고 어머니의 하나님이 나의 하나님이 되시리니 어머니께서 죽으시는 곳에서 나도 죽어 거기 장사될 것이라 만일 내가 죽는 일 외에 어머니와 떠나면 여호와께서 내게 벌을 내리시고 더 내리시기를 원하나이다(룻 1:16, 17)

여기서 돌아가고 가지 않는 것은 하나님의 예정에 의한 것이 아니다. 전적으로 각자 자유의지의 선택에 달려 있다. 만약 오르바도 시어머니를 따라갔더라면 이스라엘 백성이 되었을 것이고, 룻도 시어미를 따라가지 않았다면 이스라엘 백성이 되지 못했을 것이다. 무엇보다 이들은 모압 족속이며, 모압 족속은 여호와의 회중에 들어올 수 없기 때문이다.

> 암몬 사람과 모압 사람은 여호와의 총회에 들어오지 못하리니 그들에게 속한 자는 십대뿐 아니라 영원히 여호와의 총회에 들어오지 못하리라(신 23:3)

그런데도 모압 여인 룻이 여호와의 회중에 들어올 수 있었던 것은 하나님의 백성이 되고자 하는 열망과 믿음 때문이다. 하나님은 이런 자들에게 항상 문이 열려 있었으며, 기회를 주신다. 기생 라합도 가나안 여인이었지만 자원하여 하나님의 백성이 되려고 할 때 구원시켜 주지 않았는가?(수 2장). 그러므로 구원에는 반드시 변수가 작용하며, 이 변수에 의해서 구원과 심판이 좌우된다고 할 수 있다.

구원론 논쟁

5장

홍수심판 논쟁

구원론 논쟁

1. 홍수 심판 논쟁을 위한 질문

1) 인간을 창조하시기 전에 하나님은 인간들이 타락하여 홍수심판 받을 것까지 예지하셨거나 예정하셨는가?
2) 홍수 심판은 창조 전에 하나님에 의해서 계획되고 예정된 것인가? 아니면, 창조 후에 범죄의 결과를 보고 계획된 것인가?
3) 하나님이 홍수심판을 하시면서 인간 창조를 한탄하신 것을 보면, 인간에 대한 기대가 컸음이 분명하다. 창세 전에 하나님 뜻대로 예정을 해서 그렇게 된 것이라면 인간 창조에 대하여 한탄하실 필요가 있는가? 하나님 스스로 후회하고 한탄할 일이라면 인간 창조를 취소할 수는 없었는가?
4) 후회하고 한탄하였다는 것은 기대에 어긋났을 때 일어나는 감정이다. 그렇다면 아담 타락 이후에도 인간에게 선을 행할 자유의지가 있다는 것이 아닌가? 도무지 악만 행하는 존재라고 한다면, 하나님께서 노아 시대 사람들 가운데 다수를 선택하든지 전부를 선택하여 하나님의 은혜로 구속하였으면 되었을 것이다. 그런데도 그렇게 하지 않은 것은 무슨 이유인가?
5) 홍수 심판에서 노아 가족만 구원받은 것은 창세 전에 하나님이 그렇게 예정했기 때문인가, 아니면 하나님의 말씀을 믿고 순종한 자들이 노아 가족밖에 없어서 그렇게 된 것인가?
6) 이중예정론의 논리로는 노아 홍수 때 심판받은 사람들은 하나님에 의해 선택받지 못하고 유기되었기 때문이라는 결론이 나온다. 그렇다면 하나님은 창세 전에 노아 홍수에서 노아 가족은 구원으로 선택하고, 나머지 모든 자들은 멸망으로 작정하였다는 말인가? 그렇다면 왜 120년간의 기회를 주시고 회개하기를 기다리며, 노아로 하여금 의를 전파하게 하셨는가? 예수님은 인자가 올 때에도 노아의 때와 같다고 하면서 인간의 타락에 대해 염려하신 것을 보면 노아 당시 백성들도 구원

받기를 원하셨다는 것을 알 수 있다. 과연 이중예정의 논리로 노아 홍수 심판을 해석할 수 있는가?
7) 하나님은 홍수심판 때에 멸망 받은 자들도 구원받기를 원하셨다. 그렇다면 하나님은 불가항력적 은혜로 그들로 하여금 니느웨 사람들처럼 회개하게 해서 구원시킬 수는 없었는가?
8) 홍수심판이 하나님의 예정이 아니라 인간의 불순종과 죄의 결과였고, 하나님은 원치 않았지만 부득이 심판할 수밖에 없었던 사건이라고 해야 성경 전체 맥락과 통할 것이다. 하나님은 선한 것은 예정하시지만 악한 것은 예정하지 않는 분이시다. 그렇지만 이중예정으로 나가면, 하나님은 선한 것만 아니라 악한 것도 예정하는 분으로 몰아가게 된다. 홍수심판에서 심판받은 자들이 하나님에 의해서 심판받도록 작정되거나 유기되었는가? 만약 그렇다면 하나님은 자비하신 분인가, 악한 분인가?

2. 인간 타락에 대해 한탄하시는 이유

모든 것을 하나님 뜻대로 예정하고 계획하여 그렇게 되도록 운명지워 놓은 다음에 인간이 범죄하는 것을 한탄하고 진노한다면 하나님을 모순된 분으로 만드는 것이 분명하다. 전능하신 하나님이 그 기쁘신 뜻대로 구원받게도 하고 멸망시키기도 한다면, 한 번 예정한 것에 대해서 절대 후회하거나 계획을 변경시키는 일이 있어서는 안 된다. 오히려 하나님 뜻대로 되었기 때문에 범죄하는 것도 기뻐해야 할 것이다. 그런데 하나님이 후회하였다는 것은 무슨 의미인가? 하나님의 계획대로 되지 않았기 때문이다. 따라서 예정론자들처럼 하나님이 계획하는 것은 반드시 그대로 다 된다고 하는 주장은 성경과 모순된 가르침이다.

예정론에서는 하나님이 한탄하거나 후회하는 것에 대해서 설명이 불가능하다. 후회할 일들이 일어나기 전에 하나님이 원하는 대로 예정해버리면 된다. 모든 인간들이 하나님의 예정에서 벗어날 수 없기 때문에 하나님이 원하는 대로 예정하면 된다. 타락으로 결정한 것도 하나님이라면, 타락하지 않도록 결정하는 것도 하나님이다. 모든 자를 다 구원하든지, 일부분만 구원하든지 하나님의 뜻대로 되었는데 거기에서 기뻐하고 슬퍼할 일이 발생할 수 없다.

그런데 하나님이 후회하신다는 것은 하나님도 인간의 구원에 있어서 손을 대지 못하는 부분이 있다는 것이다. 그것은 하나님이 능력이 없어서가 아니라, 하나님 스스로 그렇게 정하신 것이다. 즉, 인격을 가진 인간으로 창조하였기 때문에 인간 스스로 선택을 해야 그 구원이 참 의미를 가질 수 있기 때문이다. 그렇지 않고 이중예정에서처럼 하나님의 뜻대로 모든 것을 다 정해 버린다면 인간은 물건이나 기계에 불과할 것이 때문에 그런 인간들을 통해서 하나님이 기쁨을 얻을 수 없다.

그렇기 때문에 하나님은 인격적으로 창조된 인간들이 하나님을 스스로 선택하여 섬기기를 원하신다. 그런데 인간들은 공중권세 잡은 마귀의 유혹을 받아 마귀를 따라가기 때문에 후회하고 한탄하시는 것이다. 그렇게 인간들이 마귀를 따라가는 것을 강제로 막는 하나님이 아니시다. 깨닫도록 해 줄 수 있지만 인간의 의지를 하나님이 직접 건드리지는 않는다는 사실이다. 그래서 하나님은 고민하고 슬퍼하며 한탄하시는 것이다. 그것은 바로 인간에게 자유의지와 선택권이 주어져 있다는 것을 증명한다. 자유의지와 선택권은 인간이 하나님의 형상을 닮았다는 증거이며, 하나님께서 인간을 그만큼 존중해 준다는 의미이다. 하나님께서 인간을 그만큼 사랑하고, 인간에게 그만큼 선택권을 부여하셨다는 증거이다.

전능하신 하나님에 의해 구원이 모두 이루어진다면 하나님은 한 치의 오차도 없이 그 마음의 원대로 구원을 이룰 수 있다. 그렇게 한다면 하나님이 후회할 일도 없을 것이다. 그러나 하나님은 모든 구원을 혼자서 다 감당하시는 것이 아니라, 인간의 자유의지를 통해 선택하도록 하셨다. 하나님이 인간에게 구원을 위해서 해 주실 부분이 있고, 하나님이 해 주신 구원 안에서 인간이 해야 할 부분이 있다는 사실이다. 이 사실을 간과하고 어느 한쪽만을 강조하게 되면 구원을 받는데 심각한 문제가 발생할 수 있다.

하나님은 우리의 구원을 위해서 모든 것을 다 이루시고, 완벽하게 준비하셨다. 남은 것은 인간이 구원을 위해서 해야 할 부분이다. 구원이 하나님의 뜻대로 되지 않는 것은 인간이 해야 할 몫을 다 감당하지 못하기 때문이다. 인간의 불순종과 배반, 우상숭배, 사단의 미혹, 시련, 역경 등이 구원을 막는 방해요소로 작용하고 있다. 그래서 구원에 큰 차질이 생기는 것이다. 선악과를 따먹지 않는 것은 하나님의 뜻이요, 따먹는 것은 사단의 뜻이다. 인간은 그 중간에서 선택할 수 있는 자유의지가 있다. 인간이 선택한 길은 하나님이 아닌 마귀 쪽이었다. 이것으로 인해 하나님과 인간 사이에 죄가 들어오고, 죽음이 왔다.

창조 전에 하나님이 창조할 인간이 죄짓고 타락할 것을 미리 알았다면 하나님은 두 가지 선택을 했었을 것이다. 한 가지는 인간 창조 계획을 중단하였을 것이고, 다른 한 가지는 타락하지 않는 인간을 새롭게 만드는 것이었을 것이다. 이 두 가지 중 하나만 선택했더라도 인류 역사에 인간 타락은 없었을 것이며, 그로 인해 심판도 없었을 것이며, 하나님이 인간 창조로 인해 한탄하거나 후회하지도 않았을 것이다.

그러나 하나님은 이 두 가지 모두 선택하지 않으셨다. 인간 창조는 그대로 진행되었고, 그것이 하나님 보시기에 좋았다. 그러므로 적어도 인간을 창조할 당시에는 하나님 보시기에 인간은 선하였고, 죄가 없고, 죄를 짓지 않는다는 기대감이 있었던 것이 분명하다. 그러므로 하나님이 창조 전에 인간이 죄를 지어서 타락할 것을 알았다는 전제는 하지 않는 것이 좋다. 그렇게 되면 성경 해석이 뒤죽박죽 될 수밖에 없고, 결국 하나님이 죄를 조성하시는 분이 될 수 있기 때문이다. 어디까지나 하나님은 창조된 인간에게 전적으로 자유의지를 주었고, 그 자유의지가 하나님을 끝까지 따라갈지, 아니면 사단에게 미혹되어 죄에 떨어질지는 하나님이 전적으로 인간의 자유의지에 맡겨 놓았다는 사실이다. 그리고 그 인간의 자유의지를 하나님은 강제하지 않는다는 것이다.

하나님이 창조한 인간은 마귀에게 속아서 선악과를 따먹음으로 범죄하게 된다. 이것은 인간의 자유의지로 범죄하지 않기를 기대했던 하나님을 크게 실망시키는 결과를 가져온 것이 분명하다. 이것을 어떻게 이해하느냐에 따라서 구원론의 방향이 달리 결정될 수 있다. 이중예정론자들은 하나님이 창조할 인간이 타락할 것을 미리 알았다고 전제한다. 심지어 그 타락마저도 하나님의 섭리 안에 들어있고, 심지어 그 타락을 하나님이 직접 계획했다고도 한다. 인간이 타락하도록 지어졌고, 따라서 범죄한 인간 가운데 일부를 구원하도록 선택했으며, 나머지는 유기하였는데 이 모든 것이 하나님의 계획이라고 믿는다. 만약 하나님의 구원계획이 이렇다면, 하나님은 한탄하거나 후회하지 않았을 것이다. 오히려 하나님의 계획대로 되기 때문에 기뻐했어야 할 것이다. 그러나 하나님은 인간의 타락과 지옥 심판 받는 것을 근심하시고 한탄하셨다. 그것을 보면 하나님은 분명, 인간을 유기하거나 타락을 작정한 것이 아님이 분명하다.

과연 이러한 예정론의 주장이 얼마나 성경적으로 설득력이 있는가? 아담이 선악과를 따먹고 범죄함으로 죽음이 왔을 때, 그때라도 하나님의 계획을 돌이켜 인간의 번식을 중단시켰으면 홍수심판 같은 일이 없을 수도 있었을 것이다. 인간이 번성하면 할수록 더욱 하나님을 대적하고 죄악을 향해 달려간 것이 과연 하나님의 예정에 의한 것인가? 왜 그렇게 타락한 인생을 보며 진노하셔야만 했는가? 하나님이 후회하는 것도 하나님의 예정과 계획 속에 포함되어 있었던 것은 아니지 않는가? 하나님의 형상대로 창조한 인간으로 악을 행하지 못하게 하고, 선만 행하도록 창조할 수는 없었는가? 그렇다면 그것 또한 참된 인간이라고 볼 수 없을 것이다. 인간에게 자유의지를 부여하지 말고, 하나님이 원하는 대로 사는 그런 인간을 만들 수는 없었는가? 그것 또한 하나님의 형상을 닮은 인간이라고는 할 수 없다. 홍수 심판으로 하나님이 창조한 인간을 하나님의 손으로 심판해야만 하는 상황까지 오게 된 이유가 무엇인가?

> 사람이 땅 위에 번성하기 시작할 때에 그들에게서 딸들이 나니 하나님의 아들들이 사람의 딸들의 아름다움을 보고 자기들의 좋아하는 모든 자로 아내를 삼는지라 여호와께서 가라사대 나의 신이 영원히 사람과 함께하지 아니하리니 이는 그들이 육체가 됨이라 그러나 그들의 날은 일백이십 년이 되리라 하시니라 당시에 땅에 네피림이 있었고 그 후에도 하나님의 아들들이 사람의 딸들을 취하여 자식을 낳았으니 그들이 용사라 고대에 유명한 사람이었더라 여호와께서 사람의 죄악이 세상에 관영함과 그 마음의 생각의 모든 계획이 항상 악할 뿐임을 보시고 <u>땅위에 사람 지으셨음을 한탄하사 마음에 근심하시고</u> 가라사대 나의 창조한 사람을 내가 지면에서 쓸어버리되 사람으로부터 육축과 기는 것과 공중의 새까지 그리하리니 <u>이는 내가 그것을 지었음을 한탄함이니라</u> 하시니라(창 6:1-7)

이 부분을 예정론의 입장에서 접근하면 하나님은 자기모순에 빠질 수밖에 없다. 왜냐하면 전능하신 하나님이 인간을 만들어 놓고, 그 인간에 대해 실망하고 한탄한 결과 심판하시기 때문이다. 하나님이 원하는 대로 예정하고 유기할 수 있는데, 유기된 영혼들에 대해 진노하고 한탄하고 분노한다면 얼마나 모순된 것인가?

　하나님은 인간에게 완전한 자유의지를 주신 것이 분명하다. 인간은 선악과를 선택할 수도 있고, 하나님의 명령을 따를 수도 있는 완전한 자유의지가 주어진 것이다. 방주를 지을 수도 있었고 거부할 수도 있었다. 얼마든지 선택의 자유가 있었기 때문에 방주 지을 기회를 주신 것이다. 하나님은 그러한 인간의 자유의지에 간섭하거나 강제하지 않는다. 그 자유의지를 잘못 사용하게 한 것은 사단이다. 사단이 없었다면 아담은 범죄하지 않았을 것이 분명하다. 인간에게 주어진 고귀한 자유의지를 사단이 미혹해서 범죄하게 만들었던 것이다. 비록 사단에 의해서 자유의지를 잘못 사용하였다 하더라도 그 책임은 인간이 져야 한다. 왜냐하면 하나님을 사랑하고 경외하였다면 사단이 미혹하였다 하더라도 범죄하지 않았을 것이기 때문이다.

　만약 하나님이 선악과를 만들지 않았거나, 따먹지 못하도록 창조하였다면 인격을 갖춘 진정한 인간이 되지 못했을 것이다. 하나님은 순수하게 인간을 창조했으며, 자유의지를 주어서 인간 스스로 따먹지 않을 수도 있고, 따 먹을 수도 있는 선택의 자유를 주신 것이다.

　그와 동시에 사단이 인간을 시험하도록 접근을 허락하신 것 또한 사실이다. 하나님이 사단의 접근을 허락하셨다 해서 하나님이 범죄의 원인을 제공하는 것은 아니다. 하나님은 자신의 형상대로 창조된 인간이 비록 사단이 시험해 오더라도 스스로 이기고 하나님의 명령을 지켜 주기를 원하신 것이다. 때문에 하나님은 죄의 조성자도 아니고, 죄를 짓도록 작정하신 분도 아니다. 죄는 순전히 인간이 자기의 선택에 따라 지어진 것이므로 인간에게 온전히 책임이 있다. 그랬기 때문에 하나님의 기대는 무너지고, 그로 인해 한탄하고 후회할 수밖에 없었던 것이다.

　하나님이 이러한 타락을 미리 알았다거나 예정하였다면 후회하거나 탄식하지 않아야 정상이다. 그러나 하나님은 인간 타락에 대해서 탄식하며 후회하신다. 그것은 순수하게 창조된 인간이 죄를 선택함으로 인해 빚어진 결과이다. 인간이 선택한 것은 하나님의 예정의 결과물이 아니라, 순수하게 인간 자신의 선택에 의한 결과물이다. 하나님은 인간들이 자유의지의 선택으로 하나님의 명령을 기쁨으로 선택해 줄 것을 기대하신다.

성경에 분명히 기록된 말씀은 하나님에 의해 창조된 인간의 불순종과 범죄 때문에 한탄하셨다는 것이다. 그것은 그만큼 인간에게 거는 기대가 컸다는 증거다. 하나님이 창조한 인간이 하나님을 영화롭게 기쁘게 해 드릴 수 있으리라는 기대가 있었는데, 그 기대가 무너짐으로 한탄과 후회가 생기게 된 것이 분명하다.

만약 어거스틴의 주장처럼 아담의 범죄 이후, 인간이 전적으로 타락하여 어떤 선한 일도 할 수 없고, 자유의지가 전적으로 부패하였다면 하나님은 홍수 심판으로 죽게 되는 인간에게 선을 기대하지 말았어야 한다. 기대라는 것은 어느 정도 가능성이 있을 때 하는 것이므로, 적어도 인간에게 선을 행할 자유의지가 남아 있었다는 증거다. 자유의지가 있을 때 선을 기대하는 것이지, 자유의지가 없는 상태에서 기대할 수 있는 것은 아무것도 없다. 하나님이 아담 타락 이후의 인간들에게도 기대를 걸었다는 것은 그만큼 인간들에게 선을 선택할 자유의지가 남아 있었음을 증거한다.

전적 타락으로 인간의 자유의지가 완전히 상실되었다면 기대 자체를 하지 않았을 것이며, 120년간 회개할 기회를 주실 필요도 없었을 것이며, 노아로 하여금 의를 전파(벧후 2:5)하게 할 필요도 없었을 것이다. 예정대로 모든 것을 할 수 있다면 하나님이 구원할 자들을 구원하면 되는 것이며 심판할 필요도 없을 것이다. 그러나 하나님께서 노아시대 사람들에게 구원의 기회를 주신 것은 그들에게 선을 선택할 자유의지가 있었기 때문이다. 동시에 그들 역시 하나님의 구원의 대상이었다는 것이며, 이중예정으로 결정지어 놓지 않았다는 증거이다.

따라서 노아홍수 시대 사람들에게도 선을 행할 의지가 있었고, 하나님의 명령에 순종할 수도, 불순종할 수도 있었다. 그들이 홍수 심판을 받은 것은 하나님의 예정이나 운명 때문이 아니라, 그들의 자유의지를 죄와 불법에 내어주었기 때문이다. 따라서 아담 타락 이후의 인간들은 심각한 죄의 영향아래 있었던 것은 사실이며, 결국 죄악을 따라가긴 했지만 그러나 완전타락이라고는 할 수 없다. 하나님이 선을 기대한 것은 그들에게 부분적으로 선을 선택하고, 하나님께로 돌이킬 수 있는 가능성이 남아 있었기 때문이다. 노아와 그의 가족들이 자신의 자유의지로 하나님을 택함으로 은혜를 입고 구원받았다는 것에서 알 수 있다.

3. 홍수 심판은 창세 전에 계획된 일인가?

홍수 심판은 창세 전에 하나님에 의해서 치밀하게 계획된 것이었는가? 아니면 인간이 죄를 지음으로 세상에 죄가 관영하여 그 결과로 생겨난 것인가? 이중예정론의 관점에서 본다면, 홍수심판마저도 창세 전에 하나님이 다 아셨고, 하나님이 예정한 것이라고 할 수 있을 것이다. 그렇다면 어떤 모순이 생기는가? 인간이 타락할 것을 아시고서도 타락할 인간을 창조한 셈이다. 심판 받아 지옥으로 들어갈 것을 아시면서도 그런 타락된 인간을 창조하였다는 결론에 이른다. 또한 창세 전에 홍수 심판까지 다 예정해 놓고 인간을 만드셨다면, 인간에게 주어진 자유의지는 순수한 자유의지가 아니라 하나님의 예정에 지배받는 자유의지라는 결론이 나온다. 인간에 의해서 되는 것은 아무것도 없고, 모든 것이 하나님의 계획에 의해서 된다는 말이다. 그렇다면 인간에게 죄를 물을 수 없고, 그 죄로 인간을 심판할 수 없다. 왜냐하면 순수한 자유의지로 범죄한 것이 아니라, 하나님의 계획의 의해서 죄를 범했기 때문이다.

모든 것이 하나님의 계획에 의해서 역사가 진행된다면, 어떻게 죄를 짓는 인간에게 책임을 물을 수 있는가? 연극에서 악역을 맡은 자가 악역을 잘 감당했다면 감독은 오히려 그 악역을 행한 자에게 칭찬을 아끼지 않을 것이다. 감독이 악역을 시켜놓고, 그 악역을 잘했다고 징벌한다면 말이 되겠는가? 만약 하나님에 의해서 악역을 맡도록 예정된 자가 있어서 그가 악역을 잘 했다면 하나님은 그를 칭찬해 주어야 할 것이다. 그런데 왜 악역을 한 자에게 심판을 하는가? 그것은 하나님이 악역을 맡기지 않았다는 증거다. 이중예정론은 바로 이런 모순에 빠져 있다. 만약 가룟 유다를 예수님을 팔도록 예정하였다면, 가룟 유다는 하나님으로부터 악역을 맡아서 잘했기 때문에 심판이 아니라 상급을 받아야 할 것이다. 그래서 가룟 유다가 하나님의 일을 잘 수행했기 때문에 천국 들어가 있다고 하는 자들도 있다. 가룟 유다가 자기 자신의 자유의지로 예수님을 팔았기 때문에 지옥의 심판을 받는 것이다. 하나님이 가룟 유다로 하여금 예수님을 팔게 하는 악역을 맡도록 했다면, 가룟 유다는 지옥에 가서는 안 된다. 오히려 그 역할을 잘 감당했기 때문에 천국에 올라가 있어야 할 것이다.

자유의지가 주어지지 않는 상태에서 죄를 지었다면 그것은 비판이나 정죄에 대상이 될 수 없다. 죄에 대해 책임을 묻기 위해서는 인간에게 선을 선택할 자유의지가 주어져 있음을 반드시 전제로 해야 한다. 생후 1년 된 아기에게 죄에 대한 책임을 지울 수 없는 것은 선을 선택할 자유의지가 없기 때문이다. 그러나 성인들에게는 죄에 대한 책임을 묻는 것은 선악을 분별하고 선택할 수 있는 자유의지가 있기 때문에 책임도 지울 수 있는 것이다.

그러므로 인간은 선택이나 유기로 작정된 것이 아니라, 순수하게 자유의지가 주어져 있는 상태에서 자기가 선택한 결과에 따라 구원받기도 하고 심판받기도 하는 것이다. 우리 앞에는 하나님도 있고 사단도 있다. 하나님은 모든 인류가 구원받기 위해서 하나님의 길로 오기를 원하신다. 사단은 모든 자들을 구원받지 못하도록 하기 위해서 자기에게로 오기를 원한다. 그 사이에 인간이 서 있고, 인간은 자기의 자유의지로 양자택일을 해야 한다. 인간의 자유의지가 완전히 상실되었다면 이런 선택 자체가 불가능하다. 온전한 자유의지가 주어지지 않은 상태에서 누군가 외부의 힘에 의해 죄가 저질러졌다면 죄에 대한 책임을 물을 수 없다.

하지만 인간들은 하나님의 심판대 앞에 서야 하고, 자기가 지은 죄에 대해 책임을 져야 한다. 그것은 인간들에게 자유의지가 주어져 있다는 것을 전제한다. 예정론에서는 모든 인간이 아담의 원죄로 인해 죄아래 갇혔고 그로 인해 지옥심판을 받을 수밖에 없는 절망적인 상태에 있다고 본다. 자유의지를 상실하고, 이제 아담의 죄로 인류가 멸망할 수밖에 없는 상태에서 하나님이 긍휼을 베풀어 일부를 선택하여 구원한다는 것이 예정론의 핵심이다. 성경에서 말하는 구원이 이런 구원인가? 성경은 이중예정을 말하지 않는다. 노아시대 홍수심판은 이중예정에 근거하지 않는다. 각자 자신의 자유의지의 결과와 선택에 따른 심판이다.

> 노아의 때에 된 것과 같이 인자의 때에도 그러하리라 노아가 방주에 들어가던 날까지 사람들이 먹고 마시고 장가들고 시집가더니 홍수가 나서 저희를 다 멸하였으며 또 롯의 때와 같으리니 사람들이 먹고 마시고 사고팔고 심고 집을 짓더니 롯이 소돔에서 나가던 날에 하늘로서 불과 유황이 비오듯 하여 저희를 멸하였느니라 인자의 나타나는 날에도 이러하리라 그날에 만일 사람이 지붕 위에 있고 그 세간이 집안에 있으면 그것을 가지러 내려오지 말 것이요 밭에 있는 자도 이와 같이 뒤로 돌이키지 말 것이니라 롯의 처를 생각하라 무릇 자기 목숨을 보존하고자 하는 자는 잃을 것이요

잃는 자는 살리리라 (눅 17:26-33)

위의 구절에서 이중예정설의 근거가 될 만한 요소를 하나라도 발견할 수 있는가? 이미 누구누구는 구원받고, 누구누구는 심판받도록 되어 있는 상황이라면 예수님께서 왜 이런 말씀을 하시겠는가? 방주에 들어가던 날까지도 먹고 마시고 장가가고 시집가면서도 하나님의 말씀에 귀 기울이지 않은 것이 하나님의 예정인가, 인간의 자유의지의 선택인가? 이중예정은 인간의 범죄와 심판을 하나님께 책임을 전가하는 결과를 가져올 수 있다. 하나님은 모든 자들이 회개하고 돌이키기를 원하셨다. 하지만 그들이 멸망의 길로 간 것은 자기들의 고집이고, 죄성이었다.

왜 롯의 처와 같이 되지 말라고 하시는가? 롯의 처가 멸망받기로 작정된 자라면 하나님의 작정대로 멸망받았기 때문에 롯의 처처럼 되지 말라고 해서는 안 된다. 하나님은 롯의 처에게 살 기회를 주었다. 하지만 그 기회를 잃어버리고 뒤로 돌아봄으로 구원을 잃어버렸다. 롯의 처와 같이 뒤돌아보지 말라는 것은 우리에게도 구원의 기회가 주어져 있지만 구원의 기회를 잃어버리지 말라는 경고이다. 따라서 지금 살아있는 자들에게는 롯의 처처럼 될 가능성도 있고, 온전히 구원받을 가능성도 있는 것이다. 예수님이 오실 때에도 이런 일들이 일어날 것이며, 누구도 롯의 처처럼 멸망받지 말라는 경고다. 누구를 예정하고 유기했다면 이런 말씀을 하실 필요가 없는 것이다. 만약 예정론자들의 말대로 이 말씀은 택정함을 받은 자들에게 했다면, 그것도 모순이다. 왜냐하면 택정함을 받은 자들은 어차피 하나님이 버리지 않고 구원할 것이기 때문에 이런 경고가 무슨 의미가 있겠는가?

왜 노아 홍수시대와 롯의 처를 예로 드는가? 그들은 전혀 하나님에 의해서 예정되거나, 자유의지가 간섭 당한 것이 아니라는 사실이다. 신약의 성도들과 말세의 성도들은 이런 전철을 되풀이하지 말고 반드시 구원받아 천국 들어오라고 주신 말씀이다. 그것은 곧 말세 성도와 교회들도 노아 홍수시대 사람들처럼 그 길을 갈 가능성이 많기 때문에 노아 홍수 때는 8명만 구원받았지만 마지막 예수님 재림 때는 이런 것을 거울삼아 모든 자들이 구원받기를 원하여서 경계로 주신 말씀이다.

그러므로 홍수심판은 하나님이 창세 전에 미리 결정해 놓은 사안이 아니다. 인간이 범죄함으로 인해 생겨난 결과이다. 범죄하지 않았다면 홍수심판은 없었을 수도 있다. 예정론은 이상한 논리로 나아간다. 하나님이 전지전능하시기 때문에 미래의 모든 것을 다 아신다고 전제한다. 미래의 것을 다 아신다는 것은 미래에 일어날 일들이 이미 결정되어 있다는 것으로 이해한다. 미래에 일어날 일이 결정되어 있다면 그것은 하나님에 의해서 결정된 것이며 절대 변경이 불가능한 것이라고 생각한다. 이런 식의 사고는 상당히 위험하다. 왜냐하면 하나님은 이 세상을 결정론적이고 운명론적으로 만들어 놓지 않았기 때문이다. 인간이 어떤 행동을 하느냐에 따라 심판으로 갈 수도 있고, 구원으로 갈 수도 있기 때문이다. 이중예정론자들처럼 하나님은 숙명론이나 운명론으로 인간의 역사가 흘러가도록 만들어 놓지 않았다.

홍수 심판은 하나님이 창세 전에 미리 예정해 놓은 사건이 아님이 분명하다. 만약 인간들이 말씀에 순종을 잘했더라면 일어나지 않았을 심판이다. 최후의 심판도 하나님이 미리 예정했기 때문에 생길 것이 아니다. 인간들이 강퍅하여 구원을 버리고 범죄로 나아가기 때문에 불가피하게 심판하지 않으면 안 될 상황이 되기 때문에 생기는 것이다. 만약 인간이 회개하고 범죄치 않는다면, 어떤 심판도 일어나지 않을 것이다. 심판은 범죄 때문에 발생하는 것이고, 범죄는 자유의지의 선택이 있기 때문에 성립되는 것이다. 하나님이 예정하고 계획했기 때문에 일어나는 것이 아니라, 인간이 죄를 범한 결과로 일어나는 것이다.

4. 전적 부패 교리는 성경적인가?

아담 이후 인간은 전적으로 타락하였고, 그 자유의지는 전적으로 부패하였다는 주장은 얼마나 성경적인가? 만약 선을 행할 수 있는 자유의지가 전적으로 부패하였다면 홍수심판을 할 필요가 없고, 또 후세에 교훈으로 남겨줄 필요도 없을 것이다. 아담 타락으로 인해 원죄를 가진 인간들이 전적으로 부패하였다면 그들에게서 나올 것이 무엇이겠는가? 죄밖에 없다. 죄밖에 없는 인간이라면 이미 심판을 받은 것이나 다름이 없다. 이런 인간에게 무슨 선을 기대할 것인가? 아담 타락으로 모든 인간이 전적으로 부패하였다면 빨리 심판해서 인류가 더 이상 번식되지 못하도록 막았어야 했을 것이다. 그런데 하나님은 아담 이후 노아 홍수심판 때까지 인류가 번식되도록 하셨다. 그것은 하나님이 인간에게 거는 기대가 있었기 때문이다. 기대를 걸었다는 것은 전적으로 타락하지 않았다는 증거다. 전적으로 타락하지 않았기 때문에 기대를 걸었으나, 결국 8명밖에 건지지 못한 것이다.

홍수심판 후에 하나님은 노아를 통해 인류의 번식을 허락하셨다. 만약 전적으로 타락한 상태라고 한다면 인류의 번식은 저주가 아닐 수 없다. 태어나는 자마다 타락한 죄인으로 태어나는데, 그런 자들이 세상에 가득하면 어떻게 되겠는가? 그렇지 않아도 죄가 관영하여 사람 지었음을 한탄하시고 홍수심판까지 내린 상태에서 또 다시 인류의 번성을 허락하신 것은 무엇을 뜻하는가? 노아 이후에 태어나는 자들이 완전 타락이 아니라는 증거다.

> 하나님이 노아와 그 아들들에게 복을 주시며 그들에게 이르시되 <u>생육하고 번성하여 땅에 충만하라</u> 땅의 모든 짐승과 공중의 모든 새와 땅에 기는 모든 것과 바다의 모든 고기가 너희를 두려워하며 너희를 무서워하리니 이들은 너희 손에

붙이웠음이라 무릇 산 동물은 너희의 식물이 될지라 채소같이 내가 이것을 다 너희에게 주노라 그러나 고기를 그 생명되는 피채 먹지 말 것이니라 내가 반드시 너희 피 곧 너희 생명의 피를 찾으리니 짐승이면 그 짐승에게서, 사람이나 사람의 형제면 그에게서 그의 생명을 찾으리라 무릇 사람의 피를 흘리면 사람이 그 피를 흘릴 것이니 이는 하나님이 자기 형상대로 사람을 지었음이니라 너희는 생육하고 번성하며 땅에 편만하여 그중에서 번성하라(창 9:1-7)

하나님이 노아와 맺는 언약 속에서 인간의 전적 타락과 자유의지의 전적 부패를 볼 수 있는가? 아담에게 선악과 언약을 맺은 것처럼 노아에게 사람의 피를 흘리지 말라는 언약을 맺는다. 전적으로 부패하였고, 죄를 짓지 않을 수 없는 상태로 타락하였다면 이런 언약이 무슨 의미가 있는가? 인간이 하나님의 형상대로 지음을 받았다고 말씀하시는 것은, 적어도 태어날 인간이 전적으로 부패한 것이 아님을 전제한 것이다. 하나님의 형상대로 지음받은 부분이 인간 속에 있기 때문에 홍수 후의 인간들은 계명에 순종하며 범죄하지 않고 살아갈 것이라는 기대가 있었음을 알 수 있다. 그렇기 때문에 생육하고 땅에 편만하며 번성하라는 것이다. 그래서 하나님이 기뻐하는 자들이 많이 태어나며, 하나님께 영광돌리다가 천국에 들어오라는 기대감이 있기 때문이다. 인간이 전적으로 부패하였다면 노아와 이런 언약을 맺어서는 안 되며, 실천 불가능한 일이 될 것이다.

하나님이 인간의 죄에 대해 심판을 하신 것은 인간에게 악을 행할 자유의지만 있는 것이 아니고, 선을 행할 자유의지가 있다는 증거이다. 물론 아담의 범죄로 인해 모든 인간은 죄의 영향권 안에 들어왔고, 사단의 공격을 더 심하게 받는 것은 사실이다. 그렇다 하더라도 하나님은 인간에게 자유의지를 남겨 두셨다. 인간은 전적으로 부패한 것이 아니다. 전적으로 부패하였다면 하나님께서 인간에게 주시는 수많은 계명은 무의미한 것이 되고 말 것이다.

5. 개개인의 운명은 왜 미정인가?

예정론은 개개인에 대한 구원과 유기가 창세 전에 이미 결정되었고, 인간이 태어나기 전에 자기의 의사와 상관없이 하나님에 의해서 결정되었다고 주장한다. 이중예정론에 의하면 인간의 운명은 결정론적이고, 운명론적이며, 숙명론적일 수밖에 없기 때문에 비성경적이다. 이미 태어나기도 전에 자신의 의지나 선택과 상관없이 운명이 결정된 상태라면 문제는 간단하다. 구원으로 예정된 자는 구원받을 것이며, 유기된 자는 이미 심판을 받은 것이기에 계명 준수나 심판 같은 것은 의미가 없는 것이다. 성경은 이러한 예정론을 지지하지 않는다. 개개인의 운명과 심판이 태어나기도 전에 결정되어 있다면 구원받기 위해서 인간이 어떤 노력을 한다는 것은 전혀 의미가 없는 것이다. 그것은 성경의 구원 진리를 왜곡시키는 것이다. 십자가의 강도처럼(눅 23:43) 죽는 순간이라도 회개하면 하나님이 구원해 주신다. 비록 악인이라도 죽기 전에 회개하면 사죄함을 받고 하나님 앞에 의인으로 인정받게 된다. 비록 의인이라도 죽기 전에 죄를 짓고 회개치 않으면 그 의가 무효가 되고 심판받게 된다.

> 또 의인이 그 의에서 돌이켜 악을 행할 때에는 이미 행한 그 의는 기억할 바 아니라 내가 그 앞에 거치는 것을 두면 그가 죽을지니 이는 네가 그를 깨우치지 않음이라 그가 그 죄 중에서 죽으려니와 그 피값은 내가 네 손에서 찾으리라(겔 3:20)

> 그러나 악인이 만일 그 행한 모든 죄에서 돌이켜 떠나 내 모든 율례를 지키고 법과 의를 행하면 정녕 살고 죽지 아니할 것이라 그 범죄한 것이 하나도 기억함이 되지 아니하리니 그 행한 의로 인하여 살리라 (겔 18:21, 22)

개개인의 심판은 각자의 행위에 따라 받는 것이기 때문에, 죽기 전까지는 아무도 모르며, 하나님도 그 결정을 보류하고 있다. 아무리 악한 자라도 죽기 전에 회개하고 돌이킬 수 있기 때문이다. 물론 믿음으로 의롭게 된 자들은 생명책에 그 이름이 기록되어 있기 때문에 약속을 받은 자이다. 그렇지만 범죄할 때 생명책에서 그 이름이 지워지기 때문에 100% 구원을 보장할 수는 없다.

이중예정이 진리라면 이미 태어나기 전에 심판이 완료된 것이나 다름없다. 하나님의 결정을 인간이 바꿀 방법이 없다. 인간의 자유의지와 상관없이 그 어떤 범죄나 악을 행하기도 전에 멸망이 결정되어 있는 것이다. 분명한 것은 그러한 결정과 심판은 공의롭지 못하다는 것이다. 공의로우신 하나님은 인간이 범죄하기 전에 심판하는 것이 아니라, 악을 행하였을 때 심판하는 분이다.

> 그러나 너희가 이르기를 주의 길이 공평치 않다 하는도다 이스라엘 족속아 내가 너희의 각기 행한 대로 심판하리라 하시니라 (겔 33:20)

> 악인에게는 화가 있으리니 화가 있을 것은 그 손으로 행한 대로 보응을 받을 것임이니라 (사 3:11)

심판의 일반적인 원리, 즉 죄를 범하면 죽고 의를 행하면 산다는 원리는 하나님이 세우신 심판 기준이다. 인간 개개인의 운명은 미리 정해 놓은 것이 아니다. 하나님이 예정하신 그 원리를 기준으로 각 사람의 행위의 결과에 따라 심판이 내려진다.

> 하나님께서 각 사람에게 그 행한 대로 보응하시되 참고 선을 행하여 영광과 존귀와 썩지 아니함을 구하는 자에게는 영생으로 하시고 오직 당을 지어 진리를 좇지 아니하고 불의를 좇는 자에게는 노와 분으로 하시리라 악을 행하는 각 사람의 영에게 환난과 곤고가 있으리니 첫째는 유대인에게요 또한 헬라인에게며 선을 행하는 각 사람에게는 영광과 존귀와 평강이 있으리니 첫째는 유대인에게요 또한 헬라인에게라(롬 2:6-10)

인간은 자기의 자유의지로 어떤 행위를 하며 결과를 가져올지 모른다. 하나님도 인간의 자유의지에 관여하지 않으신다. 자유의지와 선택, 각자의 행위는 인간 각자에게 주어진 고유권한이요, 그 누구도 침범할 수 없는 영역이다. 그렇기 때문에 각자의 행위는 각자가 책임을 져야 하고, 심판을 받게 되는 것이다. 따라서 인간의 운명은 어떤 행위를 하기 전에 결정되어 있다고 하는 것은 성경적이지 않다. 개개인에 대한 심판은 어떤 행위가 일어나기 전까지는 그 누구도 결정을 내릴 수가 없다.

심판에 대한 일반원리는 창세 전에도 존재했다고 할 수 있다. 누구든지 불순종하고 하나님을 배반할 때는 영벌에 처하고, 순종하고 믿을 때는 영생에 이르도록 미리 정해져 있다. 하지만 개개인에 대한 심판의 결과는 태어나기도 전에 결정되어 있는 것이 아니다. 홍수심판도 미리 심판이 정해진 것이 아니라, 죄가 관영하였기 때문에 심판을 받은 것이다.

> 이에 비유로 말씀하시되 한 사람이 포도원에 무화과나무를 심은 것이 있더니 와서 그 열매를 구하였으나 얻지 못한지

> 라 과원지기에게 이르되 내가 삼 년을 와서 이 무화과나무에 실과를 구하되 얻지 못하니 찍어버리라 어찌 땅만 버리느냐 대답하여 가로되 주인이여 금년에도 그대로 두소서 내가 두루 파고 거름을 주리니 이후에 만일 실과가 열면이어니와 그렇지 않으면 찍어버리소서 하였다 하시니라(눅 13:6-9)

무화과나무를 심기도 전에 열매가 맺히지 않을 것을 알고 미리 찍어버리겠다는 결정을 하는 농부는 아무도 없을 것이다. 그 나무를 찍어야 할지 계속 키워야 할지의 결정은 그 나무의 열매가 열리는 것을 보고 난 후에 결정할 문제다. 열매가 맺히기도 전에 그 나무의 운명을 농부가 결정할 수 없다. 열매를 거두는 것을 보면서 결정할 문제다. 물론 포도원 주인은 열매가 맺히기 전에 여러 가지 계획을 할 수 있다. 삼 년 후에는 열매가 맺히리라는 기대를 할 것이고, 그 열매로 기뻐할 것을 미리 생각할 수도 있다.

하지만 기대한 것과는 달리 열매가 맺히지 않을 경우에는 심각한 문제가 생긴다. 원래 세웠던 계획을 취소할 수밖에 없다. 그 나무를 찍어버릴 계획을 세우게 된다. 나무의 운명은 농부가 결정하지만, 농부가 결정하게 되는 것은 그 나무의 열매를 보고 난 후에 결정할 문제다. 따라서 나무의 운명은 열매에 달려 있다.

이중예정에 의해서 인간의 운명이 결정된다면 무화과나무를 심기도 전에 그 나무에 대한 운명을 결정했다는 것과 동일하다. 이 비유를 하는 것은 이중예정이 구원의 진리가 전혀 아니라는 것이다. 이 비유를 하시는 것은 이중예정으로 인간의 구원을 결정하는 것이 아니라, 각 개인의 열매에 의해서 구원을 결정한다는 것이다. 그래서 예수님은 열매를 강조하는 것이다.

우리의 인생을 땅에 심은 나무에 비유할 수 있다. 모두가 잘 되어서 아름다운 열매 맺기를 원하신다. 열매를 맺어보기 전까지는 아무도 미리 인간의 운명에 대해서 결정할 수 없다. 주인이신 하나님도 열매를 보기 전까지는 인간의 구원을 최종적으로 결정할 수 없다. 만약 끝내 열매가 맺지 않는다면 찍어버릴 것이고, 열매가 많이 맺으면 구원할 것이다. 그러나 칼빈은 이런 주장에 대해 다음과 같이 반박한다.

> 하나님은 왜 사람에게 그의 예정에 있어서 저주의 원인이 될 것을 주어서 과오를 범하게 하셨는가? 만약 하나님의 섭리로써 사람이 나중에 실지로 그런 잘못을 행하게 되는 그와 같은 상태로 지음을 받았다면 하나님의 뜻이 강요하는 피할 수 없는 그 일에 대하여 책임을 질 수 없는 것이 아닌가 한다. 이와 같은 어려운 문제가 어떻게 해결되는가를 보기로 하자. 먼저 "여호와께서 온갖 것을 그의 씌움에 적당하게 지으셨나니 악인도 악한 날에 적당하게 하셨느니라"(잠 16:4)고 한 솔로몬의 말을 보편적으로 인정하여야 한다. 보라! 모든 것은 하나님의 처분에 매여 있다. 구원과 죽음을 결정하는 권한도 하나님께 있다. <u>하나님은 모든 것을 자기의 계획과 섭리에 따라 결정하시되, 어떤 사람은 모태에서부터 정해져 있는 죽음을 향해서 출생했다 해도 그들의 죽음을 통해서 자기의 이름이 영광 받도록 정하셨다.</u>[143]

칼빈의 주장은 철저히 이중예정론에 근거하고 있다. 하나님의 영광을 위해 악인도 지었다고 한다. 그렇다면 하나님은 자신의 영광을 위해서 악인을 희생시키고 도구로 사용하신다는 말인가? 그것이 사실이라면 그 악인은 하나님 나라에서 칭찬을 받아야 한다. 가룟 유다도 악한 일에 하나님께 쓰임받았기 때문에 천국에 올라가야 할 공헌자가 될 것이다. 그 악을 통해서 하나님이 영광을 받으셨기 때문이다.

---

143 존 칼빈, 이종성 역, 「기독교강요선」, 대한기독교서회, 170, 171.

그러나 이런 주장은 악을 미워하는 하나님의 본성과 맞지 않다. 하나님의 영광은 악을 통해서가 아니라 순종과 사랑을 통해서 영광을 받으신다. 악을 통해서 영광을 받는 자는 사단이다. 하나님의 영광을 위해서 악인을 태어나게 해서 사용한다고 한다면, 악인에게 회개하고 의를 행하라고 하는 성경의 진리와 충돌이 일어난다.

> 우리가 저에게서 듣고 너희에게 전하는 소식이 이것이니 곧 하나님은 빛이시라 그에게는 어두움이 조금도 없으시니라
> (요일 1:5)

> 사랑하는 자들아 우리가 서로 사랑하자 사랑은 하나님께 속한 것이니 사랑하는 자마다 하나님께로 나서 하나님을 알고 사랑하지 아니하는 자는 하나님을 알지 못하나니 이는 하나님은 사랑이심이라 (요일 4:7, 8)

하나님은 빛이시며 조금도 어둠이 없으시다. 하나님은 사랑 그 자체이시다. 그런 분이 하나님의 영광을 위해 악인을 창조하시고, 그 악인으로 하여금 악한 일을 함으로써 하나님의 뜻을 이루어 나가게 한다면 이것은 성경의 진리에서 어긋난다. 예정론은 하나님을 악의 창조자로 규정하고 있다. 아담의 타락까지도 하나님의 예정에 포함되어 있다고 한다. 아담의 타락은 하나님의 예정이 아니라 사단의 계획이고 미혹이었다. 이중예정론에는 사단이 들어갈 자리가 없다. 왜냐하면 악한 일까지도 하나님의 계획 안에 들어가 있기 때문이다. 심지어 사단도 하나님이 부리는 종이며 악한 도구로 이해한다. 악은 사단에게 속한 것임에도 예정론은 그것을 하나님의 섭리 속에 포함시키는 잘못을 범하고 있다.

가룟 유다가 예수님을 팔려고 했을 때, 그 계획을 세우게 한 자가 누구인가? 하나님이신가? 아니다. 사단이다. "마귀가 벌써 시

몬의 아들 가룟 유다의 마음에 예수를 팔려는 생각을 넣었더니"(요 13:2). 그러나 이중예정에서는 가룟 유다가 반역한 것도 하나님의 계획으로 이해한다. 만약 하나님께서 가룟 유다에게 악역을 시켜서 구속 사역을 완성하는데 도움을 주었다면 가룟 유다야말로 구속사역에 가장 큰 공헌자가 아니겠는가? 그러나 성경은 가룟 유다의 범죄를 절대 정당화하지 않는다. 그는 평소 돈을 사랑했고, 헌금궤의 돈을 훔쳤던 자이다(요 12:6). 그의 욕심으로 인해 사단에게 속았고, 결국 사단에게 쓰임받게 된 것이다. 물론 가룟 유다에 대한 내용은 시편에서도 예언되었고, 예수님도 십자가에 달리기 전에도 언급하셨다. 그러나 그것은 하나님에 의해서 예정된 것이 아니라 그렇게 될 것을 예지하신 것이다.

> 나의 신뢰하는바 내 떡을 먹던 나의 가까운 친구도 나를 대적하여 그 발꿈치를 들었나이다(시 41:9)

> 내가 너희를 다 가리켜 말하는 것이 아니라 내가 나의 택한 자들이 누구인지 앎이라 그러나 내 떡을 먹는 자가 내게 발꿈치를 들었다 한 성경을 응하게 하려는 것이니라(요 13:18)

> 그러나 너희 중에 믿지 아니하는 자들이 있느니라 하시니 이는 예수께서 믿지 아니하는 자들이 누구며 자기를 팔 자가 누군지 처음부터 아심이러라(요 6:46)

열두 제자 중 반드시 가룟 유다가 예수님을 팔 것을 하나님이 예정한 것이 아니다. 가룟 유다가 예수님을 팔 것이라는 것을 예수님이 미리 아신 것이다. 사단이 가룟 유다를 지목하여 들어갔기 때문에 가룟 유다가 사단에게 쓰임받았다. 그러나 그 가능성이 다른 제자가 될 가능성이 전혀 없다고 할 수는 없다. 베드로 역시 사단에게 까불리며, 그 속에 들어가 예수님을 방해하기도 하였고, 예수님을 부인하고 저주까지 하였다. 사단은 열두 제자 속에 다 들어가서 밀 까부르듯 흔들었다. 모든 제자들이 예수님을 배반하였다. 가룟 유다가 믿음과 성령이 충만했다면 다른 제자 중 한 사람이 예수님을 팔 수도 있었을 것이다.

개개인에 대한 심판은 죽음을 맞이하기 전까지는 아무도 결론 내릴 수 없다. 인간은 죽음을 맞이하기 전까지는 지옥으로 갈 가능성도 있고 동시에 천국으로 갈 가능성도 열려 있다.

> 또 내가 크고 흰 보좌와 그 위에 앉으신 자를 보니 땅과 하늘이 그 앞에서 피하여 간 데 없더라 또 내가 보니 죽은 자들이 무론대소하고 그 보좌 앞에 섰는데 책들이 펴 있고 또 다른 책이 펴졌으니 곧 생명책이라 죽은 자들이 자기 행위를 따라 책들에 기록된 대로 심판을 받으니 바다가 그 가운데서 죽은 자들을 내어주고 또 사망과 음부도 그 가운데서 죽은 자들을 내어주매 각 사람이 자기의 행위대로 심판을 받고 사망과 음부도 불못에 던지우니 이것은 둘째 사망 곧 불못이라 누구든지 생명책에 기록되지 못한 자는 불못에 던지우더라(계 20:11-15)

각 사람이 마지막 심판에서 심판받는 것은 자기의 행위이다. 여기에 예정이니 유기니 하는 기준들은 전혀 없다. 홍수 심판을 받은 자들도 방주가 닫히기 전까지는 기회가 있었다. 하나님은 끝까지 그들에게 기회를 주었다. 거부한 것은 인간들이다.

> 노아의 때에 된 것과 같이 인자의 때에도 그러하리라 노아가 방주에 들어가던 날까지 사람들이 먹고 마시고 장가들고 시집가더니 홍수가 나서 저희를 다 멸하였으며(눅 17:26, 27)

이것은 하나님께서 심판하시기 전에 얼마나 인간에게 회개하고 돌아올 기회를 주시는지를 알 수 있다. 왜냐하면 하나님은 한 영혼도 멸망받는 것을 원치 않으시고 모두 구원받기를 원하시기 때문이다. 따라서 인간의 구원과 멸망을 예단하는 것은 잘못된 것이다. 예정론에 의해서 인간의 구원을 판단하는 것도 잘못된 것이다. 개개인의 구원은 최후 심판 때까지 미정되어 있다는 것이 성경의 해답이다.

6. 하나님의 예정, 변경 가능한가?

이중예정은 한 번 하나님이 정하신 것은 하나님 자신도 변경할 수 없다고 주장한다. 이것은 비성경적인 주장이 아닐 수 없다. 하나님은 자신이 정한 계획이나 예정이라도 상황에 따라 얼마든지 바꿀 수 있는 분이다. 심판의 절대적 기준을 바꾼다는 말이 아니라, 사람이 변하기 때문에 하나님의 심판도 바뀐다는 것이다. 토기장이가 마음대로 그릇을 만들었다가 마음에 들지 않을 경우 마음대로 그릇을 깨어버린다. 하나님도 자기 백성들을 구원하기 위해서 일하시지만, 범죄할 때는 버리신다. 하나님이 구원하기로 예정하시는 부분이 분명히 있다. 그렇지만 인간이 그 예정에 순종하지 않고 자기 길로 갈 때는 버리신다. 하나님이 예정한 것을 하나님이 바꿀 수 없다면 하나님은 전능하신 하나님이 될 수 없다. 하나님이 예정한 것을 인간의 순종 여부에 따라 얼마든지 바꿀 수 있어야 하나님이시다. 하나님은 이미 정한 예정에 제한을 받는 분이 아니다. 이중예정에서 하나님은 완전하시기 때문에 한 번 정하신 예정은 잘못이 없기 때문에 변개가 불가능하다고 한다. 과연 이러한 이중예정론이 성경적으로 타당한 교리인가?

> 일어나 저 큰 성읍 니느웨로 가서 내가 네게 명한 바를 그들에게 선포하라 하신지라 요나가 여호와의 말씀대로 일어나서 니느웨로 가니라 니느웨는 극히 큰 성읍이므로 삼일길이라 요나가 그 성에 들어가며 곧 하룻길을 행하며 외쳐 가로되 사십 일이 지나면 니느웨가 무너지리라 하였더니 니느웨 백성이 하나님을 믿고 금식을 선포하고 무론 대소하고 굵은 베를 입은지라 (욘 3:2-5)

니느웨 심판을 보면, 이미 그들의 죄악은 하늘에 상달했고, 하나님의 심판은 40일 후에 일어나도록 예정되어 있다. 하나님은 이미 니느웨 성을 심판할 계획을 세웠기 때문에 더 이상 돌이킬 방법이 없다. 이중예정의 입장에서 본다면 하나님에 의해 한 번 결정된 사안이기 때문에 결코 그 결정을 바꿀 수 없다. 전지전능하신 분으로서 내린 결정이기 때문에 정확한 것이며, 하나님이 정하셨기 때문에 누구도 바꿀 수 없다. 이제 하나님의 예정대로 되어야 하기 때문에 니느웨 백성들이 회개하는 일도 일어나서는 안 된다. 니느웨 백성들이 회개하지 않고 멸망을 당해야 하나님의 계획대로 되는 것이기 때문에 이중예정의 입장에서는 오히려 니느웨 성이 멸망해야 한다. 그러나 멸망하지 않았다.

이미 만세 전에 예정된 것이 그대로 실행되지 않는다면 하나님의 전능성에 문제가 생길 수 있다고 생각할 수 있다. 하나님이 정해 놓은 것을 하나님 자신이 바꾸신다면 전지전능하신 하나님이 아니라고 말하는 경우도 있다. 하나님은 완전하시기 때문에 한 번 내린 결정은 영원불변해야 한다고 생각한다. 그러나 실상은 그 반대임을 알아야 한다. 인간의 순종 여부에 따라서 하나님이 원래 세웠던 계획을 취소하고, 다른 결정을 내릴 수 있다면 오히려 더 능력이 있고 완전한 하나님이 아니시겠는가? 하나님이 세운 계획에 하나님 스스로가 얽매인다면 어찌 전능한 하나님이라고 하겠는가?

그때그때마다 상황에 따라 하나님이 결정해 나가신다면 그야말로 전능한 하나님이요, 능력 많으신 하나님이 아닐 수 없다. 전지전능하신 하나님이시기 때문에 심판을 결정했다가도 철회할 수 있는 것이다. 전지전능하지 못하다면 니느웨 백성들에게 내리고자 했던 심판을 어떻게 취소할 것인가? 이미 백성들은 회개하였기 때문에 내리려고 했던 심판을 취소해야 하는데, 전지전능하신 하나님이 아니고서는 이 일을 할 분이 없다. 하나님이시기 때문에 심판을 결정했더라도 회개할 경우 그 심판을 철회할 수 있는 것이다.

토기장이의 비유가 바로 그것이다. 범죄함으로 그릇을 파기시키려고 결정했더라도 그 그릇이 회개하면 파기할 계획을 바꿀 수 있는 분이 하나님이시다. 그런데 칼빈주의는 토기장이의 비유를 오해하고 있다. 하나님이 선택과 유기에 의해서 인간의 운명이 결정된다고 이해한다. 이것을 정반대로 해석해야 한다. 버림받기로 작정된 자라 하더라도 하나님께로 돌이킬 때 구원해 주실 수 있는 권한이 하나님께 있고, 구원하기로 작정된 그릇이라 하더라도 배반할 때 버리시는 권한 또한 하나님께 있다는 사실이다. 이것이 토기장이 비유의 핵심이다. 다음은 토기장이에 대한 칼빈의 잘못된 논리이다.

> 그러므로 하나님이 자기의 창조물을 그와 같은 가혹한 태도로 조롱거리로 삼는 것은 불의한 방법이 아닐까? 이와 같은 질문에 대하여 우리는 바울의 말을 인용함으로 그들에게 대답하고자 한다. "이 사람아 네가 뉘기에 감히 하나님을 힐문하느뇨? 지음을 받은 물건이 지은 자에게 어찌 나를 이같이 만들었느냐 말하겠느뇨? 토기장이가 진흙 한 덩어리로 하나는 귀히 쓸 그릇을, 하나는 천히 쓸 그릇을 만드는 권이 없느냐"(롬 9:20, 21). 그 사도는 하나님의 정의를 나타내는 이유는 사람의 표준으로써 측량하거나 좁은 사람의 마음으로

써 이해하기에는 너무나 높다는 것을 가르쳐 준다.[144]

여기서 칼빈은 토기장이의 비유를 제대로 파악하지 못하고 있다. 하나님이 구원받을 자와 멸망받을 자를 임의대로 만든다는 말이 아니라, 멸망받을 자라 하더라도 회개하면 구원받을 그릇으로 인정해 주고, 구원받을 자라도 범죄하고 우상숭배로 나가면 유기시킨다는 것이다. 토기장이가 진흙 한 덩이로 자기가 원하는 대로 그릇을 만드는 권한이 있는 것처럼 구원받을 자도 멸망받을 자도 인간이 회개하느냐 범죄하느냐에 따라 하나님이 마음대로 결정할 수 있는 것이다. 웨슬리는 토기장이의 비유를 정확하게 파악하였다.

> 유기의 교리를 주장하는 사람들은 로마서 9장 21절을 인용하여 주장한다. 이 토기장이의 비유는 하나님이 이스라엘 백성에게 주지 않는 자비를 이방인에게 주시었다. 그래서 이러한 유대인들의 불평에 대한 사도 바울의 답변이다.[145]

로마서 9장에 나오는 토기장이 비유는 비록 선민으로 택함받은 이스라엘이라 하더라도 불순종하고 회개치 않으면 하나님의 권한으로 깨어버리고 아브라함과 맺었던 언약을 취소할 수 있다는 것이다. 또한 선택받지 못한 이방인이라 하더라도 그들이 믿으면 하나님의 백성으로 인정할 수 있는 주권이 하나님께 얼마든지 있다는 것이다. 그러므로 유대 선민이라 해서 구원에 작정된 것이 아니라, 이방인이라 해서 하나님의 구원의 반열에 들어가지 못하는 것이 아니라는 사실이다.

하나님이 심판을 정해 놓고, 그 심판을 막기 위해 요나를 보냈다는 것은 모순처럼 보인다. 이것은 곧 죄를 짓게 되면 심판하지

---

144 존 칼빈, 이종성 역, 「기독교강요선」, 대한기독교서회, 170.
145 이성주, 「웨슬리 신학」, 성지원, 181.

않을 수 없지만, 그 심판을 막는 방법은 죄인들이 회개하는 것이다. 그래서 하나님 자신이 심판을 정해 놓으시고도 심판받지 않도록 선지자를 보내시는 것이다. 이러한 설명은 이중예정론에서는 이해하기 힘들 수 있을 것이다. 니느웨 심판을 예정한 후에, 요나를 보내서 회개케 하는 것이나, 회개를 통해 하나님의 심판이 취소되는 것은 이중예정론에서는 상상할 수 없는 일이다. 왜냐하면 이미 결정된 사실을 요나를 보낸다고 변경될 수 있는 사안이 아니기 때문이다. 하나님의 예정은 절대적이기 때문에 누구도 바꿀 수 없다. 그러나 히스기야는 하나님으로부터 죽는다는 경고를 받고서 기도하여 15년이라는 생명을 연장받았다. 하나님의 예정은 절대적 예정이 아니다. 인간의 믿음 여부에 따라서 언제든지 변경 가능하며, 수정 가능하고, 심지어 철회될 수도 있는 예정이다.

하나님 스스로 심판을 결정해 놓고서는 그 심판이 철회되도록 요나를 보내서 회개를 촉구하는 것은 기존의 예정론으로 이해하기 힘든 부분이다. 예정된 대로 진행하면 되는데, 왜 회개라는 것을 통해서 심판이 철회되기를 하나님은 원하신 것일까? 이것은 얼마든지 하나님의 심판과 예정이 인간의 회개와 순종에 따라 변경 가능하다는 것을 증거하는 것이다. 하나님이 니느웨 사람들을 그렇게 사랑하고 구원받기를 원했다면 요나를 통하지 않고서도 하나님 스스로 심판을 철회하면 될 것이 아닌가? 그러나 하나님은 요나의 전도를 통해 백성들이 회개하는 것을 보고 심판을 철회하였다. 하나님이 마음대로 심판하고 결정한다고 해서 회개하지도 않은 자들을 용서해 줄 수는 없다. 그것 또한 하나님의 공의가 아니다. 하나님의 공의는 회개할 때 용서해 주는 것이며, 회개치 않을 때 심판하는 것이다. 니느웨에 회개를 촉구한 것은 백성들의 마음에서 우러나오는 진정한 회개가 있어야만 심판이 철회되기 때문이다.

놀라운 일은 그들이 회개함으로 하나님의 심판이 취소되었다는 점이다. 이것은 이중예정 교리가 얼마나 잘못되었는지에 대한 중요한 증거 가운데 하나다. 인간의 행위가 하나님의 예정과 결정을 바꿀 수 없다고 하지만, 니느웨 심판 취소 사건으로 하나님의 예정도 얼마든지 변경 가능함을 알 수 있다. 인간의 회개와 순종이 하나님의 계획을 바꾼 것이다.

노아시대 사람들도 이렇게 순종했더라면 홍수심판이 연기되거나 철회되었을 수도 있다. 하나님은 자신이 세운 계획을 얼마든지 변경하시는 분이시다. 축복을 선포한 자들이 죄를 범할 때 축복이 변하여 저주가 되게 하시고, 저주를 받을 자가 회개하고 돌이키면 복을 받는 것이다.

> 여호와는 죽이기도 하시고 살리기도 하시며 음부에 내리게도 하시고 올리기도 하시는도다 여호와는 가난하게도 하시고 부하게도 하시며 낮추기도 하시고 높이기도 하시는도다 가난한 자를 진토에서 일으키시며 빈핍한 자를 거름더미에서 드사 귀족들과 함께 앉게 하시며 영광의 위를 차지하게 하시는도다 땅의 기둥들은 여호와의 것이라 여호와께서 세계를 그 위에 세우셨도다 (삼상 2:6-8)

이 말씀은 인간의 구원을 이중예정으로 정하는 것이 아니라, 하나님 앞에 우리가 어떻게 사느냐에 따라서 높이기도 하시고 낮추기도 하신다. 우리의 믿음에 따라 살리기도 하시고 죽이기도 하시는 것은 우리의 운명이 예정론 교리 안에 갇혀 있지 않다는 증거다. 하나님을 예정론 교리 안에 가두는 것은 크나큰 범죄가 아닐 수 없다. 하나님은 자유하신 분이며, 전능하신 분이다. 이중교리에 매여 있는 제한된 하나님이 아니다. 저주받을 자가 돌이킬 때 저주를 거두어 복이 되게 하시는 분이 하나님이시다. 한 사람이라도 지옥가게 적게 가게 하는 일이라면 하나님은 얼마든지 그 계획을 바꾸시는 분이다. 이중예정의 틀로 하나님을 설명하려고 하는 것은 크게 잘못된 것이 아닐 수 없다.

7. 노아가 의를 전파한 이유

> 옛 세상을 용서치 아니하시고 오직 의를 전파하는 노아와 그 일곱 식구를 보존하시고 경건치 아니한 자들의 세상에 홍수를 내리셨으며(벧후 2:5)

예정론의 관점에서 본다면, 노아는 당대 사람들에게 복음을 전파할 필요가 없었다. 노아의 가족만 구원받기로 예정된 상태이고 나머지는 멸망하기로 작정되어 있기 때문이다. 그렇기 때문에 하나님은 120년이라는 긴 세월동안 회개하기를 기다릴 필요도 없었을 것이다.

하지만 노아가 당대 사람들에게 의를 전파하였다. 이것은 무엇을 말하는가? 노아 가족 외에도 회개하는 자들은 구원을 받을 수 있는 가능성이 있었기 때문이다. 노아 당대 홍수심판을 받은 사람들은 택정함을 받지 못해서가 아니라 복음을 듣고도 회개하지 않았기 때문이다. 만약 니느웨 성 사람들처럼 그들도 회개하였다면 하나님은 홍수 심판을 철회하였을지도 모른다.

> 그들은 전에 노아의 날 방주 예비할 동안 하나님이 오래 참고 기다리실 때에 순종치 아니하던 자들이라 방주에서 물로 말미암아 구원을 얻은 자가 몇 명뿐이니 겨우 여덟 명이라
> (베드로전서 3:20)

"하나님이 오래 참고 기다리실 때"라는 말씀을 통해 사람들이

심판 전에 회개하고 돌아오기를 기다리는 하나님의 심정을 읽을 수 있다. 노아가 의를 전파했을 때 사람들이 듣고 돌이켰다면 노아 가족 외에 더 많은 사람들을 하나님이 구원하셨을 것이다. 당시 모든 자들이 회개하였다면 니느웨 심판이 취소된 것처럼 홍수 심판도 취소되었을 것이다. 이것은 곧 예정론과 운명적 구원론에 빠져서 잘못된 구원으로 가고 있는 교회들이 깨달아야 할 진리가 아닐 수 없다. 홍수심판은 창세 전에 미리 계획된 것이 아니라, 죄악의 결과로 생겨난 것이며 노아 당대에 하나님이 정하신 계획이 분명하다. 비록 죄로 관영하였지만 하나님은 회개할 기회를 주었고, 노아를 보내서 의를 전파하게 하였다. 홍수심판으로 죽은 자들 가운데 그 누구도 하나님이 창세 전에 유기했기 때문에 죽은 자는 없다. 구원하기를 원했지만 하나님을 거부하고 죄악을 먹고 마셨기 때문에 멸망에 이른 것이다.

노아 홍수 심판을 통해서 예정론의 허구가 드러나고 있음을 알 수 있다. 예정론으로 홍수심판을 설명할 수 없다. 홍수심판은 하나님이 인간을 구원하고자 하는 열정에도 불구하고 끝까지 하나님을 거부하고 죄를 먹고 마심으로 종말을 고할 수밖에 없다는 교훈을 우리에게 주고 있다.

구원론 논쟁

6장

'한 번 구원, 영원한 구원' 에 관한 논쟁

구원론 논쟁

1. '한 번 구원은 영원한 구원' 논쟁의 의미

로마 가톨릭은 트렌트 공의회[146](Council of Trent)에서 "칭의의 은혜는 한 번 받은 뒤에도 다시 잃어버릴 수 있다"[147]고 결정지었다. 이에 대해 개혁주의 교회는 한 번 칭의를 받은 경우, 칭의와 구원은 상실되지 않는다는 입장을 취하였다. 한 번 구원은 영원한 구원이라는 구원론을 반영한 것이다. 알미니안주의와 웨슬리안주의는 어떤 입장을 취하는가? 한 번 구원을 받고 중생을 하였더라도 인간의 자유의지와 선택에 의해서 그 구원은 얼마든지 상실될 수 있다고 주장한다. 한 번 구원이 영원한 구원이 될 수 없다는 입장이다.

하나의 성경에서 왜 상반된 주장이 나오는 것인가? 이러한 구원론 논쟁은 시대마다 있어왔고 지금도 그 논쟁은 진행 중에 있다. 이 논쟁은 불신자들보다 믿는 성도들의 구원에 집중되기 때문에 더욱 관심이 높은 논쟁 주제가 아닐 수 없다. 이제 이런 논쟁을 종식시켜야 할 때가 왔다. 성경이 이러한 논쟁에 대해서 분명한 해답을 주고 있다. 따라서 성경에 근거한 구원론을 정립한다면 이러한 문제는 쉽게 해결될 것이다. 개혁주의 신학자 김세윤 교수는 이런 논쟁을 종식시키고 성경적 구원론을 정립하기 위해서는 어떤 특정한 신학이나 인물만을 추종하는 경향에서 벗어나야 한다고 주장한다. 종교개혁 이후에 많은 진리가 새롭게 발견되었기 때문에 과거의 구원론 이론들에 대한 수정이 불가피하다고 역설한다.

> 적어도 우리 개신교도들에게는 어떤 교회사의 인물도 성경보다 더 위대하고 더 큰 권위를 가지고 있지 않습니다. 예를 들어, 칼빈이 가르쳤다고 생각하는 예정론을 추종하기 위해 성경에 분명히 구원의 은혜로부터 탈락할 가능성이 있다고

---

146 이탈리아의 트렌트에서 1545년부터 1563년까지 3기로 나누어 소집된 가톨릭 공의회이다. 이 공의회에서는 개신교의 종교개혁에 대항하기 위한 논의가 있었고, 개신교를 이단으로 정죄하였다.
147 마이클 호튼, 윤석인 역, 『칼빈주의 찬성』, 부흥과 개혁사, 234.

하는 가르침을 피하거나 경시하는 것은 옳지 않습니다. 종교개혁의 대 원칙들 중 하나가 '성경대로만'(sola scriptura)입니다. 교회의 전통보다 성경이 더 중요한 것입니다. 그런데 장로교의 일부가 자신도 정확히 인지하지 못하는 사이에 중세 가톨릭교회의 신학 방법에 빠졌습니다. 중세 신학자들이 토마스 아퀴나스의 신학이나 교회의 전통에 맞추어 성경을 해석했던 것처럼, 지금 장로교의 일부는 오로지 칼빈 또는 이른바 '칼빈주의' 신학에 맞추어 성경을 해석하려고 합니다. 칼빈이 위대한 성경학자이고 신학자인 것은 분명하지만, 그가 모든 진리를 다 터득한 것은 아닙니다. 칼빈 이후 지난 500년 동안에 많은 신학자들도 성경의 상당한 진리들을 새롭게 발견했습니다. 우리는 '성경대로만'의 원칙에 굳건히 서서, 우리 이전의, 또 우리와 동시대의 신학자들이 산고 끝에 찾아낸 신학적 진리들을 겸허하게 경청하고 수용하면서 동시에 성경을 더 깊이 연구하여 새로운 진리들을 부단히 터득해 가야 하는 것입니다.[148]

　성경은 유일한 진리를 가지고 있고, 그 진리는 시대가 지나더라도 불변해야 한다. 그러나 각 시대마다 인간이 만들어낸 구원론은 여러 가지 논쟁의 여지를 가지고 있었다. 후시대에 와서는 수정하지 않으면 안 되는 이론이었고, 시대가 지나면서 수정된 진리는 또 수정하지 않으면 안 되는 진리로 남아있는 경우가 많았다. 중요한 사실은 진리는 변하지 않아야 하며, 진리는 하나라야 한다는 것이다. 그러나 현재 구원론에 관한 이론은 다양하게 정립되어 있다. 하나의 진리만 남겨두고 나머지는 없애야만 한다. 참된 구원론을 세우는데 교회가 힘을 모아야 하며, 신학자들도 자기의 입장을 고수하기보다는 성경적 구원론을 바로 세우는데 마음을 열고 협력해

148　김세윤, 「칭의와 성화」, 두란노, 270, 271.

야 할 것이다.

칼빈주의 신학자인 김세윤 교수가 칼빈주의 구원론만 추종하는 것이 잘못이라고 지적하는 것처럼 열린 자세와 낮은 자세로 하나님의 진리 앞에 모든 자들이 겸손해야 할 것이다. 오늘 교회는 무엇보다도 '한 번 구원은 영원한 구원'교리에 대한 논쟁을 종식시키고 성경적인 입장이 무엇인지를 확립해야 한다. 조직신학자 벌콥은 어거스틴이 인간이 중생한 후에 또다시 구원을 상실할 수 있다는 애매한 입장을 가지고 있었다고 한다. 따라서 어거스틴도 한 번 구원이 영원한 구원이라는 말에 대해 애매한 입장을 취했다고 할 수 있다.

> 그러나 아우구스티누스는 엄격한 예정론자이지만, 그의 가르침들 속에는 그의 주된 사상에 이질적인 요소, 즉 <u>중생의 은혜는 또다시 상실될 수 있다는 사상도 들어 있다.</u> 그는 중생하고서 끝까지 신앙을 지킨 자들과 중생의 은혜를 상실한 후에 다시 회복한 자들만이 최종적으로 구원을 받는다고 주장하였다. 하지만, 택함받은 자들은 중생되지 못한 상태로는 결코 죽지 않는다는 그의 단언은 앞에서의 결점을 보충할 수 있을 만한 장점이다.[149]

한 번 구원이 영원한 구원으로 반드시 이어지느냐에 대한 입장을 수용하느냐 거부하느냐에 따라서 구원론의 방향이 달라진다. 한 번 구원이 영원한 구원이 될 수 있느냐는 질문에 대하여 성경은 어떤 입장을 취하는가? 성경은 양면성을 취하고 있다고 할 수 있다. 한 번 구원한 자는 끝까지 지키시고 버리지 않는다는 하나님의 약속의 말씀이 성경에 기록되어 있다.

---

149 루이스 벌코프, 박문재 역, 「기독교 교리사」, 크리스챤 다이제스트, 144.

네 하나님 여호와는 자비하신 하나님이심이라 그가 너를 버리지 아니하시며 너를 멸하지 아니하시며 네 열조에게 맹세하신 언약을 잊지 아니하시리라(신 4:31)

너는 마음을 강하게 하고 담대히 하라 그들을 두려워 말라 그들 앞에서 떨지 말라 이는 네 하나님 여호와 그가 너와 함께 행하실 것임이라 반드시 너를 떠나지 아니하시며 버리지 아니하시리라(신 31:6)

여호와께서는 너희로 자기 백성 삼으신 것을 기뻐하신 고로 그 크신 이름을 인하여 자기 백성을 버리지 아니하실 것이요(삼상 12:22)

여호와께서는 그 백성을 버리지 아니하시며 그 기업을 떠나지 아니하시리로다(시 94:14)

누가 우리를 그리스도의 사랑에서 끊으리요 환난이나 곤고나 핍박이나 기근이나 적신이나 위험이나 칼이랴 기록된바 우리가 종일 주를 위하여 죽임을 당케 되며 도살할 양같이 여김을 받았나이다 함과 같으니라 그러나 이 모든 일에 우리를 사랑하시는 이로 말미암아 우리가 넉넉히 이기느니라 내가 확신하노니 사망이나 생명이나 천사들이나 권세자들이나 현재 일이나 장래 일이나 능력이나 높음이나 깊음이나 다른 아무 피조물이라도 우리를 우리 주 그리스도 예수 안에 있는 하나님의 사랑에서 끊을 수 없으리라(롬 8:35-39)

돈을 사랑치 말고 있는 바를 족한 줄로 알라 그가 친히 말씀하시기를 내가 과연 너희를 버리지 아니하고 과연 너희를

떠나지 아니하리라 하셨느니라(히 13:5)

　하나님의 약속은 자기 백성을 버리지 않으신다는 것이다. 한 영혼이라도 더 구원하기를 원하시는 하나님이시기에 믿는 자들의 영혼은 더욱 귀할 수밖에 없다. 그래서 믿는 자들은 하나도 잃어버리지 않고 다 구원하기를 원하는 것이 하나님의 마음이며 약속이다.
　하지만 또 한편에서는 자기 백성이라 하더라도 버릴 수 있다고 하신다. 하나님과 맺은 언약을 사람들이 어기고 깨어버릴 때, 하나님이 약속한 구원은 무효가 되거나 취소되는 것이다. 개혁주의 신학에서는 바로 이 부분을 간과하거나 일부러 무시하려는 경향이 있다. 마치 이스라엘이 선민의식에서 벗어나지 못하고, 자신들만큼은 멸망하지 않는다고 착각한 것처럼 말이다.

> 여호와께서 이스라엘의 위에 한 왕을 일으키신 즉 저가 그 날에 여로보암의 집을 끊어 버리리라 어느 때냐 곧 이제라 (왕상 14:14)

> 여호와께서 가라사대 내가 이스라엘을 물리친 것같이 유다도 내 앞에서 물리치며 내가 뺀 이 성 예루살렘과 내 이름을 거기 두리라 한 이 전을 버리리라(왕하 23:27)

> 이 백성이나 선지자나 제사장이 네게 물어 이르기를 여호와의 엄중한 말씀이 무엇이뇨 하거든 너는 그들에게 대답하기를 엄중한 말씀이 무엇이냐 하느냐 여호와의 말씀에 내가 너희를 버리리라(렘 23:33)

> 또 의인이 그 의에서 돌이켜 악을 행할 때에는 이미 행한 그 의는 기억할 바 아니라 내가 그 앞에 거치는 것을 두면 그가

> 죽을지니 이는 네가 그를 깨우치지 않음이라 그가 그 죄 중에서 죽으려니와 그 핏값은 내가 네 손에서 찾으리라 (겔 3:20)

한 번 구원이 영원한 구원이 될 수 있지만 죄가 개입되고, 하나님과의 언약을 어길 때는 약속 받은 구원에 심각한 문제가 발생한다. 왜 인간의 구원이 절대적으로 보장이 되지 않는가? 하나님이 그 구원을 보장한다면 절대적일 수 있지만, 인간 자유의지에 의해 구원의 결정될 경우에는 상대적일 수밖에 없기 때문이다. 인간의 자유의지는 순종을 선택할 수도 있지만 죄를 지을 가능성에도 노출되어 있기 때문이다.

종교개혁 이후 개혁교회는 원죄로 인한 전적타락으로 인간의 구원은 하나님께 달려 있음을 주장하여 왔다. 반면, 인간의 자유의지와 선택, 행위, 열매 등은 구원의 요소에서 제거되었다. 따라서 구원은 전적으로 하나님이 진행하여 나가기 때문에, 실수가 없으신 하나님에 의해 받은 구원은 영원하다고 믿게 된 것이다. 따라서 오늘 개혁교회들은 한 번 구원이 영원한 구원으로 이어진다고 확고히 믿고 있다.

그러나 성경은 믿음을 통해 칭의를 얻고 구원을 약속받지만, 최후의 심판에서는 칭의가 아니라 인간의 행위가 심판의 근거가 된다는 사실이다. 따라서 믿음을 통해 사죄의 은총을 받고 구원으로 들어갔다고 해서 구원이 완성된 것이 아니다. 구원을 약속받은 성도의 행위의 결과에 따라서 심판이 결정된다. 따라서 한 번 구원이 좋은 열매를 맺고 말씀에 순종하는 삶을 살았으면 영원 구원으로 이어질 수 있지만, 불순종하거나 열매를 맺지 못할 경우에는 구원이 상실될 수 있음을 성경이 경고하고 있다.

한 번 구원이 영원한 구원이 아님을 밝히는 것은 매우 중요한 일이다. 왜냐하면 칭의를 받은 이후 천국까지 들어가는 여정 속에서 구원이 상실될 수 있는 요소들이 있다는 것을 알면 구원에 이르기 위해서 성도들이 더욱 힘쓰고 애쓸 것이기 때문이다. 역경과 고난을 이겨나갈 뿐 아니라 사단의 시험과 미혹에도 이겨나갈 것이다. 구원을 잃어버릴 수 있는 요소들을 제거하고 안전하게 구원에 이를 수 있도록 하는 이론이라야 참된 구원론이 아니겠는가?

한 번 구원이 영원한 구원이라면 이 논제에 대해 더 이상 논쟁할 필요가 없을 것이다. 한 번 구원으로 이미 영원한 구원이 이루어졌기 때문에 이 사람의 구원은 이미 확정된 것이다. 따라서 교회는 한 번 구원을 얻도록 하는데 집중하면 된다. 그래서 오늘까지 교회들은 예수 그리스도를 영접하기만 하면 구원받은 것으로 인정해 왔다. 그러나 성경은 구원받은 이 후에 닥쳐오는 수많은 시험과 핍박과 환난 등으로 구원을 잃어버리는 것에 대해 경고하고 있다. 따라서 한 번 구원이 영원한 구원이 될 수도 있지만, 되지 않을 수도 있다는 두 가지 입장을 모두 고려해야 한다.

2. '한 번 구원은 영원한 구원'을 주장하는 이유

1) 하나님의 무오류성 때문

원죄로 인하여 전적으로 부패한 인간은 자기 스스로 구원을 이룰 수 없을 뿐 아니라, 구원의 선택까지도 할 수 없는 상태에 놓여 있다고 가정한다면 이제 구원은 오직 하나님의 손에 달려 있게 된다. 하나님이 구원을 위해서 선택하여 주지 않으면 인간에게는 구원 가능성이 완전히 사라지게 된다. 일단 하나님의 예정을 입어야 구원을 받는데, 하나님이 미리 아시고 선택한 사람들은 어떤 경우를 막론하고 구원에 이르게 된다. 왜냐하면 전지전능하신 하나님이 결정한 것은 영원불변하기 때문이다. 전능하신 하나님이 계획하신 것은 조금의 오류도 없고 실수도 없기 때문이다. 모든 일을 그 마음의 원대로 하시는 분이시기 한 번 하나님의 자녀로 인침을 받은 자는 여하한 경우에도 구원에서 탈락되는 일은 없다고 믿는다. 하나님의 선택에 한 치의 잘못이나 오류가 있을 수 없다고 믿는 것이다. 하나님의 선택은 완벽하고 그 부르심에 후회가 없기 때문에 한 번 선택받은 자는 그 구원이 영원하며, 중도에 탈락할 가능성은 0%라고 할 수 있다. 따라서 한 번 구원은 영원한 구원이며, 이것이 개혁주의 구원론의 핵심이다.

2) 예정론의 논리 때문

예정론에서 선택은 인간의 의지와 전혀 상관이 없다. 선택은 하나님이 독단적으로 진행하는 일이다. 이미 인간이 태어나기도 전에 결정난 사건이며, 창세 전에 모든 일이 이루어진 상태이다. 완전하신 하나님이 창세 전에 선택과 유기를 결정했기 때문에 그 결정에 잘못이 있을 수 없다. 인간의 의지와 상관없이 예정되고, 속죄가 이루어지고, 믿음까지 넣어주셨기 때문에, 예수 믿은 이후의 남은 구원도 인간에 의해서 좌지우지될 문제가 아니라 하나님에게 속한 문제다.

인간이 아무리 구원받고 싶어도 일단 유기된 자는 구원에 이를 수 없고, 탕자처럼 방탕한 삶을 살더라도 선택받은 자는 언젠가는 돌아오게 되어 있다고 개혁주의 구원론에서 가르친다. 이렇게 구원은 인간의 노력이나 힘으로 될 문제가 아닌 오직 하나님의 선택과 예정의 문제이기 때문에 하나님이 한 번 구원시키기로 마음먹은 자는 반드시 구원이 될 수밖에 없다. 이러한 예정론의 논리가 한 번 구원은 영원한 구원이라는 교리를 가능케 하고 있다.

3) 미래의 죄까지 용서하는 십자가 보혈의 능력 때문

예수 그리스도의 십자가의 보혈의 능력은 무한하다. 온 인류의 죄를 다 용서하고도 남는 효력을 가지고 있다. 보혈의 능력은 과거와 현재의 죄만 아니라 미래의 죄까지 다 용서할 수 있는 능력이 있다. 따라서 예수 그리스도를 믿고 죄 사함 받을 때에 이미 미래에 지을 죄까지 다 용서받았다고 가르치는 경향까지 나타났다.

　예수 그리스도를 믿을 때 용서받게 한 십자가의 보혈의 능력이 또 죄를 지음으로 그 죄 때문에 구원받지 못한다면 십자가의 보혈의 능력에 문제가 있다고 생각하는 경향이 있다. 따라서 십자가의 보혈로 용서받을 때, 미래의 죄까지 포함해서 용서받아야만 진정으로 용서받은 것이 된다고 생각한다. 이렇게 생각하는 예정론자들이나 개혁주의 구원론에서는 회개를 통하여 한 번 중생할 때 그 사람의 구원은 100% 확실하게 결정이 난 것이라고 믿는다. 따라서 한 번 구원은 영원한 구원이 된다. 한 번 구원이 된 사람은 구원받기 싫어도 받아야 한다는 결론이 나오며, 그 구원을 취소시키고 싶어도 취소시킬 수 없게 된다.

　보혈의 능력은 인간의 의지와 상관없이 하나님이 인간에게 주시는 은총이며 모든 죄를 사해주는 능력이기 때문에 구원 이후에 짓는 죄는 구원과 상관이 없다. 다만 징계와 관계있을 뿐이다. 그 어떤 죄도 예수 그리스도의 보혈로 사함받을 수 있기 때문에 한 번 거듭난 사람에게 죄는 구원과 관계가 없다고 생각한다. 이미 미래에 지을 죄까지 다 용서받아 놓은 상태에 있다. 구원파와 비슷한 이러한 구원 논리는 성경의 구원 진리와 맞지 않는다.

　그렇다면 출애굽한 이스라엘 장정 60만은 왜 가나안 땅에 들어가지 못하였는가? 분명히 하나님은 60만을 가나안 땅에 들어가도록 예정하였고 그 예정을 이루기 위해서 출애굽 시켰다. 광야에서 죽게 하려고 출애굽 시킨 것이 아니다. 하지만 이스라엘 백성들이 범죄와 불순종, 우상숭배로 나아갈 때 하나님의 계획은 변경되었다. 광야에서 40년간 머물도록 했다. 60만의 장정들은 가나안 땅에 들어가지 못하고 광야에서 죽을 수밖에 없었다. 처음에는 60만 장정들이 가나안에 들어가도록 다 선택되었지만 최종적으로 선택된 자는 여호수아와 갈렙 두 사람뿐이었다.

한 번 속죄함 받음으로 미래의 죄까지 다 속함받은 것은 아니다. 현재까지의 죄가 용서받았다 하더라도 또다시 범죄하면 죄가 성립이 되고, 죄인이 되는 것이다. 개가 토하였던 것을 다시 주어 먹지 말라는 이유는 죄로부터 자유함을 받은 자가 다시 죄를 지으면 죄가 성립되기 때문이다. 아무리 작은 죄라도 그 죄 때문에 지옥에 떨어질 수 있다. 그러므로 중생 이후에 짓는 죄로 구원에 이를 수 없음을 알아야 한다. 반드시 회개를 통하여 용서받아야 구원에 이를 수 있다. 보혈의 능력이 미래의 죄까지 용서하지 못한다는 것이 아니다. 미래의 죄까지 용서해 놓은 상태가 아니라는 것이다. 미래의 죄는 그 죄를 지을 때마다 회개해야만 용서되는 것이다. 미래의 죄까지 용서되었다고 하는 가르침은 성경에 위배된다. 따라서 한 번 구원은 영원한 구원이 될 수 없다는 결론이 나온다.

4) 하나님 자녀 신분은 영원하다고 믿기 때문

예수를 믿음으로 양자의 영(롬 8:15)을 받게 되고 하나님의 자녀 신분을 취득한다.[150] 아버지와 아들의 관계가 형성되며, 천국을 상속받도록 예정된다. 이렇게 한 번 자녀로 취득되면 그 신분은 영원하다고 믿는다. 죄를 짓는다 하더라도 죄에 대한 징계는 있지만 그 죄로 인하여 자녀 신분이 파기되는 일은 절대로 없다고 믿는다. 그러므로 한 번 하나님의 자녀가 된 자는 영원히 하나님의 자녀가 되고, 따라서 한 번 구원받은 자는 영원한 구원이라는 결론이 나온다.

마이클 호튼은 믿는 자라도 배교나 우상숭배로 인하여 얼마든지 타락하거나 구원에서 떨어질 수 있다는 부분에 대해 인정한다. 하지만 그렇게 떨어지는 자는 진정으로 선택받은 자가 아니라 외적으로만 부름받았기 때문이라고 설명한다. 외적 부르심만 받은 자는 믿다가 중도에 타락할 수 있다. 그러나 진정으로 거듭난 자는 내적 부르심을 받았기 때문에 절대로 타락하지 않는다. 이러한 주

---

150   너희는 다시 무서워하는 종의 영을 받지 아니하였고 양자의 영을 받았으므로 아바 아버지라 부르짖느니라(롬 8:15)

장은 성경에 근거하고 있는가?

> 성도의 견인 교리는 구원이 처음부터 끝까지 전적으로 하나님의 은혜 덕분이라는 '일관성 있는 신독력설'의 견해를 반영한다. 우리는 히브리서 저자의 생각에 동감하여, 말씀과 성례를 통한 성령의 언약적 활동 영역에서 떠나가는 비극적 현실 혹은 배교를 인정하면서도, 이렇게 외형적으로 그리스도의 몸에 소속된 회원들이 실제로 중생한 포도나무 가지가 아니었다고 결론 내릴 수 있다. 비록 신앙을 고백하는 일부 회원들에게 구원의 믿음이 전혀 없을 수도 있지만, 말씀과 성례로 약속되는 실재를 받는 사람은 자신이 계속해서 그리스도를 믿을 것임을 보증 받는다.[151]

마이클 호톤의 주장은 성경의 진리에 비추어 볼 때, 그 자체가 모순이다. 예수님의 말씀을 심각하게 곡해하는 일이며, 성경의 진리를 무너뜨리는 행위가 아닐 수 없을 것이다. 요한복음 15장의 포도나무 비유에서 열매 맺는 가지와 열매 맺지 않는 가지의 차이는 하나님의 내적 부르심이냐 외적 부르심이냐에 따라 결정이 난다고 주장한다. 과연 예수님의 포도나무 비유가 외적 부르심과 내적 부르심을 설명하기 위한 것이었는가? 그렇다면 요한복음 15장에서 열매를 강조할 필요가 없을 것이다. 왜냐하면 하나님이 내적 부르심과 외적 부르심을 구별하여 놓았기 때문이다. 어차피 내적 부르심을 받은 자는 열매를 맺을 것이며, 외적 부르심을 받은 자는 열매를 맺지 못할 것인데, 열매를 많이 맺으라고 하시는 말씀이 무슨 의미가 있는가? 이미 모든 것이 하나님에 의해서 결정이 되는데, 왜 인간의 의지를 움직여 열매를 맺게 하려는가? 참으로 예정론자들의 논리를 보면 보통 심각한 문제가 아니다.

---

151 마이클 호튼, 윤석인 역, 「칼빈주의 찬성」, 부흥과 개혁사, 228.

유태화 교수 역시 특별소명과 일반소명, 초자연적 소명과 자연적 소명으로 하나님의 부르심을 분류하여 설명한다.

> 말씀의 선포와 성령의 능력을 통하여 죄의 상태에서 은혜의 상태로 이끌어내시는 하나님의 행동이 소명이라고 할 때, 이러한 소명을 특별소명이나 초자연적 소명이나, 혹은 복음적 소명(vocatio specialis, supranaturalis, evangelica)이라고 불렀다. 특별소명이라는 말을 쓸 때, 이것은 보편적 소명이나 자연적 소명(vocatio univeralis, naturalis)과는 의미적인 차별화를 견지하는 것이다. 말인즉, 보편적인 소명이나 자연적인 소명은 창조주 하나님께서 자연과 역사와 인간의 양심에 계시된 일반계시를 통하여 인간을 소명하시는 행동으로서, 인간을 첫째 아담의 후손의 자리에서 둘째 아담의 후손의 자리로, 죽음과 어둠과 죄의 상태에서 생명과 빛과 은혜의 상태로 옮겨지도록 하는 능력이 전혀 없는 것이다. 달리 말하자면, 보편적인 소명이나 혹은 자연적인 소명을 통해서는 구원의 자리에 도달하지 못한다.[152]

성경의 모든 구원에 관한 문제를 겉으로는 믿으나 구원받지 못한 사울 왕이나 가룟 유다, 가인과 같은 경우를 외적 소명으로 설명하고, 실제로 구원을 받은 자들을 내적 소명을 받은 자라고 설명한다면 성경에서 우리에게 심판에 대한 경고와 윤리적, 도덕적인 부분에 대한 요구가 무슨 의미가 있는가?

그럼 북 이스라엘의 초대 왕으로 하나님의 특별한 선택을 받은 여로보암을 보자! 그는 결국 하나님으로부터 버림을 당한 왕이다. 그렇다면 그의 부르심은 외적 부르심이었는가? 하나님이 처음부터 여로보암을 부를 때, 버리기로 작정된 자를 불렀다는 것인가? 하나

152　유태화, 「삼위일체론적 구원론」, 대서, 173.

님은 여로보암에게 큰 기대를 걸었고, 다윗처럼 좋은 왕이 되어서 백성들을 잘 양육해 줄 것이라는 기대를 걸었다.

> 그러나 내가 뺀 내 종 다윗이 내 명령과 내 법도를 지켰으므로 내가 저를 위하여 솔로몬의 생전에는 온 나라를 그 손에서 빼앗지 아니하고 주관하게 하려니와 내가 그 아들의 손에서 나라를 빼앗아 그 열 지파를 네게 줄 것이요 그 아들에게는 내가 한 지파를 주어서 내가 내 이름을 두고자 하여 택한 성 예루살렘에서 내 종 다윗에게 한 등불이 항상 내 앞에 있게 하리라 내가 너를 취하리니 너는 무릇 네 마음에 원하는 대로 다스려 이스라엘 위에 왕이 되되 네가 만일 내가 명한 모든 일에 순종하고 내 길로 행하며 내 눈에 합당한 일을 하며 내 종 다윗의 행함같이 내 율례와 명령을 지키면 내가 너와 함께 있어 내가 다윗을 위하여 세운 것 같이 너를 위하여 견고한 집을 세우고 이스라엘을 네게 주리라(왕상 11:34-38)

여로보암이 하나님께로부터 받은 약속이나 소명이 다윗이 받은 것과 큰 차이가 없다. "다윗을 위하여 세운 것같이 너를 위하여 견고한 집을 세우고 이스라엘을 네게 주리라." 하나님은 다윗만 특별히 택한 것이 아니고 여로보암도 택하였다. 다윗은 하나님 앞에 순종함으로 큰 인물이 되었고, 여로보암은 불순종함으로 버림을 당한 것이다. 여로보암이 다윗보다 더 충성스러운 종이었다면 다윗보다 더 큰 왕이 되었을지도 모른다. 태어나기도 전에 운명적으로 결정되었기 때문에 그런 인생을 산 것이 절대 안다.

솔로몬에게도 처음에는 놀라운 약속을 하셨다. 그러나 솔로몬이 범죄함으로 왕국은 분열되고 말았다. 다윗에게 약속한 그 약속에서 두 지파만 남기고 열 지파를 빼앗아 버렸다. 이것은 만세 전에 예정된 일이 아니라 솔로몬이 범죄한 결과 예상치 않은 일이 일어난 것이다. 아무리 다윗에게 왕국을 약속했어도 그 자손이 범죄할 때 그 약속은 지켜질 수가 없는 것이다. 여로보암에게도 다윗과 같은 나라를 세워 줄 것이라고 하나님이 약속하시지만 조건이 있다. 그것은 하나님의 율례와 명령을 지킬 때 한해서이다. 여로보암이 그 율례와 명령을 어김으로 하나님께 버림받고 영벌에 처해졌다. 분명 여로보암도 외적 소명이 아닌 내적 소명을 받은 자이다. 그렇지만 하나님의 명령을 어길 때, 하나님으로부터 버림을 당하고 지옥의 형벌을 받게 된다. 한 번 구원은 영원한 구원이 될 수 없는 것이다.

> 다윗이 나단에게 이르되 내가 여호와께 죄를 범하였노라 하매 나단이 다윗에게 대답하되 여호와께서도 당신의 죄를 사하셨나니 당신이 죽지 아니하려니와 이 일로 인하여 여호와의 원수로 크게 훼방할 거리를 얻게 하였으니 당신의 낳은 아이가 정녕 죽으리이다 (삼하 12:13, 14)

내적 소명을 받은 다윗도 우리아를 죽이고 밧세바를 취했을 때, 하나님은 어떻게 하셨는가? 죽이시려 하셨다. 다윗이 죽지 않고 용서받은 것은 그가 택함받은 자이기 때문이 아니라, 나단 선지자의 책망을 듣고 회개하였기 때문이다. 내적 소명을 받았더라도 범죄하는 그 영혼은 죽게 된다.

> 범죄하는 그 영혼은 죽을지라 아들은 아비의 죄악을 담당치 아니할 것이요 아비는 아들의 죄악을 담당치 아니하리니 의인의 의도 자기에게로 돌아가고 악인의 악도 자기에게로 돌아가리라 (겔 18:20)

5) 로마서 8장에 대한 오해 때문

벌콥는 "선택의 작정은 불변적이며, 따라서 선택자의 구원을 확실하게 한다"고 주장한다. "어떤 개인들이 끝까지 믿고 견인하는 것이 하나님의 목적인데, 그는 그리스도의 객관적인 사역과 성령의 주관적인 활동에 의하여 이러한 결과를 보증하신다(롬 8:29, 30; 11:29; 딤후 2:19)"[153]라고 하였다. 벌콥는 "선택의 작정은 영원하며, 즉 영원으로부터 있다"[154]고 한다. 벌콥 역시 한 번 구원은 영원한 구원임을 주장한다. 만약 벌콥의 주장이 맞다면 한 번 구원받은 자는 구원의 확신을 가질 수 있을 뿐 아니라 구원 이후 범죄로 인한 구원의 탈락을 고민할 필요가 없다. 과연 이러한 주장이 성경의 지지를 받는 이론인가? 성경의 지지를 받지 못한다. 이것은 또한 로마서를 잘못 해석한 결과에서 온 것이다.

> 하나님이 〈미리 아신 자들〉로 또한 그 아들의 형상을 본받게 하기 위하여 〈미리 정하셨으니〉 이는 그로 많은 형제 중에서 맏아들이 되게 하려 하심이니라 또 〈미리 정하신〉 그들을 또한 부르시고 부르신 그들을 또한 의롭다 하시고 의롭다 하신 그들을 또한 영화롭게 하셨느니라(롬 8:29, 30)

이 구절은 예정론의 근거로 즐겨 인용하는 말씀이다. 이 구절을 보면 인간이 선택하는 부분은 전혀 없는 것처럼 보이고, 하나님의 주권에 의해 모든 구원이 이루어지는 것처럼 생각할 수 있다. 하나님이 미리 정하셨다는 것에서 예정의 근거로 삼을 수 있다. 또한 하나님이 부르신다는 측면에서 구원을 위해 하나님이 능동적으로 일하신다는 것을 알 수 있다. 부르신 자들을 의롭게 하고, 영화롭게 하며, 예수 그리스도의 형상을 본받도록 하기 위해서 하나님

---

153 유태화, 「삼위일체론적 구원론」, 대서, 173.
154 Ibid.

이 모든 일을 하시는 것으로 이해할 수 있다. 인간이 구원에 대해 어떤 결정도 하기 전에 하나님이 모든 것을 정하시고 일을 진행시켜 나간다면 그 구원은 취소될 수가 없다. 따라서 이런 구절을 보면 한 번 구원이 영원한 구원이라고 믿어지게 되는 것이다. 그러나 이것은 어디까지나 하나님 쪽에서 인간 구원을 위해 하시는 일이다. 인간 구원을 위해서 하나님이 얼마나 열심히 인간을 부르고 있으며, 그들을 영화롭게 하기 위하여 일하고 계신지를 알 수 있다. 그렇다고 인간이 해야 할 일이 없다는 것이 아니다.

> 그런즉 이 일에 대하여 우리가 무슨 말 하리요 만일 하나님이 우리를 위하시면 누가 우리를 대적하리요 자기 아들을 아끼지 아니하시고 우리 모든 사람을 위하여 내어주신 이가 어찌 그 아들과 함께 모든 것을 우리에게 은사로 주지 아니하시겠느뇨 누가 능히 하나님의 택하신 자들을 송사하리요 의롭다 하신 이는 하나님이시니 누가 정죄하리요 죽으실 뿐 아니라 다시 살아나신 이는 그리스도 예수시니 그는 하나님 우편에 계신 자요 우리를 위하여 간구하시는 자시니라 누가 우리를 그리스도의 사랑에서 끊으리요 환난이나 곤고나 핍박이나 기근이나 적신이나 위험이나 칼이랴 기록된바 우리가 종일 주를 위하여 죽임을 당케 되며 도살할 양같이 여김을 받았나이다 함과 같으니라 그러나 이 모든 일에 우리를 사랑하시는 이로 말미암아 우리가 넉넉히 이기느니라 내가 확신하노니 사망이나 생명이나 천사들이나 권세자들이나 현재 일이나 장래 일이나 능력이나 높음이나 깊음이나 다른 아무 피조물이라도 우리를 우리 주 그리스도 예수 안에 있는 하나님의 사랑에서 끊을 수 없으리라(롬 8:31-39)

"자기 아들을 아끼지 아니하시고 우리 모든 사람을 위하여 내어 주신 이"가 하나님이시다. 예수 그리스도의 십자가의 보혈로 우리를 구원하였기 때문에 한 번 자녀된 자들은 여하한 죄를 짓는다고 해서 다시 버림받거나 구원이 취소되는 일이 없다고 생각할 수 있다.

"하나님이 택하신 자를 누가 송사하리요?" 인간이 하나님을 선택한 것이 아니라 하나님이 인간을 선택했기 때문에 그 누구도 정죄할 수 없다는 것이다. 하나님이 의롭다 하였기 때문에 하나님이 선택한 자를 송사하거나 정죄할 자는 아무도 없다. "누가 우리를 그리스도의 사랑에서 끊으리요?" 예수 그리스도는 지금도 우리의 중보자가 되어 주시기 때문에 그 누구도, 그 어떤 요소도 하나님의 사랑과 구원에서 끊을 자가 없다. 따라서 한 번 구원은 영원한 구원이 될 수밖에 없다. "우리를 사랑하시는 이로 말미암아 넉넉히 이기느니라." 하나님의 선택을 받은 자는 그 어떤 상황도 시험도 이긴다. 따라서 한 번 구원받은 자는 그 구원이 영원하다.

이러한 해석은 우리가 믿음을 지킬 때 가능한 것이다. 우리가 철저히 믿음을 지키고, 인내하며 나갈 때 하나님께서도 우리를 끝까지 지켜 주신다는 약속이다. 우리가 하나님을 버리지 않는 한, 하나님도 우리를 절대 버리지 않으신다. 그러나 우리가 하나님을 버리면 하나님도 우리를 버린다.

김세윤 교수는 '칭의와 성화'에서 다음과 같이 언급하고 있다:

> 우리가 얻은 구원의 탈락의 가능성을 언급하면 많은 성도들은 교회에서 그렇게 배우지 않았다고 이야기합니다. 그러나 한 번 받은 구원은 영원한 구원이고, 한 번 칭의 되면 최후 심판에서 그 칭의가 자동적으로 확인된다고 믿는 것은 실은 구원파적 신앙입니다. 방금 살펴본 대로 <u>성경은 우리가 구원의 은혜로부터 탈락할 가능성에 대해 엄중히 경고하고 있는데도,</u> 일부 신학자들이나 목사들이 그렇게 가르치는 것은 그들이 로마서 8:28-39와 같은 구절들에 일방적으로 의존

하고 있기 때문입니다.[155]

　김세윤 교수는 구원받은 자라 하더라도 하나님의 은혜로부터 탈락할 수 있는 가능성에 대하여 경고한다. 한 번 구원이 영원한 구원이라고 한다면 그것은 구원파적 신앙이라는 것이다. 개혁주의 구원론에서는 이러한 주장을 반박할지 모르지만 성경은 이런 주장을 지지한다. 김세윤 교수는 로마서 8장에 대한 잘못된 해석으로 구원론이 잘못되어 있음을 지적한다.

6) 칭의에 대한 잘못된 이해 때문

　한 번 구원이 영원한 구원이 된다는 이론이 나오게 된 것은 칭의에 대한 잘못된 이해 때문이다. 칭의란 우리의 의로운 행위에 의해서 발생된 것이 아니라 예수 그리스도의 은총으로부터 왔기 때문에 인간의 행위 여부와 상관없이 하나님이 의롭다고 하면 다 된다. 따라서 하나님이 한 번 의롭다고 하면, 인간이 그 어떤 잘못이나 죄를 지어도 그것이 하나님이 칭의해 준 그 의를 무효화시킬 수 없다고 믿는 것이다. 우리의 행위에 따라서 의가 주어졌다면 우리의 행위에 의해서 의가 취소될 수 있다. 그러나 그 의가 우리의 행위와 상관없이 하나님께로부터 왔다면, 우리의 행위가 어떠하든지 간에 그 의가 상실될 수 없다고 하는 논리이다. 머레이는 "칭의는 완전하고 취소할 수 없는 행위다. 그것은 점진적이며 상대적인 심판이 아니다. 따라서 그것은 더럽혀지지 않고 더럽혀질 수 없는 의와 관계되어 있음에 틀림이 없다."[156]고 한다. 즉, 한 번 성도에게 주어진 의는 결코 취소되지 않는다는 것이다.

　한 번 구원이 영원한 구원이 되는 것은 존 머레이의 주장처럼 "칭의는 모든 죄와 사법적 책임의 사면"[157]을 가져오기 때문이다.

155　김세윤, 「칭의와 성화」, 두란노, 269.
156　존 머레이, 박문재 역, 존 머레이 조직신학, 크리스찬 다이제스트, 221.
157　Ibid., 221, 222.

그래서 그리스도 안에 있으면 죄가 없다고 주장하게 되는 것이다. 이러한 사면은 과거의 죄만 아니라 미래의 죄까지 사면해 줄 것을 보증해 주기 때문에 한 번 구원을 받고 칭의를 얻게 되면, 영원한 구원이 보증된다고 주장한다.

뿐만 아니라 한 번 구원이 영원한 구원이라고 주장하는 것은 어차피 인간은 율법으로 의롭게 되지 못한다(롬 3:20)고 생각하기 때문이다. 인간의 공로로는 의에 이를 수 없고 오직 예수 그리스도의 의를 통해서만 의롭게 되기 때문에 예수 그리스도의 은총을 입는 자는 율법에 저촉되는 행위와 상관없이 구원이 보장되는 것이다. 존 머레이는 "그것(의)은 우리 안에 있는 어떤 것에 의해 도출되지 않고, 값없이 거저 주시는 하나님의 호의로부터 나온다"158고 주장한다. 그러므로 우리의 행위 여부가 구원을 결정하는 것이 아니라, 하나님의 은혜가 구원을 결정한다. 따라서 우리의 행위와 상관없이 믿기만 하면 영원한 구원이 보장되는 것이다.

> 한 사람의 순종치 아니함으로 많은 사람이 죄인 된 것같이 한 사람의 순종하심으로 많은 사람이 의인이 되리라 율법이 가입한 것은 범죄를 더하게 하려 함이라 그러나 죄가 더 한 곳에 은혜가 더욱 넘쳤나니 이는 죄가 사망 안에서 왕노릇 한 것같이 은혜도 또한 의로 말미암아 왕노릇 하여 우리 주 예수 그리스도로 말미암아 영생에 이르게 하려 함이니라 (롬 5:19-21)

존 머레이는 이 구절에 대해서 "바울이 설정하는 것은 아담과의 관계에 있어서 죄-정죄-죽음과 그리스도와의 관계에 있어서 의-칭의-생명의 유비다"159라고 해석한다. 이것은 아담의 원죄가 모든

---

158 Ibid., 222, 223.
159 존 머레이, 박문재 역, 『존 머레이 조직신학』, 크리스챤 다이제스트, 219.

인간에게 전가되어 범죄한 것이 되고, 그 범죄로 죽음이 온 것처럼, 예수 그리스도의 의가 자동적으로 칭의가 되어 생명으로 간다는 것이다. 그러므로 여기서 머레이가 말하고자 하는 핵심은 아담의 죄가 우리의 결정과 상관없이 전가된 것처럼, 예수님의 의도 우리의 결정과 상관없이 전가되었다는 논리이다.

> 로마서 5:19만이 아니라 또한 5:17도 의의 선물을 받는 것에 관해 언급하고 있다. 그것은 의의 한 행동으로 말미암을 뿐만 아니라(롬 5:18), 의의 선물의 수여에 의해서이다. 말하자면, 칭의는 의를 그 적절한 근거로 갖는다. 칭의는 하나님이 의를 고려한다는 것일 뿐만 아니라 또한 칭의는 의의 수여이다. 그렇기 때문에 생명의 보장이 있다. 이것은 자연스럽게 우리를 다음의 고찰 사항 즉 전가(imputation) 개념으로 인도한다.[160]

인간이 자신의 노력이나 행위를 통해서 의롭게 되는 것이 아니라, 그리스도의 의가 전가되어 의롭게 되는 것이므로 우리의 의지나 행위와 상관없이 구원에 이른다는 입장이 개혁주의 구원론이다. 이러한 접근은 구원의 문제가 인간이 죄를 짓고 안 짓는 문제가 아니라 하나님께 선택받았느냐의 문제로 이해한다.

이렇게 그리스도의 의가 전가되어 의롭다 함을 얻게 된 자는 그 의가 영원하다고 믿는다. 사단이 아무리 공격을 해도 넘어지지 않고, 구원을 빼앗기지 않게 된다고 믿는다.

> 하나님께로서 난 자마다 범죄치 아니하는 줄을 우리가 아노라 하나님께로서 나신 자가 저를 지키시매 악한 자가 저를 만지지도 못하느니라(요일 5:18)

---

[160] Ibid.

한 번 구원을 받은 자들은 하나님의 특별한 보호하심으로 구원받는데 문제가 없는 것으로 이해한다. 악한 자가 만지지도 못하며, 사단이 공격해서 그 구원을 빼앗아 갈 수도 없다는 것이다. 그렇기 때문에 한 번 구원을 받은 자는 그 구원을 잃어버릴 가능성이 없다고 주장한다.

칭의는 인간의 어떤 수양이나 노력, 선행을 통해서 얻어지는 의가 아니라 믿음으로 주어지는 하나님의 일방적인 것이다. 특히, 예수 그리스도의 십자가의 대속의 피는 영원하다. 그러한 예수 그리스도의 은총을 입은 자는 과거의 죄만 아니라 미래의 죄까지 다 사함 받게 된다. 따라서 한 번 죄 사함을 받고 칭의를 얻은 자는 과거, 현재, 미래의 죄까지 다 사함 받게 된다는 논리를 펴고 있다.

> 칭의가 포함하는 죄 사함 안에는 무엇이 포괄되는가? 죄 용서가 칭의받은 사람에게 계속해서 주어진다는 것은 사실이다. 이것은 칭의가 점진적이라는 것을 뜻하는가? 만약 그렇다면, 이것은 칭의의 결정적이고 완료되고 취소할 수 없는 본질에 저촉될 것이고, 그리스도 예수 안에 있는 자에게는 정죄함이 없다는 분명한 진술과도 상치될 것이다. 그러므로 예수 안에 있는 자에게는 정죄함이 없다는 분명한 진술과도 상치될 것이다. 그러므로 우리는 칭의 안에는 과거, 현재, 미래의 모든 죄의 사함이 존재한다는 것을 믿어야 한다.[161]

이러한 논리의 접근은 상당히 위험하다. 앞으로 어떤 죄를 지을지도 모르는데 어떻게 미래의 모든 죄까지 사함받았다고 할 수 있는가? 그렇다면 가룟 유다도 미래의 죄까지 다 사함받았다고 할 수 있는가? 누구도 그렇게 생각하는 사람은 없다. 아무리 의롭게 살았더라도 죄를 짓게 되면 지금까지 행한 모든 의가 무효가 된다(겔

---

161 존 머레이, 박문재 역, 「존 머레이 조직신학」, 크리스챤 다이제스트, 229.

33:13)고 에스겔서는 분명히 경고한다.

7) 구원을 현재완료로 이해하기 때문

한 번 구원이 영원한 구원이라고 주장하는 근거에는 이미 현재 상태에서 구원은 완료되었다고 생각하기 때문이다. 이미 예수를 믿고 중생하고 거듭나는 그 순간에 구원은 완성되었다고 믿는다. 물론 성화의 단계가 남아있다고는 하지만 그것은 구원과 아무런 상관이 없다고 한다. 성화는 상급의 단계이지 구원의 단계가 아니라고 믿기 때문에 구원의 과정이란 존재하지 않는다. 구원은 그리스도의 십자가의 의가 전가되는 것이므로 한 번 전가되는 그 순간 구원은 완료가 되는 것이다. "영생을 얻었고"는 과거나 현재완료형이다. "사망에서 생명으로 옮겼느니라" 역시 과거나 현재완료형이다. 따라서 구원은 이미 완성된 상태이고 다만 이 땅에서 사는 삶은 성화를 이루면서 영화의 단계를 기다리는 것이다.

> 내가 진실로 진실로 너희에게 이르노니 내 말을 듣고 또 나 보내신 이를 믿는 자는 영생을 얻었고 심판에 이르지 아니하나니 사망에서 생명으로 옮겼느니라(요 5:24)

믿는 자들은 이미 영생을 얻었기 때문에 다시 사망으로 들어가거나 심판 받을 일이 없다. 사망에서 생명으로 옮겼기 때문에 구원이 취소될 수 없다고 믿는다. 신분 변화가 완전히 일어났기 때문에 다시는 돌이킬 수 없는 상태가 되었다는 것이다. 예수 그리스도의 십자가 사건 때에 예수님과 함께 모든 인류의 죄도 다 못 박았으며, 모든 죄에 대한 사함이 이루어졌다고 믿는다.

> 이와 같이 예수는 더 좋은 언약의 보증이 되셨느니라 저희 제사장 된 자의 수효가 많은 것은 죽음을 인하여 항상 있지

> 못함이로되 예수는 영원히 계시므로 그 제사 직분도 갈리지 아니하나니 그러므로 자기를 힘입어 하나님께 나아가는 자들을 온전히 구원하실 수 있으니 이는 그가 항상 살아서 저희를 위하여 간구하심이니라 이러한 대제사장은 우리에게 합당하니 거룩하고 악이 없고 더러움이 없고 죄인에게서 떠나 계시고 하늘보다 높이 되신 자라 저가 저 대제사장들이 먼저 자기 죄를 위하고 다음에 백성의 죄를 위하여 날마다 제사 드리는 것과 같이 할 필요가 없으니 이는 저가 단번에 자기를 드려 이루셨음이니라(히 7:22-27)

구약에서 "날마다 제사 드리는 것"처럼 죄 지을 때마다 죄 씻을 필요가 없는 것은 "단번에 자기를 드려 이루셨음이니라"라는 말씀에 근거하여 예수님의 십자가 사건은 과거, 현재, 미래의 죄까지 다 용서받는 제사를 드렸다는 것이다. 그러나 "단번"이라는 것은 예수님이 단 한 번만 십자가에 못 박혀도 충분하다는 뜻이지, 그 단번으로 우리 인간의 미래의 죄까지 다 사해 주셨다는 말씀이 아니다. 십자가에서 단번에 속죄의 피를 흘림으로 과거, 현재만 아니라 미래의 죄까지 사할 능력을 가지고 있지만, 그것이 실제로 모든 자들의 미래의 죄까지 사한 것은 아니다. 따라서 구원은 완료형이 아니라 계속 진행되고 있는 진행형이다.

> 그날들을 감하지 아니할 것이면 모든 육체가 구원을 얻지 못할 것이나 그러나 택하신 자들을 위하여 그날들을 감하시리라(마 24:22)

구원의 과정은 좁고 험난하고 핍박과 시험과 유혹들이 많기 때문에 주님께서도 그날들을 감해야만 얻을 수 있을 만큼 치열한 것이다.

> 그러면 이제 우리가 그 피를 인하여 의롭다 하심을 얻었은즉 더욱 그로 말미암아 진노하심에서 구원을 얻을 것이니 곧 우리가 원수 되었을 때에 그 아들의 죽으심으로 말미암아 하나님으로 더불어 화목 되었은즉 화목된 자로서는 더욱 그의 살으심을 인하여 구원을 얻을 것이니라(롬 5:9, 10)

예수 그리스도의 피로 화목이 되었으면 그것으로 끝나는 것이 아니라 더욱더 화목을 유지하기 위해서 거룩하고 순종적인 삶을 살아야 한다. 그것이 유지되지 않으면 하나님과의 화목이 다시 깨어짐을 알아야 한다.

> 또한 너희가 이 시기를 알거니와 자다가 깰 때가 벌써 되었으니 이는 이제 우리의 구원이 처음 믿을 때보다 가까웠음이니라(롬 13:11)

구원이 완성된 것이 아니라 가까이 다가옴을 알 수 있다. 개인적인 구원은 죽음과 동시에 이루어지기 때문에 그 순간까지는 조금도 긴장을 놓아서는 안 된다. 한 번 구원이 영원한 구원이 된다면 구원받은 이후에는 성경이 구원에 어떤 도움도 되지 않는다는 결론이 나온다. 이미 구원이 이루어졌는데 성경을 통해서 구원의 길을 찾을 필요가 어디 있겠는가? 그러나 성경은 "구원에 이르는 지혜"가 있음을 말씀하며, 그 말씀을 주야로 묵상하며 실천하기를 힘써야 천국에 들어갈 수 있다고 한다.

> 또 네가 어려서부터 성경을 알았나니 성경은 능히 너로 하여금 그리스도 예수 안에 있는 믿음으로 말미암아 구원에 이르는 지혜가 있게 하느니라(딤후 3:15)

> 우리는 뒤로 물러가 침륜에 빠질 자가 아니요 오직 영혼을 구원함에 이르는 믿음을 가진 자니라 (히 10:39)

구원은 예수 믿을 때 불신자에서 신자로 바뀌는 단회적 사건으로서의 구원이 있다. 이것은 과거에 단 한 번 사건으로 일어난 구원이다. 그런가 하면 날마다 죄로부터 용서받고 점진적으로 그리스도의 형상을 닮아가는 점진적 구원, 현재진행형 구원이 있다. 이 현재진행형 구원에서 실패하여 멸망으로 떨어지는 경우를 성경은 많은 예로 제시하고 있다. 그런가 하면 죽음과 함께 천국에 들어가는 구원이 완성 단계가 있다. 따라서 단회적 구원을 받은 자는 현재진행형 구원으로 나아가야 한다. 그리고 결국에는 미래에 완전한 구원을 받아야 한다.

> 너희 믿음의 시련이 불로 연단하여도 없어질 금보다 더 귀하여 예수 그리스도의 나타나실 때에 칭찬과 영광과 존귀를 얻게 하려함이라 예수를 너희가 보지 못하였으나 사랑하는도다 이제도 보지 못하나 믿고 말할 수 없는 영광스러운 즐거움으로 기뻐하니 믿음의 결국 곧 영혼의 구원을 받음이라
> (벧전 1:7-9)

> 그러므로 나의 사랑하는 자들아 너희가 나 있을 때 뿐 아니라 더욱 지금 나 없을 때에도 항상 복종하여 두렵고 떨림으로 너희 구원을 이루라 (빌 2:12)

> 그러나 끝까지 견디는 자는 구원을 얻으리라 (마 24:13)

한 번 구원이 영원한 구원이라고 한다면 끝까지 견뎌야만 구원을 얻는다는 말씀은 맞지 않다. 구원은 이루어졌고, 이루어지고 있

으며, 완성해야 할 문제이다.

> 또 의인이 겨우 구원을 얻으면 경건치 아니한 자와 죄인이 어디 서리요(벧전 4:18)

그러므로 구원은 완료형인 동시에, 현재진행형이며, 동시에 미래형으로 이해해야 정확하다. 믿음의 결국 곧 영혼 구원을 이루기까지 구원을 받아야 하며, 날마다 구원을 받으며, 종국에 가서 구원을 완성해야 한다.

3. '한 번 구원 영원한 구원' 교리의 비성경적 근거

개혁주의 구원론은 인간의 모든 구원 계획과 실행을 하나님이 주도적으로 하기 때문에 한 번 중생하여 양자가 되면 구원에서 탈락하는 일은 절대 없다고 믿는다. 하나님이 선택은 완전무결하기 때문에 한 번 선택받아 중생한 자는 그의 구원이 영원히 유효할 수밖에 없다는 것이다.

> 내 양은 내 음성을 들으며 나는 저희를 알며 저희는 나를 따르느니라 내가 저희에게 영생을 주노니 영원히 멸망치 아니할 터이요 또 저희를 내 손에서 빼앗을 자가 없느니라 저희를 주신 내 아버지는 만유보다 크시매 아무도 아버지 손에서 빼앗을 수 없느니라(요 10:27-29)

"영원히 멸망치 아니할 터"라는 말씀과 "아무도 아버지 손에서 빼앗을 수 없느니라"는 말씀에서 한 번 구원되고 양자의 신분을 받은 자는 어떤 경우를 막론하고 구원을 상실할 가능성이 없다는 결론을 추론할 수 있다. 그러나 이것은 어디까지나 중생한 자가 끝까지 순종하고 회개하며 믿음을 지켜 나갈 때를 전제하는 것이다. 누구든지 믿음의 정절을 끝까지 지키는 자는 한 번 구원이 영원한 구원으로 이어진다. 그러나 죄를 짓게 될 때는 상황이 다르다. 믿는 자라 하더라도 구원에서 떨어질 것을 성경이 경고하고 있다. 그런데도 개혁주의 구원론에서는 한 번 구원이 확정된 자의 구원은 절대 흔들리지 않는다고 말한다.

> 형제들아 너희가 삼가 혹 너희 중에 누가 믿지 아니하는 악심을 품고 살아 계신 하나님에게서 떨어질까 염려할 것이요 (히 3:12)

> 그러므로 사랑하는 자들아 너희가 이것을 미리 알았은즉 무법한 자들의 미혹에 이끌려 너희 굳센 데서 떨어질까 삼가라 (벧후 3:17)

예수님께서 영생을 약속한 자는 영원히 멸망치 않고 주님 손에서 빼앗을 수 없다면 구원에서 "떨어질까" 조심하라고 할 필요가 없을 것이다. 한 번 구원이 영원한 구원이기 때문에 일단 구원을 약속받은 자들은 구원의 탈락 가능성을 조금도 불안해 할 필요가 없게 된다. 하지만 성경은 구원에서 떨어질 수 있음을 경고한다. 그것은 믿는 자가 미혹되어 다시 죄악의 길로 가면 처음 믿음이 무너져 구원을 상실하게 된다는 말씀이다.

> 망령되고 헛된 말을 버리라 저희는 경건치 아니함에 점점 나아가나니 저희 말은 독한 창질의 썩어져감과 같은데 그중에 후메내오와 빌레도가 있느니라 진리에 관하여는 저희가 그릇되었도다 부활이 이미 지나갔다 하므로 어떤 사람들의 믿음을 무너뜨리느니라 (딤후 2:16, 18)

바울은 믿음과 양심을 버릴 수 있는 가능성을 말하였고, 만약 그 믿음을 버리게 되면 배가 "파선"되는 것처럼 믿음도 파선될 수 있음을 경고하고 있다. 이런 바울을 어떻게 예정론을 주장한다고 할 수 있는가?

> 믿음과 착한 양심을 가지라 어떤 이들이 이 양심을 버렸고 그 믿음에 관하여는 파선하였느니라(딤전 1:19)

> 그러므로 내가 달음질하기를 향방 없는 것같이 아니하고 싸우기를 허공을 치는 것같이 아니하여 내가 내 몸을 쳐 복종하게 함은 내가 남에게 전파한 후에 자기가 도리어 버림이 될까 두려워함이로라(고전 9:26, 27)

하나님 앞에 누구보다도 크게 쓰임받은 바울이 모든 사명을 다한 후에 자신도 버림받을 수 있음을 염려하였다. 이것은 한 번 구원이 영원한 구원이 아님을 바울이 명백하게 증거하는 것이다. 사도 베드로도 믿음에서 떠나 옛사람으로 돌아가는 것을 경고하면서 다음과 같은 비유를 들고 있다.

> 만일 저희가 우리 주 되신 구주 예수 그리스도를 앎으로 세상의 더러움을 피한 후에 다시 그중에 얽매이고 지면 그 나중 형편이 처음보다 더 심하리니 의의 도를 안 후에 받은 거룩한 명령을 저버리는 것보다 알지 못하는 것이 도리어 저희에게 나으니라 참 속담에 이르기를 개가 그 토하였던 것에 돌아가고 돼지가 씻었다가 더러운 구덩이에 도로 누웠다 하는 말이 저희에게 응하였도다(벧후 2:20-22)

개가 토했던 것을 다시 주어 먹고, 돼지가 씻었다가 다시 더러운 곳에 눕는 것처럼 구원받은 성도들이 다시 죄악으로 돌아갈 경우, 구원이 상실될 수 있음을 증거한다. "저희에게 응하였도다" 하는 것은 무엇인가? 예수를 구주로 믿은 자가 다시 세상으로 돌아갔다는 것이다. "세상의 더러움을 피한 후에 다시 그중에 얽매이고 지면" 그 나중 형편은 더욱 심각해진다고 경고한다. 이것은 믿는 자들도 얼마든지 죄악으로 타락할 수 있음을 성경이 증거하고 있다. 그럼에도 불구하고 예정론자들은 하나님의 선택을 믿고, 그 선택은 영원불변하다는 것으로 믿는다. 물론 한 번 구원이 영원한 구원으로 이어질 수 있고, 또 이어져야 한다. 그러나 한 번 구원이 얼마든지 취소될 수 있음도 동시에 강조해야 진정한 복음이라고 할 수 있다. 한 번 얻은 구원이 취소되는 일이 없어야 하지만 현실은 그렇지 않다는 것을 알려주어야 구원에서 탈락하는 자들도 적을 것이다. 구원이 취소될 가능성이 있음에도 불구하고 없다고 한다면 그것은 거짓 복음이 된다는 것을 명심해야 한다.

> 만일 네 오른눈이 너로 실족케 하거든 빼어 내버리라 네 백체 중 하나가 없어지고 온 몸이 지옥에 던지우지 않는 것이 유익하며 또한 만일 네 오른손이 너로 실족케 하거든 찍어 내버리라 네 백체 중 하나가 없어지고 온 몸이 지옥에 던지우지 않는 것이 유익하니라(마 5:29, 30)

한 번 구원이 영원한 것이라면 "실족"이라는 단어를 사용할 필요가 없다. 그러나 예수님은 이 단어를 사용하였다. 실족으로 인하여 지옥에 떨어지게 되면 엄청난 심판을 받을 것이라고 경고한다. 따라서 수족을 절단하는 한이 있어도 실족하는 일이 없도록 하라고 명령한다. 죄를 짓게 되면 심판을 받는다는 것이다. 예수님은 성도가 다시 타락할 수 있는 문제에 대해서 심각하게 말씀하고 있다. 그 반면, 예정론 교리는 한 번 영생한 자는 절대로 구원에서 떨어질 수 없다고 한다. 그렇다면 예수님이 틀리거나 예정론자들이 틀리거나 양자 중 한 쪽은 틀린 것이 분명하다.

일만 달란트 빚을 탕감받은 자가 백 데나리온 빚진 동관을 용서해 주지 않았던 사건(마 18:21-35)에서도 한 번 죄 사함을 받았다고 해서 지옥에 가지 않는다는 보장이 없음을 보여 준다. 일만 달란트 빚을 탕감받는다는 것은 그동안의 모든 죄를 용서받는다는 의미이다. 그러나 구원받은 이후에 짓는 죄로 인해서 얼마든지 지옥에 떨어질 수 있다는 것이다.

> 이에 주인이 저를 불러다가 말하되 악한 종아 네가 빌기에 내가 네 빚을 전부 탕감하여 주었거늘 내가 너를 불쌍히 여김과 같이 너도 네 동관을 불쌍히 여김이 마땅치 아니하냐 하고 주인이 노하여 그 빚을 다 갚도록 저를 옥졸들에게 붙이니라 너희가 각각 중심으로 형제를 용서하지 아니하면 내 천부께서도 너희에게 이와 같이 하시리라(마 18:32-35)

하나님으로부터 용서를 받았다면 죄지은 자를 용서해 줄 수 있어야 하나님 보시기에 당연한 것이다. 만약 용서받고서도 다른 자를 용서해 주지 않는다면 하나님은 그를 지옥에 던져 넣는다고 한다. 비록 한 번 구원받았다 하더라도 용서해 주지 않는 성품이라면 구원에 이를 수 없다는 것을 성경이 증거한다. 어떻게 한 번 구원받은 성도임에도 다른 형제를 용서해 주지 않는다는 이유로 그를 다시 지옥에 던져 넣는다고 하시는가? 그러나 이것은 분명한 사실이다. 그럼에도 예정론자들은 그런 사실을 믿으려 하지 않는다. 진정 거듭난 자는 그런 잘못을 범하지 않도록 하나님이 지키신다고 믿는다. 그러나 예수님은 그런 일이 일어날 수 있기 때문에 경고하는 것이다. 이것만 보더라도 예수님의 구원관과 개혁주의나 예정론의 구원관이 크게 다르다는 것을 알 수 있다.

달란트 비유(마 25:14-30)에서 다섯 달란트, 두 달란트, 한 달란트 받은 종들은 칭의를 받은 자들이다. 그들은 일차적으로 하나님의 자녀가 되는 특권을 받았고 천국도 약속되어 있는 자들이라 할 수 있다. 달란트를 주신 것은 그들이 하나님의 백성이 되고 자녀가 되었기 때문이다. 받은 달란트로 많이 남길 때 그들에게 약속된 천국을 확실하게 들어갈 수 있다. 하지만 달란트를 받은 이후 어떻게 하느냐가 문제이다. 달란트를 많이 남길 수도 있고 적게 남길 수도 있는데, 그것은 각자의 노력과 의지에 달린 것이다. 배나 남긴 종들은 주인의 즐거움에 참예함으로 천국에 들어갔다. 하지만 한 달란트 받은 종은 악하고 게으른 종이라는 평가를 받는다.

> 그 주인이 대답하여 가로되 악하고 게으른 종아 나는 심지 않은 데서 거두고 헤치지 않은 데서 모으는 줄로 네가 알았느냐 그러면 네가 마땅히 내 돈을 취리하는 자들에게나 두었다가 나로 돌아와서 내 본전과 변리를 받게 할 것이니라 하고 그에게서 그 한 달란트를 빼앗아 열 달란트 가진 자에게 주어라 무릇 있는 자는 받아 풍족하게 되고 없는 자는 그 있는 것까지 빼앗기리라 이 무익한 종을 바깥 어두운 데로 내어 쫓으라 거기서 슬피 울며 이를 갊이 있으리라 하니라
> (마 25:26-30)

분명히 한 달란트 받은 종도 중생한 하나님의 사람이 분명하다. 그럼에도 아무것도 하지 않음으로 인해 어떤 결과가 왔는가? 바깥 어두운 데로 쫓겨났다. 어떤 이들은 이곳이 천국의 변두리쯤으로 말하지만 사실은 지옥이다. 한 번 구원이 영원한 구원이 아님을 분명히 말씀해 주고 있다. 값없이 칭의를 얻었다 하더라도 칭의 얻은 후에 하나님이 맡겨 주신 사명과 성도가 행해야 할 삶과 열매가 나타나지 않는다면 구원에 이를 수 없음을 성경이 분명히 말씀해 주

고 있는 것이다.

> 나더러 주여 주여 하는 자마다 천국에 다 들어갈 것이 아니요 다만 하늘에 계신 내 아버지의 뜻대로 행하는 자라야 들어가리라 그날에 많은 사람이 나더러 이르되 주여 주여 우리가 주의 이름으로 선지자 노릇하며 주의 이름으로 귀신을 쫓아내며 주의 이름으로 많은 권능을 행치 아니하였나이까 하리니 그때에 내가 저희에게 밝히 말하되 내가 너희를 도무지 알지 못하니 불법을 행하는 자들아 내게서 떠나가라 하리라(마 7:21-23)

예수의 이름으로 귀신을 쫓아내고 권능을 행한 사실에서 이들은 사명을 받은 하나님의 종들임이 분명하다. 그렇지만 그들은 불법을 행하였다. 아버지의 뜻이 아닌 자기의 뜻대로 사역을 한 것이다. 그러므로 하나님은 그들을 구원할 수가 없었다.

이중예정의 틀에 매여 버리면 성경의 모든 사건들을 예정의 관점에서만 보게 된다. 그렇게 되면 하나님의 역사를 왜곡하게 되고, 하나님이 제시하는 참된 구원을 바로 이해하기 어렵다. 이중예정이 맞다면 인간의 행위와 결과는 구원에 전혀 영향을 미칠 수 없다. 인간이 할 수 있는 것이 아무것도 없고, 모든 구원이 하나님의 선택과 계획에 의해서 움직이기 때문에 하나님이 다 하신다고 하면 될 것이다.

그러나 성경은 인간의 자유의지의 결단과 그 행위의 결과에 따라 구원이 이루어지고 심판한다고 경고하고 있다. 믿음을 통해 중생하고 칭의를 얻고 양자가 되었으면, 그것으로 만족할 것이 아니라 구원을 얻도록 더 힘써야 하는 것이 성경이 우리에게 요구하고 있는 것이다.

> 이에 비유로 말씀하시되 한 사람이 포도원에 무화과나무를 심은 것이 있더니 와서 그 열매를 구하였으나 얻지 못한지라 과원지기에게 이르되 내가 삼년을 와서 이 무화과나무에 실과를 구하되 얻지 못하니 찍어버리라 어찌 땅만 버리느냐 대답하여 가로되 주인이여 금년에도 그대로 두소서 내가 두루 파고 거름을 주리니 이후에 만일 실과가 열면이어니와 그렇지 않으면 찍어버리소서 하였다 하시니라(눅 13:6-9)

예수님은 왜 이 비유를 우리에게 주는가? 무화과나무를 심는 것 자체가 목적이 아니기 때문이다. 열매를 맺어야 목적을 완성하는 것이다. 믿음이 목적이 아니다. 그것은 인간의 삶과 인격을 변화시키고 구원을 받도록 하기 위한 수단이다. 무화과나무를 땅에 심는 것과 같다. 심었으면 열매가 맺혀야 한다. 믿음을 가졌으면 그 믿음에 합당한 아름다운 인격이 이루어지고 삶이 나타나야 한다. 그래야 참된 구원으로 나아갈 수 있다.

그런데 예정론자들은 심기만 하면 구원에 이를 수 있다는 생각을 한다. 열매는 상급의 문제이지 구원의 문제가 아니라고 단정한다. 또한 열매를 맺는 것까지 인간의 노력이나 행위의 문제가 아니라 하나님의 예정 속에 포함되어 있다고 믿는다. 열매를 맺는 문제도 하나님의 손에 달려 있다는 것이다.

그러나 예수님의 말씀을 보면 전혀 그렇지 않다. 열매를 맺고 맺지 못하는 것은 인간의 의지와 노력에 달려 있지 절대 하나님의 예정에 달려 있는 것이 아니다. 열매가 심판의 기준이다. 따라서 열매는 인간의 의지와 노력을 통해서 얻어지는 결과다. 물론 이 열매를 위해서 기도하고 성령의 도우심을 간구해야 하지만 열매를 맺는 주체는 인간이다.

그렇다면 열매를 맺을지 안 맺을지 모르는 상태에서 믿기만 하는 것으로 어떻게 그 사람의 구원을 확정지을 수 있는가? 그것은 하나님도 확정지어 놓고 있지 않다. 열매가 맺히는 여부를 보고 결정하신다. 열매가 구원받는데 관건이다. 열매가 상급이고 구원과 관계없다는 말은 예수님의 말씀과 상충된다. 그러므로 한 번 구원은 영원한 구원이라고 하는 것은 비성경적이라는 사실이다.

4. 구원에 대한 하나님 입장과 인간 입장

1) 하나님 편에서의 입장

'한 번 구원은 영원한 구원'이라는 주장은 한 영혼이라도 더 구원받기를 원하는 하나님 입장에서 보면 맞는 말이다. 왜냐하면 하나님은 완전하신 분이고, 실수가 없으신 분이시기에 하나님께서 한 번 자녀 삼으신 자를 특별한 이유 없이 버리는 일은 없기 때문이다. 하나님은 구원을 계획하시고 그 모든 것을 이루시고 지금까지 신실하게 그 약속을 지키시고 계신다. 하나님은 일을 계획하시고 성취하시는 분이시다. 하나님은 인간을 구원하는데 열정을 가지고 계시기에 성도가 어떤 잘못도 없는데도 이유 없이 버리는 일은 없다.

> 하나님은 인생이 아니시니 식언치 않으시고 인자가 아니시니 후회가 없으시도다 어찌 그 말씀하신 바를 행치 않으시며 하신 말씀을 실행치 않으시랴(민 23:19)

> 일을 행하는 여호와, 그것을 지어 성취하는 여호와, 그 이름을 여호와라 하는 자가 이같이 이르노라(렘 33:2)

하나님은 한 영혼이라도 더 구원하여 천국에 입성시키기 위해서는 이미 구원받은 자만 아니라 구원받지 못한 불신자들까지도 전도하여 구원시키려 하신다. 그러니 예수를 입으로 시인하고, 성령으로 거듭난 자들은 더더욱 하나님이 지키시고 보호하시는 것이 당연하다. 하나님이 일방적으로 자기 백성을 버리는 일은 사상할 수 없다. 선지자와 사도를 보내고, 교회 지도자를 세워서 양무리를 치게 해서 영혼들을 구원시키려고 하신다. 심지어 독생자 예수 그리스도를 십자가에 못 박으면서까지 구원받을 자들을 사랑하신다. 그런 하나님이 어떻게 피값을 주고 산 영혼들을 버리시겠는가? 어떤 목자가 자기가 치는 양을 버리겠는가? 하나님은 성도의 목자가 되심으로 끝까지 인도하신다.

> 그는 목자같이 양무리를 먹이시며 어린양을 그 팔로 모아 품에 안으시며 젖먹이는 암컷들을 온순히 인도하시리로다 (사 40:11)

> 너희 중에 있는 하나님의 양 무리를 치되 부득이함으로 하지 말고 오직 하나님의 뜻을 좇아 자원함으로 하며 더러운 이를 위하여 하지 말고 오직 즐거운 뜻으로 하며 맡기운 자들에게 주장하는 자세를 하지 말고 오직 양 무리의 본이 되라 그리하면 목자장이 나타나실 때에 시들지 아니하는 영광의 면류관을 얻으리라 (벧전 5:2-4)

예수님의 제자들이 예수님을 버리고 도망갈 것도 아셨지만 그들을 끝까지 사랑하셨다. 사단이 베드로를 청구했지만 예수님은 베드로를 빼앗기지 않기 위해서 기도하셨다. 예수님은 한 영혼이라도 잃어버리지 않기 위해서 기도하며 대신 희생을 치루었다.

> 유월절 전에 예수께서 자기가 세상을 떠나 아버지께로 돌아가실 때가 이른 줄 아시고 세상에 있는 자기 사람들을 사랑

> 하시되 끝까지 사랑하시니라(요 13:1)

다만 가룟 유다는 자신이 주님을 버렸기 때문에 주님도 버릴 수밖에 없었던 것이다. 성도가 하나님을 먼저 버리지 않는 한 하나님은 한 번 구원받은 성도를 절대로 먼저 버리는 일이 없다.

> 내가 너희에게 분부한 모든 것을 가르쳐 지키게 하라 볼지어다 내가 세상 끝날까지 너희와 항상 함께 있으리라 하시니라(마 28:20)

하나님께서는 예수를 믿고 자녀가 된 자들은 어떤 경우를 막론하고 천국에 들어올 수 있도록 조치를 취하신다. 하나님 편에서 할 수 있는 모든 일을 하시는 것이다. 하나님 편에서는 구원받은 성도들이 타락하지 않고 끝까지 잘 믿고 천국 올 수 있도록 최선을 다해 보호해 주신다. 불신자로 살던 영혼이 예수를 믿고 하나님의 자녀가 되었으니 얼마나 귀하겠는가? 그렇게 예수 믿는 영혼은 천국에 들어올 확률이 높기 때문에 하나님은 더욱 관심을 가지시고 보호하시고 지키시고 성령을 통해 인도해 주신다. 따라서 하나님 편에서는 한 번 구원은 영원한 구원이라고 할 수 있다.

2) 인간 편에서의 입장

'한 번 구원이 영원한 구원'이라는 주장을 인간의 편에서 볼 때 맞다고 할 수 있는가? 맞다고 하기 어렵다. 맞다고 해서도 안 된다. 왜냐하면 인간은 구원을 위해 끊임없이 애쓰고 노력해야 할 대상이기 때문이다. 하나님이 인간에게 한 번 구원은 영원한 구원이라고 할 수 있지만, 인간이 자기 스스로 한 번 구원은 영원한 구원이라고 해서는 안 된다. 왜냐하면 인간에게는 구원을 결정할 결정권이 없기 때문이다. 다만 구원을 결정하실 하나님 앞에 노력하고 애쓰며 하나님 말씀에 합당하게 살아가야 할 의무를 가진 자이기 때문이다.

하나님은 능력이 많으시기 때문에 한 번 한 약속을 지킬 수 있지만, 인간은 하나님과의 언약을 지키는데 한계적이다. 회개하고 또 죄를 짓고, 결심하고 또 그 결심이 무너지는 것이 인간이기에 구원이 확정적이라고 할 수 없다. 그러므로 인간 편에서는 이 말이 적절하지 못하다.

> 또 옛사람에게 말한바 헛맹세를 하지 말고 네 맹세한 것을 주께 지키라 하였다는 것을 너희가 들었으나 나는 너희에게 이르노니 도무지 맹세하지 말지니 하늘로도 말라 이는 하나님의 보좌임이요 땅으로도 말라 이는 하나님의 발등상임이요 예루살렘으로도 말라 이는 큰 임금의 성임이요 네 머리로도 말라 이는 네가 한 터럭도 희고 검게 할 수 없음이라 오직 너희 말은 옳다 옳다, 아니라 아니라 하라 이에서 지나는 것은 악으로 좇아 나느니라(마 5:33-37)

성경은 인간에게 맹세하지 말라고 한다. 왜냐하면 능력의 한계로 맹세한 것을 지키지 못할 가능성이 많기 때문이다. 맹세를 하고 자신을 하는 것은 "악으로 좇아 나느니라"라고 말한다. 인간 구원의 문제도 마찬가지이다. 하나님은 한 번 구원받았으니 영원한 구원이 된다고 말씀해 주실 수 있다. 하지만 인간은 그렇게 말할 수 없다. 한 번 구원이 영원한 구원으로 이어질 수 있도록 최선을 다해야 한다고 말하는 것이 바람직하다. 사도 바울처럼 혹 구원의 약속이 남아있을 지라도 구원에서 떨어질까 염려하고 조심(고전 9:27)하는 자세가 인간에게 필요하다.

> 내가 그리스도와 그 부활의 권능과 그 고난에 참예함을 알

> 려하여 그의 죽으심을 본받아 어찌하든지 죽은 자 가운데서
> 부활에 이르려 하노니 내가 이미 얻었다 함도 아니요 온전
> 히 이루었다 함도 아니라 오직 내가 그리스도 예수께 잡힌
> 바 된 그것을 잡으려고 좇아가노라(빌 3:10-12)

"한 번 구원은 영원한 구원"이라고 믿으면 믿음생활 하는데 편할 수는 있다. 그러나 이익이 될 것은 없다. 만약 구원이 확실하다면 모르지만, 변수가 작용하여 구원에서 떨어질 수 있음에도 구원받을 줄로 착각한다면 큰일이 아닐 수 없다. 더욱 조심하고 열심을 내야 하는 상황에서도 그러한 의무를 무시함으로 구원에 이르지 못한다면 그 책임은 누가 져야 하는가? 한 번 구원이 영원한 구원이라면 다행이겠지만, 그렇지 않은 경우 어떻게 되겠는가? 구원의 확신을 가지고 안주하거나 안심하고 있으면서, 정작 해야 할 일들을 감당하지 못하고, 하나님의 요구를 충족시키지 못함으로 심판을 받게 된다면 그 책임은 누가 지게 되는가? 예정론의 문제가 여기 있다. 인간의 책임 완수 여부를 심판의 기준으로 삼고 있는데도 그것과 상관이 없는 것으로 가르침으로 많은 성도들에게 무장해제 시키고 있다. 이러한 시도는 성경의 가르침에 반하는 것이다.

> 너희에게 인내가 필요함은 너희가 하나님의 뜻을 행한 후에
> 약속을 받기 위함이라 잠시 잠간 후면 오실 이가 오시리니
> 지체하지 아니하시리라(히브리서 10:36, 37)

하나님은 예수 믿는 자들을 하나도 잃어버리지 않고 다 구원하기를 원하신다. 그러나 인간 편에서는 한 번 받은 구원, 끝까지 붙잡고 가야 하는 숙제가 있다. 중도에 탈락해선 안 된다. 환난과 핍박도 이겨내야 하고, 마귀의 시험도 이겨내야 한다. 인내와 믿음을 끝까지 지켜나갈 때 구원이 유효하지, 중도에 믿음을 버리게 되면

구원 또한 무효가 될 수밖에 없다.

웨슬리는 그의 설교 '성도의 궁극적 구원'(The Preseverance of Saints)에서 "한 번 믿은 사람이면 끝까지 타락하지 않는다는 보장을 성경에 지적한 적은 없다"[162]고 하였다. 웨슬리는 특별히 히브리서를 통해서 하나님의 구원이 궁극적 구원이 아님을 분명히 밝히고 있다.

> 그러므로 내가 이 세대를 노하여 가로되 저희가 항상 마음이 미혹되어 내 길을 알지 못하는도다 하였고 내가 노하여 맹세한 바와 같이 저희는 내 안식에 들어오지 못하리라 하셨다 하였으니 형제들아 너희가 삼가 혹 너희 중에 누가 믿지 아니하는 악심을 품고 살아 계신 하나님에게서 떨어질까 염려할 것이요 오직 오늘이라 일컫는 동안에 매일 피차 권면하여 너희 중에 누구든지 죄의 유혹으로 강퍅케 됨을 면하라 우리가 시작할 때에 확실한 것을 끝까지 견고히 잡으면 그리스도와 함께 참예한 자가 되리라 (히 3:10-14)

인간 구원은 두 가지 관점에서 보아야 한다. 하나는 하나님의 관점이고, 또 하나는 인간의 관점이다. 하나님의 관점은 죄인들을 용서하고 구원하며 약속을 허락하시는 입장이다. 인간의 관점은 하나님의 구원을 받아들여 자기에게 주어진 책임을 다 이루어 나가도록 최선을 다해야 한다. 하나님이 우리를 붙잡아 주셔야만 우리가 구원을 받을 수 있다. 또한 우리도 하나님을 붙잡을 때 구원이 가능하다. "하나님에게서 떨어질까 조심하라"고 하는 것은 우리가 죄를 짓고 마음을 돌이켜 사단에게로 갈 때, 하나님에게서 떨어지게 되는 것을 말한다. 하나님이 붙잡아 주신다는 것만 믿고 우리가 하나님을 붙잡지 않을 때, 구원에 이를 수 없음을 말씀하고 있는 것이다.

---

162 이성주, 「웨슬리 신학」, 성지원, 184.

이스라엘 백성들이 가나안 땅에 들어가기 위해서는 반드시 출애굽을 해야 한다. 그 출애굽은 하나님의 권능과 능력으로 이루어 주셨다. 그러나 출애굽을 했다고 해서 가나안에 100% 들어간다는 보장은 없다. 광야를 통과해서 가나안까지 들어가는 것은 인간이 해야 할 몫이다. 한 번 구원이 영원한 구원이라는 입장에서 본다면 출애굽 하는 것도 가나안에 들어가는 것도 모두 하나님이 아시기 때문에 출애굽 한 사람들은 모두 가나안에 들어가야 정상이다. 하지만 결과는 어떻게 되었는가? 하나님은 그들 모두가 가나안에 들어가기를 원했지만 여호수아와 갈렙만 들어갈 수 있었다. 무엇이 가나안에 들어가지 못하게 하였는가? 그들의 죄악과 불신 때문이다. 이것은 한 번 구원이 영원한 구원이 될 수 없음을 알 수 있는 확실한 증거라고 할 수 있다.

한 번 구원이 영원한 구원이 되기 위해서는 반드시 전제조건이 있다. 그것은 하나님이 우리에게 값없이 주신 구원을 우리가 끝까지 견고히 잡아야 하는 것이다. 중도에 죄의 유혹에 넘어지고, 불순종으로 하나님을 대적한다면 구원의 약속은 파기될 수밖에 없다. 그렇게 되면 한 번 구원은 영원한 구원이 될 수 없다.

하나님은 그 택하신 자들을 강제로라도 회개시켜서 구원에 이르도록 한다고 예정론자들은 주장한다. 그렇게라도 천국에 들어갈 수만 있다면 얼마나 좋겠는가? 불가항력적 은혜 교리가 맞다면 광야에 쓰러진 60만의 장정들에게도 거부할 수 없는 은혜를 부어서 다 순종하게 만들어 가나안에 입성시켜야 했을 것이다. 이 사건을 신약에 와서 다시 언급하며 우리에게 거울이 되게 하고, 경고의 메시지로 주시는 것은 한 번 구원이 영원한 구원이 되지 않는다는 것을 알려주기 위해서이다. 하나님의 백성이 이방 우상으로 돌이킬 때, 자기 백성이라 하더라도 버리는 것을 성경의 역사를 통해 배우지 않는가?

> 주께서 주의 백성 야곱 족속을 버리셨음은 그들에게 동방 풍속이 가득하며, 그들이 블레셋 사람같이 술객이 되며 이방인으로 더불어 손을 잡아 언약하였음이라 그 땅에는 은금이 가득하고 보화가 무한하며 그 땅에는 마필이 가득하고 병거가 무수하며 그 땅에는 우상도 가득하므로 그들이 자기 손으로 짓고 자기 손가락으로 만든 것을 공경하여 천한 자도 절하며 귀한 자도 굴복하오니 그들을 용서하지 마옵소서 (사 2:6-9)

'한 번 구원이 영원한 구원'이라면 이스라엘 백성들이 우상숭배를 했다고 버려서는 안 된다. 그런데 하나님은 버리셨다. 예정론자들의 주장이 여기서 무너진다. 분명 이스라엘은 택함받은 선민이다. 그런데도 하나님은 버리셨다. 이유가 무엇인가? 하나님을 버렸기 때문이다. 우상을 선택했기 때문에 그들도 버림을 당한 것이다. 선민 이스라엘이라도 우상숭배하는 것을 하나님은 용납할 수 없는 것이다. 하나님이 직접 세운 여로보암도 범죄함으로 버림받았다.

> 그러므로 내가 여로보암의 집에 재앙을 내려 여로보암에게 속한 사내는 이스라엘 가운데 매인 자나 놓인 자나 다 끊어 버리되 거름을 쓸어버림같이 여로보암의 집을 말갛게 쓸어 버릴지라. 여호와께서 이스라엘의 위에 한 왕을 일으키신 즉 저가 그날에 여로보암의 집을 끊어 버리리라 어느 때냐 곧 이제라(왕상 14:10, 14)

하나님은 분명히 여로보암에게 다윗과 같이 위를 견고케 해 주실 것이라고 약속했지만, 하나님을 배신함으로 그 약속은 물거품이 되고 말았다. 한 때 하나님께 택함받고 은혜받았지만 여로보암이 우상을 숭배함으로 하나님으로부터 받은 구원의 약속을 다 잃어버린 것이다. 하나님의 약속은 상대적이지 절대적이 아니라는 사실이다. 하나님께서 아무리 약속을 해 주셨더라도 인간 편에서 배반하면 모든 약속은 무산되고 만다는 것을 성경이 증거하고 있다.

> 여호와께서 가라사대 내가 이스라엘을 물리친 것같이 유다도 내 앞에서 물리치며 내가 뺀 이 성 예루살렘과 내 이름을 거기 두리라 한 이 전을 버리리라 하셨더라(왕하 23:27)

하나님이 택한 이스라엘도 하나님의 손에 의해 버림받았다. 하나님이 선택한 유다와 예루살렘도 하나님이 버리셨다. 이스라엘 사람들은 하나님이 택하였기 때문에 결코 버리지 않을 것이라 믿었다. 오늘날 예정론자들도 하나님이 선택한 자들은 어떤 죄를 범하더라도 버리지 않는다고 믿는다. 그를 강제로 회개시켜서라도 구원에 이르게 한다고 한다. 그러나 그것은 하나님을 잘못 이해한 결과이다. 성경에는 하나님이 택한 예루살렘도 버리고 선민 이스라엘도 버렸다. 하나님이 예정했다고 해서 버리지 않는 것이 아니다. 하나님을 배반하면 그 어떤 자도 버릴 수밖에 없다. 그러므로 한 번 구원이 영원한 구원이라는 말은 범죄하는 자들에게 적용되지 않는 말이다.

> 이 백성이나 선지자나 제사장이 네게 물어 이르기를 여호와의 엄중한 말씀이 무엇이뇨 하거든 너는 그들에게 대답하기를 엄중한 말씀이 무엇이냐 하느냐 여호와의 말씀에 내가 너희를 버리리라(렘 23:33)

하나님이 택한 자나 백성이라도 범죄할 때는 버리신다고 이렇게 명확하게 말씀하고 있는데도, 한 번 구원이 영원한 구원이라고 하면 되겠는가? 성경에 역행하는 교리나 이론은 빨리 수정되어야 한다.

> 디모데야, 네게 부탁한 것을 지키고 거짓되이 일컫는 지식의 망령되고 허한 말과 변론을 피하라. 이것을 좇는 사람들이 있어 믿음에서 벗어났느니라(딤전 6:20, 21)

한 번 구원이 영원한 구원이라면 믿음에서 벗어났다고 할 수 없다. 구원받은 자라 하더라도 믿음에서 벗어날 수 있다. 끝까지 믿음을 지켜야만 구원에 이르게 된다. 사단의 미혹에 빠져서 시험을 받고, 믿음에서 떠나게 되면 하나님으로부터 버림을 받게 된다는 성경의 경고를 결코 무시해서는 안 될 것이다.

5. 완성되어야 할 구원

구원은 장거리 경주에 비유할 수 있다. 출발점이 있고, 과정이 있고, 완성이 있다. 물과 성령으로 거듭나는 사건은 곧 구원의 출발점이라 할 수 있다. 예수를 믿는 순간 구원의 여정은 시작된다. 그런가 하면 중도에 달려가는 과정이 있다. 현재 달려가고 있는 이 과정은 구원을 이루어 가는 과정이다. 이 과정을 다 마치고 나면 구원을 완성하여 천국에 들어가게 된다. 존 번연의 천로역정에서 볼 수 있듯이, 천국에 들어가야 구원이 완성된다.

> 그러나 이제는 너희가 죄에게서 해방되고 하나님께 종이 되어 거룩함에 이르는 열매를 얻었으니 이 마지막은 영생이라
> (롬 6:22)

예수 믿는 그 순간에 미래에 받을 구원이 확정되고 완성된 것처

럼 이해하는 경우가 많다. 그것은 성경 전체의 흐름과 맞지 않다. 성경은 "구원을 받았다"(막 10:52)는 과거형 또는 현재완료형과 "구원을 이루어 가라"는 현재진행형과 "구원을 얻으리라"는 미래형을 함께 사용하고 있다. 성경은 구원의 시제를 여러 가지로 혼용하여 사용한다. 이것은 예수를 믿음으로 구원이 시작되었고, 현재는 구원을 이루는 과정에 있으며, 미래 어느 시점에서 구원이 완성됨을 말한다. 그러므로 '한 번 구원이 영원한 구원'이라는 말은 성경의 구원을 전체적으로 이해하지 못한 결과에서 나온 것이라 할 수 있다.

> 그 안에서 너희도 진리의 말씀 곧 너희의 구원의 복음을 듣고 그 안에서 또한 믿어 약속의 성령으로 인치심을 받았으니(엡 1:13)

예수를 믿음으로 성령의 인치심을 받는다. 그것은 곧 구원하시겠다는 하나님의 약속이다. 약속의 성령을 받은 사람은 믿지 않는 불신자들과는 달리 구원의 약속을 받은 자들이다. 그래서 그들은 구원받았다고 할 수 있다. 시제를 과거형으로 사용하는 것이 맞다.

> 너희가 그 은혜를 인하여 믿음으로 말미암아 구원을 얻었나니 이것이 너희에게서 난 것이 아니요 하나님의 선물이라 (엡 2:8)

여기서도 믿음으로 이미 구원을 얻었다는 과거 혹은 현재완료 시제를 사용하고 있다. 이미 구원받기로 작정이 되었고, 그 작정은 이미 시작되었기 때문에 과거형이나 현재완료형으로 사용할 수 있다. 하지만 구원을 완성하려면 그 과정이 남아 있다. 이 과정을 어떻게 이해하느냐에 따라서 구원론이 달라진다. 개혁교회 구원론에서 이 과정은 단지 성화의 과정이지 구원의 과정은 아니라고 본다.

중생하면서 하나님의 자녀 신분을 취득했기 때문에 그것이 곧 구원의 시작이자 완성으로 본다. 중생 이후의 과정은 성화의 과정으로 구원과는 상관이 없다고 이해한다. 그러므로 한 번 구원받는 그 사건을 통해서 영원한 구원이 약속되며, 그것은 그 누구도 변개할 수 없고, 하나님도 심지어 자기 자신도 구원에서 떨어질 수 없다고 이해한다. 그러나 성경은 비록 믿음으로 성령의 인침을 받고 구원 약속을 받았다 하더라도 그 과정 또한 구원의 연장선상에 있음을 말씀하고 있다.

> 곧 우리가 원수 되었을 때에 그 아들의 죽으심으로 말미암아 하나님으로 더불어 화목되었은즉 화목된 자로서는 더욱 그의 살으심을 인하여 구원을 얻을 것이니라(롬 5:10)

이미 죄를 용서받고 화목 관계가 이루어진 상태이다. 양자의 신분을 받았고, 하나님과 막힌 담이 없는 상태이므로 구원을 얻었다고 할 수 있다. 이렇게 화목한 상태가 되었기 때문에 구원이 완성된 것이 아니라 더욱 구원을 얻어야 한다고 말한다. 이것은 구원이 현재진행형으로 이루어져 나가야 한다는 것을 증거하는 것이다.

> 사람이 마음으로 믿어 의에 이르고 입으로 시인하여 구원에 이르느니라(롬 10:10)

> 또한 너희가 이 시기를 알거니와 자다가 깰 때가 벌써 되었으니 이는 이제 우리의 구원이 처음 믿을 때보다 가까웠음이니라(롬 13:11)

구원은 과거형만 아니라 현재진행형으로 이해해야 함을 알 수 있다. 동시에 미래형으로 사용되고 있다. 구원론에 있어서 가장 놓치기 쉬운 것은 구원은 이미 시작된 동시에 계속 진행되어 나가며, 점점 구원의 완성으로 나아간다는 사실이다. 이것을 놓치고, 한 번 믿을 때 미래의 구원까지 다 완성된 것으로 이해하면 심각한 문제에 부딪힐 수 있음을 알아야 한다.

> 이와 같이 그리스도도 많은 사람의 죄를 담당하시려고 단번에 드리신바 되셨고 <u>구원에 이르게 하기 위하여</u> 죄와 상관없이 자기를 바라는 자들에게 두 번째 나타나시리라(히 9:28)

예수 그리스도의 십자가 사건은 단번에 일어난 것이다. 예수님이 단번에 십자가에서 속죄의 피를 흘렸다고 해서 모든 사람의 죄가 다 사해진 것은 아니다. 누구든지 그 피를 믿는 자들만 죄 사함을 받을 수 있다. 혹 중생한 자라 하더라도 다시 죄를 지으면 그 피로 용서함을 받아야 한다. 한 번 죄 사함받았다고 해서 그것으로 구원의 완성이 아니다. 죄를 지을 때마다 죄 사함을 받으면서 구원의 완성을 이루어 나가야 한다.

> 또 네가 어려서부터 성경을 알았나니 성경은 능히 너로 하여금 그리스도 예수 안에 있는 믿음으로 말미암아 <u>구원에 이르는 지혜가 있게 하느니라</u>(딤후 3:15)

> 갓난아이들같이 순전하고 신령한 젖을 사모하라 이는 이로 말미암아 너희로 <u>구원에 이르도록 자라게 하려 함이라</u>
> (벧전 2:2)

> 사랑하는 자들아 내가 우리의 <u>일반으로 얻은 구원</u>을 들어 너희에게 편지하려는 뜻이 간절하던 차에 성도에게 <u>단번에 주신 믿음의 도를 위하여 힘써 싸우라</u>는 편지로 너희를 권

하여야 할 필요를 느꼈노니(유 1:3)

예수를 믿을 때 구원을 받게 된다. 그 받은 구원을 위해 힘써 싸워 나가야 한다. 왜냐하면 중도에 떨어질 수 있기 때문이다. 떨어지면 처음 받았던 그 구원이 상실될 수 있기 때문이다. 그러므로 구원에 이르도록 힘써 싸워 나가야 한다. 구원의 시작을 구원의 완성이라고 하는 것은 잘못된 것이다. "구원에 이르도록 자라게" 열심히 일해 나가야 한다.

최종적인 구원은 미래에 얻는 것이다. 현재 얻은 구원은 완전한 구원이 아니다. 구원의 약속을 얻은 상태에 있고, 구원이 시작된 것이라고 보아야 한다. 만약 현재 구원의 완성이 되거나 100% 구원을 얻었다고 한다면 미래형의 표현을 사용해서는 안 된다. 그러나 성경은 구원은 미래에 얻게 될 마지막 믿음의 결과라고 말씀하고 있다.

믿음의 결국 곧 영혼의 구원을 받음이라(벧전 1:9)

너희가 만일 나의 전한 그 말을 굳게 지키고 헛되이 믿지 아니하였으면 이로 말미암아 구원을 얻으리라(고전 15:2)

한 번 믿었다고 구원이 완성되는 것이 아니다. 믿음으로 구원은 시작되는 것이다. 계속해서 하나님의 말씀을 지키고 순종하며 인내하고 변화되어 나갈 때 마침내 구원을 얻게 된다. 믿을 때 구원이 완성된다면 믿음의 결국이 영혼 구원이라고 해서는 안 된다.

하나님의 뜻대로 하는 근심은 후회할 것이 없는 구원에 이르게 하는 회개를 이루는 것이요 세상 근심은 사망을 이루는 것이니라(고후 7:10)

> 그러나 여자들이 만일 정절로써 믿음과 사랑과 거룩함에 거하면 그 해산함으로 구원을 얻으리라(딤전 2:15)

예수 그리스도를 믿을 때 구원이 완성된다면 중도에 탈락할 가능성은 전혀 없어진다. 그러나 구원의 완성이 마지막 순간에 최종적으로 이루어진다면 그 중간에 탈락 가능성이 있기 마련이다. 지금 구원론에서 생겨나는 논쟁은 최종적인 구원을 받는데 중도에 구원 탈락 가능성이 있느냐 없느냐 하는 것이다. 김세윤 교수는 구원의 탈락 가능성에 대해 다음과 같이 말하고 있다.

> 그렇다면 믿음의 시작점에 칭의 된 모든 사람들은 결국 구원을 받는 것입니까? 그런 사람들 중 구원에서 탈락하는 사람은 없습니까? 결론적으로 한마디로 답한다면, 칭의의 현재('구원의 서정'의 언어로 말하자면 '성화') 단계에서 하나님 나라의 백성으로서 하나님의 아들 예수 그리스도의 주권에 성령의 도움으로 순종하려는 기본자세를 가지고 살지 않는 사람은 설사 그가 예전에 믿음으로 예수를 주로 고백하여 칭의, 구원을 받았다 한들(롬 10:9-10), 종말의 칭의, 구원의 완성에 이르지 못하고 탈락한다는 것이 성경의 가르침입니다.[163]

이미 구원이 확정되었다면 구원을 위해서 애쓰거나, 죄와 피 흘리기까지 싸워야 하는 과정이 남아 있다. 하나님이 우리를 위해 역사하시는 구원이 있는가 하면, 인간이 책임지고 이루어가야 할 구원이 있다. 만약 구원이 이미 이루어진 사람에게 또다시 구원을 위해 애쓰라고 하는 것은 논리적 모순에 빠진 것이다. 입학시험에 합격한 사람에게 입학시험에 합격하도록 열심히 공부하라는 것은 모순이다. 구원을 위해 애쓰거나 죄와 싸우라고 하는 것은 구원이 완

---
163 김세윤, 「칭의와 성화」, 두란노, 264.

성이 되지 않았기 때문에 완전하게 이루라는 것이다.

성경은 어떻게 말씀하는가? 이미 구원을 받았다고도 하지만, 완성을 향해 달려갈 것을 말씀한다. 이미 구원이 완성되었으니 구원의 확신을 가져도 되고, 구원이 100% 보장되었으니 염려없다고 말하지 않는다. 죽는 그 순간까지 그 누구도 구원에 대해서 장담할 자는 없다는 것이 성경의 입장이다.

> 이러므로 우리에게 구름같이 둘러싼 허다한 증인들이 있으니 모든 무거운 것과 얽매이기 쉬운 죄를 벗어 버리고 인내로써 우리 앞에 당한 경주를 경주하며 믿음의 주요 또 온전케 하시는 이인 예수를 바라보자 저는 그 앞에 있는 즐거움을 위하여 십자가를 참으사 부끄러움을 개의치 아니하시더니 하나님 보좌 우편에 앉으셨느니라(히 12:1, 2)

한 번 구원받은 자에게도 얽매려고 하는 죄는 다가온다. 그것을 날마다 벗어버리지 않으면 다시 옛날로 돌아가고, 옛사람으로 돌아갈 수 있다. 그러므로 구원은 앞을 향해 경주하는 것처럼 달려가야만 결승점에 도달할 수 있는 것이다. 구원은 시작되었지만 완성되지 않은 현재진행형의 과정이 있다고 해야 정확한 말이다. 미래에 이루어질 구원이 이미 현재에 완료되었다거나, 구원에서 떨어질 가능성이 전혀 없다고 하는 것은 성경의 가르침에 위배되는 것이다.

> 그러므로 나의 사랑하는 자들아 너희가 나 있을 때 뿐 아니라 더욱 지금 나 없을 때에도 항상 복종하여 두렵고 떨림으로 너희 구원을 이루라(빌 2:12)

빌립보 교회 성도들은 예수 그리스도를 믿음으로 이미 구원이 시작된 상황이다. 하지만 바울은 "구원을 이루라"고 한다. 이미 구원이 시작되었기 때문에 완성을 향해 달려가라는 의미이다. 구원은 지금까지 이루었기 때문에 현재완료로 표현할 수 있다. 그와 동시에 미래형이나 혹은 현재진행형으로 표현해야 한다. 지금까지 구원을 이루어 왔다 하더라도 앞으로 이루어야 할 구원에서 실패하면 안 되기 때문이다. 어떻게 앞으로 다가오지도 않은 미래의 구원까지 현재에서 다 이루었다고 할 수 있는가? 이러한 주장이 나오게 된 것은 구원이 인간의 행위에 근거하지 않고 전적으로 하나님의 결정과 선택에 달려있다고 믿기 때문이다. 자유의지가 구원에 어떤 영향도 미칠 수 없다고 전제하기 때문에 한 번 구원은 영원한 구원이라는 말이 나오게 된다.

미래에 일어날 일은 그 누구도 장담할 수 없는 것이다. 인간에게는 구원에 절대적으로 영향을 미칠 수 있는 자유의지와 선택의 자유가 주어져 있다. 그래서 하나님의 은혜로 구원을 얻었다고 할 수 있는 동시에, 인간이 책임져야 할 부분에 대해서는 구원이 이루어졌다고 해서는 안 된다.

> 웨슬리는 신자의 자유의지를 강조하면서 어거스틴이나 칼빈의 견인의 은총론을 부정한다. 아무리 의인화와 거듭남의 은총을 받은 성도라도 자유의지에 의하여 떨어질 수도 있다고 해석한다. 웨슬리는 그의 설교 "우리 자신의 구원을 이룸에 대하여"에서 두려움과 떨림으로 구원을 이루어야 함을 강조한다. 하나님이 먼저 일하시니 우리도 일할 수 있고(can), 하나님이 먼저 일하시니 우리가 일하지 아니하면 안 된다(must). 그 때문에 스스로 섰다고 하는 자는 넘어질까 조심해야 하고, 푯대를 향하여 뒤돌아보지 아니하고 계속 달려가야 한다.[164]

---
164 김홍기, 「감리교회사」, kmc, 370, 371.

구원은 하나님의 일인 동시에 사람의 일이기도 하다. 하나님이 전적으로 일하시는 동시에 인간도 전적으로 구원을 위해 힘쓰고 애써야 한다. 하나님이 구원을 위해서 모든 것을 다하시지만, 인간에게 책임과 달란트를 부여하시고 그 일들을 감당함으로 구원이 완성되도록 하는 것이 하나님의 구원 계획이며 섭리다. 하나님이 우리에게 달란트를 주신 것은 인간에게 책임과 의무가 주어지며, 그것이 심판의 근거가 된다는 말씀이다. 하나님의 은혜 없이는 구원 자체가 불가능하다. 하지만 하나님의 절대적 은혜를 받은 인간이 하나님이 주신 사명을 최선을 다해 감당하지 못할 때 구원의 완성으로 갈 수 없다는 사실이다.

예수님은 한 번 구원받은 자가 천국 들어가기 전에 실족되는 경우에 대해서 말씀하신다. 그는 분명 예수 그리스도의 보혈로 죄 사함 받은 자임이 분명하다. 그러나 다른 사람으로 하여금 실족을 당함으로 지옥에 떨어질 수 있는 가능성을 경고하고 있다.

> 누구든지 나를 믿는 이 소자 중 하나를 실족케 하면 차라리 연자 맷돌을 그 목에 달리우고 깊은 바다에 빠뜨리는 것이 나으니라 실족케 하는 일들이 있음을 인하여 세상에 화가 있도다 실족케 하는 일이 없을 수는 없으나 실족케 하는 그 사람에게는 화가 있도다(마 18:6, 7)

성도의 견인교리를 믿는 자들은 한 번 구원받은 영혼은 영원하다고 믿는다. 하나님께 택정함을 받은 영혼은 어떤 일이 있어도 지옥에 떨어지지 않는다고 믿는다. 만약 예수 믿는 자 중에 실족하여 천국 들어가지 못하는 경우가 발생한다면 그것은 하나님으로부터 택정함을 받지 못했기 때문이라고 한다. 그러나 예수님은 이런 예정론자들의 입장과 다르다. 예수님을 믿는 자 중에 실족하여 지옥에 떨어지는 경우가 있다고 하시기 때문이다. 그렇게 되면 그를 실족시킨 자도 지옥에 던져 넣게 된다. 실족케 한 그 사람도 역시 믿는 자이지만 실족하는 일로 인해 구원에서 떨어지고 심판을 받게 된다는 사실을 예수님이 친히 말씀하여 주셨다.

> 그런즉 너희 자유함이 약한 자들에게 거치는 것이 되지 않도록 조심하라 지식 있는 네가 우상의 집에 앉아 먹는 것을 누구든지 보면 그 약한 자들의 양심이 담력을 얻어 어찌 우상의 제물을 먹게 되지 않겠느냐 그러면 <u>네 지식으로 그 약한 자가 멸망하나니 그는 그리스도께서 위하여 죽으신 형제라</u> 이같이 너희가 형제에게 죄를 지어 그 약한 양심을 상하게 하는 것이 곧 그리스도에게 죄를 짓는 것이니라 그러므로 만일 식물이 내 형제로 실족케 하면 나는 영원히 고기를 먹지 아니하여 내 형제를 실족치 않게 하리라(고전 8:9-13)

사도 바울은 하나님을 믿는 자를 실족시키고 멸망시킬 수 있다고 말한다. 이것은 예정론자들이 말하는 성도의 견인 교리가 맞지 않음을 증거한다. 견인교리가 맞다면 실족할 것을 염려할 필요가 없다. 왜냐하면 택정함을 받은 자는 어떤 일이 있어도 실족하지 않을 것이기 때문이다. 이런 말도 안 되는 논리로 구원을 설명하려는 시도는 많은 영혼을 지옥에 떨어지게 한다는 것을 명심해야 한다. 구원이 확정된 자라 하더라도 실족할 가능성이 있고, 멸망으로 떨어질 가능성이 항상 열려 있음을 가르쳐야 좀 더 많은 영혼들이 구원받아 천국에 들어갈 수 있을 것이다.

> 만일 네 오른눈이 너로 실족케 하거든 빼어 내버리라 네 백체 중 하나가 없어지고 온 몸이 지옥에 던지우지 않는 것이 유익하며 또한 만일 네 오른손이 너로 실족케 하거든 찍어 내버리라 네 백체 중 하나가 없어지고 온 몸이 지옥에 던지

우지 않는 것이 유익하니라(마 5:29, 30)

예수를 믿는다 해도 죄를 지을 때는 지옥에 떨어질 가능성이 매우 높음을 경고하는 말씀이다. 하나님의 자녀라 하더라도 죄를 지으면 지옥에 떨어지기 때문에 엄청난 결단이 없으면 안 된다는 사실을 경고해 주고 있다. 이것은 절대로 "한 번 구원은 영원한 구원" 교리가 맞지 않음을 말씀해 주는 것이다. 이미 죄 사함 받고 구원이 확정된 상태에서 다시 죄를 지으면 어떻게 되는가? 회개하면 용서 받지만 회개하지 않고 계속 그 죄를 짓게 되면 멸망으로 떨어진다.

> 너희 육신이 연약하므로 내가 사람의 예대로 말하노니 전에 너희가 너희 지체를 부정과 불법에 드려 불법에 이른 것같이 이제는 너희 지체를 의에게 종으로 드려 거룩함에 이르라(롬 6:19)

믿음으로 거듭나 구원으로 출발하는 것도 중요하지만, 출발 이후에 구원을 이루어 나가는 과정은 더 중요하다. 왜냐하면 예수를 믿고 구원의 길이 시작되었어도 거의 대부분이 중도에서 떨어지거나 실패하는 경우가 많기 때문이다. 천국문까지 완주해 나가는 그 길은 너무나 좁고 협착하여 중도에 타협하거나 포기하는 경우가 많다는 것을 성경이 말씀하고 있다. 그러므로 불법에서 벗어나 거룩함에 이르기까지 부단한 자기 노력과 경건의 훈련 과정을 통과해야 한다.

구원은 시작되었지만 그 시작이 완성은 아니다. 이 세상에 사는 동안에는 구원이 진행되어 나가는 과정에 있기 때문에 그 누구도 완성되었다고 할 수 없다. 따라서 '한 번 구원은 영원한 구원'이라고 주장하게 되면 성경의 많은 부분을 다시 수정하지 않으면 안 될 것이다.

> 또한 너희가 이 시기를 알거니와 자다가 깰 때가 벌써 되었
> 으니 이는 이제 우리의 구원이 처음 믿을 때보다 가까웠음
> 이니라(롬 12:11)

처음 믿을 때의 구원보다 점점 더 가까이 오는 구원이 있다. 구원의 완성은 천국에 들어갔을 때 이루어진다. 이 세상에서의 구원은 천국을 향하여 점점 나아가는 진행형의 구원이다.

> 그의 안에서 건물마다 서로 연결하여 주 안에서 성전이 되
> 어가고 너희도 성령 안에서 하나님의 거하실 처소가 되기
> 위하여 예수 안에서 함께 지어져 가느니라(엡 2:21, 22)

이 땅에서의 구원은 지어져 가는 과정에 있다. 하나님이 거하실 처소가 완성되면 천국에 들어가게 된다.

> 내가 내 몸을 쳐 복종하게 함은 내가 남에게 전파한 후에 자
> 기가 도리어 버림이 될까 두려워함이로라(고전 9:27)

'한 번 구원이 영원한 구원'이라고 한다면 바울은 자신이 도리어 버림을 당할까 두려워할 필요가 없을 것이다. 버림받을 수 있다고 하는 것은 아직도 구원이 100% 확정되지 않았음을 증거하는 것이다. 바울은 하나님에 의해 사도로 택정함을 받은 인물임이 분명하다. 그렇다고 해서 그가 죽기 전에 구원이 100% 확실한 것이라고 할 수 없는 것은 죄와 사단의 공격의 가능성에서 벗어나 있지 않기 때문이다. 남에게는 복음을 전파하여 천국에 보내 놓고, 정작 자기는 죄를 지어 지옥에 떨어질 수 있는 위험성에 노출되어 있음을 분명히 알고 있었다는 것이다.

구원에 대한 바울의 입장은 천국 들어갈 때까지 더욱 노력하고

최선을 다해야 한다는 것이다. 구원을 "이미 얻었다"고도 할 수 없으며, "온전히 이루었다"고도 할 수 없다(빌 3:12-14). 죽은 자의 부활에 이르기 위해서 바울은 더욱더 진력할 것을 다짐하고 있다. 이것은 단지 상급만을 놓고 하는 결심이면서 동시에 심판과 부활을 놓고 하는 말이다.

처음 믿음을 저버렸으므로 심판을 받느니라(딤전 5:12)

구원은 하나님과 성도 사이에 약속이다. 그 약속이 지켜지면 구원이 이루어지는 것이고, 그 약속이 깨어지면 구원도 깨어진다. 하나님이 우리에게 주신 약속이기 때문에 양자가 서로 지킬 때만 효력이 발생하고, 어느 한 쪽이 일방적으로 어길 경우, 그 약속은 효력을 상실한다. 처음 믿음을 버리면 심판을 받게 된다. 그러므로 처음 믿음을 저버릴 경우 택함받고 구원의 약속이 있는 자라도 심판을 받게 된다.

> 너희가 하나님의 성전인 것과 하나님의 성령이 너희 안에 거하시는 것을 알지 못하느뇨 누구든지 하나님의 성전을 더럽히면 하나님이 그 사람을 멸하시리라 하나님의 성전은 거룩하니 너희도 그러하니라(고전 3:16, 17)

하나님의 성전이 되었다는 것은 하나님의 성령이 그 속에 거하신다는 증거다. 만약 그 성전을 죄로 더럽힐 경우 하나님은 그 사람을 멸하신다고 한다. 이렇게 하나님의 성전을 더럽히는 자는 외적 소명은 받았으나 내적 소명을 받지 못한 자라고 예정론자들이 주장해 왔다. 그러나 여기 보면 분명 "하나님의 성전"이 되었기 때문에 성령을 받은 자임이 분명하다. 분명히 거듭난 자요, 구원의 약속이 있는 자이다. 그렇게 거듭나고 중생한 자라 하더라도 다시 자신을 더럽히게 되면 분명히 멸하신다고 한다. 거룩하지 않은 자는 그 누구도 천국에 들어갈 수 없다. 그러므로 한 번 구원이 영원한 구원이라고 하는 것은 성경의 주장과 전혀 맞지 않는 교리다.

6. 중생한 자를 공격하는 마귀의 시험

'한 번 구원은 영원한 구원'이라는 교리를 믿고 자기의 구원이 확정되었다고 믿는다면 어떤 일이 일어날 것인가? 구원에서 떨어질 확률이 훨씬 높다. 왜냐하면 자신은 외부적인 어떤 요소도 자신의 구원에 영향을 줄 수 없다고 생각하기 때문이다. 따라서 마귀의 존재나 귀신의 존재에 대해서 심각하게 생각하지 않는다. 마귀가 아무리 그 구원을 빼앗아 가려 해도 이미 중생을 통해 불가능해지는 상태라고 믿기 때문이다. 하나님이 한 번 확정한 구원이기 때문에 마귀나 악한 영들이 구원을 건드릴 수 없다고 믿는다.

만약 그렇게 믿는 것이 사실이라면 참으로 다행한 일이 될 것이다. 마귀도 그런 자들을 공격하지 않을 것이다. 이미 구원이 확정되어 전혀 변동이 되지 않는다면 마귀가 공격할 리 없다. 그러나 그것은 사실이 아니다. 마귀가 시험하려고 하는 것은 가능성이 있기 때문이다. 마귀가 예수님을 시험하려고 온 것은 예수님을 넘어지게 할 가능성이 있었기 때문이다. 만약 가능성이 전혀 없었다면 마귀는 예수님을 시험하지 않았을 것이다. 성도들을 시험하는 것도 마찬가지이다. 넘어질 가능성이 있기 때문에 시험해 오는 것이다. 한 번 구원이 마귀의 시험을 막아주지 못하며, 마귀의 시험에 넘어질 때 그 구원을 잃어버릴 가능성도 있다.

이미 천국에 올라간 성도들을 마귀가 시험하지 않는 이유가 무엇인가? 물론 접근 자체도 불가능하지만, 그들은 더 이상 구원에서 떨어질 가능성이 없기 때문이다. 그러나 이 땅에 아직 육신을 입고 살아가는 동안에는 언제든지 얻은 구원을 상실할 수 있다. 비록 구원의 약속이 있고, 성령의 인침이 있다 하더라도 인간은 얼마든지 유혹을 받아 타락할 수 있기 때문에 마귀는 성도들도 공격 대상으로 삼는다.

> 그러나 성령이 밝히 말씀하시기를 후일에 어떤 사람들이 믿음에서 떠나 미혹케 하는 영과 귀신의 가르침을 좇으리라 하셨으니 자기 양심이 화인 맞아서 외식함으로 거짓말하는 자들이라(딤전 4:1, 2)

믿음에서 떠나 귀신의 가르침을 따라가는 경우가 있다는 것은 믿던 성도라도 구원에서 떨어질 수 있다는 말씀이다. 귀신의 가르침은 믿음을 무너뜨릴 만큼 교묘하고 설득력이 있다. 이단들이 가만히 들어와 믿는 성도들을 유혹하는데, 그것이 바로 귀신들의 가르침이다. 믿었던 자가 믿음에서 떠남으로 구원을 잃게 되는 결과를 가져온다. 이런 엄청난 경고가 성경에서 주어지고 있는데도 불구하고 '한 번 구원은 영원한 구원'이라고 한다면 그것은 구원의 길을 방해하는 일이 될 것이다.

> 뱀이 그 간계로 이와를 미혹케 한 것같이 너희 마음이 그리스도를 향하는 진실함과 깨끗함에서 떠나 부패할까 두려워하노라(고후 11:3)

아담과 하와를 미혹하였던 그 뱀이 신약 성도들에게도 여전히 시험으로 다가온다는 것이다. 뱀이 하와를 미혹할 때는 죄가 없는 상태였다. 신약의 성도들도 예수의 피로 죄 씻음 받은 상태이다. 구원의 약속도 받아 놓고 있다. 그런 상태임에도 마귀는 찾아와서 죄를 짓게 하고, 타락시켜 구원에서 떨어지게 한다는 것을 경고하는 것이다.

> 이러므로 나도 참다못하여 너희 믿음을 알기 위하여 보내었노니 이는 혹 〈시험하는 자〉가 너희를 시험하여 우리 수고를 헛되게 할까 함일러니(살전 3:5)

성도를 열심히 양육하고 세워놓으면 마귀가 어떻게 한다는 것인가? 시험하고 미혹해서 넘어지게 함으로 그 동안 했던 수고를 헛되게 한다는 것이다. 이것은 곧 한 번 구원을 받아 성도가 되었더라도 시험하는 마귀에 의해서 그 모든 것이 수포로 돌아갈 수 있는 가능성을 말한 것이다.

> 네가 장차 받을 고난을 두려워 말라 볼지어다 마귀가 장차 너희 가운데서 몇 사람을 옥에 던져 시험을 받게 하리니 너희가 십 일 동안 환난을 받으리라 네가 죽도록 충성하라 그리하면 내가 생명의 면류관을 네게 주리라(계 2:10)

마귀가 성도들을 시험하고 환난을 주는 것은 구원에서 떨어지게 하기 위함이다. 그러므로 한 번 구원이 영원한 구원이 아님을 마귀의 시험을 통해 알 수 있다. 마귀가 성도들과 교회를 시험하고 공격한 구원에서 떨어질 위험에 노출되어 있는 것이 분명하다.

> 근신하라 깨어라 너희 대적 마귀가 우는 사자같이 두루 다니며 삼킬 자를 찾나니 너희는 믿음을 굳게 하여 저를 대적하라 이는 세상에 있는 너희 형제들도 동일한 고난을 당하는 줄을 앎이니라(벧전 5:8, 9)

마귀가 우는 사자같이 삼킬 자를 찾고 있는 이유는 믿는 성도들을 사냥하기 위함이다. 따라서 마귀를 대적해야 한다. 영적 싸움은 천국 들어가는 그 순간까지 계속된다는 것을 알 수 있다.

> 더러운 귀신이 사람에게서 나갔을 때에 물 없는 곳으로 다니며 쉬기를 구하되 얻지 못하고 이에 가로되 내가 나온 내 집으로 돌아가리라 하고 와 보니 그 집이 비고 소제되고 수리 되었거늘 이에 가서 저보다 더 악한 귀신 일곱을 데리고 들어가서 거하니 그 사람의 나중 형편이 전보다 더욱 심하게 되느니라 이 악한 세대가 또한 이렇게 되리라 (마 12:43-45)

귀신이 나갔다는 것은 믿음으로 구원을 받았다는 증거다. 그렇지만 나중에 더 악한 일곱 귀신이 들어감으로 처음 형편보다 더 안좋게 되었다. 이 세상에서 한 번 구원이 영원한 구원으로 보장되지 않음을 예수님이 경고해 주시는 말씀이다.

> 사랑하는 자들아 영을 다 믿지 말고 오직 영들이 하나님께 속하였나 시험하라 많은 거짓 선지자가 세상에 나왔음이니라 (요일 4:1)

> 이것이 이상한 일이 아니라 사단도 자기를 광명의 천사로 가장하나니 그러므로 사단의 일군들도 자기를 의의 일군으로 가장하는 것이 또한 큰일이 아니라 저희의 결국은 그 행위대로 되리라 (고후 11:14, 15)

악한 영들, 거짓 선지자들이 이 땅에 나오는 것은 구원받은 성도들을 넘어뜨리려고 하는 것이다. 따라서 믿는 성도들은 영을 다 믿어서는 안 되며, 영분별을 통하여 마귀를 물리쳐야 한다.

> 마귀의 궤계를 능히 대적하기 위하여 하나님의 전신갑주를 입으라 우리의 씨름은 혈과 육에 대한 것이 아니요 정사와 권세와 이 어두움의 세상 주관자들과 하늘에 있는 악의 영들에게 대함이라 그러므로 하나님의 전신갑주를 취하라 이는 악한 날에 너희가 능히 대적하고 모든 일을 행한 후에 서기 위함이라(엡 5:11-13)

예수를 믿고 구원이 확정된 성도들이 마귀와 왜 싸워야 하는지, 어떻게 싸워야 하는지를 말씀하고 있다. 마귀와 싸워야 하는 것은 마귀에게 지면 구원도 잃어버리기 때문이다. 성도들의 믿음을 빼앗고 구원에서 떨어지게 하기 위해 마귀가 공격하기 때문에 모든 것을 다해 싸우지 않으면 안 된다. '한 번 구원은 영원한 구원'이라고 하여 성도를 속임으로 지옥에 떨어진다면 그것을 좋아할 자는 마귀밖에 없을 것이다. 성경은 절대로 '한 번 구원은 영원한 구원'이니 안심하라고 하지 않는다. 오히려 두렵고 떨림으로 구원을 이루어 가야 함을 말씀하고 있다. 그것은 곧 외부로부터는 마귀의 공격이 있고, 내부로부터는 죄에 대한 정욕이 언제 싹틀지 모르기 때문이다.

> 나보다 먼저 온 자는 다 절도요 강도니 양들이 듣지 아니하였느니라 내가 문이니 누구든지 나로 말미암아 들어가면 구원을 얻고 또는 들어가며 나오며 꼴을 얻으리라 도적이 오는 것은 도적질하고 죽이고 멸망시키려는 것뿐이요 내가 온 것은 양으로 생명을 얻게 하고 더 풍성히 얻게 하려는 것이라(요 10:8-10)

마귀는 믿음과 구원을 빼앗아가는 도적이다. 구원받은 예수님의 양들을 도적질하는 절도요 강도이다. 그러므로 절대로 안심해서 될 문제가 아님을 성경이 경고하고 있다. 항상 구원을 빼앗아가려는 사단의 공격에 영적 전투준비를 하고 있어야 한다.

> 그러므로 우리는 두려워할지니 그의 안식에 들어갈 약속이 남아 있을지라도 너희 중에 혹 미치지 못할 자가 있을까 함이라(히 4:1)

웨슬리는 "특별히 구원의 선택을 받은 사람이라도 그가 영원한 나라에 들어가기 전까지는 언제라도 타락할 가능성"[165]이 있음을 말한다. 성경은 마귀의 존재와 시험, 그 공격에 대해서 상세하고 말씀하고 있다. 마귀에 의해서 구원을 잃어버린다고 성경이 경고하고 있다. 교회는 한 번 구원은 영원한 구원이 될 수 없음을 분명히 깨닫고 가르쳐야 한다.

7. '한 번 구원 영원한 구원' 교리가 구원에 미치는 영향

1) 중생 후 죄 문제에 대한 잘못된 견해

'한 번 구원은 영원한 구원'이라는 교리를 믿게 되면, 중생 이후 짓는 죄 문제에 대해 심각하게 고려하지 않게 된다. 한 번 구원으로 영원한 구원이 되었기 때문에, 중생 이후에 짓는 죄나 우상숭배, 하나님을 배반하는 일은 구원에 전혀 영향을 미치지 않게 된다. 다만 죄를 짓게 될 경우, 징계가 주어지고 복을 빼앗기는 문제가 발생한다. 그러나 구원의 문제에는 전혀 영향을 미칠 수 없다. 한 번 구원받은 자는 설령 타락을 하고 죄를 짓는다 하더라도 하나님이 반드시 회개시키시고 다시 불러 구원시킨다고 믿는다. 이러한 주장이 사실이라면 믿다가 타락한 자에 대한 경고는 왜 주어지

---

165 이성주, 「웨슬리 신학」, 성지원, 177.

는 것일까?

> 한 번 비침을 얻고 하늘의 은사를 맛보고 성령에 참예한바 되고 하나님의 선한 말씀과 내세의 능력을 맛보고 타락한 자들은 다시 새롭게 하여 회개케 할 수 없나니 이는 자기가 하나님의 아들을 다시 십자가에 못 박아 현저히 욕을 보임이라 땅이 그 위에 자주 내리는 비를 흡수하여 밭가는 자들의 쓰기에 합당한 채소를 내면 하나님께 복을 받고 만일 가시와 엉겅퀴를 내면 버림을 당하고 저주함에 가까와 그 마지막은 불사름이 되리라(히 6:4-8)

한 번 구원에 참예하고 성령을 체험한 자라 하더라도 구원의 과정에서 타락하게 되면 구원이 상실될 수 있음을 히브리서는 심각하게 경고한다. 중생하였다 하더라도 범죄하면 구원에서 떨어질 수 있음을 성경이 분명히 밝히고 있다. 그러므로 예정론적 시각을 버리고, 두렵고 떨림으로 구원을 이루어 가는 자세가 필요하다. 선민사상에 빠졌던 이스라엘 백성들은 자기들이 선민이라는 이유 때문에 망하지 않을 줄 알고 있다가 결국 하나님께 버림을 받았다. 예정론을 잘못 이해하고 있는 신약의 교회들도 범죄는 결국 구원에서 떨어지게 하는 심각한 요소임을 이해해야 한다.

만약 한 번 구원이 영원한 구원이라고 한다면, 거듭난 성도가 신천지나 통일교 같은 이단에게 넘어간다 하여도 그 구원이 상실되면 안 된다. 한 번 구원을 받았기 때문에 이단에 넘어간다 하더라도 구원은 유효하다는 결론이 나온다. 한 번 구원으로 영원까지 이어지기 때문에 구원 이후에 이단이나 우상숭배 같은 죄가 구원을 취소시킬 수 없다. 심지어 성도가 자살한다 하더라도 그 자살이 구원을 취소시킬 수 없다고 할 수 있다. 예정론 신학자들 가운데 실제로 그렇게 말하는 경우도 있다. 이러한 주장은 성경의 진리와 모순된다. 어떤 죄라도 죄는 지옥에 떨어지게 하는 효력을 가지고 있다. 죄를 지어도 지옥에 떨어지지 않는다고 가르치는 것은 성경에서 벗어난 진리이다. 성경은 구원 이후에라도 죄를 짓게 되면, 그 죄로 인하여 지옥에 떨어지는 것을 분명하게 경고하고 있기 때문이다.

2) 중생 후 구원과정을 간과하는 잘못을 범한다

구원은 단회적인 사건이면서도 인내하며 끝까지 이루어가는 과정이라 할 수 있다. 물과 성령으로 거듭난 중생의 은혜를 끝까지 믿음으로 지킬 때 구원이 완성된다. 그러나 한 번 구원이 영원한 구원이라는 주장을 믿게 되면, 중행 이후의 구원 과정은 의미가 없는 것이 되고 만다. 그 과정은 구원의 과정이 아니라 '상급 과정'이 되고 말 것이다.

> 그리스도는 그의 집 맡은 아들로 충성하였으니 우리가 소망의 담대함과 자랑을 끝까지 견고히 잡으면 그의 집이라 우리가 시작할 때에 확실한 것을 끝까지 견고히 잡으면 그리스도와 함께 참예한 자가 되리라(히 3:6, 14)

'한 번 구원이 영원한 구원'이라고 하게 되면 구원을 이루어가기 위해서 끝까지 인내할 필요가 없어진다. 이미 구원이 확정되었기 때문에 성경에서 요구하는 인내의 말씀을 무시할 수밖에 없다.

> 다만 너희에게 있는 것을 내가 올 때까지 굳게 잡으라 이기는 자와 끝까지 내 일을 지키는 그에게 만국을 다스리는 권세를 주리니 그가 철장을 가지고 저희를 다스려 질그릇 깨뜨리는 것과 같이 하리라 나도 내 아버지께 받은 것이 그러하니라(계 2:25-27)

'한 번 구원이 영원한 구원'이라면 예수님이 오실 때까지 인내하며 믿음을 굳게 지키지 않아도 구원을 얻는데 문제가 없을 것이다. '한 번' 구원이 이루어지면 영원한 구원이 확정되어 버리기 때문에 앞으로 전개될 그 어떤 일을 통해서도 구원이 무효가 되는 일은 없을 것이다. 그러나 성경은 주님 오시는 그 순간까지 구원에 대해서 안심할 수 없는 것이고, 구원의 확정은 천국에 들어갔을 때 가능하다는 입장이다. 구원에서 탈락할 여러 변수에 대해서 조심해야 할 것을 성경이 말씀하고 있다.

구원은 "이기는 자"에게만 주어지는 것이다. "끝까지 내 일을 지키는 그"에게 주어진다. 때문에 한 번 구원이 영원한 구원이 되기 위해서는 엄청난 인내와 끝까지 목숨 걸고 신앙을 지켜야만 가능하다는 것을 성경이 증거해 준다.

3) 구원의 완성과정 중요성 평가절하

'한 번 구원이 영원한 구원' 교리는 구원의 완성 과정을 평가절하 함으로써 받은 구원을 놓칠 수 있는 위험한 교리이다. 극상품 포도나무를 심었으나 들포도를 맺힘같이 성령으로 시작하였다가 육체로 마치는 격이 될 수 있다. 칼빈주의 예정론의 위험성은 한 번 구원으로 그 구원이 취소되지 않는데 있다. 이것은 구원파에서도 외치는 것이다. 성화도 구원의 과정이며 성화에 따라 구원 여부가 판가름 난다고 성경이 경고하고 있음에도 이것을 하나의 상급의 문제로만 이해하는 것이 문제다. 심각한 것은 성화를 이루어가지만 이 땅에서는 완전한 성화, 성경이 요구하는 성화를 이룰 수 없다고 전제하고 있다는 것이다.

이에 반해, 루터파의 구원론은 오직 믿음만을 외치면서도 신인협력설(synergism)의 형태를 가지고 있다. 칼빈주의 절대예정론과는 달리 루터파는 구원의 상실 가능성을 열어 놓고 있다. 구원에 대한 상실 가능성은 곧 인간의 자유의지를 그만큼 인정한다는 뜻이다. 벌콥은 루터파의 구원 과정을 다음과 같이 설명하고 있다.

> 이것은 구원이 완성된 모든 자들이 거쳐 온 과정이지만, 구원이 시작되었다고 해서 반드시 구원의 완성이 보장되어 있는 것은 아니다. 하나님의 은혜는 항상 거역할 수 있고, 구원의 전 과정 내내 언제든지 거역할 수 있으며, 구원의 과정이 아무리 많이 진행된 시점이라고 하여도 언제나 상실할 수 있고, 그것도 단지 한 번만이 아니라 여러 번 상실할 수 있다. 인간의 구원은 전적으로 하나님에게 달려 있다는 강력한 단언에도 불구하고, 인간은 하나님의 역사를 유효하게 좌절시킬 수 있기 때문에 그 결정은 사실 인간에게 있다고 주장된다.[166]

루터파의 구원관에 대한 이해는 구원의 상실 가능성을 부정하는 개혁주의 구원관보다 성경에 가깝다고 할 수 있다. 구원의 상실 가능성을 인정하는 것이 왜 중요한가? 그래야만 구원을 상실할 수 있는 위험성을 줄일 수 있기 때문이다. 상실 가능성이 없다고 한다면 누가 구원을 위해서 열심을 다하겠는가? 이런 측면에서 구원의 상실 가능성을 주장한 루터파의 구원론은 성경에 보다 근접하고 있다고 할 것이다.

성경은 구원 상실 가능성에 대해 심각한 우려를 표하고 있다. 바울은 "너희가 이같이 어리석으냐 성령으로 시작하였다가 이제는 육체로 마치겠느냐?"(갈 3:3)라고 갈라디아 교회 성도들의 구원 상실 가능성에 대해 우려를 표명하였다. 예수님은 "인자가 올 때에 세상에 믿음을 보겠느냐?"(눅 18:8)라고 하셨다. "예수께서 열 두 제자에게 이르시되 너희도 가려느냐?"(요 6:67)라고 하시며 믿던 자들이 다시 마귀에게로 돌아가는 것을 염려하셨다.

---

166 루이스 벌코프, 박문재 역, 「기독교 교리사」, 크리스챤 다이제스트, 235.

성경은 구원의 완성을 중요시하고 있다. 그러나 '한 번 구원 영원한 구원'의 교리는 이러한 성경의 중요성을 무시하고, 하나님의 예정과 절대주권에 의해서 구원은 하나님의 일방적인 주도로 이루어진다고 말함으로써 인간이 감당해야 할 책임과 의무를 수행하지 않아도 된다는 생각을 넣어준다. 이것은 구원을 이루어가는 성도들에게 심각한 문제가 아닐 수 없다. 구원에 필요한 하나님의 은혜는 받았으나, 하나님이 요구하는 의무사항들은 지키지 않음으로 구원받는데 심각한 문제가 생기게 된다.

한 달란트 받은 종이 왜 한 달란트도 남기지 않았는가? 하나님은 전능하시기 때문에 인간이 노력하거나 수고하지 않아도 하나님이 다 하실 것이라고 생각했기 때문이다. 바로 오늘날 칼빈주의적 예정론과 유사하다고 할 수 있다. 구원은 하나님이 전적으로 다 알아서 할 문제이기 때문에 인간에게 책임이 없고, 의무사항도 없다고 생각한다. 과연 이러한 구원론이 얼마나 성경에서 벗어나 있는지를 깊이 고려하고 참된 구원론을 세우는 것이 오늘 교회에 주어진 사명이라고 아닐 수 없을 것이다.

> 불의한 자가 하나님의 나라를 유업으로 받지 못할 줄을 알지 못하느냐 미혹을 받지 말라 음란하는 자나 우상 숭배하는 자나 간음하는 자나 탐색하는 자나 남색하는 자나 도적이나 탐람하는 자나 술 취하는 자나 후욕하는 자나 토색하는 자들은 하나님의 나라를 유업으로 받지 못하리라(고전 6:9, 10)

> 창기와 합하는 자는 저와 한 몸인 줄을 알지 못하느냐 일렀으되 둘이 한 육체가 된다 하셨나니 주와 합하는 자는 한 영이니라. 음행을 피하라 사람이 범하는 죄마다 몸 밖에 있거니와 음행하는 자는 자기 몸에게 죄를 범하느니라 너희 몸은 너희가 하나님께로부터 받은바 너희 가운데 계신 성령의

전인 줄을 알지 못하느냐 너희는 너희의 것이 아니라 값으로 산 것이 되었으니 그런즉 너희 몸으로 하나님께 영광을 돌리라(고전 6:16-20)

구원파 교리의 핵심이 무엇인가? 한 번 구원은 영원한 구원이다. 한 번 구원받은 사람은 구원받기 싫어도 그 구원이 취소되지 않는다고 가르친다. 육체로 범하는 죄는 더 이상 영혼에 영향을 미칠 수 없으며, 한 번 얻은 구원은 취소되지 않는다고 한다. 이러한 비슷한 주장을 구원파만 아니라 오늘 개신교회 안에서도 하고 있다는 사실은 실로 안타까운 일이 아닐 수 없다. 바로 '한 번 구원은 영원한 구원'이라는 교리가 구원파의 교리와 근본적인 측면에서는 크게 다를 바가 없기 때문이다.

천사들로 하신 말씀이 견고하게 되어 모든 범죄함과 순종치 아니함이 공변된 보응을 받았거든 우리가 이같이 큰 구원을 등한히 여기면 어찌 피하리요(히 2:2, 3)

위의 말씀은 분명 구원받은 성도들에게 주시는 말씀이다. "큰 구원을 등한히" 여기면 안 된다. 한 번 얻은 구원을 끝까지 지켜나가야 하는데, 그것은 구원받은 자가 감당해야 할 몫이다. 뒤로 물러나 침륜에 빠지게 되면 구원이 취소될 수 있다.

너희는 돌아보아 하나님 은혜에 이르지 못하는 자가 있는가 두려워하고 또 쓴 뿌리가 나서 괴롭게 하고 많은 사람이 이로 말미암아 더러움을 입을까 두려워하고 음행하는 자와 혹 한 그릇 식물을 위하여 장자의 명분을 판 에서와 같이 망령된 자가 있을까 두려워하라 너희의 아는 바와 같이 저가 그 후에 축복을 기업으로 받으려고 눈물을 흘리며 구하되 버린

바가 되어 회개할 기회를 얻지 못하였느니라(히 12:15-17)

장자권을 판다는 것은 자신의 구원을 경홀히 여기고 사단에게 내어 주는 행위라고 할 수 있다. 성경이 왜 에서의 장자권 사건을 우리에게 경고의 메시지로 주고 있는가? 그것은 우리도 우리의 구원을 가볍게 여기고 세상 물질이나 우상과 바꿀 수 있고, 마귀에게 내어 줄 수 있는 가능성이 있기 때문이다. 한 번 구원이 영원한 구원이라면 이런 경고를 우리에게 할 필요가 전혀 없을 것이다. 하나님의 예정에 의해서 구원이 결정된다면 에서의 장자권 이야기는 더 이상 거론할 필요가 없는 문제이다.

'한 번 구원은 영원한 구원' 교리는 분명 성경의 진리와 맞지 않는다. 잘못된 성경해석과 잘못된 신학논리로 만들어낸 교리이다. 이 교리를 믿고 신앙생활 할 경우, 천국 들어가기가 어려울 것이다. 성령으로 시작했다가 육체로 마칠 수가 있다. 한 달란트 받은 종처럼 될 수 있다. 사단의 공격을 이겨내기 힘들 것이고, 환난과 핍박 또한 이겨내기 힘들 것이다. 순교는 더더욱 피할 것이며, 죽기를 각오하고 주님 따르는 자가 많지 않게 될 것이다. 한 번 구원 영원한 구원 교리가 구원받는데 얼마나 치명적인 위험성을 내포하고 있는지를 심각하게 생각해야 한다.

7장

중생 이후 짓는 죄에 대한 논쟁

구원론 논쟁

1. 문제 제기

믿음으로 죄 사함 받고 칭의를 받은 이후에 또다시 범죄하는 경우 구원에 어떤 영향을 미치는가에 대한 신학적 답변이 중요하다. 문제 대한 의견은 분분하다. 중생 혹은 죄 사함 이후에 또다시 범죄하더라도 구원에 어떤 영향도 미치지 않는다고 보는 입장이 있는가 하면, 중생 후의 범죄 또한 구원에 심각한 영향을 미친다고 주장하는 경우도 있다. 어떤 입장을 취하느냐에 따라서 구원론에 큰 영향을 주게 된다. 죄 사함을 받아 깨끗해진 상태에서 다시 범죄할 경우 구원이 상실될 수 있다면 심각한 문제가 아닐 수 없을 것이다. 왜냐하면 대부분의 구원론이 중생 이후의 범죄는 징계의 문제이지 구원의 문제는 아니라고 이해하고 있기 때문이다.

개혁주의 신학자들은 중생 이후의 죄는 구원에 어떤 영향도 미칠 수 없다는 입장인 반면, 알미니안주의나 웨슬리안주의는 구원에 영향을 미칠 수 있다고 보는 입장이다. 왜 하나의 성경을 놓고 구원과 죄에 대한 입장 차이가 이렇게도 큰 것인가? 이 문제는 신학적 논쟁의 대상이 되지 않을 수가 없다. 이 문제를 반드시 해결해서 참된 구원론을 정립하는 것이 오늘 시급한 과제가 아닐 수 없을 것이다.

개혁주의자들의 주장대로 중생 이후의 죄가 그 어떤 경우에도 구원에 영향을 미치지 않는다는 입장이 성경적이라고 한다면 참으로 다행한 일이 아닐 수 없을 것이다. 이 논제에 대해서 더 이상 논의할 필요가 없을 것이다. 그러나 중생 이후의 범죄가 구원에 치명적인 영향을 미친다고 한다면 이것은 보통 심각한 문제가 아닐 수 없을 것이다. 만약 중생 후의 범죄가 구원에 영향을 미친다면 이 논쟁은 계속 되어야 하고, 그 해답을 찾는데 모든 자들이 힘을 모아야 할 것이다.

이 논쟁의 주제는 이미 믿고 있는 성도들에게 중요한 문제가 아닐 수 없을 것이다. 믿었기 때문에 구원은 받았는데, 또다시 죄를 범할 경우 어떻게 그 죄를 해결할 것인지에 대한 방안도 찾아내야 하기 때문이다. 성령의 은사와 내세의 능력을 맛보고도 다시 타락하게 될 경우, 최대한 구원 얻을 방법을 찾아 구원을 얻는다면 얼마나 다행한 일이겠는가? 그러나 잘못된 교리를 믿고, 범죄해도 구원에 영향을 미치지 않는 줄 알고 있다가 구원에서 떨어진다면 얼마나 비극적인 일이 되겠는가? 그러므로 이 논쟁에서 분명한 해답을 찾아 올바른 구원론을 정립하는 것이 오늘 교회의 사명일 것이다.

> 저희가 허탄한 자랑의 말을 토하여 미혹한데 행하는 사람들에게서 겨우 피한 자들을 음란으로써 육체의 정욕 중에서 유혹하여 저희에게 자유를 준다 하여도 자기는 멸망의 종들이니 누구든지 진 자는 이긴 자의 종이 됨이니라 만일 저희가 우리 주되신 구주 예수 그리스도를 앎으로 세상의 더러움을 피한 후에 다시 그중에 얽매이고 지면 그 나중 형편이 처음보다 더 심하리니 의의 도를 안 후에 받은 거룩한 명령을 저버리는 것보다 알지 못하는 것이 도리어 저희에게 나으니라 참 속담에 이르기를 개가 그 토하였던 것에 돌아가고 돼지가 씻었다가 더러운 구덩이에 도로 누웠다 하는 말이 저희에게 응하였도다(벧후 2:18-22)

2. 중생 이후 범죄 가능성

웨슬리는 '신자 안에 있는 죄'(Sin in Believers)라는 글에서 중생한 성도 속에도 죄성이 함께 존재한다고 보았다. 비록 구원을 받은 성도라 하더라도 그 속에 죄성과 기질, 욕망, 교만, 정욕, 분노와 같은 것들은 그대로 남아 있다는 것이다. 웨슬리는 "의롭다 함을 받은 사람이나 중생한 사람은 그가 의롭다 함을 받자마자 모든 죄로부터 자유케 되는가?…… 나는 그렇다고 말할 수 없다."[167]고 하였다. "칭의 전에 회개가 있는 것과 같이, 칭의 후에도 회개가 필연적으로 필요함을 인정"[168]한다는 것이다.

중생한 이후에도 인간 속에는 죄성이 있음은 확실하다. 명분상 칭의는 받았지만, 그렇다고 속사람이 완전히 새롭게 된 상태는 아니기 때문이다. 예수를 믿고 새사람이 된 것으로 인정을 받으면서도 속사람은 여전히 죄의 성향이 있거나 죄를 반복하게 된다. 그래서 하나님은 중생한 자, 하나님의 자녀로 인정받은 자가 죄를 지을 때 징계하신다. 불신자일 때 죄짓는 것과 하나님의 자녀의 신분을 가진 후에 죄짓는 것은 다르다. 자녀가 된 이후에 짓는 죄에 대해서 하나님은 징계하신다.

> 너희가 죄와 싸우되 아직 피 흘리기 까지는 대항치 아니하고 또 아들들에게 권하는 것같이 너희에게 권면하신 말씀을 잊었도다 일렀으되 내 아들아 주의 징계하심을 경히 여기지 말며 그에게 꾸지람을 받을 때에 낙심하지 말라 주께서 그 사랑하시는 자를 징계 하시고 그의 받으시는 아들마다 채찍질 하심이니라 하였으니 너희가 참음은 징계를 받기 위함이라 하나님이 아들과 같이 너희를 대우하시나니 어찌 아비가 징계하지 않는 아들이 있으리요 징계는 다 받는 것이거늘 너희에게 없으면 사생자요 참 아들이 아니니라(히 12:4-8)

중생 후에도 하나님의 자녀들이 죄를 짓는다. 그 죄에 대한 결과는 일단 징계로 나타난다. 징계는 죄를 포함한 죄의 성질, 성격, 옛 성품을 죽이고 거룩한 자로 설 수 있도록 하는 하나님의 사랑의

---

[167] 오톤 와일리, 폴 컬벗슨, 전성용 역, 「웨슬리안 조직신학」, 세복, 374.
[168] 조종남 편, 「요한 웨슬레 설교선집」, 서로사랑, 175.

다른 표현 방법이다. 중생 후에 죄를 짓는다 해서 당장 징벌하거나, 하나님의 자녀의 신분이 박탈되는 것이 아님을 알 수 있다. 이미 하나님이 받으셨기 때문에 범죄에 대하여 회개를 요구하며, 징계를 통해 점점 하나님의 성품을 닮아가도록 인도하신다.

> 육체의 소욕은 성령을 거스리고 성령의 소욕은 육체를 거스리나니 이 둘이 서로 대적함으로 너희의 원하는 것을 하지 못하게 하려 함이니라(갈 5:17)

비록 성령을 받은 자라 하더라도 육체의 소욕으로 인해 성령의 소욕이 방해를 받게 된다. 예수 믿고 중생한 이후에는 죄를 끊고, 거룩한 삶을 살아야 마땅하다. 그럼에도 육신이 약하여 죄를 짓는다. 믿음이나 칭의, 중생, 양자됨, 하나님 자녀의 신분을 얻었다 해서 그것이 죄를 짓지 않도록 막아 주는 것은 아님을 알 수 있다. 성령을 받았다고 해서 그 성령이 죄를 짓지 못하도록 힘과 능력은 줄 수 있지만 직접적으로 우리의 의지를 이용해서 막아주지는 않는다. 우리는 자유의지가 있기 때문에 구원받은 이후에도 우리의 자유의지를 잘못 사용하고, 우리를 죄에게 종으로 내어주면 다시 죄가 발생한다. 다윗도 성령을 받은 자였지만 간음과 살인을 저질렀지 않은가? 웨슬리는 "의롭다 함을 얻은 후에도 회개하여야"[169] 한다고 말한다.

구원받은 이후에 죄를 짓고 안 짓고는 우리 각자의 자유의지의 판단과 결정에 달려 있다. 하나님은 죄를 짓지 않기를 원하며, 마귀는 죄를 짓도록 유혹한다. 그렇지만 그 누구도 죄를 짓도록 인간의 의지를 강제할 수 없다. 죄를 짓는 행동으로 옮기는 최종 판단은 각자가 하기 때문이다. 그렇기 때문에 죄는 구원받은 자가 스스로가 결단과 노력과 기도와 인내로써 이겨내야 할 부분이다. 다

---

169 조종남 편, 「요한 웨슬레 설교선집」, 서로사랑, 153.

만 성령을 받게 되면 그 성령의 힘으로 죄를 이길 능력이 강화되는 것이며, 성령이 충만함으로 죄를 이길 수 있는 것이다.

중생한 자라도 죄에 대해 무지하거나, 죄를 과소평가하거나, 옛 습성과 죄성을 완전히 다 버리지 못했을 때는 또다시 죄를 짓게 된다. 죄를 짓지 않도록 죄의 근성을 뿌리 뽑지 않으면 개가 토한 것을 주어먹듯이 다시 죄를 범하게 된다.

> 너희가 죄와 싸우되 아직 피 흘리기까지는 대항치 아니하고 또 아들들에게 권하는 것같이 너희에게 권면하신 말씀을 잊었도다 일렀으되 내 아들아, 주의 징계하심을 경히 여기지 말며 그에게 꾸지람을 받을 때에 낙심하지 말라(히 12:4, 5)

'교리와 장정' 제2장 제12조 '의롭다 하심을 얻은 후의 범죄' 편에서 중생 후 다시 범죄할 때 어떻게 되는지에 대한 조항이 나온다.

> 의롭다 하심을 얻은 후에 고의로 범하는 죄마다 성신을 거역하여 사유하심을 얻지 못할 죄는 아니다. 그러므로 의롭다 함을 얻은 후에 죄에 빠지는 사람에게 회개함을 허락하시는 은혜를 얻지 못한다 할 것이 아니요, 우리가 성신을 받은 후라도 얻은바 은혜를 배반하고 죄에 빠졌다가 하나님의 은혜로 다시 일어나 우리의 생활을 개정할 수도 있다. 그러므로 세상에 거할 동안에 그들이 죄를 더 범하지 못한다 하는 자들이나 죄를 범한 뒤에 참으로 회개할지라도 사유하심을 얻지 못한다 하는 자들은 정죄하심을 당할 것이다.[170]

문제는 중생 후에도 죄가 발생하는데, 그 죄가 구원에 어떤 영향을 미치는가 하는 것이다. 물론 회개를 통하여 중생 후에 지은

---

[170] 「교리와 장정」, 기독교대한감리회 출판국, 29.

죄를 씻음받을 수 있는 길이 열려 있음은 실로 다행한 일이 아닐 수 없다. 그러나 회개의 길이 열려 있다고 해서 죄에 대해 무관심하거나 반복해서 짓게 되면 심각한 문제가 발생할 수 있다. 성령으로 시작하였다고 육체로 마치게 되는 것처럼 구원받은 자라도 중생 후에 죄를 끊지 못함으로 구원을 받지 못하는 경우도 생기기 때문이다. 그러므로 오늘 교회는 중생 후에 짓게 되는 죄문제를 심각하게 고민해야 하며, 그것이 구원에 어떤 영향을 미치는지 정확하게 전달해 주어야 한다.

3. 중생 이후 범죄가 구원에 미치는 영향

중생한 자가 짓는 죄는 더 이상 구원과 관계없다고 생각하는 경향이 있다. 왜냐하면 본질상 진노의 자녀에서 그리스도를 통하여 새 생명을 얻었기 때문(엡 2:1-4)이다. 그리스도와 합하여 세례를 받았기 때문에 새로운 피조물로 태어난 성도는 그 후에 짓는 죄에 대해서는 영향을 받지 않는다(롬 6:3)고 본다. 중생한 자들은 법아래 있지 않고 은혜아래 있기 때문에(롬 6:14) 죄가 주관할 수 없다는 것이다.

그렇다면 왜 중생한 자가 죄를 지으며, 그 지은 죄에 대해 회개하지 않으면 안 되는가 하는 문제가 생긴다. 개혁주의자들은 "또 미리 정하신 그들을 또한 부르시고 부르신 그들을 또한 의롭다 하시고 의롭다 하신 그들을 또한 영화롭게 하셨느니라"(롬 8:30)는 말씀을 근거로 미래의 죄까지 다 용서해 주신 것으로 이해한다. 후크마는 중생 이후의 죄가 칭의를 무효화 할 수 없다고 주장한다.

> 그렇다면 미래의 죄에 대한 용서는 어떻게 되는가? 로마서 8장 33-34절에서는 이렇게 말한다. "누가 능히 하나님께서 택하신 자들을 고발하리요 의롭다 하신 이는 하나님이시

> 니 누가 정죄하리요." 여기서 바울은 하나님이 의롭다 하신 자에게는 어떤 고발도 결코 성공할 수 없다며 의기양양하게 선포한다. 사탄은 자신의 고발을 통해 <u>하나님의 택함받은 사람의 칭의를 결코 뒤집을 수 없다.</u> 그러므로 하나님의 관점에서 <u>하나님이 한 사람을 의롭다 하실 때는 그 사람의 과거의 죄뿐 아니라 미래의 죄까지 다 용서하신다고 말하는 데 있어 어떤 반론도 있을 수 없다.</u> 그 신자의 미래의 삶이 펼쳐진 책처럼 하나님 앞에 놓여 있기 때문이다.[171]

후크마의 이런 주장은 과연 성경의 주장과 일치하는가? 미래의 죄까지 용서받기 때문에 한 번 칭의를 받은 자는 영원하다는 입장을 취한다. 개혁주의 칭의론은 실로 위험한 사상이 아닐 수 없다. 쉐드(Shedd)도 칭의를 받을 때 과거, 현재, 미래의 죄까지 모두 용서받는다고 주장한다.

> 죄인의 칭의는 모든 것을 포괄하는 하나님의 행위다. 신자의 과거와 현재와 미래의 모든 죄는 그가 의롭다 함을 받을 때 용서받는다. 신자의 죄의 총합은 그 전부가 하나님이 그를 의롭게 된 사람이라고 선언하시는 그 순간에 하나님의 눈앞에 있으므로, 하나님의 한 행위로 도말되거나 덮인다. 결과적으로 하나님의 생각 속에서 칭의 행위의 반복이란 존재하지 않는다. 이는 칭의의 바탕이 되는 그리스도의 속죄의 죽음에 반복이 존재하지 않는 것과 마찬가지다.[172]

존 머레이는 예수 그리스도의 죽으심과 부활은 믿는 성도들과 동일화를 이룬다고 주장한다.

---

171 앤서니 후크마, 이용중 역, 『개혁주의 구원론』, 부흥과 개혁사, 255, 256.
172 William G. T. Shedd, Dogmatic Theology(1888: Grand Rapids: Zondervan, n.d.), p.2:545. 앤서니 후크마, 이용중 역, 『개혁주의 구원론』, 부흥과 개혁사, 256에서 재인용.

> 우리는 이미 그리스도의 죽으심과 부활이 그가 위하여 죽고 부활한 사람들과의 동일화로부터 분리될 수 없다는 것을 살펴보았다. 이 둘을 분리하는 것은 그리스도의 죽으심과 부활로부터 의미와 목적을 박탈해 버리는 것이다..... 그리스도께서 위하여 죽고 부활하신 사람들은 창세 전에 그리스도 안에서 선택되었다. 그러므로 그들은 그리스도가 죽었다가 다시 살아날 때 그리스도 안에 있었고, 그들이 안에 있었던 그리스도의 죽으심과 부활로부터 그들을 분리시키는 것은 불가능하다.[173]

개혁주의 신학자들은 대부분 중생한 이후의 죄가 구원을 취소할 수 없다고 믿는다. 심지어 자살을 한다하더라도 그 죄가 중생의 효력을 취소시킬 수 없다고 주장하는 신학자들도 있을 만큼 한 번 선택이나 한 번 중생의 경험을 한 자는 구원에서 떨어지지 않음을 강조하는 것이다.

후크마는 "칭의는 단번에 발생하며, 과정이나 반복되는 사건이 아니다. 그러나 성화는 보통 그렇게 이해되듯 평생에 걸쳐 계속되는 하나의 과정이며, 이 세상에서의 삶이 끝나기 전까지는 완성되지 않는다."[174]라고 한다. 성화가 죽기 전까지 완성되지 않는다는 것은 결국 죄로부터 자유할 수 없다는 말이다. 그렇다면 중생한 성도가 죽을 때까지 죄로부터 자유할 수 없다는 말이고, 자유할 수 없다면 그의 구원은 어떻게 되는가?

성경은 중생 이후의 죄도 지옥으로 떨어질 수 있는 요소가 있음을 단호하게 말씀하고 있다. 예수님은 사죄의 은총을 받은 자도 범죄할 때는 지옥에 떨어질 수 있음을 말씀하신다. 일만 달란트 빚을 탕감받은 자는 예수 십자가의 보혈로 죄용서 받고 구원을 받은 자

---

173 존 머레이, 박문재 역, 「존 머레이 조직신학」, 크리스챤 다이제스트, 303.
174 앤서니 후크마, 이용중 역, 「개혁주의 구원론」, 부흥과 개혁사, 253.

로 이해할 수 있다. 하지만 그가 자기에게 일백 데나리온 빚진 동관을 감옥에 넣음으로 용서하지 않았다. 이것은 곧 용서받은 자로서 다른 사람의 죄를 용서해 주지 않음으로 다시 죄를 짓게 된 셈이다. 이로 인해 그는 감옥에 들어갔다. 이것은 곧 은혜를 받고 구원을 받은 자라도 다시 죄를 지을 수 있음을 보여 준다(마 18:23 이하).

> 한 번 비침을 얻고 하늘의 은사를 맛보고 성령에 참예한바 되고 하나님의 선한 말씀과 내세의 능력을 맛보고 타락한 자들은 다시 새롭게 하여 회개케 할 수 없나니 이는 자기가 하나님의 아들을 다시 십자가에 못 박아 현저히 욕을 보임이라 땅이 그 위에 자주 내리는 비를 흡수하여 밭가는 자들의 쓰기에 합당한 채소를 내면 하나님께 복을 받고 만일 가시와 엉겅퀴를 내면 버림을 당하고 저주함에 가까와 그 마지막은 불사름이 되리라(히 6:4-8)

하늘의 은사와 성령에 참예한바 되고, 내세의 능력을 맛본 자들은 중생한 자들이고 구원의 약속을 이미 받은 자들이다. 그런 자들도 타락할 경우 그 결과가 엉겅퀴이기 때문에 그 마지막은 불사름이요 지옥이다. 물론 중생한 자들, 하나님의 자녀가 된 자들이 죄를 짓는다고 당장 형벌이 떨어지거나 구원이 취소되는 것은 아니다. 회개하고 돌이킬 수 있는 기회를 주시며 징계하신다.

> 그러나 네게 책망할 일이 있노라 자칭 선지자라 하는 여자 이세벨을 네가 용납함이니 그가 내 종들을 가르쳐 꾀어 행음하게하고 우상의 제물을 먹게 하는도다 또 내가 그에게 회개할 기회를 주었으되 그 음행을 회개하고자 아니하는도다 볼지어다 내가 그를 침상에 던질 터이요 또 그로 더불어 간음하는 자들도 만일 그의 행위를 회개치 아니하면 큰 환

> 난 가운데 던지고 또 내가 사망으로 그의 자녀를 죽이리니 모든 교회가 나는 사람의 뜻과 마음을 살피는 자인 줄 알지라 내가 너희 각 사람의 행위대로 갚아주리라(계 2:20-23)

구원받은 자가 죄를 짓게 되면 하나님은 단계별로 징계하시며, 징계 수위가 점점 올라간다는 것을 알 수 있다. 징계해도 끝내 돌이키지 않으면 그 영혼이 지옥에 떨어진다. 그 죄를 회개하고 끊어버리도록 하시지만, 계속해서 반복한다면 결국 지옥에 떨어질 수밖에 없다고 성경은 경고하고 있다. 이스라엘 백성들이 범죄하였을 때, 하나님은 그들을 바로 버린 것이 아니다. 회개할 기회를 주고, 선지자를 보내며 기회를 주었다. 하지만 그들이 끝내 거부하였을 때 구원을 잃게 되고, 나라까지 빼앗기게 되었다.

> 예루살렘아 예루살렘아 선지자들을 죽이고 네게 파송된 자들을 돌로 치는 자여 암탉이 제 새끼를 날개아래 모음같이 내가 너희의 자녀를 모으려 한 일이 몇 번이냐 그러나 너희가 원치 아니 하였도다(눅 :34)

구원받은 이후에 짓는 죄는 구원에 치명적인 영향을 미친다. 알지 못할 때 짓는 죄와 알고 짓는 죄는 다르다. 구원을 받았기 때문에 더더욱 죄를 지어서는 안 된다. 그럼에도 교회들은 구원 이후에 짓는 죄는 구원받는데 전혀 지장이 없는 것으로 가르친다. 상을 잃어버릴 정도이지 부끄러운 구원이라도 받는다는 것이다.

예정론자들은 다윗이 범죄한 것도 죽을 죄는 아니라고 생각한다. 그가 하나님으로부터 택함을 받은 자이고, 성령을 받은 자이기 때문에 비록 간음과 살인을 저질렀어도 구원에서 떨어지지 않았을 것이라는 생각을 한다. 그러나 하나님은 범죄한 다윗을 죽이려 하셨다. 진리를 받은 후에 다시 죄를 범하게 되면 심각한 문제가 생김을 성경이 말씀하고 있다.

> 왜냐하면 우리가 진리를 아는 지식을 받은 후 짐짓 죄를 범한즉 다시 속죄하는 제사가 없고 오직 무서운 마음으로 심판을 기다리는 것과 대적하는 자를 소멸할 맹렬한 불만 있으리라(히 10:26, 27)

물론 사소한 죄나 실수로 짓는 죄에 대해서는 회개를 통해 씻을 수 있는 길을 열어 놓았지만, 이단으로 넘어간다든가, 신성모독적인 행동, 성령훼방죄를 지을 경우에는 구원받은 자라 하더라도 구원을 상실하게 된다. 물론 죽기 전까지 하나님은 회개의 기회를 주시며 회개하면 구원을 얻을 수 있다. 그러나 끝까지 회개하지 않으면 구원이 상실된다도 강조해야 한다.

> 또 내가 그에게 회개할 기회를 주었으되 그 음행을 회개하고자 아니하는도다 볼지어다! 내가 그를 침상에 던질 터이요, 또 그로 더불어 간음하는 자들도 만일 그의 행위를 회개치 아니하면 큰 환난 가운데 던지고 또 내가 사망으로 그의 자녀를 죽이리니 모든 교회가 나는 사람의 뜻과 마음을 살피는 자인 줄 알지라 내가 너희 각 사람의 행위대로 갚아주리라(계 2:21-23)

출애굽하여 광야로 나온 백성들이 가나안에 들어가지 못하였다. 그것은 곧 믿음을 통해 구원이 시작되었다고 하더라도 중도에 불순종하고 죄악의 길로 갈 때는 다 멸망할 수밖에 없음을 보여주는 좋은 예가 될 것이다.

> 그러나 저희의 다수를 하나님이 기뻐하지 아니하신 고로 저

희가 광야에서 멸망을 받았느니라 그런 일은 우리의 거울이 되어 우리로 하여금 저희가 악을 즐겨한 것같이 즐겨하는 자가 되지 않게 하려 함이니 저희 중에 어떤 이들과 같이 너희는 우상 숭배하는 자가 되지 말라 기록된바 백성이 앉아서 먹고 마시며 일어나서 뛰논다 함과 같으니라(고전 10:5-7)

중생하고, 믿고 칭의를 받았더라도 다시 죄를 짓게 되면 성경은 구원이 상실될 것을 분명히 말씀하고 있다. 중생이나 칭의가 구원을 위해 반드시 필요한 과정이지만 그것이 구원을 완전하게 보장해 주는 것은 아니다. 항상 죄가 변수로 작용한다. 그래서 사단은 구원 얻은 자라도 죄를 짓도록 해서 그 구원의 효력을 상실하도록 만들고 있는 것이다.

그러나 너를 책망할 것이 있나니 너의 처음 사랑을 버렸느니라 그러므로 어디서 떨어진 것을 생각하고 회개하여 처음 행위를 가지라 만일 그리하지 아니하고 회개치 아니하면 내가 네게 임하여 네 촛대를 그 자리에서 옮기리라(계 2:4, 5)

"촛대를 그 자리에서 옮기리라"는 말씀은 무슨 뜻인가? 그것은 구원을 받지 못한다는 의미이다. 따라서 구원받은 이후에 다시 죄를 짓게 되면 구원에 심각한 문제가 생긴다. 구원의 약속과 천국에서 이루어질 구원을 착각해서는 안 된다. 구원을 약속받은 것과 구원받은 것은 다른 문제이다. 구원을 약속받은 상태에서는 언제든지 구원이 취소될 수 있는 가능성이 내포되어 있기 때문이다.

그러므로 우리는 두려워할지니 그의 안식에 들어갈 약속이 남아 있을지라도 너희 중에 혹 미치지 못할 자가 있을까 함이라 저희와 같이 우리도 복음 전함을 받은 자이나 그러나

> 그 들은 바 말씀이 저희에게 유익되지 못한 것은 듣는 자가
> 믿음을 화합지 아니함이라(히 4:1, 2)

안식에 들어갈 약속이 남아 있어도 미치지 못할 자가 있기 마련이다. 이 땅에서 천국에 대한 약속이 있더라도 그 천국에 미치지 못할 자가 많은 것은 구원을 약속받은 자라도 수많은 변수가 작용할 수 있다는 것을 말해 준다. 그 변수가 바로 '범죄'와 '불순종'이다. 죄를 범하게 되면 그 죄가 없어지지 않는 한 구원을 이룰 수 없다. 회개를 해서 반드시 죄를 해결하고, 다시는 죄를 짓지 않아야 구원을 이룰 수 있다. 분명한 사실은 죄가 조금이라도 있는 한 그 죄를 가지고 천국에 들어갈 수 없다는 것이다. 그러므로 중생한 자라도 죄를 짓고 회개하지 않거나, 계속해서 죄를 짓게 된다면 구원을 보장할 수 없다.

> 죄를 짓는 자마다 불법을 행하나니 죄는 불법이라 그가 우리 죄를 없이 하려고 나타내신바 된 것을 너희가 아나니 그에게는 죄가 없느니라 그 안에 거하는 자마다 범죄하지 아니하나니 범죄하는 자마다 그를 보지도 못하였고 그를 알지도 못하였느니라(요일 3:4-6)

죄에 대한 성경의 입장은 분명하고 단호하다. 죄는 불법이며, 그 불법을 행할 때는 하나님을 볼 수가 없다는 것이다. 또한 하나님을 안다면 죄를 짓지 않게 될 것임을 말씀하고 있다. 따라서 범죄하지 않으려면 예수 그리스도 안에 들어가 있어야 한다. 중생한 자는 예수 그리스도 안에 들어가 있다. 때문에 이론적으로는 중생한 자가 예수 그리스도 안에 들어가 있기 때문에 죄를 짓지 않는다. 하지만 현실적으로는 그렇지 않다. 죄를 반복해서 되풀이 하는 경우가 많다. 그래서 인간이 육체에 있는 동안은 결코 죄를 끊을

수 없다고 생각하게 된다.

하나님께서 우리 인간의 연약함을 아시고 계속 범죄해도 용서해 주시면 다행이지만, 하나님을 만홀히 여기고 악용하여 범죄를 되풀이 한다면 과연 용서받을 수 있을까? 중생 후에 짓는 죄는 여러 가지 다른 방식의 징계로 이어진다. 회계하면 징계로 끝나지만, 회개치 않을 경우 심판으로 나아가게 된다. 따라서 중생 후의 죄를 결코 가볍게 여길 문제가 아니다. 여하한 경우를 막론하고 범죄는 불법이며, 그 불법은 심판으로 이어진다는 것이 성경의 가르침이다.

4. 중생 후에 죄에 대하여 취해야 할 자세

1) 죄를 범치 않겠다는 결단

중생은 죄를 회개하고 다 씻음받은 자에게 일어나는 사건이다. 그러므로 적어도 중생할 그 시점에는 죄가 하나도 없어야 한다. 예수 보혈의 능력으로 과거의 모든 죄를 다 덮고 죄를 간과함으로 더 이상 죄가 없는 상태가 되는 것이다. 이렇게 중생을 경험한 자가 개가 토했던 것을 다시 주어 먹고, 돼지가 씻었다가 다시 더러운 곳에 눕는 것처럼 죄를 범한다면 어떻게 되겠는가? 중생할 때 미래의 죄까지 다 씻음받았기 때문에 중생 후의 죄는 구원과 상관이 없다고 할 것인가? 죄를 범하면 회개하기 전까지는 그 죄가 머물 수밖에 없다.

간음하다 현장에서 잡혀온 여인에게 죄 없는 자가 돌로 치라고 주님이 말씀하셨고, 주님도 정죄치 않을 것이라고 하셨다. 그런데 조건이 있다. 그것은 다시는 죄를 범치 말라는 것이었다. 만약 그 여인이 용서받은 다음에도 계속해서 간음죄를 반복하였다면 그 결국은 어떻게 되겠는가? 당연히 하나님으로부터 버림을 당할 것이다. 비록 한 번 용서받았다고 하더라도 그 후의 죄 때문에 지옥심판을 받을 가능성이 있음을 성경이 말씀하고 있다. 그러므로 중생한 자, 칭의를 얻고 양자 된 자들은 죄를 끊겠다는 단호한 의지와 결단이 필요하다.

> 만일 저희가 우리 주 되신 구주 예수 그리스도를 앎으로 세상의 더러움을 피한 후에 다시 그중에 얽매이고 지면 그 나중 형편이 처음보다 더 심하리니 의의 도를 안 후에 받은 거룩한 명령을 저버리는 것보다 알지 못하는 것이 도리어 저희에게 나으니라 참 속담에 이르기를 개가 그 토하였던 것에 돌아가고 돼지가 씻었다가 더러운 구덩이에 도로 누웠다 하는 말이 저희에게 응하였도다 (베드로후서 2:20-22)

2) 다시는 죄의 종이 되지 않겠다는 결단 필요

> 너희 자신을 종으로 드려 누구에게 순종하든지 그 순종함을 받는 자의 종이 되는 줄을 너희가 알지 못하느냐 혹은 죄의 종으로 사망에 이르고 혹은 순종의 종으로 의에 이르느니라
> (롬 6:16)

성경은 구원 이후 짓는 죄에 대하여 단호하다. 다시는 죄를 짓지 말 것을 요구하며, 죄의 종이 되지 말 것을 말씀하고 있다. 왜냐하면 죄를 짓게 되면 다시 죄의 종이 되기 때문이다. 하나님의 자녀가 다시 죄의 종으로 돌아가는 것을 성경은 관용하거나 허용하지 않는다. 감옥에서 석방된 자가 다시 죄를 짓게 되면 어떻게 되는가? 다시 감옥에 들어가게 된다. 같은 원리요 이치이다. 죄를 용서받고 또 죄를 짓게 되면 죄의 종이 되기 때문에 거기서 빠져나오기가 쉽지 않다. 물론 회개라는 것을 통해 용서받을 기회를 주시는

것은 참으로 다행한 일이 아닐 수 없다. 그렇다고 해서 구원받은 자가 다시 죄를 짓는 것을 성경이 허용하거나 관용하지 않는다.

만약 죄의 더러움을 피한 후에 다시 그 죄에 얽매이고 지면 나중 형편이 더 심할 것이라고 말한다. 이것은 곧 쫓겨났던 귀신이 다시 자기 집으로 들어올 때는 자기보다 악한 일곱 귀신을 데리고 들어온다는 말씀과 일맥상통하는 것이다. 죄를 이기지 못하거나 죄에 얽매이는데 대해 변명과 핑계가 있을지 모르지만 일단 죄를 범하게 되면 징계가 따르고, 그 죄로 인해 엄청난 어려움이 다가온다. 그리고 마침내 구원을 상실하게 된다는 것을 알아야 한다.

> 그런즉 우리가 무슨 말 하리요 은혜를 더하게 하려고 죄에 거하겠느뇨 그럴 수 없느니라 죄에 대하여 죽은 우리가 어찌 그 가운데 더 살리요 무릇 그리스도 예수와 합하여 세례를 받은 우리는 그의 죽으심과 합하여 세례 받은 줄을 알지 못하느뇨 그러므로 우리가 그의 죽으심과 합하여 세례를 받음으로 그와 함께 장사되었나니 이는 아버지의 영광으로 말미암아 그리스도를 죽은 자 가운데서 살리심과 같이 우리로 또한 새 생명 가운데서 행하게 하려 함이니라(롬 6:1-4)

세례의 참 의미는 예수와 함께 십자가에 죽는 것이다. 죄의 몸이 멸하는 것이고, 옛사람이 죽고 육신의 사람이 멸하는 것이다. 그리고 새사람, 새 생명으로 거듭나는 것을 말한다. 그러므로 그리스도의 사람들은 예수와 함께 십자가에 못 박혀 죽어야 하며, 죄의 몸이 멸하여 다시는 죄를 짓지 않는 새사람으로 변화되어야 한다.

> 너희에게 인내가 필요함은 너희가 하나님의 뜻을 행한 후에 약속을 받기 위함이라. 잠시 잠깐 후면 오실 이가 오시리니 지체하지 아니하시리라. 오직 나의 의인은 믿음으로 말미암

아 살리라. 또한 뒤로 물러가면 내 마음이 저를 기뻐하지 아니하리라 하셨느니라. 우리는 뒤로 물러가 침륜에 빠질 자가 아니요, 오직 영혼을 구원함에 이르는 믿음을 가진 자니라(히 10:36-39)

3) 중생 후의 인생은 하나님의 소유

　죄의 권세에서 해방되어 중생을 얻게 되면 성도의 신분은 완전히 달라진다. 마귀의 소유에서 하나님의 소유가 된다. 따라서 중생한 성도의 인생은 이제 자기의 것이 아니라 하나님의 소유가 된다. 그러므로 하나님이 속전을 주고 산 육체와 영혼에 죄를 지을 수 있는 권한이 자기 자신에게 없어진다. 하나님의 것이기 때문에 하나님이 기뻐하는 일만 해야 하며, 죄와는 상관없는 삶을 살아야 한다.

　만약 내 몸과 영혼이 내 것이라 생각하고 은혜를 받은 이후에도 마음대로 죄를 짓고 먹고 마신다면 그것은 곧 하나님의 것을 훼손하고 손해를 입히는 일이 아닐 수 없다. 구원받은 자는 더 이상 자신의 몸에 죄를 지을 수 있는 권리 자체가 없어진다.

> 그리스도의 사랑이 우리를 강권하시는도다 우리가 생각건대 한 사람이 모든 사람을 대신하여 죽었은즉 모든 사람이 죽은 것이라 <u>저가 모든 사람을 대신하여 죽으심은 산 자들로 하여금 다시는 저희 자신을 위하여 살지 않고 오직 저희를 대신하여 죽었다가 다시 사신 자를 위하여 살게 하려 함이니라</u> 그러므로 우리가 이제부터는 아무 사람도 육체대로 알지 아니하노라 비록 우리가 그리스도도 육체대로 알았으나 이제부터는 이같이 알지 아니하노라 그런즉 누구든지 그리스도 안에 있으면 새로운 피조물이라 이전 것은 지나갔으니 보라 새 것이 되었도다(고후 5:14-17)

중생한 자는 이제 성령을 모시는 성전이 되어야 할 것을 성경이 요구하고 있다. 성전 안에 죄가 들어갈 수 없다. 성령을 모시는 전으로 항상 깨끗하고 거룩하게 해야 한다.

> 너희가 하나님의 성전인 것과 하나님의 성령이 너희 안에 거하시는 것을 알지 못하느뇨 누구든지 하나님의 성전을 더럽히면 하나님이 그 사람을 멸하시리라 하나님의 성전은 거룩하니 너희도 그러하니라(고전 3:16, 17)

중생한 성도는 하나님의 성전이다. 하나님의 성전을 더럽히면 하나님이 그 사람을 멸하신다고 분명히 말씀하고 있다. 따라서 중생 이후에 짓는 죄를 구원과 상관이 없다고 말하는 것은 잘못된 것이다. 분명히 하나님은 성전이 된 성도를 멸하신다고 한다. 성령을 모시는 성전이 되었다면 그는 거듭난 자요, 구원받은 자임이 틀림없다. 그렇기 때문에 지극히 거룩한 자로 살아야 한다. 거듭난 자가 성전을 더럽히면 하나님은 그 사람을 반드시 멸하신다.

5. 중생 후의 범죄를 근절시켜야 하는 이유

중생 이후의 죄는 분명히 구원과 관계가 있다. 중생 이후의 범죄는 구원을 취소시킬 수 있는 효력이 있다. 아무리 천국을 약속받은 자라 하더라도 상습적으로 죄를 짓고 회개치 않는다면 천국에 들어갈 수 없다고 성경이 경고하고 있다. 중생한 자는 더 이상 자기 몸이 자기의 것이 아니다. 하나님의 소유이며, 하나님의 영광을 위해서만 존재해야 한다. 그러므로 하나님의 소유인 몸에 죄를 짓는 것은 하나님의 것을 욕되게 하는 것이다.

중생 이후에 죄를 지으면 어떻게 되느냐를 논한다는 자체가 참으로 안타까운 일이다. 왜냐하면 하나님의 놀라운 은혜로 사망의 권세에서 천국을 상속받는 신분이 되었다면 앞으로 어떻게 하면 그 하나님의 은혜에 보답할 것인가를 고민해야 정상이기 때문이다. 죄의 권세에서 벗어나게 해 주셨기 때문에 더욱 죄를 이기고 성령의 법을 따라 살아야 할 성도가 죄를 이기지 못해서 다시 죄를 짓는다는 것 자체가 얼마나 안타까운 일이며 한심한 일인가? 성도가 범죄한다는 것은 하나님의 은혜를 잘 모른다는 증거가 아닐 수 없는 것이다. 하나님의 은혜를 진정으로 안다면 다시 범죄하는 문제로 고민할 것이 아니라 하나님의 영광을 더욱 드러내는 일로 고민해야 할 것이다.

인간의 나약함 때문에 하나님이 은혜를 주시는 것이다. 성령을 부어 주심은 인간의 힘으로 되지 않기 때문이다. 말씀의 능력을 주시는 것은 말씀의 능력으로 죄와 싸워 이기라는 것이다. 인간이 나약하다고 죄를 이기지 못한다는 것은 핑계와 변명에 지나지 않는 일이다. 하나님의 능력을 힘입고 어떻게 하면 죄를 이길 수 있을까를 고민해야 하고, 성령을 모시는 거룩한 성전으로 조금도 부족함이 없도록 하는 것이 성도의 기본자세가 아닐 수 없다. 성도는 어떤 경우를 막론하고 죄를 용납해서는 안 된다. 중생 이후의 죄는 하나님의 은총과 복을 가로막을 뿐만 아니라, 사단이 개입할 여지를 주는 것이다. 성령이 근심할 뿐 아니라, 종국에 가서는 구원에서 떨어져 멸망으로 떨어지는 무서운 결과를 초래할 수 있음을 잊어서는 안 될 것이다.

구원론 논쟁

8장

'오직 믿음으로'에 관한 논쟁

구원론 논쟁

1. '오직 믿음으로만 구원' 왜 문제인가?

루터는 '오직 믿음'(sola fide)을 그의 종교개혁 모토로 삼았다. 그런데 이 주제가 왜 구원론 논쟁 대상이 되어야 하는가? 중세 가톨릭교회의 구원론을 개혁하기 위해서 내건 슬로건이며, 개혁교회는 '오직 믿음'을 구원의 근간으로 삼아 왔다. 그런데 지금 다시 그것을 문제 삼으려 하는 것은 성경의 진리와 부합되지 않는 면이 있기 때문이다. 왜 사도 바울은 "오직 의인은 믿음으로 말미암아 살리라 함과 같으니라"(롬 1:17)는 말씀을 기록할 수밖에 없었는가? 갈라디아서를 비롯한 바울 서신에서 왜 행위구원을 반대하고 '오직 믿음'에 의한 구원을 강조하는 것인가? 루터는 사도 바울이 말한 '오직 믿음'이라는 말을 제대로 이해하였는가? 이런 질문들에 대해 다시 점검해 보지 않을 수 없게 된다.

구원론에서 '오직 믿음'은 구원 전반에 적용되는 원리인가? 아니면 법정적 칭의를 얻는데 필요한 조건인가? 믿음만으로 인간 구원의 전 과정이 완성이 되는가? 아니면 믿음이 여러 조건들 가운데 하나인가? 이런 질문들에 대해 전반적으로 다시 살펴보지 않을 수 없는 것은 구원을 위해서 성경은 믿음 이외에 다른 조건들도 제시하고 있기 때문이다. 종교개혁에서 오직 믿음으로만 칭의와 구원을 얻는다면 성경에서 제시되는 수많은 조건들은 어떻게 이해하고 해석해야 할 것인가? 개혁주의 구원론이 깊이 고민하지 않으면 안 될 숙제가 주어진 것이다.

종교개혁 이후 개혁주의 교회는 어떤 구원론을 세웠는가? 행위를 구원의 조건에서 제외시키고 오직 믿음만을 강조함으로 나타난 결과가 무엇인가? 성경이 요구하는 삶이 교회와 성도들에게 나타나지 않았다는 것이다. 구원의 조건이 오직 믿음이라고 함으로써 믿음만능주의로 치닫고 있는 것을 누구도 부인할 수 없을 것이다. 행위는 구원의 조건이 아니라고 함으로써 지금 교회는 행위에 대하여 어떤 입장을 취하고 있는가? 믿음의 열매들이 어떤 모양으로 나타나고 있는가? 중세 가톨릭교회의 부패에 대하여 개혁을 일으킨 개신교회가 중세 가톨릭의 부패를 답습해 가는 모습으로 나타나고 있다. 가톨릭으로부터 개혁을 외친 개혁교회가 다시 가톨릭과 같은 부패로 돌아간다면 개혁주의가 외친 구원이 생명이 있는 진리인지를 의심해보지 않을 수 없다.

율법의 행위는 구원의 조건이 될 수 없다. 바울은 그의 서신에서 분명히 이 사실을 밝히고 있다. 그러나 이것을 잘못 이해하게 되면, 그 어떤 행위도 구원의 조건이 될 수 없다고 확대 해석할 수 있다. 종교개혁자들은 바울의 서신을 제대로 이해하였는지, 아니면 부분적으로 이해하였는지 점검하지 않으면 안 된다.

개혁주의 구원론이 참으로 성경적이라면, 왜 알미니안주의자들이 반기를 들었겠는가? 칼빈주의가 성경적 구원론을 제시했다면 왜 웨슬리가 칼빈주의에 반대하는 논문과 글을 썼겠는가? 이 세상에 존재하는 여러 교파의 교회들이 왜 서로 다르거나 상반되는 구원론을 가지고 서로 진리라고 외치는가? 한 몸을 이루어야 할 지상의 교회들이 이러한 신학적인 문제와 구원론적인 문제로 분열되고 나뉘어져야 하는가? 왜 하나의 구원론으로 일치를 보지 못하고 있는가?

이러한 분열의 문제는 원죄론과 예정론으로 거슬러 올라갈 수 있다. 구원이 오직 믿음으로냐 아니냐가 분열의 원인이 될 수 있다. 종교개혁 이후, '오직 믿음'만이 구원이 조건이냐 아니냐는 가톨릭과 개혁교회의 논쟁에 그친 것이 아니라, 칼빈주의와 알미니안주의와 웨슬리안주의의 논쟁으로 지금까지 계속되고 있다.

오직 믿음으로만 칭의를 얻고 구원을 얻게 된다면 구원의 길은 예수님이 말씀하신 것보다 훨씬 넓고 쉬운 길이 될 것이다. 반면, 믿음을 기초로 그 믿음이 삶으로 온전히 실천되어야 온전한 구원이 이루어진다고 한다면 그 구원은 훨씬 좁고 협착할 것이다. 따라서 '오직 믿음'만이 유일한 구원의 조건인지, 아니면 여러 구원의 조건들 가운데 하나인지를 결정하는 것이 중요하다. 그래서 지금까지 어떤 주장이 성경적이고, 어떤 주장이 비성경적인지를 평가하고 잘못된 것을 바라 잡아 나가는 일이 이루어진다면 참으로 값진 일이 아닐 수 없을 것이다.

2. 이신칭의와 율법 준수

'오직 믿음'에 대한 논쟁의 문제를 풀기 위해서는 '믿음'만을 강조하게 된 배경과 동기를 먼저 이해해야 한다. 칭의를 얻는데 있어서 행위에 의한 것이 아니라 믿음에 의한 것임을 왜 바울이 강조했는지 이해하는 것이 필요하다. 왜 바울은 '행위'가 아닌 '믿음'만을 강조한 것인가? 바울이 '행위'를 부정적으로 본 것은 당시 유대 율법주의자들이 구원을 얻기 위해서 행한 율법적 행위 때문이다. 유대 율법주의는 구원을 얻기 위해서 율법적 행위를 행하여야 한다고 생각하였다. 바울은 이러한 율법적 행위로는 의롭게 될 수 없음을 강조한다. 율법은 죄를 깨닫게 할 뿐, 그것을 지킴으로 의롭게 되는 것은 불가능하다고 생각했기 때문이다.

> 그러므로 율법의 행위로 그의 앞에 의롭다 하심을 얻을 육체가 없나니 율법으로는 죄를 깨달음이니라 (롬 3:20)
>
> 사람이 의롭게 되는 것은 율법의 행위에서 난 것이 아니요 오직 예수 그리스도를 믿음으로 말미암는 줄 아는 고로 우리도 그리스도 예수를 믿나니 이는 우리가 율법의 행위에서 아니고 그리스도를 믿음으로서 의롭다 함을 얻으려 함이라 율법의 행위로서는 의롭다 함을 얻을 육체가

없느니라 (갈 2:16)

율법으로 의롭게 되는 자체가 불가능하기 때문에 어떤 형태의 율법적 행위로도 의롭게 될 수 없다는 것이 바울의 입장이며, 또한 성경의 입장이다. 하나님과 원수가 되어 버린 상황에서 화해시킬 수 있는 길은 오직 예수 그리스도뿐이다. 예수 그리스도만이 율법의 요구를 다 이루었기 때문에 모든 자들은 예수 그리스도의 의를 힘입어 하나님께 나아갈 수 있고, 구원을 얻을 수 있다. 인간이 지은 죄를 씻기 위해서는 십자가의 보혈을 의지해야 한다. 그러므로 죄를 씻기 위해서 율법의 행위나 고행, 종교적 행위를 하는 것은 무의미한 것이 아닐 수 없다.

> 그러므로 이제 그리스도 예수 안에 있는 자에게는 결코 정죄함이 없나니 이는 그리스도 예수 안에 있는 생명의 성령의 법이 죄와 사망의 법에서 너를 해방하였음이라 율법이 육신으로 말미암아 연약하여 할 수 없는 그것을 하나님은 하시나니 곧 죄를 인하여 자기 아들을 죄 있는 육신의 모양으로 보내어 육신에 죄를 정하사 육신을 좇지 않고 그 영을 좇아 행하는 우리에게 율법의 요구를 이루어지게 하려 하심이니라(롬 8:1-4)

인간의 힘으로 율법을 다 지킬 수 없기 때문에 예수님이 대신 그 율법을 지키시고 율법의 의를 이루었다. 그래서 예수 그리스도를 믿음으로 행위를 통해 얻을 수 없었던 의를 믿음을 통해 얻을 수 있게 된 것이다. 따라서 예수 그리스도를 믿음으로 의를 얻을 수밖에 없다. 율법의 행위로 의롭게 되려 하는 시도는 어리석은 일이며, 인류의 죄를 대속하여 십자가에 달리신 예수 그리스도를 부인하는 것이 된다. 예수 그리스도의 십자가만이 속죄 받을 수 있는 유일한 길이요 통로이다. 그 어떤 인간의 선행이나 고행, 업적도 통하지 않는다. 그런 측면에서 오직 믿음을 외칠 수 있는 것이다. 예수 그리스도의 십자가 외에 다른 어떤 방법을 통해 의롭게 되려고 하는 것은 바울에게 있어서 "다른 복음"(갈 1:6)이 아닐 수 없다. 그것은 예수 그리스도의 십자가의 대속의 은총을 부인하는 결과를 가져오기 때문이다.

> 그리스도의 은혜로 너희를 부르신 이를 이같이 속히 떠나 다른 복음 좇는 것을 내가 이상히 여기노라 다른 복음은 없나니 다만 어떤 사람들이 너희를 요란케 하여 그리스도의 복음을 변하려 함이라 그러나 우리나 혹 하늘로부터 온 천사라도 우리가 너희에게 전한 복음 외에 다른 복음을 전하면 저주를 받을지어다 우리가 전에 말하였거니와 내가 지금 다시 말하노니 만일 누구든지 너희의 받은 것 외에 다른 복음을 전하면 저주를 받을지어다(갈 1:6-9)

바울은 어떠한 율법적 행위로도 의롭게 될 수 없다는 것을 강조하기 위해서 믿음을 강조하지 않을 수 없었다. 예수 그리스도의 십자가의 복음을 무시하고 율법적 행위를 강조하는 것을 바울은 용납할 수 없었다.

> 그러므로 사람이 의롭다 하심을 얻는 것은 율법의 행위에 있지 않고 믿음으로 되는 줄 우리가 인정하노라 하나님은 홀로 유대인의 하나님뿐이시뇨 또 이방인의 하나님은 아니시뇨 진실로 이방인의 하나님도 되시느니라 할례자도 믿음으로 말미암아 또는 무할례자도 믿음으로 말미암아 의롭다 하실 하나님은 한 분이시니라 그런즉 우리가 믿음으로 말미암아 율법을 폐하느뇨 그럴 수 없느니라 도리어 율법을 굳

게 세우느니라(롬 3:28-31)

개혁주의는 율법으로 구원을 받을 수 없고 오직 믿음으로만 구원이 가능하다고 주장한다. 따라서 믿음으로 구원받는 것은 강조하는 반면에 율법의 행위에 대해서는 거부한다. 그런데 바울은 믿음을 통해 의롭다 함을 받았다고 해서 율법을 폐하는 것이 아니라 도리어 율법을 굳게 세운다고 주장한다. 그렇다면 오직 믿음만이 구원의 조건인가, 아니면 율법 준수도 구원의 조건에 포함되느냐 하는 문제가 생긴다.

여기서 우리가 깨닫게 되는 사실은 중생하기 전의 인간은 율법을 통해 죄를 깨달을 뿐이지 완전히 지킬 수 없다는 것이다. 율법을 통해 죄를 깨닫고 은혜와 믿음으로 구원을 받게 되었으면, 더 이상 율법을 지키지 않아도 되는가 하는 문제가 생긴다. 이 문제에 대해서도 여러 가지 입장이 있다. 율법폐기론으로 나갈 수도 있고, 신 율법주의로 나갈 수도 있다. 성경은 여기에 대해서 무엇이라고 말하는가? 율법을 지킨다고 구원받는 것은 아니다. 그러나 구원받았기 때문에 율법이 요구하는 것을 우리도 다 이룰 수 있어야 한다. 율법을 지킨다고 칭의를 얻는 것은 아니다. 그러나 믿음으로 값없이 칭의를 얻었기 때문에 이제는 더 이상 죄를 짓지 않아야 하고, 율법이 준수가 되어야 한다. 예수님이 우리를 위해 십자가에 죽으심은 과거에 지은 죄를 도말하기 위함은 물론이고, 더 이상 죄를 짓지 않게 하시기 위함이다. 죄를 짓지 않아야 죄에서 해방되는데, 아무리 과거의 죄를 용서해 준다 해도 계속해서 죄를 지어나간다면 참으로 큰 일이 아닐 수 없다. 십자가는 과거의 지은 죄를 값없이 용서해 주시고, 앞으로 짓게 될 죄를 더 이상 짓지 못하도록 막아주는 역할을 한다. 그것이 바로 십자가의 사랑이다. 은혜와 사랑을 받았기 때문에 그 동안 지켜지지 않던 율법이 지켜지고, 죄로부터 해방되는 것이다.

> 그러므로 형제들아 우리가 빚진 자로되 육신에게 져서 육신대로 살 것이 아니니라 너희가 육신대로 살면 반드시 죽을 것이로되 영으로써 몸의 행실을 죽이면 살리니 무릇 하나님의 영으로 인도함을 받는 그들은 곧 하나님의 아들이라 너희는 다시 무서워하는 종의 영을 받지 아니하였고 양자의 영을 받았으므로 아바 아버지라 부르짖느니라 성령이 친히 우리 영으로 더불어 우리가 하나님의 자녀인 것을 증거하시나니 자녀이면 또한 후사 곧 하나님의 후사요 그리스도와 함께한 후사니 우리가 그와 함께 영광을 받기 위하여 고난도 함께 받아야 될 것이니라(롬 8:12-17)

칭의를 받은 자는 하나님께 빚을 진 자이다. 단지 믿음을 통해 값없이 칭의를 얻었기 때문이다. 그러므로 육신에게 지고, 죄에 지면 또다시 죄의 빚을 지는 것이기 때문에 하나님의 은혜를 조금이라도 갚는 길은 더 이상 죄를 짓지 않는 것이다. 죄를 짓게 되면 "반드시 죽을 것"이라고 말한다. 즉 칭의가 구원을 보장하는 것이 아님을 말한다. 오직 믿음으로 칭의를 받는다 하더라도 삶과 행위에서 죄를 범하게 되면 구원이 상실된다. 믿음은 은혜를 받는 통로임에 틀림이 없지만, 범죄하고 악한 행실을 행함으로 심판받는 것까지 막아줄 수는 없다.

그런데 지금까지 개혁주의 교회의 가르침은 어떠했는가? 한 번 칭의를 받고 자녀가 된 자는 하나님이 절대 버리지 않는다고 가르쳤다. 징계는 할지언정 한 번 자녀된 자는 결단코 버리지 않는다며 하나님의 사랑을 강조하였다. 그것은 하나님의 사랑을 오해한 것이다.

하나님의 사랑은 죄를 짓고 또 지어도 그 죄를 없는 것처럼 덮어주고 용서해 주기만 하는 사랑이 아니다. 그 용서에는 회개가 있어야 하고 죄를 끊는 결단이 있어야 한다. 변화된 삶을 통해 점점 거룩으로 나아가는 삶이 전제가 되고, 실수나 혹은 고의가 아닌 범죄로 인해 회개할 때 용서가 되는 것이다. 그런데 개혁주의는 하나님의 사랑은 그 어떤 죄도 다 사해주시는 사랑이기 때문에 구원에서 떨어지게 하지 않는다고 가르쳐 왔다. 죽는 그 순간까지 죄로부터 완전히 자유할 수 없는 것이 인간이기 때문에 죄짓지 않을 수 없다고 가르쳐 왔다. 그 결과 중생한 성도도 죄를 짓는 것은 당연하다는 생각을 하게 만들었다. 하나님을 오해하고 성경의 구원을 잘못 해석한 것이다. "육신에게 져서 육신대로 살면 반드시 죽을 것"이라는 성경이 경고하고 있지 않은가? "영으로써 몸의 행실을 죽여야"살 수 있다는 것은 우리의 의지와 결단으로 죄를 완전히 끊을 수 있다는 가능성을 시사하는 것이다.

칭의를 얻었다고 구원이 완성된 것은 아니다. 칭의로 이제 완전히 새사람이 되어 100% 천국 들어갈 수 있는 권리를 확보한 것처럼 가르치는 것은 상당히 위험한 일이다. 왜냐하면 다시 죄를 먹고 마시고 옛사람으로 돌아갈 경우, 구원이 상실되기 때문이다. 칭의를 준 것은 칭의를 받은 자로 삶을 살아가며, 다시 죄로 돌아가지 말라는 뜻이다.

행위가 아닌 믿음을 그렇게 강조하는 바울이 한 말을 잘 기억해야 한다. 칭의는 100% 믿음을 통해 하나님의 은혜로 받는 것이다. 그렇지만 칭의를 받은 자가 하나님의 거룩함을 좇아 죄와 구별된 삶을 살아가지 못하고, 죄의 열매들만 맺을 때 "반드시 죽을 것"이라고 경고하고 있다. 이미 아버지의 영인 양자의 영, 성령을 받았기 때문에 그 영의 인도함을 받아야 한다. 성령은 죄를 끊게 하고, 하나님의 말씀에 절대적으로 순복하게 한다. 그래서 구원을 이루어가게 하는 것이다.

3. 한 측면만 강조한 종교개혁 구원론

종교개혁 전통의 구원론은 바울의 한 측면은 이해하였지만 다른 한 측면은 이해하지 못한 것으로 볼 수 있다. 우리가 연약하고 무능해서 도저히 율법적 행위로는 의롭게 될 수 없기 때문에 그리스도의 의를 통해 믿음으로 천국 들어가게 해 주신 측면은 강조한다. 그러면서 우리의 행위가 어떠하든지 구원에 영향을 미치지 않는다고 본다. 행위는 상벌심판의 기준일 뿐 영벌심판의 기준은 될 수 없다는 주장을 강하게 하고 있다. 물론 하나님의 은혜로 구원에 이르지만 하나님의 은혜라고 했을 때 그 이해의 측면이 잘못되었다는 것이다.

'하나님의 은혜'라고 했을 때, 개혁주의에서는 우리가 죄가 있음에도 불구하고 구원을 이루어 주시는 것이 은혜라고 생각한다. 일흔 번씩 일곱 번이라도 회개하면 용서해 주시는 하나님이시기 때문에 아무리 죄가 많아도 하나님의 은혜로 구원이 가능하다고 말한다. 물론 우리가 죄를 회개하면 용서해 주시는 분임은 틀림없다. 그러나 그것을 이용하여 죄를 짓고 끊지 않는다면 하나님을 만홀히 여기는 처사라고 하지 않을 수 없을 것이다. 하나님의 은혜는 개가 토했던 것을 다시 주어먹는 것처럼 죄를 반복하는데도 용서해 주시는 것이 아니다. 하나님의 은혜는 끊어지지 않는 죄를 끊고 사는 것이 은혜다. 자신의 힘으로 죄를 끊을 수 없기 때문에 하나님의 은혜를 받는 것이다. 그 은혜를 받게 되면 더 이상 죄를 짓지 않고 하나님이 제시하는 계명을 지키며 거룩하게 살아갈 수 있는 것이다. 그것이 진정한 은혜라고 할 수 있다.

하나님의 진정한 은혜는 과거의 죄를 용서받는 것이다. 그러나 미래의 삶속에 죄를 끊고, 죄를 이기고, 예수 그리스도의 형상이 이루어져 거룩한 삶을 살아가는 것은 더 큰 은혜이다. 개혁교회는 이 부분을 강조하여 하나님의 은혜로 죄를 이기고, 죄를 끊도록 가르쳐야 할 것이다.

칭의를 받고 구원을 받았다고 하면서도, 반복해서 죄를 짓고, 죄의 권세로부터 벗어나지 못한다면 어찌 은혜 받았다고 할 수 있겠는가? 어찌 날마다 죄에 지는 자를 하나님의 자녀라고 할 수 있겠는가? 죄와 피흘리기까지 싸워서 이기고, 사단의 권세로부터 벗어나야 진정 칭의를 받은 천국 백성이라고 할 수 있을 것이다.

> 그러므로 너희는 죄로 너희 죽을 몸에 왕노릇 하지 못하게 하여 몸의 사욕을 순종치 말고 또한 너희 지체를 불의의 병기로 죄에게 드리지 말고 오직 너희 자신을 죽은 자 가운데서 다시 산 자 같이 하나님께 드리며 너희 지체를 의의 병기로 하나님께 드리라 죄가 너희를 주관치 못하리니 이는 너희가 법아래 있지 아니하고 은혜아래 있음이니라 그런즉 어찌하리요 우리가 법아래 있지 아니하고 은혜아래 있으니 죄를 지으리요 그럴 수 없느니라 너희 자신을 종으로 드려 누구에게 순종하든지 그 순종함을 받는 자의 종이 되는 줄을 너희가 알지 못하느냐 혹은 죄의 종으로 사망에 이르고 혹은 순종의 종으로 의에 이르느니라 (롬 6:12-16)

믿음으로 값없이 의롭다 함을 얻었다면, 이제는 더욱 우리의 행위가 구원받기에 합당한 삶을 살아야 함을 바울은 강조한다. 현재 구원론은 오직 은혜만을 강조하면서 우리의 행위는 상급에 관계될 뿐 구원과 상관없는 것처럼 말하는 것은 잘못된 것이다. 그렇기 때문에 죄 문제를 심각하고 고민하지 않고 있다. 바울은 '믿음'으로 칭의를 받는다고 하면서도, 그 이상으로 죄 문제를 심각하게 고민한다. 은혜아래 있기 때문에 죄가 용납되는 것처럼 생각되어서는 안 된다는 것이다. 은혜를 받았으면 그 은혜로 더욱 죄를 멀리하고, 물리치고, 끊어야 한다는 것이다. 죄를 끊고 죄를 벗어나는 것이 진정한 은혜다.

　물론 개혁주의 신학에서도 칭의를 얻었으면 성화를 이루어가야 한다고 가르친다. 그러나 여기서 가르치는 성화는 구원과 상관이 없는 것이다. 성경은 성화에 실패하면 그 또한 구원에서 떨어진다고 가르치기 때문에 성화와 구원은 밀접한 관계가 있음을 알아야 한다. 한 번 칭의를 받은 자라도 죄를 끊지 못하고, 거룩한 열매로 나아가지 못하면 구원에 이르지 못한다는 가르침과 그렇지 않다는 가르침은 전혀 다른 것이다. 겉으로는 비슷한 것같이 보일는지 모르지만, 하나는 성경적인 가르침이고 하나는 비성경적인 가르침인 것이다. 하나는 영생을 길이고, 하나는 멸망의 길이다.

4. 칭의를 받았기에 율법의 요구를 완성

　은혜와 믿음으로 값없이 의롭다 함을 받았기 때문에 이제 성령의 능력을 의지해서 더욱 죄를 끊고 거룩한 행실을 통해 구원으로 나아가는 것이 성경적 구원론이다. 칭의를 받기 전이나 받은 후나 죄로부터 완전히 자유하지 못하고, 죄를 계속 지어도 구원에 이른다고 한다면 그것을 어떻게 성경적 구원론이라 하겠는가? 칭의는 자격이 없는 자에게 의롭다고 자격을 부여하는 측면도 있지만, 칭의를 받았기 때문에 더 이상 죄짓지 말고 거룩하게 살아야 한다는 의무적 측면도 있음을 알아야 한다. 바울 서신에서 죄를 허용하거나 죄를 지어도 천국 가는데 문제가 없는 것처럼 말한 곳이 한 곳이라도 있는가? 오히려 죄는 사단의 권세아래 잡히는 것이고, 그로 인해 지옥에 떨어지는 것이라고 가르친다. 그 가르침은 예수님도 동일하며, 성경 66권이 동일하게 가르치고 있다.

　하나님의 구원은 하나님이 원하시고 요구하는 삶을 살지 않아도 은혜로 구원시켜 주는 그런 구원이 아니다. 우리에게 예수 그리스도의 십자가의 은혜를 주신 것은 이제부터 하나님이 요구하는 것을 다 이루어서 하나님 뜻대로 살도록 하기 위함이다. 따라서 믿음으로 칭의를 받았으면 반드시 성경에서 요구하는 삶이 나와야 하고, 열매가 나타나야 한다. 죄성을 가진 인간의 힘으로 안 되기 때문에 예수님이 오셔서 방해하는 사단의 권세를 박멸하고, 말씀대로 살 수 있는 힘과 능력을 성령을 통해서 믿는 자들에게 부어주신 것이다. 이 부분을 바로 이해하지 못하면 성경적 구원론에 접근하기 힘들어 진다.

> 율법이 육신으로 말미암아 연약하여 할 수 없는 그것을 하나님은 하시나니 곧 죄를 인하여 자기 아들을 죄 있는 육신의 모양으로 보내어 육신에 죄를 정하사 육신을 좇지 않고 그 영을 좇아 행하는 우리에게 율법의 요구를 이루어지게 하려 하심이니라 육신을 좇는 자는 육신의 일을 영을 좇는 자는 영의 일을 생각하나니 육신의 생각은 사망이요 영의 생각은 생명과 평안이니라 육신의 생각은 하나님과 원수가 되나니 이는 하나님의 법에 굴복치 아니할 뿐 아니라 할 수도 없음이라 육신에 있는 자들은 하나님을 기쁘시게 할 수 없느니라 만일 너희 속에 하나님의 영이 거하시면 너희가 육신에 있지 아니하고 영에 있나니 누구든지 그리스도의 영이 없으면 그리스도의 사람이 아니라(롬 8:3-9)

여기서 우리는 바울의 중심사상을 제대로 이해해야 한다. 율법의 요구를 이루지 못하면 구원받을 자가 한 사람도 없다. 그러므로 예수님이 죄 있는 육신의 모습으로 와서 율법의 요구를 다 이루시고 십자가에 달려 죽으셨다. 그러므로 누구든지 예수를 구주로 믿기만 하면 하나님의 자녀가 되는 권세를 받게 된다. 그리고 그리스도의 영이 함께하므로 새사람이 된다. 중요한 것은 그리스도의 영이 함께 하는 이유이다. 우리를 위해 율법의 요구를 대신 이루어주신 이유이다. 그것은 우리가 율법의 요구를 계속 이루지 못하기 때문에 그 허물과 죄를 덮기 위해서 은혜가 계속 필요하다는 차원도 있지만, 그 차원에서 한 걸음 더 나아간다는 사실이다. 예수를 믿기 전, 그리스도의 영이 임하기 전에는 죄를 끊을 수 없었고, 율법의 요구를 이루며 살 수 없었다. 하지만 그리스도의 영이 옴으로 우리도 예수님처럼 율법의 요구들을 이루어 나가는 삶을 살기 시작하게 된다는 것이다. 물론 예수님처럼 절대적으로 완전한 것은 아니지만, 상대적으로 완전해져 나갈 수 있다는 것이다. 로마서 13장을 보면, 사도 바울은 거듭난 성도에게 율법의 요구들을 완전히 지켜 나가야 할 것을 요구하고 있다.

> 피차 사랑의 빚 외에는 아무에게든지 아무 빚도 지지 말라 남을 사랑하는 자는 율법을 다 이루었느니라 간음하지 말라 살인하지 말라 도적질하지 말라 탐내지 말라 한 것과 그 외에 다른 계명이 있을지라도 네 이웃을 네 자신과 같이 사랑하라 하신 그 말씀 가운데 다 들었느니라 사랑은 이웃에게 악을 행치 아니하나니 그러므로 <u>사랑은 율법의 완성이니라 또한 너희가 이 시기를 알거니와 자다가 깰 때가 벌써 되었으니 이는 이제 우리의 구원이 처음 믿을 때보다 가까왔음이니라</u>(롬 13:8-11)

믿음으로 양자가 되는 은혜를 입은 자들에게 바울이 요구하는 것이 무엇인가? 간음하지 말라, 살인하지 말라, 도둑질하지 말라고 하는 십계명이다. 이것을 양자가 되었기 때문에 다 준수하며 살아야 한다는 것이다. 의롭게 되는 것은 믿음으로 되었지만, 요구되는 삶은 율법을 온전히 지키는 것이다. 그럼 율법을 온전히 지키기 위해서는 어떻게 해야 하는가? 인간의 의지로는 불가능하다. 그래서 십자가의 사랑을 받아야 한다. 십자가의 사랑은 하나님과 이웃을 자신보다 더 사랑하는 것이다. 그 사랑이 임하면 율법의 모든 요구를 예수님처럼 성도들도 실천해 나갈 수 있는 것이다.

이 사랑의 실천이야말로 모든 율법을 다 완성하는 법이다. 그러므로 예수 그리스도를 통하여 사랑을 힘입고 그 사랑으로 살아가면 모든 율법을 완성할 수 있는 것이다. 개혁주의자들의 주장처럼 칭의를 받고 중생을 했더라도 죄로부터 완전히 자유로울 수 없고, 율법을 완전히 지킬 수 없다고 하는 것에 바울은 반대한다. 오히려 하나님의 은혜로 십계명은 물론, 율법을 완성할 수 있는 단계까지 갈 수 있다는 것이다. 물론 율법 가운데는 폐하여진 법은 버려야 하고, 영원법과 도덕법에 한해서 준수해 나가야 한다.

> 밤이 깊고 낮이 가까웠으니 그러므로 우리가 어두움의 일을 벗고 빛의 갑옷을 입자 낮에와 같이 단정히 행하고 방탕과 술 취하지 말며 음란과 호색하지 말며 쟁투와 시기하지 말고 오직 주 예수 그리스도로 옷입고 정욕을 위하여 육신의 일을 도모하지 말라(롬 13:12-14)

믿음 이후에 요구되는 성경적 삶은 고도의 윤리와 변화된 삶이다. 율법준수 차원을 훨씬 넘어서 하나님처럼 살 것을 요구하고 있다(마 5:48). 죄에서 해방되었다는 것이 무엇인가? 죄를 지어도 정죄되지 않는다는 말인가? 율법에서 해방되었다는 말이 무엇인가? 율법을 지키지 않아도 정죄받지 않는다는 뜻이 아니다. 해방이라는 것은 정죄되지 않도록 더 이상으로 죄를 짓지 않는다는 뜻이며, 사랑으로 충만하여 더 이상 죄와 상관없는 삶을 살아가는 것이다.

범죄하면 이유여하를 막론하고 죄인이 되고, 심판을 받게 된다. 믿음이 있고, 칭의를 얻은 성도라 하더라도 범죄하면 그 죄에 대해 심판을 받아야 한다. 때문에 구원을 유지하는 길은 범죄하는 생활에서 완전히 벗어나는 것이다. 죄를 범해도 용서해 주는 것이 은혜라고만 생각할 것이 아니라, 성령의 능력과 은혜로 범죄에서 벗어나 완전한 삶을 살아가는 것이 은혜임을 알아야 한다.

바울이 로마서 1장 17절에서 "오직 의인은 믿음으로 말미암아 살리라"고 했을 때, 그 "믿음"은 사랑으로 율법을 완성하는 단계로 나아가는 시작이라 보아야 한다. 바울에게 있어서 믿음이란 사랑의 단계에서 율법을 완성하고 예수 그리스도의 형상을 닮도록 길을 여는 것이라고 할 수 있다.

> 내가 사람의 방언과 천사의 말을 할지라도 사랑이 없으면 소리나는 구리와 울리는 꽹과리가 되고 내가 예언하는 능이 있어 모든 비밀과 모든 지식을 알고 또 산을 옮길 만한 모든 믿음이 있을지라도 사랑이 없으면 내가 아무 것도 아니요 내가 내게 있는 모든 것으로 구제하고 또 내 몸을 불사르게 내어줄지라도 사랑이 없으면 내게 아무 유익이 없느니라 (고전 13:1-3)

바울의 입장은 아무리 믿음이 있더라도 사랑으로 실천되지 않으면 아무 유익이 없다는 입장이다. 믿음이 필요하지만 그 믿음만으로 다 되는 것이 아니라는 것이다. 그 믿음이 사랑으로 나아가서 그 사랑을 통해 인격이 변하고 율법이 실천되고 희생의 삶을 살아갈 때 구원이 이루어진다는 것이다. 이것을 볼 때, 믿음은 사랑을 실천할 수 있도록 하는데 기초가 된다는 것을 알 수 있다. 또한 사랑은 율법이 요구하는 그 이상의 것을 할 수 있는 능력이 있다는 것을 알 수 있다.

> 나의 자녀들아 너희 속에 그리스도의 형상이 이루기까지 다시 너희를 위하여 해산하는 수고를 하노니 (갈 4:19)

> 새사람을 입었으니 이는 자기를 창조하신 자의 형상을 좇아 지식에까지 새롭게 하심을 받는 자니라(골 3:10)

> 우리가 다 하나님의 아들을 믿는 것과 아는 일에 하나가 되어 온전한 사람을 이루어 그리스도의 장성한 분량이 충만한 데까지 이르리니(엡 4:13)

믿음 그 자체가 최종 목적이 아니다. 믿음은 온전한 사람을 이루고, 온전한 사랑을 이루는 것이 최종 목적이다. 그러므로 오직 믿음만이 구원을 완성하는 것이 아니다. 믿음으로 시작한 성도는 그리스도의 장성한 분량까지 자라가야 한다. 하나님의 형상을 닮아가는 데 믿음은 필수적인 기초가 된다. 그러므로 바울이 믿음으로 의롭다 함을 받는다고 했을 때, 우리가 지은 죄에 대하여 속죄하는 경우를 말한다. 이미 지은 죄는 인간의 그 어떤 행위나 선행으로도 속죄가 되지 않는다. 십자가에서 흘린 그리스도의 피만이 속죄할 수 있고, 믿음으로 의롭게 될 수 있다.

그렇기 때문에 값없이 받은 칭의는 그리스도의 사랑으로 율법을 완성하면서 살아갈 때 그 칭의가 유지될 뿐 아니라, 실제로 의로운 삶을 살아가게 된다. 그래서 믿음으로 의롭다 함을 받은 사람은 그 의를 가지고 의인의 삶을 살게 되는 것이다.

사도 바울의 경우, 다메섹 도상에서 예수님을 만나기 전까지는 죄인으로 살았다. 주님의 은혜로 죄 사함 받고 칭의를 얻은 이후에는 어떻게 살았는가? 하나님의 사명을 감당하며 말씀대로 충실히 살았다. 그랬을 때, 그는 칭의로 의롭게 되었을 뿐 아니라, 의로운 삶을 살아감으로 하나님 보시기에 의로운 삶을 실제로 살아간 것이다.

> 주의 눈은 의인을 향하시고 그의 귀는 저의 간구에 기울이

> 시되 주의 낮은 악행하는 자들을 향하시느니라 하였느니라
> (벧전 3:12)

> 또 의인이 겨우 구원을 얻으면 경건치 아니한 자와 죄인이 어디 서리요(벧전 4:18)

> 이 의인이 저희 중에 거하여 날마다 저 불법한 행실을 보고 들음으로 그 의로운 심령을 상하니라(벧후 2:8)

바울은 믿기만 하면 구원을 받고, 우리의 행위는 구원과 상관없다고 말하지 않는다. 오히려 믿음으로 의롭다 함을 얻은 자들에게 더욱더 거룩한 삶과 더 고차원의 윤리적 행위를 강조한다. 이러한 요구는 율법의 요구와는 비교가 안 될 정도로 고차원의 요구이다. 영으로써 몸의 행실을 죽여서 다시는 범죄하지 말 것을 요구한다. 믿음이 왔기 때문에 죄를 지어도 괜찮은 것이 아니라, 믿음이 왔기 때문에 죄를 완전히 죽여야 하는 것이다. 믿음이 왔기 때문에 행위가 부족해도 되는 것이 아니라, 믿음이 왔기 때문에 행위가 더욱 완전하고 거룩해져야 한다. 믿음이 오면 죄를 죽이는 것과 상관없이 구원을 받았다고 하는 구원론은 바울의 주장과 다르다. 칭의를 받은 이후에는 과거 불신자로 있을 때 죄짓던 삶을 청산하고 더욱 거룩한 삶을 살아야 한다.

오늘 우리는 중대한 의식 전환이 있어야 한다. 하나님의 은혜로 구원 해 주셨기 때문에 우리의 행위와 상관없이 구원 받는다고 하는 가르침은 정확한 가르침이 아니다. 아무리 믿음으로 의롭게 되고, 은혜로 구원을 약속받았더라도 죄가 계속 몸속에서 왕노릇 하는 것을 방치한다면 어떻게 구원을 받을 수 있겠는가? 하나님이 우리에게 믿음을 통해 구원을 이루어 주신 것은 그 힘과 능력을 의지해서 지옥 갈 요소들을 다 제거하고, 죄가 완전히 죽고, 예수님처

럼 거룩한 모습으로 변화되도록 하기 위함이다. 즉, 예수님이 십자가에 죽으신 것은 예수 믿는 자들이 값없이 의롭다 함을 받고 예수님처럼 자신의 옛사람도 십자가에 죽음으로 완전히 새사람이 되도록 하라는 것이다. 십자가의 은혜의 효력이 우리의 죄를 씻는 부분도 있지만, 우리도 십자가에 죽음으로 다시는 죄를 짓지 않고 의롭게 살아가도록 해 주는 능력이 있다. 구원을 위해서 하나님이 해 주시는 부분과 우리가 해야 할 부분을 정확하게 이해하는 것이 중요하다.

하지만 개혁파에서는 십자가의 속죄를 통해 미래의 구원까지 완성된 것으로 이해함으로써 하나님의 대속의 은총을 "오직 믿음"으로 구원이 가능하다고 확신한다. 벌콥은 다음과 같이 말한다.

> 속죄는 죄인의 구원을 가능하게 하였을 뿐 아니라 이를 실제로 견고하게 했다. 이 점에서 개혁파는 로마 가톨릭, 루터파, 알미우스파 및 보편 속죄를 가르치는 모든 분파와 입장을 달리하고 있다. 후자들은 그리스도의 속죄는 단지 구원을 가능하게 했을 뿐, 구원받은 사람들의 구원을 확고하게 하지 못했다고 주장한다. 그러나 개혁파는 속죄가 그 의도한 사람들에 대한 구속 사역의 적용을 공로적으로 획득했고, 따라서 그들의 완전한 구원을 견고하게 했다고 가르치고 있다.[175]

결국 개혁파의 구속에 대한 입장은 십자가의 사건으로 단번에 다 이루어진 것으로 이해한다. 따라서 오직 예수 그리스도의 보혈과 그 십자가의 공로만 있으면 구원받는데 문제가 없다는 입장이다. 하지만 성경은 예수 그리스도의 십자가의 은혜로 칭의와 구원을 얻어야 하지만, 동시에 구원의 완성을 요구하고 있다.

---

175 벌코프, 권수경, 이상원 역, 「벌코프 조직신학(하)」, 크리스찬 다이제스트, 635.

이로써 그 보배롭고 지극히 큰 약속을 우리에게 주사 이 약속으로 말미암아 너희로 정욕을 인하여 세상에서 썩어질 것을 피하여 신의 성품에 참예하는 자가 되게 하려 하셨으니 이러므로 너희가 <u>더욱 힘써 너희 믿음에 덕을 덕에 지식을, 지식에 절제를 절제에 인내를, 인내에 경건을, 경건에 형제 우애를, 형제 우애에 사랑을 공급하라</u> 이런 것이 너희에게 있어 흡족한즉 너희로 우리 주 예수 그리스도를 알기에 게으르지 않고 열매 없는 자가 되지 않게 하려니와 이런 것이 없는 자는 소경이라 원시치 못하고 그의 옛 죄를 깨끗케 하심을 잊었느니라 그러므로 형제들아 더욱 힘써 너희 부르심과 택하심을 굳게 하라 너희가 이것을 행한즉 언제든지 실족지 아니하리라 이같이 하면 우리 주 곧 구주 예수 그리스도의 영원한 나라에 들어감을 넉넉히 너희에게 주시리라 (벧후 1:4-11)

위에서도 볼 수 있듯이, '믿음'이 구원받는데 필수적 요소이지만, '믿음'만으로 구원이 완성될 수 없음을 알 수 있다. 덕, 지식, 절제, 인내, 경건, 형제우애, 사랑이 공급되어야 한다. 이런 것이 다 하나로 융합되어서 열매를 맺어야 하나님 나라에 넉넉히 들어갈 수 있다. 그렇지 않고 다시 죄악으로 돌아갈 경우 "그의 옛 죄를 깨끗케 하심"을 잊어버린 결과를 가져오게 된다. 이런 것을 모두 알지 못하면 '<u>소경</u>'으로서 구원의 과정에서 탈락할 수 있음을 성경은 경고하고 있다.

5. '오직 믿음' 번역상의 문제

루터가 '오직 믿음'(sola fide)이라는 말을 종교개혁의 모토로 사용한 이유는 무엇인가? 로마 가톨릭 교회의 행위구원관에 대항하기 위한 것이라고 볼 수 있다. 고행이나 선행, 성지순례, 면죄부와 같은 비성경적 구원관에 대항하기 위해서는 당시로서는 상상할 수 없는 개혁이 필요하였다. 어떤 고행이나 선행이 구원의 조건이 될 수 없고, 오직 '믿음'만으로 의롭게 되며, 하나님의 은혜로 값없이 칭의될 수 있다고 해야만 했다. 당시 로마 가톨릭은 교황을 비롯한 가톨릭교회 전체가 부패와 타락으로 치닫고 있었을 뿐 아니라, 성경 외적인 요소들이 들어와 있었기 때문에 과감한 개혁이 필요하였다. '오직 믿음'(sola fide), '오직 은혜'(sola gratia), '오직 성경'(sola scriptura)과 같은 단어를 써야 했던 것은 당시 가톨릭 안에 불필요한 것들이 많이 들어와 있었다는 증거다. 이런 말들은 천 년 이상의 전통을 가진 가톨릭교회에 충격을 주기에 충분했으며, 루터 역시 가톨릭으로부터 개혁을 일으키기 위해서는 '오직 믿음'이라는 바울의 주장을 인용하지 않을 수 없었던 것이다.

그렇다면 루터가 로마서 1장 17절에서 종교개혁의 실마리를 찾았는데, 원어적 의미는 무엇이며, 번역상 어떤 문제가 있는지 살펴볼 필요가 있다. 왜냐하면 믿음 앞에 "오직"이라는 부사가 원래 있었는지, 아니면 번역할 때 강조하기 위해서 삽입했는지에 따라서 그 의미가 완전히 달라지기 때문이다. 헬라어 원본이나 라틴어 번역인 벌게이트 성경에는 '오직'이라는 단어가 없다. 따라서 당연히 영어나 독일어를 비롯한 다른 번역 성경에도 '오직'이라는 말은 등장하지 않는다. 다만 한국어 개역성경에만 '오직'이라는 말이 등장하고 있다.

"오직"이라는 말이 들어가면 믿음이 구원의 유일한 조건이 된다. 반면, "오직"이라는 말이 들어가지 않으면 구원의 여러 조건 가운데 하나가 믿음이 되기 때문이다. 종교개혁 이후로 개혁교회는 "오직 믿음"이라는 말을 즐겨 사용하여 왔기 때문에 믿음이 구원의 유일한 조건으로 인식된 것을 부인할 수 없다. 믿음만 있으면 구원받는데 문제가 없다고 생각함으로써 '믿음만능주의'가 생겨났는지도 모른다. 그러나 성경 전체를 볼 때, 믿음 없이는 칭의와 구원이 불가능하지만, 믿음만 가졌다고 구원이 완성되는 것 또한 아님을 강조한다. 그 믿음에 행함이 수반되지 않으면 죽은 믿음이기 때문에 구원에 이를 수 없다는 것이다. 특히 사랑의 실천을 통해 믿음이 완성될 수 있음을 말씀하고 있기 때문에 '오직 믿음'이라는 말씀이 무슨 뜻인지를 깊이 재고하지 않으면 안 된다.

1) 로마서 1장 17절 번역 문제

바울이 쓴 로마서 1장 17절의 말씀은 원래 하박국 2장 4절에서 인용한 것이다. 그럼 하박국에는 어떻게 기록되어 있는가? 히브리어 원문에는 "그의 믿음으로"(וּבֶאֱמוּנָתוֹ : by his faith)라고 번역되어 있다. 바울이 로마서에 인용할 때, "그의"(his)를 빼버리고 인용하였다.

> 보라 그의 마음은 교만하며 그의 속에서 정직하지 못하니라
> 그러나 의인은 그 믿음으로 말미암아 살리라(합 2:4)

헬라어 원본에는 "그러나(δὲ) 의인은 믿음으로 살 것이라"라고 되어 있다. '오직'이라는 말이 들어 있지 않다.

Ὁ δὲ δίκαιος ἐκ πίστεως ζήσεται.

루터의 독일어 번역 성경에도 '오직'이라는 말은 들어 있지 않다. 오히려 하박국 원본에 나오는 "그의"를 그대로 번역하였다.

Sintemal darin offenbart wird die Gerechtigkeit, die vor Gott gilt, welche kommt aus Glauben in Glauben; wie denn geschrieben steht: "Der Gerechte wird seines(그의) Glaubens leben."

공동번역에는 '오직'이라는 말을 첨가하지 않았다.

복음은 하느님께서 인간을 당신과 올바른 관계에 놓아주시는 길을 보여주십니다. 인간은 오직 믿음을 통해서 하느님과 올바른 관계를 가지게 됩니다. 성서에도 "믿음을 통해서 하느님과 올바른 관계를 가지게 된 사람은 살 것이다." 하지 않았습니까?

표준새번역에도 '오직'이라는 말은 빠져 있다.

하나님의 의가 복음에 나타나 있으며, 믿음으로 믿음에 이르게 합니다. 이것은 성경에 기록된 바 "의인은 믿음으로 살 것이다" 한 것과 같습니다.

우리말 성경에도 '오직'은 빠져 있다.

복음에는 하나님의 의가 계시돼 믿음으로부터 믿음에 이르게 합니다. 기록되기를 "의인은 믿음으로 살 것이다"라고 한 것과 같습니다.

NIV 성경에도 "by faith"로 번역되어 있다.

For in the gospel a righteousness from God is revealed,

a righteousness that is by faith from first to last, just as it is written: "The righteous will live by faith."

KJV 성경도 "by faith"로 번역되어 있다.

For therein is the righteousness of God revealed from faith to faith: as it is written, The just shall live by faith.

NASB 성경도 마찬가지이다.

For in it [the] righteousness of God is revealed from faith to faith; as it is written, "BUT THE RIGHTEOUS [man] SHALL LIVE BY FAITH."

이상에서 살펴본 바와 같이 '오직'이라는 단어는 개역한글 성경에만 사용되고 있다. 헬라어 원문을 비롯한 다른 번역서에는 '오직'이라는 말이 없다. 심지어 "오직 믿음"이라고 외친 루터의 독일어 번역성경에도 "오직"이라는 말은 없다. 그런데 왜 한국 개역성경에만 "오직"이라는 단어를 사용함으로 성경해석의 혼란을 주는 것인가? "오직"이라는 말이 빠지면 믿음은 구원의 유일한 조건이 아니라 조건 중의 하나라는 뜻이 된다. 그러나 '오직 믿음'이라고 하면 '믿음'만이 인간이 의롭게 되는 유일한 조건이 된다.

히브리서 10장 38절에서도 하박국 2장 4절을 그대로 인용하였다. 하지만 여기서는 "오직"이라는 단어가 들어가지 않았다. 같은 절 KJV 성경을 보아도 "오직"이라는 단어는 보이지 않는다.

나의 의인은 믿음으로 말미암아 살리라 또한 뒤로 물러가면

내 마음이 그를 기뻐하지 아니하리라 하셨느니라(히 10:38)

Now the just shall live by faith: but if any man draw back, my soul shall have no pleasure in him.

따라서 하박국 2장 4절에서 '오직'이라는 말이 없는 것과, 헬라어 원본에서도 로마서 1장 17절에 '오직'이라는 말이 없기 때문에 믿음이 구원과 칭의의 조건이 되지만, 유일한 조건으로 해석해서는 곤란하다는 결론이 나온다.

2) 로마서 3장 27절 번역 문제
다음을 로마서 3장 27절의 번역이다. 여기서도 개역성경에서는 "오직"이라는 말을 사용하였다.

그런즉 자랑할 데가 어디뇨 있을 수가 없느니라 무슨 법으로냐 행위로냐 아니라 '오직' 믿음의 법으로니라

헬라어는 "오직"이란 단어 대신 "그러나, 다만"(ἀλλά)이라는 단어가 쓰여졌다.

Ποῦ οὖν ἡ καύχησις? ἐξεκλείσθη. διὰ ποίου νόμου? τῶν ἔργων? οὐχί, ἀλλὰ διὰ νόμου πίστεως.

루터의 독일어판 성경에도 "오직"이라는 말은 없다.

Wo bleibt nun der Ruhm? Er ist ausgeschlossen. Durch das Gesetz? Durch der Werke Gesetz? Nicht also, sondern durch des Glaubens Gesetz.

(공동번역): 율법을 잘 지켜서 그렇게 된 것입니까? 아닙니다. 그것은 믿음을 통해서 이루어진 것입니다.

(표준새번역) 그렇다면, 사람이 자랑할 것이 어디에 있습니까? 전혀 없습니다. 어떠한 법으로 의롭게 됩니까? 행위의 법으로 됩니까? 아닙니다. <u>믿음의 법</u>으로 됩니다.

(우리말성경) 그렇다면 자랑할 것이 어디에 있습니까? 전혀 없습니다. 어떤 법으로입니까? 행위로입니까? 아닙니다. <u>오직 믿음의 법</u>으로입니다.

(NIV) Where, then, is boasting? It is excluded. On what principle? On that of observing the law? No, <u>but on that of faith.</u>

(KJV) Where is boasting then? It is excluded. By what law? of works? Nay: <u>but by the law of faith.</u>

(NASB) Where then is boasting? It is excluded. By what kind of law? Of works? No, <u>but by a law of faith</u>

개역성경의 "'오직' 믿음의 법"이라고 번역한 것에 대해 헬라어 성경은 "αλλα"(alla)로 썼다. 이 뜻은 '그러나'(but)의 뜻인데 여기서는 육체의 행위로 의롭다 함을 받는다는 것에 대한 반대 입장을 표현하기 위해서 사용되었다. '오직'과 '그러나'의 의미는 엄격히 의미에서 서로 다른 뜻이다. '오직'은 유일한 것을 말하는 반면, '그러나'는 앞과 반대되는 뜻을 나타낼 때 사용되는 말이다. 즉, 의롭게 되는 것이 행위가 아니라 믿음이라는 것이다. 반면, "오직"이라고 하면 오직 하나만 존재하고 다른 그 어떤 것도 존재하지 않는다는 말이다. '오직'을 붙이느냐 붙이지 않느냐에 따라서 '의롭게 되는 방법과 범위'가 문제가 된다.

구원의 필요조건에서는 의롭게 되는 것이 예수 그리스도를 믿는 믿음을 통해서만 가능하다. 그렇지만 구원의 충분조건에서는 그 믿음을 가지고 우리가 의롭게 살아야만 하나님으로부터 인정되고 주어지는 획득되는 의가 있음도 간과해서는 안 된다. 하나님이 값없이 우리에게 주시는 의가 있고, 그 의를 받아서 우리가 삶과 실천, 성화를 통해 열매로 나타나야 할 의가 있다.

그런데 '오직 믿음'이 구원과 칭의의 유일한 조건이라고 한다면 구원의 충분조건에서 우리가 이루어가야 할 의가 상대적으로 무시되거나 제거될 수 있는 위험이 있다. 그것을 야고보서에는 염려하기 때문에 믿음으로만 의롭게 되는 것이 아니라 우리의 행위도 반드시 수반되어야만 가능하다고 말씀하고 있는 것이다.

> 나더러 주여 주여 하는 자마다 천국에 다 들어갈 것이 아니요 다만 하늘에 계신 내 아버지의 뜻대로 행하는 자라야 들어가리라 그날에 많은 사람이 나더러 이르되 주여 주여 우리가 주의 이름으로 선지자 노릇하며 주의 이름으로 귀신을 쫓아내며 주의 이름으로 많은 권능을 행치 아니하였나이까 하리니 그때에 내가 저희에게 밝히 말하되 내가 너희를 도무지 알지 못하니 불법을 행하는 자들아 내게서 떠나가라 하리라(마 7:21-23)

심판 때 주님을 입으로 시인했다고 해서 구원받는 것이 아님을 분명히 말씀하고 있다. 입으로 시인하였으면 하나님의 뜻대로 행하는 일도 반드시 수반되어야 구원에 이를 수 있는 것이다. 이 "불법을 행하는 자들"은 어떤 자들인가? 예수를 믿어 칭의를 받았지만, 그 행위에서 실패한 자들이다. 이것은 믿음으로 얻어야 할 칭의도 있어야 하지만, 칭의를 얻었으면 행함과 삶의 실천을 통해 그 의를 확증해야 한다는 뜻이다. 만약 오직 믿음만으로 의롭게 되고 구원을 받는다면 왜 불법을 행하면 들어갈 수 없고, 하늘 아버지의 뜻대로 행하지 않았다고 멸망을 받아야 하겠는가?

3) 로마서 4장 13절 번역 문제

로마서 4장 13절을 번역하는 과정에서도 개역성경은 "믿음의 의" 앞에 "오직" 이라는 말을 첨가하였다.

(개역성경): 아브라함이나 그 후손에게 세상의 후사가 되리라고 하신 언약은 율법으로 말미암은 것이 아니요 '오직' 믿음의 의로 말미암은 것이니라

(헬라어):

Οὐ γὰρ διὰ νόμου ἡ ἐπαγγελία τῷ Ἀβραὰμ, ἢ τῷ σπέρματι αὐτοῦ, τὸ κληρονόμον αὐτὸν εἶναι κόσμου, ἀλλὰ διὰ δικαιοσύνης πίστεως.

(공동번역): 하느님께서는 아브라함과 그의 후손들에게 세상을 물려주겠다고 약속하셨는데 그것은 아브라함이 율법을 지켰다 해서가 아니라 하느님께서 그의 믿음을 보시고 그를 올바른 사람으로 인정하셨기 때문에 하신 약속이었습니다.

(표준새번역): 아브라함이나 그 자손에게 주신 하나님의 약속, 곧 그들이 세상을 물려받을 상속자가 되리라는 것은, 율법으로 된 것이 아니라, 믿음으로 얻은 의로 된 것입니다.

(우리말성경): 아브라함이나 그의 후손에게 세상의 상속자가 되리라고 하신 약속은 율법으로 인해 된 것이 아니라 '오직' 믿음의 의로 인해 된 것입니다.

(NIV): It was not through law that Abraham and his

offspring received the promise that he would be heir of the world, but through the righteousness that comes by faith.
(KJV) For the promise, that he should be the heir of the world, was not to Abraham, or to his seed, through the law, but through the righteousness of faith.
(NASB) For the promise to Abraham or to his descendants that he would be heir of the world was not through the Law, but through the righteousness of faith.

"오직"이라는 단어와 "그러나"(but)라는 단어는 앞에서도 설명한 바와 같이 의미가 많이 다르다. 원어나 영어와는 달리 개역성경에서는 "오직"을 첨가하였다. 이것은 성경에서 요구되는 삶과 행위와 열매 등을 통해 획득해 나가야 할 의를 부인하는 결과를 가져오게 할 수 있다는데 주의하지 않으면 안 된다.

4) 하박국 2장 4절

신약 성경에 인용된 하박국 2장 4절에는 '오직'이라는 단어가 없다. '오직'이라는 단어는 바울도 사용하지 않았다. 반면 "믿음"도 "그의 믿음" 혹은 "자기 믿음"이라고 번역해야 정확한 번역이다. 그러나 그것은 또 빼버렸다. 영어 번역이나 루터의 독일어 번역은 "그의 믿음"으로 되어 있다. 공동번역은 "그의 신실함"으로, 우리말 성경은 "그의 믿음"으로 번역됨으로써 원문에 보다 접근하였다. 그러나 개역성경은 "그"라고 번역하였고, 표준새번역은 생략되었다. 하박국을 인용하면서 원래의 의미와 조금 다른 의미로 번역된 부분이 있다.

(개역성경) 그러나 의인은 그 믿음으로 말미암아 살리라
(공동번역) 그러나 의로운 사람은 그의 신실함으로써 살리라.
(표준새번역) 그러나 의인은 믿음으로 산다.
(우리말성경) 그러나 의인은 그의 믿음으로 살 것이다.

(루터독일어판): der Gerechte aber wird seines Glaubens(그의 믿음) leben
(NIV): but the righteous will live by his faith
(KJV): but the just shall live by his faith.
(NASB): But the righteous will live by his faith.

믿음 없이는 의롭게 될 수 없는 것이 사실이다. 그렇다고 구원을 받는데 믿음 이외의 요소는 필요 없다고 해서는 안 된다. 율법이나 율법적 행위로 의롭다 함을 얻으려 하는 것에 대한 변증으로 '믿음'을 강조하다 보면, '오직 믿음'으로만 구원을 받는다고 할 수 있다. 그것은 율법이나 율법의 행위에 대한 반대 의미에서 오직 믿음이라는 뜻이지, 의롭게 되고 구원을 얻는데 있어서 믿음만이 유일한 요소가 아님은 성경이 증거해 주고 있다.

> 또 하나님 앞에서 아무나 율법으로 말미암아 의롭게 되지 못할 것이 분명하니 이는 〈의인이 믿음으로 살리라〉 하였음이니라(갈 3:11)

> 〈오직 나의 의인은 믿음으로 말미암아 살리라〉 또한 뒤로 물러가면 내 마음이 저를 기뻐하지 아니하리라 하셨느니라 (히 10:38)

5) "믿음으로 말미암아"(through faith ; by faith)

믿음은 칭의를 이루는데 있어서는 가장 중요한 조건이 아닐 수 없다. 예수 그리스도의 십자가의 은총을 받아들일 수 있는 조건은 죄를 회개하고 예수를 믿을 때, 칭의가 이루어지기 때문이다. 하지만 믿음에 의해 얻어지는 의가 우리가 얻을 수 있는 모든 의를 말하는가? 아니면 의를 이루어가는 과정 가운데 하나인가? 믿음이 구원의 전부인가? 아니면 구원을 이루어가는 수단의 일부인가? 종교개혁 전통은 의롭게 되거나 구원을 받는데 '믿음'을 절대적 위치에 올려놓음으로 강조되어야 할 다른 부분을 약화시키거나 제거시키는 결과를 초래하였음을 부인할 수 없다. 율법적 행위에 대하여 '믿음'을 아무리 강조해도 지나치지 않지만 믿음 외에 수많은 요소들을 성경이 우리에게 제시해 주는 부분을 간과해서는 안 된다.

"믿음으로 말미암아"(through faith)라는 것은 믿음을 통하여 구원으로 나아가는 것을 의미한다. 그러나 원문에는 "오직"이라는 말이 붙어 있지 않다는 것이다.

> (개역성경) 또 네가 어려서부터 성경을 알았나니 성경은 능히 너로 하여금 그리스도 예수 안에 있는 믿음으로 말미암아 구원에 이르는 지혜가 있게 하느니라(딤후 3:15)

> (NIV) and how from infancy you have known the holy Scriptures, which are able to make you wise for salvation through faith in Christ Jesus.
> (KJV) And that from a child thou hast known the holy scriptures, which are able to make thee wise unto salvation through faith which is in Christ Jesus.

6) "오직"은 개역성경 번역상 추가된 단어

이상에서 살펴 본 바와 같이 '오직'이라는 말은 개역성경 번역과정에서 첨가되거나 혹은 신학적 의도에 의한 붙여진 번역임이 확인되었다. 사도 바울이 행위가 아닌 믿음을 통해서 칭의를 얻는다는 주장을 강조한 것도 사실이고, 그것이 성경의 진리임에도 분명하다. 다만, 믿음만을 유일한 칭의나 구원의 조건으로 한정해 버림으로 구원론 전체를 설명하는데 전혀 다른 방향으로 나아가게 하는 문제점을 내포하기 때문에 재고해 보려는 것이다. 사실 "오직 믿음"이라는 이 말로 인해 종교개혁 이후 교회들이 믿음만능주의로 나아가는 폐단을 낳아왔던 것이 사실이고, 현재도 이것 때문에 구원에 이르지 못하는 자들이 많이 있는 것이 현실이다. 예수님도 이런 문제점에 대해 이미 경고하셨다.

> 이러므로 그의 열매로 그들을 알리라 나더러 주여 주여 하는 자마다 천국에 다 들어갈 것이 아니요 다만 하늘에 계신 내 아버지의 뜻대로 행하는 자라야 들어가리라 그날에 많은 사람이 나더러 이르되 주여 주여 우리가 주의 이름으로 선지자 노릇하며 주의 이름으로 귀신을 쫓아내며 주의 이름으로 많은 권능을 행치 아니하였나이까 하리니 그때에 내가 저희에게 밝히 말하되 내가 너희를 도무지 알지 못하니 불법을 행하는 자들아 내게서 떠나가라 하리라(마 7:20-23)

"오직"이라는 단어를 붙이고 안 붙이는 문제는 구원론 전체의 방향을 좌우하는 매우 중요한 사안이며, 이것은 구원에 있어서 믿음과 행위를 설명하는데도 중요한 영향을 미친다. 따라서 원문에 존재하지 않는 단어를 첨가하거나 원문에 있는 단어를 빼거나 함으로써 성경이 우리에게 주고자 하는 메시지의 본래 의미를 훼손해서는 안 될 것이다.

헬라어 "ἀλλά"나 영어 "but"을 개역성경으로 옮기면서 "오직"이라고 번역함으로써 구원의 조건이 믿음에 한정되는 결과를 가져온 측면을 부인할 수 없다. 이것은 구원 전체를 이해하는데 상당히 위험한 요소가 아닐 수 없다. '오직 믿음'이란 율법이나 율법의 행위를 통해 의롭게 되고자 하는 인간의 종교적 노력으로는 불가능함을 강조하기 위해서 사용한다는 측면에서는 이해할 수 있지만, 구원의 '유일한 조건'으로 이해하도록 함으로써 삶을 통해 구원을 이루어가야 할 부분에 대해서 간과하도록 만드는 부정적인 요소도 있음을 알아야 한다. 그러므로 이런 오해를 없애기 위해서는 '오직'이라는 말을 빼야 하며, 대신 믿음을 통하여 삶의 열매로 나타나야 온전한 구원이 완성된다는 통전적인 구원론을 정립하는 것이 무엇보다 필요할 것이다.

6. "오직 믿음"과 "믿음"의 차이

'오직'이라는 말을 붙이는 것과 붙이지 않는 것은 큰 차이가 없어 보일 수 있다. 하지만 실제에 있어서는 엄청난 차이가 있다. 믿음 앞에 '오직'을 붙이면 믿음이 '유일한' 칭의와 구원의 수단이라는 뜻이 된다. 믿음 외에 그 어떤 것도 칭의와 구원의 수단이 될 수 없다는 말이다. 그러나 믿음 앞에 '오직'이라는 말을 붙이지 않고 '믿음으로'라는 말을 쓰게 되면 믿음이 칭의와 구원의 여러 수단 가운데 하나라는 뜻이 된다. 물론 예수 그리스도의 십자가 외에 율법적 행위나 다른 종교적 요소를 통해 의롭게 되려고 하는 것에 대해서는 오직 믿음밖에 없음을 강조해야 한다.

현대 교회들은 '오직 믿음'을 강조한다. 종교개혁 이후로 개혁교회들은 이것을 진리로 받아들였다. 그래서 행위가 아닌 믿음만이 칭의와 구원의 유일한 수단임을 강조하며 가르쳐 왔다 해도 과언이 아닐 것이다. 그러나 믿음이 구원의 유일한 수단이라고 성경은 말씀하지 않는다. "오직"이라는 말을 종교개혁으로 인해 붙여진 용어로 이해할 수 있다. 설령 성경에서 "오직"이라는 말이 붙어 있다 하더라도 오늘 개혁교회가 이해하고 있는 의미에서 바울이 사용한 것은 아니다. 유대 율법적 행위를 통한 구원 시도에 대하여 반박하고 변증하기 위해서 믿음을 강조한 것이다. 구원을 받는데 믿음은 두 말할 필요도 없이 중요한 요소임에 틀림이 없다. 하지만 믿음만을 강조하다가 다른 요소들을 놓치면 안 된다는 것을 명백하게 이해해야 한다.

성경은 구원을 어느 한 부분에만 국한시키지 않고 거대한 하나의 과정으로 설명하고 있다. 그러므로 구원을 이해하기 위해서는 성경 전체를 이해하지 않으면 안 된다. 믿음으로 의롭다 함을 받고 율법적 행위로는 의롭다 함을 받을 육체가 없다는 말씀도 맞지만, 그렇다고 행위가 없이 구원을 받는다고 하는 것도 구원의 진리에 모순된다는 사실이다. 율법과 율법의 행위로 구원 얻으려고 하는 자들에 대한 변증을 하는 곳에서는 '믿음'을 강조하지만, 믿음으로 칭의를 얻은 자들이 어떻게 살아야 하는가 하는 부분에서는 믿음의 행위와 열매를 강조하고 있다.

> 그러므로 회개에 〈합당한 열매〉를 맺고 속으로 아브라함이 우리 조상이라고 생각지 말라 내가 너희에게 이르노니 하나님이 능히 이 돌들로도 아브라함의 자손이 되게 하시리라 이미 도끼가 나무뿌리에 놓였으니 〈좋은 열매〉 맺지 아니하는 나무마다 찍어 불에 던지우리라 (마 3:8-10)

왜 여기서는 믿음을 강조하지 않고 회개에 합당한 열매를 구원의 조건으로 설명하고 있는가? 이미 믿음을 전제로 열매를 요구하고 있는 것이다. 믿음이 있다고 하면서도 좋은 열매 맺지 않을 때는 찍어 불에 던져진다고 경고하고 있는 것은 믿음만이 아니라 믿음 이후에 따라와야 할 행위와 열매에 대해 말씀하고 있는 것이다. 바울이 논박한 행위는 '율법적 행위'인 반면, 예수님이 요구하는 행위는 믿음 뒤에 반드시 수반되어야 할 '믿음의 행위'이다.

> 이와 같이 좋은 나무마다 아름다운 열매를 맺고 못된 나무가 나쁜 열매를 맺나니 좋은 나무가 나쁜 열매를 맺을 수 없고 못된 나무가 아름다운 열매를 맺을 수 없느니라 아름다운 〈열매〉를 맺지 아니하는 나무마다 찍혀 불에 던지우니라 이러므로 그의 열매로 그들을 알리라 나더러 주여 주여 하는 자마다 천국에 다 들어갈 것이 아니요 다만 하늘에 계신 내 아버지의 뜻대로 〈행하는 자〉라야 들어가리라(마 7:17-21)

예수님의 심판 기준은 무엇인가? '열매'와 '행함'이다. 구원을 얻기 위해서 믿음은 당연히 전제되어야 한다. 개혁주의 구원론에서는 이것을 성화로 설명하면서 구원의 조건에서는 배제시켰다. 믿음이 있더라도 열매가 나타나지 않으면 구원에 이를 수 없다는 말씀이다. 그러므로 정확하게 구원을 말해야 한다. 믿음을 심어서 삶을 통해 그 열매가 나와야 구원을 받는다고 해야 정확하다.

이런 성경 진리를 제대로 이해하지 못하기 때문에 행위를 빼버린 구원을 종교개혁 이후로 외쳐 왔던 것이다. 예수님은 중세 가톨릭교회에서 주장하는 그런 선행이나 고행, 유대 율법주의자들이 말하는 율법적, 종교적 외식 행위를 말씀하는 것이 아니다. 믿음에 기초하여 삶을 통해 믿음의 행위가 사랑의 열매로 나타나야 구원을 받는다는 뜻이다.

> 그러므로 내가 너희에게 이르노니 하나님의 나라를 너희는 빼앗기고 그 나라의 열매 맺는 백성이 받으리라(마 21:43)

여기서도 알 수 있듯이 열매 맺지 못하는 자들은 천국을 빼앗기고, "열매 맺는 백성"들이 천국을 상속받는다. 그렇다면 믿음만으로 천국을 상속받는다고 할 수 있는가? 믿음은 열매를 위한 하나의 수단으로 이해해야 한다. 믿음은 목표가 아니라 천국에 들어갈 수 있는 시작이며, 순종하여 열매 맺을 수 있도록 힘을 부어 주는 역할을 한다. 그러므로 믿음 없이는 천국 들어갈 열매를 맺지 못하는 것이다. 그래서 믿음을 주신 것이며, 그 믿음을 가지고 열매를 맺고, 하나님의 뜻대로 행하는 자들은 누구든지 천국에 들어가는 것이다.

따라서 '오직 믿음'이라는 말은 맞지 않다. '믿음을 통해서'라는 말이 맞다. '믿음에 의해서' 칭의를 얻고, 구원을 받는다고 해야 한다. "오직"을 붙이면 다른 요소들을 부정하는 것이 되기 때문에 구원론에 심각한 문제가 생긴다. '오직 믿음'이라고 하면 대단히 성경적인 것 같지만 오히려 그 반대이다.

> 이러므로 너희가 더욱 힘써 너희 믿음에 덕을 덕에 지식을, 지식에 절제를 절제에 인내를, 인내에 경건을, 경건에 형제 우애를, 형제 우애에 사랑을 공급하라 이런 것이 너희에게 있어 흡족한즉 너희로 우리 주 예수 그리스도를 알기에 게으르지 않고 열매 없는 자가 되지 않게 하려니와 이런 것이 없는 자는 소경이라 원시치 못하고 그의 옛 죄를 깨끗케 하심을 잊었느니라 그러므로 형제들아 더욱 힘써 너희 부르심과 택하심을 굳게 하라 너희가 이것을 행한즉 언제든지 실족지 아니하리라 이같이 하면 우리 주 곧 구주 예수 그리스도의 영원한 나라에 들어감을 넉넉히 너희에게 주시리라
>
> (벧후 1:5-11)

위의 말씀에서도 알 수 있듯이 구원을 얻는 과정에는 '믿음'만이

있는 것이 아니다. 믿음에 덕과 지식과 절제와 인내와 경건과 형제 우애와 사랑을 더할 때 예수 그리스도의 영원한 나라에 넉넉히 들어갈 수 있다고 말씀하고 있다. 믿음은 칭의를 얻고 구원을 얻는 출발점이다. 믿음이 없이는 구원이 원천적으로 불가능하다. 그렇다고 믿음만 가지고 그 나머지의 것을 가지지 않는다면 어떻게 되겠는가? 성경은 분명히 그런 믿음 가지고는 구원을 얻지 못한다고 경고하고 있다.

7. 루터에게 있어서 "오직 믿음"의 의미

루터가 종교개혁에서 '오직 믿음'을 사용한 것은 바울이 사용한 의미와 차이가 있다고 할 수 있다. 무슨 차이인가? 바울은 구원의 필요조건으로서 의롭게 되기 위해서는 반드시 믿음을 통해서만 가능함을 강조한다. 필요조건에서는 그 어떤 인간의 행위나 선행이 요구되지 않는다. 그런 측면에서 바울은 믿음을 강조하였다.

하지만 믿음을 통해 의롭게 되는 필요조건이 충족된 이후에는 다른 조건이 충족되어야 한다. 그것은 바로 구원의 충분조건이다. 즉 믿음으로 값없이 의롭다 함을 얻은 자는 그에 합당한 삶이 나타나야 하는데 그것이 바로 구원의 충분조건이다. 구원의 필요조건에서는 '행위'가 아닌 '믿음'만 필요한 반면, 구원의 충분조건에서는 그 믿음에 따라와야 할 행위와 열매를 요구한다. 필요조건에서는 우리의 행위나 선행이 필요 없고 오직 예수 그리스도의 십자가의 은총을 믿기만 하면 되지만, 충분조건에서는 인간들에게 요구하는 사명과 사역과 열매들이 필수적으로 따라와야 한다.

그러나 이제는 너희가 죄에게서 해방되고 하나님께 종이 되어 거룩함에 이르는 열매를 얻었으니 이 마지막은 영생

이라(롬 6:22)

우리를 죄에서 해방시켜 주시고, 하나님의 종이 되게 해 주신 것은 마지막 영생을 얻기 위함이다. 그런데 그 영생은 어떻게 취할 수 있는가? "거룩함에 이르는 열매"를 얻을 때 가능하다는 것이 바울의 입장이다.

그러므로 내 형제들아 너희도 그리스도의 몸으로 말미암아 율법에 대하여 죽임을 당하였으니 이는 다른 이 곧 죽은 자 가운데서 살아나신 이에게 가서 우리로 하나님을 위하여 열매를 맺히게 하려 함이니라(롬 7:4)

오직 성령의 열매는 사랑과 희락과 화평과 오래 참음과 자비와 양선과 충성(갈 5:22)

성령을 받은 자에게 반드시 따라와야 할 것이 성령의 열매이다. 열매 없는 나무는 찍어 불에 던질 것이기 때문에 성령 받은 자는 성령의 열매를 필수적으로 맺어야 한다. 성령을 받는 것은 믿음을 통해서이지만, 성령의 열매는 성령 받은 자의 자유의지와 삶의 결과에서 나오는 것이다.

빛의 열매는 모든 착함과 의로움과 진실함에 있느니라(엡 5:9)

예수 그리스도로 말미암아 의의 열매가 가득하여 하나님의 영광과 찬송이 되게 하시기를 구하노라(빌 1:11)

믿음을 가진 자는 당연히 착하고 의롭게 되어야 한다. 진실한 자가 되며 순종의 삶을 살게 된다. 이러한 삶의 열매들이 맺혀질 때, 그 믿음은 참 믿음이요, 구원에 이르는 믿음이다.

> 또 우리 사람들도 <u>열매 없는 자가 되지 않게 하기 위하여</u> 필요한 것을 예비하는 좋은 일에 힘쓰기를 배우게 하라(딛3:14)

믿음이 있으나 열매가 없다면 그 믿음은 능히 구원할 수 없게 된다. 그러므로 믿음은 열매를 통해서 영혼을 구원할 수 있는 능력을 갖출 수 있도록 해야 한다. 바울의 입장은 믿음을 가졌으면 그것이 열매로 나타나게 해야 한다는 것이다. 바울은 믿음을 절대적으로 강조한다. 믿음이 없이는 구원이 원초적으로 불가능하면, 칭의도 이루어지지 않기 때문이다. 믿음에 따른 열매를 강조하는 것은 그 열매를 통해 믿고 있는 믿음이 살아있는 믿음임을 증명할 수 있기 때문이다.

그 반면 루터가 로마서 1장 17절을 통해 강조하는 '믿음'은 어떤 믿음인가? 인간이 의롭게 되는 길은 '믿음'이라고 확신한 것이다. 그래서 그 믿음을 너무 강조하다 보니, 헬라어 원문에도 없는 '오직'이라는 말을 더하여 "오직 믿음"(sola fide)을 종교개혁의 모토로 외친 것이다. 믿음 외에 성경이 요구하는 부분들을 갖추어 나가야 하는 부분에서, 믿음을 너무 강조한 결과 행함을 강조하는 야고보서를 무시하였고, 믿음이면 모든 구원이 다 되는 것처럼 말함으로써 오늘날 심각한 후유증을 낳고 있는 것이 사실이다. 루터의 의에 대한 개념에 대해 로제는 다음과 같이 말한다.

> 신약성서에서 "의"라는 단어를 접할 때마다 루터는 이것을 재판적인 의로 해석했다. 루터는 그래서 처음에 롬 1:17: "복음에는 하나님의 의가 나타나서 믿음에서 믿음에 이르게 하나니"도 이러한 의미로 해석했다. 그러다가 루터는 - 아마도 1514년 시 71:2: "주의 의로 나를 건지시며"를 주석하

는 가운데 – 여기에서 언급하는 의는 하나님 자신이 소유하신 의가 아니고 다른 사람에게 소요해 주시는 의를 뜻한다는 사실을 발견하게 되었다. 루터 자신도 나중에 이러한 발견에 대해서 말하면서, "거기에서 나는 하나님의 의가 하나님의 선물, 즉 믿음에 의해서 의로운 자가 생명을 유지할 수 있다는 사실을 깨닫게 되었다. 그리고 그 뜻은 대략 이렇다: 하나님의 의는 복음에 의해서 계시되는데 이 의는 즉 '오직 의인은 믿음으로 살리라'고 기록된 대로, 믿음에 의해서 자비로우신 하나님이 우리를 의롭게 해 주시는 수동적인 의를 뜻한다."[176]

여기서 루터가 강조하는 것은 하나님으로부터 오는 의를 인간이 수동적으로 받음으로 의롭게 된다는 것이다. 인간은 하나님이 선물로 주시는 하나님의 의를 받아들임으로 의인이 되는 것이다. 인간은 스스로 의인이 될 수 없기 때문에 하나님의 의를 믿음을 통해서 전가 받는 길 외에는 어떤 방법도 없음을 분명히 하고 있다.

루터가 '오직 믿음'만으로 의롭게 된다는 것을 강조함으로 종교개혁 이후 개혁교회에서는 일종의 '믿음만능주의'가 확산되어 버렸다 해도 과언이 아닐 것이다. '믿음' 하나만 있으면 구원받는데 전혀 문제가 없는 것처럼 이해하게 함으로써 오히려 믿음 뒤에 따라와야 할 삶의 열매와 행위, 실천을 소홀하게 만들고, 온전한 구원을 이루는데 심각한 지장을 초래하였다고 볼 수 있다.

---

[176] 베른하드 로제, 차종순 역, 「기독교 교리의 역사」, 목양사, 232, 233.

8. 왜곡된 칭의론

구원론을 바로 정의하기 위해서는 칭의에 대한 이해가 중요하다. 예수 그리스도를 믿을 때, 그리스도의 의가 우리에게 어떤 방법으로 전가되는지에 대한 이해가 필요하다. 과거와 현재의 죄에 대해서만 용서를 받고 의가 전가되는가, 아니면 미래의 죄에 대한 용서가 포함된 의가 전가되는가? 인간의 어떤 행위가 포함되느냐 되지 않느냐도 논쟁의 핵심 가운데 하나라고 할 수 있다. 또한 한 번 칭의가 되면 그 효력이 영원히 유효한가, 아니면 언제든지 취소될 수 있는가 하는 것도 깊이 논의해야 할 부분 가운데 하나이다. 이런 것들이 성경적은 토대 위에서 제대로 정리되어야 참된 구원론을 정립할 수 있을 것이다.

'벨기에 신앙고백'에서 "믿음으로 의롭다 함에 관하여"라는 내용을 보면 예수 그리스도 안에 있는 완전한 구원을 믿음만으로 얻을 수 있다고 한다. "행위 없는 믿음만으로" 의롭게 된다는 것이다. 인간의 행위가 들어가면 예수 그리스도가 온전한 구원자가 될 수 없기 때문에 어떤 행위도 첨가되어서는 안 된다는 것이다.

> 제22 조 믿음으로 의롭다 함에 관하여
> 그러므로 우리의 구원을 위하여 필요한 모든 것이 예수 그리스도 안에 없든지 아니면 모든 것이 다 그 분 안에 있든지 간에 예수 그리스도를 소유하는 사람들이 믿음을 통하여 그 분 안에 있는 완전한 구원을 얻을 수 있다는 결론이 나올 수밖에 없다. 그러므로 그리스도 밖에 어떤 것이 필요하다고 주장하는 것은 하나님에 대하여 대단히 큰 모독이 된다. 왜냐하면 예수 그리스도는 반구주(Uaiñ«)에 불과하기 때문이다. <u>그러므로 사도 바울처럼 우리는 믿음만으로, 혹은 행위 없</u>

는 믿음만으로 의롭다 함을 받는 것이라고 말할 수 있다.[177]

과연 이러한 신앙고백이 성경적이라고 할 수 있는가? 인간의 행위 없는 믿음만으로 의롭다 함을 받는다면 성경은 다시 기록되어져야 할 지도 모른다. 예수 그리스도의 공로 100%로 의롭다 함을 받았기 때문에 더욱더 인간의 순종과 행함을 통해 100% 행함이 나와야 하지 않는가? 물론 칭의의 시작은 전적으로 우리의 행위와 상관없이 믿음으로 시작한다. 하지만 그 믿음이 행위로 확증되고 열매로 나타나지 않으면 그 믿음은 인정받을 수 없고, 구원에 이르게 할 수도 없다. 구원받은 인간이 믿음대로 살면서 삶으로 실천할 때 구원이 확증되는 것이다. 어떻게 벨기에 신앙고백은 인간이 하나님의 계명대로 살고 순종함으로써 구원이 완성된다는 사실을 보지 못하고, 오직 믿음만으로 구원이 완성된다고 하는 잘못된 논리에 빠져 있는가? 개혁주의 신학자들의 주장도 크게 다르지 않다. 칭의에 대한 앤서니 후크마의 말을 들어 보자.

> 칭의는 하나님이 믿는 죄인들을 그들에게 전가된 그리스도의 의를 바탕으로 의롭다고 선언하시고, 그들의 모든 죄를 용서하시며, 그들을 하나님의 자녀로 입양하시고, 그들에게 영생을 얻을 권리를 주시는 하나님의 은혜로운 법적 행위로 정의될 수 있다.[178]

루터 역시 칭의를 법정적 의미로 이해한 것처럼 후크마 역시 법정적 의미로 이해한다. 구원받을 수 없는 죄인들이 그리스도가 이룬 십자가의 의를 전가시킴으로 죄가 용서되고, 양자가 되며, 영생을 보증 받게 된다. 이러한 칭의는 전적으로 하나님의 은혜이며,

---

[177] 이장식 편역, 「기독교신조사(I)」, 컨콜디아사, 256.
[178] 앤서니 후크마, 이용중 역, 「개혁주의 구원론」, 부흥과 개혁사, 245.

하나님이 하시는 일이다. 여기에 인간의 행위가 개입될 여지가 없는 것이다. 법적으로 죄에 대한 용서를 받고, 신분변화를 일으켰기 때문에 칭의의 효력은 영원하다고 볼 수 있다.

후크마는 또한 "칭의는 사람이 믿음으로 그리스도를 받아들일 때 단번에 발생한다"[179]고 주장한다. 따라서 예수 그리스도를 믿을 때, 칭의와 동시에 과거, 현재, 미래의 죄가 해결받고, 그 칭의의 효력은 그 누구도 취소할 수 없는 영원한 것이 된다.

뿐만 아니라 후크마는 "칭의는 오직 믿음으로만 받으며, 결코 우리 자신의 선행으로 얻을 수 있는 것이 아니다(롬 3:28)"[180]라고 하였고, 무엇보다 칭의는 그리스도와의 연합을 통해 그리스도의 의가 죄인에게 전가됨으로 의롭게 되는 것이며[181], 성도들의 공로와 상관없이 오직 예수 그리스도의 공로를 통해 받게 되는 것(롬 4:6-8)[182]이라고 하였다.

여기서 우리는 개혁주의 노선의 칭의론을 대충 살펴볼 수 있다. 칭의는 오직 믿음으로 받는다는 루터의 주장과 맥을 같이 한다는 것을 알 수 있다. 칭의로 그리스도의 의가 죄인에게 전가되고, 인간은 피동적으로 그리스도의 의를 수여받는 형식이 된다.

> 그런즉 이 행복이 할례자에게뇨 혹 무할례자에게도뇨 대저 우리가 말하기를 아브라함에게는 그 믿음을 의로 여기셨다 하노라 그런즉 이를 어떻게 여기셨느뇨 할례시냐 무할례 시냐 할례시가 아니라 무할례시니라 저가 할례의 표를 받은 것은 무할례 시에 믿음으로 된 의를 인친 것이니 이는 무할례자로서 믿는 모든 자의 조상이 되어 저희로 의로 여기심을 얻게 하려 하심이라 또한 할례자의 조상이 되었나니 곧

---

179 Ibid.
180 Ibid.
181 Ibid.
182 Ibid., 249.

> 할례 받을 자에게 뿐 아니라 우리 조상 아브라함의 무할례 시에 가졌던 믿음의 자취를 좇는 자들에게도니라 아브라함이나 그 후손에게 세상의 후사가 되리라고 하신 언약은 율법으로 말미암은 것이 아니요 오직 믿음의 의로 말미암은 것이니라(롬 4:9-13)

그러나 이러한 개혁주의 칭의론은 인간의 전적 타락과 무능력으로 인해 하나님의 전적 주권과 예정, 불가항력적 은혜, 자유의지의 부패 이론에 근거하여 성경적 칭의에 온전히 접근하지 못한 부분이 있음을 알아야 한다. 하나님의 절대적 은총에 대한 강조는 아무리 해도 지나치지 않겠지만, 그렇다고 인간의 자유의지와 순종, 그리고 그 후의 삶으로 나타날 결과에 대해서는 중요시 하지 않는 경향이 성경적 구원론에 치명적인 독소가 될 수 있다는 것이다.

류장현 박사[183]는 종교개혁 칭의론에 대해 6가지로 비판하고 있다. 물론 이 비판이 성경적 근거에 충실하지 못한 부분은 있지만, 500년 이상 내려오는 개혁교회 칭의론에 비판을 가했다는 점에서 의의가 있다고 하겠다.

> 첫째, 칭의론은 신앙을 지나치게 강조하여 기독교적인 삶의 실천을 약화시켰다.
> 둘째, 칭의론은 필립 멜랑히톤(Philipp Melanchthon)에 의해 '법리적 의인론'(forensic justification)으로 발전하였다. 여기서 칭의는 효과적인 구원이 아니라 법적인 구원을 의미한다.
> 셋째, 하나님을 희생을 요구하는 폭력적인 분으로 만들었고, 우리를 위한 예수 그리스도의 십자가의 희생을 주술적 의미로 전락시켰다.
> 넷째, 하나님의 나라의 복음을 개인의 영혼 구원으로 축소

---

[183] 한신대 교수

시켰다.

다섯째, 루터는 당시 로마 카톨릭 교회의 경향에 반대하여 구원에 있어서 하나님의 역할을 강조하고 인간의 역할을 약화시켰다.

여섯째, 칭의론은 하나님과 인간의 왜곡된 관계를 의미하는 종교적 죄(Sünde)에 관심을 가졌기 때문에 인간과 인간의 관계에서 발생하는 사회적 죄(Schuld)에 대해서는 무관심하다.[184]

이 비판에서 개혁주의 칭의관에 경종과 도전을 주는 것은 "실천"과 "사람의 역할" 부분이다. 개혁주의 칭의관이 그리스도 십자가의 은혜를 주술적으로 전락시킨 부분은 누구도 부인하기 힘들 것이다. 삶의 실천에서 능력을 상실해 버린 칭의론이 무슨 의미가 있는가? 삶의 실천이 없는 이론은 무익한 것이며, 문제의 심각성이 내포되어 있다는 증거다. 임태수 교수[185]는 '믿음과 행함의 변증법적 통일'이라는 글에서 루터의 주장에 비평한 것을 요약하면 다음과 같다.

1) 루터는 종교개혁의 효과를 극대화하기 위해서 '오직(monon/sola)라는 강조를 붙임으로 중세 카톨릭 교회와의 차별성은 확실히 했지만 바울의 칭의론을 벗어나는 과오를 범하였다.
2) 예수 그리스도의 산상수훈에 근거하여 행함은 구원의 조건이다(마 7:21, 24-27)
3) 행함은 최후 심판의 기준이다(마 25:31-46)
4) 행함으로 의롭게 된다(dir 2:14-26)

184　류장현, '16세기 종교개혁의 한계와 극복', 「제2 종교개혁이 필요한 한국교회」, 기독교문사, 152-154
185　호서대 명예교수, 제2종교개혁연구소장

5) 믿음과 행함은 상반된 것이 아니라 상호보완적이며 불가분의 관계이다. 믿음과 행함은 변증법적인 통일을 이루어 믿음은 행함을 전제하고 행함은 믿음을 전제한다. 믿음 없이 구원을 얻을 수 없는 것처럼 행함 없이도 구원을 얻을 수 없다. 믿음과 행함은 모두 구원의 조건이다.[186]

제2의 종교개혁을 일으켜야 한다는 목소리가 높아지고 있는 것은 개혁주의 칭의론의 한계를 인정하는 것이라고 할 수 있다. 행함을 빼버린 오직 믿음으로만 칭의를 받을 수 있다고 하는데서 성경적 진리가 실천되고 있지 않다. 특히 산상수훈에서 요구하고 있는 윤리와 실천, 열매, 삶의 변화, 하나님처럼 온전하고 거룩한 성도의 모습이 나오기 위해서는 현재의 칭의론으로는 역부족이다. 종교개혁 이후 500년 동안 교회에서 실험해 본 결과이다. 유럽교회가 무너지고, 한국교회가 위기에 직면하고 있는 부분도 바로 삶의 실천을 통해 증명되어야 할 칭의가 오직 입술의 고백과 마음으로 믿는 내적 믿음에 머물기 때문이다. 이러한 현상은 개혁주의 칭의론의 한계를 드러내는 것이며, 삶의 실천을 통한 온전한 의가 믿음의 고백을 통한 칭의와 하나가 될 때 힘을 발휘할 수 있는 것이다.

9. 한국교회 위기 원인

한국교회의 위기는 무엇인가? 이론은 무성하나 삶의 실천이 따르지 않는 기독교로 전락했다는 것이다. 칭의론에 대한 이론은 많지만 산상수훈이나 성경의 가르침대로 살아가는 삶이 없는 무능한 기독교회를 만들어 냈다는데 문제가 있다. 맛 잃은 소금처럼 이방인들의 발에 짓밟히는 진리는 더 이상 진리가 아님에도 이 진리를

---
186 임태수, '믿음과 행함의 변증법적 통일', 「제2 종교개혁이 필요한 한국교회」, 기독교문사, 228–250

고수하려고 하는 신학자들과 교단들이 있기에 한국교회는 더욱 심각한 위기에 봉착해 있다고 할 수 있다. 루터의 "오직 믿음으로"라는 종교개혁의 슬로건이 한국교회를 삶의 실천이 없고, 성경의 실천을 중요하게 생각지 않는 교회로 만들었을 가능성이 높다.

김득중 박사[187]는 '오직 믿음만을 강조하는 신앙생활에 대한 성서신학적 반성'이라는 글에서 한국 교회의 위기는 은혜를 받았다고 하면서도 그 은혜를 삶 속에 실천하지 못하고 그에 따른 열매를 맺지 못하기 때문이라고 진단하고 있다.[188] 왜 이중적인 모습들이 교회 안에 나타나고, 도덕결핍증이나 불감증이 나타나는가? 왜 믿음의 열매로 나타나야 할 선한 행실이 나타나지 않는 것인가? 이에 대해 김득중 박사는 개신교 전통신학에 문제가 있다고 본다. 즉, "인간보다는 하나님, 도덕과 윤리보다는 믿음과 은총이 더 중요시되어 왔다"[189]는 것이다. 성경은 당연히 하나님을 최고로 섬겨야 할 것을 말씀하면서도, 동시에 이웃을 네 몸처럼 사랑하라(마 5:43, 44)는 계명도 강조하고 있다. 하나님을 사랑했지만, 이웃을 내 몸처럼 사랑하지 못하면 그것 또한 구원에 이를 수 없다는 것이 성경의 가르침이다.

이러한 문제가 발생하는 더 근본적인 원인은 루터의 구원관에 있다고 할 수 있다. 루터는 종교개혁을 통해 가톨릭에서 주장하는 '행위를 통한 의인'(justification by works) 교리를 부정하고 '믿음을 통한 의인'(justification by faith) 교리를 강조함으로 인간 구원은 오직 은혜와 믿음임을 중시하게 되었다.[190] 이러한 루터의 경향은 로마서와 갈라디아서 같은 바울 서신에 집중하게 되고, 그로 인해 구원론을 주로 바울 서신이나 바울의 사상에서 찾으려고 하는 경향으로 나아갔다. 따라서 사복음서나 야고보서와 같은 성경들을 루터가 무시하

---

187 전 감신대 총장
188 김득중, '오직 믿음만'을 강조하는 신앙생활에 대한 성서신학적 반성, 「제2종교개혁이 필요한 한국교회」, 기독교문사, 275
189 Ibid., 278
190 Ibid., 279

거나 간과했던 것으로 김득중 박사는 이해하고 있다.[191]

루터가 종교개혁에서 로마 가톨릭에 대항하면서 믿음을 강조한 것은 잘한 일이지만, 그러나 가톨릭이 요구하는 행위가 아닌 성경이 요구하는 삶의 실천과 열매를 도출할 수 있는 행위는 강조했어야 했다는 것이다. 루터는 가톨릭이 요구하는 구원을 얻기 위한 필요조건으로서의 행위와 성경이 요구하는 충분조건으로서의 행위를 혼동함으로써 온전한 종교개혁을 이루는데 문제가 있었던 것이다.

개혁주의 구원론에서는 칭의와 성화가 서로 연합되어 있다는 로마 가톨릭의 주장을 반대하면서, 칭의와 성화는 서로 분리되어서는 안 되지만[192], 또한 분리할 수밖에 없음을 주장한다고 후크마가 주장하고 있다. 성경적 구원론의 입장에서 엄밀히 본다면 칭의와 성화는 분리되어 있지만, 큰 틀에서는 하나로 연결되어 있음을 성경이 증거하고 있다. 칭의와 성화는 분리될 수 없는 불가분의 관계임을 성경이 주장하는 이유는 칭의는 지은 죄로부터의 구원이라면, 성화는 구원받은 이후 짓게 될지도 모를 미래의 죄로부터 구원이기 때문이다. 왜냐하면 비록 칭의를 통해 법정적 의미로서 사죄함을 받고, 양자의 자격을 취득했더라도 그 후에 짓는 죄문제를 해결하지 못하고, 다시 세상으로 돌아갈 경우, 받았던 구원을 상실하기 때문이다.

> 기록하였으되 내가 거룩하니 너희도 거룩할지어다 하셨느니라(벧전 1:16)

> 어떤 율법사가 일어나 예수를 시험하여 가로되 선생님 내가 무엇을 하여야 영생을 얻으리이까 예수께서 이르시되 율법에 무엇이라 기록되었으며 네가 어떻게 읽느냐 대답하여 가

---

191 Ibid., 280.
192 앤서니 후크마, 이용중 역, 「개혁주의 구원론」, 부흥과 개혁사, 252.

로되 네 마음을 다하며 목숨을 다하며 힘을 다하며 뜻을 다하여 주 너의 하나님을 사랑하고 또한 네 이웃을 네 몸과 같이 사랑하라 하였나이다 예수께서 이르시되 네 대답이 옳도다 이를 행하라 그러면 살리라 하시니(눅 10:25-28)

이와 같이 행함이 없는 믿음은 그 자체가 죽은 것이라 혹이 가로되 너는 믿음이 있고 나는 행함이 있으니 행함이 없는 네 믿음을 내게 보이라 나는 행함으로 내 믿음을 네게 보이리라(약 2:17, 18)

10. 의인화(義認化)와 의인화(義人化)

성경은 두 가지 의를 말씀하고 있다. 하나는 하나님으로부터 믿음을 통해 값없이 주어지는 의이고, 다른 하나는 칭의를 얻은 자가 성화와 삶을 통해 획득함으로 하나님이 인정해 주는 의이다. 전자는 의인화(義認化: imputation)라고 하며 후자는 의인화(義人化: impartation)라고 한다. 칭의는 하나님이 아무 공로도 없는 인간에게 100% 값없이 의롭다고 인정해 주는 은혜이다. 거기에 인간의 행위나 공로는 조금도 들어갈 수 없다.

하지만 그렇게 칭의 받은 자에게 성경은 수많은 것을 요구한다. 성화를 통해서 하나님처럼 되라는 것이다. "그러므로 하늘에 계신 너희 아버지의 온전하심과 같이 너희도 온전하라"(마 5:48)는 예수님의 요구는 칭의를 받고 양자의 신분을 취득한 자에게 요구되는 삶이요 행위다. 하나님께서 은혜로 의인화(義認化) 시켜 주었으면, 그 은혜를 받은 인간은 의인화(義人化)를 위해서 노력해야 한다.

그러나 종교개혁 전통은 하나님의 은혜는 강조하고, 값없이 주는 의인화(義認化)는 가르쳤지만, 성화를 통해 각 개인이 이루어 나가야 할 의인화(義人化)는 강조하지 않았다. 하나님이 십자가의 은혜로 의인을 만들어 주셨으면 칭의를 받은 성도는 목숨 다해 의인으로서의 삶을 살도록 성경이 요구하고 있다. 만약 하나님이 값없이 주신 칭의를 성화의 과정을 통해 의인으로서 삶을 제대로 살지 못하고 실패하고 열매 맺지 못한다면 심각한 문제에 직면한다. 그것은 곧 찍어 불에 던져우는 것이다. 그러나 개혁교회는 이 부분을 사실상 덮어버리거나 잘못 해석함으로 교회가 참된 구원을 얻는데 방해를 끼쳤다.

웨슬리는 구원에 대해서 보다 정확하게 성경에 접근하고 있다. 구원 받을 자는 두 가지 의를 획득해야 한다고 이해했다.

> 웨슬리는 믿음의 단계가 있다고 보았으며 크리스천의 성화는 그리스도에 의해서 '전가된 의(imputed righteousness)'와 더불어 시작되지만, 결국은 신자 안에 '고유의 의(inherent righteousness)'가 획득되는 과정으로 이해했다.[193]

죄인인 인간에게 그리스도의 의가 전가됨으로 의로와지고 칭의가 된다는 것에는 종교개혁자들과 의견을 같이 한다. 그러나 웨슬리는 이것이 전부가 아니라 칭의를 받은 신자들은 이제 각자가 자기 안에서 고유한 의를 획득해야 한다고 본 것이다. 하나님이 주시는 칭의만 의지한 것이 아니라 칭의를 근거로 거룩한 삶과 실천을 통해서 얻어지는 고유의 의를 획득해야 한다는 것이다. 이것은 개혁주의 칭의론에 상당한 도전이 아닐 수 없다.

그럼 성경은 오직 칭의에 의해서만 의인이 인정되는가, 아니면 칭의를 받은 자의 삶과 행위를 통해서도 의가 획득되어 진다고 말하는가? 성경은 칭의만 아니라 칭의된 자들의 삶을 통해서도 의가 획득됨을 말씀하고 있다. 하나님이 심판하실 때, 바로 이 의를 보

---

193 주도홍, "웨슬리는 개혁주의인가?," 194. 유태화, 「개혁신학의 구원론」, 크리스찬출판사, 2500에서 재인용

고 심판의 기준을 삼는다.

> 그때에 임금이 그 오른편에 있는 자들에게 이르시되 내 아버지께 복 받을 자들이여 나아와 창세로부터 너희를 위하여 예비된 나라를 상속하라 내가 주릴 때에 너희가 먹을 것을 주었고 목마를 때에 마시게 하였고 나그네 되었을 때에 영접하였고 벗었을 때에 옷을 입혔고 병들었을 때에 돌아보았고 옥에 갇혔을 때에 와서 보았느니라 이에 의인들이 대답하여 가로되 주여 우리가 어느 때에 주의 주리신 것을 보고 공궤하였으며 목마르신 것을 보고 마시게 하였나이까 어느 때에 나그네 되신 것을 보고 영접하였으며 벗으신 것을 보고 옷 입혔나이까 어느 때에 병드신 것이나 옥에 갇히신 것을 보고 가서 뵈었나이까 하리니 임금이 대답하여 가라사대 내가 진실로 너희에게 이르노니 너희가 여기 내 형제 중에 지극히 작은자 하나에게 한 것이 곧 내게 한 것이니라 (마 25:34-40)

물론 여기 나오는 "의인"들은 먼저 칭의를 통해 의인화(義認化)된 사람들이다. 그러나 여기서 그들이 의인이 된 것은 또한 그들의 행위의 결과이기도 하다. 실천적인 삶과 헌신과 사랑과 희생을 통해서 의인화(義人化) 과정을 거쳤기 때문이다. 만약 칭의를 받고서도 삶을 통하여 의인이 되는데 실패하게 된다면, 염소와 같이 지옥에 떨어지게 될 것이다. 왜냐하면 이들은 구원의 필요조건은 충족했지만, 구원의 충분조건에서 실패했기 때문이다.

> 선지자의 이름으로 선지자를 영접하는 자는 선지자의 상을 받을 것이요 의인의 이름으로 의인을 영접하는 자는 의인의 상을 받을 것이요 (마 10:41)

> 그 때에 의인들은 자기 아버지 나라에서 해와 같이 빛나리라(마 13:43)

위의 구절에 나오는 의인들은 칭의를 얻은 자가 삶을 통해 의인으로서의 삶을 산 사람들이라고 할 수 있다. 믿음으로 값없이 얻는 의를 받았고, 의인으로 인정되었기 때문에 이제 그 삶을 통해 의롭게 사는 것이다. 하나님의 심판은 의인으로 칭의해 준 것만이 아니라, 의인으로서 어떻게 살았느냐도 보신다.

> 세상 끝에도 이러하리라 천사들이 와서 의인 중에서 악인을 갈라 내어 풀무불에 던져 넣으리니 거기서 울며 이를 갊이 있으리라(마 13:49, 50)

> 하나님 앞에서는 율법을 듣는 자가 의인이 아니요 오직 율법을 행하는 자라야 의롭다 하심을 얻으리니(롬 2:13)

> 오직 나의 의인은 믿음으로 말미암아 살리라 또한 뒤로 물러가면 내 마음이 저를 기뻐하지 아니하리라 하셨느니라(히 10:38)

> 또 의인이 겨우 구원을 얻으면 경건치 아니한 자와 죄인이 어디 서리요(벧전 4:18)

그러므로 칭의를 받은 자는 더욱 의인의 삶을 살아가야 하는 것이 성경이 우리에게 가르쳐 주는 구원이다. 먼저 하나님으로부터 의롭다 함을 받고, 그 다음에는 삶을 통해 의롭게 살고, 의의 열매들을 맺을 때 참된 구원에 이를 수 있다.

11. "오직 믿음"으로만 구원이 가능한가?

1) 믿음은 구원의 필요조건

믿음은 '칭의'를 얻게 해 주는 중요한 수단이다. 예수 그리스도가 십자가에서 이루신 의를 전가받기 위해서는 반드시 '믿음'을 통해야 한다. 믿음을 통하지 않고서는 칭의를 받지 못하기 때문에 믿음은 구원에 있어서 필수조건이라 할 수 있다. 믿음을 통해 칭의를 얻고, 칭의를 통해 구원의 완성단계로 나아가야 구원을 이룬다는 측면에서 개혁교회는 믿음에 대해 강조해 왔다. 그러나 믿음만 강조함으로 다른 구원의 조건이나 구원을 위해서 갖추어야 할 부분들에 대해서는 상대적으로 무시되거나 도외시되어 온 것도 사실이다. 종교개혁 500주년을 맞이하면서 종교개혁에서 간과되거나 잘못된 개혁에 대해서 성경에 근거하여 수정하거나 개혁해야 할 부분은 과감하게 개혁해 나가지 않으면 안 되는 시점에 와 있다.

> 너희가 그 은혜로 인하여 믿음으로 말미암아 구원을 얻었나니 이것이 너희에게서 난 것이 아니요 하나님의 선물이라. 행위에서 난 것이 아니니 이는 누구든지 자랑치 못하게 함이니라(엡2:8, 9)

> (KJV) For by grace are ye saved through faith; and that not of yourselves: it is the gift of God: Not of works, lest any man should boast.

에베소서 2장 8절의 말씀을 보면, 우리의 구원은 전적으로 하나님이 주시는 선물로 표현하고 있다. 이것은 곧 구원의 계획과 과정과 마침까지도 하나님의 주권 안에 있다는 것이다. 여기에 누구도 반론을 제기할 수 없다. 그 구원을 얻는 과정에 하나님의 은혜(by grace)가 나오고 믿음(through faith)이 나온다. 우리의 행위가 아니다 (Not of works). 때문에 하나님이 주시는 구원의 선물을 믿음이라는 수단을 통해 받게 되는 것이다. 그런 측면에서 믿음은 구원을 받는데 반드시 필요한 조건이다. 믿음을 통하지 않고는 구원받을 자가 아무도 없다. 그래서 바울은 "믿음으로 말미암아 구원을 얻었나니"라고 말할 수 있는 것이다. 이것이 구원의 필요조건이다.

2) 믿음은 구원의 충분조건이 아님

믿음은 구원을 받는데 필요조건임에는 틀림이 없지만, 충분조건은 될 수 없다. 왜냐하면 구원의 충분조건은 믿음을 통해서 우리에게서 나와야 할 행위와 열매들이기 때문이다. 행위와 열매는 믿음이 아니라 실천을 통해서 나와야 할 믿음의 결과물이다.

> 내 형제들아 만일 사람이 믿음이 있노라 하고 행함이 없으면 무슨 이익이 있으리요 그 믿음이 능히 자기를 구원하겠느냐 만일 형제나 자매가 헐벗고 일용할 양식이 없는데 너희 중에 누구든지 그에게 이르되 평안히 가라, 더웁게 하라, 배부르게 하라 하며 그 몸에 쓸 것을 주지 아니하면 무슨 이익이 있으리요 이와 같이 행함이 없는 믿음은 그 자체가 죽은 것이라(약 2:14-17)

여기서 믿음이 구원을 위해서 해 줄 수 있는 범위와 한계를 알 수 있다. 믿음은 의롭다 함을 얻게 해 주며, 믿음을 통해 행위가 나올 수 있도록 동기를 제공하는 중요한 요인이다. 하지만 믿음이 행함은 아니다. 아무리 믿음이 있다 하더라도 행함으로 나아가지 못한다면 그 믿음은 반쪽 믿음이며, 살아있는 믿음이라고 할 수 없다. 그것을 성경은 죽은 믿음이라고 하며, 그런 믿음으로는 구원에 이를 수 없다고 말씀하고 있다. 믿음은 구원의 충분조건이 될 수 없기 때문에 믿음을 강조하되, 믿음만 강조하면 안 된다. 왜냐하면 믿음만으로는 구원을 완성할 수 없기 때문이다. 믿음을 통해 행함과 열매가 나와서 구원의 충분조건이 이루어져야 완전한 구원이 이루어질 수 있다.

3) 믿음의 고백만으로 구원이 가능한가?

믿음이 우리를 의롭게 하여 구원의 길을 열어주지만, 그 믿음을 고백하는 것만으로는 충분하지 않다. 구원을 이루기 위해서 사람이 해야 할 일이 있는데 그것을 할 때 믿음이 온전해 지는 것이다. 믿음을 기초로 결단하고 행동할 때 엄청난 열매들이 나타나며, 하나님께 영광이 돌아간다. 하나님이 우리에게 믿음을 통해 칭의해 주시는 것은 바로 하나님이 영광 받을 일들을 칭의받은 자들이 많이 해 줄 것을 기대하기 때문이다. 믿음이 있노라 하면서도 삶이 전혀 따르지 않는다면 그 믿음으로 구원을 얻을 수 없다는 것이 성경의 결론이다.

> 나더러 주여 주여 하는 자마다 천국에 다 들어갈 것이 아니요 다만 하늘에 계신 내 아버지의 뜻대로 〈행하는 자〉라야 들어가리라 (마 7:21)

"주여, 주여" 한다는 것은 입으로 고백하는 믿음이다. 그렇지만 그것이 실천하고 행동하는 믿음의 결과는 아니다. 구원을 위해서는 반드시 예수님을 구세주로 고백해야 한다. 하지만 고백만 한다고 구원이 이루어지는 것이 아니라는 사실이다. "아버지의 뜻대로 행하는" 삶이 따라와야 한다. 그것이 구원의 충분조건이다. 필요조건인 믿음은 있는데 충분조건인 '행함'이 없을 경우, 예수님은 어떻게 된다고 말씀하시는가? 천국에 들어갈 없다고 분명히 말씀하고 있다. 개혁교회는 바로 구원의 충분조건을 강조해야 한다.

또 왼편에 있는 자들에게 이르시되 저주를 받은 자들아 나를 떠나 마귀와 그 사자들을 위하여 예비된 영영한 불에 들어가라 내가 주릴 때에 너희가 먹을 것을 주지 아니하였고 목마를 때에 마시게 하지 아니하였고 나그네 되었을 때에 영접하지 아니하였고 벗었을 때에 옷 입히지 아니하였고 병들었을 때와 옥에 갇혔을 때에 돌아보지 아니하였느니라 하시니 저희도 대답하여 가로되 주여 우리가 어느 때에 주의 주리신 것이나 목마르신 것이나 나그네 되신 것이나 벗으신 것이나 병드신 것이나 옥에 갇히신 것을 보고 공양치 아니하더이까 이에 임금이 대답하여 가라사대 내가 진실로 너희에게 이르노니 <u>이 지극히 작은자 하나에게 하지 아니한 것이 곧 내게 하지 아니한 것이니라 하시리니 저희는 영벌에, 〈의인들〉은 영생에 들어가리라</u> 하시니라 (마 25:41-46)

왼편에 있는 자들도 하나님을 믿었던 자들임에 틀림없다. 왜냐하면 그들은 주님을 섬긴다고 섬겼기 때문이다. 하지만 그들의 행위가 하나님께 인정받지 못하고, 획득된 의를 얻는데 실패하였기 때문이다. 믿음으로만 구원을 받는다면 왼편에 있는 자들도 모두 구원을 받아야 한다.

저희가 하나님을 <u>시인하나 행위로는 부인하니</u> 가증한 자요, 복종치 아니하는 자요, 모든 선한 일을 버리는 자니라 (딛 1:16)

입술로나 마음으로만 믿고 행동이 따라오지 않을 때 가증한 자라고 성경이 말씀하고 있다. 구원의 필요조건에서는 믿기만 하면 의인이 된다. 이것은 법정적 칭의 차원에서 이해될 수 있다. 그러나 하나님의 뜻대로 행하는 삶이 온전히 따라나와야 참 믿음으로 인정받고, 구원에 이를 수 있게 된다. 구원의 조건이 '믿음'을 통한 의에 달려 있는 동시에, '행위'를 통한 획득된 의에도 달려 있음을 알 수 있다. 행위가 믿음과 일치되지 않을 때는 그 믿음만으로는 구원이 불가능하지만 믿음과 행위가 일치할 때 참된 구원을 이룰 수 있다.

4) 현대 교회가 당면한 구원론 문제점

개혁교회 구원론의 문제점은 '믿음'을 너무 강조한 나머지 '행함'을 완전히 배제시키고 있다는 점이다. 사도 바울이 로마서와 갈라디아서를 비롯한 그의 서신에서 유대 율법주의에 대항하여 '믿음'을 강조한 그 말씀들을 너무 강하게 받아들임으로써 그 어떤 '행함'도 구원과는 관계없는 것으로 이해하였다. 루터와 칼빈이 그런 잘못을 범함으로 인해 오늘 개혁교회 전통에 큰 영향을 주었다. 물론 종교개혁자들도 믿음에 따르는 선행이나 열매를 주장하였다. 그러나 그 주장은 구원과는 상관이 없는 상급을 위한 행위를 말하는 것이다. 성화의 과정에서 필요한 것이며, 믿음의 결과로서 당연히 따라와야 결과로서의 행위이기 때문에 구원에 영향을 줄 수 없다고 본다. 그렇지만 개혁주의 구원론에서도 선한 행위를 강조하지 않는 것이 아니다. 문제는 선한 행위가 구원의 조건이 됨에도 불구하고 조건이 아니라고 하는데 있다. 그래서 필요조건만 강조한 반면, 충분조건은 구원에 전혀 상관없는 것으로 이해한 것이 문제다.

> 사랑하는 자들아 우리가 일반으로 받은 구원에 관하여 내가 너희에게 편지하려는 생각이 간절하던 차에 성도에게 〈단번에 주신 믿음의 도〉를 위하여 〈힘써 싸우라〉는 편지로 너희를 권하여야 할 필요를 느꼈노니 (유 1:3)

여기서 '단번에 주신 믿음의 도'는 하나님이 은혜로 값없이 믿음을 통해 받은 구원의 필요조건이다. 이렇게 믿음의 도를 단번에 받았다면 그 다음이 문제다. 힘써 싸워야 하는 과정이 있다. 이것은 구원의 충분조건이다. 필요조건으로 구원이 완성된다면 충분조건으로써의 힘써 싸워 나가는 과정은 필요 없을 것이다.

믿음만으로 구원을 받는다면 그 누가 고난의 길을 택할 것이며, 핍박과 환난과 인내를 통해 구원을 이루어 나가려고 하겠는가? 현대 개혁교회들이 핍박과 환난과 고난의 좁은 길을 선택하려고 하지 않는 이유가 무엇이겠는가? 그렇게 하지 않아도 구원을 받는다는 잘못된 구원론 때문이다.

> 좁은 문으로 들어가라 멸망으로 인도하는 문은 크고 그 길이 넓어 그리로 들어가는 자가 많고 생명으로 인도하는 문은 좁고 길이 협착하여 찾는 이가 적음이니라(마 7:13, 14)

5) 개혁교회 구원론에서 수정할 부분

개혁교회는 예수 그리스도가 인간이 감당할 수 없는 속죄를 담당해 주셨기 때문에 그 피로 우리의 모든 죄를 사할 뿐 아니라, 우리의 구원까지 완전히 보장해 주는 것으로 이해한다. 따라서 우리 인간이 부족하더라도 믿기만 하면 그 보혈의 은혜로 모든 죄를 사해 줄 뿐 아니라 구원까지 완전히 보장해 주는 것이다. 물론 예수님의 보혈은 우리의 어떤 죄도 사해주며, 그 피를 믿고 나갈 때 구원에 이를 수 있다.

하지만 그러한 예수님의 보혈의 능력과 십자가의 사랑이 인간이 감당해야 할 부분을 감당하지 않아도 구원에 이를 수 있다는 말은 아니다. 하나님의 은혜를 믿음으로 값없이 받았고, 그 큰 구원을 받았기에 우리는 오히려 더 충성해야 하고, 더 헌신해야 하고, 더 목숨까지 바쳐야 하는 것이다. 오늘 개혁주 구원론은 믿음만 아니라 삶의 실천을 강조해야 한다. 사람의 실천이 구원과 밀접하게 연결되어 있음을 가르쳐야 하고 믿음과 행함은 일체가 되어야 진정한 구원에 이를 수 있음도 가르쳐야 한다.

> 우리가 이같이 큰 구원을 등한히 여기면 어찌 피하리요 이 구원은 처음에 주로 말씀하신 바요 들은 자들이 우리에게 확증한 바니(히 2:3)

큰 구원을 등한히 여긴다는 것이 무엇인가? 구원을 받고서도 다시 죄로 돌아가고, 옛사람을 벗어버리지 못하는 것이다. 큰 구원을 받았기 때문에 더욱 새사람이 되려고 노력해야 한다. 구원받기 위해서 선행을 하는 것이 아니라 구원을 받았기 때문에 선행을 해야 한다. 사랑을 실천함으로 구원받는 것이 아니라, 구원을 받았기 때문에 사랑의 실천을 통하여 구원을 확증하는 것이다.

> 그러나 나의 나 된 것은 하나님의 은혜로 된 것이니 내게 주신 그의 은혜가 헛되지 아니하여 내가 모든 사도보다 더 많이 수고하였으나 내가 아니요 오직 나와 함께하신 하나님의 은혜로라(고전 15:10)

행위가 아닌 은혜와 믿음으로 구원을 약속받았기 때문에 더 수고하고 더 열심을 내고, 율법의 요구도 다 이루어 나가는 것이다. 구원의 약속을 받은 은혜에 감격함으로 선한 열매들이 더 많이 나오며, 열매들도 많이 나온다. 은혜와 믿음 없이 구원을 위해 무엇인가를 행하라는 것이 아니다. 믿음이 왔기 때문에 이제부터는 행함으로 나가야 하는 것이다. 믿음과 행함은 서로 충돌이나 대립의 관계가 아니라, 선후의 관계이고 서로 협력의 관계이다. 믿음과 행함은 불가분의 관계이며 이 두 요소가 잘 조화를 이루어 하나가 될 때 구원에 이를 수 있다. 행함이 있다고 구원을 받는 것은 아니지만, 구원받은 자는 반드시 그 행위가 수반되어야 한다.

9장

구원의 필요조건과 충분조건

구원론 논쟁

1. 논쟁 발생의 원인

1) 필요조건과 충분조건의 개념 이해 부족

　구원의 조건을 몇 개로 볼 것인가는 구원론을 풀어 나가는데 매우 중요한 문제가 아닐 수 없다. 종교개혁 이래로 구원과 칭의를 얻는데 있어서 믿음을 유일한 조건으로 강조해 왔기 때문에 또 다른 조건을 내세우는 것에 대해서 거부감을 느낄 수도 있다. 결국 구원론 논쟁에서 핵심적으로 다루어야 할 부분이 믿음과 행함의 문제이다. 종교개혁 전통도 행함를 강조하지 않는 것은 아니지만, 믿음의 결과로 자연적으로 나타나야할 결과로만 강조하였지 구원의 조건이나 심판의 기준이 된다는 점은 인정하지 않았다. 행함은 성화를 이루어 가는데 있어서 필요하다고는 보았지만, 그것이 구원의 조건이 되거나 구원을 받는데 절대적 영향을 미치는 요소라고는 보지 않았기 때문에 지금까지 문제가 되어 온 것이다. 그런 상황에서 행함이 구원의 조건이라고 말하게 된다면 상당한 논쟁이 될 수밖에 없을 것이다.

　반펠라기우스주의는 믿음과 행함 모두가 구원의 조건이 된다고 이해하여 왔다. 믿음이 구원의 절대 조건이기도 하지만 행함 역시 구원의 조건으로 보는 것이다. 반펠라기우스주의는 로마 가톨릭교회의 구원론에 영향을 미쳤다. 로마 가톨릭교회는 믿음만이 아니라 행위도 구원에 필요함을 강조하면서 행위구원론과 여러 가지 부작용을 낳았다. 잘못하면 반펠라기우스주의는 율법주의나 행위구원론으로 돌아갈 수 있다. 가톨릭의 구원론을 문제 삼아 루터가 일으킨 것이 종교개혁이다.

　그렇다면 구원에 있어서 믿음과 행위를 어떻게 이해해야 할 것인가? 믿음을 100% 강조하면 행함이 설 자리가 없어지고, 행함을 100% 강조하면 믿음이 설 자리가 없어진다고 생각할 수 있다. 그 동안 믿음과 행함의 관계를 설명하기 위해서 많은 노력을 해 왔지만 모두가 공감 할 수 있는 해석은 미진하였다. 성경은 행함이 아닌 믿음만으로 칭의를 얻을 수 있으며, 믿음으로 구원을 얻게 된다고 강조하는 부분이 있다(갈 2:16, 엡 2:9). 행위가 아닌 오직 하나님의 은혜로 구원을 받는다고 하면서도 동시에 성경은 인간의 행위가 심판의 근거가 되고 있음을 말씀하고 있다(마 16:27). 구원에 관한 진리가 성경 안에서 서로 모순되는 것처럼 보이는 부분이 많기 때문에 그동안 많은 혼란을 겪어 왔다. 도대체 믿음만으로 구원받는 것인지, 아니면 행함도 구원을 완성하는데 필요한 것인지에 대한 심각한 혼란이 있었다. 특히 성경신학적 측면에서 본다면 분명 행함과 인간의 윤리, 삶의 결과, 열매 등이 구원에 심각한 영향을 미치는데 반해 조직신학적 논리로 볼 때는 행함에 대한 문제는 배제시킬 수밖에 없는 논리에 빠져 있었다. 만약 행함이 있어야 구원을 받는다면, 그 행함은 어떤 종류의 행위를 말하는 것이며, 어느 정도까지 행함이 이루어져야 하는지에 대한 문제도 생긴다. 그에 대한 명확한 해답이 오늘 구원론을 이해하는데 매우 중요한 요소가 될 것이다.

이 문제를 해결하기 위해서는 구원을 두 가지 측면에서 이해해야 한다. 하나는 하나님의 주권적 측면이고, 다른 하나는 인간의 자유의지적 측면이다. 구원을 위해서 하나님이 하실 일이 있고 인간이 해야 할 일이 따로 있다는 것이다. 성경에서 어떤 부분은 하나님의 주권적 측면을 강조하고, 어떤 부분에서는 인간의 자유의지 부분을 강조하고 있다. 온전한 구원을 위해서 하나님이 해 주시는 일에 대한 기사가 있고, 믿음을 가진 성도들이 어떻게 살아야 하는지, 어떤 열매를 맺어야 하는지에 대한 말씀들이 있다. 이것을 제대로 이해하지 못하면 온전한 구원에 도달하기 어렵다.

이것을 제대로 이해하기 위해서는 먼저 구원의 두 조건에 대한 이해가 필요하다. 즉, 구원의 필요조건과 충분조건이 그것이다. 그럼 필요조건은 무엇인가? 구원을 위해서 하나님이 인간을 위해 값없이 은혜로 베풀어 주셔야만 하는 조건이다. 인간이 자기 힘으로 도저히 할 수 없는 부분을 하나님이 해 주시는 것이다. 그것은 예수 그리스도가 성육신하여 이 땅에 오시고, 십자가에 달려 피를 흘리시는 것을 말한다. 이 조건은 오직 하나님만이 해 주실 수 있는 하나님의 영역이다. 이것은 아무런 조건 없이 인간을 향해 주시는 하나님의 사랑이며, 놀라운 구원의 길이다. 이 은혜를 믿음으로 받아들이기만 하면 누구든지 구원에 들어갈 수 있다. 단지 요구하는 것은 믿음이다. 믿음만 있으면 값없이 죄사함 받아 칭의를 얻고 양자가 된다. 이것이 구원의 필요조건인 것이다. 여기에 인간의 어떤 행위나 선행이나 노력이 요구되지 않는다. 사도 바울이 로마서와 갈라디아서에서 율법적 행위가 아니라 오직 믿음으로 구원을 받는다는 것은 바로 구원의 필요조건을 강조한 것이다.

또 하나의 조건은 충분조건이다. 이것은 하나님이 주시는 구원을 믿음으로 받아들인 자가 해야 할 조건이다. 사복음서와 히브리서와 야고보서와 같은 성경은 주로 구원의 충분조건을 강조하는 내용들이다. 하나님의 은혜를 받은 인간이 어떻게 살아야 하는지에 대한 문제를 다루는 것이다. 믿음을 전제로 한 '행위'의 문제에 포커스가 맞추어져 있다. 구원의 필요조건에서는 행함의 문제가 거론될 필요가 없이, 오직 믿음만 강조하면 된다. 그러나 구원의 충분조건에서는 믿음의 영역이 아닌 행함이 영역이고, 은혜받은 인간이 어떻게 살아야 할지에 대한 문제이기 때문에 당연히 행함이 수반되어야 한다. 그것을 통해 하나님이 주신 구원을 완성시켜 나가는 것이다.

2) 이분법적 사고방식의 한계

인간의 구원 문제를 이해함에 있어서 구원의 주체가 누구인지를 놓고 논쟁을 벌여 왔다. 개혁주의에서는 하나님이 전적으로 구원을 주도하는 것으로 주장해 왔다. 인간은 여하한 경우를 막론하고 구원의 주체가 될 수 없으며 단지 구원받고 은혜받을 대상으로만 이해하였다. 따라서 구원을 성취하는데 있어서 인간의 공로나 선행이나 행위가 조금도 개입 될 수 없는 구조다. 만약 인간의 공로가 들어갈 경우, 하나님의 완전한 은총이 훼손되거나 공로가 감소될 수 있기 때문에 하나님의 절대주권, 절대은총만 강조해 왔다.

그런가 하면, 반펠라기우스주의자들은 구원을 이루기 위해서 하나님이 해야 할 일 50%와 인간이 해야 할 일 50%로 나누어서 서로 합력하여 구원을 완성할 수 있다고 하였다. 신인협력을 통하여 인간의 구원이 이루어질 수 있다고 주장한다. 이러한 반펠라기우스주의는 알미니안 전통으로 이어지고, 알미니안 전통은 웨슬리안주의로 나아갔다. 웨슬리안주의에서는 반펠라기우스의주의보다 더 완전한 구원론을 제시한다. 개혁주의와 마찬가지로 하나님의 절대적인 은총 100%를 인정하면서 동시에 인간의 절대적 순종과 책임 완수 100%가 합해서 온전한 구원을 이룬다고 주장한다. 즉, 구원을 위해서 하나님의 주권을 인정하면서 동시에 인간의 책임도 인정함으로써 보다 진일보한 구원론을 내놓은 것이다. 그러한 구원론이 나올 수밖에 없는 근거는 하나님의 주권과 동시에 인간의 자유의지를 모두 중요하게 여겼기 때문이다.

이러한 논쟁에 대해 개혁주의에서는 초자연주의와 자연주의라는 틀을 만들었다. 초자연주의는 인간의 구원을 하나님이 주도하는 것인 반면, 자연주의는 구원을 위해 하나님이 은총을 베풀어 주지만 그 최종 결정은 인간이 한다는 것이다. 초자연주의는 예정론을 믿는 개혁주의나 복음주의 교회들이고, 자연주의는 반펠라기우스나 알미니안주의, 혹은 웨슬리안주의로 구분한다. 구원은 단순히 이분법적으로 재단할 수 있는 문제가 아님에도 불구하고 개혁주의가 구원을 이런 식으로 규정함으로써 엄청난 오류에 빠지게 된다.

개혁주의의 이러한 이분법적 사고는 성경이 말씀하고 있는 구원을 온전히 설명해 내기 어려운 부분이 있다. 구원이 하나님에 의해서 이루어지느냐, 사람의 노력과 행위에 의해서 이루어지느냐를 놓고 한 쪽만을 선택하고 다른 한 쪽을 버리게 되면 성경이 말하고 있는 구원의 양면성을 모두 설명할 수가 없게 된다. 구원은 하나님의 주권적 영역에서 예정하고 약속하고 결정해 주셔야만 할 일들이 있는가 하면, 인간이 반드시 책임지고 계명을 지켜 완수해해야만 하는 부분도 있다. 구원은 초자연적인 측면도 있고 자연적인 측면도 있기 때문에, 서로 합력하고 융합시켜 하나의 온전한 구원론을 세워야 한다. 그렇지만 지금까지 이러한 시도에 대해서 개혁주의는 무조건 배타적이었기 때문에 성경적 구원론을 세우지 못하였다고 볼 수 있다.

구원론을 잘못 이해함으로 많은 영혼이 지옥에 떨어질 수 있음을 알아야 한다. 구원론이 정확하다고 해서 그것을 믿는 자들이 다 구원받는 것은 아니지만, 적어도 구원을 받기 위해서는 구원론이 정확해야 한다. 성경은 그리스도의 십자가의 은총만 말씀하고 있는 것이 아니라, 그 은혜를 받은 성도의 삶이 예수 그리스도의 삶으로 나타나기를 요구하고 있다. 구원의 양 측면을 모두 이해한다면 온전한 성경적 구원론을 세울 수 있을 것이다.

따라서 이 장에서는 구원의 양면성을 심도 있게 다루려고 한다. 하나님의 절대적 은총의 측면과 인간의 순종과 책임, 행위, 열매가 어떻게 조화되고 하나가 되어 온전한 구원을 이루어 가야 하는지를 성경적으로 증명해 나가고자 한다. 성경이 말씀하고 있는 구원의 진리를 바로 정립함으로써 그동안 한 쪽으로 치우쳐 있던 구원론을 바로 세울 수 있다면 다행한 일이 아닐 수 없을 것이다.

2. 구원의 필요조건

1) 구원의 필요조건에 대한 이해

아담이 범죄함으로 모든 인류는 죄아래 갇히게 되고 지옥 심판을 피할 길이 없게 되었다. 이런 인생을 구원하기 위해서 하나님은 우리가 아직 죄인으로 있을 때, 독생자 예수 그리스도를 이 땅에 보내시고 십자가를 통해 구원의 길을 열어 주셨다. 이 구원의 길은 인간 스스로 만들 수 없기 때문에 자력구원은 원천적으로 불가능하다. 하나님의 은혜가 있어야 가능하다. 따라서 인간이 스스로 율법이나 의를 행하여서 구원받을 수 있다는 자력구원설을 주장한 펠라기우스는 성경의 진리에서 벗어나 있다. 구원의 길은 오직 하나님만이 예수 그리스도를 통하여 인간에게 해 주실 수 있는 것이다.

> 예수께서 가라사대 내가 곧 길이요 진리요 생명이니 나로 말미암지 않고는 아버지께로 올 자가 없느니라(요 14:6)

> 다른 이로서는 구원을 얻을 수 없나니 천하 인간에 구원을 얻을만한 다른 이름을 우리에게 주신 일이 없음이니라 하였더라(행 4:12)

이렇게 구원의 길을 예수 그리스도를 통해 열어 주신 것 자체가 하나님의 은혜요 사랑이다. 이제 남은 것은 무엇인가? 하나님이 베풀어 주신 그 구원을 값없이 믿기만 하면 되는 것이다. 인간을 위해 대속해 주신 예수 그리스도를 구세주로 믿고 받아들이기만 하면 과거의 모든 죄를 용서받게 될 뿐 아니라 하나님의 자녀의 신분을 얻게 된다.

> 너희는 다시 무서워하는 종의 영을 받지 아니하였고 양자의

> 영을 받았으므로 아바 아버지라 부르짖느니라(롬 8:15)

따라서 구원받기 위해서 인간에게 요구되는 조건이 바로 '믿음'이다. 하나님은 믿음으로만으로 칭의를 얻을 수 있는 길을 열어 놓았다. 모든 죄를 사함받을 수 있는 길을 예수 그리스도의 십자가를 통해 열어 놓았다.

> 하나님이 세상을 이처럼 사랑하사 독생자를 주셨으니 이는 저를 믿는 자마다 멸망치 않고 영생을 얻게 하려 하심이니라(요 3:16)

> 사람이 의롭게 되는 것은 율법의 행위에서 난 것이 아니요 오직 예수 그리스도를 믿음으로 말미암는 줄 아는 고로 우리도 그리스도 예수를 믿나니 이는 우리가 율법의 행위에서 아니고 그리스도를 믿음으로서 의롭다 함을 얻으려 함이라 율법의 행위로서는 의롭다 함을 얻을 육체가 없느니라 (갈 2:16)

인간의 그 어떤 행위와도 상관없이 하나님이 일방적으로 구원의 길을 예비해 주신 것이다. 여기는 인간의 어떤 노력이나 공로가 포함되지 않는다. 어떤 율법적 행위도 포함될 필요가 없다. 사도 바울이 로마서와 갈라디아서 등을 통하여 율법의 행위를 거부한 것은 바로 그러한 행위가 하나님이 예비해 놓은 구원의 조건에 조금도 보탬이 되지 않기 때문이다. 오히려 그러한 율법적 행위가 구원에 방해 되며, 십자가의 은혜를 가릴 수 있기 때문에 더욱 믿음을 강조한 것이다.

> 너희가 그 은혜를 인하여 믿음으로 말미암아 구원을 얻었나

> 니 이것이 너희에게서 난 것이 아니요 하나님의 선물이라
> 행위에서 난 것이 아니니 이는 누구든지 자랑치 못하게 함
> 이니라(엡 2:8, 9)

죄를 짓지 아니한 순전한 제물이 십자가에 달려 대속을 할 때만 죄인들이 그 은혜로 사죄의 은총을 받게 된다. 죄인인 인간이 아무리 구원을 위해서 노력하고 고행을 하고 수행을 한다 해도 참 구원에는 이를 수 없다. 하나님은 지극히 거룩하신 분이기 때문에 죄 없는 순수한 제물, 예수 그리스도의 희생을 필요로 했던 것이다. 율법적 행위를 통해 구원 얻으려는 인간을 구한 것이 아니다. 그러므로 죄를 속량받기 위해서는 인간의 선행이나 율법적 행위가 아니라 흠 없는 어린양 예수 그리스도의 피가 필요한 것이다. 바로 예수 그리스도의 피만이 죄 사함 받게 되는 유일한 조건이 된다.

> 그리스도께서 장래 좋은 일의 대제사장으로 오사 손으로 짓지 아니한 곧 이 창조에 속하지 아니한 더 크고 온전한 장막으로 말미암아 염소와 송아지의 피로 아니하고 오직 자기 피로 영원한 속죄를 이루사 단번에 성소에 들어가셨느니라 염소와 황소의 피와 및 암송아지의 재로 부정한 자에게 뿌려 그 육체를 정결케 하여 거룩케 하거든 하물며 영원하신 성령으로 말미암아 흠 없는 자기를 하나님께 드린 그리스도의 피가 어찌 너희 양심으로 죽은 행실에서 깨끗하게 하고 살아계신 하나님을 섬기게 못하겠느뇨(히 9:11-14)

예수 그리스도의 피 외에는 그 어떤 것도 우리 죄를 씻을 수 있는 조건이 될 수 없다. 따라서 예수 그리스도의 십자가와 그 피만이 구원의 유일한 조건이 된다고 강조해야 한다.

> 이제는 전에 멀리 있던 너희가 그리스도 예수 안에서 그리스도의 피로 가까와졌느니라 그는 우리의 화평이신지라 둘로 하나를 만드사 중간에 막힌 담을 허시고 원수 된 것 곧 의문에 속한 계명의 율법을 자기 육체로 폐하셨으니 이는 이 둘로 자기의 안에서 한 새사람을 지어 화평하게 하시고 또 십자가로 이 둘을 한 몸으로 하나님과 화목하게 하려 하심이라 원수 된 것을 십자가로 소멸하시고 (엡 2:13-16)

죄로 인하여 하나님과 원수된 것을 화해할 수 있는 유일한 것은 그리스도의 피다. 이 피 없이는 하나님께 나아갈 수 없고, 하나님의 구원을 얻을 길이 없다. 이런 측면에서 개혁주의 교회가 오직 예수, 오직 믿음, 오직 은혜를 외치는 것은 틀리지 않은 것이다. 구원의 필요조건은 오직 예수 그리스도와 그 대속의 보혈이다. 그것을 믿음으로 속죄함을 받고 칭의를 얻을 수 있다. 계시록 7장에 등장하는 십사만 사천 명은 이 땅에 있을 때 어떻게 했기 때문에 구원을 받아 천국에 올라간 것인가? 바로 예수 그리스도의 피로 속죄함을 받았기 때문이다.

> 장로 중에 하나가 응답하여 내게 이르되 이 흰 옷 입은 자들이 누구며 또 어디서 왔느뇨 내가 가로되 내 주여 당신이 알리이다 하니 그가 나더러 이르되 이는 큰 환난에서 나오는 자들인데 어린양의 피에 그 옷을 씻어 희게 하였느니라 (계 7:13, 14)

천국에 올라간 성도들은 "어린양의 피에 그 옷을 씻어 희게" 하였기 때문임을 계시록이 증거하고 있다. 어린양의 피 없이는 그 누구도 천국에 들어갈 수 없음을 강조하는 것이다. 따라서 예수 그리스도의 피를 통해서만 죄 사함을 받고 천국에 들어갈 수 있음은 성경의 가장 핵심 진리인 동시에 구원의 필요조건임이 분명하다.

> 예수께서 가라사대 내가 곧 길이요 진리요 생명이니 나로 말미암지 않고는 아버지께로 올 자가 없느니라"(요 14:6)

그래서 천국에 올라간 성도들이 예수님을 찬양하고 그 앞에 경배하는 것이다.

> 새 노래를 노래하여 가로되 책을 가지시고 그 인봉을 떼기에 합당하시도다. 일찍 죽임을 당하사 각 족속과 방언과 백성과 나라 가운데서 사람들을 〈피로〉 사서 하나님께 드리시고(계 5:9)

구원의 필요조건은 인간이 어떤 선행이나 노력이나 선행을 한다고 해결될 문제가 아니다. 예수님께서 십자가에 달리시고 그 피를 흘려주심으로만 가능하다. 그러므로 구원은 전적으로 하나님으로부터 시작되고 하나님으로부터 나오는 것이다. 죄인인 인간이 구원을 위해서 그 어떤 조건도 만들어낼 수 없음을 인정해야 한다. 인간이 연약하여 율법의 요구를 만족시킬 수 없는 것을 예수 그리스도께서 육신으로 오셔서 그 율법의 요구를 만족시키시고, 대신 십자가에 달리심으로 누구든지 예수를 믿는 자는 구원을 받게 된다. 이것이 하나님께서 우리에게 베풀어 주신 최대의 은혜이다.

> 그러므로 이제 그리스도 예수 안에 있는 자에게는 결코 정죄함이 없나니 이는 그리스도 예수 안에 있는 생명의 성령의 법이 죄와 사망의 법에서 너를 해방하였음이라 율법이 육신으로 말미암아 연약하여 할 수 없는 그것을 하나님은 하시나니 곧 죄를 인하여 자기 아들을 죄 있는 육신의 모양

으로 보내어 육신에 죄를 정하사 육신을 좇지 않고 그 영을
좇아 행하는 우리에게 율법의 요구를 이루어지게 하려 하심
이니라(롬 8:1-4)

누구든지 주의 이름을 부르는 자는 구원을 얻으리라 하였느
니라(행 2:21)

누구든지 예수를 하나님의 아들이라 시인하면 하나님이 저
안에 거하시고 저도 하나님 안에 거하느니라(요일 4:15)

구원의 필요조건은 예수님의 이름을 부르는 것이다. 하나님의 은혜를 믿는 것이다. 인간의 그 어떤 행위나 노력이 개입될 필요가 없다. 하나님이 인간을 위해서 다 이루어 놓으신 구원을 믿기만 하면 된다. 하나님의 일방적인 계획이다. 인간을 사랑하시는 하나님께서 구원할 계획을 세우시고, 독생자 예수 그리스도를 통해 구원의 대업을 완성하신 것이다. 그래서 누구든지 예수 그리스도와 그 십자가의 대속의 은총을 믿음으로 받아들이기만 하면 구원을 받을 수 있도록 그 길을 열어 놓으신 것이다.

2) 종교개혁을 통해 확립된 필요조건

16세기 종교개혁은 그 당시 시대적 상황 속에서 불가피하게 일어날 수밖에 없었던 일이다. 로마 가톨릭의 교리적인 문제뿐만 아니라, 제도적인 문제, 부패, 타락 등으로 종교개혁은 자연히 요청되고 있었다고 할 수 있다. 16세기 종교개혁이 일어날 당시 독일의 상황에 대하여 윌리스턴 워커는 다음과 같이 묘사하고 있다.

독일에서 교황의 권위는 이탈리아를 제외한다면 유럽의 다

> 른 어느 주도적인 나라들보다 더 강력하게 유지되었다. 평신도의 경건과 헌신은 종종 과도하게 흐르기도 하였지만, 아직도 전통적인 채널을 통해 흐르고 있었다. 순례와 죽은 자들을 위한 미사가 어느 때보다 더 성행했다. 성자숭배, 특히 성모 마리아와 그녀의 어머니 성 안나에 대한 숭배가 극적으로 번창했다. 성자 유골의 수집이 차고 넘쳤으며 면죄부의 판매가 격증하였다..... 교회의 부패의 원인은 바로 교회의 재정 문제였다. 르네상스 교황들은 예외 없이 분수에 넘치는 삶을 영위하였고 흔히 파산 직전에 있었는데, 그 이유는 적지않이 이탈리아에서 정치적 지위를 유지하기 위하여 막대한 자금이 필요했기 때문이다..... 이러한 재정상의 문제는 이것과 함께 성직 매매, 친족 등용, 성직 겸직, 부재 성직자, 축첩 등과 같은 도덕적 파탄을 초래하였다.[194]

이러한 상황에서 종교개혁이 일어남으로 부패한 가톨릭으로부터 진리를 지키는 개신교가 태동하게 되었다. 잘못된 교리가 천주교 안에 너무 많이 들어왔기 때문에 다시 성경으로 돌아가는 운동이 필요하였다. 루터나 칼빈과 같은 종교개혁자들은 로마 천주교의 구원론에 대항해서 구원론을 성경적으로 정립하려고 시도하였다. 구원을 이루기 위해서는 인간의 어떤 행위나 선행, 공덕이 요구되는 것이 아니라, 오직 예수 그리스도의 십자가의 공로와 그 보혈을 믿음으로 구원을 얻게 된다는 성경적 진리를 확립하였다. 루터는 로마서를 통해 오직 의인이 되는 길은 고행이나 성지순례, 인간의 선행이 아니라 예수 그리스도의 십자가의 공로를 믿음으로 받아들이면 된다는 것을 로마서에서 발견한다.

복음에는 하나님의 의가 나타나서 믿음으로 믿음에 이르게

---

194 윌리스턴 워커, 송인설 역, 「기독교회사」, 크리스챤 다이제스트, 475, 476.

> 하나니 기록된바 오직 의인은 믿음으로 말미암아 살리라 함
> 과 같으니라(롬 1:17)

루터를 비롯한 종교개혁자들은 오직 하나님의 의를 죄인인 인간이 믿음으로 의롭게 될 수 있다는 구원의 진리를 밝혀낸 것이다. 구원을 위해서는 하나님의 절대적 은총과 예수 그리스도의 보혈의 공로로만 가능함을 강조한 것이다.

칼빈 역시 인간의 노력이나 율법, 선행 등은 칭의를 얻는데 아무런 도움을 주지 못한다고 이해하였다. 칼빈은 "우리는 선행 없이 의로와지는 것이 아니나, 선행에 의해서 의로와지는 것은 아니다."(We are justified not without works, yet not by works.)[195]라는 말을 함으로써 선행을 칭의의 결과로 이해하지 원인으로 이해하지 않음을 분명히 하였다.

> 모든 사람이 죄를 범하였으매 하나님의 영광에 이르지 못하더니 그리스도 예수 안에 있는 구속으로 말미암아 하나님의 은혜로 값없이 의롭다 하심을 얻은 자 되었느니라 이 예수를 하나님이 그의 피로 인하여 믿음으로 말미암는 화목제물로 세우셨으니 이는 하나님께서 길이 참으시는 중에 전에 지은 죄를 간과하심으로 자기의 의로우심을 나타내려 하심이니 곧 이때에 자기의 의로우심을 나타내사 자기도 의로우시며 또한 예수 믿는 자를 의롭다 하려 하심이니라 그런즉 자랑할 데가 어디뇨 있을 수가 없느니라 무슨 법으로냐 행위로냐 아니라 오직 믿음의 법으로니라(롬 3:23-27)

이렇게 구원의 필요조건이 강조되어야 하는 이유는 예수 그리스도 외에 다른 구원의 요소를 강조하지 못하도록 하기 위함이다.

---

195 윌리스턴 워커, 송인설 역, 「기독교회사」, 크리스찬 다이제스트, 532.

종교다원주의를 통해 예수 그리스도의 십자가 외에 또 다른 구원의 길이 있다고 주장하는 것을 막아야 하기 때문이다. WCC와 같은 교회 일치운동의 명목으로 타종교를 이해하거나 대화하거나 수용할 경우, 기독교 진리가 무너질 수 있기 때문이다. 혼합주의의 위험은 기독교의 핵심 진리를 무너뜨리려는 사단의 계략이기 때문에 철저히 경계하지 않으면 안 된다. 우리의 구원은 오직 하나님의 은혜로 된 것이며, 예수 그리스도의 십자가의 공로와 은혜 없이는 불가능함을 강조하지 않으면 안 된다. 예수 그리스도 외에는 그 어떤 것으로도 구원에 이를 수 없다는 주장을 철저히 지켜나가야 하는 사명이 오늘 모든 교회에 주어져 있다.

> 우리를 구원하시되 우리의 행한 바 의로운 행위로 말미암지 아니하고, 오직 그의 긍휼하심을 좇아 중생의 씻음과 성령의 새롭게 하심으로 하셨나니 성령을 우리 구주 예수 그리스도로 말미암아 우리에게 풍성히 부어 주사 우리로 저의 은혜를 힘입어 의롭다 하심을 얻어 영생의 소망을 따라 후사가 되게 하려 하심이라(딛 3:5-7)

구원의 필요조건을 더욱 강조해야 하는 또 다른 이유는 율법주의로 다시 돌아가는 것을 막아야 하기 때문이다. 행위구원론으로 갈 경우, 행함을 통하여 구원에 이르려고 하는 경향이 생길 수 있다. 이러한 시도는 사도 바울이 갈라디아서에서도 경계한 것처럼 "다른 복음"(고후 11:4; 갈 1:6)이다. 구원의 필요조건은 오직 예수 그리스도의 십자가뿐이다. 율법을 행함으로 구원의 필요조건을 삼으려 한다면, 그것은 그리스도의 십자가를 부인하는 결과를 가져오게 된다.

또 하나님이 이방을 믿음으로 말미암아 의로 정하실 것을 성경이 미리 알고 먼저 아브라함에게 복음을 전하되 모든 이방이 너를 인하여 복을 받으리라 하였으니 그러므로 믿음으로 말미암은 자는 믿음이 있는 아브라함과 함께 복을 받느니라 무릇 율법 행위에 속한 자들은 저주아래 있나니 기록된바 누구든지 율법책에 기록된 대로 온갖 일을 항상 행하지 아니하는 자는 저주아래 있는 자라 하였음이라 또 하나님 앞에서 아무나 율법으로 말미암아 의롭게 되지 못할 것이 분명하니 이는 의인이 믿음으로 살리라 하였음이니라 (갈 3:8-11)

구원의 필요조건으로서 예수 그리스도의 보혈 외에는 세상 그 어떤 것으로도 하나님을 만족시킬 수 없다. 그래서 그 어떤 행위도, 율법의 요구도 구원의 필요조건에 넣을 수가 없는 것이다. 이런 것을 종교개혁자들은 잘 간파하고 오직 예수 그리스도를 믿음으로 통해 칭의를 얻을 수 있다는 점을 강조하게 되었다. 종교개혁은 구원의 필요조건이 예수 그리스도의 대속의 은총과 그 은총을 믿음으로 의롭게 된다는 귀중한 기초를 놓았다는데 큰 의의가 있다.

3) 필요조건의 범위와 한계

그런데 문제는 구원의 필요조건만 아니라 충분조건도 있어야 한다는 것이다. 종교개혁에서는 구원의 필요조건만 충족되면 구원에 문제가 없는 것으로 이해하였다. 하지만 성경은 구원의 충분조건으로서 인간의 선행과 착한 행실, 열매 등을 요구하고 있다. 인간의 윤리나 삶의 열매는 상급의 문제이지 구원의 조건은 될 수 없다고 이해한 것은 구원의 충분조건을 놓치는 큰 실수를 범한 것이다. 이것은 성경의 어떤 부분은 일치하지만, 어떤 부분에서는 충돌을 일으킨다. 왜냐하면 성경은 성도의 삶이나 인격, 변화, 열매, 행위가 심판의 기준이 된다고 말씀하기 때문이다.

> 저를 아노라 하고 그의 계명을 지키지 아니하는 자는 거짓
> 말하는 자요 진리가 그 속에 있지 아니하되 누구든지 그의
> 말씀을 지키는 자는 하나님의 사랑이 참으로 그 속에서 〈
> 온전〉케 되었나니 이로써 우리가 저 안에 있는 줄을 아노라
> 저 안에 거한다 하는 자는 그의 행하시는 대로 자기도 행할
> 지니라 (요한일서 2:4-6)

구원의 필요조건만 만족되었다고 해서 온전한 구원이 이루어지는 것은 아니다. 왜냐하면 구원은 하나의 사건인 동시에 과정을 통해 이루어가야 하는 것이기 때문이다. 출애굽한 이스라엘 군인들이 광야를 통과하는 과정이 있었다. 가나안에 들어가기 위해서는 반드시 홍해를 건너 출애굽을 해야 한다. 이 출애굽 사건을 죄인의 신분에서 예수 그리스도를 믿음으로 의인이 되는 사건에 비유할 수 있을 것이다. 가나안에 들어가기 위해서는 출애굽이 반드시 필요하지만, 출애굽을 했다고 해서 가나안에 다 들어가는 것은 아니다. 60만 명의 군인들이 가나안에 들어가기 위해서 광야로 나왔지만, 그들의 불순종 때문에 광야 도중에서 다 쓰러지고, 여호수아와 갈렙만 가나안에 들어갔다. 이것은 곧 구원의 과정에서 죄와 불순종으로 인해 얼마든지 구원에서 떨어질 수 있음을 말해 주는 것이다. 가나안에 온전히 들어가려면 출애굽은 물론이고 광야를 무사히 통과해야 한다. 이것은 곧 우리가 구원을 받기 위해서는 믿음이 반드시 필요하면서도 동시에 그 믿음에 따른 행위가 수반되어야 한다는 것을 말한다.

> 네가 보거니와 믿음이 그의 행함과 함께 일하고 행함으로
> 믿음이 온전케 되었느니라 이에 경에 이른바 아브라함이 하
> 나님을 믿으니 이것을 의로 여기셨다는 말씀이 응하였고 그
> 는 하나님의 벗이라 칭함을 받았나니 이로 보건대 사람이

행함으로 의롭다 하심을 받고 믿음으로만 아니니라 또 이와 같이 기생 라합이 사자를 접대하여 다른 길로 나가게 할 때에 행함으로 의롭다 하심을 받은 것이 아니냐 영혼 없는 몸이 죽은 것 같이 행함이 없는 믿음은 죽은 것이니라(약 2:22-26)

종교개혁은 구원의 두 측면, 즉 구원의 필요조건과 충분조건 가운데 필요조건을 강조한 반면, 충분조건은 배제시킴으로 엄청난 실수를 범했다고 할 수 있다. 온전한 종교개혁을 이루지 못한 결과를 가져온 것이다. 온전한 구원은 믿음과 행위가 일치해야 하며, 믿음이 삶을 통해 실천 될 때 참 구원이 이루어진다고 주장했어야 제대로 된 개혁을 했다고 할 수 있다. 다음은 개혁주의 신학자 바빙크의 말이다.

죄 용서는 오직 그리스도의 수동적 순종을 통해서만 얻어지고, 영생은 그리스도의 능동적 순종을 통해서만 얻어진다고 말하는 것도 적절하지 않다. 그리스도의 고난은 형벌을 감당하는 일일 뿐만 아니라 율법의 성취이기도 하며, 그리스도의 일하심은 율법의 성취일 뿐만 아니라 율법의 형벌을 감당하는 일이기도 하기 때문이다. 그리스도의 고난이었고, 그리스도의 고난은 행하심이었다. 이는 그리스도가 완성하신 한 가지 일이었다.[196]

후크마는 그리스도가 우리의 죄에 대한 형벌을 십자가에서 충족시켰으며, 하나님의 법에 대한 순종이 이루어졌기 때문에 그 의가 성도에게 전가됨으로 성도들이 마치 예수 그리스도가 순종한 것처럼 된다고 말한다.[197] 종교개혁 전통에 있는 신학자들은 십자

---

196 Bavinck, Dogmatiek, p. 3:440., 앤서니 후크마, 이용중 역, 「개혁주의 구원론」, 부흥과 개혁사, 258에서 재인용.
197 앤서니 후크마, 이용중 역, 개혁주의 구원론, 부흥과 개혁사, 259.

가에서 이룬 그리스도의 의가 믿는 자들에게 그대로 전가되어 실제로 놀라운 결과를 가져왔다고 믿는다. 종교개혁자들은 양자됨을 통해 법적으로 하나님의 자녀가 되고, 그것으로 인해 모든 권리를 얻게 된다는 것이다. 양자됨을 통해 하나님의 아들로서의 특권을 누리며 상속자가 됨으로 구원이 확정적이라고 이해한다.[198]

종교개혁자들이 가톨릭으로부터 개혁을 이룬 공적에 대해서는 인정하면서도 구원의 다른 측면에 대한 이해는 부족했다는 것이 문제이다. 개혁자들은 구원의 필요조건만이 전부라고 생각하고 그 부분을 강조한 반면, 삶과 열매로서의 구원의 충분조건에 대해서는 간과하였다. 구원에 있어서 하나님의 은총은 절대적으로 강조한 반면, 인간의 행위는 구원의 조건에서 배제시켰다는 것이다. 그것은 바울이 로마서나 갈라디아서에서 율법적 행위에 대한 부정적 입장을 기술했기 때문에 종교개혁자들도 그 영향을 받아, 인간의 그 어떤 행위도 구원의 조건에 포함시키지 않으려 했기 때문이다. 이것이 종교개혁자들의 한계라고 볼 수 있다. 즉, 종교개혁자들은 하나님의 절대적 은총과 인간의 행위는 서로 모순되거나 상충되는 요소라 생각한 것이다. 그래서 하나님의 절대적 은총을 선택하고 인간의 행위는 구원의 조건에서 완전히 제거하는 쪽을 택한 것이다.

그러나 성경은 하나님의 절대적 은총인 십자가의 보혈을 믿음으로 죄로부터 해방되었다면 의인으로서 성도로서 갖추어야 할 자질과 삶의 열매와 결과로써 예수 그리스도의 모습이 나와야 하는 것이다. 개혁주의에서는 의인이 되면 그 결과로서 그리스도의 모습과 삶, 열매들이 나오게 된다고 한다. 그렇지만 그런 열매가 없다고 해서 구원받지 못하는 것이 아니라고 보기 때문에 인간의 그 어떤 행위도 구원의 조건에 포함시키지 않으려고 한다.

그렇다면 예수 그리스도의 십자가의 보혈만으로 온전한 구원을 이룰 수 있는가? 성경은 구원의 조건을 하나만 아니라 여러 조건을

---

198 Ibid., 264.

말씀하고 있다. 사복음서에서 예수님은 믿음보다 그 믿음을 기초로 한 행위나 열매를 심판의 기준으로 삼고 있다.

> 그러므로 내가 너희에게 이르노니 하나님의 나라를 너희는 빼앗기고 그 나라의 열매 맺는 백성이 받으리라(마 21:43)

> 이미 도끼가 나무뿌리에 놓였으니 좋은 열매 맺지 아니하는 나무마다 찍어 불에 던지우리라(마 3:10)

> 만일 네 손이 너를 범죄케 하거든 찍어버리라 불구자로 영생에 들어가는 것이 두 손을 가지고 지옥 꺼지지 않는 불에 들어가는 것보다 나으니라(막 9:43)

여기서 알 수 있는 것은 무엇인가? 하나님이 인간에게 요구하는 것들이 충족되지 못했을 때 꺼지지 않는 지옥에 들어간다는 것이다. 분명히 예수 그리스도의 보혈로 칭의를 받았더라도, 하나님이 인간에게 요구하는 것을 충분히 갖추지 못한다면 그 역시 구원에 이를 수 없다는 말씀이다. 죄로부터 벗어나기 위해서는 예수 그리스도의 보혈만 필요하고, 그 은총이 절대적이다. 하지만 죄로부터 벗어나 칭의를 받았다 하더라도, 또다시 죄를 짓고 거룩한 삶을 살지 않거나, 열매를 맺지 못했거나, 사람들을 실족시키거나, 간음을 하고 우상숭배를 하였을 때는 하나님의 나라를 상속받을 수가 없는 것이다.

> 불의한 자가 하나님의 나라를 유업으로 받지 못할 줄을 알지 못하느냐 미혹을 받지 말라 음란하는 자나 우상 숭배하는 자나 간음 하는 자나 탐색하는 자나 남색하는 자나 도적이나 탐람하는 자나 술 취하는 자나 후욕하는 자나 토색하는 자들

은 하나님의 나라를 유업으로 받지 못하리라(고전 6:9, 10)

이것은 지금 복음을 받아들인 고린도교회 성도들에게 주는 메시지이다. 믿음으로 의롭게 되었더라도 삶속에서 다시 죄를 짓고 거룩한 삶을 살지 못할 때는 하나님의 나라를 상속받을 수가 없다고 경고한다. 즉, 구원의 필요조건을 충족시켰다고 하더라도, 구원의 충분조건인 삶에서 실패하게 된다면 그 역시 천국을 상속받지 못한다는 것이 성경의 증거다. 그러므로 구원의 필요조건만 강조할 것이 아니라 충분조건도 실천하도록 해야 한다. 의롭다 함을 받았으면 죄에서 벗어나 거룩하게 살고, 열매 맺으며 살도록 해야 한다.

따라서 구원의 필요조건의 범위와 한계를 정확하게 이해하고 설정하는 것이 중요하다. 그렇게 해야 성경에서 요구하는 구원의 조건들을 명확히 이해할 수 있고, 온전한 구원을 이룰 수 있는 길을 마련할 수 있기 때문이다.

칭의를 얻은 이후에 하나님이 요구하는 바를 실천하기 위해서 하는 행위는 구원의 충분조건이다. 필요조건은 예수 그리스도의 십자가로 충분하다. 구원받았기 때문에 당연히 나와야 할 행위이며, 하나님이 요구하는 행위가 충분조건이다. 종교개혁자들이 이 부분을 인식하고 칭의 후에 거룩한 삶과 열매를 강조하였다면 좀 더 완전한 구원론이 되었을 것이다.

4) 필요조건만 강조할 때 오는 문제점

구원은 필요조건이 반드시 있어야 하지만, 충분조건도 반드시 요구된다는 것을 이해하는 것이 중요하다. 필요조건만 전부인 줄 알고 있다가 심판대 앞에서 충분조건도 요구된다는 사실을 안다면 이미 늦은 것이다. 필요조건을 통해 죄를 사해 주시지만, 하나님이 우리에게 요구하는 열매와 충성은 필요조건만으로 안 된다. 예정론자들은 행함이 없거나 달란트를 남기지 않더라도 최소한 부끄러운 구원을 받는다고 하지만 그것은 잘못된 인식이다.

> 만일 누구든지 그 위에 세운 공력이 그대로 있으면 상을 받고 누구든지 공력이 불타면 해를 받으리니 그러나 자기는 구원을 얻되 불 가운데서 얻은 것 같으리라 (고전 3:14, 15)

> 한 달란트 받았던 자도 와서 가로되 주여 당신은 굳은 사람이라 심지 않은 데서 거두고 헤치지 않은 데서 모으는 줄을 내가 알았으므로 두려워하여 나가서 당신의 달란트를 땅에 감추어 두었었나이다 보소서 당신의 것을 받으셨나이다 그 주인이 대답하여 가로되 악하고 게으른 종아 나는 심지 않은 데서 거두고 헤치지 않은 데서 모으는 줄로 네가 알았느냐 그러면 네가 마땅히 내 돈을 취리하는 자들에게나 두었다가 나로 돌아 와서 내 본전과 변리를 받게 할 것이니라 하고 그에게서 그 한 달란트를 빼앗아 열 달란트 가진 자에게 주어라 무릇 있는 자는 받아 풍족하게 되고 없는 자는 그 있는 것까지 빼앗기리라 이 무익한 종을 바깥 어두운 데로 내어 쫓으라 거기서 슬피 울며 이를 갊이 있으리라 하니라 (마 25:24-30)

구원의 필요조건만 강조하고 그것이 구원의 전부라고 생각하게 되면 위에서 제시된 말씀처럼 심각한 문제가 발생할 수 있다. 달란트를 남기는 것은 행함의 문제이며, 이 행함의 문제는 충분조건의 문제이기 때문이다. 아무리 필요조건이 채워져도 충분조건이 함께 만족되지 않으면 구원에 이르지 못함을 예수님이 말씀하고 있다는 사실이다.

무엇보다도 마지막 심판 때에 심판의 기준이 되는 것은 믿음이 전제된 우리의 '행위'이다. 행함의 결과에 따라 심판한다고 성경이 증거하고 있다. 보이지 않는 믿음이 삶을 통해 나타난 결과와 열매를 통해 심판하는 것은 당연한 것이다. 아무리 믿음을 통해 의롭다 함을 받는다고 하더라도 의롭게 된 이후에 어떻게 살았느냐가 중요하다. 칭의의 은혜를 받고서도 죄를 끊지 못하고, 믿음을 배반하고, 성경이 원하는 삶을 살지 않는다면 어떻게 되겠는가? 그러므로 구원의 필요조건과 함께 충분조건은 구원을 받는데 필수조건이라 할 수 있다.

예수 그리스도의 보혈을 믿고 죄 사함 받음으로 새사람이 되는 것은 믿음의 출발이다. 그 후의 인간의 삶은 구원의 충분조건이다. 구원이 과정을 통해 완성으로 나아가는 데는 엄청나게 많은 구원의 충분조건이 요구된다. 의지의 결단이 필요하고, 죄를 끊는 노력과 하나님의 형상을 닮기 위한 헌신이 필요하다.

개혁주의 신학은 구원의 필요조건만 아니라 충분조건을 이해하고 받아들여야 한다. 분리해서 생각하지 못함으로 구원에 있어서 인간의 노력, 선행, 의지적 선택을 구원의 조건에서 무조건 배제시키는 잘못을 범하였다. 율법의 행위가 아닌 믿음의 행위[199]는 구원에 절대적 영향을 미치며, 행위에 따라 심판을 받고, 행위에 따라 구원을 받는다는 것을 이해하지 못하고 있다. 물론 여기서의 행함은 율법적 행위가 아니라 믿음에 따라와야 하는 행위를 말한다. 구원받기 위해서 하는 행위가 아니라 구원받았기 때문에 그 결과로 나타나야 할 행위를 말한다.

따라서 필요조건을 강조하는 것은 당연하지만, 그렇다고 충분조건을 뺀 채 필요조건만을 강조하는 것은 구원의 완성 측면에서는 상당히 위험하다. 오늘 교회들은 균형 잡힌 성경적 구원론을 정립하고 가르쳐야 보다 많은 영혼들을 구원할 수 있을 것이다. 이것이 이 시대 교회들이 새롭게 개혁해야 할 숙제라고 할 수 있다.

---

[199] 믿음의 행위는 구원받은 자가 믿음으로 행할 때 나오는 행위이다. 이 행위는 구원받은 자에게 하나님이 요구하는 의미며, 그 의가 행위로 어떻게 나타나느냐를 가지고 심판의 근거로 삼는다.

3. 구원의 충분조건

1) 실천을 요구하는 충분조건

성경은 온전한 구원을 위해서 필요조건과 충분조건, 두 가지 모두 요구하고 있다는 점에 주의해야 할 필요가 있다. 개혁주의 입장에서 한 걸음 더 나아가 구원을 위해서 성경이 우리에게 요구하는 것이 무엇인지를 제대로 파악하고 깨닫는 일은 무엇보다 중요한 일이 아닐 수 없다. 구원을 위해서 하나님이 하시는 일과 인간의 해야 할 일을 모두 말해야 참된 구원론이라고 할 수 있다. 인간의 자유의지를 죽이고 하나님의 절대주권만을 말한다면 어떻게 되겠는가? 하나님의 주권을 무시하고 인간의 의지만 강조하면 그것 또한 어떻게 되겠는가? 입으로만 고백하여도 구원에 이른다고 하는 가르침과 사람의 실천을 통하여 그리스도의 형상을 닮은 모습이 나타나야 구원에 이른다는 가르침, 어느 것이 더 성경적인가? 성경이 정해놓고 있는 구원의 기준은 어디인가? 믿음과 더불어 실천과 삶과 열매에 있음을 분명히 성경은 밝히고 있다. 그러므로 지금 엄청난 오류에 빠져있는 구원론을 개혁하지 않으면 안 될 것이다.

다음은 구원의 필수조건만을 강조하는 칼빈주의 입장에서 행위가 구원에 영향을 줄 수 있다고 주장하는 루터파와 알미니안, 천주교를 비판한 하문호 목사의 글이다.

> 루터파에서도 구원은 전적으로 그리스도인의 은혜로 이루어지는 것으로 보지 않는다. <u>루터파는 보존 교리에서 인간의 신앙상태 여하에 따라 구원은 상실될 수 있다고 주장하여</u>, 결국은 구원에 있어서 인간의 행위 내지는 신앙생활 태도가 필수적 요건으로 간주되고 있다.
>
> 알미니안파에서도 견인은 오직 인간 편에서 계속적인 신앙생활을 유지하는 노력으로 이루어질 수 있다고 봄으로,

결국은 구원의 최종 확정 여부가 인간의 행위 여하에 달린 것으로 보는 오류를 범하고 있다.
　이처럼 로마교회와 루터파와 알미니안파는 (1) 중생에 인간의 준비가 필요하다는 오류, (2) 중생으로 말미암는 구원 은혜의 상실 가능성을 주장하는 오류, (3) 인간의 행위가 구원 여부를 결정하는 한 가지 요소가 된다는 오류를 공통적으로 범하고 있다.[200]

　칼빈주의나 개혁주의에서는 인간의 행위가 구원에 그 어떤 영향도 미칠 수 없다고 주장하지만, 루터주의나 알미니안주의, 웨슬리안주의에서는 행위가 구원에 영향을 미친다고 주장한다. 이러한 대립과 논쟁은 오랫동안 진행되어 왔고, 지금도 계속 되고 있다. 어느 것이 보다 성경적인 구원론인지를 밝혀내는 일이 오늘 교회에 주어진 사명일 것이다.
　개혁주의 구원론에서는 인간의 그 어떤 행위나 공로도 그리스도의 공로를 대치하거나 일부분이라도 차지하는 것을 싫어한다. 그래서 인간의 행위를 구원에 결부시키는 것을 극도로 싫어한다. 그것은 개혁주의 구원론이 하나님이 하시는 일과 인간이 해야 할 일을 구분하지 못한 데서 오는 오류라고 할 수 있다.
　인간의 행위나 공로, 결단, 헌신이 그리스도의 공로를 손상시킨다고 생각하는 이유는 무엇인가? 구원을 100%로 보았을 때, 그리스도의 공로가 100%가 되어야 하는데 만약 인간의 공로가 1%라도 들어가게 되면 그리스도의 공로는 99%로 감소한다고 생각하기 때문이다. 그러나 웨슬리는 그렇게 생각하지 않았다. 우리를 위해 대속해 주신 그리스도의 공로는 우리의 행위와 상관없이 100% 그대로 있으면서도 우리의 순종과 헌신과 행위가 100% 될 때 온전한 구원이 될 수 있다는 주장을 하였다. 인간이 하나님 앞에 충성

200　하문호, 「교의신학(5)—구원론」, 그리심, 146.

하고, 달란트를 남기고, 이웃을 사랑하며, 맡은 사명 잘 감당해서 100% 하나님 앞에 영광 돌리는 삶을 살았다고 해서 십자가의 공로를 손상시켰다고 할 수 있는가? 오히려 십자가의 공로를 더욱 빛나게 하고, 하나님이 기뻐하시며 영광 받으실 일이 아닌가? 물과 피를 다 흘려서 죄인들을 살리기 위해 죽으신 십자가의 대속의 은총은 100% 그대로 있다. 우리는 그 은총을 입어 중생하였고, 하나님의 자녀가 되었다. 오히려 그런 은혜를 입고서도 죄를 끊지 못하고, 나쁜 열매를 맺고, 하나님을 근심시키는 성도가 된다면 그것이야말로 대속의 은총을 손상시키는 일이 될 것이다.

 예수 그리스도의 은혜를 100% 입고 구원을 받았다면, 성도들은 더욱 헌신하고 변화되고 성령의 열매를 맺어서 하나님을 더욱 영광스럽게 해 드리는 일을 100% 해야 참된 구원에 들어가지 않겠는가? 물론 여기서 100%는 상대적 의미의 완전이다. 십자가의 은총 100%는 인간의 죄를 사해주고 의롭다고 해 주는 영역이다. 이 영역에는 인간의 노력이나 행위가 들어갈 수 없다. 이것은 구원의 필요조건 영역이기 때문에 인간의 행위가 단 1%도 들어갈 수 없는 것이다. 그런데 개혁주의는 이 영역에 인간의 행위가 들어가면 안 된다고 강조해 왔다. 맞는 말이다. 그리스도의 십자가의 공로로만 죄사함 받기 때문에 인간의 그 어떤 행위도 포함될 수 없다.

 인간의 행위를 강조하는 것은 십자가의 공로를 손상시키는 그 영역이 아니라는 것이다. 100% 하나님의 은혜로 구원을 받고, 칭의를 받은 이후의 영역이다. 이것은 구원의 충분조건에 속하는 문제이다. 구원받은 자에게 하나님이 요구하는 것들을 충족시키는 부분이기 때문에 예수 십자가의 공로와는 전혀 다른 영역임을 알아야 한다. 이렇게 보면, 예수님의 십자가의 공로는 전혀 손상이 가해지지 않으면서도, 인간은 100% 하나님 앞에 순종하고, 사랑을 통해 율법의 완성으로 하나님께 영광을 돌릴 때 우리의 구원이 완성되는 것이다. 예수님도 고백적인 신앙에 머물러서는 구원을 이룰 수 없다고 말씀하신다. 믿음에 따르는 행함이 구원의 필수조건임을 말씀한다.

> 나더러 주여 주여 하는 자마다 천국에 다 들어갈 것이 아니요, 다만 하늘에 계신 내 아버지의 뜻대로 행하는 자라야 들어가리라(마 7:21)

"나더러 주여 주여 하는 자"는 구원의 필요조건인 믿음을 가진 자이다. "아버지의 뜻대로" 행하는 것은 구원의 충분조건이다. 고백적인 신앙이 없어서도 안 되고, 하나님의 뜻대로 실천하는 행함이 없어서도 구원이 완성될 수 없다. 구원의 필요조건과 충분조건이 다 만족이 되어야 온전한 구원이 가능하다는 것을 알 수 있다. 예수님을 구세주로 믿는 믿음은 구원의 필요조건이요, 그 믿음을 가지고 하나님의 뜻대로 행하는 것이 충분조건이다.

충분조건은 칭의를 받은 자에게 요구되는 조건이다. 양자의 자격을 갖추기 전에는 충분조건은 요구되지 않는다. 칭의를 받지 않은 자가 구원을 받기 위해서 선행을 한다면 그것은 율법적 행위가 된다. 값없이 구원받았기에 구원받은 자에게 요구되는 조건이며, 구속된 자가 이제는 그리스도의 장성한 분량까지 자라가서 예수 그리스도의 형상이 이루어지도록 요구되는 조건이다.

> 우리가 다 하나님의 아들을 믿는 것과 아는 일에 하나가 되어 온전한 사람을 이루어 그리스도의 장성한 분량이 충만한 데까지 이르리니(엡 4:13)

> 너희가 서로 거짓말을 말라 옛사람과 그 행위를 벗어버리고 새사람을 입었으니 이는 자기를 창조하신 자의 형상을 좇아 지식에까지 새롭게 하심을 받는 자니라(골 3:9, 10)

새사람을 입었기 때문에 옛사람을 벗어버려야 한다. 옛사람으로 있으면서 옛사람을 벗어버리려고 하는 것은 은혜 없이 구원 얻으려고 하는 것이다. 먼저 은혜가 와야 하고, 성령의 능력으로 중생하여 새사람이 되어야 한다. 이것은 인간의 노력이나 행위로 되는 것이 아니라 오직 하나님의 은혜로만 가능하다.

중요한 것은 이렇게 은혜를 입어 새사람이 된 다음을 말하는 것이다. 새사람을 만들어 주실 때까지는 하나님이 하시지만, 새사람이 된 이 후의 삶의 실천과 변화와 열매는 인간이 해야 할 부분이다. 구원은 먼저 하나님의 절대적 은총이 있어야 한다. 그 다음에 그 하나님의 은총에 인간이 어떻게 반응하고 순종하느냐에 달려 있다. 새사람으로 만들어 주셨기 때문에 성도들은 우리를 창조하신 자의 형상까지 좇아가야 한다. 거듭나고 새사람이 되었으면 이제 각자가 하나님의 형상을 닮기 위하여 더욱 계명을 지키고, 옛사람을 죽이고, 그리스도의 성품과 형상으로 변화되어 나가야 한다. 이 과정이 바로 구원의 충분조건을 만족시켜 나가는 것이다.

구원의 필요조건을 주님이 준비하셔서 우리에게 주셨다면, 구원의 충분조건은 인간이 순종하고 열매 맺어서 하나님을 만족하게 해 드리는 것이다. 주님이 우리에게 값없이 구원을 주셨기 때문에, 그 구원을 받은 자가 주님 앞에 삶과 순종과 열매와 변화를 통하여 하나님께 기쁨을 드려야 하는 것이다.

> 너희가 과실을 많이 맺으면 내 아버지께서 영광을 받으실 것이요 너희가 내 제자가 되리라(요 15:8)

지금까지 종교개혁의 전통으로 내려온 개혁주의 구원론의 한계가 바로 여기에 있다. 십자가의 은총과 믿음을 구원의 절대적 기준으로 한정시켰다는 것이다. 인간은 전적으로 타락하여 아무 것도 할 수 없는 존재로 격하시키고 오직 하나님의 전적은 은혜로만 구원이 가능하다는 주장을 함으로써 중세 가톨릭으로부터 개혁한 것은 사실이지만, 인간의 삶과 실천을 통해서 구원을 이루어가야 하는 부분에서는 실패하였다고 할 수 있다. 그것은 구원의 필요조건만 있는 것이 아니라 충분조건도 있음을 알아야 했는데 그것을 알지 못한 것이다.

2) 충분조건이 심판의 기준이 되는 이유

구원의 필수조건은 범죄함으로 인하여 이미 지옥으로 떨어질 수밖에 없는 상황에서 예수를 믿음으로 값없이 구원받는 것이라고 한다면, 구원의 충분조건은 구원받은 자가 당연히 맺어야 할 열매와 변화가 이루어져야 참된 구원에 이를 수 있는 것이다. 믿음으로 의롭다 함을 얻고, 행함으로 믿음을 확증해야 한다. 하나님은 믿는 자들에게 값없이 죄를 용서해 주셨다. 그렇게 용서해 주신 다음에 하나님은 아무 것도 요구하지 않는가? 천국 백성으로서의 높은 윤리와 도덕과 인격과 성품과 결과를 요구한다. 이 놀라운 열매를 맺도록 하기 위해서 예수님이 십자가에 못 박혀 죽으시고 그 대가를 지불하셨다. 대가를 지불하셨기 때문에 지금까지 구원론에서는 하나님이 아무 것도 요구하지 않는 것처럼 이해하였다. 그러나 성경은 구원받기 전에는 요구하는 것이 없지만, 구원받은 이후에는 많은 것을 요구한다는 사실이다. 먼저 하나님께 목숨 바쳐 충성할 것을 요구한다. 또한 하나님으로부터 용서받은 것처럼 다른 사람도 용서해 줄 것을 요구한다. 심지어 원수까지 용서해 줄 수 있는 사랑의 삶을 요구하신다.

> 너희가 사람의 과실을 용서하면 너희 천부께서도 너희 과실을 용서하시려니와 너희가 사람의 과실을 용서하지 아니하면 너희 아버지께서도 너희 과실을 용서하지 아니하시리라
> (마 6:14, 15)

> 서서 기도할 때에 아무에게나 혐의가 있거든 용서하라 그리하여야 하늘에 계신 너희 아버지도 너희 허물을 사하여 주시리라 하셨더라(막 11:25)

> 비판치 말라 그리하면 너희가 비판을 받지 않을 것이요 정죄하지 말라 그리하면 너희가 정죄를 받지 않을 것이요 용서하라 그리하면 너희가 용서를 받을 것이요(눅 6:37)

하나님의 자녀가 된 이후에 하나님이 우리에게 요구하는 것은 그 조건이 다르다. 하나님의 자녀가 되기 전에는 원수를 맺어도 상관없고 죄를 지으며 살아도 간섭하지 않는다. 그러나 하나님의 자녀가 된 후에는 원수 맺는 것이 허락되지 않는다. 예수님처럼 사랑으로 그들을 용서해 주어야 한다. 내가 먼저 남을 용서해 주어야 하나님도 나를 용서해 주시기 때문이다. 만약 내가 남을 용서해 주지 않으면 어떻게 되는가? 나 또한 영원히 용서받지 못함으로 멸망 받게 된다. 여기서는 구원의 조건이 '믿음'이 아니라 '용서'라는 행함이다. 남을 용서해 주지 않는 상태에서 예수를 믿고, 선한 일을 한다고 하더라도 구원을 받을 수 없다. 믿기만 한다고 구원이 되는 것이 아니라, 행함으로 상대방을 용서해 주어야만 구원을 받을 수 있다. 남을 용서해 줄 수 있어야만 하나님도 내 죄를 용서해 주시기 때문에 여기서는 믿음의 차원이 아니라 행함의 차원이다. 여기서 요구되는 '용서'는 구원의 충분조건에 관한 부분이다.

개혁주의 구원론에서는 용서해 주지 않아도 믿기만 하면 구원받는다고 가르쳐왔다. 죄를 지어도 믿기만 하면 구원받는다는 이상한 논리가 생겨난 것이다. 이것은 성경의 구원 진리와 전혀 맞지 않는 것이다. 오늘 교회 성도들이 서로 싸우고 원수를 맺으면서도 자기만큼은 구원을 받는다고 생각한다. 이런 폐단이 어디서부터 왔는가? 믿기만 하면 구원받는다는 잘못된 구원론으로부터 왔다. 예수를 믿음으로 과거의 엄청난 죄를 용서받았더라도 그 사람이 다른 사람을 용서해 주지 않는다면 그 역시도 용서받지 못한다. 따라서 사죄의 은총을 받은 자라도 구원을 받지 못하는 것이다. 이 사람은 필요조건은 갖추었으나 충분조건에서 실패한 것이다.

용서하는 것이 구원의 조건이 될 수 있는가? 개혁주의 구원론에서는 아니라고 말할 것이다. 오직 믿음이라고 할 것이다. 그러나 예수님은 용서도 중요한 구원의 조건임을 말씀하고 있다. 믿음으로 구원을 받았더라도 용서에서 실패하면 그 구원은 무효가 된다고 예수님이 말씀하고 있다.

일만 달란트 빚진 자(마 25장)가 주인으로부터 모든 빚을 탕감을 받은 것은 값없이 주는 구원의 은혜를 이미 받은 상태다. 이것은 구원의 필요조건이다. 그런데 백 데나리온 빚진 자기 동관을 용서하지 않고 감옥에 넣었다. 자기가 탕감받았기 때문에 자기 동관도 탕감해 주어야 형평이 맞다. 그런데 자기 동관에게는 자비를 베풀지 않았다. 이것을 안 주인은 일만 달란트 빚진 자를 감옥에 넣었다. 이것은 무엇을 말하는가? 구원의 필요조건이 만족된다 하더라도 충분조건에서 실패하면 구원이 상실된다는 말이다. 지금까지 개혁주의 구원론에서는 하나님으로부터 용서받는 것만이 구원의 조건이라고 가르쳤다. 그리고 남을 용서해 주는 것은 구원의 조건에서 빼버린 것이 사실이다. 믿기만 하면 구원받는다는 가르침 때문에 용서를 하고 하지 않는 것은 구원의 조건과 상관이 없다고 생각한 것이다. 그러나 예수님의 말씀을 보면, 하나님으로부터 용서와 은혜를 입었다면 이웃에게 용서와 은혜를 베풀어야 한다는 사실이다. 이것은 취사선택의 문제가 아니라 필수의 문제라는 것이다.

달란트 비유(마 25장)도 마찬가지이다. 달란트를 받았다는 것 자체가 구원의 필수조건이 이루어진 상태이다. 믿음으로 구원을 받았고, 하나님의 사명까지 맡게 되는 은혜를 받은 상태이다. 지금까지는 달란트를 받은 것만으로도 구원을 받은 것으로 착각한 부분이 있다. 그러나 예수님은 달란트를 받은 것이 구원이 아니라, 받아서 남겨야 구원이 완성된다는 것을 말씀한다. 예수님은 달란트를 남기는 과정이 상급의 과정뿐만 아니라 구원의 과정이기도 하다는 것을 말씀한다. 이것은 구원의 충분조건을 만족시키는 과정이다. 달란트를 남긴 종들은 구원의 충분조건을 성실히 이행한 자들이고, 달란트를 남기지 않은 종은 충분조건을 이행하지 않은자들이다. 결과는 어떻게 되는가? 남긴 종들은 구원과 동시에 상급을 받고, 남기지 못한 종은 있는 것도 빼앗기고, 바깥 어두운 곳에 내어 쫓겼다. 받았던 구원까지 상실하고 멸망으로 떨어진 것이다.

> 또 왼편에 있는 자들에게 이르시되 저주를 받은 자들아 나를 떠나 마귀와 그 사자들을 위하여 예비된 영영한 불에 들어가라 내가 주릴 때에 너희가 먹을 것을 주지 아니하였고 목마를 때에 마시게 하지 아니하였고 나그네 되었을 때에 영접하지 아니하였고 벗었을 때에 옷 입히지 아니하였고 병들었을 때와 옥에 갇혔을 때에 돌아보지 아니하였느니라 하시니 저희도 대답하여 가로되 주여 우리가 어느 때에 주의 주리신 것이나 목마르신 것이나 나그네 되신 것이나 벗으신 것이나 병드신 것이나 옥에 갇히신 것을 보고 공양치 아니하더이까 이에 임금이 대답하여 가라사대 내가 진실로 너희에게 이르노니 이 지극히 작은자 하나에게 하지 아니한 것이 곧 내게 하지 아니한 것이니라 하시니 저희는 영벌에, 의인들은 영생에 들어가리라 하시니라 (마 25:41-46)

여기 지옥에 들어갈 자들 역시, 구원의 필요조건인 믿음을 통해서 칭의를 받고 하나님의 자녀의 신분을 얻은 자들이다. 그들 역시 종교생활을 하였고, 주님을 위해 한다고는 했다. 하지만 주님이 원하는 그 방법으로 하지 않았기 때문에 불법이다. 그로 인해 그들은 마귀를 위해 준비된 영영한 불에 들어가게 된다. 이유는 무엇인가? 구원의 충분조건을 따라가지 못했기 때문이다.

지금까지 종교개혁 전통의 구원론은 믿음으로 구원을 받으며, 우리의 행위는 구원에 어떠한 영향도 미치지 못한다는 입장이었다. 구원의 필요조건만 인정하고 충분조건은 인정하지 않았다. 그러나 성경은 필요조건과 더불어 충분조건까지 모두 요구하고 있다. 예수 그리스도를 믿음으로 죄에서 해방되고 구원받는 필요조건이 충족된 사람은 삶을 통해 요구되는 구원의 충분조건을 충족시킴으로 구원의 완성에 이르게 된다. 따라서 구원의 필수조건을 충족시켰더라도 구원의 충분조건에서 실패하면 구원이 상실된다는 사실을 가르쳐야 한다.

행위가 심판의 근거가 되는가? 칭의는 오직 예수 그리스도의 대속의 은총을 통해서만 주어지는 것이기 때문에 행위는 심판의 근거가 될 수 없다고 생각한다. 칭의에 인간의 행위가 도입되면 복음을 무효화 시킨다고 생각한다.201 대신에 행위와 선행은 '상급'임을 강조한다.

> 칭의와 관련하여 행위를 도입하는 것은 복음을 무효로 만들지만, 믿음 안에서, 하나님에 대한 사랑의 동기에서, 하나님의 계시된 뜻에 대한 순종으로, 그의 영광을 목적으로 행해지는 행위는 본질적으로 선하며 하나님께서 받으실 만한 것이다. 그러한 것으로서 그 행위들은 내세에서의 상의 척도가 될 것이다.202

그러나 성경의 구원론은 행위가 심판의 근거가 됨을 분명히 하고 있다. 로마서 1장 17절의 '오직 믿음으로 의롭다'함을 받게 되다

---

201 존 머레이, 박문재 역, 「존 머레이 조직신학」, 크리스챤 다이제스트, 232.
202 Ibid.

는 루터의 종교개혁 모토는 현재까지 개혁교회 구원관에 절대적 영향을 미치고 있는 것이 사실이다. 그 어떤 행위도 구원에 영향을 미칠 수 없다고 이해하고, 행위는 상급과 성화로 이해하고 있다. 이에 대해 김세윤 교수는 행위가 심판의 근거가 됨을 주장하고 있다.

> 바울은 우리의 칭의가 종말에 주 예수 그리스도의 재림 때 하나님의 심판석 앞에서 완성된다고 가르칩니다. 그때 하나님의 아들 주 예수 그리스도의 중보로 우리의 칭의가 확인되어 우리가 하나님의 영광에 이르고 완전한 구원을 얻는다고 가르칩니다. 그러나 바울은 <u>그 최후의 심판에서 하나님이 우리를 우리의 행위대로 심판하신다</u>고도 가르칩니다. 그렇게 가르치는 구절들이 한두 개가 아니라 아주 많습니다 (롬 2:5-16; 14:10; 고전 3:11-15; 4:1-5; 5:5; 9:16-27; 고후 5:10; 갈 6:8; 골 3:23-25 등).[203]

구원을 받지 못하는 자들에 대한 심판의 근거도 '행위'에 있다. 믿음이 있는지의 여부를 따지는 것이 아니다. 그 믿음을 가지고 행함으로 나아갔느냐를 따지는 것이다. 물론 이 행위에는 믿음이 전제된 것이어야 한다. 믿음이 없는 행위 여부를 따지는 것이 아니라, 믿음이 포함된 행위를 심판의 근거로 삼는 것이다. 지옥에 떨어지는 자들은 '행함'과 '실천'에서 실패하였음을 알 수 있다.

3) 구원의 필요조건과 충분조건의 차이

구원의 필요조건과 충분조건은 두 조건을 나란히 놓을 수 있는 병렬관계가 아니다. 반드시 필요조건이 선행되어야 하며, 필요조건을 충족시킨 후에 따라오는 것이 충분조건이다. 필요조건은 하나님이 은혜로 준비해 주셔야 하는 것인 반면, 충분조건은 은혜받

---

[203] 김세윤, 「칭의와 성화」, 두란노, 240, 250.

은 인간이 삶을 통해 실천해 나가야 하는 조건이다. 충분조건은 필요조건을 떠나 독립적으로 존재할 수 없다. 충분조건은 필요조건에 종속된 조건이며, 후속으로 따라와야 할 조건이다. 필요조건이 구원의 시작을 여는 조건이라면 충분조건은 구원의 완성을 이루는 조건이라 할 수 있다. 필요조건은 하나님이 우리에게 값없이 주신 것에 대해 단지 믿기만 하면 되는 조건인 반면, 충분조건은 구원받은 자가 하나님의 요구에 충분히 순종함으로 많은 열매를 맺어 구원받은 자로서 부족함이 없는 상태로 나아가는 조건이다.

따라서 구원의 충분조건은 구원받은 자의 삶과 열매, 행위, 순종 등을 요구하며, 이 충분조건이 만족된 자는 구원과 상급으로, 만족되지 못한 자는 심판과 멸망으로 간다는 것을 성경이 증거해 주고 있다.

필요조건은 하나님이 100% 완전한 것을 요구하신다. 100% 완전함을 만족시키는 조건은 예수 그리스도뿐이며, 그 보혈만이 죄를 씻을 수 있고, 하나님과 화해시킬 수 있는 유일한 조건이다. 이 조건은 유일한 것이며, 그 어떤 것과도 바꿀 수 없는 조건이다. 이 조건은 인간이 아무리 노력을 하고, 율법적인 행위를 한다 해도 충족시킬 수 없는 조건이다.

반면 충분조건은 인간에게 주어진 조건으로 100% 하나님 말씀에 순종하여 하나님의 부르심의 목적을 이루는 것이다. 마음을 다하고 뜻을 다하고 힘을 다하여 하나님을 섬기면 하나님 마음에 합한 성도가 될 것이며, 하나님이 요구하시는 충분조건을 이루게 될 것이다.

다섯 달란트, 두 달란트 받은 종들이 각각 다섯 달란트, 두 달란트를 남겼다. 그들이 남긴 달란트는 달랐지만 100% 남겼다는 점에서는 동일하다. 그들은 달란트를 남겼기 때문에 주인의 즐거움에 참여하였다. 받은 달란트는 필요조건, 남긴 달란트는 충분조건으로 볼 수 있다.

> 다섯 달란트 받았던 자는 다섯 달란트를 더 가지고 와서 가로되 주여 내게 다섯 달란트를 주셨는데 보소서 내가 또 다섯 달란트를 남겼나이다 그 주인이 이르되 잘 하였도다 착하고 충성된 종아 네가 작은일에 충성하였으매 내가 많은 것으로 네게 맡기리니 네 주인의 즐거움에 참예할지어다 하고 두 달란트 받았던 자도 와서 가로되 주여 내게 두 달란트를 주셨는데 보소서 내가 또 두 달란트를 남겼나이다 그 주인이 이르되 잘 하였도다 착하고 충성된 종아 네가 작은일에 충성하였으매 내가 많은 것으로 네게 맡기리니 네 주인의 즐거움에 참예할지어다(마 25:20-23)

구원의 충분조건에 있어서는 절대평가가 아닌 상대평가라는 사실이다. 그가 가진 조건에서 얼마나 최선을 다하였는가를 보시는 것이다. 다섯 달란트 받은 자는 자기의 능력이 다섯 달란트이기 때문에 최선을 다해 다섯 달란트 남겼고, 두 달란트 받은 자는 자신의 능력이 그만큼인 만큼 두 달란트를 남겼다. 만약 한 달란트 받은 자는 한 달란트만 남겼더라도 최선을 다한 것이기 때문에 주인의 즐거움에 참예하였을 것이다.

> 서기관 중 한 사람이 저희의 변론하는 것을 듣고 예수께서 대답 잘하신 줄을 알고 나아와 묻되 모든 계명 중에 첫째가 무엇이니이까 예수께서 대답하시되 첫째는 이것이니 이스라엘아 들으라 주 곧 우리 하나님은 유일한 주시라 네 마음을 다하고 목숨을 다하고 뜻을 다하고 힘을 다하여 주 너의 하나님을 사랑하라 하신 것이요 둘째는 이것이니 네 이웃을 네 몸과 같이 사랑하라 하신 것이라 이에서 더 큰 계명이 없느니라(막 12:28-31)

제일 중요한 계명이 사랑이다. 어떻게 인간이 하나님의 계명을 모두 완수할 수 있는가? 불가능하다고 말을 한다. 그러나 예수님은 가능하다고 말씀한다. 마음과 목숨과 뜻과 힘을 다하여 하나님을 사랑하고, 이웃을 사랑하면 율법을 완성하는 것이기 때문이다. 사람마다 최선의 기준은 다를 수 있다. 그래서 자기에게 주어진 힘과 능력과 달란트를 이용하여 최선을 다하는 것이 기준이 되는 것이다. 하나님은 우리가 최선을 다하여 사랑할 때, 그것으로 계명을 완전히 지킨 것이라고 평가하실 것이다.

> 알지 못하고 맞을 일을 행한 종은 적게 맞으리라 무릇 많이 받은 자에게는 많이 찾을 것이요 많이 맡은 자에게는 많이 달라 할 것이니라(눅 12:48)

여기서 보면, 하나님이 요구하는 기준은 상대적임을 알 수 있다. 많이 맡은 자에게는 많이, 적게 맡은 자에게는 적게 요구한다. 구원의 충분조건은 하나님께 받은 달란트만큼 최선을 다하는 것이다. 그러므로 하나님을 사랑하는 마음으로 성경의 요구를 최선을 다해 지켜나갈 때 구원의 충분조건을 충족시킬 수 있다.

> 예수께 말하되 저희의 하는 말을 듣느뇨 예수께서 가라사대 그렇다 어린 아기와 젖먹이들의 입에서 나오는 찬미를 온전케 하셨나이다 함을 너희가 읽어 본 일이 없느냐(마 21:16)

젖먹이들이 하나님을 찬양하는 것이 전문가나 성인들이 보았을 때는 얼마나 미흡하겠는가? 그러나 하나님은 그 찬미를 온전하게 받는다고 하신다. 인간은 완전하지 못하기 때문에 절대적인 것을 기준으로 한다면 아무도 그 기준에 도달할 수 없다. 그래서 하나님은 우리에게 절대적 기준을 제시하는 것이 아니라 상대적 기준을 제시하는 것이다. 즉, 우리가 받은 은혜와 능력과 소질과 상황 가운데서 최선을 다하는 것이 기준이다. 십자가에 달린 강도는 예수님을 입으로 고백하는 것만으로도 천국에 들어갔다. 그러나 사도 바울 같은 자들에게는 엄청난 사명을 감당하도록 하셨기 때문에 그 사명을 다 감당해야 천국에 입성한다. 물론 천국에서 바울이 받는 상급과 강도가 받게 되는 상급은 비교할 수 없을 만큼 차이가 날 것이다.

필요조건은 누구에게나 동일하다. 예수 그리스도의 십자가를 믿는 것이 필요조건이다. 그러나 충분조건은 각 개인에 따라서 다르다. 맡겨준 달란트가 다르듯이 하나님이 요구하는 분량도 다르다. 중요한 것은 자기가 받은 달란트를 최선을 다해 100% 남기는 것이다. 1명을 전도하도록 사명이 주어졌다면 1명이나 그 이상을 전도하면 될 것이다. 1,000명을 전도하도록 사명이 주어졌다면 1,000명을 전도하는 것이 사명을 완수하는 것이다. 1,000명 전도의 사명을 받은 자가 1,00명을 전도했다면 어떻게 될 것인가? 하나님이 원하는 사명을 다 감당하지 못한 것이 되고 말 것이다. 물론 그 사람의 구원 여부는 하나님이 결정하실 것이다. 그러나 중요한 것은 최선을 다했느냐 하지 않았느냐 하는 것이다. 최선을 다하는 것이 구원의 충분조건을 만족시키는 것이다.

4) 개혁교회가 충분조건을 거부하는 이유

구원의 충분조건인 성화와 거룩한 삶, 열매, 순종이 구원에 영향을 미치며, 구원의 조건이 되는 것에 대해 개혁주의는 거부한다. 하나님의 은총만으로도 구원이 충분한데 왜 우리의 삶이나 행위가 구원의 조건이 되어야 하느냐는 것이다. 우리 인간의 삶이나 행위를 구원의 충분조건에 포함시킬 수 없는 것은 어차피 인간은 불완전한 존재이며, 하나님의 요구를 충족시킬 수 없다고 생각하기 때문이다. 다음은 천국백성이 되는 조건으로서 성도의 삶을 언급한 웨슬리[204]에 대한 유태화 교수의 비판이다.

> 그러나 과연 천국백성이 되는 것이 우리의 삶의 결과에 따라 결정되는가? 신자들의 삶, 즉 그리스도인이 되고 난 후의 인간의 삶이 하나님을 설득하여 천국백성의 자격을 얻게 할 만큼 성결한 것인가? 구원에 필요한 모든 은혜, 넉넉한 은혜가 성령의 내적 증거와 함께 그리스도 안에서 우리를 사랑하시는 하나님의 사랑 안에서 발견되는 것이 아닌가? 이 확신에서 신앙의 평안이, 진정한 기도와 찬양이, 진정한 봉사와 섬김이, 그리스도인의 진정한 기독교적인 삶이 시작되는 것이 아닌가? 그마저도 하나님을 설득하기에 턱없이 부족한 것이어서, 구원의 궁극적인 영광인 영화(Glorification) 역시 주님의 재림과 함께 주어지는 것이 아니겠는가? 따라서 칭의와 성화, 즉 믿음과 행위 사이에 "내적 연속성"의 개념은 버리고 "자유" 개념은 반드시 지켜야 하는 것이다.[205]

웨슬리는 인간의 삶이 천국백성의 자격을 얻게 하는 조건이 될 수 있다고 주장하는 반면, 유태화 교수는 반대의 입장을 편다. 인간의 삶이 하나님이 요구하는 수준에 이를 수 없다는 것이 이유이다. 대신 우리의 부족함에도 불구하고 하나님이 그 사랑으로 우리를 인정해 주신다는 입장이다. 인간은 아무리 노력한다고 해도 성경의 계명을 준수할 수 없고, 하나님의 요구에도 상응할 수 없기 때문에 구원의 충분조건으로서 인간의 책임과 의무는 구원과 상관이 없다는 것이다.

그러나 성경은 구원의 충분조건을 제시하고, 그 충분조건을 완성해 나갈 것을 요구하고 있다. 인간의 힘으로 해야 할 부분인데,

---

[204] 유태화 교수는 웨슬리의 글을 다음과 같이 인용한다. "그리스도의 의는 천국백성의 권리를 획득하는 것이라면, 그리스도인 개인의 성결은 천국백성의 자격을 획득하는 필연적인 것이 된다. John Wesley, Works of John Wesley VII, 3140에서 인용.
[205] 유태화, 「삼위일체론적 구원론」, 도서출판 대서, 371, 372.

인간의 힘으로 할 수 없기 때문에 하나님의 사랑과 성령의 능력을 힘입으라는 것이다. 인간의 힘으로 할 수 없기 때문에 기도가 필요한 것이고, 그리스도 예수 안에서 성령의 능력을 힘입어야 한다.

> 내게 능력 주시는 자 안에서 내가 모든 것을 할 수 있느니라
> (빌 4:13)

개혁주의자들은 하나님 앞에서 인간의 행위는 보잘 것 없고, 죄에서 완전히 벗어날 수 없기 때문에 인간의 행위로 의를 얻을 수 없다고 하는 반면, 성경은 인간이 나약하기 때문에 하나님의 은혜를 힘입어서 성령의 능력으로 완전해 지라는 것이다.

> 우리가 그를 전파하여 각 사람을 권하고 모든 지혜로 각 사람을 가르침은 각 사람을 그리스도 안에서 완전한 자로 세우려 함이니(골 1:28)

성도들은 그리스도 안에서 완전한 자로 서야 할 것을 말씀한다. 그렇기 때문에 인간은 절대 완전할 수 없고, 100% 하나님의 말씀대로 살 수 없다고 해서는 안 된다.

> 세례들과 안수와 죽은 자의 부활과 영원한 심판에 관한 교훈의 터를 다시 닦지 말고 완전한 데 나아갈지니라(히 6:2)

예수님은 하나님의 백성들이 하나님의 온전하심같이 온전할 것을 요구한다. 십자가 대속의 은총을 주신 것은 언제나 부족하고 죄를 지으며 계명 하나 지키지 못하는 인간으로 살라는 것이 아니라 완전한 자로 세우기 위함이다. 하나님의 은총을 입었으면, 그 은총을 힘입어 더욱 완전한 자로 서야 하며, 예수 그리스도의 분량까지

자라서 예수 그리스도의 삶이 나와야 하는 것이다. 완벽하거나 완벽에 가까울 정도로 성경이 요구하는 것을 다 이루는 것이 하나님이 우리를 부르신 목적이다.

> 그러므로 하늘에 계신 너희 아버지의 온전하심과 같이 너희도 온전하라(마 5:48)

따라서 성도들은 거룩해야 하고 온전해져야 한다. 영육 간에 모든 더러운 것으로부터 자신을 깨끗하게 할 수 있어야 한다. 예수님처럼 거룩해야 하고, 성령의 전으로서 지극히 거룩한 삶을 살아야 한다.

> 그런즉 사랑하는 자들아 이 약속을 가진 우리가 하나님을 두려워하는 가운데서 거룩함을 온전히 이루어 육과 영의 온갖 더러운 것에서 자신을 깨끗케 하자(고후 7:1)

여기서 사도 바울은 우리가 온전해지는 또 하나의 비밀을 말한다. 우리가 계명 준수를 위해 최선을 다하면서도 동시에 부족한 부분은 하나님의 은혜에 의탁해야 하는 것이다. 인간이 아무리 완전하려 해도 하나님처럼 절대적 완전에는 이를 수가 없다. 그렇기 때문에 우리의 약한 부분은 하나님의 은혜로 채워져서 우리의 노력과 하나님의 은혜로 온전해 지도록 해야 한다.

> 내게 이르시기를 내 은혜가 네게 족하도다 이는 내 능력이 약한 데서 온전하여짐이라 하신지라 이러므로 도리어 크게 기뻐함으로 나의 여러 약한 것들에 대하여 자랑하리니 이는 그리스도의 능력으로 내게 머물게 하려함이라(고후 12:9)

우리 성도의 목표는 그리스도의 장성한 분량이 충만한 데까지 자라는 것이다. 그러므로 충분조건에서 요구되는 바를 행함과 실천을 통하여 이루어 가야 한다. 필요조건에서는 100% 예수 그리스도의 완전한 의를 힘입어 의인이 되었지만, 충분조건에서는 주님으로부터 받은 은혜를 힘입어 예수님의 모습으로 성장해 가며, 거룩한 삶을 사는 것이다.

> 우리가 다 하나님의 아들을 믿는 것과 아는 일에 하나가 되어 온전한 사람을 이루어 그리스도의 장성한 분량이 충만한 데까지 이르리니 이는 우리가 이제부터 어린아이가 되지 아니하여 사람의 궤술과 간사한 유혹에 빠져 모든 교훈의 풍조에 밀려 요동치 않게 하려 함이라(엡 4:13, 14)

성경을 통해 우리는 하나님의 사람으로 온전케 될 수 있다고 말한다. 온전케 될 수 있기 때문에 우리의 목표는 완전에 두어야 한다. 지금 구원론에서는 인간은 완전할 수 없다고 규정하고 있다. 그러나 성경은 완전함에 나아가라고 한다. 그래야 온전한 구원을 얻기 때문이다. 개혁주의 구원론에서는 우리가 온전해서 구원받을 수도 없거니와 우리가 온전해서 구원받게 되면 십자가의 은총이 필요 없어진다고 말한다. 그러나 여기서 온전해 지라는 것은 예수 그리스도의 십자가의 은총을 힘입어서 거룩해 지라는 것이다. 우리의 힘으로 온전해 질 수 없기 때문에 성령의 능력을 힘입어 온전해 지는 것이다. 이것이 성경적으로 문제가 있는가?

> 모든 성경은 하나님의 감동으로 된 것으로 교훈과 책망과 바르게 함과 의로 교육하기에 유익하니 이는 하나님의 사람으로 온전케 하며 모든 선한 일을 행하기에 온전케 하려 함이니라(딤후 3:16, 17)

사랑을 통해 모든 율법(영원법과 도덕법을 말함, 의식법이나 제사법 등 폐기된 율법은 제외)을 완성할 수 있는 가능성이 있음을 말씀한다. 모든 율법을 인간이 문자적으로 다 이룬다는 것은 불가능한 일이다. 그러나 십자가와 대속의 은총을 입게 되면 율법의 요구를 다 이룰 수 있다는 것을 성경이 말씀하고 있다.

> 사랑은 이웃에게 악을 행치 아니하나니 그러므로 사랑은 율법의 완성이니라(롬 13:10)

그러므로 구원의 충분조건을 부정하는 구원론은 잘못된 것이다. 십자가의 사랑을 모르는 영혼은 절대 하나님이 요구하는 삶을 살 수 없다. 그러나 십자가의 사랑을 입은 성도는 하나님이 요구하는 모든 계명을 준수할 수 있다. 성령으로 거듭나지 못한 인간은 하나님이 주신 작은 계명 하나도 지키지 못하지만, 중생한 성도는 하나님의 계명을 넉넉히 지킬 수 있다. 이미 십자가의 사랑을 받고, 마음의 할례를 받아 새사람이 되었기 때문에 죄인들이 할 수 없는 계명 준수를 하나님 백성들은 잘 감당해 나갈 수 있다. 예수님은 칭의를 받은 성도들에게 엄청난 윤리적 요구를 하며, 엄청난 사명을 감당해 나갈 것을 말씀하신다.

> 또 내가 사망으로 그의 자녀를 죽이리니 모든 교회가 나는 사람의 뜻과 마음을 살피는 자인 줄 알지라 내가 너희 각 사람의 행위대로 갚아주리라(계 2:23)

예수님은 죄인들에게 한없이 은혜를 부어 주신다. 그러나 은혜를 받아 성도가 된 이후에는 최선을 다할 것을 요구하신다. 예수님이 목숨을 대속해 주신 만큼, 그 은혜를 받은 성도들에게 그 이상의 것을 요구하는 것이다. 그래서 최선을 다해 거룩한 삶을 살지 못하고, 계명을 준수하지 못할 경우엔 무서운 심판으로 간다는 것을 경고하고 있다.

5) 구원론에 있어서 충분조건의 중요성

성경은 구원의 필요조건과 함께 충분조건도 말씀하기 때문에 필요조건과 함께 충분조건도 강조하지 않을 수 없다. 성경은 예수 십자가를 통해서 구원을 받아야 함을 강조하는 동시에, 성도의 삶의 변화와 열매와 사명 감당을 통해 구원을 이루어 가야 할 것도 강조하고 있다.

> 너희는 세상의 소금이니 소금이 만일 그 맛을 잃으면 무엇으로 짜게 하리요 후에는 아무 쓸데없어 다만 밖에 버리워 사람에게 밟힐 뿐이니라 너희는 세상의 빛이라 산 위에 있는 동네가 숨기우지 못할 것이요 사람이 등불을 켜서 말아래 두지 아니하고 등경 위에 두나니 이러므로 집안 모든 사람에게 비취느니라 이같이 너희 빛을 사람 앞에 비취게 하여 저희로 너희 착한 행실을 보고 하늘에 계신 너희 아버지께 영광을 돌리게 하라(마 5:13-16)

십자가의 보혈로 죄 씻음 받는 다메섹 도상에서의 체험과 같은 은혜 체험도 필요한 동시에, 삶의 과정과 변화를 통해 성령의 열매로 나타나는 의지의 결단 과정도 동시에 필요하다. 아무리 믿음을 가진 자라 하더라도 삶의 실천에서 열매를 거두지 못한다면 믿음 그 자체가 죽어 있기 때문에 구원에 이를 수 없는 것이다.

> 내 형제들아 만일 사람이 믿음이 있노라 하고 행함이 없으면 무슨 이익이 있으리요 그 믿음이 능히 자기를 구원하겠느냐 만일 형제나 자매가 헐벗고 일용할 양식이 없는데 너

> 희 중에 누구든지 그에게 이르되 평안히 가라 더웁게 하라 배부르게 하라 하며 그 몸에 쓸 것을 주지 아니하면 무슨 이익이 있으리요 이와 같이 행함이 없는 믿음은 그 자체가 죽은 것이라 혹이 가로되 너는 믿음이 있고 나는 행함이 있으니 행함이 없는 네 믿음을 내게 보이라 나는 행함으로 내 믿음을 네게 보이리라 (약 2:14-18)

구원의 필요조건만 강조하고 충분조건을 강조하지 않는다면 믿음을 통해 얻게 된 칭의와 양자의 신분이 다시 무효로 돌아갈 수 있음을 성경이 증거하고 있다. 믿음을 통해 값없이 주어지는 칭의는 삶의 실천을 통해 열매로 나타나야 참된 구원으로 연결된다.

개혁주의자들의 주장대로 우리의 행위나 삶, 열매, 성화가 구원과 관계가 없다면 얼마나 다행한 일이겠는가? 개혁주의자들의 주장대로라면 하나님께 선택받고 한 번 구원을 얻은 자들은 구원이 확정되었기 때문에 우리가 생각하는 것보다 훨씬 더 많은 영혼들이 구원을 받을 것이다. 그러나 성경은 구원의 문이 넓지 않음을 분명히 말씀하고 있다.

> 혹이 여짜오되 주여 구원을 얻는 자가 적으니이까 저희에게 이르시되 좁은 문으로 들어가기를 힘쓰라 내가 너희에게 이르노니 들어가기를 구하여도 못하는 자가 많으리라 집 주인이 일어나 문을 한 번 닫은 후에 너희가 밖에 서서 문을 두드리며 주여 열어 주소서 하면 저가 대답하여 가로되 나는 너희가 어디로서 온 자인지 알지 못하노라 하리니 그때에 너희가 말하되 우리는 주 앞에서 먹고 마셨으며 주는 또한 우리 길거리에서 가르치셨나이다 하나 저가 너희에게 일러 가로되 나는 너희가 어디로서 왔는지 알지 못하노라 행악하는 모든 자들아 나를 떠나가라 하리라 너희가 아브라함

과 이삭과 야곱과 모든 선지자는 하나님 나라에 있고 오직 너희는 밖에 쫓겨난 것을 볼 때에 거기서 슬피 울며 이를 갊이 있으리라(눅 13:23-28)

왜 예수를 믿었고 사역도 잘 감당했는데 천국에 들어가지 못하는 자들이 많다고 하는 것인가? 그것은 믿기만 한다고 다 들어가는 것이 아님을 증거한다. 삶을 통해 진리가 증거되지 않는다면 천국의 문은 열리지 않는다. 하나님의 자녀가 되었으면 철저히 하나님의 뜻을 따라 살아가야 하는데, 그렇게 살지 못했을 때 천국에 들어갈 수 없다는 것이다. 개혁주의 구원론에서는 하나님의 자녀답게 살지 못하더라도 택정함을 받았으면 들어간다고 가르친다. 그러나 예수님은 하나님이 요구하는 거룩한 삶이 나타나지 않는다면 천국에 들어갈 수 없다고 하신다.

그런즉 우리가 무슨 말 하리요 은혜를 더하게 하려고 죄에 거하겠느뇨 그럴 수 없느니라 죄에 대하여 죽은 우리가 어찌 그 가운데 더 살리요 무릇 그리스도 예수와 합하여 세례를 받은 우리는 그의 죽으심과 합하여 세례 받은 줄을 알지 못하느뇨(롬 6:1-3)

우리가 알거니와 우리 옛사람이 예수와 함께 십자가에 못 박힌 것은 죄의 몸이 멸하여 다시는 우리가 죄에게 종노릇 하지 아니하려 함이니 이는 죽은 자가 죄에서 벗어나 의롭다 하심을 얻었음이니라(롬 6:6, 7)

바울은 죄에 대해서 단호하다. 죄에 대하여 죽었기 때문에 다시는 죄 가운데 살면 안 된다는 입장이다. 절대 죄를 용납하지 않는다. 죄에서 벗어나 의롭다 하심을 얻었기 때문에 다시는 죄에 종노릇하면 안 된다. 개혁주의 신학은 육체로 있는 동안에는 절대 죄로부터 벗어날 수 없다고 함으로 성경의 가르침과 충돌을 일으킨다. 물론 인간의 결단만으로는 죄로부터 자유할 수 없다. 그러므로 예수 그리스도와 장사되고, 예수 그리스도 함께 다시 살아난 것이 아닌가? 그래서 성령을 주시고, 그래서 기도할 수 있는 길을 열어 주셨다. 성령의 능력으로는 하나님이 원하시는 그 어떤 것도 할 수 있게 된다.

개혁주의 구원론에서는 인간이 육체를 입고 있는 동안 죄를 완전히 끊을 수 없다고 한다. 이것은 죄를 어느 정도 수용할 수밖에 없다는 뜻도 될 것이다. 그러나 예수님은 죄에 대해서 단호하다. 눈이 범죄하면 빼버리고, 손이 범죄하면 절단해서라도 죄를 끊으라고 하신다. 그만큼 죄는 타협의 대상이 아니고, 극복하지 못할 대상도 아니다. 죄에서 벗어나지도 못할 인간에게 죄에서 벗어나라고 하지는 않는다. 죄에서 벗어날 길을 하나님이 열어 주신 것이다. 바로 예수 그리스도를 우리에게 주셨기 때문에, 이제 우리는 예수 그리스도를 힘입어 죄를 정복하고 이길 수 있다. 예수님도 우리와 같은 성정을 가지고 이겼다. 그것은 우리도 그렇게 할 수 있다는 길을 보여 주신 것이다.

> 이를 위하여 너희가 부르심을 입었으니 그리스도도 너희를 위하여 고난을 받으사 너희에게 본을 끼쳐 그 자취를 따라오게 하려 하셨느니라 (벧전 2:21)

이렇게 삶의 실천을 통해 믿음을 나타내 보이는 모든 것들이 구원의 충분조건이다. 우상숭배하던 자가 예수를 믿음으로 새사람이 되었다면 당연히 우상숭배를 끊어야 한다. 그런데도 계속 우상숭배한다면 어떻게 그 사람이 구원을 받겠는가? 간음하던 자가 현장에서 잡혀 왔을 때, 예수님은 그를 용서하시며 "예수께서 가라사대 나도 너를 정죄하지 아니하노니 가서 다시는 죄를 범치 말라 하시니라"(요 8:11) 하셨다. 따라서 간음죄를 용서받았으면 다시는 간음죄를 지어서는 안 되는 것이다. 그런데도 인간은 연약해서 간음죄를 완전히 끊을 수 없다고 한다면 어떻게 되겠는가? 그렇게 하더라도 구원받는데 문제가 없다고 한다면 과연 성경적 가르침이라고 할 수 있는가? 이 여인은 이제 예수 그리스도의 용서와 사랑을 힘입어 육신의 정욕을 충분히 이겨내야 하고, 이겨낼 수 있게 된다.

개혁주의 학자들은 믿음을 통해 한 번 얻게 된 칭의는 우리의 행위와 상관없이 영원히 상실되지 않는다고 말한다. 그것이 사실이라면 얼마나 다행이겠는가? 그러나 한 번 얻게 된 칭의라 하더라도 죄를 범하면서도 회개치 않고, 믿음에서 떠나 점점 죄악에 빠져 살아간다면 칭의는 무효로 돌아갈 수밖에 없을 것이다.

> 그러므로 우리는 두려워할지니 그의 안식에 들어갈 약속이 남아 있을지라도 너희 중에 혹 미치지 못할 자가 있을까 함이라 저희와 같이 우리도 복음 전함을 받은 자이나 그러나 그 들은 바 말씀이 저희에게 유익되지 못한 것은 듣는 자가 믿음을 화합지 아니함이라(히 4:1, 2)

"안식에 들어갈 약속"이 있는 자라도 미치지 못할 자가 있다고 성경이 경고하고 있다. 그러므로 필요조건이 갖추어졌더라도 충분조건이 갖추어지지 않으면 구원에 이를 수 없는 것이다. 웨슬리는 "인간의 구원 문제에 대하여 절대적으로 인간의 책임을 강조"[206]한다. 인간 책임의 부분이 바로 구원의 충분조건이다. 우리의 구원을 위해서 하나님은 모든 것을 완벽하게 다 갖추었다. 이제 믿고 구원받은 자에게 남은 것은 인간의 책임을 최선을 다해 감당하는 것이다.

구원의 충분조건은 결국 행위의 결과를 두고 말한다. 믿음을 통

---

[206] 이성주, 「웨슬리 신학」, 성지원, 177.

하여 얼마나 열매를 맺었느냐가 구원의 충분조건인 동시에 심판의 근거가 된다. 지금까지는 구원의 필요조건만 있으면 된다고 생각해 왔다. 그러나 김세윤 교수는 구원의 필요조건만으로 구원받을 수 있는 것이 아니라 충분조건도 수반되어야 한다. 구원 이후의 행위는 상급만 아니라 심판과 연결됨을 최근에 와서 강조하고 있다.

> 전통적으로 이 본문을 많은 주석가들은 이렇게 해석했습니다. "<u>은혜와 믿음으로 칭의 된 모든 사람들은 최후의 심판에서 기본적으로 구원은 받는다.</u> 의롭게 산 사람은, 즉 '성화'를 이룬 사람은 하나님 나라에서 기본적인 구원 위에 상(즉, 상급)을 받는다. 그러나 의롭게 살지 못한 사람은, 즉 '성화'를 이루지 못한 사람은 구원은 받되 상(급)을 손해 본다. 그러니 일반 목사들도 이렇게 가르치는 것은 당연하고, 한국의 많은 부흥사들은 '성화'에 힘쓰고 교회를 잘 섬긴 사람은 최후의 심판에서 큰 면류관을 받고 하늘나라의 아파트로열층에 들어가게 되고, 그렇지 못한 사람은 '부끄러운 구원'을 얻으며 냄새나고 햇볕도 잘 안 드는 1층에나 들어가게 된다고 현란한 비유의 언어로 설교한 것입니다. 이리하여 '상급' 신학을 가르치면서 교회에 대한 충성과 전도와 선교에의 열심을 불러일으킨 것입니다. 그런데 이 해석은 틀린 해석입니다.[207]

그 동안 믿고 가르쳐 왔던 구원론에 대한 예리한 비판이다. 잘못된 구원론은 영혼을 지옥에 떨어지게 할 수 있다. 칭의를 얻기까지는 열심을 내었지만, 칭의를 얻은 이후의 삶을 통한 구원과정은 도외시하였다. 이제 구원받은 이후의 성화의 과정과 삶이 심판의 근거가 됨을 분명히 알아야 한다. 구원의 충분조건은 상급심판

---

207 김세윤, 칭의와 성화, 두란노, 243.

도 맞지만, 동시에 영벌심판이기도 하다. 개혁교회가 이것을 제대로 이해하고 올바른 구원을 정립하는 일이 무엇보다 시급하다고 할 수 있다.

4. 충분조건은 심판 기준

종교개혁 이후로 개혁교회는 "오직 믿음"으로 구원받고 인간의 그 어떤 행위도 구원에 영향을 미칠 수 없다는 구원론이 형성되었다. 하나님의 절대주권과 예정, 하나님이 주시는 은총에 의해서만 구원이 이루어진다는 사상이 팽배하였다. 원죄로 인해 전적 타락한 인간은 자유의지가 완전히 부패해 버렸기 때문에 하나님이 선택해 주지 않으면 구원 가능성이 전혀 없는 무능한 존재로 전락시켰다. 이중예정의 구조 안에 갇히게 함으로써 창조에서 종말까지 구원 역사는 하나님의 예정에 의해서만 움직인다고 생각하게 만들었다.

그러나 성경은 하나님의 은총 이상으로 인간의 책임과 사명들이 심판의 중요한 근거가 된다고 말씀하고 있다. 따라서 성경이 우리에게 요구하는 충분조건이 심판의 근거가 되는지 여부를 확정짓는 일이 중요하다. 그동안 필요조건만을 구원의 조건으로 이해해 왔던 상황에서 충분조건도 구원의 조건임을 밝히는 일이다.

1) 행함도 구원의 조건

성경은 인간의 자유의지를 인정한다. 그것이 원래 부분적으로 부패했든지, 선재적 은총을 통해 부분적으로 회복되었든지 간에 자유의지가 어느 정도 있는 것이 사실이다. 성경에서 계명 준수를 요구하고, 인간으로 하여금 선택하게 하는 요구들은 인간에게 자유의지가 있음을 전제하고 있는 것이다. 자유의지가 없다면 인간에게 그 어떤 계명이나 윤리적 삶을 요구해서도 안 된다. 죄 지을 자유의지만 있는 것이 아니라 선을 행할 자유의지도 있기 때문에 성경은 선행을 요구하고 있다.

이렇게 인간에게 자유의지를 통해 선택할 수 있도록 한 것은 인간에게 그만큼 책임도 지운다는 말씀이다. 자유가 없으면 책임도 없지만, 자유가 주어지면 책임도 그 만큼 따라온다. 인간 구원을 위해서 인간에게 자유의지의 선택을 허락하셨다면, 그 책임 또한 인간이 져야 하는 것이다. 이것은 곧 인간도 구원에 참여할 수 있다는 말씀이며, 아무리 하나님이 은혜로 구원을 시켜 주신다 하더라도 인간이 감당해야 할 몫을 다 감당하지 못하면 구원에서 탈락할 수 있다는 말씀이다. 인간이 구원에 참여할 수 있다면 구원을 위해서 인간에게 주어진 책임과 의무, 사명을 최선을 다해 감당하는 자세가 필요하다는 결론이 나온다.

> 그러므로 우리가 저 안식에 들어가기를 힘쓸지니 이는 누구든지 저 순종치 아니하는 본에 빠지지 않게 하려 함이라
> (히 4:11)

하나님이 안식할 수 있는 천국을 준비하시지만, 그 안식에 들어가도록 힘쓰는 것은 인간의 몫이라고 성경이 증거하고 있다. 구원은 전적으로 하나님의 은혜로만 가능하다고 믿고, 구원을 위해서 인간이 해야 할 사명이 있음에도 그것을 소홀히 하거나 책임을 다하지 못하였을 때 어떻게 되는가? 당연히 구원에 이를 수 없을 것이다. 오늘 심각한 논쟁 가운데 하나는 과연 인간의 행위가 구원에 영향을 미칠 수 있는가의 여부를 따지는 것이다. 예정론적 입장에서는 구원의 근거가 인간의 행위의 결과가 아니라 예정이 심판의 근거가 된다. 예정이 심판의 근거가 되기 때문에 믿는 자가 설령 자살을 한다 해도 구원을 받는다고 말한다. 예정론적 구원 논리는

그 어떤 죄를 짓더라도 예정된 자는 구원을 받고, 아무리 선하게 살더라도 예정되지 못한 자는 구원에 들어가지 못한다고 말한다. 이러한 논리와 주장이 성경과 일치하는가? 절대 일치하지 않는다. 이러한 구원론은 성경의 진리를 거스릴 뿐 아니라, 하나님을 대적하는 진리가 아닐 수 없을 것이다.

성경은 인간 각자에게도 책임이 있고 해야 할 일이 있기 때문에 힘써서 일할 것을 말씀하고 있다. 믿지 않으면 구원의 가능성 자체가 없다. 그런데 믿더라도 하나님이 원하는 행함이 따라오지 않는다면 그 역시 심판받을 수밖에 없다. 성경이 구원을 위해서 어떻게 말씀하고 있는지를 분명히 이해하지 못하면 진리를 거스리는 편에 설 수 있음을 알아야 한다.

구원의 길은 십자가의 길이며, 좁고 협착한 길이다. 하나님이 인도해 주지 않으면 절대 갈 수 없는 길이며, 인간이 최선을 다해 가지 않으면 갈 수 없는 길이 천국이다. 그런데 오늘 교회들은 인간이 노력 없이도 하나님의 은혜로 모든 구원이 이루어진다고 함으로써 세상에서 가장 쉬운 것이 천국 가는 것이 되고 말았다.

> 또 의인이 겨우 구원을 얻으면 경건치 아니한 자와 죄인이 어디 서리요(벧전 4:18)

웨슬리는 구원의 은총이 모든 사람에게 차별 없이 주어져 있다고 본다. 선악을 분별할 수 있는 자유의지가 주어져 있고, 성령의 부르심이 있지만 그것을 수용할 지의 여부는 사람이 결정하는 것이라고 보았다. 구원받는 것도 인간의 선택에 달려 있고, 멸망받는 것도 인간의 선택이라는 것이다. "웨슬리는 인간에게 자신의 행위에 대한 책임을 질 수 있는 능력이 있음을 분명히 하고 있다. 그리하며 그는 구원은 하나님의 은혜지만 멸망은 사람의 책임이라고 믿고 있다"[208]고 말한다. 웨슬리의 주장은 개혁주의 구원론보다 성경적 진리에 더 접근해 있다고 할 수 있다. 개혁주의의 주장처럼 하나님의 예정에 의해서 하나님이 모든 것을 결정하는 것이 아니라, 인간에게 선택권을 주어서 인간으로 하여금 구원을 선택하게 만들었다는 사실이다. 그렇지 않다면 성경은 구원 얻은 성도들에게 계속해서 애쓰고 힘쓸 것을 말씀하지 않을 것이다.

> 그러므로 누구든지 나의 이 말을 듣고 행하는 자는 그 집을 반석위에 지은 지혜로운 사람 같으리니 비가 내리고 창수가 나고 바람이 불어 그 집에 부딪히되 무너지지 아니하나니 이는 주초를 반석위에 놓은 연고요 나의 이 말을 듣고 행치 아니하는 자는 그 집을 모래위에 지은 어리석은 사람 같으리니 비가 내리고 창수가 나고 바람이 불어 그 집에 부딪히매 무너져 그 무너짐이 심하니라 (마 7:24-27)

여기서 구원의 기회를 주시는 분은 하나님이시다. 그러나 말을 듣고 어떻게 행할 것인가는 각자의 선택에 달린 것이다. 이것까지 하나님이 미리 정해 놓으신 것이 아니며, 어떤 것을 선택하라고 하나님이 관여하는 것도 아니다. 예수님의 말씀은 인간의 자유의지와 책임을 전제로 하고 있다. 천국은 하나님이 준비하시지만, 그 천국의 선택은 인간 각자에게 주어진 자유의지의 결정이라는 것이다. 따라서 천국을 들어가기 위해서 인간이 결정해야 하는 자유의지와 인간의 노력, 행함 또한 구원의 필수조건이다.

열 처녀 비유에서 슬기로운 다섯 처녀와 미련한 다섯 처녀 차이는 무엇인가? 예정과 유기인가? 아니면 각자의 열심과 노력인가? 등은 준비했지만 기름까지 준비하지 않음으로 구원에 들어가지 못한 것이 하나님의 예정에 의한 것인가, 노력의 부족인가? 천국에

---

208 이성주, 「웨슬리 신학」, 성지원, 177, 178.

들어가기 위해서 인간이 얼마나 철저히 준비하고 노력해야 하는지를 말씀해 준다. 만약 하나님의 예정에 의해서 천국이 결정된다면 열 처녀 비유를 우리에게 교훈으로 주실 필요가 없지 않겠는가? 인간의 행위와 결정과 노력에 따라 구원이 결정된다면 충분조건도 구원의 근거임을 증거하는 것이다.

예정론의 입장에서 열 처녀 비유는 해석이 되지 않는다. 왜냐하면 등과 기름을 준비한 자는 택정함을 받은 자이고, 등만 준비한 자는 택함을 받지 못한 자이기 때문이다. 전자는 내적 부르심을 받은 자일 것이고, 후자는 외적 부르심을 받은 자일 것이다. 그렇다고 한다면 하나님에 의해서 이들의 운명과 구원은 이미 등과 기름을 준비하기 전에 결정되어 있는 것이 아닌가? 이미 결정해 놓고 그 결정대로 된 것인데 왜 이런 비유를 예수님이 우리에게 하시는가? 그것은 예정론의 주장이 틀렸다는 것을 말씀해 주는 것이다. 외적 부르심이니 내적 부르심 같은 것도 예정론자들이 만들어낸 말이지 성경의 진리는 아니라는 증거다.

지금 교회들이 바른 구원론을 세워서 구원을 위해 최선을 다해도 부족하다. 그런데 지금까지 내려온 구원론의 잘못을 지금와서 밝혀내고 논쟁하고 그것을 다시 바로 잡아야 하는 현실이 참으로 안타까울 뿐이다. 바른 구원은 더 많이 강조해야 하겠지만 잘못된 구원은 하루 빨리 폐기해야 한다. 참으로 큰일은 잘못된 구원론을 진리로 알고 교회들이 가르치고 있다는 것이다.

우리는 자신에게 솔직해져야 하고 하나님 앞에 솔직해져야 한다. 인간의 행위로 구원이 결정되는 것을 누가 부인할 것인가? 그런데도 선택에 의해서 구원이 결정된다고 말을 한다. 구원을 선택하는 주체가 인간인가, 하나님인가? 구원을 선택하는 주체가 인간이 아니라면 믿으라고 할 필요가 없는 것이다. 왜 교회가 가르치는 구원론이 이렇게 잘못되어 있는 것인가?

2) 행함이 겸비된 믿음으로의 구원

믿음으로 구원받는 것이 사실이다. 그러나 그 믿음이 어떤 믿음이냐에 따라 구원받기도 하고 심판받기도 한다. 어떤 믿음은 행함과 실천이 빠져 있는 믿음이 있고, 어떤 믿음은 삶과 행함이 일치가 되는 믿음이 있다. 성경에서 구원에 이르게 하는 믿음은 삶과 행함이 일치하는 믿음을 말한다. 그러므로 삶이 수반되어야 그 믿음이 구원을 얻는 믿음이라는 확증을 얻게 된다. 삶을 통해, 행위를 통해 확증이 되지 않는다면 그 믿음은 자체가 죽은 것이다. 삶의 실천이 없는 믿음은 구원 자체가 불가능한 것이다. 따라서 인간의 행위를 배제한 믿음만을 구원의 조건으로 제시하는 것은 잘못된 것이다. 그런 측면에서 구원의 필요조건만이 아니라 구원의 충분조건도 구원의 조건임을 알 수 있다.

아브라함이 이삭을 바친 사건(창 22장)을 히브리서와 야고보서는 각각 다른 입장에서 평가하고 있다. 히브리서에서는 '믿음'의 측면을 강조한 반면, 야고보서에서는 '행위'를 강조하고 있다.

> 아브라함은 시험을 받을 때에 믿음으로 이삭을 드렸으니 저는 약속을 받은 자로되 그 독생자를 드렸느니라(히 11:17)

> 아아 허탄한 사람아 행함이 없는 믿음이 헛것인 줄 알고자 하느냐 우리 조상 아브라함이 그 아들 이삭을 제단에 드릴 때에 행함으로 의롭다 하심을 받은 것이 아니냐 네가 보거니와 믿음이 그의 행함과 함께 일하고 행함으로 믿음이 온전케 되었느니라(약 2:20-22)

한 가지 사건을 두고 보는 입장이 서로 다르다. 히브리서는 아브라함의 믿음의 측면에서 보았고, 야고보서는 아브라함의 실천, 행함, 순종의 측면에서 보았다. 여기서 중요한 사실은 행함 없이 믿음만을 통하여 얻는 의가 있는가 하면, "행함으로 의롭다 하심"을 얻는 의가 있다는 것이다. 구원의 필요조건으로서의 믿음과 충분조건으로서의 순종과 행함이 하나가 됨으로 아브라함이 구원 얻었음을 알 수 있다.

종교개혁자들은 히브리서의 관점은 가졌지만, 야고보서의 관점은 소홀하였음을 알 수 있다. 믿음과 행함은 함께 가야 믿음이 '온전케' 되는 것임을 간과하였다. 양쪽 어느 하나라도 빠지면 온전한 구원을 이루는데 문제가 생길 수 있다. 기생 라합에 대해서도 히브리서는 믿음의 측면을, 야고보서는 행함의 측면을 강조한다.

> 〈믿음으로〉 기생 라합은 정탐군을 평안히 영접하였으므로 순종치 아니한 자와 함께 멸망치 아니하였도다(히 11:31)

> 또 이와 같이 기생 라합이 사자를 접대하여 다른 길로 나가게 할 때에 〈행함으로〉 의롭다 하심을 받은 것이 아니냐 (약 2:25)

그러므로 개혁주의 구원론에서 구원의 조건이 될 수 없다고 한 '행위'는 구원의 충분조건에서는 반드시 요구되는 조건임을 알아야 한다. 율법적 행위나 선행이 그리스도의 십자가의 의를 대신할 수 없는 것은 사실이나, 십자가의 의를 받은 자가 선행과 믿음의 행위를 통해서 구원을 완성하는 일 또한 반드시 이해해야 한다.

왜 개혁주의 구원론에서는 성경의 이런 두 측면을 수용하지 않고, 믿음만을 강조하는 한 측면만 수용하였을까? 왜 믿음으로만 의롭게 된다고 하면서 행함으로 의롭게 된다는 것을 배제한 것일까? 믿음으로 의롭게 된 사람은 행함을 통해 그 믿음을 완전하게 해야 하는 구원원리를 왜 제대로 이해하지 못하는 것인가?

믿음과 행위를 분리하는 것 자체가 잘못된 것이다. 둘은 분리할 것이 아니라 하나로 통합해야 한다. 논리적으로, 이론적으로 설명하기 위해서는 믿음과 행위를 분리하지만, 실제로는 둘을 분리할 수 없는 성질이다. 영혼과 육체를 서로 분리할 수 없는 것처럼, 믿음과 행위도 서로 분리할 수 없다. 믿음이 행함으로 나타나야 하고 행함으로 믿음을 증거해야 한다. 그래서 지행합일이 되어서 믿음이 곧 행함이고, 행함이 곧 믿음이 될 때 천국에 들어갈 수 있는 온전한 믿음이 될 것이다.

3) 믿음과 행함은 상호 협력적 관계

　믿음과 행위는 양자택일의 문제도 아니고, 서로 배타적인 관계도 아니다. 상호협력적 관계라고 보는 것이 정확하다. 행함이 나타나지 않는 믿음은 죽었기 때문에 행함이 없는 믿음으로 구원에 이를 수 없다. 행함과 믿음은 서로 배타적인 것이 아니라 상호 협력적 관계로 보는 것이 정확하다. 구원에서 행함을 배제시킬 것이 아니라, 행함을 통해서 믿고 있는 믿음이 살아있음을 더욱 확실하게 증명해 내야 한다. 믿음을 통해 칭의를 받고, 구원의 약속을 받은 자들은 그 믿음을 기초로 더욱 완전한 행함을 통해 죽은 믿음이 아닌 살아있는 믿음임을 증거해야 한다. 구원을 약속받기 전에는 어떤 행위도 요구되지 않지만, 믿음을 통해 구원의 약속이 확정지어지면 그때부터는 오히려 행위가 더 요구되는 것이다. 행함은 구원받기 위한 조건이 아니라, 구원을 약속 받았기 때문에 믿음과 함께 행함이 와야 하는 것이다. 지금까지 믿음과 행함의 관계를 잘못 이해한 것을 바로 교정해야 한다. 믿음과 행함을 상호 협력적 관계로 이해할 때, 믿음을 통하여 거룩한 삶을 살려고 얼마나 노력하겠는가? 성경적 구원론은 믿음과 행함이 하나가 되도록 하여 성도들이 이 세상에서 하나님의 자녀답게 살아갈 수 있도록 하는 것이다.

네가 보거니와 믿음이 그의 행함과 함께 일하고 행함으로 믿

> 음이 온전케 되었느니라 이에 경에 이른바 아브라함이 하나님을 믿으니 이것을 의로 여기셨다는 말씀이 응하였고 그는 하나님의 벗이라 칭함을 받았나니 이로 보건대 사람이 행함으로 의롭다 하심을 받고 믿음으로만 아니니라 (약 2:22-24)

믿음이 행함과 함께 일하고, 행함으로 믿음을 온전케 하는 것이 성경적 구원론이다. 개혁주의 구원론에서는 이 행함을 구원의 조건에서 배제시킴으로 오직 믿음만 강조하여 왔다. 이런 잘못된 구원론을 성경적으로 수정해야 한다. 칭의는 믿음으로만 아니라 "행함으로"도 받아야 함을 야고보서는 말씀하고 있다. 그러므로 행함도 구원의 필수조건임을 성경이 증거하고 있다.

4) 필요조건 후에 수반되는 충분조건

필요조건만으로 구원을 받을 수 있다면 성경에서 충분조건을 요구할 필요가 없고, 요구해서도 안 된다. 그런데 성경에서는 수많은 충분조건들을 요구하고 있다. 이것은 무엇을 의미하는가? 필요조건과 더불어 충분조건이 충족되어야 완전한 구원에 이를 수 있다는 것이다. 필요조건을 통해 값없이 구원을 얻은 자는 충분조건을 통해 삶이 열매로 나타나야 한다.

웨슬리는 구원을 이루는데 있어서 복음적 신인협동설을 주장한다. 그는 인간 구원이 하나님의 주권적인 결정에 의해 이루어지지만, 인간 편에서도 주어진 의무와 선택을 통해 최선을 다해야 한다는 것이다. 구원을 위해서는 하나님의 은총과 함께 인간도 최선을 다해야 한다고 주장한다.[209] 웨슬리가 세운 공헌 가운데 하나는 하나님의 주권과 인간의 책임에 대해 균형있는 이론을 정립하였다는 것이다.

---

209 조종남 편, 「요한 웨슬레 설교선집」, 서로 사랑, 79.

이와 같은 웨슬레의 주장은 인간의 노력을 배제시켜 버리고 하나님의 역사만을 강조하는 정통적 칼빈주의자의 잘못이나, 또한 하나님의 주권적 역사를 배제하고 인간의 책임만을 강조하는 펠라기우스적인 자유주의 신학의 잘못에도 빠지지 않고, 구원에 있어서 하나님과 인간이 서로 협력하는 관계를 잘 정립해 주었다.

웨슬레에 의하면 하나님의 주권적인 역사는 구원에 있어서 인간이 노력할 수 있는 가능성을 제시해 준다. 또한 구원을 위해서 인간이 노력하는 것은 하나님의 주권적인 역사에 순종하는 것이 되는 것이다. 여기에서 우리는 웨슬레가 either/or의 이분법적인 신학이 아니라, both/and의 창조적인 종합의 신학으로 그의 신학을 전개해 나감을 본다.[210]

웨슬리는 개혁주의가 사용한 둘 중 하나를 선택하는 양자택일의 방법이 아니라, 양자를 하나로 종합하는 통전적 방법을 사용하였다. 구원의 필요조건이 먼저 요구되고, 그 필요조건이 충족된 자에게 구원의 충분조건이 더 강하게 요구된다. 그래야만 온전한 구원이 완성될 수 있기 때문이다. 그런데 필요조건만 너무 지나치게 강조한 나머지, 충분조건은 필요 없다고 하게 되면 반쪽 구원이 될 수밖에 없다. 절반의 구원 역시 불신자들과 마찬가지로 구원받지 못한다. 필요조건만 강조하고 충분조건을 배제시킬 것이 아니라, 먼저 필요조건을 충족시킨 다음 충분조건으로 구원을 완성해야 함을 깨닫는 것이 중요하다.

5) 충분조건은 값없이 받은 은혜에 대한 보답

충분조건은 구원받기 위해 하는 행위라는 측면보다, 구원을 약속받았기 때문에 그 은혜에 감사하여 보답하는 행위라고 볼 수 있

---

210 Ibid., 80.

다. 은혜의 결과로서 나오는 행위라고 볼 수 있다. 값없이 은혜를 받았기에 다른 사람에게 값없이 은혜를 베푸는 것이다. 주님께 죄 용서 받았기 때문에 그 은혜를 힘입어 남도 용서해 줄 수 있는 인격을 갖춘 성도가 되는 것이다.

따라서 충분조건은 값없이 받은 은혜에 대한 응답으로 나와야 한다. 값없이 은혜를 받은 자가 남들에게 값없이 용서하지 않는다면 어떻게 되겠는가? 일만 달란트 빚진 자의 비유가 무엇을 말하는가? 자신은 용서받고서 남은 용서해 주지 못한다면 그것은 하나님께 받은 은혜를 배신하는 것과 같다. 하나님은 그런 자들을 용서하지 않는다는 것을 보여 주셨다.

> 긍휼을 행하지 아니하는 자에게는 긍휼없는 심판이 있으리라 긍휼은 심판을 이기고 자랑하느니라(약 2:13)

> 그러므로 예물을 제단에 드리다가 거기서 네 형제에게 원망 들을 만한 일이 있는 줄 생각나거든 예물을 제단 앞에 두고 먼저 가서 형제와 화목하고 그 후에 와서 예물을 드리라. 너를 송사하는 자와 함께 길에 있을 때에 급히 사화하라. 그 송사하는 자가 너를 재판관에게 내어주고, 재판관이 관예에게 내어 주어 옥에 가둘까 염려하라! 진실로 네게 이르노니 네가 호리라도 남김이 없이 다 갚기 전에는 결단코 거기서 나오지 못하리라(마 5:23-26)

왜 이미 죄 사함을 받은 자에게 또 다른 사람을 용서해 주라고 하는가? 이것은 또 하나의 구원의 조건이 될 수 있다는 것인가? 칭의를 받은 자가 이웃을 자기 몸처럼 사랑하지 않는다면 그 사람의 구원은 완성될 수 없다고 하는데, 그렇다면 믿음만으로 구원이 이루어진다는 말과 충돌이 나지 않는가? 믿음이 왔으면 사랑의 실천이 나와야 구원이 완성되는 것인데, 이 완성은 구원과 상관이 없다고 가르치면 어떻게 되는가? 왜 칭의를 받은 자에게 또 하나님처럼 거룩하라고 하며, 하늘 아버지의 온전하심같이 온전하라고 하시는가? 왜 믿음 외에 다른 조건들을 요구하는가? 왜 우리가 우리에게 죄 지은 자를 사하여 주어야만 우리 죄가 사함받는다고 하는가? 이미 죄용서 받은 자라면 그 후에 짓는 죄는 구원에 영향을 미치지 않는 것이 아닌가? 그것은 믿음이 왔더라도 사랑의 실천으로 나아가지 않으면 그 믿음으로 구원이 이루어지지 않기 때문이다. 이런 문제를 해결하기 위해서는 구원의 충분조건에 대한 명확한 이해가 있어야 한다.

우리를 위해서 값없이 용서해 주시는 사죄의 은총을 받았으면 똑같은 방법으로 이웃에게 하나님의 사랑으로 자비와 용서를 베풀어 주어야 한다. 하나님으로부터 값없이 용서받은 것은 구원의 필요조건이며, 그 은혜를 힘입어 죄지은 사람을 내가 용서해 주는 것은 구원의 충분조건이다. 그러므로 필요조건만 가지고는 구원이 이루어지지 않는다. 충분조건이 뒷받침되어야 완전한 구원에 들어갈 수 있다.

6) 충분조건은 행함과 실천을 통한 열매와 결과

주님은 심고 그 결과를 기대하시는 분이시다. 믿음을 심게 한 다음 열매를 기대하신다. 무화과나무를 심어 놓고 삼 년이 지난 후에 실과를 기대하시는 분이다. 기대와는 달리 열매가 없었을 때, 찍어 버리라고 하신 것(눅 13:7)은 무엇을 의미하는가? 기대에 미치지 못할 때는 버린다는 뜻이다. 값없이 은혜와 구원을 주신 만큼 변화와 열매에 대한 기대도 큰 것이다. 그 기대를 충분조건을 통해 채워야 온전한 구원이 이루어지는 것이다.

주님이 값없이 해 준 것으로 만족하고 주님이 기대하시는 결과를 내지 않는다면 성경은 심판으로 간다고 말씀해 주고 있다. 그러므로 결과로서의 충분조건이 만족되지 않으면 그 또한 구원에 이를 수 없는 것이다. 사 년이 지나도 무화과나무에 열매가 없을 경우엔 반드시 찍어 없앨 것이다. 열매는 곧 최종 구원의 판단 근거가 된다. 예수님은 열매 없는 무화과나무를 저주하였다(마 21:19). 좋은 열매 맺지 못하면 불에 던져 넣는다(마 3:10, 눅 3:9). 좋은 열매는 구원의 충분조건이다. 믿음이 없어도 천국 들어갈 수 없지만, 좋은 열매를 맺지 못해도 천국 들어갈 수 없다.

> 내가 나의 사랑하는 자를 위하여 노래하되 나의 사랑하는 자의 포도원을 노래하리라 나의 사랑하는 자에게 포도원이 있음이여 심히 기름진 산에로다 땅을 파서 돌을 제하고 극상품 포도나무를 심었었도다 그중에 망대를 세웠고 그 안에 술틀을 팠도다 좋은 포도 맺기를 바랐더니 들포도를 맺혔도다 예루살렘 거민과 유다 사람들아! 구하노니 이제 나와 내 포도원 사이에 판단하라 내가 내 포도원을 위하여 행한 것 외에 무엇을 더할 것이 있었으랴 내가 좋은 포도 맺기를 기다렸거늘 들포도를 맺힘은 어찜인고 이제 내가 내 포도원에 어떻게 행할 것을 너희에게 이르리라 내가 그 울타리를 걷어 먹힘을 당케 하며 그 담을 헐어 짓밟히게 할 것이요 내가 그것으로 황무케 하리니 다시는 가지를 자름이나 북을 돋우지 못하여 질려와 형극이 날 것이며 내가 또 구름을 명하여 그 위에 비를 내리지 말라 하리라 하셨으니 대저 만군의 여호와의 포도원은 이스라엘 족속이요 그의 기뻐하시는 나무는 유다 사람이라(사 5:1-7)

이사야 5장에서 포도원 비유가 우리에게 시사하는 것은 무엇인가? 하나님은 좋은 열매를 기대하신다는 것이다. 그래서 포도원을 만드는 것까지 하나님이 하신다. 열매는 누가 맺는가? 그것은 하나님이 대신 맺어줄 수 없다. 인간만이 맺을 수 있다. 그런데 인간이 하나님 원하는 열매를 맺지 못할 때 어떻게 하는가? 멸망으로 가게 된다. 인간 구원은 하나님이 계획하시지만, 인간이 맺어야 할 열매를 맺지 못하면 하나님이 구원하고 싶어도 할 수 없다는 사실을 분명히 알아야 한다. 성도의 견인 교리도 인간이 순종할 때 하나님이 인도하신다. 순종이라는 조건하에서 가능하다. 불순종할 때는 버리신다.

씨 뿌리는 비유에서 밭은 사람의 심령을 의미할 수 있다. 하나님이 똑같이 은혜를 주신다. 구원의 필요조건들을 받아들인 사람으로 보아도 좋을 것이다. 그런데 문제는 열매를 맺어 가는 과정이다. 뿌려진 밭의 상태에 따라서 열매 맺는 것이 각각 다르다. 이것은 하나님이 동일한 은혜를 각자에게 주어도 그 은혜를 받는 자들의 심령에 따라서 그 열매와 결과가 다르다는 것을 의미한다. 이것은 구원의 필요조건이 사람들에게 동일하게 주어지지만 그에 대한 반응으로써 구원의 충분조건들을 이루어가는 과정은 모두가 다름을 알 수 있다.

> 그런즉 씨 뿌리는 비유를 들으라 아무나 천국 말씀을 듣고 깨닫지 못할 때는 악한 자가 와서 그 마음에 뿌리운 것을 빼앗나니 이는 곧 길가에 뿌리운 자요 돌밭에 뿌리웠다는 것은 말씀을 듣고 즉시 기쁨으로 받되 그 속에 뿌리가 없어 잠시 견디다가 말씀을 인하여 환난이나 핍박이 일어나는 때에는 곧 넘어지는 자요 가시떨기에 뿌리웠다는 것은 말씀을 들으나 세상의 염려와 재리의 유혹에 말씀이 막혀 결실치 못하는 자요 좋은 땅에 뿌리웠다는 것은 말씀을 듣고 깨닫는 자니 결실하여 혹 백 배, 혹 육십 배, 혹 삼십 배가 되느니라 하시더라 (마 13:18-23)

7) 충분조건은 계명에 순종하는 것

구약의 율법을 통해서 구원받지 못하는 우리를 십자가의 은혜로 구원시켜 주셨다. 율법의 행위가 아닌 믿음으로 칭의를 해 주셨던 것이다. 때문에 이제 구원받은 자는 예수님이 주신 새로운 계명을 더욱 지켜나가야 한다. 십자가의 은혜로 새 계명을 지켜 나가는 것이다. 계명을 지킴으로 구원 받는 것이 아니라, 주님의 은혜를 입었기 때문에 그 사랑으로 인하여 계명을 지키는 것이다.

> 나의 계명을 가지고 지키는 자라야 나를 사랑하는 자니 나를 사랑하는 자는 내 아버지께 사랑을 받을 것이요 나도 그를 사랑하여 그에게 나를 나타내리라(요 14:21)

구원받은 자가 계명을 지켜야만 구원을 받는가 질문하는 경우가 있다. 구원받았기 때문에 계명 준수의 여부와 상관없이 구원을 받는다는 주장이 있는가 하면, 구원을 받았더라도 계명을 어기면 구원이 상실된다는 주장이 있다. 구원받은 자가 죄를 범하면 징계는 있을지 모르지만 유기는 없다고 믿는다. 이것이 사실이라면 참으로 다행한 일이 아닐 수 없다. 죄에 나약한 인간 편에서 볼 때 이것이 사실이기를 바란다. 그러나 성경은 무엇이라고 말씀하는가? 만약 구원을 받아놓고도 계명을 지키지 않는다면 그것은 하나님을 사랑하지 않는다는 증거다. 하나님을 사랑하지 않는다면 구원은 당연히 받을 수 없다.

정말 십자가의 은총을 받았다면 하나님을 사랑하게 되고, 하나님을 사랑한다면 당연히 그 계명을 기쁨으로 지킬 수밖에 없다. 의무적인 차원만 아니라 자원하는 마음으로 계명을 지키게 된다. 계명을 지키는 차원을 넘어 사랑과 희생으로 하나님과 이웃을 사랑하게 된다. 그렇게 함으로써 하나님이 원하시는 구원의 충분조건이 충족되는 것이다. 이러한 모습으로 바뀌지 않고서야 어떻게 천국에 입성할 수 있겠는가?

8) 충분조건은 사죄의 은총에 대한 보답

사죄의 은총은 하나님께로부터 값없이 받는다. 값없이 받았다면 그것으로 끝나는 것이 아니다. 반드시 다른 사람의 죄를 값없이 용서해 줄 수 있어야 한다. 하나님은 우리에게 먼저 값없이 사죄의 은총을 주시고, 그 후에는 우리도 다른 사람에게 사죄의 은총을 베풀 수 있기를 기대하신다. 하나님이 우리에게 주신 것은 구원의 필요조건이고, 우리가 남에게 사죄의 은총을 베푸는 것은 구원의 충분조건이다.

> 우리가 우리에게 죄 지은 자를 사하여 준 것같이 우리 죄를 사하여 주옵시고 우리를 시험에 들게 하지 마옵시고 다만 악에서 구하옵소서 너희가 사람의 과실을 용서하면 너희 천부께서도 너희 과실을 용서하시려니와 너희가 사람의 과실을 용서하지 아니하면 너희 아버지께서도 너희 과실을 용서하지 아니하시리라(마 6:12-15)

하나님은 값없이 은혜를 주시지만, 주신 은혜에 대해 반드시 변화와 열매를 찾으신다는 것을 잊어서는 안 된다. 죄를 용서받기 전에는 다른 사람의 죄를 용서하지 않아도 되지만, 사죄의 은총을 받은 이후에는 다른 사람의 죄를 용서해 주지 않으면 안 된다.

> 예수께서 그곳에 이르사 우러러 보시고 이르시되 삭개오야 속히 내려오라 내가 오늘 네 집에 유하여야 하겠다 하시니 급히 내려와 즐거워하며 영접하거늘 뭇사람이 보고 수군거려 가로되 저가 죄인의 집에 유하러 들어갔도다 하더라 삭개오가 서서 주께 여짜오되 주여 보시옵소서 <u>내</u>

<u>소유의 절반을 가난한 자들에게 주겠사오며 만일 뉘 것을 토색한 일이 있으면 사배나 갚겠나이다</u> 예수께서 이르시되 오늘 구원이 이 집에 이르렀으니 이 사람도 아브라함의 자손임이로다 인자의 온 것은 잃어버린 자를 찾아 구원하려 함이니라 (눅 19:5-10)

예수님이 삭개오의 집을 찾아가 은혜를 베풀어 주셨다. 이것은 예수님만이 할 수 있는 것이며, 삭개오는 값없이 받았다. 이것이 구원의 필요조건이다. 그렇다면 삭개오는 어떤 반응이 일어나야 하는가? 자기도 받은 은혜와 긍휼을 다른 사람에게 베풀어야 한다. 삭개오는 받은 은혜가 너무 크고 감사해서 소유의 절반을 내어놓는다. 토색한 것은 네 배로 갚겠다고 선언한다. 이것은 구원받은 자에게 당연히 따라와야 할 구원의 충분조건이다. 삭개오가 하나님의 은총을 받지 않고서 자기 의를 위해서 재산 절반을 이웃에게 나누어 주었다면 그것은 구원의 조건이 될 수 없다. 그 행위는 율법적 행위가 되고 자기의 의가 될 것이다. 그러나 하나님의 은혜를 받았기에 하는 행위는 믿음의 행위다. 율법적 행위는 구원에 방해가 되지만 믿음의 행위는 구원에 있어서 없어서는 안 될 요소이다. 삭개오가 하나님의 은혜로 구원받았지만, 삭개오가 그 믿음의 행위가 나옴으로 완전한 구원을 이룬 것이다. 언제 삭개오에게 구원이 이르렀는가? 재산을 나누어 주겠다는 선포가 있은 후다. 따라서 구원의 충분조건이 구원을 완성한다는 사실을 말해 주고 있다.

9) 충분조건은 천국의 면류관, 상급의 근거

구원의 필요조건은 인간의 공로가 하나도 포함될 수 없기 때문에 거기에 인간이 받을 면류관이나 상급이 전혀 있을 수 없다. 그래서 천국에서는 모든 자들이 그 면류관을 벗어서 하나님께 드릴 수밖에 없다(계 4:10). 그러나 충분조건에서는 인간의 순종과 헌신,

충성과 순교가 요구된다. 따라서 인간의 행위가 포함되기 때문에 거기에 상급이 있고, 면류관이 있다. 하나님이 상급을 주신다는 것은 인간의 공로를 인정한다는 뜻이다.

> 경기하는 자가 법대로 경기하지 아니하면 면류관을 얻지 못할 것이며(딤후 2:5)

> 이제 후로는 나를 위하여 의의 면류관이 예비되었으므로 주 곧 의로우신 재판장이 그날에 내게 주실 것이니 내게만 아니라 주의 나타나심을 사모하는 모든 자에게니라(딤후 4:8)

> 시험을 참는 자는 복이 있도다 이것에 옳다 인정하심을 받은 후에 주께서 자기를 사랑하는 자들에게 약속하신 생명의 면류관을 얻을 것임이니라(약 1:12)

물론 구원의 모든 공로는 하나님과 어린양 예수 그리스도께로 돌려야 한다. 심지어 인간이 어떤 선행을 해서 공로를 세운다고 하더라도 그 공로마저 하나님의 것이다. 그렇지만 그 공로를 인간이 세워야 하며, 그 공로가 구원과 연결되어 있다는 사실에 주목해야 한다. 하나님이 달란트를 남기라고 하는 것도 그것이다. 우리 인간이 달란트를 남기지 않아도 하나님은 그 이상의 것을 가지고 계신다. 다만 인간에게 달란트를 남기라고 한 것은 그 남긴 것을 도로 인간에게 주시기 위함이다. 우리가 구원을 위해서 공로를 세우는 것은 우리 자신을 위해서가 아니라 구원을 베풀어 주신 주님을 위해서이다. 그렇게 할 때 주님은 영광만 받으시고 그 모든 상급과 면류관은 우리에게 돌려주신다.

결국 구원을 위한 공로가 없다면 우리의 구원이 매우 위험해 질 것이다. 왜냐하면 하나님은 은혜를 모르는 자를 천국에 입성시키지 않을 것이기 때문이다. 우리가 공로를 세운다고 해서 그것이 십자가의 공로의 부족한 부분을 채운다는 의미가 아니다. 십자가의 공로 그 자체로 모든 죄를 사함받을 수 있기 때문에 사죄의 은총에 있어서는 십자가의 보혈로 충분하다. 우리에게 선행이 나와야 하는 것은 그 선행 때문에 구원을 받는 것이 아니라, 그 선행이 없음으로 받은 구원을 상실할 수 있기 때문이다. 그래서 계시록에서 천국에 올라간 24장로들이 면류관을 벗어 다시 예수님께 드리는 것이다. 그렇지만 하나님은 다시 그 공로를 인정해 주기 때문에 은혜 위에 은혜가 아닐 수 없다.

> 이십 사 장로들이 보좌에 앉으신 이 앞에 엎드려 세세토록 사시는 이에게 경배하고 자기의 면류관을 보좌 앞에 던지며 가로되 우리 주 하나님이여 영광과 존귀와 능력을 받으시는 것이 합당하오니 주께서 만물을 지으신지라 만물이 주의 뜻대로 있었고 또 지으심을 받았나이다 하더라(계 4:10, 11)

따라서 충분조건을 감당하고 나갈 경우, 구원의 완성과 동시에 상급을 받게 되는 은혜를 받게 된다. 모든 구원이 하나님으로부터 나와서 하나님께로 돌아가는 것이 사실이다. 거기에 하나님은 인간의 자유의지를 인정해 주시고 인간 스스로 선택하도록 하신 것은 실로 복이 아닐 수 없다. 그렇게 함으로 하나님의 구원의 귀중함을 알게 되고, 더 큰 상급도 받게 되니 얼마나 감사한 일인가?

> 내가 이미 얻었다 함도 아니요 온전히 이루었다 함도 아니라 오직 내가 그리스도 예수께 잡힌바 된 그것을 잡으려고 좇아가노라 형제들아 나는 아직 내가 잡은 줄로 여기지 아니하고 오직 한 일 즉 뒤에 있는 것은 잊어버리고 앞에 있는 것을 잡으려고 푯대를 향하여 그리스도 예수 안에서 하나님

> 이 위에서 부르신 부름의 상을 위하여 좇아가노라(빌 3:12-14)

그러므로 구원의 충분조건이 무엇인가를 확실히 알고 살아간다면 훨씬 더 구원받을 가능성이 높고, 상급도 더 클 것이 아니겠는가? 인간의 성화가 단지 상급의 문제만 아니라 구원과 직결되어 있음을 알 때, 더욱 열심히 말씀에 순종하여 죄를 버리고 거룩한 삶을 살아갈 수 있을 것이다.

10) 완전한 구원으로 인도하는 충분조건

지금까지 살아오면서 지은 죄를 사해 줄 수 있는 것은 오직 예수 그리스도의 피밖에 없다. 그렇다면 이렇게 죄 사함을 받은 성도가 남은 생애는 어떻게 살아가야 하는가? 남은 구원을 어떻게 이룰 것인가는 바로 충분조건에서 해결해야 할 문제이다. 하나님은 우리에게 단지 믿음을 통해서 값없이 죄 사함을 허락해 주시고, 구원의 길을 열어 놓았다. 이제 그 구원의 길을 가는 것은 인간 자신에게 달려 있다. 이러한 신학을 그나마 잘 만든 사람이 웨슬리다. 김득중 박사[211]는 웨슬리야말로 믿음과 행함을 성경적으로 가장 잘 조화시켜 통전적 해석을 한 인물로 평가하고 있다.

> 웨슬리는 그의 설교 "하나님의 포도원에 관하여"에서 한편으로는 로마 가톨릭 교회가 성화를 강조한 반면에 의인화(義認化)에 무관심하였다고 비판하면서, 다른 한편으로는 개신교회가 의인화를 너무 강조하고 성화에는 무관심하였다고 비판하였다. 웨슬리는 루터나 칼빈과 마찬가지로 믿음으로 말미암아 의롭게 된다는 교리를 받아들이기는 했으나 그들과 달리 의인화(義認化)에만 관심하는 것이 아니라 더 나아가 의인화(義人化)에 관심했다. 이것은 곧 웨슬리가 믿음으로 말

---

[211] 전 감신대 총장.

미암아 '의로 덧입히기'(imputation of extra nos)만을 말하지 않고 더 나아가 '의를 심어 주기'(impartation of righteousness in nobis)를 강조하고 있음을 뜻한다. 결국 웨슬리는 종교개혁자들(루터와 칼빈)의 신앙의인화(信仰義認化)와 카톨릭 교회의 성화를 종합 혹은 통합함으로써 각각의 약점과 한계를 극복했다고 말할 수 있다. 이 점에서 웨슬리는 종교개혁의 신앙(의인화)과 로마 카톨릭의 선행(성화)을 종합하였고, 또한 로마서와 야고보서를 종합하였다. 웨슬리야말로 신약성서를 부분적으로가 아니라 통전적으로 올바로 이해하고 받아들인 사람이라고 말할 수 있다.[212]

오늘 구원을 위하여 우리에게 주어진 숙제는 하나님으로부터 값없이 받는 의를 가지고 얼마나 우리 자신이 의롭게 살아가느냐 하는 것이다. 왜냐하면 성경에는 하나님으로부터 값없이 받는 칭의가 있는가 하면, 그 칭의를 받은 자가 말씀대로 의롭게 살아감으로 얻게 되는 획득된 의가 있기 때문이다. 개혁주의에서는 하나님이 주시는 의로만 구원이 가능하다고 하는 반면, 성경은 하나님이 주시는 의를 힘입어서 의롭게 살아갈 것을 요구하고 있다.

> 또 이와 같이 기생 라합이 사자를 접대하여 다른 길로 나가게 할 때에 행함으로 의롭다 하심을 받은 것이 아니냐 (약 2:25)

> 너희가 이방인 중에서 행실을 선하게 가져 너희를 악행한다고 비방하는 자들로 하여금 너희 선한 일을 보고 권고하시는 날에 하나님께 영광을 돌리게 하려 함이라(벧전 2:12)

---

212 김득중, "오직 믿음만"을 강조하는 신앙생활에 대한 성서신학적 반성-「제2종교개혁이 필요한 한국교회」, 기독교문사, 285.

양과 염소의 심판에서 "저희는 영벌에, 의인들은 영생에 들어가리라"(마 25:46)고 하는 심판이 나온다. 여기 "의인들"이란 소외된 자를 돌보고, 헐벗은 자를 입히고, 병든 자를 찾아가고, 갇힌 자를 돌아본 자들이다. '행위'에서 나오는 의이며, 믿음을 통해서 획득된 의이다. 이것은 믿음으로 말미암아 값없이 얻어진 '칭의'를 받은 자가 예수 그리스도의 사랑의 실천을 통해서 얻게 되는 의이다. 이 의는 십자가의 의를 힘입은 성도들이 자발적인 순종을 통해서 생겨나는 의다.

하나님은 인간 스스로 이러한 의를 행할 수 있기를 기대했으나 모두가 죄아래 갇혀서 멸망의 길로 갔던 것이다. 그래서 십자가의 은총을 통하여 하나님의 은혜와 도우심을 받게 하고 하나님이 원하는 의로운 삶을 살아가도록 하시는 것이다. 따라서 칭의를 받은 자는 그 칭의를 기초로 성경이 요구하는 거룩한 삶을 살며 예수 그리스도의 계명을 지킴으로 의를 얻어야 한다. 구원의 필요조건에서는 칭의를 값없이 거저 주지만, 충분조건에서는 하나님의 백성들이 사랑의 실천을 통하여 각자가 획득해야 할 의가 있다. 이렇게 하나님의 은총과 인간의 순종을 통하여 두 의가 완전한 의가 될 때 구원이 완성된다고 할 수 있다.

맺는말

구원론 논쟁

지금까지 구원론에 대한 중요한 논쟁들을 다루면서 그 논쟁을 종식시킬 수 있는 성경적 해답을 찾으려고 하였다. 현재 믿고 있는 구원론의 문제점이 무엇인지 어느 정도 윤곽이 드러났다. 따라서 이러한 근본적인 문제점을 성경의 진리로 바로 잡는 일이 시급하다는 것을 공감하였을 것이다. 구원론은 영생과 영벌을 결정짓는 중요한 교리이기 때문에 조금의 잘못이나 오류도 허락되어서는 안 된다. 구원론 교리는 양보나 타협의 대상이 아니라 잘못된 것이 드러날 때 생명을 걸고 바로 바로 세워야 할 개혁의 대상이다. 그 동안 잘못된 구원론으로 많은 영혼이 멸망하도록 한 것에 대해서 교회가 하나님 앞에 회개하고 반성의 자세를 가져야 할 것이다.

성경은 인간 구원을 정확하게 말씀하고 있음에도 교회는 그 구원을 잘못 이해함으로써 심각한 문제를 내포하고 있었다. 온전한 구원을 이루기 위해서는 성경이 말씀하고 있는 그 구원의 진리를 세워야 한다. 아무리 오랫동안 믿어 왔던 교리라 하더라도 그것이 잘못된 교리라고 한다면 과감하게 개혁을 단행해야 할 것이다. 인간이 만든 교리는 잘못이 있을 가능성이 있기 마련이며, 끊임없이 성경의 기준에 맞추어 수정 보완해 나가야 할 것이다.

분명한 것은 이 세상에 참된 구원론은 하나밖에 없다는 것이다. 성경은 그 구원에 대해서 한 가지 길만 제시한다. 따라서 성경이 제시하는 구원의 진리 이외의 모든 이론들은 제거해야 한다. 오늘 교회의 사명은 성경이 말씀하는 그 구원의 진리를 바로 정립해서 한 영혼도 지옥으로 떨어지지 않고 천국 들어갈 수 있도록 하는 일이다. 따라서 하나의 참된 구원론만 남겨두고 나머지는 다 버려야 할 것이다.

그 동안 교회가 사분오열 된 이유 가운데 하나는 구원에 대한 해석의 차이 때문이라고 할 수 있다. 잘못된 구원론으로 인해 수많은 이단들이 나타났을 뿐 아니라, 교회와 교파가 분열하는 결과를 가져왔다. 따라서 교회 일치를 위해서 제도적으로 혹은 정치직으로 연합하려는 시도보다도 구원의 진리 안에서 하나가 되려는 노력이 더 중요하다. 모든 교회가 하나의 구원론, 영혼을 구원하는 성경적 구원론을 세운다면 진리 안에서 교회가 하나 될 수 있는 가능성이 있을 것이다. 현재 수백, 수천 개의 교파로 나뉘어진 교회들을 진리 안에서 하나가 되도록 할 수 있는 것은 참된 구원론을 세우는 것이다. 그리고 잘못된 구원론은 버리는 것이다. 그럼 어떻게 해야 성경적인 구원론을 세울 수 있는가?

첫째, 기존의 원죄론들에 대한 새로운 인식과 성경적 접근이 필요하다. 원죄론을 어떻게 이해하느냐에 따라 구원론의 방향이 결정될 수 있기 때문에 원죄론에 대한 분명한 이해가 중요하다. 아담의 원죄가 후손들에게 직접 전가되었다는 기존의 여러 원죄설들은 성경적으로 볼 때 수정되지 않으면 안 될 부분들이 많다. 원죄가 직접 전가되었다는 주장에 대한 성경적 근거를 찾기 어렵다. 간접 전가나 영향을 미쳤다는 근거는 성경에서 찾아볼 수 있다. 직접 전가설을 주장할 경우 성경의 진리는 많은 모순에 부딪힐 수밖에 없다는 것을 앞에서 살펴보았다. 아담의 죄는 인류에게 영향을 미친 것은 사실이지만, 직접 전가나 참여설로 나가게 되면 보통 심각한 문제가 되지 않을 수 없다.

인간이 범죄하여 죄아래 갇히는 것은 분명하다. 그런데 그 죄가 원죄의 직접적인 전가라기보다는 간접적 전가 내지 죄의 영향력으로 인해 죄성을 가진 인간이 자기 스스로 죄를 선택하기 때문에 범죄가 성립되는 것이다. 따라서 심판의 근거는 원죄에 있는 것이 아니라 자범죄에 있다. 범죄의 원인을 아담이나 혹은 타자에게 돌릴 경우, 하나님의 공의와 심판의 원리에 어긋나게 된다.

원죄론 때문에 죄를 끊으려는 노력들이 약화될 수 있다. 태어나기도 전에 아담의 원죄로 죄인이 된다면 하나님의 계명을 지키려는 노력들이 약화될 뿐만 아니라 포기할 수도 있다. 원죄론은 인간의 전적 부패 이론을 만들어 내고, 예정론이 나올 수 있는 단서를 제공한다. 따라서 원죄론에 대한 재조명이 필요하며, 아담의 죄가 인류에게 어떤 방법으로 영향을 미치는지에 대하여 보다 성경적 근거에 의한 이론 정립이 요구된다. 이 책에서는 하나님이 각 개인의 영혼과 육체를 깨끗하게 창조하시지만 태어나는 순간 죄의 영향을 받아 죄성을 가진 인간이 된다. 죄성을 가진 인간은 사단의 미혹과 공격을 받아 범죄하지 않는 영혼이 하나도 없게 된다. 따라서 범죄의 책임은 아담이나 다른 그 누구에게도 전가할 수 없다. 모든 범죄는 자기의 의지로 죄를 범하였기 때문에 자범죄를 지은 각 사람이 져야 한다. 그렇기 때문에 하나님의 심판은 공의로우며, 각 사람은 하나님 앞에 핑계할 수 없게 된다.

둘째, 개혁주의 신학의 근간이 되는 칼빈주의 예정론에 대한 성경적 비판과 재조명이 필요하다. 개혁주의 신학과 웨슬리 신학, 반펠라기우스주의와 알미니안주의 등을 비교하면서 어떤 것이 참된 구원론인지를 고민하였다. 물론 칼빈주의 구원론도 성경에 철저히 근거하려고 한 것은 사실이다. 하지만 접근 방법에 있어서 근본적으로 잘못된 부분이 있기 때문에 그것을 수정하지 않으면 안 된다.

칼빈주의 5대 교리는 성경적으로 볼 때 근본적으로 모순된 점이 많다. 물론 하나님의 예정 자체를 부정해서는 안 되지만 그 예정이 어디까지이며, 인간의 자유의지와 어떤 관계에 놓여 있는지를 바로 밝혀야 한다. 절대적 예정론으로 나갈 경우 하나님의 절대 주권만 강조하고 인간의 자유의지를 인정하지 않기 때문에 운명론과 결정론으로 갈 수밖에 없다. 이러한 구원론은 성경과 충돌을 일으키기 때문에 수용하기 어렵게 된다.

성경은 인간 구원에 대하여 하나님의 예정과 동시에 인간의 선택도 구원에 영향을 미친다고 말씀한다. 인간에게 자유의지가 주어져 있기 때문에 인간의 행위와 순종 여부에 따라 하나님의 예정도 얼마든지 변경될 수 있다. 따라서 절대적 예정론에서 상대적 예정론으로 바뀌어야 하며, 하나님이 선택했기 때문에 구원받는 것이 아니라 인간이 순종하고 믿기 때문에 그를 선택하고 구원으로 예정하였다고 하여야 바른 구원론이 될 수 있다. 구원을 위한 결정적 선택은 하나님의 손에 달려 있는 것이 아니라 인간 각자 자신의 선택에 달려 있다고 하는 것을 성경이 말씀하고 있다. 하나님의 예정은 인간이 믿음으로 하나님을 선택할 때, 하나님도 그 영혼을 하나님의 자녀로 최종적으로 선택한다.

셋째, 인간은 전적으로 타락한 것이 아니라 부분적으로 타락하였다고 보는 것이 성경적이다. 따라서 인간에게는 완전하지 않지만 자유의지가 있으며, 그 자유의지로 하나님이 주시는 구원을 선택할 수 있다. 이 세상에 죄를 짓지 않은 사람은 한 사람도 없다. 하지만 모든 자들이 죄아래 갇힌 것은 운명적으로 죄를 짓지 않을 수 없는 존재로 태어났기 때문이 아니라 하나님이 주신 자유의지로 죄를 선택하였기 때문이다. 그러므로 죄의 책임은 타인에게 전가할 수 없고 죄를 범한 자신이 져야 한다.

인간의 자유의지는 분명 선을 선택할 수도 있고, 악을 선택할 수도 있다. 그러나 죄성을 가진 인간에게 자유의지가 있다 하더라도 선보다는 악을 선택하는 경향 때문에 인간 스스로 구원에 이를 수는 없다. 따라서 예수 그리스도의 십자가의 은혜가 절대적으로 필요하며, 그 은혜와 사랑을 힘입어 선을 선택할 수 있는 완전한 자유의지를 회복하는 것이 중요하다.

넷째, 구원은 이중예정론에서 주장하는 것처럼 태어나기도 전에 미리 결정되어 있는 것이 아님을 강조해야 한다. 구원에는 변수가 있기 때문에 그 변수에 따라서 하나님의 계획도 변경될 수 있는 것이다. 극상품 포도나무를 심고 열매를 기대하였지만 들포도를 맺음으로 이스라엘의 구원 계획을 무효화하고 그 구원계획을 이방으로 돌렸다. 니느웨 성의 심판이 결정되었지만 회개할 때 심판 계획이 철회되었다. 구원을 받을 수 있었지만 불순종으로 구원을 잃어버리기도 하고, 구원받을 수 없는 상황임에도 순종과 믿음을 통하여 구원을 얻는 경우도 있음을 성경이 증거하고 있다. 따라서 구원의 변수가 구원론에서 매우 중요한 역할을 한다는 것을 인정하고 구원론을 다루어야 성경적 구원론을 정립할 수 있을 것이다.

다섯째, 홍수 심판은 창세 전에 미리 예정된 것이 아니라는데 주목할 필요가 있다. 하나님은 홍수 심판 당시 영혼들을 건지기 원하여 기회를 주었지만 이미 악해질 대로 악해진 사람들이 하나님을 거역하였기 때문에 홍수 심판을 받게 된 것이다. 이 땅에 사람 지었음을 한탄하신 것은 사람들에게 기대하는 것이 그만큼 컸음을 알 수 있다. 하나님의 심판은 인간 죄악의 결과이지, 죄를 짓기도 전에 미리 결정한 것이 아니라는 사실이다. 이중예정론의 관점에서는 홍수심판도 창세 전에 이미 예정된 사건이라는 결론이 나온다. 그렇게 해석할 경우 구원의 진리는 자기모순에 빠질 수밖에 없다. 범죄하기도 전에 범죄할 것을 예지하여 홍수심판을 계획하였다면 우리가 믿는 하나님을 이상한 분으로 만드는 것이 되고 말 것이다. 모든 심판은 인간의 행함의 결과에 따라 이루어진다는 것을 성경이 밝히고 있다.

여섯째, '한 번 구원은 영원한 구원'이라는 칼빈주의 구원론에서 벗어나는 일이다. 물론 한 번 구원이 영원한 구원이 될 수 있고, 반드시 그렇게 되어야 한다. 그렇지만 구원에서 탈락할 수 있는 가능성이 얼마든지 있으며 성경은 그러한 사례들을 제시하면서 구원에서 떨어지지 않도록 경고하고 있다. 따라서 한 번 구원이 영원한 구원이 되지 않을 수 있음을 가르치고 성도들로 하여금 믿음생활에 더욱 열심 내도록 해야 하는 것이 교회가 해야 할 사명이다.

일곱째, 중생하여 하나님 자녀가 될 수 있는 모든 은혜는 하나님이 우리에게 값없이 주신 것이다. 그 은혜를 받은 성도들은 칭의를 받은 만큼 거룩하게 살며, 성령의 열매를 맺어야 한다. 구원은 하나님이 홀로 일방적으로 이루는 것이 아니라, 은혜받은 인간이 하나님의 계명에 순종하고, 성령의 능력을 힘입어 받은 달란트를 제대로 남기는 삶을 살아야 구원이 완성된다. 따라서 중생한 성도는 여하한 경우를 막론하고 죄를 멀리해야 할 뿐 아니라 죄를 근절시켜야 한다. 중생하였더라도 죄가 근절되지 않고 반복된다면 구원을 보장하기 어렵게 된다. 그리스도의 장성한 분량까지 자라서 이제는 지극히 거룩한 삶으로 변화되어야 한다. 항상 성령의 충만함을 받아서 하나님의 거룩함처럼 거룩한 생활이 이루어 질 때 천국이 열리게 된다.

여덟째, 오직 믿음으로 구원을 받는다는 관념에서 벗어나야 한다. 믿음이 없이 칭의도 구원도 받을 수 없지만, 믿음만 가지고 구원에 이를 수 없다. 믿음은 구원의 문을 여는 시작이라고 한다면 소망과 사랑으로 구원을 이루어 나가는 과정이 있다. 믿음을 강조하되 믿음만을 강조하면 안 된다. 믿음과 더불어 인내와 경건과 형제 우애와 사랑을 더해야 한다. 결국 믿음이 사랑으로까지 나아가지 못한다면 그 믿음은 죽은 믿음이 될 수밖에 없다. 믿음은 사랑을 실천하는데 반드시 필요한 것이다. 따라서 사랑으로 하나님 사랑과 이웃 사랑이 실천될 때 그 믿음이 참 믿음으로 인정되고, 구원받을 수 있는 믿음으로 확증될 수 있다.

마지막으로, 구원의 필요조건과 충분조건에 대한 분명한 이해가 필요하다. 지금까지 개혁주의에서는 구원의 필요조건만을 강조하여 왔다. 따라서 믿음만 강조하고 행함은 구원의 조건에서 배제시켰다. 그러나 성경은 구원받은 자가 당연히 행해야 할 삶을 요구하며, 변화된 인격과 열매를 요구하고 있다. 구원론에서 충분조건을 빼버린 채 필요조건만 강조한다고 구원이 완성되는 것이 아니다. 하나님이 우리에게 구원을 위해서 값없이 주는 은혜의 측면과 은혜를 받은 성도들이 하나님을 위해 순교적 각오로 충성하며 헌신하는 측면이 동시에 강조되어야 참된 구원론이 될 수 있다.

제2의 종교개혁이 필요하다는 목소리가 높다. 종교개혁 500주년을 맞이하면서 개혁교회들이 맺고 있는 열매는 하나님이 원하시는 수준인가를 반성해 보아야 할 것이다. 구원론은 문제가 없는데 실천하는 성도들에게 문제가 있었는지, 아니면 구원론 자체가 문제가 있었는지를 알아야 한다. 개혁주의 신학자들은 구원론 자체의 문제가 아니라 실천에 문제가 있다고 진단한다. 그러나 개혁주의 구원론 자체가 심각한 문제를 가지고 있음을 이 책에서 충분히 논증하였다. 구원론 진리가 바뀌면 성도들의 삶도 바뀔 것이다. 성경적인 구원론이 바로 세워지면 성도들의 믿음도 참된 구원으로 나아가게 될 것이다. 못된 나무가 못된 열매를 맺고, 좋은 나무가 좋은 열매를 맺는 것처럼 참된 구원론은 참된 구원을 받게 할 것이지만, 잘못된 구원론은 구원에 이르지 못하는 결과를 초래할 것이다.

지금까지 논의된 내용들을 제대로 깨닫고 잘못된 구원론을 바른 구원론으로 세워나간다면 한국교회의 미래는 확실히 달라질 것이라 확신한다. 윤리와 도덕이 회복되고, 믿음과 삶이 일치가 될 것이다. 산상수훈에서 요구하는 예수님의 말씀들이 삶의 실천으로 나올 것이며, 선한 사마리아인의 이웃 사랑이 교회를 통해서 사회로 퍼져나가게 될 것이다. 빛과 소금의 사명을 교회가 충분히 감당해 나갈 것이며, 초대교회처럼 백성들에게 칭송을 받으며, 우리 주 예수 그리스도의 이름이 더욱 높임을 받게 될 것이다.

참고도서

(국내 참고 서적)

김성주_「웨슬리 신학」, 서울: 문서선교 성지원, 2001.

김세윤_「칭의와 성화」, 서울: 두란노, 2015.

김은섭_「예정론과 자유의지론의 조화」, 서울: 겨자씨, 2011.

김홍기_「감리교회사」, 서울: 도서출판 kmc, 2003.

박형룡_「박형룡저작전집(신학논문 상), 서울: 기독교교육연구원, 1981.

손두환_「기독교회사(I)」, 서울: 총신대학출판부, 1982.

유태화_「삼위일체론적 구원론」, 서울: 도서출판 대서, 2007.

「개혁주의 구원론」, 서울: 크리스챤출판사, 2006.

이장식_「기독교신조사(I)」, 서울: 컨콜디아사, 1990.

이호우_「곽안련의 신학과 사상」, 서울:생명의 말씀사, 2005.

임태수 외_「제2종교개혁이 필요한 한국교회」, 서울: 기독교문사, 2015.

조봉상_「성경적 구원론」, 서울: 포도나무출판사, 2016.

조종남 편_「요한 웨슬레 설교선집」, 서울: 서로사랑, 1998.

(번역서 참고도서)

디한 엠 알, 이용화 역_「율법이냐 은혜냐」, 서울: 생명의말씀사, 2015.

루이스 벌코프, 권수경, 이상원 옮김_「조직신학(상)」, 서울: 크리스챤 다이제스트, 1994.

권수경, 이상원 옮김_「조직신학(하)」, 서울: 크리스챤 다이제스트, 1996.

이문재 역_「기독교교리사」, 서울: 크리스챤 다이제스트, 2013.

베른하드 로제, 차종순 역_「기독교 교리의 역사」, 서울: 목양사, 1995.

완드 J. W. C., 이장식 역_「교회사(초대편)」, 서울: 대한기독교서회, 1986.
오톤 와일리, 폴 컬벗슨, 전성용 역_「웨슬리안 조직신학」, 서울: 세복, 2016.
위리스턴 워커, 송인설 옮김._「기독교회사」, 서울: 크리스찬다이제스트, 1996.
존 머레이, 박문재 역, 「존 머레이 조직신학」, 서울: 크리스챤 다이제스트, 2013.
밀라드 J. 에릭슨, 신경수 역, 「복음주의 조직신학(하)」, 서울: 크리스챤 다이제스트, 2012.
스탠리 그렌즈, 신옥수 역, 「조직신학」, 서울: 크리스찬 다이제스트, 2003.
앤서니 후크마, 이용중 역, 「개혁주의 구원론」, 서울: 부흥과 개혁사, 2012.
윌리암슨 G. I., 최덕성 역, 「소요리문답강해」, 서울:한국개혁주의신행협회, 1981.
칼빈, 이종성 역, 「기독교강요선」, 서울: 대한기독교서회, 1985.
칼 호이시, 손규태 옮김, 「칼 호이시의 세계교회사」, 서울: 한국신학연구소, 2004.
해리 R. 보어, 백성호 옮김, 「단편초대교회사」, 서울: 개혁주의신행협회, 1992.

(사전 및 교단 헌법 참고도서)

「신학사전」, 서울: 개혁주의신행협회, 1984.
「헌법」, 서울: 대한예수교장로회총회(합동), 1994.
「헌법」, 대한예수교장로회총회(통합), 서울: 한국장로교출판사, 2014.
「교리와 장정(2012년)」, 서울: 기독교대한감리회, 2014.

저자 약력, 연락처

(약력)

영남대 철학과(B.A)
영남대 사학과 수학(B.A 과정)
총신대신대원과정 수학(M. Div 과정)
Fuller Theological Seminary(M.A.I.C.S)
Azusa Pacific University(M. Div)
Grace Theological Seminary(D. Miss)
골든벨교회 담임(L.A. 소재)
인천골든벨교회 담임(인천 소재)
Piedmont University 교수(설교학)
Cohen University Myanmar Campus 학장
Cohen 극동아시아 총장
에스라설교연구원 원장
한국교회개혁실천연합 대표
저서: 성경적 구원론

(연락처)

교회사이트: www.goldenbellchurch.org
이메일: bongsang999@hotmail.com
한국 연락처: (010) 3682-5001
미국 연락처: (213) 446-4849

구 원 론 논 쟁

2017년 9월 14일 초판1쇄 인쇄
2017년 9월 14일 초판1쇄 발행

펴낸곳	포도나무출판사
지은이	조 봉 상 목사
등 록	제2004-000128호
책 주문 연락처	(한국) 인천골든벨교회
	주소 : 인천광역시 서구 승학로 299번길 3 (우아빌딩, 연희동 741-9)
	전화번호: (010) 3682-5001 / (010) 4044-9022 / (010) 4234-4662
	(미국) L.A. Golden Bell Church
	Address: 2104 Crenshaw Blvd. Los Angeles, CA. 90016 U.S.A.
	Tel : (213) 446-4849 / (818) 445-8545 / (714) 869-4680
편집 및 인쇄	서경문화사
	서울특별시 중구 마른내로4길 21 2층
	02-2271-1718 (代)

※ 이 책의 판권은 저자와 포도나무출판사에 있습니다.
※ 이 책의 일부 또는 전부의 내용을 무단으로 복제, 인용할 수 없습니다.
※ 잘못 만들어진 책은 바꿔 드립니다.

Printed in Korea
Good-tree Publishing

값 25,000원